灌云 年鉴

GUANYUN YEARBOOK

灌 云 县 人 民 政 府 主办

灌云县地方志编纂委员会办公室 编

2017

方志出版社
Publishing House of Local Records

图书在版编目（CIP）数据

灌云年鉴. 2017 / 灌云县地方志编纂委员会办公室编. -- 北京 ：方志出版社，2018.1
ISBN 978-7-5144-2943-5

Ⅰ. ①灌… Ⅱ. ①灌… Ⅲ. ①灌云县－2017－年鉴
Ⅳ. ①Z525.34

中国版本图书馆CIP数据核字（2018）第014831号

灌云年鉴（2017）

编　　者：灌云县地方志编纂委员会办公室
责任编辑：宁　芳
出 版 人：冀祥德
出 版 者：方志出版社
地址　北京市朝阳区潘家园东里9号（国家方志馆4层）
邮编　100021
网址　http://www.fzph.org
发　　行：方志出版社图书经销中心
电话（010）67110500
经　　销：各地新华书店
印　　刷：南京凯德印刷有限公司
开　　本：889×1194　1/16
印　　张：24.75
字　　数：960千字
版　　次：2018年1月第1版　2018年1月第1次印刷
印　　数：0001～1000册
ISBN 978-7-5144-2943-5　定价：280.00元

灌云县地方志编纂委员会

《灌云年鉴》编辑部

中共灌云县委党史办公室　灌云县地方志编纂委员会办公室

地　　址:灌云县城幸福大道1号县行政中心十一层　　邮　　编:222200

电　　话:0518-88997076　　电子信箱:gyxszb@163.com

编 辑 说 明

一、《灌云年鉴(2017)》(以下简称本年鉴)坚持以马克思列宁主义、毛泽东思想、邓小平理论、“三个代表”重要思想、科学发展观、习近平新时代中国特色社会主义思想为指导,坚持辨证唯物主义和历史唯物主义的立场、观点和方法,实事求是记载灌云县2016年度经济建设、政治建设、文化建设、社会建设、生态文明建设等各方面的基本面貌和发展情况,力求反映时代特征、年度特点和时代特色,为各级领导提供准确的信息和情况,为各界人士了解、研究灌云提供基本信息资料,为编修地方综合志书积累资料。

二、本年鉴记述时限原则上从2016年1月1日至2016年12月31日,个别部类下延至2017年3月,图片采用至2017年9月。

三、本年鉴采用条目式记事体,分类编纂。设类目、分目、条目3个层次:少数部类在分目下设子目,子目不体现严格的科学分类体系。条目是记述的基本层次,条目标题以黑体字加【 】标示。在大事记中,若同一时间发生多件大事,则从第二件开始,时间以“△”表示。

四、本年鉴设特载、大事记、灌云概貌、中共灌云县委员会、灌云县人民代表大会、灌云县人民政府、政协灌云县委员会、中共灌云县纪律检查委员会、社会团体、交通、邮政·电信、城乡建设与环境保护、建筑与房地产业、开放型经济、园区建设与临港开发、工业、农业·水利、商贸服务、旅游、银行·保险、财政·税务、经济综合管理、法治、军事、教育、科学技术、文化·媒体、卫生·体育、劳动·就业·社会保障、社会生活、乡镇街道(场)、省市属单位、人物、光荣榜、附录35个类目。

五、本年鉴文稿由各单位、各部门提供,单位负责人主审。作者姓名加“( )”列于正文之后,没有具体作者的以单位代之。

六、本年鉴中的主要数据由县统计部门提供;县统计部门未作统计的数据,则采用各相关单位提供的数据。有些数据因统计口径、统计时间不同而产生差异,请读者引用时加以注意。

七、本年鉴检索系统:卷首设详细目录和英文要目;卷末置按字母顺序排列的主题分析索引;书眉排有标题。

伊山伊水伊甸園

真情真意真羅書

灌云县地图（2016年）

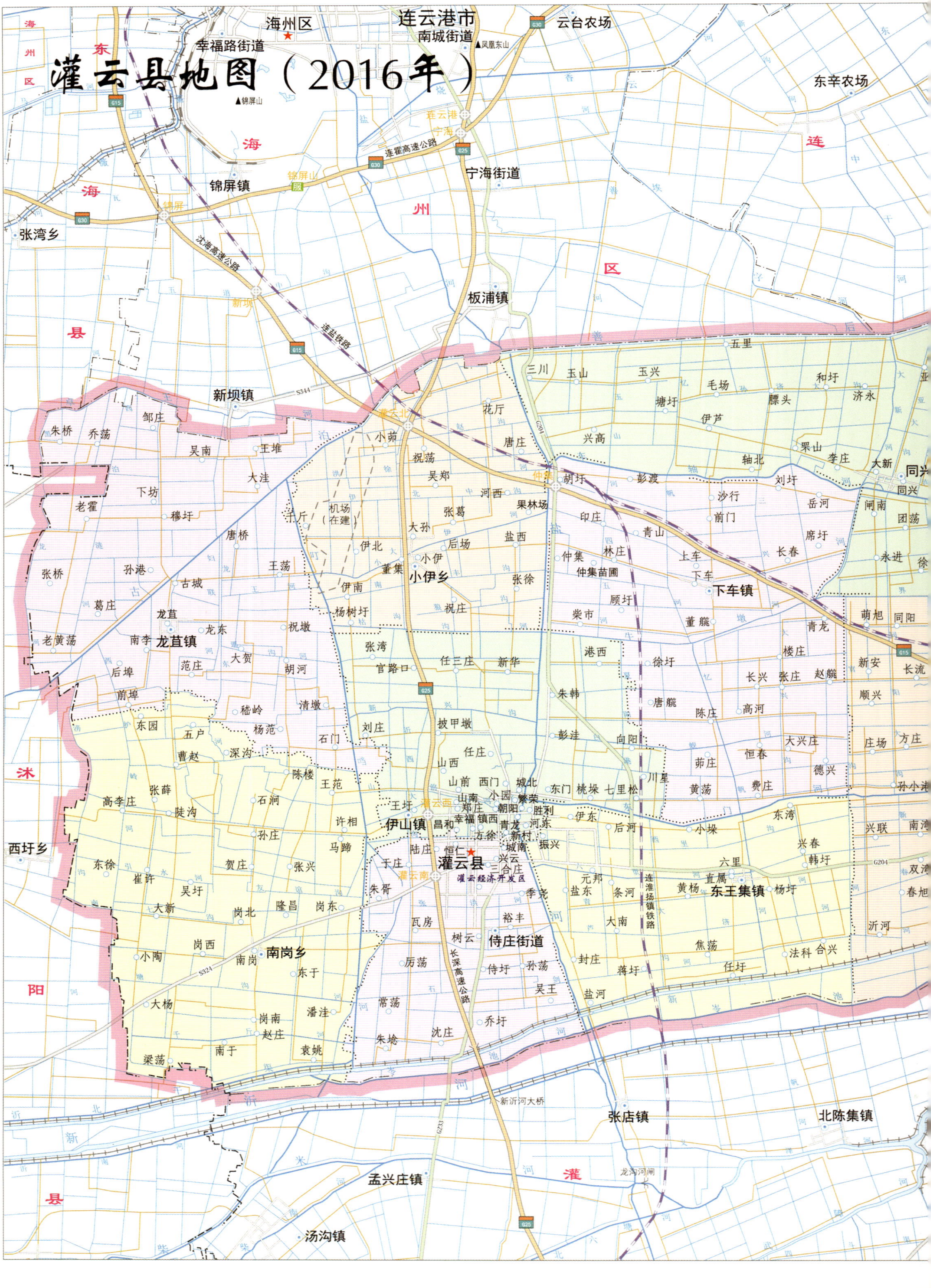

海州区
连云港市
幸福路街道
南城街道
凤凰东山
云台农场
东辛农场
锦屏山
东海县
海州区
连云港
宁海
连霍高速公路
宁海街道
锦屏镇
锦屏山
锦屏
张湾乡
沈海高速公路
新坝
连盐铁路
板浦镇
新坝镇
灌云北
仲集
伊山镇
灌云西
灌云南
灌云县
灌云经济开发区
小伊乡
下车镇
同兴
龙苴镇
南岗乡
侍庄街道
东王集镇
西圩乡
沭阳县
长深高速公路
连淮扬镇铁路
新沂河大桥
张店镇
北陈集镇
孟兴庄镇
汤沟镇
龙沟河闸
灌
三川
玉山
玉兴
毛场
和圩
济永
塘圩
膘头
伊芦
兴高
罘山
轴北
李庄
大新
胡圩
彭渡
刘圩
沙行
岳河
闸南
团荡
前门
印庄
青山
席圩
林庄
仲集苗圃
上车
下车
长春
永进
顾圩
柴市
董舰
萌旭
同阳
青龙
楼庄
港西
徐圩
新安
长流
长兴
张庄
赵舰
唐舰
陈庄
高河
顺兴
朱韩
彭洼
向阳
庄场
方庄
大兴庄
恒春
茆庄
德兴
川星
黄荡
费庄
东湾
兴联
小垛
兴春
韩圩
六里
直属
黄杨
杨圩
双湾
春旭
沂河
法科
合兴
焦荡
任圩
元邦
盐东
条河
大南
封庄
蒋圩
盐河
季庄
裕丰
树云
孙荡
侍圩
吴王
乔圩
沈庄
厉荡
常荡
朱埝
瓦房
朱胥
于庄
陆庄
恒仁
兴云
三合庄
昌和
幸福
镇西
方徐
城南
振兴
伊东
后河
王圩
郑庄
朝阳
青龙
新村
河东
胜利
繁荣
小园
城北
东门
桃垛
七里松
山前
西门
山南
山西
任庄
披甲墩
刘庄
石门
张湾
官路口
任三庄
新华
杨树圩
祝庄
伊南
董集
小伊
张徐
盐西
后场
大孙
伊北
张葛
河西
果林场
吴郑
祝荡
小茆
花厅
唐庄
机场（在建）
于斤
朱桥
乔荡
邹庄
吴南
王堆
大洼
老霍
下坊
穆圩
唐桥
张桥
孙港
古城
王荡
葛庄
龙苴
龙东
祝墩
老黄荡
南李
大贺
后埠
范庄
胡河
前埠
嵇岭
清墩
杨苑
东园
五户
曹赵
深沟
陈楼
王苑
高李庄
张薛
陡沟
石涧
许相
孙庄
马蹄
东徐
崔许
贺庄
张兴
吴圩
大新
岗北
隆昌
岗东
岗西
小陶
南岗
东于
大杨
岗南
潘洼
赵庄
袁姚
梁荡
南于
G15
G30
G25
G233
G204
S344
S324

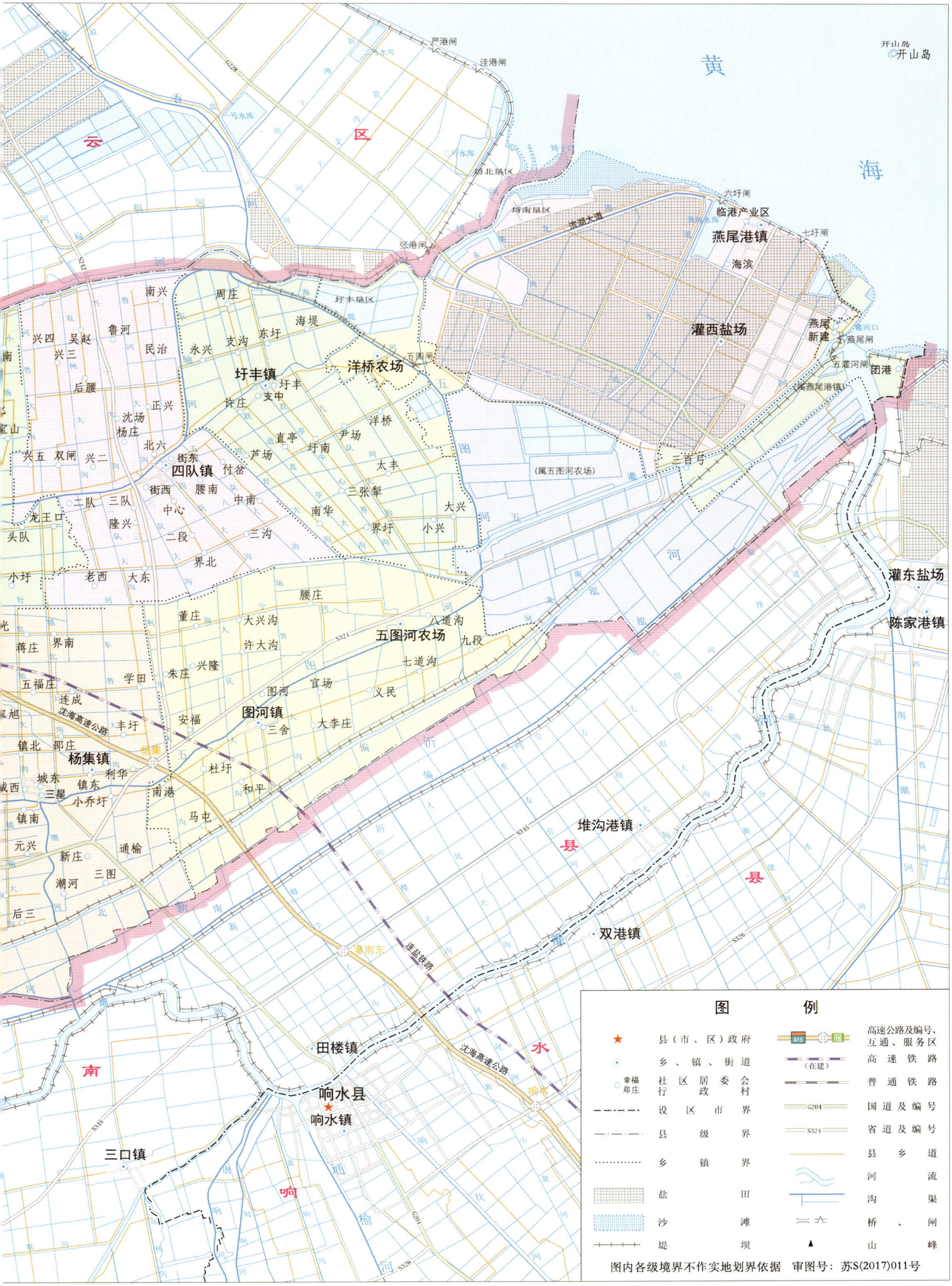

图内各级境界不作实地划界依据 审图号：苏S(2017)011号

2016年7月19日，中共灌云县第十二次代表大会会场

县委书记左军作县委常委会工作报告

2017年1月18日，灌云县第十六届人民代表大会第一次会议会场

县长朱兴波作县人民政府工作报告

2017年1月18日，灌云县第十六届人民代表大会第一次会议会场

县人大常委会主任孙毅作人大常委会工作报告

2017年1月17日，政协灌云县第十届委员会第一次会议会场

县政协主席汪辉作政协常委会工作报告

2016年11月30日，灌云县与美国俄勒冈州克拉克马斯郡建立友好城市关系签字仪式

2016年9月14日，市工业投资集团灌云产业基金合作协议签约仪式

2016年9月20日，全市重点工业项目秋季集中开工仪式

2016年7月16日，中国·灌云豆丹美食文化节文艺演出

2017年1月16日，灌云好人园开园启动仪式

2017年2月12日，全省重大项目集中开工现场推进会灌云分会场
品品鲜生物科技食用菌加工项目启动仪式

目　录

特　载

大　事　记

灌云概貌

中共灌云县委员会

灌云县人民代表大会

灌云县人民政府

政协灌云县委员会

中共灌云县纪律检查委员会

社会团体

交　通

邮政·电信

城乡建设与环境保护

建筑与房地产业

开放型经济

园区建设与临港开发

工 业

农业·水利

商贸服务

旅　　游

银行·保险

财政·税务

经济综合管理

法 治

军 事

教 育

科学技术

文化·媒体

卫生·体育

劳动·就业·社会保障

社会生活

乡镇街道（场）

省市属单位

人　物

光　荣　榜

附　　录

索　引

矢志跨越争先　奋力崛起苏北
为加快建设强富美高幸福新灌云而努力奋斗

——在中国共产党灌云县第十二次代表大会上的报告

县委书记　左　军

（2016年7月19日）

一、奋进的历程，积极的变化：五年发展成就的回顾总结

县第十一次党代会以来的五年，是灌云在崛起振兴道路上砥砺前行的五年，是灌云经济社会各个方面都发生新的变化的五年。五年来，在省市委的坚强领导下，我们团结和带领全县人民抢抓机遇，务实苦干，较好完成了县第十一次党代会提出的各项任务，谱写了灌云发展史上又一个又好又快发展的新篇章。

五年来，我们始终狠抓第一要务，综合实力迈上新的台阶。GDP、规模以上固定资产投资、规模以上工业增加值、一般公共预算收入、社会消费品零售总额等主要经济指标都保持较快增长。现代产业体系加快构建，新型工业化进程不断推进，工业对GDP贡献份额不断提高；现代高效农业持续拓展，建成省级现代农业产业园和现代渔业产业园，获批省级农产品加工集中区；现代服务业快速扩张，港口物流、乡村旅游、“互联网+”等新型业态加快孕育，整体经济开始加快转型升级。

五年来，我们纵深推进改革开放，体制机制迸发新的活力。关键环节和重点领域改革加快实施，特别是投融资体制改革取得实质性突破，威迪机械等6家企业在Q板、E板和“新三板”成功上市；组织实施新一轮财政体制改革，有力推进供给侧结构性改革；行政审批制度改革进一步深化，顺利完成新一轮机构改革，全面完成小型水利工程管理体制改革。对外开放步伐加快，经济外向度持续攀升。

五年来，我们牢固坚持统筹并进，城乡面貌发生新的变化。中心城市建设稳步推进，初步拉开县城东城区道路框架，老城区道路改造、市政设施等配套进一步提升；小城镇建设、新农村建设取得新的成效，大力度开展城乡环境集中整治，实现了村居服务中心规范化、乡镇污水处理厂、四级垃圾收集转运体系全覆盖，成功创建省文明城市。城乡重大基础设施建设进展有序，燕尾港港开港运营，5万吨级航道试通航；海滨大道、228国道、324和242省道改扩建等建成通车，连盐、连淮扬镇铁路建设和204国道灌云段改扩建加快推进；农田水利体系进一步完善。

五年来，我们致力增进民生福祉，社会事业取得新的进展。大力实施就业创业增收行动计划，城乡居民可支配收入稳步增长。社会保障体系进一步健全完善；完成新一轮脱贫奔小康工程；解决42.5万人饮水安全问题。加快推进以改善民生为重点的教育、卫生、文化等各项社会事业发展，加强社会治理创新和平安法治建设，义务教育发展基本均衡县通过国家级验收，成功创建全国全民健身先进县、全国群众体育先进县、省教育现代化县、省学前教育改革发展示范区、省中医药管理先进县、省卫生应急示范县、省农民健康工程先进县、省新型农村合作医疗先进县和省平安县、信访工作先进县。

五年来，我们全面从严治党管党，执政能力实现新的提升。深入开展党的群众路线教育实践活动和“三严三实”专题教育，重力整治“四风”顽症，党员干部队伍的精神状态、党性观念、作风素质明显提升。切实加强各级领导班子和干部队伍建设,圆满完成乡镇党委换届工作。以创先争优为载体,强力推进农村、机关、社区、企事业单位和“两新”组织党的建设。严格落实“两个责任”,健全完善惩防体系,深入开展反腐败斗争。精神文明建设深入推进,涌现出了全国“时代楷模”开山岛夫妻哨等一批重大先进典型。切实加强党对人大、政协工作的领导,人大、政协依法履行职能,在服务大局、推进发展上取得了显著成效。统战、武装、“双拥”、工会、共青团、妇联、工商联、科协、台侨、民族、宗教、老干部、慈善、老促会和关心下一代工作都取得了新的进展。

五年奋斗的历程充满艰辛,五年奋斗的成绩来之不易,所有亲身经历这一历史性进程的灌云人都有理由感到高兴与自豪!历史由人民创造!在此,我代表县委向全县百万人民、向广大党员干部、向所有关心支持灌云发展进步的社会各界人士致以崇高的敬意和衷心的感谢!

五年来,灌云儿女奋发有为,灌水云山生机勃发,灌云已经进入了一个全新的发展阶段。此时此刻,我们更要清醒地看到存在的差距和不足:经济量级小,产业层次低,综合实力较弱,人均GDP在全省县(市)排名倒数第一、农村居民人均可支配收入倒数第二、城镇居民人均可支配收入倒数第三;城市功能不配套不完善,内涵不够丰富;民生事业、公共服务、社会事业欠账较多;尚有9.7万低收入人口亟待脱贫,补齐全面建成小康短板的任务艰巨;投资发展环境严重制约经济发展,处在全省洼地的严重滞后状态仍然没有得到根本性改变。这些问题的存在既有历史层面的原因,更有思想层面、实践层面的原因,突出表现在:少数党员干部缺乏强烈的创新意识、拼搏精神和责任担当,解放思想的程度、推进发展力度和工作执行力与发展的要求有较大的差距;蕴藏在人民群众中的巨大内生动力没有充分激发出来;影响和制约发展的深层次体制机制障碍没有得到有效破解,等等。对此,我们必须要采取有效措施,切实加以解决。

二、重大的使命,宏伟的愿景:全面建成小康的指导方略

站在新的历史起点上展望未来,灌云已经进入了大有可为的加速赶超期,我们既面临着多重叠加的历史性战略机遇,又拥有着无可比拟的独特区位优势,更正在迸发着崛起振兴的强大内生动力,天时、地利、人和兼备,完全有条件有可能开创后发先至的崭新时代。今后五年全县工作的指导思想是:高举中国特色社会主义伟大旗帜,以邓小平理论、“三个代表”重要思想、科学发展观和习近平总书记系列重要讲话精神为指导,以“四个全面”战略布局为统领,牢固树立“创新、协调、绿色、开放、共享”发展理念,大力实施“工业主导、创新驱动、开放引领、城乡统筹、民生共享”五大发展战略,壮大现代产业,推进转型升级,深化改革开放,统筹城乡发展,增进民生福祉,创新社会治理,全面从严治党,在新的起点上奋力夺取全面建成小康社会的伟大胜利,加快建设强富美高幸福新灌云。

今后五年全县经济社会发展的总体奋斗目标是:实现“一个确保、二个两番、六个倍增”,即:确保到2019年全面建成小康社会;到2020年规模以上固定资产投资、规模以上工业投资较2015年翻两番;GDP、规模以上工业总产值、规模以上工业增加值、一般公共预算收入、城镇居民人均可支配收入、农村居民人均可支配收入实现成倍增长,综合排名在全省显著前移。

实现宏伟愿景,需要我们“凝聚共识,规划引领,精益求精,团结拼搏”,心无旁骛地奋勇前行。

凝聚共识,就是要“唤起工农千百万”,形成锐不可挡的磅礴力量。这对于深受厚重历史文化熏陶的灌云人来说,应该有这个境界。我们始终坚信:自甘平庸不是灌云人的特质,积极进取才是灌云人特有的风貌。

规划引领,就是要坚持规划先行,以高起点、大手笔、前瞻性的战略规划引领行动。这对于率先领略改革开放气息的灌云人来说,应该有这个感悟。我们始终坚信:用昂扬的斗志就能找到出路,用科学的规划就能开创未来。

精益求精,就是要确立强烈的精品意识,致力把各项工作做到极致。这对于勤劳智慧的灌云人来说,应该有这个追求。我们始终坚信:灌云人不仅能办好灌云的事,而且也一定能比别人做得更快更好。

团结拼搏,就是要上下同频共振,众志成城谋发展。这对于面临历史性战略机遇的灌云人来说,应该有这个自觉。我们始终坚信:灌云的干部队伍是团结拼搏的坚强团队,灌云的广大人民是无坚不摧的伟大人民。

实现宏伟愿景,需要我们牢牢把握五大实践要领。

第一,必须始终坚持发展决定一切。发展不充分是灌云最突出的主要矛盾,解决灌云一切问题的基础在发展。灌云发展已经没有任何退路,小进必退,慢进必衰。灌云的发展等不得、慢不得、拖不得。等,会弱化我们的意志;慢,会滋长我们的惰性;拖,会败坏我们的作风,必须把加快发展鲜明地镌刻在灌云跨越崛起的全过程。

第二,必须始终坚持创新推动一切。创新是发展的动力之源。探索不一定成功,但不探索永远也不会成功。我们要敢于突破传统的思维定势,善于用创新的思路办法破解难题,想他人所不曾想,谋他人所不曾谋,做他人所不曾做,以创新赢得发展先机、构建发展优势。

第三,必须始终坚持民生优先一切。让人民群众共享改革发展成果是我们孜孜不懈的最大追求。发展的责任重于山,人民的利益高于天。我们必须把体现人民意志、实现好群众利益作为一切工作的出发点和落脚点,始终把依靠人民群众作为推进事业的根本保证,带着感情、带着智慧、带着责任谋求发展、服务群众、造福于民。

第四,必须始终坚持生态重于一切。既要金山银山,又要绿水青山,是我们必须遵循的根本方略。我们决不能走先污染后治理的老路,决不能走拼资源、拼环境、拼消耗的旧路,决不能花子孙的“钱”、吃子孙的“饭”,把保护好、开发利用好生态环境摆在更加突出的战略位置,不留下遗憾,不留下败笔。

第五,必须始终坚持实干创造一切。真抓见真效,实干出实绩。推进灌云跨越崛起,尤其需要少说教多做事、少清谈多干事,尤其需要脚踏实地、真抓实干。我们必须把精力放在干工作上,把功夫下在抓落实上,把本领用在促发展上。以实为本,以真为要,以干为先,不做清闲官,争当实干家,挥洒激情汗水,书写无悔人生。

三、全新的任务,科学的路径:奋力崛起苏北的战略重点

从战略高度谋划和推进灌云跨越崛起,关键要显著提升要素吸引力、产业集聚力、统筹发展力、区域创新力、民生保障力和社会治理力。今后五年要紧紧围绕"一个主攻、三个争创、五个提升"的重点任务,集中精力,强势推进,奋力开创经济社会发展新局面。

——"一个主攻",就是要坚定不移主攻招商引资,以更加开放的视野全方位集聚要素资源。展望未来,在灌云1500多平方公里的宏大舞台上必将展现"铺天盖地的项目落户、塔吊林立的开发工地、热火朝天的建设干劲、高歌猛进的发展态势"的壮丽图景,需要我们全方位引进优质要素,源源不断地注入大开发、大建设、大发展的主战场。加快集聚项目资源。始终坚持项目为纲、主攻项目招引与建设不动摇,创新招商策略,健全招商网络,实行划片招商,充分利用港口、区位、腹地和投资机会多、商务成本低等组合优势,瞄准有实力、有意向、有优化战略布局需求的世界500强、跨国公司、大型央企与民企,持续组织一浪高过一浪的强大招商攻势,全面突破龙头型、基地型项目和重大战略投资者。继续坚持"一、二、三产业并举,大、中、小项目齐上,外资、民资、国资同抓,园区、部门、乡镇联动",力争未来几年招商引资翻番倍增、项目落户集聚爆发,为大跨越储足资本积累、提供要素支撑。加快集聚政策资源。抓住我县地处国家和省众多发展战略交叉辐射区的优势,认真研究吃透各项扶持政策,不断加大跑省进京汇报的密度、力度和强度,周密细致地逐条做好对接衔接工作,力争有更多的政策诉求进入国家和省规划盘子,力争在财政、金融、科教、基础设施、产业布局、专项资金等方面获得更大的支持。加快集聚金融资源。借助政策力量,强化资源整合、包装策划和市场运作,健全完善投融资平台体系,推进政府和企业发行债券、发展股权投资企业和创业投资基金,新增一批上市公司和基金、风投、创投机构,进一步强化金融支撑。加快集聚人才资源。大力实施"人才强县"战略,加大人才投入,坚持招商引资与招才引智并举,坚持所有与所用相结合柔性揽才,面向海内外大量引进紧缺型和适用型、创业创新型高层次人才。对看准了的人才和团队,要舍得超出同等城市的条件不惜重金引进来。要进一步优化投资发展环境,营造更加浓烈的亲商氛围,打造更加便捷高效的资源要素进入通道。

——"三个争创",就是要致力争创江苏沿海开发新高地、乡村旅游示范区、融合创新发展先导区,以更加高远的定位打造区域发展竞争优势。走错位竞争、差别化发展之路,在具有比较优势领域、刚起步领域与发达地区比拼,形成特色,抢占新一轮发展制高点。

争创江苏沿海开发新高地。东部沿海承载着灌云崛起振兴的梦想,寄托着灌云后发先至的希望。我们的目标是:坚持港产城一体联动,全面对接徐圩片区,埋头苦干三五年,打造千亿元级经济板块,力争到2020年进入江苏沿海开发前列。做强港口引擎。按照连云港港组合配套港、江苏区域性海河联运中心的定位,推进燕尾港港航道拓浚和码头泊位开发,到2020年建成万吨级泊位10个以上。全面提升港口综合配套功能,加强基础设施建设,完善"一关三检"体系,确保2017年正式对外开放,2020年建成国家一类开放口岸,港口吞吐量突破1000万吨。做大沿海产业。重点发展新兴战略产业、临港基础工业、港口现代物流等三大支柱产业,优化产业布局,抬高项目门槛,集中力量突破战略投资者,坚决不上和逐步淘汰小化工企业,把临港产业区建成全省重要的石化基地、先进装备制造基地和新能源、新材料等沿海新兴产业基地及港口物流基地,创建省级临港产业区。做精燕尾新城。立足为港口发展、产业壮大提供完善的配套服务,把燕尾新城建设成为彰显海洋风韵、凸显生态文明的全省一流海滨新城。

争创江苏乡村旅游示范区。围绕"伊山伊水伊甸园,真情真意真灌云"的工作主题,按照"全景建设,全域旅游"的工作要求,有效整合大伊山、伊芦山、沂河淌等县内旅游资源,完善规划,创新机制,加大开发建设力度,全力加快旅游业发展。特别要加快推进生态观光农业和乡村休闲旅游,力争到2020年把灌云建成全省乃至全国的观光农业和乡村旅游强县。坚持重点突破,整体推进,未来三年集中力量率先启动打造伊山百果园、潮河湾生态园和伊芦山历史文化生态园,力争通过三年努力建成全国一流的乡村旅游示范景区。

争创江苏融合创新发展先导区。融合是发展趋势,更是增创新一轮发展竞争优势的关键所在。要以前瞻性的战略眼光,立足领先一步,快人一拍,加快推进融合创新发展,重点推进一、二、三产业一体化融合发展,推进农业与二产的农产品加工、与三产的乡村旅游融合发展;加快推进开发区电子商务产业园建设,推进工业"两化"改造提升;实施"农业+互联网+流通"行动,依托颐高电商创业园,加强农业信息化改造,确保到2018年实现村级淘宝服务站全覆盖,推进农业发展向中高端迈进,力争融合发展走在全市、苏北乃至全省的前列。

——"五个提升",就是要加快提升产业集聚力、统筹发展力、区域创新力、民生保障力、社会治理力,以更加扎实的举措推动经济社会转型升级。围绕增强综合县力,抓住重点领域和关键环节,整合要素,集中投放,努力实现经济社会更好更快发展。

1. 突出规模集约,加快提升产业集聚力。产业薄弱、结构层次不高是灌云发展最大最突出的短板,必须把培育壮大现代产业作为重中之重,全力抬升量级,优化增量积累,加快

构建以现代工业为支撑、以现代服务业为主导、以现代农业为基础的现代产业体系。做大做强工业主体经济。始终坚持工业兴县第一方略不动摇,始终坚持大办工业、办大工业不动摇,今后五年重点实施"551"新型工业培育行动,推动工业向集约集群式跨越。培育500家规模企业。坚持一手抓新上重大骨干项目,一手抓现有规模企业技改扩张,建成一批销售过十亿元、超百亿元和入库税金过千万元、超亿元的规模骨干企业,力争10个企业实现上市,确保到2020年规模工业企业突破500家。培育500亿元支柱产业。以新兴战略性产业为方向,主动承接徐圩片区带动辐射,做大石化产业;以光电、风电及超超临界火电等新能源、清洁能源和新材料为重点,做大新能源新材料产业;以海工装备、农业机械等为重点,做大先进装备制造业;以促进价值链向高端延伸为重点,做大轻工纺织及农产品加工业,力争到2020年四大支柱产业现价产值均突破500亿元。培育1000亿元园区板块。到2020年临港产业区产值突破1000亿元,经济开发区产值突破500亿元。加强镇域经济发展,因地制宜地办好乡镇工业集中区。到2020年工业对全县经济贡献份额提高到50%以上。扩张提升现代高效农业。重点加快农业向二三产业拓展延伸,突出发展农产品加工龙头企业、高效设施农业、生态观光农业,培育农业"产、加、销+互联网"新业态,壮大农业特色产业和支柱产业。以培育龙头企业、专业合作组织、家庭农场等新型农业经营主体为载体,推动农业结构战略性调整,建强现代农业、现代渔业园区核心区,提高农业规模化、标准化、产业化经营水平。加快提升农业综合生产能力,力争到2020年初步构建以现代装备为基础、现代科技为支撑、现代经营为特征、现代农民为主体的现代农业体系。加快拓展现代服务业。实施总量、贡献"双倍增"计划,抓住工业化、城镇化加快推进的契机,重点培育一批上规模的生产性服务企业,建设一批上水平的城市综合体,带动传统服务业的业态提升与创新;依托海港、空港和交通枢纽节点,打造海空陆港物流经济园,形成特色鲜明的现代服务业品牌,努力把灌云建设成为旅游休闲之城、商贸物流之城、餐饮美食之城、研发创意之城。

2. 优化空间布局,加快提升统筹发展力。坚持以工业化致富农民、城镇化带动农村、产业化提升农业,推动城乡规划、产业发展、基础设施、公共服务一体化。加快中心城市建设。按照建设现代化中等城市的目标,修编"大尺度、生态型、高端化"的县城建设规划,扩大城区远景规划控制面积,为未来发展留足空间。今后五年重点构建县城内环、外环通道,全面拉开总体道路框架,形成便捷快速的交通体系;围绕山水做文章,加快北环路、北出入口建设和山前河、盐河风光带建设,真正形成山在城中、山水相依的生态画卷;加快推进东城区开发和开发区南延工程,充实丰富城市建设内涵;有序推进老城区改造,完善提升城市基础设施和公共服务配套功能;加强城市管理,建设"智慧城市",争创国家级文明城市、卫生城市、环保城市和园林城市。同步推进小城镇建设,打造一批特色城镇,着力构建"一城、一港、五中心、多节点"的城镇化格局。推进美丽乡村建设。按照"产业发展、服务配套、环境优美、富裕文明"的目标,加大康居示范村、特色产业村、环境整洁村建设力度,推进城乡公交一体化、区域供水标准化、水利设施现代化、垃圾处理无害化,展示新农村建设时代风貌。完善提升基础设施。重点实施大交通发展战略,举全县之力,加快连盐、连淮扬镇铁路和连云港新机场建设,确保按序时建成投用;完成204国道改扩建工程;加快县内各场站节点、经济节点的联通,着力构建"六纵五横"的县道网络,形成快速便捷的现代交通体系。统筹抓好高标准农田改造、水利重点县等水利基础设施建设。强化生态环境保护建设。对环境质量、土地利用、生态功能区实行更加严格的管控制度,强化节能减排,发展循环经济,推进绿色增长,争创省级循环农业示范县、国家级生态县,保护好灌云的自然之美、生态之美、绿色之美。

3. 激活增长动能,加快提升区域创新力。以创新打破观念壁垒、冲破体制约束、破解发展难题,让一切有利于发展的动力源泉喷涌而出。推进体制机制创新。以市场化为取向,全面深化各项改革,重点推进供给侧结构性改革,深入落实"三去一降一补"改革任务,打好扶持实体经济企业发展组合拳。推进金融体制改革,有效整合政府各类资源性、经营性资产,提升投融资规模、质量和效益。深入推进农村经营管理体制、行政管理体制、财税管理体制和教育、文化、卫生及社会管理体制等改革。构建科技创新体系。把推进科技创新作为转型升级的主抓手,加强科技创新载体内涵及功能建设,完善各类科技公共服务平台。推进"政、产、学、研、资"深度合作,力争到2020年科技进步贡献率提高到60%以上。强化企业创新主体。引导企业确立"技术为本"的发展观,加大技改和研发投入,鼓励支持规模企业建立重点实验室和专家工作室,支持规模以上工业企业建立研究生工作站、博士后工作站、院士工作站、工程技术研究中心、企业技术中心和工程中心等研发机构。对科技创新企业给予政策激励。

4. 坚持以人为本,加快提升民生保障力。始终秉持共享发展理念,大力实施民生幸福工程,推动民生建设迈上新台阶。增收是民生之要。实施城乡居民收入倍增计划,以扩大就业、推进创业拉动居民收入增长。加强职业技能培训,建立全民创业扶持基金,深入推进大众创业、万众创新,大幅提高经营性收入、工资性收入比重,争创国家级创新创业型城市。扶贫是民生之急。扎实推进新一轮脱贫致富奔小康工程,统筹各类涉农资金和社会帮扶资源,坚持精准扶贫,组织产业扶贫,突出沂河淌重点片区连片扶贫开发,确保到2019年农村低收入人口全部脱贫、经济薄弱村全部转化,确保不让一人一户在小康路上掉队。社保是民生之基。进一步健全完善社保体系,稳步提高社保水平,努力实现人人享有基本社会保障的目标,力争到2020年城乡五大保险基本实现全覆盖。加快养老服务体系建设,健全社会救助制度,推进慈善事业健康快速发展。社会事业是民生之重。深入推进高水平教育现代化建设和义务教育均衡发展,加快发展职业教育、专业技术教育;进一步健全完善基本医疗服务体系和基本公共卫生服务体系，打造健康灌云；推进文化大发展大繁荣，显著提升灌云软实力。

5. 促进公平正义，加快提升社会治理力。坚持依法治县、依法执政、依法行政共同推进，法治灌云、法治政府、法治社会一体建设。加强民主政治建设。切实加强党对人大、政协工作的领导，支持人大、政协依法履行职责。进一步拓宽民意表达和公共参与渠道，依法保障人民群众的知情权、参与权、表达权、监督权。健全依法决策机制。完善行政决策程序规定，明确重大行政决策范围，认真落实公众参与、专家论证、风险评估、合法性审查、集体讨论决定重大行政决策的法定程序，全面推进法治政府建设。加强公民思想道德建设。以社会主义核心价值观凝聚共识、汇聚力量，大力选树先进典型和身边好人，组织开展“最美人物”系列、“三十佳”、“灌云好人”等评比活动。深化“诚信灌云”建设，建立社会信用奖惩联动机制。开展形式多样的精神文明创建活动。推进平安法治建设。把依法治县放在更加突出的位置，深入开展“七五”普法，从娃娃抓起，教育引导全社会学法懂法、知法守法；完善社会治安综合治理体制机制，加强公共安全体系建设，完善社会治安防控体系，依法打击各种违法犯罪活动。切实维护社会稳定。完善党和政府主导的维护群众利益协调机制、诉求表达机制、矛盾调处机制、权益保护机制；加强改进信访工作，依法规范信访秩序，及时解决群众合理诉求。完善和落实安全生产责任和管理制度。确保社会大局稳定，群众安居乐业。

四、坚强的领导，跨越的保证：全面从严治党的关键举措

习近平总书记在庆祝建党95周年大会指出：“历史从不等待一切犹豫者、观望者、懈怠者、软弱者。只有与历史同步伐、与时代共命运的人，才能赢得光明的未来。”全县各级党政组织和广大党员干部务必要时刻牢记总书记的谆谆告诫，“不忘初心，继续前进”，以更加奋发有为的精神状态、更加勤政为民的务实作风、更加清正廉洁的优良本色，更好地团结带领全县人民攻坚克难、阔步向前。

筑牢跨越崛起的思想保证。始终坚持把加强思想政治建设摆在首位，坚定不移地用邓小平理论、“三个代表”重要思想、科学发展观和习近平总书记系列重要讲话精神武装全党，深入扎实开展“两学一做”学习教育，进一步提高广大党员干部尤其是各级领导干部的思想理论水平。加强思想政治建设，根本的是要锤炼党性观念。要坚定理想信念，坚定政治立场，对党绝对忠诚，始终与党中央和省市县委保持高度一致。讲政治从来都不是空洞的口号，就灌云而言，加快崛起振兴就是最大的政治，讲政治就是要抓经济、抓发展，经济是政治的基础，政治是经济的体现，没有经济地位就没有政治地位，没有经济的政治就是空头政治，必须以讲政治为根本，以抓经济为中心，全力推进、服务和保障发展。加强思想政治建设，关键的是要锻造顽强的意志品质。前行的征途并不平坦，宏伟的愿景更不会自动生成。不怕路远，就怕志短，一切的一切全靠我们去奋斗。全县各级党员干部务必要确立这样一种观念：干部不吃苦，群众就要受苦；我们这代人不受累，下代人就要受罪，必须咬紧牙关，顶住压力，坚韧不拔，攻坚克难，不怕遭受挫折，不怕遭受非议，在过坎爬坡中奋力前行。加强思想政治建设，重要的是要凝聚全县的精气神。大力弘扬“团结拼搏、务实争先、开放包容、创业创新”的新时期灌云精神，通过强有力的思想政治工作，使百万灌云人始终坚定靠奋斗改变命运的必胜信心、始终昂扬拼搏奋进的精神风貌，把思想、智慧和力量全部集中到推进灌云崛起振兴上来。

造就履职担当的干部队伍。在较低的起点上实现后发先至，迫切需要一批勇立潮头、紧跟时代的开拓者，迫切需要一批锐意进取、善于创新的实干家，迫切需要一批攀高争先、勇创一流的带头人。我们的各级干部要具备更宽的眼界、思路和胸襟。眼界宽才能站得高、看得远，思路宽才能出路多、前景好，胸襟宽才能容万物、成大业。推进跨越崛起，我们不仅要在全省全国大局中找准定位，还要在全球范围内谋发展，谋划战略的眼光必须向上升一级，狠抓落实的身段必须向下沉一级，不断增强工作的主动性、创造性和前瞻性，有效驾驭新常态下越来越复杂的工作局面。我们的各级干部要具备更大的胆识、手笔和魄力。做事绝不能缩手缩脚、小家子气，必须确立高定位，以过人的胆识、非凡的魄力和宏大的手笔，干出一批让人刮目相看的大事情，实现一番让人震撼的大作为。事情要么不干，干就要敢争第一、勇创一流，干出灌云的速度，干出灌云的气势，干出灌云的标准，干出灌云的风采。我们的各级干部要具备更高的素质、能力和本领。衡量一个干部重要的是看有没有想干事的素质、真干事的作风、会干事的本领。持续开展集中军训，锻造铁军般的党员干部队伍；坚持在招商引资、项目推进、征地拆迁、信访稳定“四个一线”锻炼、培养、选拔干部，不断提升综合素质，确保有能力担当重任。特别是在经济新常态下，各级干部要在吃透上情、摸准下情、掌握实情的基础上，更加开动脑筋，创新方法，多出好思路、好招数，切实解决发展中遇到的实际问题，推动经济社会又好又快发展。我们的各级干部要具备更硬的担当、作风和毅力。硬仗是打出来的，发展的过程就是不断碰到困难、战胜困难的过程，我们一定要有看到问题不回避、遇到矛盾不上交、碰到困难不退缩的拼搏精神和政治品格，千方百计把前进道路上的艰难险阻踩在脚下。遇难即退是懦夫，遇险即躲是庸人。天上不会掉下馅饼，工作不敢担当，不去冒雨前行，永远不会有大的发展。做官就要做事，做事就要尽责，尽责就要见效。要坚决改变只想当官、不想做事，只想“乌纱帽”、不想担责任的陋习，切实把份内的责任担起来，把自己的担子挑起来。要坚持实干第一、干事为重，对组织上部署的工作和交办的任务，必须雷厉风行地不折不扣执行，确保令行禁止、政令畅通。加快发展不仅要出效益，更要出人才、出干部。在艰苦的地方工作，付出的总是比别人多。广大基层干部长期奋战一线，吃了许多苦，历经了许多磨难，饱尝了许多艰辛，对大家的工作，县委充分肯定，也非常理解；对大家取得的成绩，组织上是看到的，群众是不会忘记的，历史将会永远铭记的。县委将始终坚持为发展配干

部、凭实绩用干部的鲜明导向,进一步健全完善科学合理的考核机制,确保让政绩突出的人不吃亏,让埋头苦干的人不心寒,让庸懒散浮的人没位子,让投机取巧的人没便宜。县委将建立容错机制,鼓励探索创新,为敢担当者担当,激励各级干部干事创业、建功立业。

夯实推进发展的基层基础。坚持重心下移、工作下沉,进一步明确各级党组织抓基层党建的责任清单,各级党组织书记要切实履行第一责任人的责任,把管党治党的责任和举措落实到基层。坚持政治功能与服务功能相统一,进一步规范组织设置,强化队伍建设,创新活动载体,完善制度体系,推动基层党组织工作的全面覆盖和有效覆盖。坚持把农村基层党组织建设作为重中之重,加快推进薄弱村转化提升,不断增强农村基层党组织的创造力、凝聚力和战斗力。自己不会富,不能当村干部;只顾自己富,不配当村干部;只有自己富,还能带领群众富,才是好的村干部。坚持多渠道培养、选用村干部,真正做到谁能真正维护群众利益就用谁,谁能带领群众脱贫致富就选谁,谁能把农村经济搞上去就奖谁。进一步加强机关、社区、企事业单位和“两新”组织的党建工作,充分发挥推动发展、服务群众、凝聚人心、促进和谐的作用。加强党员教育管理,做好党员的培养和发展工作,逐步把经济能人培养成党员,把党员经济能人培养成为带领群众致富的带头人。全体党员都要积极投身“两学一做”学习教育,带头锤炼党性,带头推进发展,带头创先争优,带头弘扬新风,争当“四讲四有”合格党员,以自己的先锋模范作用影响和带动广大群众积极投身于灌云崛起振兴的蓬勃热潮。

营造风清气正的政治生态。从推进党的事业、维护群众利益的高度,充分认识加强党风廉政建设和反腐败斗争的极端重要性,坚持标本兼治,综合治理,进一步健全完善教育、管理、监督相结合的惩防体系,从源头上预防腐败问题的产生。做事要讲究成本,什么成本最高?犯罪的成本最高,犯了罪,组织上痛心,家庭亲友伤心,自己也捶胸悔心,代价是惨痛的,教训是深刻的。在跨越发展的进程中,我们的各级干部都必须用行动来回答:为官一任究竟留下什么?事实证明,如果兢兢业业、干事干净,留下的一定是思念;如果碌碌无为、一事无成,留下的必定是空白;如果以权谋私、贪赃枉法,留下的肯定是骂名。我们务必要严格自律,既要干事更要干净,既要勤政更要廉政,时刻自省自警自励,千万不能因为有权就为所欲为,千万不能因为别人的奉承而忘乎所以,千万不能因为组织上的批评而意志消沉,千万不能因为一时糊涂而做出遗恨终生的蠢事。我们全体党员干部特别是各级领导干部必须做到:发展经济,造福百姓,哪一条都不能少;依法行政,按章办事,任何时候都不能丢;严于律已,率先垂范,干任何工作都不能忘。要切实强化党风廉政建设党委主体责任和纪委监督责任,各级党政“一把手”要切实履行党风廉政建设第一责任人的责任,坚守真理,坚守正道,坚守原则,坚守规矩,自觉接受监督,管好自己、正好家风,管好班子、带好队伍。要旗帜鲜明地反对腐败,对任何腐败行为和腐败分子都要一查到底,绝不姑息迁就,以优良的党风政风为加快发展营造更加清正廉明的政治生态。

同志们,灌云是一方历史文化厚重的热土,早在6500年前我们的先人就在这片不平凡的土地上创造出古老而灿烂的文明,自此之后岁月悠悠、沧海桑田,历经秦汉、魏晋、唐宋、明清几度振兴。新中国的诞生又揭开了灌云崭新的一页,进入新的历史时期,推进灌云崛起腾飞的接力棒传到了我们的手中,这将是何等光荣而艰巨的任务,这将是何等宏伟而壮丽的事业。让我们紧密地团结在以习近平同志为总书记的党中央周围,在省市委的坚强领导下,紧紧依靠全县广大党员干部和人民群众,万众一心,群策群力,战胜前进道路上的一切艰难险阻,用我们的不懈奋斗和辛勤汗水,奋力开创灌云更加辉煌美好的明天!

潮河湾风光

政府工作报告

——在灌云县第十六届人民代表大会第一次会议上

县长　朱兴波

（2017 年 1 月 18 日）

2012 年以来工作回顾

2012 年以来，在市委、市政府和县委正确领导下，在县人大、县政协监督支持下，我们立足灌云实际，积极适应经济发展新常态，牢牢把握稳中求进总基调，着力破解发展难题、增强发展动力、厚植发展优势，全县经济健康发展、改革深入推进、作风持续转变、社会和谐稳定，各项事业蒸蒸日上。五年风雨兼程，凝聚起磅礴力量；五年砥砺前行，书写了精彩篇章。

五年来，我们奋力赶超，综合实力大幅提升。较 2011 年，预计全县地区生产总值增长 0.7 倍，年均增长 11.1%；规模以上固定资产投资增长 0.93 倍，年均增长 14.1%；社会消费品零售总额增长 0.75 倍，年均增长 11.9%；城镇居民和农村居民人均可支配收入分别增长 0.64 倍、0.66 倍，年均增长 10.4%、10.7%。在最具投资潜力中小城市百强榜排名前移 18 个位次。先后荣获全国生态特色旅游县、粮食生产先进县、十佳金融生态示范县、全民健身先进县、群众体育先进县、中国名厨之乡等称号。

五年来，我们全力攻坚，产业发展提质增效。三次产业结构不断优化，占比由 2011 年的 23∶47∶30 预计调整为 19∶44.2∶36.8。深入推进“工业强县”战略，全县规模以上工业企业 262 家，较 2011 年底增加 63 家；规模以上工业产值达 760 亿元，制造业税收增长 1.42 倍。农业经济平稳发展，粮食生产稳定增长，设施农业面积达 28 万亩，申报“三品一标”近 400 个，培育市级以上农业龙头企业 24 家，现代渔业园区、农产品加工集中区获批省级农业园区。现代服务业稳步提升，逐步构建以休闲旅游、电子商务、商贸物流为主的现代服务业体系，服务业增加值较 2011 年增长 1.1 倍。

五年来，我们致力改革，发展活力日益凸显。全面推进供给侧结构性改革，落实“三去一降一补”任务。稳步推进行政审批制度改革，进一步优化审批流程。行政服务中心标准化改革试点工作通过省级验收并在全市推广。顺利完成“营改增”工作，在全省率先探索国地税深度合作、联合办税模式，经验做法在《人民日报》刊载。打造不动产统一登记“四统一、八到位”的灌云模式并在全省推广。投融资体制改革取得突破，成功发行 16 亿元企业债、10 亿元中票等直接融资项目，平台公司年融资规模 100 亿元；1 家企业在新三板成功上市，5 家企业在上股交挂牌。完成小型水利工程管理体制改革，农村产权制度改革初见成效，县农村产权交易中心投入运行，农村土地承包经营权确权登记颁证工作基本完成。

五年来，我们聚力建设，城乡面貌亮点纷呈。县城区改造稳步推进，累计完成棚户区改造 1.3 万户，旧城改造面积 305.2 万平方米；胜利中路、人民中路、东方大道等一批市政道路改扩建工程全面通车，南师大附中、东城府苑安置房、仁济医院一期门诊楼等一批民生配套设施投入使用。镇村面貌快速刷新，完成四队、杨集、圩丰等 9 个乡镇集镇区改造，区域供水工程主管网、乡镇污水处理厂、四级垃圾收集转运体系实现全覆盖，村庄环境整治通过省级验收；伊山镇被命名为国家级生态乡镇，小伊等 11 个乡镇获批省级生态乡镇。交通基础不断完善，228 国道、324 省道改扩建、242 省道、海滨大道等重点项目相继建成通车。

五年来，我们倾力投入，民生事业不断发展。五年累计完成劳动力职业技能培训 4.9 万人，新增城镇就业和农村劳动力转移就业 10.1 万人，五大保险覆盖率稳定在 95% 以上；在全国首创孤儿集中供养和养教一体模式。教育事业蓬勃发展，义务教育均衡县顺利通过国家级验收，获评省教育现代化县、省学前教育改革发展示范区；高考本二以上达线人数连续 5 年创新高，南师大附中成功创建四星级普通高中。医疗卫生服务体系不断完善，获评省中医药管理先进县、卫生应急示范县、新型农村合作医疗先进县；完成县城区医疗卫生机构资源整合，新区医院和公共卫生中心投入使用，县医院、县中医院通过省二甲医院考核评估。顺利完成“十二五”农村低收入人口和经济薄弱村脱贫任务。解决 42.5 万人饮水安全问题。深入开展社会主义核心价值观教育，涌现出开山岛夫妻哨、“江苏好人”范松林等一批先进典型。

2016 年是“十三五”首战之年，全县上下紧紧围绕“秉持发展新理念，增创跨越新优势”的工作主题，以“一带一路”交汇点建设为战略契机，把工作重点放在转变发展方式、增强发展动力、争创发展优势、共享发展成果上，全力保持经济稳定增长，加快产业转型升级，深化城乡一体发展，促进社会和谐稳定，经济社会保持良好发展态势，实现了“十三五”良好开局。预计全年完成地区生产总值 326 亿元，增长 8.5%；规模以上固定资产投资 272.2 亿元，增长 21.4%，其中规模以上工业固定资产投资 174.8 亿元，增长 7.7%；外贸进出口总额 2.3 亿美元，增长 17.3%；社会消费品零售总额 119.4

亿元,增长12%;城镇和农村居民人均可支配收入23046元、13010元,分别增长8.5%、9.5%。完成一般公共预算收入21.5亿元,实际收入增长14%。

一年来,我们主要做了以下几个方面的工作:

一、着力调结构,三次产业协调并进

工业经济提速增效。预计全年完成规模以上工业增加值132亿元,增长11%;工业应税销售收入98亿元,增长6.3%。完成工业用电量6亿千瓦时,增长15.2%。全年新开工5000万元以上工业项目50个,其中过亿元项目19个,过10亿元项目2个,天骄锂电池、常茂生物、保易制药等项目建成投产,森柏粮油、宁丰木业等项目开工建设。主导产业加快集聚,临海化工、装备制造、新能源、轻工纺织等四大主导产业预计完成产值625亿元,增长23%,占全县规模以上工业产值的82%。

现代农业提质扩量。全年粮食总产再创新高,夏粮单产全省第一,新增高效农业5万亩,高效渔业1万亩。农业产业化进程加快,新上农产品加工项目20个,其中投资1000万元以上项目11个,立华生猪、品品鲜生物等项目开工建设,北欧农庄三期、光伏菌业园、油牡丹种植基地等项目建成投产。培育"三品一标"56个,市级以上农业龙头企业7家,家庭农场552户,发展农民专业合作社143家,创建省级示范家庭农场8家,市级示范家庭农场11家。投入3.1亿元实施水利工程,推进东门五图河治理、大新河闸迁建、灌西保滩及护坡修复等重点水利工程建设,全县防汛排涝能力得到显著提升。

现代服务业提档升级。全域旅游、电子商务、港口物流等现代服务业发展势头强劲,预计全年实现服务业增加值120亿元,增长11%。成功举办2016中国·灌云豆丹美食文化节和第八届灌云王圩西瓜节,启动建设伊山伊甸园、伊芦山养生文化产业园和潮河湾生态园等旅游景区;预计全年接待游客98万人次,实现旅游综合收入10.8亿元。颐高电子商务创业园、开发区电子商务产业园开园运营,建成淘宝村级服务站117家。港口物流园完成10万平方米堆场建设。

二、坚持促开放,沿海开发加速推进

开放基础不断夯实。燕尾港港5万吨级2号码头开港运营,1号、2号码头涉港资产融入港口控股集团,5万吨级3号码头岸线使用手续获交通部审批,5万吨级航道正式通航、海河联运全面开通;港口年吞吐量突破400万吨。口岸开放工作稳步推进,"一关三检"设施条件不断完善,口岸开放联检中心具备入驻条件,一类口岸开放纳入全国口岸"十三五"发展规划并上报国务院审批,临时开放获批。对外合作取得突破,与美国俄勒冈州克拉克马斯郡结成友好城市。

园区功能快速提升。临港产业区基础设施加快完善,疏港路、景观大道等道路建成通车,公租房及限价商品房主体完工,灌西安置小区三期工程全面启动,华能热电联产、光大固废焚烧等生态环保项目加快推进。经济开发区道路绿化、配套管网等基础设施不断完善,新扩建道路3.6万平方米,新增绿化3.4万平方米,中小企业园20万平方米标准厂房投入使用,开发区九年制义务教育学校顺利封顶,园区电力双回路工程全面完成,阿里巴巴农村服务中心投入运营,获批省高端装备制造特色产业基地。

交通网络加快构建。着力完善综合交通网络,204国道灌云段改扩建工程全线路基填筑及中小桥涵基本完成,通过省级平安工地验收;324省道城区段路面改造工程全部完成;北环路项目启动实施。连盐铁路连续梁铺架基本完成,连淮扬镇铁路墩台完成65%工程量,我县为全省唯一的无障碍施工县。连云港新机场项目前期工作稳步推进。完成连云港港疏港航道灌云段护岸修复工程。实施农路桥梁改造提升工程,完成农路128公里、农桥11座;新开通南岗等3条镇村公交线路。

三、全力优环境,城乡面貌明显改观

城市建设步伐加快。推动县城区改造升级,完成伊尹路北段、胜利西路等路网新建改造任务,幸福大道、昌河社区分别通过省级城市管理示范路和示范社区初审;山前河整治工程南岸、原旋耕机公司西侧、织布厂、县医院家属区等地块棚户区改造基本完成,东城区城中村、燕尾港老镇区等地块房屋征收工作加快推进,完成危旧房改造1531套,改造面积76.5万平方米。东城区盐河片区安置房、九年制义务教育学校、消防站等重点工程建成封顶,公安业务用房、皇冠世纪酒店即将交付使用。

镇村设施不断完善。新开工镇村建筑面积165万平方米,小伊、东王集等乡镇集镇区改造基本完成,杨集、燕尾港镇区改造分别通过省级重点中心镇和临海城镇验收。乡镇集中居住区开工建筑面积46.6万平方米,同兴伊芦康居示范村一期、图河安福安置区、小伊唐庄铁路安置区等集中居住区基本完成。重抓美丽乡村建设,完成龙苴石门村、四队隆兴村、伊山川星村试点工作,新培育美丽乡村28个。大力推进农村危房改造工作,完成危房改造400户,超额完成省下达目标任务。

生态环境持续向好。全面启动省级生态县创建工作,杨集、南岗等6个乡镇获批省级生态乡镇。加大绿化造林力度,完成绿化造林2.1万亩,盐河公园二三期绿化工程、人民路景观绿化工程等公共绿地工程基本完成,城镇绿化覆盖率达41.2%,绿地率37.5%。高度重视中央环保督查反馈问题,狠抓临港产业区环保专项整治,深入开展清管行动、生态修复、废气污染整治等工作;不断加大投入,完善环保基础设施,胜科水务日处理2万吨污水技改工程通过验收,农药医药污水处理中心主体建成,环保数字在线监控中心投入使用;取缔关闭、停产整治和转型提升等"三个一批"整改取得阶段性成果。

四、大力惠民生,和谐社会加快建设

保障水平不断提高。深入推进"大众创业、万众创新",新增创业2200人,城镇就业和农村劳动力转移就业2.2万人,城镇登记失业率控制在3%以内。稳步提升综合保障水平,社会保险覆盖率稳定在95%以上;发放最低生活保障金

7800余万元，保障低保户生活需求；按照“三有三能六达标”标准，实施乡镇敬老院升级改造，星级敬老院达标率达100%。侍庄街道实现村（居）级残疾人之家全覆盖。全力实施精准扶贫，大力推进沂河淌片区整体开发，全年发放扶贫小额贷款1.2亿元，完成2.8万农村低收入人口脱贫和12个经济薄弱村“新八有”建设目标。

*社会事业全面进步。*教育现代化加快实施，深入推进学前教育改革，加快乡村幼儿园建设，扶持普惠性民办园发展，新创省优质园8所、市优质园5所；统筹推进“改薄工程”，新建加固校舍5.5万平方米；益海图文中心等重点工程顺利推进；高考本二以上达线1800人。公共卫生服务设施不断完善，新建省级示范乡镇卫生院2家、示范卫生室4家；完成老年护理院项目整体改扩建工程，儿童诊疗中心投入运行。文化体育事业取得长足发展，连续4年蝉联全国、全省无线电测向锦标赛金牌数和奖牌总数第一；先后举办汽车摩托车越野赛、自行车公开赛等大型文化体育活动30余场次，举办“伊山放歌”等文化演出300余场次。

*社会管理不断加强。*深入推进社会主义核心价值观教育，开展“寻找身边好人”“走进我的中国梦”等特色主题活动400余场，孝老爱亲好人王维喜入选“中国好人榜”，江苏“最美基层干部”蔡学举被确定为省级重大典型，灌云“好人园”建成开园，开山岛夫妻哨、救人小英雄王祖帅等一批先进典型入园。扎实抓好平安法治灌云建设，行政复议规范化建设通过省级验收，被确定为省级示范单位。组织开展重点领域信访问题排查、积案化解、非访专项治理等行动，信访稳定工作位列全省前列。严厉打击侵害人民群众生命财产安全的犯罪行为，全县社会大局保持总体稳定。妇女儿童、青少年、红十字、慈善、民族宗教、外事侨务、对台事务以及人民武装、统计、审计、档案、科普、地方志、物价、关心下一代、气象、防震减灾等各项工作都取得新的成绩。

一年来，我们正确行使人民赋予的权力，自觉接受人大的法律监督、政协的民主监督以及社会公众的舆论监督。对县人大、县政协提出的意见和建议，深入调查研究，广泛吸收采纳，办理人大代表建议55件，政协委员提案90件，有力促进政府工作的开展。切实加强政府自身建设，全面推进政务公开，不断完善议事决策机制，邀请人大代表、政协委员列席政府常务会议，增强政府决策透明度。从加强作风建设着手，提倡开短会、讲短话、发短文，改进会风、文风和作风，不断提高政府工作效能。

各位代表，回顾2012年以来的工作，我们深切感到，政府工作取得的成绩，都得益于县委的正确领导和县人大、县政协的监督支持，都凝聚着全体代表的智慧和力量，都倾注着全县干部群众的心血和汗水。在此，我谨代表县人民政府，向各位人大代表、政协委员和其他列席同志，向省委帮扶工作队及其后方单位，向离退休老同志和群众团体，向驻灌省市属单位、驻灌部队、武警官兵和全县公安干警，向所有来灌云投资的企业家和关心支持灌云发展的各界人士，表示衷心的感谢并致以崇高的敬意！

在肯定成绩的同时，我们也清醒地认识到，我县经济社会发展中仍然存在一些矛盾和问题，主要是：宏观经济形势错综复杂，稳增长的任务还很艰巨；创新创业氛围不够浓厚，转型发展任重道远；环保问题仍然突出，生态文明建设还需强化；城市功能有待完善，基础设施短板依然存在；公共服务水平有待提高，社会保障体系建设仍需加强；政府职能转变还需深入，机关作风和效能建设有待进一步提升。对于这些问题，我们一定高度重视，并采取有效措施切实加以解决。

今后五年工作思路和主要任务

今后五年，既是我县全面建成小康社会的决战决胜阶段，也是灌云奋起直追、弯道超车、转型跨越的黄金发展期。我们既面临着加快发展与脱贫攻坚的双重责任，又承担着做大总量与提升质量的双重压力，也肩负着补齐“短板”与扩大优势的双重任务。从外部环境看，新常态下，宏观形势错综复杂，经济结构深度调整，经济向好动力与下行压力并存，发展机遇和现实挑战同在。虽然宏观经济下行压力仍然较大，但中国经济韧性好、潜力足、回旋空间大的基本面不会有大的改变，总体趋势依然向好，尤其是供给侧结构性改革等一批重大战略举措的实施，将不断拓展经济增长和改革发展新空间。从发展态势看，未来五年是区域竞争加剧的攻坚突破期，结构的调整和动力的转换，为各地发展划出一条新的起跑线，综合比拼将进入白热化状态，千帆竞发、争相赶超的竞争态势更加激烈，“不进则退、慢进也是退”的竞争压力更加明显。从自身实际看，通过近年来的发展，灌云在主导产业培育、区位优势打造、服务环境优化和生态环保建设等方面都打下了良好的基础，形成了特色优势。国家“一带一路”、长江经济带、沿海开发等重大战略在江苏的密集实施，省委、省政府持续加强苏北振兴扶持、推动东陇海线发展等一系列重大决策部署，为我们提供了难得机遇和政策支撑，理应积极作为、大有所为。我们将牢记时代赋予的历史使命，坚定发展信心，抢抓发展机遇，厚植发展优势，奋力实现新跨越，再创发展新辉煌。

今后五年政府工作的指导思想是：**坚持以习近平总书记系列重要讲话特别是视察江苏重要讲话精神为指导，以“四个全面”战略布局为统领，牢固树立“创新、协调、绿色、开放、共享”发展理念，高举“以港兴产、产业强县”大旗，大力实施“工业主导、创新驱动、开放引领、城乡统筹、民生共享”五大发展战略，全力打造“实力灌云、活力灌云、开放灌云、绿色灌云、宜居灌云、幸福灌云”，在新的起点上奋力夺取全面建成小康社会的伟大胜利，加快建设强富美高幸福新灌云。**

经济社会发展主要目标是：实现“一个确保、两个翻番、六个倍增”，即：确保到2019年全面建成小康社会；到2021年规模以上固定资产投资、规模以上工业固定资产投资较2016年翻两番；地区生产总值、规模以上工业总产值、规模以上工业增加值、一般公共预算收入、城镇居民人均可支配收入、农村居民人均可支配收入实现倍增，综合排名在全省显著前移。

围绕上述指导思想和奋斗目标,今后五年我们将突出抓好四个方面工作:

——突出“转型、提升”,打造苏北产业强县。始终坚持工业强县第一方略不动摇,重点实施“551”新型工业培育行动,做大做强临海化工、装备制造、新能源新材料、轻工纺织食品四大支柱产业,力争五年内实现上市企业10个,规模以上工业企业突破500家,四大支柱产业产值均突破500亿元;临港产业区和经济开发区规模以上工业产值分别超过1000亿元、500亿元。加快推进农业现代化进程,以现代农业园区、现代渔业园区、农产品加工集中区为载体,发展农业龙头企业、高效设施农业、生态观光农业,力争五年内高标准农田占比提高到60%,家庭农场经营面积占比达到50%,培育年销售收入超10亿元的农业龙头企业10家以上。依托人文内涵,突出山水特色,发挥空海优势,加快构建大伊山旅游经济区、港口物流园、杨集物流园、空港产业园、东城区商务区、电商产业园“六大商贸、物流片区”,重点打造大伊山和白蚬果园、新沂河和潮河湾、伊芦山和山后河、海滨湿地和盐业文化“四大旅游片区”,努力把灌云建设成为旅游休闲之城、商贸物流之城、餐饮美食之城。

——突出“创新、开放”,打造沿海开发高地。立足灌云沿海区位及资源条件,按照连云港港组合配套港、江苏区域性海河联运中心的定位,加快形成“港、产、城”联动发展格局,建成万吨级以上泊位10个以上,年吞吐量突破1000万吨,确保获批国家一类开放口岸。完善交通集疏运基础设施,全面完成204、233、236、344等国省干道和连盐铁路、连淮扬镇铁路等交通路网建设,全力推进连云港新机场建设步伐,着力构建“海陆空铁水”五位一体的现代交通体系。加强科技创新载体内涵及功能建设,力争到2021年科技进步贡献率提高到60%以上,临港产业区综合实力和科技创新能力进入江苏沿海县级临港产业区前列,创成省级园区;经济开发区建设成为现代化的新城区、科技创新的新平台、高新产业发展的新载体,争创国家级经济开发区;乡镇工业集中区对全县经济贡献份额大幅提高。

——突出“功能、品质”,打造生态宜居城市。围绕山水相拥的生态宜居城市定位,完善提升城市基础设施和公共服务配套功能,到2021年,县城建成区面积扩大到40平方公里,人口达35万人以上,基本达到现代化的中等城市水平;争创国家级文明城市、卫生城市、环保城市和生态园林城市,建设“智慧城市”。同步推进镇村建设,打造一批特色城镇,着力构建“一城、一港、五中心、多节点”的城镇化格局,建成美丽乡村120个,全县城镇化率达55%以上。强化生态环境保护,对环境质量、土地利用、生态功能实行更加严格的管控制度,强化节能减排,发展循环经济,推进绿色增长,争创省级循环农业示范县、国家生态示范区,保护好灌云的自然之美、生态之美、绿色之美。

——突出“共享、共建”,打造幸福小康灌云。加快全面小康进程,确保2019年达到省定全面小康标准。大力实施民生幸福工程,全面提高群众生活水平。实施城乡居民收入倍增计划,以扩大就业、推进创业拉动居民收入增长,城镇登记失业率控制在3%以内,争创国家级创新创业型城市。扎实推进新一轮脱贫致富奔小康工程,坚持精准扶贫,组织产业扶贫,确保到2019年基本完成农村低收入人口脱贫、经济薄弱村转化任务。健全完善社会保障制度,力争城乡五大保险基本实现全覆盖;积极推进棚户区改造,城镇住房保障体系健全率达90%;全县城乡社区居家养老服务实现全覆盖。全面发展教育、卫生、文化、体育等社会事业,深入推进高水平教育现代化建设和义务教育均衡发展;进一步完善基本医疗服务体系和基本公共卫生服务体系,加快建设健康灌云;健全城市“15分钟文化圈”、农村“十里文化圈”,万人拥有公共文化设施面积达到1500平方米,促进基本公共服务均等化。创新社会治理体系,打造平安法治灌云品牌,为全县经济社会发展提供有力保障。

2017年工作安排

2017年既是实施“十三五”规划承前启后的重要一年,也是党的十九大召开之年。今年政府工作的总体要求是:深入贯彻党的十八大和十八届三中、四中、五中、六中全会精神,围绕县委十二届二次全体(扩大)会议工作部署,以“突出一个主题、实现三项目标、展开七大会战”为总体思路,坚持“稳中力求快增,调中实现快转”的工作基调,保持增长强势,聚焦创新富民,突破关键重点,全面跨越争先,确保经济社会保持良好发展态势。主要预期目标为:地区生产总值增长9%左右,其中规模以上工业增加值增长12%、服务业增加值增长11%;一般公共预算收入实际增长9%;规模以上固定资产投资增长12%,其中规模以上工业固定资产投资增长13%;社会消费品零售总额增长12%;城镇和农村居民人均可支配收入分别增长9%、10%。需要向各位代表说明的是,以上是我们要确保完成的指标,在实际工作中,我们将以更加争先的态度,力争超额完成全年各项任务。围绕上述思路和目标,我们将主要抓好以下六个方面工作:

一、高举产业大旗,加快转型升级,构筑经济增长新高地

坚持提质增效,准确把握经济运行中出现的新趋势,因势而动谋转型,顺势而为促成长,打造产业发展新格局。

做大做强现代工业。按照“高端化、规模化、多元化”原则,重点推进华能海上风电、华能热电、光大生物质能源、协鑫光伏发电、森柏粮油、宁丰木业、本元新材料等项目,努力构建临海化工、装备制造、轻工纺织等传统产业与新能源、新材料、生物医药等新兴产业“双轮驱动”的新型工业化体系,确保年内完成规模以上工业总产值870亿元,实现工业增加值140亿元。加大龙头企业培育力度,筛选华能热电、科伦多食品等27个重点工业项目纳入全县新增长点培育,开展培优培强行动计划,着力打好“个转企”“小升规”等组合拳,确保新增规模以上企业30家以上,力争新增产值超10亿元

企业2家以上。

加快发展现代农业。扎实抓好粮食生产，新建15个高产增效示范片，确保全年粮食总产75万吨以上，争创全国绿色高产高效创建整建制推进县。积极发展优质特色农业，充分发挥现代农业园区和现代渔业园区的示范引领作用，以芦蒿、油牡丹、食用菌、浅水藕、葡萄、韭菜、西兰花、花卉苗木、经济鱼虾等为重点，推进特色产业品牌化，新增“三品”品牌50个以上，发展高效农业5万亩。围绕农副产品资源优势，发展立华牧业、品品鲜生物等7个农业重点项目，新建1000万元以上农产品加工项目10个。继续推进农业基础设施建设，组织实施东门五图河治理二期、东门闸拆建、官沟河灌区改造等重点工程，努力打造功能齐全、长效管护的现代农村水利体系。

培育壮大现代服务业。加快发展现代物流，围绕独特的交通区位优势，着力打造临港物流园、东城区商务片区，加快启动空港产业园，全力推动燕尾港港码头堆场、德力西现代冷链物流产业园等项目建设，努力形成具有较强竞争力的现代物流业集群基地。大力发展全域旅游，围绕打造“全国乡村旅游强县”目标，新上重点旅游业项目19个，加快建设镜花缘文化特色小镇、伊甸园童话小镇、伊尹文化特色小镇、燕尾非遗淮盐文化小镇，实施大伊山、伊芦山“万棵有色珍贵树种、万株名优观赏花卉”绿化美化“双万”工程，确保伊山伊甸园、伊芦山养生文化产业园和潮河湾生态园等景区4月份开园迎宾。重点发展电子商务，充分利用颐高电子商务创业园、阿里巴巴电商平台和农村淘宝村级服务站等载体，积极推行“电商＋农户”的营销模式，扶持培育一批特色电商企业，确保年内农村淘宝村级服务站全覆盖。

增强创新发展能力。大力推进科技创新，加强创新主体培育，推动云海高新技术产业园、临港科技企业孵化器两大省级科技平台建设，加快培育一批高新技术企业和科技型中小企业，新增高新技术企业5家，科技型中小企业10家，省级企业研发机构3个。加速传统产业改造提升，围绕纺织、机械、电子、食品等传统产业，实施重点技改项目20个，完成技改投入80亿元。深化产学研合作，推进与东南大学化学化工学院签订产学研合作协议，强化与浙江大学等高校合作，举办产学研合作交流活动10次以上。着力推进金融创新，重点突破“一带一路”集合债券和旅游产业、实体企业融资工作；进一步优化金融生态，强化诚信意识，防范金融风险，营造宽松的投融资环境。全力推进人才创新，建立人才柔性引进机制，实施人才信息化“321”工程，推进“大伊山英才集聚”和“三百育才”计划，做好科技镇长团、双创人才等高层次人才引进服务，以人才资源助力创新能力实现新提升。

二、坚持项目引领，提速沿海开发，厚植开放发展新优势

坚持“抓项目就是抓发展”，真正以一批重大项目的落地投产，助力沿海开发，为当前稳增长、长远增后劲注入强劲动力。

加速项目集聚。深入实施项目建设年活动，坚持一、二、三产业并举，大、中、小项目齐抓，扎实抓好高质量、高水平项目投入，切实加快海通富渔光一体化、泰达纺织技改扩建等项目建设步伐，本元新材料、紫燕食品、森柏粮油、光大生物质能源一期等项目年内建成，恒贸化工日化产品添加剂、科伦多年产5万吨氯化钾、品品鲜生物一期等项目竣工投产，确保列入市计划的34个重点项目及全县100个重点项目推进到位，全年新开工过5000万元项目50个以上，新竣工项目30个以上。

完善交通基础。加快推进交通基础设施建设，着力构建内联外环的公路交通网，204国道灌云段改扩建工程力争实现全线贯通，233国道灌云段完成路基工程及桥梁下部结构工程量的60%；全面启动236省道灌云段征地搬迁及工程建设，完成路基工程及桥梁下部结构的40%。继续做好连盐铁路、连淮扬镇铁路灌云段服务保障工作，确保铁路建设无障碍施工。始终保持新机场红线范围内违规建设的严控态势，为新机场顺利启动营造良好环境。

全面扩大开放。不断完善口岸开放基础设施，推进燕尾港港1号、2号码头规范运营，3号码头全面开工，力争口岸尽快实现正式开放，港口年吞吐量达到600万吨。不断发展外向型经济，重点培育银丰食用菌、新乐洗衣机、新福瑞发饰等外贸龙头企业，确保全县外贸进出口总额增长8%以上。深入开展招商引资攻坚年活动，突出长三角、珠三角、环渤海经济圈等发达地区，充分发挥5大招商片区、15个招商驻点作用，力争在招商引资上实现大的突破，确保全年新签约过亿元项目60个，其中过10亿元项目15个。加大外资项目招引力度，努力增加外资项目储备，引进1000万美元以上外资项目8个，实际利用外资8500万美元。

三、深化城乡统筹，加快镇村发展，打造城乡互动新格局

进一步优化空间布局，统筹推进“城市东进，西部配套，南拓北延，老城区提升”，打造山水相拥的生态宜居城市。

推进中心城区建设。加大旧城改造提升力度，启动城南加油站南北侧地块等棚户区改造项目，确保完成县城区棚户区改造房屋征收面积100万平方米。抓好市政配套设施建设，完成长安大道市政化改造、建设路东延等工程，新建改造伊尹路南段、胜利西路和兴农路等道路，提升道路贯通能力。加快东城区开发，全力推进三里河风光带、县城备用水源、东城区城市综合体、高铁站站前广场等重点项目建设，强力推进黄河路、嵩山路等5条路网配套工程，快速推进仁济医院病房大楼等公共工程建设。

提升镇村建设水平。进一步加大省重点中心镇、临海城镇及乡镇改造等建设投入，完善杨集、圩丰、龙苴等重点中心镇基础设施、公共服务等资源配置，着力打造同兴伊芦镇区等特色镇，启动实施南岗集镇区改造和小伊、东王集等集镇区提升工程，年内新增镇村建筑面积100万平方米，建成农民集中居住区50万平方米。深入实施村庄环境整治提升工程，开展村庄污水治理工作，继续推进美丽乡村培育，做好伊

山川星村、龙苴杨范村省级美丽乡村以及同兴轴北村、杨集潮河村省级康居村庄创建工作，培育美丽乡村25个。

强化城市综合管理。推进基础配套建设，进一步完善垃圾收集转运、公共厕所等硬件设施。优化城市管理机制，推进城市管理相对集中处罚权向乡镇延伸，促进城市管理的城乡统筹发展。创新城市管理模式，提高城市的智能化、精细化管理水平，探索“智慧城管”建设，依托“12345”热线，加快“数字化城管”向“智慧化城管”转变。全面启动“四城同创”工作，提升城市环境面貌和功能品质，确保获评省级卫生城市，继续保持省级文明城市。始终保持打击违法建筑的高压态势，确保全年违建零增长。

四、突出生态优先，改善人居环境，构建绿色发展新模式

深入实施生态文明建设工程，切实开展“两减六治三提升”专项行动，统筹推进环境保护与建设，让灌云天更蓝、地更绿、水更清。

大力推进生态创建。围绕省级生态县创建工作，强化垃圾处理、卫生改厕、污水治理、村庄绿化等建设工作，确保通过技术评估和考核验收；经济开发区创成省级生态园区。健全完善四级垃圾收集转运体系和卫生保洁长效机制，完成1.3万户农村改厕和生态改厕工作，切实改善城乡环境卫生面貌。加快推进城镇污水处理设施及管网建设，提高城镇污水收集率，确保乡镇污水处理厂稳定运行。巩固提升绿化造林成果，新增绿化造林面积2.2万亩，新增改造绿地160万平方米。加快绿化树种提档升级，着力打造东门五图河4000亩绿色生态长廊，争创省级“三化”树种栽培示范县。

切实加强环境保护。高度重视大气污染防治，加强秸秆禁烧和综合利用。加快新能源交通工具的推广使用，推进公共自行车二期工程建设，倡导绿色出行。持续推进河道综合治理，加强重点断面水质保护，完成山前河景观打造工程，依托盐河、东门河、小鸭河等水系建立绿色生态廊道，加强生态修复与保护，强化污水处理厂运行监测，不断提升水环境质量。严守耕地保护红线，积极开展土地整理和复垦工作，提高节约集约用地水平。

痛下决心铁腕治污。围绕中央环保督察反馈环境问题，深入开展“四个一批”专项整治行动，坚决淘汰落后产能，确保按期全面完成整改任务。完善园区集中供热、污水处理、废气治理、固废处置、环境监测等基础设施建设，确保华能热电、光大固废焚烧、农药医药污水处理中心上半年建成投用，胜科水务持续稳定运行，年内完成临港产业区小锅炉拆除工作。加快推进卫生防护距离内居民搬迁工作，确保5月份搬迁到位。充分发挥园区环保数字在线监控中心作用，加快企业视频监控接入，提高化工园区环保信息化、自动化、科学化管理水平。

五、持续民生改善，提升文明程度，共享改革发展新成果

围绕全面建成更高水平小康社会目标，推动各项社会保障和公共服务均等化扩面提质，努力实现共建共享。

协调发展社会事业。不断提升教育现代化水平，确保年度教育现代化水平达到省定标准；东城区、开发区九年制义务教育学校按序时投入使用；整体改建农村完小和教学点37所，年底前基本完成农村中小学改建任务；完善学前教育布局规划，新建公立幼儿园2所。继续完善县级公立医院价格综合改革政策和基本药物制度，落实村医定额补助政策。推进卫生服务体系建设，加快县医院、县中医院三级医院创建步伐，力争四队、杨集、伊山等乡镇卫生院创建二级医院；争创省级示范乡镇卫生院1家、示范卫生室3家。逐步构建农村留守儿童保障机制，开展“合力监护、相伴成长”专项行动。完善社会养老服务体系，实现每千名老人拥有养老床位数达35张。加快镇村文化服务中心建设，不断丰富农村居民文化生活。

不断提高保障水平。鼓励创业带动就业，更加关注低收入群众、困难企业职工、失业人员、零就业家庭四类群体，拓宽就业、创业、投资、社保和帮扶五大增收渠道，新增城镇就业和农村劳动力转移就业1.5万人，五大社会保险覆盖率稳定在95%以上，基础养老金发放率达100%。调整城乡低保标准，农村低保提高到每人每月400元。扎实开展精准扶贫、精准脱贫，更大力度推进沂河淌片区整体开发帮扶，确保产业扶持、转移就业、教育支持、医疗救助、社会保障等各项扶贫措施落到实处，完成年度农村低收入人口脱贫和经济薄弱村“新八有”建设目标。

积极创新社会治理。加强社会主义核心价值观教育和公民道德建设，县、乡、村三级联动深入实施好人工程，继续开展“灌云好人”评选活动，大力弘扬先进典型，形成良好社会风气。促进法治宣传教育与基层依法治理的有效衔接，继续推动“七五”普法。高度重视安全生产，全面落实安全生产工作责任，不断完善预防为主的长效管理机制。强化“阳光信访”建设，推进依法治访；深化平安灌云建设，切实维护人民群众生命财产安全。

六、牢记为民宗旨，强化自身建设，开创政府工作新局面

加强政府自身建设，持续改进工作作风，汇聚推动转型发展、增进民生福祉的强大力量。

推进依法行政，打造法治政府。进一步完善重大事项决策机制，健全县政府全体会议、常务会议、办公会议等议事决策制度。全面推进政务公开，保障公众知情权。深化行政执法体制改革，进一步健全行政执法和刑事司法衔接机制。加强和改进行政复议工作，完善行政复议“统一受理、统一审查、统一决定、统一签章、统一送达”的“五统一”制度，推行行政复议决定书网上公开。自觉接受县人大法律监督、县政协民主监督，认真办理人大代表建议和政协委员提案，进一步提高政府依法行政水平。

提升服务效能，打造务实政府。巩固拓展“两学一做”学习教育成果，坚持问题导向，强化纪律规矩，切实转作风、优服务、办实事。强化工作纪律和责任意识，加大目标考核和督查问责力度，大力倡导实干担当、善做善成的良好风气，落实纠

错容错办法，提高政务效能，确保政令畅通。深入基层调查研究，主动问需于民、问计于民、问情于民，围绕群众关心、基层关注的热点难点，推动工作重心下移，着力解决服务群众“最后一公里”问题，使政府工作更加贴近实际、更加高效便民。

加强政风建设，打造清廉政府。严格落实党风廉政建设主体责任和“一岗双责”，加强重点领域、关键环节的制度建设。深入落实中央“八项规定”精神，认真贯彻《准则》、《条例》。持续强化作风建设，切实加强行政监察和审计监督，有效增强重点领域、重点项目、重点资金的监管，从严控制“三公”经费支出。深入开展廉政教育，筑牢廉政防线，打造清正廉洁的政府形象。

各位代表，今年我们将围绕保障和改善民生，重点实施十项民生工程。一是大众创业工程。投入创业扶持资金1000万元，创业培训2000人，扶持创业3000人。二是校安、改薄工程。强化教育基础，新建改造校舍7.9万平方米。三是“健康灌云”工程。发放居民健康卡35万张，实现乡镇健身运动场所全覆盖。四是食品安全放心工程。投入1000万元，整合全县食品检测资源，开展全县食品安全专项整治等行动。五是治安防控提升工程。推进“天网工程”建设，整合全县监控资源，实现视频监控关键节点全覆盖。六是棚户区改造工程。投入50亿元，完成县城区棚户区改造面积100万平方米。七是供水能力提升工程。建成10万吨级第二自来水厂一期工程，提升县域城乡区域供水能力。八是公共设施提升工程。新建垃圾中转站10座，城区新建一类公厕10座，启动建设开发区污水处理厂。九是城区路网改善工程。实施穆南公路南延、伊西大道北段、幸福大道南延和开发区产业大道改扩建工程，年内建成通车。十是农路农桥改造工程。新建改造农村公路100公里，改造危桥2座，建设小农桥100座。

各位代表，发展的号角已经吹响，美好的蓝图催人奋进。让我们在县委的坚强领导下，在县人大、县政协的监督支持下，团结和依靠全县百万人民，凝心聚力、真抓实干，担当有为、奋勇争先，为建设经济强、百姓富、环境美、社会文明程度高的幸福新灌云而努力奋斗！

灌云县人民代表大会常务委员会工作报告（摘要）

——在灌云县第十六届人民代表大会第一次会议上

县人大常委会主任　孙　毅

（2017年1月19日）

过去五年工作的简要回顾

五年来，县十五届人大常委会在县委的坚强领导下，坚持贯彻党的十八大和十八届三中、四中、五中、六中全会精神，深入领会习近平总书记系列重要讲话精神，把牢思想基座，严守履职使命，紧扣加快发展主题，紧盯全面小康目标，紧抓监督重点环节，发挥代表主体作用，坚持开拓创新，为促进全县经济社会更好更快发展作出了积极贡献。

一、以推动县域经济转型为己任，主动融入社会发展大局，工作监督稳步拓展

五年来，常委会围绕县委中心工作，寓支持于监督之中，在履职监督中把握大趋势，助推经济发展不断迈上新台阶。

突出产业高度化演进，加强经济发展监督。围绕“十二五”规划，深入社会经济发展一线调研，开展中期评估监督，推动“十二五”规划顺利完成。跟踪“十三五”规划编制，听取和审议“十二五”规划实施和“十三五”规划编制情况报告，提出优化投资结构、转变发展方式等方面的建议。两年三次将现代服务业列入常委会议题，通过视察、调研、主任会议、常委会审议等多种形式力促现代服务业破题，推动文化产业在深化供给侧改革、引领发展新常态、增强核心竞争力等方面发挥重要作用。关注经济开发区、临港产业区、乡镇工业集中区三大工业载体建设，跟踪督查重点项目，视察或调研招商引资、投资环境，提出相应建议，促进工业经济加速转型发展。关注农业发展方式转变的关键环节，对设施农业、农机化、渔业资源保护、农业经营主体和经营方式、现代农业市场、农技推广等方面工作，开展审议、视察、调研活动23次，从突出政策导向、扶持主导产业、拓宽营销渠道等方面提出具体意见，力推农业经济加快向现代化转变。在实施常规经济监督的基础上，每年从县政府工作报告中遴选30多项重点工作进行跟踪督查、评议，并将监督内容、评议结果在媒体上公开。本届以来共对165项政府重点工作进行评议，其中有121项评为满意，28项评为基本满意，16项评为不满意。

强化预算刚性要求，推进全口径预决算监督。认真贯彻落实预算法，每年听取审议预决算情况报告，审批财政决算、审查预算议案，作出相关决定。多次组织赴外地学习政府性投资项目及政府融资平台监督管理经验，审议政府性债务管理情况并提出相应的建议。突出“三个重点”，切实推进财政预决算监督从程序性向实质性转变。一是由单项监督向全口径监督转变。自2014年起，将一般公共预算、政府性基金预算、社保基金预算、国有资本经营预算全部纳入人代会审

查范围，由过去仅对2个部门进行预算审查，逐年增加至2016年的63个。二是由点式监督向全过程监督转变。不断创新监督方式，提前介入预算审查，由过去的年中、年末的固定“时间点”监督向实时动态监督转变。自2014年起，从每年选取3~5个项目评价，拓展至部门整体支出评价、专项政策资金评价，涵盖了所有财政性资金。三是由常规监督向绩效监督转变。2015年，对5个重点项目进行绩效评价，有效提高政府专项资金使用绩效。

*转变观念改进方式，推进生态文明建设。*常委会加强环境保护监督，促进政府更新发展理念、改变发展路径。高度关注污染源监管、排水管网建设、化工园区环境治理、城乡环境整治、节能减排等工作。听取和审议《中华人民共和国环境保护法》《江苏省城市市容和环境卫生管理条例》贯彻实施情况报告，多次深入调研环保基础设施建设，督促政府把好预防的前置环节，杜绝先污染后治理的做法，严格做好现有污染企业治理工作，确保取得实际效果。审议通过了《灌云县生态县建设规划》，为我县12个乡镇获批省级以上生态乡镇发挥了引领促进作用。

*围绕经济模式创新，助推开辟发展新路径。*面对外需市场萎缩等诸多因素叠加作用下的经济形势，常委会多次调研科技创新体系建设、产学研合作情况，提出全面提升产学研合作水平，积极引导和支持创新要素向企业聚集等一系列建议。围绕打造无线电、汽摩、自行车、豆丹、太极拳、益海助学等“灌云六大名片”，进行了可行性研究，提出激活特色资源，把文化资源优势转变为产业优势。常委会积极应用新理念，探索新路径，相关领导牵头领办多届全国场地越野车争霸赛、全国自行车公开赛、全国无线电测向锦标赛等重大赛事活动，牵头举办2016中国·灌云豆丹美食文化节、自行车万人骑行等文体活动，以精品赛事、文化活动为先导，依托地方优势，培育赛事产业和文化产业，引导特色产业与农业、体育、旅游、餐饮等领域深度融合，助推建设特色品牌，培育新兴业态。

二、以强化县域核心竞争力为导向，推进法治建设进程，法律监督持续深化

五年来，常委会依法行使监督职能，全面推进法治灌云建设，努力让法治灌云成为区域核心竞争力的重要标志。

*推进依法行政，营造公平法治环境。*常委会高度关注经济社会发展的政务环境，深入开展软环境建设情况调研，视察行政效能建设，提出优化审批程序，强化涉企服务、加大政策扶持、构建长效机制等方面的建议。先后听取和审议县政府关于《道路交通安全法》《行政监察法》《行政许可法》等40多部法律法规的贯彻实施情况报告，与市人大联动实施了《治安管理处罚法》执法检查，对存在问题提出整改要求，得到县政府积极回应。如对社会反映突出的县内道路安全设施不规范等问题，县政府高度重视，在全县增设、改造、维修红绿灯、监控点25处，完善城区道路隔离栏800米，设置各类交通标志牌79处，施划交通标线2万米，使我县交通环境得到有效改善。为推进检察院对行政执法工作的监督，常委会分别于2012、2015年出台了《提升检察建议质效的若干规定》《灌云县行政执法检察监督工作实施办法》，并首次召开新闻发布会，为行政执法检察监督的长效开展提供支持和依据。高度重视规范性文件的备案审查工作，将其作为行使法律监督职能的重要内容，列入议事日程。五年来，备案审查规范性文件15件。高度重视信访工作，接处群众来信来访1500余人(件)次。

*加强司法监督，切实维护司法公正。*依法加强对法院和检察院的司法监督，听取和审议民事审判、刑事审判、公诉工作、预防和查办职务犯罪等专项报告19次，视察全县律师管理工作，提出了相应的审议意见。每年组织常委会组成人员和人大代表旁听案件庭审，评议审判质量。督促“两院”完善内部监督机制，提高司法人员素质，强化队伍建设，将对“两院”的执法监督延伸到对法官、检察官司法能力的监督。五年来，共任免“两院”干部96名，任命人民陪审员88人。出台《关于加强人民法院执行工作的决定》，支持人民法院执行工作，切实解决执行难问题。

*拓宽法制宣传渠道，提高全民法律素质。*常委会把推进民主法治宣传教育，作为建设法治灌云的长期基础性工作，每年分别采取执法检查、代表视察、专题调研、听取和审议工作报告等方式，加强对“六五”普法工作的监督。要求行政、司法机关围绕“六五”普法规划，在媒体上以案说法，以身边人、身边事进行生动鲜活的普法教育，提升了社会治理法治化水平，促进了“六五”普法各项工作任务的圆满完成。在此基础上，及时启动了“七五”普法规划，作出了开展第七个五年法治宣传教育的决议。2014年召开首个全国宪法日座谈会，邀请县分管领导、公检法司负责人、退休老干部参加座谈。组织开展系列宣传活动，庆祝人民代表大会制度建立60周年。

*落实宪法宣誓制度，强化干部任免工作监督。*常委会始终坚持党管干部和依法任免有机结合原则，健全任职资格审查、任前法律知识考试、任职表态发言等程序。认真贯彻落实国家宪法宣誓决定和江苏省实施宪法宣誓制度办法。2016年以来，县乡人代会选举的干部、县人大常委会任命的国家机关工作人员，全部依法进行了宪法宣誓。2015年，出台了《关于国家机关工作人员履职评议工作暂行办法》，并首次对5名政府组成人员依法履职情况开展评议，2016年又对3名法官和3名检察官履职情况进行评议，评议结果通报县委、县政府，并向社会公示。

三、以高水平建成全面小康为目标，推动发展成果普惠于民，日常监督全面推进

五年来，常委会以保障人民根本权益为出发点和落脚点，聚焦热点、重点、难点问题，扎实开展履职工作。

*注重教育改革，推动实现教育公平发展。*常委会高度关注全县基础教育开展情况。对乡镇幼儿园、义务教育均衡、教育现代化提升工程等工作进行审议、视察调研，向县政府提出建立学前教育管理体制、大力发展职业教育、合理划分学区、建立教师专业发展梯队服务体系、完善教师职称评聘

制度、提高教师待遇等方面的建议，政府部门积极响应，改善了教育环境。

注重卫生事业，推动构建健康保障体系。常委会大力维护群众卫生健康权益，深入40多个部门和基层单位，调研视察基本公共卫生服务、新农合发展、卫生应急、药品安全管理及基础保障体系建设等工作，听取和审议县政府关于《传染病防治法》等法律法规贯彻实施情况和中医药服务能力提升情况的报告。就加大药品监管、规范药品市场秩序、健全与完善传染病防治工作机制等9个方面提出系列建议，促进了卫生事业健康发展。

注重文化建设，推动提升区域发展软实力。常委会听取和审议关于公共文化服务体系建设情况报告，多次视察调研青少年活动中心、群众体育设施、全民读书活动等情况，建议县政府进一步建立健全农村文化队伍管理机制，稳定和发展农村文化队伍，强化基础建设，打造适应群众需求的文化阵地。视察调研星级宗教场所建设和管理工作、“教风建设年”工作、《江苏省宗教事务条例》贯彻执行情况，建议政府部门突出抓好宗教信仰的引导与管理，鼓励经营主体打造文化品牌，不断拓展产业空间。

注重食品安全，推动构建和谐消费环境。五年来，常委会加强食品安全工作监督，持续开展《食品安全法》执法检查和专项调查，着重就食品安全监管体制改革、基层工作网络建设和案件查办等工作进行跟踪监督，向县政府提出加快体制改革进程、整合监督管理力量、严格执法程序、加大打击违法力度等建议，全力为全县人民食品安全保驾护航。

注重宜居宜业，推动建设幸福灌云。常委会先后对农桥农路、县乡公交、村镇规划等工作进行督查审议；视察调研东城区建设、《江苏省公路管理条例》实施、路牌路标设置、连盐铁路建设、农民集中区建设、公路“治超”、人防建设、县城农贸市场建管、山前河治理、科技馆建设、城市管理综合执法等工作情况。2015年，开展防违建工作情况专题调研，调研成果得到县委充分肯定。2016年，相关领导牵头县城棚户区改造工作，在不到三个月时间里，征收县医院家属区等三个地块近800户房屋，拆除率超过96%，是多年来被征收户最多、速度最快、过程最平稳的一次征收工作。注重推进扶贫开发、就业培训、劳动力转移、社会保障工作，视察城镇职工基本医疗保险、社会救助、劳动仲裁工作及《残疾人保障法》执行情况，推动发展成果普惠于民。

四、以坚持代表主体地位为基础，营造代表依法履职环境，代表工作不断创新

五年来，常委会坚持人民代表大会制度，强化服务代表工作，不断开拓进取，代表主体作用得到有效发挥。

畅通民意表达渠道，拓展代表履职空间。以“人大代表之家”为依托，坚持和完善“三联一进”制度，主任会议成员带领常委会组成人员开展走访代表活动，常委会组成人员每年至少联系10名代表，听取代表对常委会和“一府两院”工作的意见和建议。开展代表进社区、联系选民、向选民述职等活动。多渠道向公民、人大代表、“一府两院”各部门、常委会各专门委员会委员、县级领导等五个层面征集人大常委会监督工作议题，力求把群众关注的热点、部门工作的难点、代表反映的焦点与人大监督的重点有机统一。加大代表对常委会工作的参与，有计划地邀请代表列席常委会会议，参加视察调研、专项督查、执法检查等活动，实现了本届任期内每位县代表至少列席一次常委会会议或参加一次视察调研活动。在全市率先使用电子表决系统，电视台对代表发言进行同期声报道，真实表达代表心声。建起全市首家县级人大网站，结合QQ群、微信群，打造集传播、交流、服务于一体的履职平台。近年来，有近80名代表通过网络视频约见20个政府部门主要负责人，解答问题110多个。利用网络视频，方便代表履职，倍受媒体关注。《中国人大》《人民与权力》《人民代表报》等省以上主流媒体相继报道。2015年4月，首次开展代表约见政府和部门负责人活动，伊山镇10余名县代表对县城内两座重要桥梁同期施工进度缓慢不满意，约见了分管副县长和交通部门主要负责人。两位负责人现场分别进行了情况说明，并作出承诺，加快两桥建成通车。加强代表建议督办，促进办理工作提质增效。常委会把提高代表建议办理质量作为改进工作作风、加强民主与法制建设、激发代表履职热情的重要举措。每次人代会闭幕后，及时整理代表建议，提出办理意见。采取主任会议督办、现场会办等方式，督促承办单位认真办理答复。要求各承办单位，至少与提建议代表当面沟通一次，充分征求意见，推动了难点、热点问题有效解决。本届人大共提出建议346件，涉及30多个承办单位，办结率达100%，满意率为95%以上。为提高建议质量和办理质量，实施人大代表建议评比办法，创新开展建议质量和办理质量“双评”工作，每年评出优秀代表建议15条，先进办理单位5家。

加大代表学习力度，不断提高履职能力。每年组织代表参加国家、省、市人大举办的各类学习活动，系统学习人大理论、履职知识等方面内容。定期向县代表寄送人大会刊、杂志等资料，通报常委会工作动态。出台《关于县人大代表学习培训的规定》，使代表学习常态化。乡镇代表每届至少进行一次集中学习，结合代表组活动，由代表组组织学习，不断提升法律和专业知识，增强活动效果。2014年还邀请省人大专家对全县人大代表进行专题授课。

加快规范化建设步伐，促进乡镇人大工作上台阶。落实省、市委关于加强县乡人大建设的文件精神，在县委支持下，全县13个乡镇（街道），全部配齐专职人大主席，实现年轻化、知识化。2016年县人大拨出专款，为各乡镇及有关单位统一配备了宪法宣誓台，为50个代表之家配齐了资料橱、资料版面等设施。开展了宪法宣誓仪式和宣誓程序方面的培训，并对各乡镇的宣誓情况进行了现场督查指导。制定下发了《关于乡镇人代会和人大主席团会议召开的意见》，对“两个会议”的召开时间、会期、会议程序，会前代表补选、视察，会后文件归档等提出具体要求。乡镇人大全部实现有专职人员、有专门的办公场所、有专用文件橱柜和系统的工作档案、有健全的工作制度、有基本经费保障的规范化目标，得到省市人大的充分肯定。

*超前调研精心谋划,顺利完成换届选举工作。*常委会成立专门机构,提前调研人大换届选举工作,为县委决策提供依据。依法成立了县、乡选举委员会,制定了关于做好县乡人大换届选举工作意见。统一印制选民登记册、工作手册、宣传资料、选民证等。依法确定代表名额分配,明确选举操作办法,召开选举工作部署会议,周密安排工作流程,明确时间节点,分期分段组织培训,解答难题、分组包片现场督导。依法选举产生了县乡代表1456名,其中县代表335名,乡代表1121名。换届后县乡人大代表结构更优、素质更高。

五、以全面提升履职效能为核心,致力优化机关文化生态,自身建设取得实效

五年来,常委会不断加大干部队伍、制度、文化和思想道德建设,为依法履职提供内生动力。

*常抓学习不懈怠,构建机关文化生态。*坚持政治理论学习,扎实开展党的群众路线教育、“三严三实”、“两学一做”等专题教育活动,把培育和弘扬社会主义核心价值观作为凝神聚气、强基固本的基础工程。邀请专家讲解新预算法、新环保法等法律法规,力求学以致用,激发机关的生命力、凝聚力和创造力,提高业务素质。深入调查研究,撰写了《关于港口建设及沿海开发情况的报告》《关于灌云县秸秆禁烧与综合利用的思考》等多篇高质量调研报告,受到了县委主要领导的充分肯定。宣传报道工作一直全市领先,五年来在各类报刊发表文章897篇,其中国家级68篇,省级270篇,市级70篇,网络信息通讯489篇。先后有7名市、县代表参加了《人民代表报》代表访谈约稿活动。2016年,编撰出版了《灌云人大年鉴》。

*强化规章制度建设,推动工作规范有序。*常委会高度重视制度完善,强化制度执行,先后制定或完善《县人大常委会讨论决定重大事项的规定》《县人大常委会专题询问暂行办法》等12项管理制度。积极争取县委支持,出台了《关于加强新形势下县乡人大工作和建设的实施意见》,为加强县乡人大建设提供了保障。完善与“一府两院”及有关方面联系协调机制,改进审议意见形成和处理工作。采取审议意见书等形式,为常委会组成人员创造更多发表意见的条件。2015年5月,首次通过媒体向社会公开征集普通公民列席县人大常委会会议,扩大了常委会工作透明度。

*立足机关队伍建设,提升效能建设水平。*常委会顺应人大工作需要,努力打造一支政治过硬、业务过硬、作风过硬的人大干部队伍。2016年1月设立人民代表大会法制委员会和财政经济委员会两个专委,常委会现有“两室六委”,配齐相关人员,解决“一人委”问题。积极参与市人大的立法调研工作,面向社会广泛征求立法意见。自觉服务于县委中心工作,县人大机关牵头重大活动,协调化解矛盾、帮助解决难题,选派人员参加村庄环境整治、秸秆禁烧、结对精准扶贫、信访接待、综合治理和平安建设等工作。面对面倾听群众呼声,心贴心办好民生实事,在实干中锤炼过硬素质。2015年以来,两次组织县人大代表、部分企业主和社区居民对县人大监督工作进行绩效测评,将人大工作置于社会监督之下,切实提高人大监督成效。

各位代表,五年砥砺奋进,成绩来之不易,中央电视台6次关注灌云人大工作,先后报道了我县人大在监督政府、服务代表、关注民生等方面的先进做法。成果的取得,是在县委的正确领导下,全体人大代表共同努力的结果,是县政府、县法院、县检察院密切配合的结果,也是广大人民群众大力支持的结果。在此,我谨代表县人大常委会全体人员,向关心支持人大工作的社会各界人士表示衷心的感谢!

在肯定成绩的同时,我们清醒地认识到,本届工作还存在一些不足,特别是监督工作的刚性与实效性尚需再增强,代表建议督办力度尚需再加大,自身建设和履职能力尚需再提升。

今后五年的工作建议

各位代表,县委第十二次代表大会提出的“一个确保、二个两番、六个倍增”的总体奋斗目标,为推进我县经济社会发展和民主法治建设指明了方向。县委十二届二次全体(扩大)会议对2017年的工作任务作了具体部署。新一届县人大常委会将在县委的坚强领导下,深入贯彻党的十八大和十八届三中、四中、五中、六中全会精神,深入领会习近平总书记系列重要讲话精神,紧紧围绕“四个全面”战略布局,牢固树立创新、协调、绿色、开放、共享发展理念,动员和组织全县人民聚力创新,聚焦富民,向着高水平全面建成小康社会迈进!着重做好以下几个方面工作:

一、围绕打造最好法治环境的目标,监督法律实施

采取切实措施,依法加强监督,为全面深化改革营造公平、和谐的社会环境。关注“七五”普法工作实施情况,加大法律监督力度,保障国家机关按法定职权行使权力、履行职责。加强与“一府两院”联系沟通,促进县委决策部署的有效落实。深入开展人大任命的国家机关工作人员履职评议工作,开展专题询问、跟踪监督、追踪问效,积极探索法律监督新途径,扎实提升监督效能,确保常委会审议意见落到实处。

二、围绕经济发展民生幸福的目标,监督工作落实

紧紧围绕县委中心工作,加强对国民经济和社会发展计划执行情况监督,推进“十三五”规划执行,促进各项经济目标任务有效落实。关注经济创新驱动,加强招商引资、融合创新、产业集聚、项目建设等重点工作监督,推进工业经济转型发展;关注三农工作,加强高效设施农业、农业龙头企业、生态观光农业、专业合作组织、家庭农场建设等工作监督,推进现代农业建设进程;关注绿色低碳循环发展,加强环境整治、环境保护、全域旅游、旅游名镇及乡村旅游示范区创建工作监督,推进打造全国最美县;关注全口径预决算工作,加强对政府性债务在借、用、管、监、还等各个环节的监督,推进适度举债,促进经济健康发展;关注民生的热点和难点问题,加强对城市管理、教育均衡、医疗卫生、食品安全、社会保障、旧城(棚户区)改造等工作监督,促进民生福祉不断提升。

三、围绕切实担当履职使命的目标,加强代表工作

做好新一届人大代表学习提升工作,邀请省、市人大专业人士讲课,提高代表履职水平和履职能力。建设代表履职手机网络平台,拓展代表知情悉政渠道,及时通报人大工作动态。组织代表参加视察调研等活动,扩大代表对常委会活动的参与。健全联系制度,密切与代表联系、代表与选民联系。加强对乡镇人大的工作指导,提高全县人大工作整体水平。落实代表意见建议办理工作规定,切实提高办理实效。建立代表履职档案登记制度、代表向选民述职制度,充分发挥"代表之家"作用,评比优秀代表建议,激发代表履职积极性。

四、围绕转变作风提高效能的目标,加强自身建设

坚持和完善学习制度,重视学习政治理论、法律法规和人大业务。进一步加强制度建设,坚持依法履职,确保人大工作依法有序进行。坚持民主集中制,集体行使职权。加强党风廉政建设,落实全面从严治党要求。加强人大宣传,提高"灌云人大"网站建设水平。加强对乡镇人大工作指导,凝聚工作合力,更好履行人大职能。

各位代表,责任重于泰山,使命催人奋进。第十六届人大常委会即将依法选举产生,我们相信,新一届人大及其常委会在县委的坚强领导下,一定会牢记历史使命,不负人民重托,不忘初心,持经达变,依法履职,奋发有为,为加快建设经济强、百姓富、环境美、社会文明程度高的幸福新灌云而再创辉煌!

政协灌云县第九届委员会常务委员会工作报告(摘要)

——在政协灌云县第十届委员会第一次会议上

县政协主席　汪　辉

(2017年1月17日)

过去五年的工作回顾

县九届政协任期的五年,是我县科学发展迈出坚实步伐、经济社会明显变化的五年,也是灌云县政协事业在继承中发展、在实践中探索、在开拓中前进的五年。五年来,县九届政协在县委的坚强领导和县政府的大力支持下,牢牢把握团结和民主两大主题,紧紧围绕全县工作大局,认真履行政治协商、民主监督、参政议政职能,聚焦改革发展议政建言,突出协商民主发挥优势,强化制度建设规范履职,推进工作创新激发活力,为推动全县经济加快发展、社会和谐稳定作出了积极贡献。

一、坚定政治方向,在筑牢思想根基中把握履职要求

保持坚定正确的政治方向是政协履职的首要前提。常委会坚持把增进共识作为政协工作的根本要求,切实增强政治意识、大局意识、核心意识、看齐意识。

*凝聚思想共识,强化政治定力。*通过召开党组会议、常委会议、主席会议等,深入学习贯彻党的十八大以来习近平总书记系列重要讲话,深刻认识社会主义民主政治建设的核心要义,用党的最新理论成果武装委员头脑、指导履职实践、推进政协工作,不断增强中国特色社会主义道路自信、理论自信、制度自信、文化自信,坚定理想信念,增强政治意识,在思想上行动上与党中央和省市县委保持高度一致。

*坚持党的领导,自觉维护核心。*深入学习县党代会、县委扩大会议等重要会议精神,认真贯彻县委主要领导在政协全体会议、专题会议和到政协调研时的讲话要求,坚决执行县委的各项重大决策部署,把县委确定的大政方针和工作举措转化为政协委员的思想共识。充分发挥县政协党组在政协工作中把方向、管大局、保落实的领导核心作用,带头并自觉维护县委的权威,重大事项主动向县委请示,重要工作及时向县委汇报,确保与县委在思想上同心同德、目标上同心同向、行动上同心同行。

*明确履职要求,把握性质定位。*按照懂政协、会协商、善议政的要求,从政协章程和履职工作要求出发,突出遵循"讲政治、讲大局"的原则,把围绕中心、服务大局作为履行职能的第一要务,切实做到"角色定位不能错,工作方向不能偏,工作要求不能低"。强化履职目标管理和计划安排,每项工作坚持做到"宏观层面有规划,专项工作有方案,具体操作有规程",既有横向各个方面的周密安排,又有纵向时间节点的有序落实,扎实履职,有所作为。

二、紧扣全县大局,在服务科学发展中彰显履职价值

始终把服务全县发展大局作为履行职能的出发点和落脚点,紧紧围绕县委、县政府中心工作议政建言,积极助推全县经济社会的跨越提升。

*围绕改革发展积极参政议政。*针对改革发展中一些重点和关键问题进行深度调研和专题视察,就县现代农业产业园区和现代渔业产业园区体制机制创新、加快行政审批制度改革、推进司法改革与公正司法等建言献策。围绕加快沿海

开发、推进新型工业化,组织政协常委、委员到周边县区和我县临港产业区考察港口建设和临港产业发展情况,视察重大项目推进、县级中小企业园和乡镇工业集中区建设、企业研发投入与科技创新等工作,就抢抓"一带一路"建设战略机遇、推进沿海开发、打造经济发展新增长极提出建议。围绕电子商务、生态旅游、城乡统筹、农业现代化、新型城镇化与美丽乡村建设等进行调研视察,形成切合实际的意见建议报送县委、县政府决策参考。

紧贴民生福祉努力建言献策。坚持履职为民宗旨,从县委政府高度重视、人民群众高度关注、县政协能为的事情做起,协助党政部门做好改善民生的各项工作。组织委员就县城区义务教育班额设置、教育资源均衡发展、中小学教学质量评估考核体系建设、县城区医疗资源配置、乡村医疗卫生网络建设、医养结合健康服务体系建设、农村安全饮水工程建设、文化产业发展及公共文化服务体系建设等进行专题视察调研,提出建设性的意见。特别是针对县主要领导十分重视、群众反应非常强烈的杨絮污染问题,县政协主动作为,在深入调查研究和分析论证的基础上,形成了"减少杨树种植、遏制杨絮污染"的主席会议建议案,县政府积极吸纳政协建议,召开常务会议进行专题研究,部署落实杨絮污染治理的具体措施,受到了群众的好评。

突出重大事项加强民主监督。坚持把民主监督作为政协履职的重要方面,助推各项工作的落地落实。强化民主监督制度建设,制定出台了《关于加强政协民主监督工作的实施意见》,对政协民主监督的主要内容、工作方法和具体形式进行规范。突出民主监督重点,围绕城乡环境综合整治、重大项目建设、民生实事工程、扶贫开发等重大事项,通过组织委员实地视察、听取情况汇报等方式,就工作推进情况进行监督。改进民主监督方式,将经政协专题协商并转化为党政工作决策的协商成果作为民主监督的重点内容,邀请相关职能部门向政协常委会通报工作推进情况,同时对由政协提出并被县委、县政府采纳的意见建议落实情况进行跟踪监督,提高了政协民主监督实效。

积极助推重点工程项目建设。根据县委统一安排,县政协领导班子成员和机关党员干部积极参与全县旅游产业发展、颐高电商创业园建设、临港产业区环保整治、重点企业技改扩建、现代农业项目和重点水利工程建设以及招商引资、脱贫攻坚、秸秆综禁等工作,协调解决相关矛盾和问题,帮助和推动重点项目的顺利实施,努力为全县各项事业的加快发展贡献力量。

三、完善运行机制,在推进协商民主中丰富履职实践

把加强协商民主建设作为推动政协工作的总抓手,贯穿履行职能的全过程,积极拓展协商内容,不断丰富协商形式,切实规范协商程序,着力推进政协协商民主的有序发展。

积极搭建协商平台。紧密结合县情实际,探索并建立了"双月协商"的协商民主新形式,就全县大数据信息资源整合与应用、食品安全监督管理、农村殡葬管理、小区物业管理、农村基础设施管理与维护等议政性专题,以及稳定和扩大有机水稻种植、加快发展职业技术教育、非物质文化遗产传承与保护等对口协商专题,组织开展重点专题协商、对口协商。经过探索实践,我县建立的"双月协商"制度以议题具体、程序规范、氛围民主、讨论深入、成果丰富,成为县政协协商民主的重要平台,发挥了委员作用,活跃了政协工作,得到了上级政协组织和县委的充分肯定。

注重提高协商质量。坚持把提升协商质量作为政协协商民主的重中之重,每个专题协商前都成立专题调研组,进行广泛深入的调查和分析研究,力求把事由搞清楚,把问题弄明白,把建议提准确。成立"灌云县政协智库",聘请相关方面的专家学者和专业技术人员参与协商活动,提升协商质量。专题协商时邀请县委、县政府领导和相关部门主要负责同志参加,与政协委员互动交流;按照"不打棍子,不扣帽子、不抓辫子"的要求,引导委员敢讲话、讲真话、讲有建设性的话,使协商过程成为充分发扬民主、集中各方智慧的过程,弘扬了民主精神,践行了协商理念,增强了议政效果,形成了工作共识。

着力巩固协商成果。完善协商成果采纳和反馈机制,通过"专题协商报告"、"政协信息"等形式,将协商形成的建议提交县委、县政府,推动协商成果转化。如电子商务发展工作,县政协从组织调研视察到开展专题协商,就重视和发展电子商务积极咨政建言,县委、县政府高度重视政协建议,县主要领导作出批示,充分肯定政协议政成果,为加快全县电子商务发展发挥了独特作用、作出了积极贡献;加强农村殡葬管理专题协商会后,县政府充分采纳协商意见,召开常务会议进行研究部署,相关部门积极规划,并在部分乡镇进行试点,工作取得了积极可喜的进展。

四、坚持求真务实,在统筹做好政协各项经常性工作中增强履职实效

坚持以科学的态度、务实的精神、丰富的内容、活跃的形式,认真做好政协各项经常性工作。

精心组织专题调研视察。本着"客观真实地总结现状,真心实意地指出问题,深入细致地分析原因,富有见解地提出建议"的工作指导思想,在调研方式的组织、调研课题的安排、调研成果的应用等方面进行精心设计,确保专题调研有深度,议政报告有质量,意见建议有价值。坚持突出重点、提升层次、注重特色,有针对性地组织专题视察。五年来,围绕全县软环境建设、人才竞争力、金融生态环境建设、民营经济发展、网络文化建设与管理等40多个重点课题开展专题调研,围绕东城区建设、县城区秩序管理与绿化维护、重大基础设施建设、海洋环境与渔业资源保护等30多个专题进行集中视察,形成专题调研、视察报告和专项建议80多篇,为县委、县政府科学决策提供了参考。

不断提高提案工作质量。围绕"调动提案者和承办单位两个积极性、提高提案撰写和提案办理两个质量、提升提案在政协履职和服务全县大局两个方面实效"的工作思路,着力提升提案工作质量。加强提案工作制度建设,修订了《提案工作办法》,制定了《提案"双评议、双公开"暂行规定》;探

索建立了提案撰写、立案、签办、协商、视察、督办、评议等七个重点环节的质量控制体系；建立提案办理协商沟通机制，规范提案答复和结果反馈。经过几年的创新实践，委员提案和提案办理质量明显提升，一些事关全局的重点提案得到县委、县政府的高度重视，各承办部门认真办理，积极沟通协商，政协提案在推动发展、改善民生、促进和谐中的作用进一步凸显。

*积极反映社情民意信息。*切实加大社情民意搜集和报送工作，制定下发了《关于进一步做好反映社情民意信息工作的通知》，组织广大政协委员围绕县委政府重视、群众关心关注的重要问题，加强调研走访和联系群众工作，及时准确地反映全局性情况、苗头性问题、针对性建议。五年来，共编发《社情民意信息专报》112期，县委、县政府领导同志对有关重要信息作出批示，相关职能部门认真研究、积极采纳，推动了一些问题的有效解决，较好地发挥了社情民意信息的"直通车"作用。

*着力提升专委会工作水平。*注重加强专委会建设，定期召开专委会主任联席会议，总结交流情况，研究部署工作。各专委会围绕常委会和主席会议部署，认真开展调查研究，深入开展对口协商和专题视察，组织会议发言，勇于创新，切实履职，为全县政协工作的有序运行提供了保障，发挥了重要作用。

认真做好文史资料工作，编辑了《百年灌云专辑》《天南地北灌云人》以及第20辑文史资料；组织征集灌云境内地名由来资料；做好全国政协和省市政协相关史料协征工作，就纪念沿海十四城市对外开放30周年、非物质文化遗产传承与保护、纪念抗日战争胜利70周年和县内文物古迹保护等专题，广泛开展资料征集，工作成效明显。

同时，还先后成功举办了纪念全国政协成立65周年、灌云县政协成立35周年两个活动，通过组织图片书画摄影展、知识竞赛、召开座谈会、征集纪念文稿等，回顾我县政协事业的发展历程和履职成果，进一步坚定了做好政协工作的责任感和使命感。

五、拓宽工作思路，在不断创新实践中激发履职活力

主动适应形势发展变化，积极顺应政协工作要求，紧密结合履职工作实际，不断探索履行职能的新思路、新办法，用创新的举措推进政协工作。

*切实推进履职制度创新。*五年来，常委会始终把制度建设作为规范履职的首要前提和重要手段，建立健全政协工作制度体系，制定出台了《全体会议工作规则》《常委会议工作规则》《主席会议工作规则》《专题调研、专题视察、专题协商暂行办法》等17项规章制度，建立和规范了"重点协商议题专报""重大事项建议案""专题调研和专题视察报告""专题协商意见和建议专报"等建言献策方式和程序，同时对政协各种文本进行规范，以较为完善的制度体系促进了履职的规范化、程序化。

*加快推进履职载体创新。*为不断提升履职成效，我们积极创新履职载体，搭建新的履职平台，在全体委员中开展了凝聚共识、集聚才智、汇聚力量、服务大局的"三聚一服务"活动，创设和完善了委员工作室、科技惠农服务团、医疗保健服务团、企业界委员协作联谊会、委员爱心促进会、社会和谐促进会等"一室两团三会"，组织开展多种形式的履职活动，推动广大委员在学习和实践中履行好服务发展、构建和谐职责。开展"委员集中活动月""机关集中调研月"活动，组织机关干部和广大委员走进基层、走近群众，开展调查研究，撰写提案，推动了机关工作与委员履职的有效衔接。

*积极推进履职手段创新。*注重运用现代信息和传媒技术推进委员履职，在全市政协系统中率先开发使用了"政协委员议政连线"智能网络平台，让委员实时提出意见建议，反映社情民意信息，方便了委员履职。开发了"提案工作电子化"平台，促进了提案工作的便捷化、高效化。建立政协委员信息库，一方面加强了委员履职管理，另一方面通过信息检索，根据专长分批安排委员参加县政协组织的调研、视察、协商活动，促进了委员履职的实践锻炼。

六、突出强基固本，在强化自身建设中提升履职能力

坚持把政协自身建设作为基础性、保障性工程，着力建设和带好政协机关、政协委员两支队伍，不断提升机关工作效能和委员履职本领。

*深入开展专题教育。*根据县委的统一部署，在县政协党组、政协机关党支部和党员委员中扎实开展党的群众路线教育实践活动、"三严三实"专题教育、"两学一做"学习教育，组织集中学习研讨，开设专题党课教程，分析查摆存在问题，制定落实整改措施，进一步增强了政协机关党员干部的党性修养、宗旨意识和大局观念，党组的核心领导作用、党员的先锋模范作用、委员的率先垂范作用得到了较好发挥，为政协工作的开展奠定了坚强的政治、组织和纪律保证。

*强化委员学习培训。*开设"名家讲座"，先后邀请中国人民银行金融研究所、国防大学、华东政法大学、安徽师范大学、省市委党校等高等院校和科研院所的知名专家学者，讲授政治、经济、文化、国防、心理学等相关知识，帮助委员开阔胸襟、拓宽眼界；开设"委员讲堂"，安排政协委员轮流走上讲台，交流履职经验，开展业务研讨，增强实践认知；各界别、委员联组根据履职工作实际，组织委员开展学习交流；进一步提高县政协编印的《学习资料》质量，对《灌云政协》内刊进行改版，增设栏目，丰富内容，推动委员学习；为界别、联组和政协委员增订业务类报刊杂志，每年还在政协委员中开展履职知识测试，拓宽了委员知识面，提升了议政能力。

*加强履职单元建设。*建立了主席副主席联系界别、专委会联系委员联组的"双联系"制度，专委会向主席会议述职、界别和委员联组向常委会述职、委员向所在联组述职的"四述职"制度，加强工作指导、督促检查和绩效述评。制定了《专委会工作规则》《界别和联组活动办法》，明确各履职单元的工作职责和工作要求。建立政协委员参加县政协重要会议、视察活动制度，推动政协委员更多地知情明政、参政议政。出台了《政协常委履职工作守则》、《政协委员履职管理办法》，做到政治上关心、生活上关爱、工作上严格要求，对不

能主动履职、违反政协章程规定的,采取诫勉谈话、劝辞、撤销委员资格等措施进行分类处置。组织开展“优秀调研报告、最有价值提案、优秀提案、优秀政协委员、界别活动先进奖、小组活动组织奖、载体活动成效优胜奖、政协工作创新奖”等争先创优活动,调动了各层面的履职积极性。

着力提高机关效能。从优化服务功能、提升工作层次入手,扎实推进“学习型机关、智慧型政协”创建活动,组织开展专题学习、精深读书、集中调研、知识竞赛,不断强化“博学善思、崇实求精、涵德慧心、包容和谐”的作风品质锤炼,努力打造一支具备“学习研究深、工作标准高、创新意识强、办事效率快、心理素质好、执行制度严”的政协机关干部队伍。通过健全规范、完善制度、强化管理,机关干部的精神状态明显转变,工作标准和工作质量不断提高,团结氛围更加浓厚,学习研析能力、组织协调能力、工作创新能力、推进落实能力明显增强,服务委员、服务群众、服务发展水平得到有效提升。

各位委员,五年来县九届政协各项工作都取得了一定的成绩,我们深知,这些成绩的取得,是县委坚强领导、高度重视的结果,是县政府大力支持、紧密协作的结果,是各乡镇、各部门、各单位以及社会各界积极参与、主动配合的结果,是政协各参加单位、各界别联组、广大委员和政协机关干部团结一致、共同努力的结果,是历届县政协打下坚实基础以及各位老主席、老同志支持关心的结果。在此,我代表县九届政协常委会表示衷心的感谢!

回顾五年来的历程,我们也清醒地看到,工作中还存在一些不足,主要是:协商民主的制度化建设还有待进一步完善,委员主体作用的发挥还需要不断加强,政协民主监督的实效还需要进一步提升等,这些都需要我们高度重视、认真研究,在今后的工作中切实加以解决。

各位委员,五年来,县九届政协紧紧围绕全县发展大局,协力推进协商民主,积极有效参政议政,较好地履行了各项工作职能,探索出了一些经验,也积累了一些体会。五年来的履职实践使我们更加深刻地认识到:

做好政协工作,党的领导是坚强保证。政协工作是党的工作的重要组成部分,坚持党的核心领导是政协履职的政治前提,是政协事业蓬勃发展的根本保证。五年来,县委高度重视政协工作,加强履职指导,提供必备条件,营造良好氛围,县政协按照县委要求,切实履行职能,积极开展工作。实践证明,只有坚定不移地把党的领导贯穿于政协工作的全过程,将履行职能的着力点放在保证党的路线、方针、政策的贯彻落实上,将履职工作的落脚点放在助推县委中心工作任务的完成上,政协工作才能保持坚定正确的政治方向,政协的职能作用才能得到充分发挥,政协委员的价值才能得以充分体现。

做好政协工作,服务大局是首要原则。加快发展始终是全县上下的第一要务,也是政协参政议政的工作主题,偏离了发展这个主题,政协工作就会偏离方向、失去重心。五年来,县政协自觉服从和服务于全县大局,聚焦发展建言,立足发展议政,始终遵循和践行为大局服务、为发展服务的履职理念。实践证明,只有始终突出发展这个重点,把围绕中心、服务大局、推动发展作为政协履职的首要方略,主动把政协工作融入县委、县政府决策部署之中,做到目标同向、步调一致,政治协商才有立足点,民主监督才有切入点,参政议政才有支撑点,政协组织和政协委员才有施展才华、建功立业的广阔舞台。

做好政协工作,团结民主是根本遵循。团结和民主是政协工作的两大主题。政协组织和政协委员植根于基层、维系于群众,联系面广,包容性强,影响力大,在增进各界团结、凝聚社会力量、形成工作共识方面具有独特的优势和不可替代的作用。五年来,县政协牢固秉持团结、民主、包容、和谐的工作方针,有序推进民主政治建设,致力维护和谐团结氛围。实践证明,只有始终高举团结和民主大旗,最广泛地团结和影响各界人士,调动一切积极因素,汇聚一切聪明才智,才能营造宽松和谐、积极向上的社会生态,才能为全县的改革、发展、稳定创造更加优良的环境。

做好政协工作,创新实践是持久动力。创新是时代进步发展的主旋律,是不断开创政协工作新局面的根本推动力量。五年来,县政协积极适应经济发展新常态和政协工作新要求,坚持以创新的理念谋划政协工作,以创新的思路推进政协工作,以创新的实践提升政协工作,不断探索履行职能的新方法、新途径,在完善协商民主机制、搭建委员活动载体、强化基层工作基础、健全各项履职制度等方面进行了积极的探索实践,为政协工作的有效开展注入了强劲动力。实践证明,只有牢牢把握时代脉搏,不断推进理念创新、制度创新、工作创新,政协事业才能始终保持生机和活力,才能履行好党和人民赋予的光荣职责。

做好政协工作,能力建设是重要保障。委员履职能力、机关服务能力、党组把控能力事关政协整体工作成效。五年来,县政协充分发挥党组的核心领导作用,牢牢把握方向和大局,加强委员履职能力、机关服务效能建设,通过强化学习培训、推动实践锻炼来提升委员的能力水平,通过明确工作职责、严格质量标准来优化机关服务功能,保证了政协各项工作的有效开展。实践证明,只有带好政协委员和政协机关干部两支队伍,持之以恒加强履职能力建设,才能更好地发挥政协组织的独特优势和重要作用,推动履职工作不断迈上新台阶。

今后五年的工作建议

今后五年,是我县实施“十三五”规划、高水平全面建成小康社会的决战决胜时期。要积极适应新阶段的新特点、新要求,开拓进取,扎实履职,不断开创政协工作的崭新局面。今后五年县政协工作的指导思想是:以党的十八大、十八届三中、四中、五中、六中全会和习近平总书记系列重要讲话精神为指导,深入学习贯彻省市政协工作会议和县第十二次党代会、县委十二届二次全体会议精神,坚持团结和民主主题,切实履行政治协商、民主监督、参政议政职能，充分发挥协调关系、汇聚力量、建言献策、服务大局作用，进一步创新工作方法，提升工作实效，助推科学发展，促进社会和谐，共建强富美高幸福新灌云。

一、强化大局意识，凝聚思想共识，更加坚定地贯彻落实县委重大决策部署

把加强思想政治建设、提高政治把握能力放在首位，围绕十八大以来党的重大方针政策和县第十二次党代会、县委扩大会精神，开展主题鲜明、形式多样的学习研讨活动，把握精神实质，指导履职工作。坚决贯彻执行中央和省市县委重大决策部署，做到政协工作与全县大局相统一、履职实践与总体目标相一致、议政活动与县委要求相结合；牢固确立大局观念，严守政治纪律和政治规矩，确保政协工作始终在党的领导下不断向前发展。

二、围绕中心工作，积极主动作为，更加有力地助推经济社会加快发展

高水平全面建成小康社会，是县委确定的奋斗目标。要紧紧围绕全县加快发展主题，自觉地把政协工作放到全县大局中来谋划和推进，做到政治协商以推动发展为先，民主监督以促进发展为重，参政议政以服务发展为本，充分发挥政协人才库、智囊团作用，紧扣县委、县政府重点工作部署，广泛调查研究，积极咨政建言，努力提出更多具有前瞻性、针对性、建设性的意见和建议，为全县各项事业的加快发展贡献智慧和力量。

三、完善制度体系，增强履职实效，更加扎实地推进政协协商民主工作

进一步完善协商机制，拓展协商内容，提升协商成效。要精准选定协商专题，围绕党政关注和群众关切选好协商议题，做到协商议题和协商形式相匹配、协商内容与全局要求相一致，协商重点与中心工作相对应。要切实提高协商质量，强化协商议题的前期调研，深入分析研究相关问题，精心组织好协商活动，商以求同，商以成事。要致力巩固协商成果，对协商形成的共识，及时报送县委、县政府供决策参考。

四、关注民生福祉，增进各界团结，更加积极地维护和谐稳定良好局面

充分发挥政协委员联系广泛的优势，组织委员深入到群众中去，宣传县委、县政府的决策部署，宣传灌云跨越发展的强劲态势和美好愿景，把广大群众的思想和行动凝聚到加快发展的目标上来。要强化政协工作的民本意识，从关系群众切身利益的问题入手，多建利民之言，多献惠民之策。动员和组织委员下基层、接地气，积极做好协调关系、化解矛盾、释疑解惑工作，唱响团结歌，奏好奋进曲，汇聚正能量。

五、注重实践探索，勇于开拓创新，更加全面地提升政协工作质量水平

要继续着力培育政协机关干部“博学善思、崇实求精、涵德慧心、包容和谐”的作风品质，强化实践锤炼，增强履职实效。健全完善专题调研机制、委员视察机制、提案工作机制、反映社情民意信息机制，努力提高政协经常性工作水平。高度重视各履职单元特别是委员主体作用的发挥，搭建履职载体平台，丰富履职形式，提升履职成效。拓宽委员学习渠道，加大对政协委员特别是新任委员的培训力度，切实提升履职能力。

各位委员，灌云的明天光明而美好，发展的前景灿烂而辉煌。新的时代，新的机遇，为政协组织和政协委员履行职能提供了更加宽阔的舞台。形势催人奋进，履职更需担当。让我们在县委的坚强领导下，同心同德，开拓进取，为高水平全面建成小康社会、加快建设强富美高幸福新灌云而共同奋斗！

潮河湾风光

大事记

(2016)

1 月

1 日 县委书记左军、县长朱兴波一行先后到环卫工人安康驿站、自来水公司、公安局,看望慰问节日期间坚守在一线的干部职工。

△ 副市长、市公安局局长王永生到灌云看望慰问公安干警。县委书记左军,县长朱兴波,副县长、县公安局局长王一兵参加活动。

6 日上午 省交通运输厅副厅长丁峰一行到灌云督查推进 204 国道灌云段改扩建工程。市交通运输局党委书记、局长杨新忠,副县长李瑾伟参加活动。

9 日下午 《新华日报》、省电视台、省广播电台、《扬子晚报》《现代快报》《南京晨报》、省教育频道、中国江苏网、江苏城市频道、《连云港日报》、市电视台等 10 多家省、市主流媒体到灌云集中采访报道江苏“最美基层干部”——杨集镇农技推广站站长蔡学举的先进事迹。市委常委、宣传部长滕雯,县委书记左军,县委常委、宣传部长王庆嘉参加活动。

11 日下午 市委宣讲团到灌云宣讲中共十八届五中全会和省委、市委全会精神。市委宣讲团成员、研究室主任刘开山作宣讲报告。左军、孙毅、汪辉等县四套班子领导以及各乡镇、各单位、各部门负责人出席报告会。报告会由县委常委、宣传部长王庆嘉主持。

15 日下午 省海协教育基金发放仪式在灌云龙苴镇举行。市外侨办主任李亚、县委书记左军出席仪式并为部分贫困学生发放助学金。县领导于洪雁、李瑾伟参加活动。

20 日上午 省委老干部局副局长韩骅一行到灌云看望慰问离休干部邓永华。市委老干部局局长陈岩、县委副书记孙小岚参加活动。

22 日上午 市委书记、市人大常委会主任杨省世带领市党风廉政建设检查考核组到灌云,就落实党风廉政建设责任制情况进行检查考核。县委书记左军汇报全县落实党风廉政建设责任制情况。县委、县政府班子成员,县人大常委会、政协主要负责人,县法院院长、检察院检察长,县落实党风廉政建设责任制领导小组成员参加汇报会。

△ 市委书记、市人大常委会主任杨省世到灌云检查安全生产情况。先后检查县临港产业区连云港莱亚化学有限公司和连云港圣丰化工有限公司安全生产情况。县委常委、灌云经济开发区党工委书记李占超参加活动。

29 日上午 灌云举办老干部“迎新春、送健康”活动,市保健协会会长刘晓光作《平衡膳食与慢病预防》的健康讲座。县委书记左军出席并致辞。

30 日下午 市委书记、市人大常委会主任杨省世到灌云调研扶贫开发和基层党建工作。县委书记左军,县委副书记孙小岚,县委常委、组织部长刘盾参加活动。

△ 全县举行省委驻灌帮扶工作队欢送会。县领导左军、朱兴波、孙毅、汪辉、孙小岚、马兆素,省委驻灌帮扶工作队领导王军、储春祥、辛荣亮、王晓东及全体队员出席欢送会。县委副书记孙小岚主持欢送会。

2 月

1 日上午 县领导左军、朱兴波、孙毅、汪辉、沙荣胜、李大海到连云港警备区慰问部队官兵,向他们致以新春的美好祝福。市委常委、连云港警备区政委韩文祥,连云港警备区司令员周瑞峰参加活动。

2 日上午 市委书记、市人大常委会主任杨省世到灌云走访慰问五保户、老党员、困难劳模、困难职工,了解他们的生活情况,并送上新春的祝福。市、县领导杨莉、李国章、左军、沙荣胜参加活动。

2 日下午 市长项雪龙到灌云调研经济社会发展情况。先后考察南岗乡石涧村综合服务中心、灌云现代农业产业园区、益海学校和燕尾港码头。县委书记左军、县长朱兴波、县人大常委会主任孙毅、县政协主席汪辉等县四套班子领导以及县有关部门负责人参加活动。

3 日上午 左军、朱兴波、孙毅、汪辉、沙荣胜、刘盾、李大海等县四套班子领导先后走访慰问驻灌部队官兵、老干部、五保户、伤残军人、困难劳模、特困职工，给他们送上党和政府的关怀和问候。

3日下午 全县乡镇党员干部军训会操表演在县中学生实践基地举行。县委书记左军出席并讲话。县长朱兴波宣读表彰决定。县领导左军、朱兴波、孙毅、汪辉、王庆嘉、刘盾、李大海为军训优秀团队和优秀学员代表颁奖。县各部门主要负责人参加活动。

11日上午 全县举行灌云籍在外企业家新春座谈会。县委书记左军发表热情洋溢的致辞。县领导李占超、郭家登、黄军昌参加活动。

17日下午 市长项雪龙带领市相关人员到灌云调研指导扶贫开发工作。先后考察东王集乡的连云港锡云奶牛养殖有限公司和杨集镇双湾葡萄采摘园。市、县领导吴海云、左军、朱兴波、孙小岚、马兆素参加活动。

23日上午 联合开发灌云县下车新城项目框架协议签约仪式在县行政中心举行。县委书记左军致辞。江苏玖信集团有限公司董事长刘红玖，北京智慧财富集团董事长丁坚，县领导朱兴波、孙毅、汪辉、孙小岚出席签约仪式。灌云信达城市建设有限公司与下车镇主要负责人签订项目框架协议。

△ 灌云县人民政府与东营柯杰石油化工有限公司项目合作签约仪式在县行政中心举行。县委书记左军致辞。东营柯杰石油化工有限公司总经理王若雪，浙江统泽新能源科技有限公司孟小君，浙江亿能建筑节能科技有限公司总经理赵恩，县领导朱兴波、孙毅、汪辉、李占超出席签约仪式。

26日上午 全市暨全县重点工业项目春季集中开工仪式举行。在灌云主会场，市政协主席张同生宣布森柏油脂植物油精加工项目开工建设。市、县领导张同生、曹永林、吴以桥、郑平、左军、朱兴波、李占超出席开工仪式并为森柏油脂植物油精加工项目培土奠基。县委书记左军主持开工仪式。市相关部门负责人，各乡镇、各相关部门负责人，项目建设单位相关人员参加开工仪式。

3月

2日下午 灌云县人民政府与连云港市工业投资集团战略合作协议签约仪式在县行政中心举行。县委书记左军致辞。市工业投资集团董事长、党委书记杨龙介绍企业及投资情况。县长朱兴波与市工业投资集团总经理胡建明签约。县领导孙毅、李占超、于洪雁及县有关部门负责人出席签约仪式。

7日上午 县委书记左军在北京拜访国家信访局有关领导。县委常委、政法委书记谢兆英及有关乡镇、部门负责人参加活动。

△ 市政协主席张同生到灌云调研。县领导朱兴波、汪辉、于洪雁、王宽磊、徐清安、郭家登、黄军昌、任静参加活动。

8日上午 副市长王开宇带领市相关部门负责人到灌云调研科技创新工作。县领导朱兴波、李占超参加活动。

9日下午 省民政厅副厅长钮学兴一行到灌云调研未成年人社会保护工作。副市长董春科，县领导朱兴波、沙荣胜参加活动。

10日上午 市政协副主席、市口岸委主任鲁林带领市相关部门负责人到灌云调研港口建设及口岸开放工作。县委书记左军参加活动。

11日上午 市人大常委会副主任李国章带队视察灌云宗教事务管理工作。县委常委、常务副县长于洪雁，县人大常委会副主任江尧琥参加活动。

15日下午 市人大常委会副主任郑平率队到灌云视察《江苏省耕地质量管理条例》贯彻落实情况。县领导江尧琥、马兆素参加活动。

22日上午 灌云特邀南京大学法学院教授、博士生导师狄小华作“提升领导干部法治思维能力及心理调适”专题讲座。县委书记左军、县人大常委会主任孙毅等县四套班子领导，县法院、检察院、公安局、司法局班子成员及各乡镇、各部门主要负责人参加活动。县委常委、政法委书记谢兆英主持讲座。

28日下午 全县招商引资大会在县行政中心召开。县委书记左军出席会议并为招商专职人员出征授旗。县长朱兴波主持会议并为县委、县政府招商顾问颁发聘书。县领导孙毅、汪辉、戴涛、李占超、刘盾、李瑾伟出席会议。各乡镇党委书记、乡镇长；园区和部门党政主要负责人；乡镇、园区、部门分管领导；从部门抽调到园区的专职招商人员；招商局和园区招商分局全体人员参加会议。

29日下午 副市长尹哲强率市相关部门负责人督查推进204国道灌云段改扩建工程。副县长李瑾伟参加活动。

31日上午 市委常委、政法委书记王加培，副市长、市公安局局长王永生一行到灌云调研社会治安防控体系建设工作。县领导朱兴波、谢兆英、王一兵参加活动。

4月

1日上午 县委书记左军督查连淮扬镇铁路灌云段建设推进情况。副县长李瑾伟以及相关乡镇、部门和中铁第十工程局负责人参加活动。

1日下午 全县县乡机关工作人员军训总结表彰大会在县行政中心召开。县委书记左军出席会议并讲话。县领导孙毅、汪辉、王庆嘉、刘盾、李大海、于洪雁出席会议。县委常委、宣传部长王庆嘉主持会议。县委常委、组织部长刘盾宣读军训先进单位和先进个人表彰决定。各乡镇、各部门党政主要负责人；受表彰的先进集体、先进个人参加会议。

4月2日 杨集初中八(1)班学生王祖帅在伊山公园老龙洞景区春游时，冒险救起一落水女孩。

6日上午 市人大常委会副主任徐大勇率市相关单位人员到灌云视察调研旅游工作开展情况。县领导沙荣胜、王从华参加活动。

6 日下午 市委常委、组织部长祁彪,副市长尹哲强到灌云调研海滨大道建设工作。县长朱兴波及相关县区和部门负责人参加活动。

8—10 日 县委书记左军、县长朱兴波率县党政代表团一行先后赴南京市江宁区、溧水区、无锡江阴市和镇江扬中市参观考察,学习借鉴苏南地区抓改革、促发展,抓创新、促转型的经验做法。部分县四套班子领导、乡镇党委书记及相关部门主要负责人参加考察。

9 日下午 省政协副秘书长、办公厅主任张骥一行到灌云调研扶贫工作。市政协副主席方韬,县委副书记、省委驻灌帮扶工作队队长杨金国,县委常委、组织部长刘盾参加活动。

14 日上午 全市农业产业化工作现场会在灌云召开。副市长吴海云出席会议并讲话。市政府副秘书长张晓红主持会议。县长朱兴波、副县长马兆素参加会议。全市各县区分管领导及农业部门相关负责人参加会议。

14 日 市政协副主席方韬率市教育督导考核组一行,对全县 2015 年度教育工作进行督导考核。县领导于洪雁、王从华、任静及相关部门负责人参加活动。

△ 省委宣传部副部长焦建俊到灌云调研。县委书记左军,县委常委、组织部长刘盾参加活动。

15 日上午 市委书记、市人大常委会主任杨省世到灌云调研经济社会发展和乡镇换届进展情况。杨省世一行先后考察图河乡西兰花基地、四队镇吉米农业开发项目建设情况,召开座谈会,听取县乡镇换届进展情况汇报,并围绕乡镇经济社会发展和换届工作与部分乡镇党委书记座谈交流。市委常委、组织部长祁彪,县委书记左军,县长朱兴波,县委常委、组织部长刘盾参加调研。

19 日下午 副市长尹哲强督查推进 204 国道灌云段改扩建工程建设情况,县领导朱兴波、杨金国、李瑾伟参加活动。

20 日上午 市台商协会会长、台湾光鼎电子有限公司董事长马景鹏率考察团到灌云考察。县委书记左军、副县长李瑾伟参加活动。

21 日 县委书记左军率县考察团赴盐城市大丰区参观考察旅游业发展和美丽乡村建设工作。县政协主席汪辉、副县长掌文胜及有关乡镇、部门负责人参加活动。

23 日上午 市政协主席张同生带领江苏核电有限公司总经理魏国良、副总经理申彦锋及市相关部门负责人,到灌云调研扶贫开发工作。县委书记左军,县委副书记、省委驻灌帮扶工作队队长杨金国参加活动。

25—28 日 县委书记左军率县考察团先后到上海闵行区紫燕食品总部、浙江杭州颐高集团、桐庐新农村、西溪湿地等处参观考察。副县长李瑾伟及县相关部门和园区主要负责人参加活动。

27 日下午 市委书记、市人大常委会主任杨省世率全市商务考察团到浙江杭州颐高集团参观考察。县委书记左军、副县长李瑾伟参加活动。

28 日上午 市长项雪龙一行到灌云检查安全生产工作。县委常委、灌云经济开发区党工委书记李占超参加活动。

5 月

4 日上午 市委常委、组织部长祁彪一行到灌云调研群团工作。团市委书记张孟、县委副书记孙小岚参加活动。

5 日上午 省编办巡视员周家新一行到灌云调研机关绩效管理和机构编制工作。市编办主任张林海,县委常委、常务副县长于洪雁及市、县相关部门负责人参加活动。

7 日上午 市委书记、市人大常委会主任杨省世到灌云调研经济工作。杨省世先后到新乐电器(江苏)有限公司、灌云经济开发区中小企业园、伊山镇王圩新村调研,详细了解园区企业运营和镇村建设情况。市、县领导杨莉、左军、朱兴波、李占超参加活动。

10—11 日 省交通运输厅厅长游庆仲到灌云调研经济社会发展、交通运输、扶贫开发等工作。市、县领导尹哲强、左军、朱兴波、孙小岚、杨金国、掌文胜、李瑾伟等参加相关活动。

19 日上午 国家卫计委食品司副司长张磊时到灌云调研食品安全工作。市卫计委党委书记周炜、副县长周翔参加活动。

20 日上午 副市长董春科带领市相关部门负责人到灌云检查高考考前准备工作。副县长李瑾伟参加活动。

24 日下午 市政协副主席范忠华、方韬率相关人员到灌云调研镇村经济发展情况。副县长马兆素、县政协副主席郭家登参加活动。

25 日 身患重病坚守讲台十余年的侍庄中心小学教师范松林当选“2015 年感动中国 · 江苏十大感动人物”。

△ 省交通运输厅副厅长丁峰到灌云现场督查 204 国道灌云段改扩建工程建设情况和调研伊山镇新华村扶贫开发工作。市交通运输局党委书记、局长杨新忠,县领导杨金国、李瑾伟参加活动。

26 日上午 省国税局副局长周柏柯一行到南岗乡曹赵小学开展“传递爱心,传承知识”智力帮扶捐赠活动。市国税局党组书记、局长殷洪君,县委副书记、省委驻灌帮扶工作队队长杨金国,副县长马兆素参加活动。

29 日至 6 月 4 日 县委书记左军率灌云代表团赴美国和加拿大访问,广泛开展与美、加当地政府、社团、高校、企业间的友好交流和经贸洽谈。

6 月

7 日下午 副市长徐家保带领市督查巡查组到灌云督查秸秆“综禁”工作。县领导左军、谭树林及有关乡镇、部门负责人参加活动。

13 日上午 市长项雪龙带领市相关部门主要负责人到灌云检查夏收夏种和秸秆“综禁”工作。项雪龙一行先后到同兴镇塘圩稻麦专业合作社集中育秧点、同兴镇福岗稻麦种植家庭农场和图河镇许大沟村的裕灌秸秆利用专业合作社调研。市、县领导吴海云、左军、朱兴波、马兆素参加活动。

16日上午 省民政厅副厅长钮学兴一行到灌云调研民政工作。县领导朱兴波、伏开清及有关部门负责人参加活动。

22日上午 市人大常委会副主任于丽华到灌云调研乡镇人大规范化建设工作。县人大常委会副主任王从华参加活动。

25日上午 省委常委、组织部长王炯带着省委、省政府的关怀和温暖，看望和慰问伊山镇山西村老党员和困难党员，给他们送上党和政府的温暖，并致以节日的问候。王炯一行实地考察伊山镇王圩村综合服务中心和便民服务中心，听取县“两学一做”学习教育情况汇报。市、县领导项雪龙、万闻华、左军、刘盾以及相关部门负责人参加活动。

28日上午 全县向盐城“6·23”重大自然灾害受灾群众捐款仪式在县行政中心举行。县委书记左军、县长朱兴波、县人大常委会主任孙毅等县四套班子领导到捐款现场，用实际行动表达对灾区人民的深切关怀。

29日下午 市委常委、常务副市长祁彪到灌云走访慰问中华人民共和国成立前入党老党员和困难党员，深入灌云经济开发区调研企业上市工作进展情况。县领导左军、朱兴波、谭树林、伏开清、刘盾及相关乡镇、园区和部门负责人参加活动。

7月

11日 全县举行上半年经济工作现场观摩活动。左军、朱兴波、汪辉等县领导及各乡镇（街道）、园区和县有关部门主要负责人，以“家家到”的形式，对各乡镇（街道）、园区的上半年特色产业、重点项目和亮点工作进行集中观摩。

14日上午 全国政协常委、省政协副主席、农工党江苏省委主委、中科院南京分院院长周健明率省政协医卫体委联合南京中医药大学组成的医疗专家组到灌云开展义诊活动。省政协副秘书长、研究室主任程玉松，南京中医药大学党委书记、省政协医卫体委副主任陈涤平，市、县领导曹佳鸣、左军、汪辉、颜东、王庆嘉、徐清安等参加活动。

16日晚 2016中国·灌云豆丹美食文化节开幕式在县体育馆举行。中国饭店协会副会长平安稳、省旅游局副局长周旭、副市长董春科、省餐饮行业协会会长周达志、市政府副秘书长刘沙、县委书记左军、江苏两相和酒业有限公司党委书记陈广照出席并共同按下开幕式启动按钮。县长朱兴波致欢迎辞。

21日上午 县首届百位新人集体婚礼在市民公园举行。县委书记左军代表县委、县政府为新人们致证婚词。市民政局局长李锦华向新人代表颁发结婚证。市妇联主席徐希娟致贺词。县领导王从华、颜东、徐清安出席集体婚礼。

△ 县委书记左军带领新一届县委常委班子到黄海前哨开山岛，看望慰问全国“时代楷模”王继才、王仕花夫妇，并重温入党誓词，表示不忘初心、继续前进。县政协主席汪辉参加活动。

8月

1日上午 省农委副主任张坚勇一行到灌云指导秋粮生产。副市长吴海云、副县长张凌云及县相关部门负责人参加活动。

4日下午 省委书记李强到灌云调研。先后到伊山镇王圩村和灌云现代农业产业园区，实地察看了解新农村建设、产业发展、基层党建、扶贫攻坚等情况。省委常委、秘书长樊金龙，市、县领导杨省世、项雪龙、杨莉、吴以桥、左军等参加调研。

△ 省地税局副局长陈筠一行到灌云调研扶贫工作。市地税局局长胡军，县委副书记、省委驻灌帮扶工作队队长杨金国，县委常委、常务副县长伏开清参加活动。

7日上午 中央电视台原著名导演、制片人张纪中到灌云参观考察旅游文化产业。县领导左军、汪辉、颜东及相关部门负责人参加活动。

10—11日 省政协调研组到灌云调研公共文化服务体系建设情况。市、县领导董春科、方韬、朱兴波、颜东、王庆嘉、徐清安陪同调研。

16日上午 市人大常委会党组书记、副主任董恕娟，市人大常委会副主任于丽华率参加全市乡镇人大工作规范化建设现场推进会人员到灌云观摩。县委书记左军，县人大常委会主任孙毅、副主任王从华参加活动。

17日上午 市委副书记、组织部长万闻华带领市相关部门负责人到灌云就“三农”、党建等工作开展调研。县领导左军、朱兴波、孙小岚、刘盾及县相关部门、乡镇负责人参加活动。

18—20日 县委书记左军赴京开展商务考察活动，先后拜访著名导演张纪中、智慧财富集团董事长丁坚、中合置业有限公司党委副书记张建华，就加强项目合作进行深入交流。副县长颜东及县有关部门负责人分别参加相关活动。

22日上午 省交通运输厅副厅长丁峰到灌云调研经济社会发展、交通运输、扶贫开发等工作。县领导左军、杨金国、李瑾伟及相关部门负责人等参加活动。

22日下午 省政协副主席、党组副书记徐鸣到灌云调研指导扶贫开发工作，并看望慰问省委驻灌帮扶工作队队员。市、县领导万闻华、左军、朱兴波、汪辉、孙小岚、杨金国、张凌云等参加活动。

24日下午 省交通运输厅党组书记、省铁路办主任刘广忠到灌云调研扶贫开发工作。市、县领导尹哲强、左军、杨金国、李瑾伟参加活动。

25日下午 副市长徐家保带领市相关部门负责人到灌云检查指导安全环保工作。县委常委、灌云经济开发区党工委书记谭树林及相关部门、园区负责人参加活动。

26 日上午　副市长吴海云到灌云调研动物防疫工作，副县长张凌云及市、县相关部门负责人参加活动。

30 日上午　市委常委、政法委书记王加培深入县公安系统、汽车客运站、生产企业和加油站点等地，实地调研社会治安防控工作。县领导左军、掌文胜、王一兵参加活动。

9 月

14 日上午　连云港市工业投资集团灌云产业基金合作协议签订仪式在县行政中心举行。市工业投资集团董事长杨龙出席签约仪式。县委书记左军致辞。县长朱兴波、市工业投资集团总经理胡建明签订连云港市工业投资集团灌云产业基金合作协议。

19 日　市长项雪龙带领市相关部门主要负责人到灌云调研经济工作。先后到天骄科技、缠绕环保、华能热电联产、森柏植物油精加工、新诚化工等项目处实地调研。县领导朱兴波、张启银及县相关部门、乡镇（街道）、园区负责人参加活动。

18—19 日　县委书记左军率县考察团赴浙江省杭州市萧山区和湖州市安吉县，就城市建设管理、美丽乡村和特色小镇建设参观考察。县领导汪辉、王从华、李瑾伟及县有关部门主要负责人参加活动。

20 日上午　全市暨全县重点工业项目秋季集中开工仪式举行。市委副书记、组织部长万闻华，市委常委、市纪委书记刘海涛，市人大常委会副主任徐大勇，市政协副主席、市委统战部长王东升，连云港鑫兆磊实业有限公司董事长曾水獭，县委书记左军，县长朱兴波出席开工仪式并共同为鑫兆磊高档石材制品项目奠基。开工仪式由左军主持。县领导谭树林、张启银及市县相关部门和项目建设单位人员参加开工仪式。除列入全市集中开工的项目外，灌云经济开发区及全县各乡镇排出工业项目，与主会场同步举行集中开工仪式。左军、朱兴波分别带队，采取“家家到”的形式现场观摩。

20 日下午　以省海洋与渔业局副局长沈毅为组长的省督查组到灌云督查以船为家渔民上岸安居工程实施情况。县委常委、常务副县长伏开清及市、县相关部门负责人陪同。

△　省人大常委会委员、环资城建委主任夏鸣到灌云调研。市人大常委会副主任徐大勇、副市长徐家保，县领导左军、孙毅、江尧琥、张凌云参加活动。

22 日上午　省农机局局长沈建辉到灌云调研农业机械化工作。市农机局纪委书记周华谋、副县长张凌云参加活动。

10 月

1 日　龙苴镇葛庄村王维喜入选9月份“中国好人榜”。

14 日上午　省海洋与渔业局局长、党组书记汤建鸣一行到灌云调研，并走访慰问部分贫困户。县长朱兴波、副县长周翔及有关乡镇和部门负责人参加活动。

15—17 日　县委书记左军赴山东、北京开展商务考察活动，先后拜访有关方面负责人，就进一步扩大交往、加强合作进行深入交流。县领导杨金国、谭树林、张启银、颜东、黄军昌及县有关部门负责人分别参加相关活动。

19 日　省地税局副局长张滢到灌云调研扶贫开发工作。县委副书记、省委驻灌帮扶工作队队长杨金国，县委常委、常务副县长伏开清及县相关部门负责人参加活动。

20 日下午　省交通运输厅厅长游庆仲到灌云调研走访慰问。市、县领导尹哲强、左军、孙小岚、杨金国、李瑾伟参加活动。

22 日　市委书记、市人大常委会主任杨省世到灌云就扶贫开发和美丽乡村建设进行调研。市、县领导王东升、左军、朱兴波、孙小岚、李瑾伟等参加活动。杨省世先后到杨集镇封圩村、小乔圩村，东王集镇黄杨村，龙苴镇石门村和位于小伊乡的灌云四季长青食品有限公司，与县、镇、村干部群众交流，召开座谈会，走访慰问部分贫困家庭，实地了解扶贫开发和美丽乡村建设工作开展情况。在灌期间，杨省世一行还到小伊乡考察连云港新机场选址情况。

26 日下午　省人大常委会副主任刘永忠到灌云调研经济社会发展情况。市、县领导董恕娟、左军、孙毅参加相关活动。在灌期间，刘永忠实地调研县博物馆、规划展示馆、灌云经济开发区中小企业园产品展示厅、尤丽康生物医药有限公司、连云港耀科铝业有限公司、南师大附属灌云高级中学，听取有关情况汇报。

26 日下午　省高级人民法院党组副书记、常务副院长周继业到灌云调研扶贫开发工作，并走访慰问低收入农户。县长朱兴波，县委副书记、省委驻灌帮扶工作队队长杨金国参加活动。

28 日上午　副市长徐家保到灌云督查秋季秸秆“综禁”工作。县长朱兴波及有关乡镇、部门负责人参加活动。

11 月

5 日下午　县委书记左军在县委党校会见著名导演、制片人张纪中，赛石集团总裁刘建裕一行，就进一步深化文化开发合作协议及推进电视剧《镜花缘》拍摄、镜花缘小镇建设等工作进行深入交流。县领导汪辉、颜东及有关乡镇和部门负责人参加。

7—10 日　县委书记左军先后赴浙江、福建开展招商活动，拜访有关方面负责人，考察当地一些重点企业，就进一步扩大交往、加强合作进行深入交流。活动期间，召开灌云籍企业家座谈会。县领导谭树林、张启银、黄军昌及县有关部门负责人分别参加相关活动。

8 日上午　市长项雪龙带领市相关部门负责人到灌云检查指导农业生

产。先后考察四队镇兴二村秋收现场和图河镇的连云港宝欣农业开发有限公司。市、县领导吴海云、朱兴波、孙小岚参加活动。

9日上午 市人大常委会副主任于丽华到灌云调研县乡人大换届选举工作。县人大常委会主任孙毅、副主任王从华参加活动。

16日下午 扬州军分区政委许建树到灌云开展帮扶慰问活动。连云港警备区副政委谢启清,县委副书记孙小岚,县委常委、县人武部部长冯春苗等陪同。

18日上午 省扶贫办副主任朱子华到灌云开展健康扶贫调研工作。县委副书记孙小岚参加调研。

23日下午 省地方志办公室主任漆冠山到灌云调研地方志编纂工作。市地方志办公室主任苏中保、副县长张凌云及县相关部门负责人参加活动。

30日下午 灌云县与美国俄勒冈州克拉克马斯郡建立友好城市关系意向书签约仪式在县委党校举行。县委书记左军出席并致辞。俄州参院环境与资源委主席克里斯·爱德华兹、俄州波特兰大市市长卡洛塔·柯莱特、俄州克拉克马斯郡郡长玛莎·施拉德,县领导谭树林、伏开清出席签约仪式。县委常委、常务副县长伏开清与玛莎·施拉德分别代表双方签订建立友好城市关系意向书。

12月

6日下午 市委常委、市纪委书记刘海涛到灌云调研经济社会发展和党风廉政建设工作。县委书记左军,县委常委、县纪委书记李永涛,县委常委、县临港产业区党工委书记张启银分别参加相关活动。

△ 省政协办公厅副主任、机关党委书记陈金龙到灌云开展帮扶慰问活动。市、县领导黄咏梅、杨金国、王庆嘉参加活动。

△ 省教育厅党组成员、省教育工委副书记潘漫率调研组到灌云调研综治平安工作。县领导伏开清、掌文胜、张凌云、张友俊及相关部门负责人参加活动。

9日 全市冬春水利建设现场会在灌云召开。市委副书记、组织部长万闻华,副市长吴海云,副县长张凌云及各县(区)分管领导和市县相关部门负责人参加会议。

△ 省关心下一代工作委员会常务副主任张艳率调研组就关心下一代基层组织建设工作到灌云调研。市关工委常务副主任董汉清、县委副书记孙小岚及市、县关工委相关领导参加调研。

10日 市委书记杨省世到灌云督查县临港产业区环保整治工作。市、县领导徐家保、左军、朱兴波、张启银等参加活动。

10日下午 县委书记左军、县长朱兴波检查指导县中央环保督察环境问题整改工作领导小组“一办六组”工作。县领导谭树林、李永涛、掌文胜、马兆素、王庆嘉等参加活动。

13日下午 市人大常委会副主任郑平到灌云调研县乡人大换届选举工作。县人大常委会主任孙毅,副主任江尧琥、王从华参加活动。

14日上午 县委书记左军现场检查指导县“好人园”建设。县领导汪辉、伏开清、马兆素及县相关部门负责人参加活动。

15日上午 县委书记左军在县行政中心就县域经济发展接受《新华日报》驻连云港记者站站长程长春专访。县委常委、宣传部长马兆素及县有关部门负责人参加活动。

16日上午 2016中国·连云港“互联网+双创”高峰论坛暨连云港(灌云)颐高电子商务创业园开园仪式隆重举行。副市长尹哲强、县委书记左军、颐高集团董事长翁南道、中国电子商务协会副会长卢建新出席开园仪式并共同按下开园启动球。左军、翁南道向6名入园企业代表授钥匙。县长朱兴波致辞。县领导孙毅、汪辉、孙小岚、谭树林、伏开清及市、县相关部门和各乡镇(街道)、园区负责人参加活动。

△ 市人大常委会副主任郑平到灌云调研扶贫开发工作。县委副书记孙小岚、县人大常委会副主任江尧琥及相关乡镇负责人参加活动。

22日上午 市人大常委会党组书记、副主任董恕娟到灌云联系点侍庄街道吴王村调研经济薄弱村扶贫开发工作。县人大常委会主任孙毅陪同。

27日 县委书记左军、县长朱兴波、县人大常委会主任孙毅、县政协主席汪辉等县四套班子领导和各乡镇(街道)、园区、县有关部门主要负责,以“家家到”的形式到各乡镇(街道)、园区,现场观摩工业、农业、旅游业、城乡统筹等方面经济社会发展重点项目建设情况。

△ 副市长吴海云到灌云东王集镇黄荡村调研扶贫工作。副县长张凌云及相关人员参加活动。

28日下午 省发改委社会事业改革处处长华建强率省医改工作督查组到灌云就综合医改试点工作进行专项督查。副市长董春科,市卫计委主任周伟,县委常委、常务副县长伏开清,县人大常委会副主任江尧琥及相关部门负责人参加活动。

灌云概貌

县情述要

【地理位置】 灌云县位于江苏省东北部,东临黄海,东南隅的团港与响水县接壤,南以新沂河中泓中心线与灌南县交界,西接沭阳、东海两县,北与连云港市区毗邻。地理坐标位于北纬34°11′45″—34°38′50″,东经119°2′50″—119°52′9″之间。陆地面积1538.95平方千米,海岸线长39千米。盐河纵贯县境南北,为苏北地区的黄金水道。烧香河、善后河、界圩河、五图河、五灌河等河流,分别从埒子口、灌河口入海,构成海河联运和区域性水利网络。

灌云县地势自西向东南渐倾,地形以平原为主,平原面积93.1%,山地和丘陵6.9%。气候属暖温带海洋季风性气候,四季分明,雨水充沛,光照充足。

【自然资源】 南北过渡的气候条件和沿海特殊的地形地貌,使灌云县具有丰富的自然资源,其中农副产品资源尤为丰富。灌云县盛产粮食、棉花、蔬菜、林木等,是全国第一批优质棉生产基地县、全国棉花生产百强县、江苏棉花高产县、江苏棉花科技园示范区、中国农学会棉花产业化示范基地。灌云县是植棉大县,又是粮食大县,是全国商品粮生产基地县,全省粮食高产示范县。灌云有滩涂2.8万公顷,已开发利用2万公顷。有丰富的砂石、陶瓷土和矿泉水等资源,分布集中,品位优良,开发利用前景广阔。

【气候水文】 2016年,年平均气温为15.0℃,较历史平均值14.2℃偏高0.8℃;年降雨量857.4毫米,较历史平均值892.4毫米偏少35.0毫米;年日照时数为1917.1小时,较历史平均值2203.0小时偏少285.9小时,年日照百分率为43%。

2016年出现的重要天气过程:连续3日降水分别为:2月11—13日、5月27—29日、8月20—22日、12月25—27日,降水量分别为:23.7毫米、22.9毫米、13.5毫米、12.3毫米,连续4日降水分别为:7月4—7日、11月20—23日,降水量分别为24.1毫米、8.2毫米,连续5日降水为:6月21—25日,降水量为:98.9毫米,连续9日降水为:10月20—28日,降水量为:92.3毫米。

2016年灌云县气温、降水、日照统计表

表1

	1月	2月	3月	4月	5月	6月	7月	8月	9月	10月	11月	12月	全年
平均气温	-0.1	3.3	8.8	16.0	19.6	24.0	27.4	27.6	23.3	16.7	9.1	4.1	15.0
极端最高气温	16.4	18.0	22.4	27.9	30.1	35.2	36.7	35.0	33.8	26.5	22.5	15.6	36.7
极端最低气温	-14.4	-7.5	-4.2	3.1	9.8	13.8	19.7	17.6	14.2	4.5	-5.2	-5.6	-14.4
降水量	6.4	28.2	14.2	46.8	82.2	115.4	177.7	49.3	34.1	238.8	23.1	41.2	857.4
日降水量≥25.0毫米日数	—	—	—	—	—	2	2	—	—	2	—	—	6
日降水量≥50.0毫米日数	—	—	—	—	—	—	1	—	—	1	—	—	2
日照时数	151.7	168.2	201.5	186.3	177.1	155.0	178.7	243.4	167.8	53.6	111.2	122.6	1917.1

【建置沿革】 灌云，春秋时属鲁境。秦时称朐县，初属薛郡，后属东海郡。北朝东魏武定七年(549)首设海州，州治龙苴(今龙苴镇)，灌云地区属朐山县。元时属海宁州，以后各朝基本上属海州。民国元年(1912)，在海州东境分置灌云县，县治板浦。灌云因南有大川灌河、北有名山云台而得名。建县时区域较辽阔：北起老窑(今连云港)、墟沟、临洪口、大浦，南至新安镇(今灌南县城)、响水口(今响水县城)、双港、海安集、小尖，西至白皂、朱埝、杨范庄，东至黄海边。1935年，因增设连云市，遂将后云台、新县、老窑、连岛等4镇17乡划归连云市。1948年，灌云全境解放，县人民政府移驻伊山镇。1958年，成立灌南县，新沂河以南的曙红、田楼、新安等3个区8个乡镇遂划归灌南县，新海连市的灌西盐场、燕尾镇划归灌云县。1960年，新坝公社划归新海连市。1983年，实行市管县体制，灌云县由淮阴地区划归连云港市，所属的南城镇和云台乡划归新成立的云台区。2005年6月，宁海乡划归新浦区。2009年7月，板浦镇划归海州区。2010年9月27日，国营东辛农场划归连云区。

【历史文化】 灌云历史悠久、文化底蕴深厚。原始社会时期就有人类在境内繁衍生息，具有6500—7000年历史的大伊山新石器时期石棺墓遗址，就是先民活动的遗存，现已成为国家级重点文物保护单位。伊芦山(又名伊莱山)传说是中国商代贤相、美食鼻祖和创制中药汤液的始祖伊尹的隐居之地，因其在此山结茅为庐得名。秦末汉初，韩信下齐，项羽遣大将龙且在境内筑垒，留下龙苴古城遗址。南岗乡西岗村1976年出土的西汉题铭画像石、伊山乡1986年出土的隋朝黄釉四系卜仁罐等文物，均反映当时较高的工艺水平。东晋时出生于境内的鲍照是当时著名诗人，与谢灵运、颜延之被称为“元嘉三大家”，其妹鲍令晖与清末的刘清韵，则是中国历史上少有的女文学家。清代著名经学大师凌廷堪、奇书《镜花缘》的作者李汝珍，均与板浦有着不解之缘。板浦“二许”兄弟中的许乔林，著述丰富，尤以方志为多；其弟许桂林，是清乾嘉时期著名的天文学家、经学家、数学家，后人对他的第一部数学论著《宣西通》评价很高，清学者阮元将他编入《畴人传》，与中外的450多位科学家并列齐名。板浦人吴振勃的《筠斋诗录》、胡承珙的《毛诗后笺》，以及作品《玉燕钗》等，均名噪一时，传之久远。在第三次全国文物普查过程中，全县普查有价值不可移动文物点144处；在全县非物质文化遗产普查中，共普查15个大类的86个项目；整理民间文学普查记录和资料近40万字。抢救10个传统短篇书目和4部淮海戏传统剧目。工鼓锣被列为省级保护项目，龙舞、石雕、柳编、指板琵琶等9个被列为市级保护项目。

豆丹烧菜

【地方特产】 花果山风鹅、兴云毛毯、奇泉酱油等灌云特产在全国榜上有名，参展中国食品博览会，深受客商好评。灌云县三星酒店陈光山烹饪的三星豆丹、三星龙虾；清泉宾馆李兵烹饪的百鸟朝凤，成为灌云县首批拥有自主知识产权的品牌菜肴。最有地方特色的是灌云豆丹，是全县招待宾客的招牌菜。玉柏旅游有限公司是国内唯一一家从事豆丹研发、养殖、加工、生产经营的龙头企业。另外，还有陡沟一条岭芦蒿、大伊山云雾茶、南岗粉丝、燕尾港海产品等土特产品种。

【区位交通】 灌云县交通运输具有临港、沿线、多路、近场等特点，交通便利且组合条件好，形成较为完备的水运、铁路、公路、航空“四通汇流”的主体交通体系，县城距离连云港港口70千米。境内燕尾港在原3000吨和5000吨基础上，建成3万吨级码头一座，为江苏典型的海河联运港和连云港重要的组合港。灌云县地处亚欧大陆桥东桥头堡连云港的南大门，县城距陇海铁路只有30千米。陇海铁路连接亚欧，与津沪、京广、焦枝、宝成、京九等铁路相连。境内有宁连、连徐、汾灌、连盐4条高速公路约85千米，高速公路通车里程堪称全国县级之最；有204、324、236、242、226等5条国省干道；有国家三级航道盐河5条等级航道，从燕尾港入海的灌河为苏北唯一没有建闸的入海河流；白塔埠机场属全国54座4D级机场之一，离县城50千米，每周有24个航班飞往北京、广州、上海、温州、厦门等城市；连盐铁路工程启动，灌云段北起善后河、南止新沂河中泓，全长37.35千米，小伊乡境内设越行站1座，杨集镇设灌云东客运站和货运站1座。

【人口民族】 2016年末，全县户籍总人口1052128人，其中男性553347人，女性

498781人;出生人口11233人,死亡人口1504人。2016年末全县常住人口为80.51万人,较年初增加0.41万人,年平均常住人口80.305万人;出生率12.74‰,死亡率7.41‰,自然增长率5.33‰;城镇人口39.16万人,城镇化率48.64%。

【行政区划】 2016年,全县有10个镇,2个乡,1个街道,4个场圃,328个村(居),1610个自然村,3461组(含192居民小组)。263360户,1052128人。

2016年灌云县行政区划统计表

表2

街道办事处乡镇(驻地)	面积(平方千米)	户数(户)	人口(人)	村(居)民委员会	
伊山镇(王圩)	82.33	43430	159772	21(197)	村:方徐村(4)、小园村(6)、郑庄村(10)、彭洼村(16)、港西村(9)、桃垛村(7)、朱韩村(12)、向阳村(20)、任庄村(10)、山西村(8)、山前村(18)、披甲墩村(7)、王圩村(8)、刘庄村(14)、新华村(13)、张湾村(9)、河东村(4)、官路口村(9)、任三庄村(13)、七里松村(5)、川星村(5)
				13(74)	居:新村社区居委会(6)、镇西社区居委会(9)、城南社区居委会(4)、胜利社区居委会(6)、繁荣社区居委会(8)、朝阳社区居委会(8)、青龙社区居委会(5)、城北社区居委会(15)、西门社区居委会(4)、东门社区居委会(8)、山南社区居委会(1)、昌和社区居委会(1)、幸福社区居委会(1)
杨集镇(镇东村)	154.5(原沂北乡75.73)	30504	122331	39(原沂北乡15)	村:五福庄村(7)、方庄村(13)、萌旭村(10)、顺兴村(12)、蒋庄村(8)、邵庄村(14)、同阳村(14)、丰圩村(8)、孙小港村(9)、城东村(5)、庄场村(14)、农旭村(9)、利华村(6)、镇东村(9)、镇北村(11)、长流村(12)、新安村(8)、孙巍村(8)、广丰村(7)、曙光村(18)、界南村(28)、城西村(15)、连成村(14)、学田村(27)、南湾村(7)、兴联村(11)、新庄村(5)、小乔圩村(10)、后三村(8)、三图村(4)、何庄村(14)、潮河村(10)、镇南村(8)、老庄村(6)、通榆村(13)、沂河村(10)、春旭村(8)、双湾村(9)、元兴村(8)
				1(17)	居:三星社区居委会(17)
燕尾港镇(新城区)	23.53(17.16)	3321	10548	2(5)	村:三百弓村(4)、开山岛村(1)
				3(42)	居:团港社区居委会(2)、燕尾社区居委会(22)、新建社区居委会(18)
四队镇(街东)(鲁河2005年被合并)	88.62(原鲁河乡47.44)	18231	70852	26(原鲁河乡14)(281)	村:隆兴村(10)、三队村(9)、中心村(6)、二段村(9)、界北村(12)、腰南村(8)、傅岔村(11)、老西村(18)、大东村(11)、三沟村(15)、中南村(12)、二队村(10)、北六村(8)、正兴村(9)、民治村(15)、杨庄村(8)、吴赵村(10)、后腰村(4)、兴三村(11)、兴四村(16)、兴五村(17)、沈场村(8)、兴二村(9)、双闸村(11)、南兴村(12)、鲁河村(12)
				2(11)	居:街东社区居委会(6)、街西社区居委会(5)
龙苴镇(龙苴街)	128.01(原穆圩乡63.04)	21667	90572	28(原穆圩乡13)235(原穆圩乡94)	村:龙东村(8)、古城村(7)、王荡村(9)、竹墩村(11)、大贺村(6)、胡河村(9)、清墩村(17)、石门村(10)、杨范村(11)、嵇岭村(8)、范庄村(7)、前埠村(9)、后埠村(11)、南李村(9)、唐桥村(9)、大洼村(6)、吴南村(9)、邹庄村(7)、乔荡村(4)、孙港村(10)、朱乔村(8)、老霍村(10)、穆圩村(6)、下坊村(8)、葛庄村(5)、张桥村(8)、老黄荡村(6)、王堆村(7)
				1(9)	居:龙苴社区居委会(9)
同兴镇(同兴街)	128.71(原伊芦乡72.92)	20369	80489	28(原伊芦乡14)383(原伊芦乡185)	村:闸南村(10)、永进村(19)、徐庄村(11)、金巍村(11)、小圩村(14)、龙王口村(13)、头队村(12)、先进村(23)、团荡村(15)、马沟村(15)、山北村(15)、鲁南村(10)、张宝山村(9)、亚芦村(21)、伊芦村(18)、毛场村(17)、唐圩村(10)、膘头村(11)、五里村(11)、罘山村(8)、玉兴村(6)、玉山村(18)、和圩村(11)、李庄村(14)、济永村(8)、轴北村(20)、三川村(19)、兴高村(14)
				2(33)	居:同兴社区居委会(20)、大新社区居委会(13)

续表 2

街道办事处乡镇(驻地)	面积(平方千米)	户数(户)	人口(人)	村(居)民委员会	
圩丰镇(支中)	76.42	12155	47789	18(220)	村:芦场村(11)、直亭村(12)、圩南村(8)、支沟村(11)、东圩村(8)、海堤村(13)、许庄村(12)、尹场村(14)、太丰村(15)、小兴村(8)、大兴村(15)、周庄村(16)、永兴村(18)、界圩村(10)、三张犁村(11)、圩丰村(14)、南华村(14)、洋桥村(10)
				1(6)	居:支中社区居委会(6)
图河镇(三舍村)	108.21	15628	63360	19(228)	村:腰庄村(12)、大兴沟村(5)、许大沟村(5)、兴农村(12)、朱庄村(8)、安福村(16)、南港村(17)、马屯村(18)、杜圩村(12)、官场村(10)、大李庄村(10)、七道沟村(15)、九段村(12)、三舍村(14)、图河村(9)、八道沟村(18)、董庄村(7)、义民村(10)、和平村(18)
小伊乡(董集村)	84.21	15214	63131	19(178)	村:小伊村(9)、后场村(8)、祝庄村(12)、杨树圩村(6)、伊南村(8)、伊北村(9)、千斤村(12)、洪河村(8)、小茆村(8)、祝荡村(10)、河西村(11)、吴郑村(9)、张葛村(9)、大孙村(8)、张徐村(10)、盐西村(9)、花厅村(12)、董集村(10)、唐庄村(10)
侍庄街道(含开发区)(树云村)	66.44	12708	54569	16(151)	村:朱胥村(9)、于庄村(9)、陆庄村(11)、三合村(4)、季窑村(10)、裕丰村(10)、厉荡村(6)、常荡村(12)、朱埝村(11)、吴王村(14)、孙荡村(13)、侍圩村(9)、树云村(12)、沈庄村(6)、瓦房村(6)、乔圩村(9)
				2	居:恒仁社区居委会(1)、兴云社区居委会(1)
东王集镇(直属村)	91.92	16911	68714	21(239)	村:东湾村(16)、兴春村(14)、韩圩村(7)、法科村(11)、黄杨村(11)、直属村(11)、六里村(10)、小垛村(13)、后河村(9)、元邦村(11)、条河村(9)、伊东村(9)、盐东村(12)、大南村(9)、封庄村(10)、蒋圩村(14)、盐河村(11)、合兴村(13)、杨圩村(14)、任圩村(11)、焦荡村(14)
				1	居:振兴社区居委会(1)
下车镇(下车街)	126.52(原白蚬乡57.40)	23121	93846	32(原白蚬乡15)361(原白蚬乡148)	村:岳河村(10)、席圩村(11)、刘圩村(5)、董艞村(9)、前门村(13)、沙行村(13)、彭渡村(10)、青山村(12)、印庄村(8)、胡圩村(14)、林庄村(8)、仲集村(12)、下车村(12)、上车村(15)、顾圩村(18)、长春村(21)、柴市村(22)、大兴庄村(11)、费庄村(8)、黄荡村(7)、恒春村(12)、高河村(10)、张庄村(6)、长兴村(15)、赵艞村(21)、茆庄村(5)、徐圩村(7)、德兴村(12)、青龙村(8)、楼庄村(8)、唐艞村(10)、陈庄村(8)
南岗乡(南岗街)	140.5(原陡沟乡73.07)	25514	110014	33(原陡沟乡18)364(原陡沟乡210)	村:小陶村(6)、梁荡村(5)、南于村(4)、赵庄村(7)、袁姚村(7)、潘洼村(9)、龙昌村(6)、南岗村(9)、岗北村(16)、大新村(18)、岗西村(15)、大杨村(16)、岗东村(15)、东于村(12)、岗南村(9)、东园村(9)、张薛村(8)、曹赵村(21)、东徐村(11)、崔许村(8)、吴圩村(12)、贺庄村(10)、孙庄村(10)、张兴村(8)、马蹄村(8)、王范村(9)、陈楼村(12)、石涧村(12)、五户村(11)、许相村(14)、陡沟村(14)、深沟村(19)、高李庄村(14)
县果园(含在伊山镇)	3.28	1125	4037	2(10)	
连云港监狱(五图河)	117.65	1306	2943		
灌西盐场(灌西)	118.93	2441	6088		
洋桥农场(洋桥)	17.80	840	3223		
沿海滩涂	32.22				燕尾港周围滩涂

注:村(居)民委员会栏括号中为村(居)民小组数。

国民经济和社会发展

【概况】 2016年,全县上下紧紧围绕“秉持发展新理念,增创跨越新优势”的工作主题,以“一带一路”交汇点建设为战略契机,全力保持经济稳定增长,加快产业转型升级,深化城乡共同发展,促进社会和谐稳定,全县经济社会保持良好发展势头。对外开放合作取得大突破,燕尾港作为一类口岸开放纳入全国口岸“十三五”发展规划并上报国务院审批,被批准为临时开放口岸;与美国俄勒冈州克拉克马斯郡结成友好城市。

2016年,全县实现地区生产总值328.66亿元,按可比价格计算,增长8.2%,其中:第一产业增加值为64.1亿元,增长2.5%;第二产业增加值为143.12亿元,增长9.2%;第三产业增加值121.44亿元,增长10.1%;人均地区生产总值40926元;三次产业结构由上年的19.9:44.5:35.6调整为19.5:43.5:37.0。

【农林牧渔业】 农业生产稳定发展。2016年,全县实现农林牧渔业总产值128.0亿元,按可比价格计算,增长2.3%,其中农业产值62.47亿元,增长1.3%;林业产值2.84亿元,与上年持平;牧业产值35.46亿元,增长1.5%;渔业产值16.43亿元,增长4.6%;农林牧渔服务业产值10.79亿元,增长9.0%。全县粮食播种面积112.67千公顷,粮食总产量81.88万吨,粮食亩产为484.5公斤。其中:夏粮播种面积为51.47千公顷,夏粮亩产为399.5公斤,夏粮总产量为30.84万吨;秋粮播种面积为61.2千公顷,秋粮亩产为555.9公斤,秋粮总产量为51.04万吨。蔬菜产量91.5万吨;油料作物产量862吨;肉类总产量5.41万吨,增长1.3%;水产品产量5.77万吨,与上年基本持平。

现代农业稳步推进。2016年,全县新增高效农业、高效渔业666.67公顷。农业产业化进程加快,新上农产品加工项目20个,立华牧业、品品鲜生物等项目开工建设,北欧农庄三期、光伏菌业园、油牡丹种植基地等项目建成投产。培育“三品一标”无公害农产品、绿色食品、有机农产品和农产品地理标志56个,市级以上农业龙头企业7家,家庭农场552户,发展农民专业合作社143家,创建省级示范家庭农场8家,市级示范家庭农场11家。

农业生产条件持续改善。2016年,全县投入3.1亿元实施水利工程,推进东门五图河治理、大新河闸迁建、灌西保滩及护坡修复等重点水利工程建设,防汛排涝能力得到显著提升。进一步推进农业机械化发展,全县农机装备总动力127万千瓦,农机综合机械化水平85%以上。

【工业和建筑业】 工业平稳增长。2016年,全年实现工业增加值109.3亿元,增长10.1%。全社会工业用电量6.05亿千瓦时,增长15.2%。全县262家规模以上工业实现总产值759.19亿元,增长17.9%,其中临海化工、装备制造、轻工纺织、新能源等四大产业实现产值659.2亿元,增长22.0%;实现主营业务收入709.66亿元,增长18.0%;实现利税总额62.3亿元,增长15.1%,其中:利润44.07亿元,增长10.3%。天骄锂电池、常茂生物、保易制药等项目建成投产,森柏粮油、宁丰木业等项目开工建设。

建筑业增速放缓。全县38家有资质建筑业企业实现建筑业总产值84.94亿元,增长5.6%,全部建筑业增加值33.82亿元,增长6.5%。

【固定资产投资】 2016年,全社会规模以上固定资产投资272.19亿元,增长21.4%,其中5000万元以上投资201.49亿元,增长17.0%;规模以上工业投资174.79亿元,增长7.7%;服务业投资83.59亿元,增长48.7%,其中房地产投资27.26亿元,增长42.9%。

城区建设加快推进。推动县城区改造升级,黄山路、沂河路等11条道路开工建设,完成伊尹路北段、胜利西路等路网新建改造任务。山前河整治工程(南岸)、原旋耕机公司西侧、织布厂、县医院家属区等地块棚户区改造基本完成,东城区城中村、燕尾港老镇区等地块房屋征收工作加快推进,完成危旧房改造1531套,改造面积76.5万平方米。完成区域供水127千米主管网建设工程,实现区域供水主管网乡镇全覆盖,对县城区管网老化地区进行改造升级,新铺改造供水管网20千米,污水管网6千米,铺设天然气管网14.2千米。东城区盐河片区安置房、九年制义务教育学校、消防站等重点工程建成封顶,公安业务技术用房、皇冠世纪酒店内部装修完成。

皇冠世纪酒店

园区功能快速提升。临港产业区基础设施进一步完善，疏港路、景观大道等道路建成通车，公租房及限价商品房主体完工，灌西安置小区三期工程全面启动。经济开发区道路绿化、配套管网等基础设施不断完善，新扩建道路3.6万平方米，新增绿化3.4万平方米，中小企业园20万平方米标准厂房投入使用，开发区九年制义务教育学校顺利封顶，阿里巴巴农村服务中心投入运营。

镇村建设协调发展。新开工镇村建筑面积165万平方米，小伊、东王集等乡镇集镇区改造基本完成。乡镇集中居住区开工建筑面积46.6万平方米，同兴伊芦康居示范村一期、图河安福安置区、小伊唐庄铁路安置区等集中居住区基本完成。美丽乡村建设取得新成绩，新培育美丽乡村28个。实施农路桥梁改造提升工程，完成农路128公里、农桥11座。推进农村危房改造工作，完成危房改造400户，超额完成省下达目标任务。

【贸易和外经】 批零住餐稳定增长。2016年，全年实现社会消费品零售总额119.45亿元，增长12.1%。批发业商品销售额为243.53亿元，增长10.3%；零售业商品销售额为205.78亿元，增长13.0%；住宿业营业额2.71亿元，增长21.4%；餐饮业营业额16.4亿元，增长17.4%。

外经外贸涨跌互现。全年实现进出口总额23330万美元，比上年增长17.9%，其中出口总额20309万美元，增长12.6%；进口总额3020万美元，增长72.9%。注册外资实际到账2426万美元，下降27.6%。

【交通运输】 2016年，燕尾港5万吨级2号码头开港运营，1号、2号码头涉港资产融入港口控股集团，5万吨级3号码头岸线使用手续获交通部审批，5万吨级航道正式通航、海河联运全面开通；港口年吞吐量突破400万吨，一类口岸临时开放获批。204国道灌云段改扩建工程全线路基填筑及中小桥涵基本完成，324省道城区段路面改造工程全部完成，北环路项目启动实施。连盐铁路连续梁铺架基本完成，连淮扬镇铁路墩台完成65%工程量，连云港新机场项目前期工作稳步推进。完成连云港港疏港航道灌云段护岸修复工程。新开通南岗等3条镇村公交线路。灌云逐步建成集公路、铁路、水运、航空于一体的综合交通网络，成为苏北鲁南地区重要的交通枢纽和物流中心。

【财政和金融】 2016年，县财税部门全力抓收入，保支出，维持财政运行基本稳定。全年实现一般公共预算收入21.52亿元，下降45.3%，税收收入占比82.0%；一般公共预算支出49.64亿元，下降19.7%。

2016年末，全县金融机构各项存款余额为260.8亿元，较年初增加44.1亿元，增长20.4%，各项贷款余额183.79亿元，较年初增加17.89亿元，增长10.8%。

【社会事业】 社会事业全面发展。教育现代化加快实施，学前教育改革深入推进，乡村幼儿园加快建设，扶持普惠性民办园发展，新创省优质园8所、市优质园5所；统筹推进“改薄工程”，新建加固校舍5.5万平方米；东城区九年制学校、开发区九年制学校、益海图文中心等重点工程顺利推进；高考再创佳绩，全县本二以上达线1800人。公共卫生服务设施不断完善，伊山镇、南岗乡卫生院通过国家级“建设群众满意的乡镇卫生院”考评；新建省级示范乡镇卫生院2家、示范村卫生室5家；县老年健康护理院与县儿童诊疗中心投入运行。文化体育事业取得长足发展，连续4年蝉联全国、全省无线电测向锦标赛金牌数和奖牌总数第一；举办全国汽车摩托车越野精英争霸赛、苏北地区足球邀请赛各项体育赛事50余项；举办“伊山放歌”等文化演出300余场次，“伊山放歌”广场演出活动被确定为省级文化活动品牌；县文化馆成功创建国家一级馆，县博物馆成功创建成为全国社会科学普及基地，县图书馆被命名为市社科普及示范基地。

社会管理成效显著。2016年，全县深入推进社会主义核心价值观教育，王继才再获全国双拥模范称号，王维喜荣登“中国好人榜”，范松林入选“江苏好人榜”，江苏“最美基层干部”蔡学举被确定为省级重大典型，灌云“好人园”建成开园，开山岛夫妻哨、救人小英雄王祖帅等一批先进典型入园。扎实抓好平安法治灌云建设，行政复议规范化建设通过省级验收，被确定为省级示范单位。组织开展重点领域信访问题排查、积案化解、非法上访专项治理等行动，信访稳定工作位列全省前列，被省市授予信访工作先进集体。

社会保障不断完善。深入推进“大众创业、万众创新”，全县新增创业2200人，城镇新增就业10532人，新增农村劳动力转移11246人，城镇失业人员再就业1957人，城镇登记失业率为1.87%，低于3%的市控目标。稳步提升综合保障水平，社会保险覆盖率稳定在95%以上，全年发放最低生活保障金7800余万元。实施乡镇敬老院升级改造，星级敬老院达标率100%。侍庄街道实现村（居）级残疾人之家全覆盖。全力实施精准扶贫，大力推进沂河淌片区整体开发，全年发放扶贫小额贷款1.2亿元，完成2.8万农村低收入人口脱贫和12个经济薄弱村“新八有”建设目标。

（统计局）

注：①公报中地区生产总值及三次产业及行业增加值按当年价格计算，增长速度按可比价格计算。

②人均地区生产总值、人均储蓄余额按常住人口计算。

③部分数据为初步统计数，正式数据以《灌云县统计年鉴》为准。

文明创建工作

【概况】 2016年，县文明创建办公室按照县委、县政府对创建省文明城市工作的总体部署和要求，以“化整为零、重点突破、有序推进”的原则,有力推进全县文明创建工作。

【文明单位创建】 2016年,全县开展省、市、县三级文明单位(村镇、社区、校园)联评联创活动。把文明创建作为提振精气神的有效载体、展示对外形象的重要窗口、汇聚文化软实力的综合平台、强化工作作风建设的关键举措。召开了机关单位、乡镇、学校、社区4个层面的现场观摩推进会,由宣传部组织人员对全县172个参创单位(乡镇、村、社区、校园)进行拉网式、全覆盖检查验收。顺利通过省市级检查、验收,受到省市考评检查组的充分肯定和高度评价。

【文明城市创建】 召开文明城市创建工作会议。按照县委、县政府的部署,8月30日,全县召开迎接省级文明城市年度测评动员会,迅速行动起来,明确任务,狠抓落实。

开展五大整治活动。2016年,县创建办先后下发文明城市公益广告宣传材料、环境卫生集中整治、交通秩序集中整治、市场经营秩序集中整治、公共设施完善集中整治五大行动实施方案和实地考察任务分解表,各参创单位进一步明确工作任务和完成任务的时间节点。各单位按照文件要求,扎实开展整治活动,全力推进文明创建工作。

加大督查工作力度。创建办对五大创建活动采取分工到组,责任到人方法。根据各自优势组合成4个督查组,对五大创建活动进行全面督查。采取重点问题现场会办会、难点问题过堂会等形式,对环境整治、交通秩序整治、经营秩序整治等容易出现反弹的问题反复抓。努力提高全县优质服务、优良秩序、优美环境的总体水平。

【创建工作成效】 营造浓厚公益氛围。交通局利用公交站台、公交车、出租车车体及显示屏、汽车站、围挡等进行公益宣传,累计投入30余万元;城管局利用县城区大型宣传牌、道路指示牌、公共自行车站点、电子显示屏以及路名牌、道旗等,开展核心价值观公益宣传。住建局利用建筑围挡、小区、广场、绿地、商业街、道旗等开展公益宣传;教育局安排学校在校园内外设置核心价值观、八礼四仪、未成年人公益广告宣传画面,做到一进校园随处可见。市场监管局利用商铺显示屏、门腰广泛宣传价值观及诚信宣传。文广体局利用影剧院、体育场、文化馆等场所进行公益宣传,累计投入3万余元。各乡镇充分利用各类宣传文化阵地宣传公益广告、村规民约等,让“社会主义核心价值观”“中国梦”进家入户、深入人心。

省、市、县文明办领导到东王集镇合兴村参观指导“三史一观”教育室

环境卫生整治工作推进有力。着力优化卫生环境,彰显城市形象,城乡统筹,全力整治城乡环境。全年,分春、夏、秋、冬开展集中整治活动4次,着力美化市容市貌,强化背街小巷、集贸市场、城乡结合部管理力度,突出做好老旧小区整治,重点解决脏、乱、差问题。全县投入城乡环境整治经费约5000万元。

专项秩序整治活动扎实开展。交通局多次开展客运市场整治工作,出动执法车120辆次,抽调执法人员40名,打击非法营运黑车70余辆;城管局重点整治店外经营、摊外摊、店外店等违规行为,取缔无证无照游摊商贩乱摆摊点、沿街叫卖、占道经营现象,开展专项整治活动20余次,市容市貌得到明显改观。文广体局开展社会文化环境专项整治活动,杜绝网吧接纳未成年人,严厉打击各种盗版行为。市场监管局开展“五小”行业规范化经营专项整治活动,有效规范全县餐饮及公共场所单位的经营行为。公安局深入开展文明交通工程,整治行人、非机动车、机动车闯红灯、逆向行驶、不走专用车道、乱停乱放等现象。

公共设施建设逐步完善。城管局加大环卫设施、公共设施投入。建设3座垃圾中转站,购置100只垃圾中转箱、2000余只垃圾桶、果皮箱,建设双桥、小鸭河两座一类环保公厕。规划建设疏导点、售货亭、便民服务亭若干。交通局新建公交站亭4个,移装站亭两个,翻新改造公交站亭22个。2016年,城建部门在公共设施建设方面,投入8000万元。

【志愿服务工作】 2016年,全县坚持“菜单化服务、规范化管理、项目化推进、常态化坚持”,开展关爱空巢老人、关心留守儿童、关注残疾人、大型捐衣赠物等志愿服务347余次。壮大志愿者队伍建设,推进志愿服务基地和志愿服务站(点)建设,在人流量集中公共场所设立志愿服务站点,开展多种形式的志愿服务活动,让志愿服务成为灌云一道靓丽的风景线。

(宣传部)

社会信用体系建设

【概况】 2013年，灌云县根据江苏省人民政府印发的《关于加快推进诚信江苏建设的意见》《江苏省企业信用征信管理暂行办法》《江苏省个人信用征信管理暂行办法》等政策文件，决定加快灌云县社会信用体系建设。结合县情，制订《灌云县社会信用体系建设工作方案》，成立灌云县社会信用体系建设领导小组。2014年，县经信局及时调整社会信用体系建设领导小组成员，为办公室配备专门人员并提供经费保障。2015年，县信用办公室印发《2015年灌云县社会信用体系建设工作要点及职责分工》的通知，明确社会信用体系建设的责任部门及10个专项小组的职责和分工。县发改委、县经信局启动《灌云县社会信用体系建设实施规划纲要（2015—2020）》编制工作。2016年，全县进一步推进社会信用体系建设，全县有83家企业通过企业信用贯标验收，其中4家企业被评为市级信用管理贯标示范企业。

【信用双公示】 2016年，县信用办公室根据市信用办统一要求，及时研究制订《灌云县行政许可和行政处罚等信用信息公示工作实施方案》。1月29日下午，在县行政中心召开灌云县第一批行政许可和行政处罚“双公示”部门工作推进会。会上，对“双公示”单位的业务人员就如何加强“双公示”工作的技术保障、数据填写规范、数据报送、工作联系等方面，提出具体要求，并就进一步做好“双公开”信息数据归集公示操作方法进行培训、演示和答疑。8月中旬，在原来30家双公示信息公开成员单位的基础上增加国税、烟草、气象、盐务4家单位。针对“双公示”工作涉及部门较多、数据量大等现实，县信用办在全面开展“双公示”工作的同时，还成立了4个专门的推进工作小组，对所有的部门进行分片督查。通过联合行动，保质保量完成“双公示”信息的归集和上传工作，实现与市平台的信息对接。根据市政府、县政府关于行政许可和行政处罚等信用信息“双公示”的要求，在“中国·灌云”网站和“诚信灌云”网站上进行改版扩充，新增灌云县“双公示”专栏与灌云县行政许可和行政处罚等信用信息公示专栏两个模块，方便民众问询监督。

【信用信息系统建设】 2016年，县经信局以促进信用信息的优化整合和互通共享为重点，积极探索解决县公共信用信息征集工作的重点、难点问题，明确公共信用信息管理系统改造升级的路径，探索企业信用系统、个人信用系统、金融业征信平台等系统平台整合等工作。积极推进各行业、领域信用信息的互通共享。县地税局通过搭建纳税人信用信息数据库，升级改造外部信息交换平台，推动了纳税信用信息数据的实时更新和共享交换。县国税局与县市场监管局、县人民银行等部门建立诚信监管协作机制，定期交换市场主体信用信息。

【典型案例报送】 2016年，全县根据市政府《连云港市严重失信黑名单社会公示实施办法（试行）》和市政府办公室《连云港市社会法人和自然人失信惩戒办法（试行）》，建立典型案例季报制度，县政府牵头研究制订本地区的黑名单工作方案，明确黑名单认定流程、认定方式、上报周期，积极开展严重失信黑名单报送工作。要求各相关部门明确严重失信黑名单认定工作的分管领导、业务科室负责人和具体工作人员，结合惩戒机制将惩戒措施落到实处。市场监管、国地税、安监、环保、金融、司法等重点领域单位，按照真实、准确、典型原则，每季度向县信用办报送守信激励和失信惩戒典型案例。对于可以公开公示的典型案例，县信用办在“诚信灌云”网站上进行公示，接受社会监督并报市信用办备案。2016年，县法院执行局通过各种平台共向社会公布自然人失信信息3168条，法人失信信息285条；县信用办向市报送法人黑名单信息15条，报送典型联合案例2例，其中守信奖励类1件，失信处罚类1例。通过典型案例报送，进一步推动全县各部门信用信息共享和交换，强化信用系统建设的纵向联通、横向结合和协调推进。

【信用信息和信用产品应用】 2016年，县信用办在县行政服务中心设立窗口，为部门、企业免费提供信用查询服务，并根据需要出具《信用查询报告》，提升信用监管实效。县经信局在技改备案工作上施行信用承诺，县其他相关部门、试点乡镇（街道）也都开始推行诚信示范点创建、“黑名单”公示等工作，促进诚信氛围的形成。县地税局研发纳税信用等级评估系统，联合县国税局对纳税人进行纳税信用等级评定，并实施分类管理和服务，提升税收征管质效。县人民银行将查询诚信档案数据库作为审核行政许可、出具再融资、并购重组、股权激励等事项监管意见的前置程序，并将诚信评价结果与现场检查频率、检查力度等日常监管事项挂钩，实行差异化管理。县安监局推行安全生产“黑名单”制度，将违法违规被处罚或存在重大安全隐患不予整改的企业纳入安全生产“黑名单”，通过报纸和网站予以公布、通报，并将企业安全生产违法违规情况作为企业上市、项目审批、优惠政策、资金扶持等方面的重要依据之一。县信用办配合县文明办对候选文明家庭成员的信用信息情况进行审查。

【信用建设宣传推广及工作落实】 开展企业信用管理贯标。2016年，是全省“十三五”开展万企贯标第一年，县经信局始终坚持以服务企业发展为根本，把帮助企业提升信用管理能力作为工作的出发点和落脚点。联合各园区、乡镇（街道）及有关信用服务中介机构，逐一走访拟贯标企业，宣讲企业贯标条件、政策、流程及意义，跟踪指导服务，按时组织验收评审，较好完成市下达的目标任务。在贯标申报工作中，除采用传统行政渠道通知外，还利用QQ群和微信平台及时发布相关信息，提高企业参与度和申报效率，增强企业信用管理意识和风险防范能力，促进企业转型升级。县经信局组织12家企业参与2016年度企业信用管理贯标现场考评,经社会信用服务机构的联合评审,有9家企业顺利通过贯标验收。至年底,全县有83家企业通过企业信用贯标验收,其中4家企业被评为市级信用管理贯标示范企业。

开展信用管理师职业资格培训。2016年,全县开展培训助理信用管理师的组织宣传工作,培训对象包括信用服务机构的从业人员,企事业单位(尤其是申报贯标企业)从事信用管理相关工作人员,各级政府部门、金融、社会团体,科研教育机构从事信用管理的相关工作人员和其他符合考试条件的社会人员,使其了解信用管理师的重要性。至年底,全县机关企事业单位14名工作人员参加市信用办开展的2016年度助理信用管理师国家职业资格认证培训。

开展社会信用建设宣传教育。2016年,县信用办与县文明办、县人民银行联合印发《关于印发开展诚信建设教育宣传活动实施方案的通知》,并通过“诚信灌云”网站及在《灌云报》开展专栏,为信用工作营造舆论氛围。组织开展各类诚信创建活动。县文明办等几家单位联合组织开展“连云港市第二届百名诚信之星和十大诚信标兵及十佳诚信企业”推选活动。县工商联组织由85家企业和商家加盟的“诚信联盟”体系,并举行联名签字活动;县地税局开展“税法进企业”系列宣传活动,强化公民依法诚信纳税意识;县电动车商会向会员发送《诚信经营手册》,积极推动行业诚信体系建设;县消协牵头开展“诚信3·15”系列宣传活动,与市民充分互动,参与群众累计5000多人次。利用“3·15”消费者权益日等重要时间节点,了解相关的诚信投诉信息,选择“守信激励、失信惩戒”典型案例。不断提高政府、企业和个人的信用意识,在全社会形成与市场经济相适应的良好的信用环境。

【信用制度建设】 2016年,全县建立了《灌云县严重失信“黑名单”社会公示管理办法(试行)》等相关制度10余项。在项目审批、核准、备案和招投标事项核准等经济活动中,依托信用产品开展项目备案、核准、审批等工作,认真查验企业(公司)资质和企业(公司)信用报告及年检记录,增强企业和个人的守信意识,认真抓好灌云县创建省级社会信用体系建设试点县工作方案落实。

信用考核工作会议

【信用目标考核】 2016年12月22日,连云港市信用办组织专家组对灌云县社会信用体系建设情况进行全面考核。专家组通过听取汇报、实地察看、座谈交流等方式,深入了解灌云县信用建设情况,认为灌云县社会信用体系建设基础扎实、制度规范,有功底、有章法、有潜能,作为全市社会信用体系建设试点县名副其实。

(董婷婷)

供给侧结构性改革

【概况】 2016年,县经信局严格按照《县委全面深化改革领导小组2016年工作要点》要求,认真推进供给侧结构性改革任务,全面抓好“三去一降一补”(去产能,去库存,去杠杆,降成本,补短板)五方面工作的落实,主动适应经济发展新常态,围绕经信工作的关键环节和重要领域,针对企业实际需求,积极谋思路、解难题、送政策、补短板、增后劲,激发企业创新创业活力,释放新需求,创造新供给,为全县工业平稳较快发展提供有力支撑。成立灌云县供给侧结构性改革工作领导小组,制订出台《关于开展供给侧结构性改革去产能工作的实施方案》,建立健全投资项目审核联动机制,从源头上杜绝低端产能过剩行业新上项目。鼓励低端产能升级改造,加大对质量高、产业新、进展快的项目扶持力度,激励企业加大技术改造投入。坚决关停环保整治不达标企业,逐步淘汰限制类产品和工艺。采用市场化手段推进过剩产能退出、企业兼并重组和产业转型升级。全年淘汰小型冶金企业1家、重组整合化工企业8家,完成去产能工作任务。

【去产能】 严格控制过剩行业新增低端产能。建立健全投资项目审核联动机制,从源头上杜绝低端产能过剩行业新上项目。对于全县化工、冶金、船舶等过剩行业新上项目,进行严格把关,鼓励新建生产高端石油化工产品、金属新材料等项目，通过调整产品结构，实现长远的稳定发展。

鼓励低端产能升级改造。以全市技改大推进活动为契机，积极摸排重点技改项目，建立重点工业项目技术改造项目库。充分发挥财政资金的引导和杠杆作用，加大对质量高、产业新、进展快的项目扶持力度，激励企业加大技术改造投入，着力推动企业创新转型、产业优化升级。

坚决淘汰落后产能。对冶金、化工、船舶等重点行业存在的落后产能，通过调研排查，排定19家产能长期闲置企业名单，并制订推进计划表，确保尽早清退长期闲置无效产能。通过不断加大化工行业专项整治力度，科学稳步淘汰落后产能，及时取缔关闭生产工艺落后、污染严重的企业，采用市场化手段推进过剩产能退出、企业兼并重组和产业转型升级。临港产业区投资成立的连云港胜海实业有限公司积极参与落后产能的收购重组工作，加快“腾笼换鸟”进程。

【去库存】 启动小微企业三年培育计划，力争新增规模企业100家。为居民提供更多就业岗位，提升城市宜居性，更好地满足农业转移人口城镇就业问题，推动新型城镇化建设。

【去杠杆】 在深入开展多形式、多层次、多领域银企对接工作的同时，不断创新转贷方式，有效化解中小企业融资难难题。引进市工投设立产业发展基金，扶持优势产业加快发展。进一步巩固与各级股权交易市场、各类投资公司的合作，积极推介倍合德华强（连云港）医药化工科技有限公司等企业“新三板”挂牌上市，拓展企业的融资渠道，为企业发展减负增动力。2016年，全县有5家企业在上海股权交易中心挂牌，1家企业在“新三板”挂牌，1家企业与省高科技投资集团展开合作。

【降成本】 降用电成本。在协助远征、宝诚、泰达3家企业获得电力直接交易电量2330万千瓦时额度的基础上，又协助腾翔、莱亚、和利瑞、乐斯、盛吉5家企业成功获得电力直接交易电量3300万千瓦时额度，并逐步推进更多的企业享受该权利；组织47家企业安装电能在线监测系统，实现智能用电管理，降低企业用电成本。组织耀科、和利瑞、莱亚3家企业技术人员到苏州参加《节能低碳与绿色转型高级研讨班》培训。

简化行政审批。落实中央、省、市、县关于行政审批制度改革方案。全年取消可危及电力事项的行政审批；应用省投资项目在线审批监管平台，实现一项目一代码，保证项目的真实性；落实省权力清单及办事指南入库工作。

帮助企业争取资金。2016年，组织1家企业申报省级产业转型升级专项资金；成功完成13家企业入选市级的技改专项资金项目库。

政策支撑。县经信局出台《灌云县经济和信息化局关于2016年精准服务企业的实施方案》，深入开展“2016企业服务年”活动，提升服务效能，帮助企业降低成本，深入推进供给侧结构性改革。引进市工投设立装备产业发展基金，扶持优势产业加快发展。

【补短板】 2016年，制约灌云县供给侧结构性改革的短板主要有新兴产业缺乏和老旧产业的转型升级。全县新能源生态环保项目不多。通过认真解读国家产业政策以及广泛借鉴发达地区的经验，灌云县针对县情，积极推广新能源汽车，认真做好生态环保项目。全年推广新能源公交车60辆，在省供电公司的大力支持下，两个汽车充电站工程完工。落实对老旧生产工艺的产业提档升级的产业政策，特邀省化工行业协会对全县所有化工企业进行调研，完成编制全县“十三五”化工产业发展规划和《灌云县临港产业区化工集中区化工产业转型升级意见》，指导产业发展，同时为产业链招商提供依据。

【培育名特优产品】 随着供给侧结构性改革的深入，企业越来越重视市场需求的变化，对产品进行有针对性的变革创新，将精益求精的工匠精神不断融入生产中，涌现出一些新技术新产品，逐步提升产品档次和品位，大力培育“名、优、特、新”品牌，打造具有较高影响力和知名度的国内、国际品牌，努力做到“增品种、提品质、创品牌”。

2016年灌云县工业名特优新产品目录

表3

序号	企业名称	产品名称	类别
1	连云港市威迪机械有限公司	1GKNM－250型双轴灭茬旋耕机	省重点推广应用的新技术新产品
2	连云港宝诚化工有限公司	年产4000吨间苯二甲腈先进生产工艺技术	省重点推广应用的新技术新产品
3	连云港市连发机械有限公司	高效水田埋茬起浆旋耕机	省重点推广应用的新技术新产品
4	连云港鑫宇塑钢型材有限公司	鑫宇牌塑钢型材	省名牌产品
5	连云港市锐远农业装备科技有限公司	锐远牌旋耕机	省名牌产品
6	江苏银华春翔机械制造有限公司	“云山”牌旋耕机械	省名牌产品

续表 3

序号	企业名称	产品名称	类别
7	江苏花果山鹅业食品有限公司	花果山牌风鹅	省名牌产品
8	连云港鲜禾制鞋有限公司	可变色的硫化鞋	连云港市中小企业专精特新产品
9	江苏科伦多食品配料有限公司	科多牌磷酸钾盐系列食品添加剂	连云港名牌产品
10	江苏远征化工有限公司	远征化工牌分散染料	连云港名牌产品
11	连云港连连化学有限公司	LIANLIAN 牌硫化促进剂 TBzTD	连云港名牌产品
11	连云港市新鑫隆化工有限公司	天鑫隆对甲砜基甲苯	连云港名牌产品
12	连云港锐巴化工有限公司	锐巴牌均匀增粘剂	连云港名牌产品
13	连云港大陆农业机械装备有限公司	大陆桥牌旋耕机	连云港名牌产品
14	灌云县振兴机械制造有限公司	连淮牌旋耕机械	连云港名牌产品
15	连云港市东堡旋耕机械有限公司	云灿牌开沟机	连云港名牌产品
16	江苏威迪农业装备科技股份有限公司	威迪振云双圆盘开沟机、旋耕机	连云港名牌产品
17	连云港市云港旋耕机械有限公司	云港牌旋耕复式机械	连云港名牌产品
18	连云港市连发机械有限公司	惠农牌旋耕机	连云港名牌产品
19	连云港五洲船舶有限公司	五洲牌钢制船舶	连云港名牌产品

(孔小燕)

组织机构及负责人名录

(2016 年度)

中共灌云县委员会

书　记:左　军
副书记:朱兴波　孙小岚(女)
　　　　杨金国(3 月任)
　　　　王　军(3 月免)
常　委:伏开清(5 月任)
　　　　谭树林(5 月任)
　　　　李永涛(5 月任)
　　　　刘　盾
　　　　掌文胜(6 月任)
　　　　马兆素(女)(6 月任)
　　　　张启银(6 月任)
　　　　冯春苗(6 月任)
　　　　于洪雁(5 月免)
　　　　戴　涛(5 月免)
　　　　李占超(5 月免)
　　　　沙荣胜(5 月免)
　　　　李海涛(6 月免)
　　　　王庆嘉(6 月免)
　　　　谢兆英(女)(6 月免)
　　　　李大海(6 月免)

灌云县人大常委会

主　任:汪　辉(10 月任)
　　　　孙　毅(10 月免)
党组书记:汪　辉(12 月任)
　　　　　孙　毅(12 月免)
党组副书记:谢兆英(女)(6 月任)
副主任:谢兆英(女)(6 月任)
　　　　郭家登(10 月任)
　　　　王从华　徐会传(11 月任)
　　　　江尧琥(10 月免)
　　　　朱正淮(4 月免)

灌云县人民政府

县　长:朱兴波
党组书记:朱兴波
党组副书记:伏开清(6 月任)
　　　　　于洪雁(6 月免)
副县长:伏开清(5 月任)
　　　　张友俊(11 月任)
　　　　颜　东(6 月任)
　　　　张凌云(女)(6 月任)
　　　　李瑾伟　陈新洪(12 月任)
　　　　周　翔(挂职)
　　　　周光尧(挂职,3 月任)
　　　　于洪雁(5 月免)
　　　　沙荣胜(5 月免)
　　　　掌文胜(6 月免)
　　　　马兆素(女)(6 月免)
　　　　王一兵(11 月免)
　　　　储春祥(扶贫,3 月免)
　　　　辛荣亮(扶贫,3 月免)
党组成员:刘　勤(扶贫,6 月任)
　　　　　戚国义(扶贫,6 月任)

政协灌云县委员会

主　席:王庆嘉(11 月任)
　　　　汪　辉(10 月免)
党组书记:王庆嘉(6 月任)
　　　　　汪　辉(6 月免)
党组副书记:李海涛(6 月任)
　　　　　　汪　辉(6 月任,12 月免)
副主席:李海涛(6 月任)
　　　　任　静(女)(不驻会)
　　　　周建军(11 月任)
　　　　王宽磊(11 月免)

徐清安(11月免)
黄军昌(11月免)
秘书长:冯　斌(4月任)
刘先谈(1月免)

中共灌云县纪律检查委员会

书　记:李永涛(5月任)
戴　涛(5月免)
副书记:钱光武　徐洪伟
常　委:刘广华　丁静和
施明生(7月任)
苏建军(7月任)

县监察局

局　长:钱光武
副局长:陆加云(女)

农村工作一室

副主任:孙运华　殷立富　顾兴杰
刘　华(1月免)
卓长龙(4月免)

农村工作二室

副主任:尹步波　侍建立
陈守卫　付怀艳(女)
张　涛(4月免)

农村工作三室

副主任:孙　飞　张　婧(女)
刘五方

农村工作四室

副主任:徐建才　张　伟
卓长龙(4月任)
张安明　何卫东(4月免)

县委工作部门及直属机构

县委办公室

主　任:徐会传
副主任:孙仕传　赵雷生
周异武(4月任)
孙国华(4月任)

县扶贫办公室

主　任:徐会传
副主任:朱礼家　茆庆富

县委台湾工作办公室

主　任:
副主任:

县委研究室

主　任:孙仕传
副主任:王尚银　周异武(4月免)

县信访局

局　长:张乃鸿
党组书记:朱必勇(9月免)
张乃鸿(9月任)
副局长:王志鸿(女)　张景德
王占义(1月免)
侍作君(3月免)
江　波(女)(11月免)
党组成员:朱立兵(3月任)

县委机要保密局

局　长:卓永杰(女)

县委组织部

部　长:刘　盾
副部长:焦加成　成善华
部务委员:范海浪

县委组织员办公室

主　任:霍永高(4月任)

县委“两新”工委

书　记:范海浪
副书记:霍永高(4月免)

县党员干部电化教育中心

主　任:范海浪

县农村党员干部远程教育办公室

主　任:范海浪

县委老干部局

局　长:焦加成
副局长:叶绍宏　陈素春(9月任)

县机构编制委员会办公室

主　任:成善华
副主任:牛兆远

县级机关工委

书　记:房立峰(4月任)
副书记:何维萍(女)

县委宣传部

部　长:马兆素(女)(6月任)
王庆嘉(6月免)

副部长:马兆同(4月任)
张荣富　孙成军
盛婷婷(女)
龚志峰(4月免)

县精神文明建设指导委员会办公室

主　任:马兆同(4月任)
龚志峰(4月免)
副主任:张海荣(女)

县文学艺术联合会

主　席:孙成军
副主席:殷爱华

县社会科学哲学联合会

主　席:张荣富

县委统一战线工作部

部　长:刘　盾(6月任)
黄军昌(6月免)
副部长:朱必勇(9月任)
徐　萍(女)
周华兵(4月任)
朱海兵
戚建民(4月免)

县民族宗教事务局

局　长:徐　萍(女)
副局长:江劲松(3月任)
侍冬宁(1月免)
庄　启(1月免)
潘　鹏(6月免)

县委政法委员会

书　记:掌文胜(6月任)
谢兆英(6月免)
副书记:张乃鸿　赵　殿　吴玉桐

县社会治安综合治理委员会办公室

主　任:赵　殿

副主任:王建刚(4 月任)
夏　明(1 月免)

县国家安全委员会领导小组办公室

主　任:吴玉桐
副主任:吴　刚(9 月任)

县依法治县领导小组办公室

副主任:边德凯

县委农村工作办公室

主　任:董浦胜
副主任:吕建军(4 月任)　邵从林
李建伟(3 月任)
吴庆来(1 月免)
朱洁如(1 月免)

县委党校

校　长:孙小岚(女)
副校长:张荣富　陈光波
李来刚(4 月免)

县行政学校

校　长:伏开清(6 月任)
于洪雁(6 月免)
副校长:张荣富

县社会主义学校

校　长:孙小岚(女)
副校长:张荣富

县委党史办公室

主　任:张再楼(4 月任)
副主任:何洪斌

县档案局

局　长:冯建庆
副局长:徐　欣(9 月任)
穆绪兵
沈官能(3 月任)
董　儒(1 月免)

县人大常委会工作机构

县人大常委会办公室

主　任:徐美春
副主任:王卫东

研究室

主　任:陈书培(女)
武运军

内务司法委员会

主　任:戴　明
副主任:程桂军

财政经济委员会

主　任:杜守旭
副主任:董　燕(女)

环境资源城乡建设委员会

主　任:张军山(9 月任)
王　华(女)(1 月免)
副主任:张忠伦(1 月免)

教科文卫委员会

主　任:杜友娟(女)
副主任:柳海樵

农业经济委员会

主　任:王余刚(1 月免)
副主任:李明喜

人事代表联络委员会

主　任:潘志伟
副主任:王守伟

法制专门委员会

主　任:戴　明
副主任:程桂军

财政经济专门委员会

主　任:杜守旭
副主任:董　燕(女)

县政府工作部门及直属机构

县政府办公室

主　任:周建军
副主任:徐　林(4 月任)
孙卫林　李同波　牛　玉
王　勇　王德兵(4 月任)
徐顺达(4 月免)
李　勇(4 月免)
李　兵

县政府外事与侨务办公室

主　任:李同波
副主任:骆守宏(1 月免)

县政府法制办公室

主　任:李树山(1 月免)
副主任:贺　强

县人民防空办公室

主　任:刘兰彬
副主任:魏居干(1 月免)
陈　亚(1 月免)
李学文

县政府金融办公室

主　任:孙卫林
副主任:张文建　冯宇驰
鲁小东(挂职)

县政府接待办公室

主　任:赵雷生(4 月任)
张再楼(4 月免)
副主任:徐继成(11 月任)
夏云亮(11 月免)
魏　然(女)(3 月免)

县级机关事务管理局

局　长:徐　林(4 月任)
徐顺达(4 月免)
副局长:杨　勇(9 月任)
房以占(9 月任)
何　华(女)(9 月免)

县行政服务中心

主　任:牛　玉
副主任:刘文涛　张春兰(女)

县数字化城市管理监督指挥中心

副主任:贺　强

县招商局

局　长:陈新洪
副局长:曹加河
程　军(3 月免)
孙　强(9 月免)

县经济开发区

党工委书记:谭树林(5 月任)

李占超(5月免)
党工委副书记:徐占兵(4月任)
陆庆武
邸照勤(4月免)
管委会主任:徐占兵(5月任)
邸照勤(4月免)
管委会副主任:陆庆武
卓长勇(4月任)
张利军 潘建中
任宏华
孙 强(9月任)
陆根柱(9月任)
张国华(9月免)
王海航(4月免)
高杭举(4月免)
纪工委书记:杨 波(4月任)
郑亚松(4月免)
管委会主任助理:陆荣权
党工委委员:程庆学(9月任)
张冬梅(9月任)

县临港产业区

党工委书记:张启银(6月任)
李海涛(6月免)
党工委副书记:张启银(6月免)
管委会主任:张启银(6月免)
管委会副主任:孙卫伟 王余波
程 军(3月任)
吴立国
卞德浦(9月任)
陈正年(挂职)
高宏伟(4月免)
孙克洪(1月免)
陆根柱(9月免)
李 勇(3月免)
陈守明(1月免)
纪工委书记:郑亚松(4月任)
杨 波(4月免)
党工委委员:李建兵(9月任)
曹卫兵(9月任)

燕尾港船舶工业园

管委会主任:孙克洪(1月免)
管委会副主任:王余波

大伊山旅游经济区管委会

党工委书记:徐伟明(9月任)
王庆嘉(6月免)
党工委副书记:程志军
张国华(9月任)
谷 云
徐伟明(9月免)
徐 欣(9月免)
管委会主任:张国华(9月任)
徐伟明(9月免)
管委会副主任:付 媛(女)
夏云亮(11月任)
徐 欣(9月免)
封其东(3月免)
纪工委书记:赵斯勇
主任助理:李庆武(9月免)

灌云现代农业产业园区

党工委书记:赵家琨(9月任)
孙小岚(女)(9月免)
党工委副书记:印从华(9月任)
赵家琨(9月免)
管委会副主任:张永化
郭文琦(挂职,9月任)
曹 勇(9月任)
任 静(女)(9月免)

灌云现代渔业产业园区

党工委书记:马兆素(女)(6月免)
顾 伟(9月任)
党工委副书记:席于兵(9月任)
顾 伟(9月免)
花树伟(9月免)
管委会主任:席于兵(9月任)
马兆素(女)(9月免)
管委会副主任:支学凯
张 超(挂职,9月任)
张建国(11月任)
花树伟(9月免)
王德波(11月免)

县发展和改革委员会

主 任:刘海洋
党组书记:朱如亭
党组副书记:刘海洋 陈新宪
副主任:冯 军 王余好 郑桂军
范 冬(3月免)
主任助理:刘浦业

县物价局

局 长:陈新宪
党组书记:黄怀仁
党组副书记:陈新宪
副局长:夏 玲(女)
孙谦永(1月免)
黄 勇(1月免)

县经济和信息化局

局 长:吕 涛
党委书记:胡可军
党委副书记:吕 涛
侍淑祥
夏绍庞(1月免)
副局长:李长春 夏绍庞(1月免)
刘 华 杨海洋
徐林浩(挂职)
局长助理:吴建冬

县中小企业局

局 长:李长春

县教育局

局 长:徐鹤春
党委书记:徐鹤春(9月任)
殷培华(1月免)
党委副书记:徐鹤春(9月免)
副局长:颜 朴 孙 雷
仲启立(挂职)
朱光耀(4月任)
徐霞明(1月免)
纪委书记:焦奎金(4月任)
高沛建(1月免)
党委委员:葛成照 王海军

灌云高级中学

校 长:王海军
党委书记:王海军
副校长:陈克志 徐永生(1月免)
吴正思 邵剑平 刘洪军

灌云中等专业学校

校 长:陈必军
副校长:吴广顺 王 涛

县实验中学

校 长:尹 好

杨集高级中学

校 长:刘宏清

县科学技术局

局　长:陈守金(4月任)
　　　张永竹(4月免)
党组书记:陈守金(4月任)
　　　于成松(4月免)
党组副书记:张永竹(4月免)
副局长:高庆亚
　　　赵永男(挂职,9月任)
　　　马　丽(女)(3月任)
　　　李　彩(女)(9月任)
　　　戴志边(1月免)
　　　山文彬(1月免)
　　　王统成(9月免)

县知识产权局

局　长:陈守金(4月任)
　　　张永竹(4月免)

县公安局

局　长:张友俊(11月任)
　　　王一兵(11月免)
党委书记:张友俊(11月任)
　　　王一兵(11月免)
督察长:张友俊(11月任)
　　　王一兵(11月免)
党委副书记:曹德松
政　委:曹德松
副局长:戴乐雨　徐　成
　　　曹加保(1月免)
　　　曹海波　寇　杰
　　　唐　晨(1月免)
副政委:徐　勇
纪委书记:朱建宏
政治处主任:薛　霜(女)(3月任)
　　　徐　勇(3月免)
局长助理:王占林

县委610办公室

主　任:戴乐雨
副主任:吴兴琪(3月任)
　　　钱厚法(3月任)

县维稳办

主　任:徐　成
副主任:张　剑

县民政局

局　长:李建忠
党委书记:黄华仁
党委副书记:李建忠
副局长:金长柿
　　　张建标(4月任)
　　　程加林(1月免)
　　　李　云(女)(1月免)
纪委书记:王占军

县司法局

局　长:王瑾玲(女)(4月任)
　　　房立峰(4月免)
党组书记:王瑾玲(女)
党组副书记:房立峰(4月免)
副局长:相玉春　刘文明
　　　柯　玺(女)(4月任)
纪检组长:高文明

县财政局

局　长:张　伟
党组书记:孙　超(1月免)
党组副书记:张　伟
副局长:陈松才　陈金绪　顾　祥
纪检组长:孙　谊(4月任)

县会计核算中心

主　任:郑　通

县人力资源和社会保障局

局　长:张军山(9月免)
党组书记:厉冠军(1月免)
党组副书记:张军山(9月免)
副局长:谢　兵(1月免)
　　　葛邦才(1月免)
　　　吴征宇(1月免)
　　　高杭举(4月任)
　　　王统旺(3月任)
纪检组长:刘景明(1月免)
党组成员:平淑娟(女)

县人才服务中心

主　任:平淑娟(女)

县劳动保险管理处

主　任:葛邦才(1月免)

县医疗保险管理处

主　任:高洪祥

县环境保护局

局　长:钱诗亚
党组书记:王余山(1月免)
党组副书记:钱诗亚
副局长:王伊林(1月免)　刘军生
　　　陈守明(1月免)　马生柏
　　　纪检组长:马　啸

县环境监察局

局　长:马生柏

县住房和城乡建设局

局　长:陈守波
党委书记:田学金(1月免)
党委副书记:陈守波
副局长:王以军　宋海鲲
　　　王星桥　马　东
　　　高宏伟(4月任)
　　　王统旺(3月免)
纪委书记:金万岩(9月任)
党委委员:韩克贤　刘玉军
　　　孙惠芹(女)
　　　费　倩(女)

县规划局

局　长:王以军
副局长:孙惠芹(女)

县房屋征收局

局　长:陈守波

县城市管理局

局　长:马　东
党委书记:贺　强
党委副书记:马　东
副局长:王广玉(1月免)　杨友明
纪委书记:马　勇
党委委员:左亚东(9月免)

县城市管理行政执法局

局　长:马　东

县城市管理监察大队

队　长:左亚东(9月免)

县交通运输局

局　长:武卫东
党委书记:钱晓东(1月免)

党委副书记:武卫东
副局长:钱晓东(1月免)
潘建华(女)
陈守祥 许善勤 王占奎
李 亮
纪委书记:马宝军
党委委员:张 军 孙克波 王志明
房宝洲(4月免)
局长助理:王志明

县港口管理局
局 长:潘建华(女)
副局长:侯学勇

县公路管理站
站 长:张 军

县运输管理所
所 长:孙克波

县乡镇交通运输综合管理所
所 长:房宝洲(4月免)

县农业委员会
主 任:赵家琨
党委书记:赵家琨(9月任)
印从华(9月免)

党委副书记:鲍春宝(1月免) 潘万忠
孙汝志 赵家琨(9月免)
副主任:任 静(女)(9月免)
胡志平 李建伟 朱登国
陈洪新 王德明
纪委书记:陈学响(4月免)
张洪海(11月任)
党委委员:卞曙光 王连花(女)
张 军(4月任)

县林业局
局 长:张 军(4月任)
潘万钟(4月免)

党组书记:陆清玲(女)
副局长:李华阳(9月免)
陆习尚
范乃刚(1月免)
何 华(9月任)

县农业机械管理局
局 长:孙汝志
党委书记:阚明忠
副局长:卞光宏 朱 源
沈官能(3月免)

县农业资源开发局
局 长:鲍春宝(1月免)
潘万钟(4月任)
党组书记:潘万钟(4月任)
副局长:钱 鑫 卓长仁 许善乐

县水利局
局 长:陈 瑜
党委书记:张如宝(3月免)
党委副书记:陈 瑜
副局长:张从新 任礼宁 蒋学群
武传德 孙 艳(女)
王占奎
纪委书记:陈 炬
党委委员:仇 勇

县商务局
局 长:杨友斌
党委书记:杨友斌
副局长:郑朝林 任义明
金万松(1月免)
李 勇(3月任)
纪委书记:张 勇
局长助理:黄善海

县粮食局
局 长:郑朝林
党委书记:徐平传
副局长:唐善兵 汪伦标 冯 波

县文化广电体育局
局 长:龚志峰(4月任)
陈守金(4月免)
党委书记:邱洪彤
党委副书记:龚志峰(4月任)
陈守金(4月免)
程志军 蒋学民 谷 云
副局长:蒋学民 傅长青 卞文武
卞 军
纪委书记:武宜祥(1月免)
梁海燕(4月任)
党委委员:邹平彦 张国华(9月任)

县旅游局
局 长:程志军
党组书记:程志军
副局长:柳 云(3月止)
惠兴燕(女)
魏 然(3月任)

县卫生和计划生育委员会
主 任:王安线
党委书记:李康军
党委副书记:王安线 张丙红 侍启忠
副主任:王步本 孙 波 王素春
刘锦虎
纪委书记:胡庆华
党委委员:王步本 孙 波 胡庆华
王素春 刘锦虎 陈 静

县人民医院
院 长:赵建中
党委书记:陈德忠

县中医院
院 长:黄师昌

县疾病预防控制中心
主 任:孙 波

县卫生监督所
所 长:姚昌志

县审计局
局 长:陈守东
党组书记:黄玉仁
党组副书记:陈守东
副局长:孙建华 庄友生 曹兴斗
徐艳艳(女)

县安全生产监督管理局
局 长:沈学权
党组书记:席于兵(4月免)
党组副书记:沈学权
副局长:朱登岭 江劲松(3月免)
卞德浦(9月免)
李华阳(9月任)
纪检组长:张中华

县统计局
局 长:刘 泽

党组书记:刘　泽
副局长:王同权　邹才太
　　马　丽(女)(3月免)
　　陈卫云(9月任)
党组成员:柳　云(3月任,9月免)

县海洋与渔业局
局　长:顾　伟
党委书记:花树伟
党委副书记:顾　伟
副局长:支学凯　孙海洋(3月任)
纪委书记:孙　健
党委委员:张宏波　席于兵(9月任)

县市场监督管理局
局　长:于洪雁(4月免)
党委书记:马士军
党委副书记:潘志宏
副局长:赵　萍　孙存帅(1月免)
　　周华兵(4月免)　杨　刚
　　葛绍升(1月免)　殷建良
　　掌旭东　邹伟太(1月免)
　　李　伟　于　津
纪委书记:张　诚(1月免)
　　茆　雷(9月任)

县食品药品监督管理局
局　长:赵　萍(女)

县地震局
局　长:于成松
副局长:房佩军(1月免)
　　朱兴海(4月任)

县盐务管理局
党委副书记:吴六六
副局长:朱秀林
党委委员:吴海东

县商业总公司
经　理:汤宜军
党委书记:汤宜军
副经理:孙桂林(1月免)　王树成

县物资总公司
经　理:王　辉
党委副书记:王　辉
副经理:朱益发

县煤炭工业公司
经　理:吴晓青(女)
党委书记:吴晓青(女)
副经理:温亮泽

县供销合作总社
主　任:王　辉
党委书记:张　斌
党委副书记:王　辉
副主任:张　斌
纪委书记:曹　阳

县政协工作机构

办公室
主　任:冯　斌(9月免)
　　王余亮(9月任)
副主任:王余亮(9月免)
　　王红珍(女)(11月任)

提案委员会
主　任:张永虎

学习文史委员会
主　任:贺长祥

对外联络委员会
主　任:郑传梅(女)

社会事业委员会
主　任:马彦邦

经济科技委员会
主　任:霍正祥
副主任:刘东平　邱德成

群团组织

县总工会
主　席:朱正淮(4月免)
　　邸照勤(4月任)
党组书记:许燕玲(女)(1月免)
　　徐顺达(4月任)
党组副书记:朱正淮(4月免)
　　邸照勤(4月任)
副主席:许燕玲(女)(1月免)
　　王德兵(4月免)
　　单尚君(1月免)
　　徐顺达(4月任)　张　青(女)

县工商业联合会
主　席:郭家登(11月免)
党组书记:周华兵(4月任)
　　戚建民(4月免)
党组副书记:朱春光
副主席:孙海洋(3月免)
　　李　慧(女)
党组成员:杨友海

共青团灌云县委员会
书　记:陆　叶(女)(4月免)
黄　宁(女)(4月任)
副书记:蒋桂美(女)
　　李兴旺(3月免)
　　马兆春(9月任)

县妇女联合会
主　席:孙朝娟(女)
副主席:徐　玲(女)
　　何维萍(女)(9月免)
　　吉双艳(女)(11月任)

县妇女儿童工作委员会办公室
主　任:何维萍(女)(9月免)
　　吉双艳(女)(11月任)

县科学技术协会
主　席:尤升春
副主席:刘文樵

县残疾人联合会
理事长:刘庆明
副理事长:韩中平　张育涛(1月免)
　　贺平荣(4月任)

县红十字会
会　长:于洪雁(6月免)
副会长:赵兴荣

县人武部、法院、检察院

县人武部
政委、党委书记:李大海
部长、党委副书记:冯春苗
副部长、党委委员、纪委书记:肖　军
党委委员、政工科长:宋勇路

党委委员、后勤科长:姚　东

县人民法院

院　长:李勇强(10月任)
　　安仲润(10月免)
党组书记:李勇强(11月任)
　　安仲润(11月免)
副院长:宋　飞　戚道中　马生鑫
　　侍　昆
纪检组长:乔　军
政治处主任:侍　昆
党组成员:杨　健　郭胜利
　　潘兴军(3月任)

县人民检察院

检察长:陈长春(10月任)
　　唐　张(10月免)
党组书记:陈长春(11月任)
　　唐　张(11月免)
副检察长:陈兴平　侍术祥
　　陈　镜(1月免)
　　胡　展(女)
纪检组长:王金叶
政治处主任:胡　展(女)
党组成员:侍作军　潘东伟
　　汤井波(3月任)
　　吴　涛(3月任)

乡镇党委、人大、政府、纪委

伊山镇

党委书记:徐伟明
党委副书记:杨乐武　卓长勇(4月免)
　　刘向东(4月任)
　　马　敏(女)(4月任)
镇　长:杨乐武
人大主席:卞祖凡(4月任)
　　吕建军(4月免)
纪委书记:殷立富
组织委员:汪　磊(4月任)
　　马　敏(女)(4月免)
宣传委员、统战委员:
　　许海燕(女)(4月任)
政法委书记:蔡以东(4月任)
　　刘向东(4月免)
副镇长:吴海勇(4月免)
　　汪　磊(4月免)
　　曹　勇　许文斌(4月任)
　　杨　辉(4月任)
　　左亚东(9月任)
　　刘海洋(11月任)
人武部长:赵　斌(11月任)
人大副主席:黄德才(11月免)
　　杨　茜(11月任)

杨集镇

党委书记:李　明
党委副书记:李　勇(4月任)
　　邓海波(4月任)
　　左平霞(女)(4月任)
　　张建标(4月免)
　　李书建(4月免)
　　张玉平(4月免)
镇　长:李　勇(4月任)
　　张建标(4月免)
人大主席:李书建(4月任)
　　卞亚军(4月免)
纪委书记:陈守卫(4月任)
　　刘五方(4月免)
组织委员:李龙厂
宣传(统战)委员:臧　慧(女)(4月免)
政法委书记:徐宝同(1月免)
人武部部长:李广成(1月免)
副镇长:金长青
　　房宝洲(4月任)
　　朱展龙(4月任)
　　张连虎(4月任)
　　李春彦(4月任)
　　许文斌(4月免)
　　高红雨(女)(4月免)
人大副主席:李春年

燕尾港镇

党委书记:戚建民(4月任)
　　张启银(4月免)
党委副书记:孙卫伟(4月任)
　　张　涛(4月任)
　　高宏伟(4月免)　邓兆松
镇　长:孙卫伟(4月任)
　　高宏伟(4月免)
人大主席:程　伟
纪委书记:张安明
组织委员:黄学智(4月任)
宣传(统战)委员:姜　驹
副镇长:吴立国(4月免)
　　宋和忠(11月免)
　　陆习娟(女)(4月任)
　　沈　兵(11月免)
　　陈正年(挂职)
　　刘佳健(11月任)
　　金　鑫(4月任)
　　王治国(11月任)
人大副主席:徐永严(11月免)

龙苴镇

党委书记:朱高友
党委副书记:李恒军　郝秀刚
镇　长:李恒军
人大主席:王树兵
纪委书记:沙小明(4月任)
　　卓长龙(4月免)
组织委员:左志毅(女)(4月任)
　　沙小明(4月免)
宣传(统战)委员:孙　芹(女)(4月免)
政法委书记:蔡以东(4月免)
　　邹平其(4月任)
副镇长:吴晓青(4月免)　沈　亮
　　徐顺心(11月免)
　　左平霞(女)(4月免)
　　孙永周(4月任)
　　邱成加(4月任)
人大副主席:李显鄂(4月免)
　　夏召池(4月任,11月免)

四队镇

党委书记:郑奋翔(4月任)
　　徐占兵(4月免)
党委副书记:唐祖高
　　张　云(4月任,9月免)
　　李炳岩(11月任)
镇　长:唐祖高
人大主席:张　云
纪委书记:沈　兵(11月任)
　　张　伟(11月免)
组织委员:朱莹莹(女)(11月任)
　　张永丰(11月免)
宣传(统战)委员:
　　朱莹莹(女)(4月任,11月免)
政法委书记:刘立华(11月免)
戴乐春(11月任)
副镇长:祝　钧　孙桂清(11月免)
　　刘友奎(4月免)

吴晓青（4月任）
刘　健（11月任）

同兴镇

党委书记：赵　敬
党委副书记：徐　明　郑朝纪
镇　长：徐　明
人大主席：卞光扬
纪委书记：张　婧（女）
组织委员：陈　曦（3月免）
王志坚（4月任）
宣传（统战）委员：项守柱（4月任）
政法委书记：嵇士清（1月免）
赵兴明（4月任）
人武部部长：潘庆明（11月免）
张　伟（11月任）
副镇长：李长锦（4月免）
孟善兵（11月免）
徐再标（4月免）
陈　雷（4月任）
张文琪（4月任）
张　伟（11月任）
人大副主席：赵兴明（4月免）

圩丰镇

党委书记：庄占忠
党委副书记：沈小勇
刘先仙（4月免）
王海航（4月任）
张建国（4月任）
镇　长：刘先仙（4月免）
王海航（4月任）
人大主席：任义兵
纪委书记：刘五方（4月任）
组织委员：左成兵（4月任）
宣传（统战）委员：杜成楼（1月免）
何卫东（4月任）
政法委书记：顾明佳
人武部部长：朱永新（4月免）
副镇长：朱永新（4月免）
张建国（4月免）
王德波
张　超（挂职，9月任）
王祖建（4月任）
颜士兵（11月任）
房保亚（11月任）
胡文慧（女）（4月任）

下车镇

党委书记：张凌云（女）
党委副书记：高加鸿　任礼徐（4月免）
张学峰（4月任）
镇　长：高加鸿
人大主席：任礼徐（4月任）
朱兴海（4月免）
纪委书记：武巍巍（4月任）
陈守卫（4月免）
组织委员：陈锡发
宣传（统战）委员：侍金波
政法委书记：邱伏兵
副镇长：张学峰（4月免）
李长锦（4月任）
徐忠传　吉　利（4月任）
周海波（11月任）
付雪松（11月任）
人武部部长：孙卫星（4月任）
人大副主席：项守柱（4月免）

侍庄街道

党工委书记：徐占兵（4月任）
邸照勤（4月免）
党工委副书记：高杭举（4月免）
顾　纬（女）
卓长勇（4月任）
主　任：卓长勇（4月任）
高杭举（4月免）
人大工委主任：邵　晖
纪工委书记：徐顺心（11月任）
刘善侠（11月免）
组织委员：李杭州（4月任）
人武部部长：李杭州（4月免）
副主任：邓海波（4月免）
管福如（11月免）
张冬梅（女）
徐继成（11月免）
刘善侠（11月任）
张永丰（11月任）

南岗乡

党委书记：汤景栋（4月任）
张　军（4月免）
党委副书记：陆　叶（女）（4月任）
汤景栋（4月免）
贺平荣（女）（4月免）
吴海勇（4月任）
陈学响（4月任）
乡　长：陆　叶（女）（4月任）
汤景栋（4月免）
人大主席：陈　文
纪委书记：张　涛（4月免）
卓长龙（4月任）
组织委员：张　昊（4月任）
黄　宁（女）（4月免）
宣传（统战）委员：吴昌通（11月免）
政法委书记：陈　兵
人武部部长：王砚钊（11月免）
副乡长：夏召池（4月止）　陈　兵
柯　玺（女）（4月免）
张　昊（4月免）
刘友奎（4月任）
徐春媚（女）（4月任）
人大副主席：牟汉好（11月免）

小伊乡

党委书记：封　波（4月任）
马兆同（4月免）
党委副书记：封　波（4月免）
杨乐华（11月免）
刘先仙（4月任）
顾兴杰（11月任）
乡　长：封　波（4月免）
人大主席：张玉平（4月任）
卞祖凡（4月免）
纪委书记：唐余兰（11月任）
顾兴杰（11月免）
组织委员：任浩东（4月任）
孙宪华（4月免）
宣传（统战）委员：
黄　丽（4月任）
王春玉（女）（4月免）
政法委书记：徐　瑞
副乡长：徐　瑞
孙宪华（4月任）
孙永周（4月免）
王发云　任浩东（4月免）
人大副主席：王建支（1月免）

东王集镇

党委书记：王铁挺
党委副书记：郑奋翔（4月免）　陆　波
李来刚（4月任）
镇　长：陆　波（4月任）
郑奋翔（4月免）
人大主席：李长林

纪委书记:付怀艳(女)
组织委员:杨绍林(4月免)
徐大桥(4月任)
副镇长:任礼华 杜运军
王祖建(4月免)
杨绍林(4月任)
王庆华(11月任)

图河镇

党委书记:封小卫(4月任)
徐 林(4月免)
党委副书记:封小卫(4月免) 任洪兵
卞亚军(4月任)
镇 长:卞亚军(4月任)
封小卫(4月免)
人大主席:陈全来
纪委书记:杨 欢(4月任)
何卫东(4月免)
组织委员:李惠明(4月任)
徐春媚(女)(4月免)
宣传(统战)委员:温开泉
政法委书记:温开泉
人武部部长:严仁春
副镇长:严仁春 胡恒兵
张文琪(4月免)
吴立军(11月任)
朱永新(4月任)

省、市直属单位

县国税局

局长、党组书记:陈跃东(3月任)
潘恩成(3月免)
副局长:厉 伟 孙广宇
王建军(3月任)
杨晓煜(3月任)
纪检组长:马红雨

县地税局

局长、党组书记:张依东(1月任)
张法德(1月免)
副局长、陈 军 朱 飞
赵华礼 秦 虎
纪检组长:朱 飞

县供电公司

总经理:段 锋
党委书记:房永刚
副总经理:曹学刚 张焱杰
纪委书记、工会主席:潘国和

县烟草专卖局

局长、经理:董 刚
副经理:潘慧琴(女)(12月免)
副局长:陆 敏

县国土资源局

局 长:禹会成(7月任)
孙召明(7月免)
副局长:刘占国 何云生
纪检组长:刘春华

县邮政局

局 长:谢 利(6月任)
曹春生(6月免)
副局长、工会主席:赵 磊
局长助理、纪委副书记:顾永峰

县电信公司

总经理:李成林
副总经理、工会主席:徐志成(3月任)
副总经理、纪委书记:唐玉春(3月任)

县气象局

局长、书记:穆如锦
副局长:解树宏

县人民银行

行 长、党组书记:孙树军
副行长、工会主席:包国友(5月任)
徐永中(5月免)
副行长:夏正勇(6月任)

县工商银行

行 长:黎 普
副行长:程云海 周 萍(女)
陈 鹏

县农业银行

行 长:孙献忠
副行长:陈福举 沈宝国 汤景春
徐 祥(12月任)

县中国银行

行 长:杨守诚(9月任)
邵学文(9月免)
副行长:王 凡 朱劲松

县建设银行

行 长:陈士春
副行长:张 锐
李天之
李雪玲(7月任)

县农村合作银行(农村商业银行)

董事长:尚国修(6月任)
韩金明(6月免)
行 长:谢秀兵(5月免)
贾 雷(10月任)
监事长:李国佩(2月任)
副行长:徐 峰 丁会东
肖 军 杨新宇(6月任)

县农发行

行 长:刘东荃 汤承玉
副行长:陈亚平(女)
孙 川
工会主席:陈亚平(女)(兼)

江苏银行灌云支行

行 长:陶 进
副行长:应 辉 黎 明

灌云邮政储蓄银行

行 长:刘都春
副行长:车树刿
行长助理:范春勇

灌云太仓银行

行 长:陆咸德
副行长:顾春惠 毛培明

灌云民丰村镇银行

行 长:张明洋
副行长:刘宏亚 徐万军

人保财险灌云支公司

副经理:吴海兵 刘 伟 王必杰

县人寿保险公司

党支部书记、经理:陈志奎(5月任)
陈启观(5月免)
副经理:张 生
经理助理:徐云燕(10月免)

王海洋
经理协理:尹　鹏(10月任)

县人寿财险灌云支公司

总经理:孙学清
副总经理:胡　勇

县人保寿险灌云支公司

经　理:张二波(11月任)
贺漫堂(11月止)
副经理:焦生显

县移动公司

总经理:宋　健
副总经理:朱志永(8月任)
王　建(1月任)
李曙光(8月免)
仇　坤(1月免)

县联通公司

总经理:王　波

江苏省连云港监狱(江苏省五图河农场有限公司)

监狱长、党委书记:史永福
政委、党委副书记:李　森(8月免)
调研员、公司总经理:陈友林
副政委:刘从明(10月任)
党委副书记、纪委书记:
徐　建(10月任)
刘从明(10月免)
副监狱长:王绪生
王光华
吉凤平(1月任)
曹　波(1月任)
张学志(6月任)
袁　靖(6月任)
刘兴华(5月免)
副总经理:杨发先
朱庆辉(9月免)

江苏金桥盐化集团灌西盐场投资公司

董事长、党委书记:王德志
总经理、党委副书记:
李国文(3月任)
吴再忠(3月免)
党委副书记、纪委书记、工会主席:
王保平
党委委员、副总经理:
古浩光　张学峰
曹开明　徐进军(3月任)

综述

【概况】 2016年，灌云县委积极抢抓“一带一路”建设和江苏沿海开发等战略机遇，攻坚克难，创新实干，经济社会始终保持稳中有进的良好态势。至2016年底，全县完成地区生产总值328.7亿元，比上年增长8.2%；规模以上工业增加值141.8亿元，比上年增长10.8%；全社会固定资产投资272.2亿元，比上年增长21.4%，其中工业投入174.8亿元，比上年增长7.7%；公共财政预算收入21.52亿元；城乡居民人均可支配收入分别为22979.3元、12968.8元，分别增长8.2%、9.2%。灌云县先后荣获“全国粮食生产先进县”“高标准基本农田建设示范县”“生态建设突出贡献奖先进集体”“十佳金融生态示范县”“群众体育先进单位”“中国旋耕机之都”“中国名厨之乡”等称号，连续十年被评为“中国最具投资潜力中小城市百强”。成功创建省文明城市、农业设施栽培先进县、双拥模范县、国土资源节约集约模范县、省教育现代化县、体育强县和省平安县、信访工作先进县。

【经济发展】 工业主体经济。2016年，全县规模以上工业增加值保持两位数增长，7家企业跨入国家级高新技术企业行列，创灌云历史之最；县经济开发区进入省智能制造试点园区，跨入省高端装备制造业特色基地，中小企业园跻身省级创业孵化基地，开始向高端化迈进。

现代服务业。港口物流取得历史性突破，吞吐量超过“十二五”的五年总和；“互联网+”新业态异军突起，情趣内衣电商市场份额占全国75%以上，侍庄三合村被评为省农村电子商务示范村；与浙江颐高集团合作建成全省县级规模档次最高的电子商务创业园，成为拉动灌云产业升级、推动全民创新创业的加速器。

农业农村经济。夏粮单产全省夺冠，农业产业化水平大幅提升，农产品出口额增幅全市第一；一条岭芦蒿、灌云豆丹等特色农产品品牌效应进一步放大；农村新型经营主体更趋活跃，专业合作组织、家庭农场的注册资本占全市45%以上。

【重大事项】 重大产业项目。县临港产业区、经济开发区、乡镇工业集中区项目集聚的态势、体量、层次越来越好，年初确定的100项重点工程项目全面如期实施，80%以上都是新兴战略产业项目，均符合环保要求的项目；气凝胶等项目被列入国家火炬计划，其技术指标被作为国家行业标准，处在世界技术前沿。

重大基础设施工程。作为沿海开发龙头的港口建设成效卓著，2号码头开港运营，5万吨级3号码头被列入省重大项目名录并启动实施，相关组织

市委书记杨省世在灌云调研党建工作

构架完备,口岸开放省市级层面手续全部办好,正式列入国家开放规划;连盐、连淮扬镇铁路快速推进,灌云县被誉为全省唯一无障碍施工县;204 国道灌云段改扩建在省市干线公路质量大检查中名列第一。

生态保护工作。2016 年,全县坚持“既要金山银山更要绿水青山,绿水青山就是金山银山”理念,铁腕治污,重力整治环保突出问题,取缔关闭化工企业 42 家、限期整改 18 家、转型升级 17 家,总投资近 30 亿元新建或扩建“三废”处置等环保基础设施,为根治环保问题奠定坚实基础。

乡村旅游经济。2016 年,灌云把乡村旅游作为推进绿色发展的主抓手,围绕“伊山伊水伊甸园,真情真意真灌云”主题,结合特色小镇、美丽乡村,全县域规划,全景区建设,按照打造全国一流乡村旅游示范点的定位,启动建设伊山伊甸园、伊芦山养生文化产业园和潮河湾生态园。

【深化改革】 2016 年,县委认真贯彻落实中央及省市关于全面深化改革的各项部署安排,结合灌云县情实际,坚持问题导向,突出重点领域和重点事项,以 37 项重点改革事项为龙头,以统筹协调、督察考核为抓手,创新思路,精准发力,持续用力,加快各项改革任务的落地见效,全面深化改革不断取得新成效。推进供给侧结构性改革,认真落实去产能、去库存、去杠杆、降成本、补短板五大任务,供给体系质量和效益明显提高;深化行政管理体制改革,加快转变政府职能,推进简政放权、管放结合、优化服务,实行“三证合一”“一照一码”商事管理制度,加大事中事后监管力度;县行政服务中心标准化改革经验由市委主要领导批示并刊发《改革动态》,在全市推广;深化国税、地税征管体制,营改增试点改革于 5 月 1 日正式实施;加快培育以家庭农场为重点的新型农业经营体系,新增家庭农场 552 家,完成土地承包经营权确权登记颁证工作,成功经验在全国推广;加快实施农村产权市场建设,超额完成既定的农村产权交易额任务;推进司法体制改革,落实员额制改革任务,合理配置员额比例;深化医药卫生体制改革,稳步推进医疗联合体建设,落实低价药品网上采购,开展乡村医生签约服务;深化干部人事制度改革,完善股级干部管理制度,推进村干部薪酬保障体系改革;加强党的纪律检查体制改革,强化同级监督,压紧夯实“两个责任”,严格实践“四种形态”,改革经验被多家媒体推介。

【干部队伍建设】 2016 年,县委始终把打造坚强干部团队作为根本之策,在全省首创公务员集中军训,既训作风更训思想,在省内外产生广泛的积极效应;在全市首次公开电视直播目标承诺,压实各级干部目标责任;采取上挂下派、轮训培训等多种形式,有针对性地提升各级干部领导发展能力;构建“四个一”选拔培养模式,结合换届把一大批干有实绩的一线同志选拔进各级领导班子,各级干部的精神状态、拼搏干劲、争先意识显著增强,夏秋两季秸秆“综禁”工作成绩突出,走在全市前列;县旧城改造拆迁指挥部组织指挥有力、运转实施高效,拆迁征收地块快速推进;经济开发区顺利完成相关项目 137 户的征地拆迁任务;伊山、同兴、杨集、下车等乡镇在县有关部门的支持配合下,仅用三个多月就拆迁上百户房屋、迁移几百根杆线、迁走上千座坟墓、流转土地上万亩,保证重点工程的顺利实施。

【社会事业统筹】 2016 年,灌云县委立足补齐全面小康中的突出短板,以增进群众福祉为核心,统筹发展各项事业。深入推进大众创业、万众创新,积极增岗,扩大居民增岗就业,激发全民创业激情,多渠道增加群众收入,各类市场主体新增注册资本 108 亿元,农村居民人均可支配收入增幅位居全市之首。坚持真扶贫、扶真贫、真脱贫,按时完成年度脱贫攻坚任务。健全完善社保体系,扩大公共产品服务,年初承诺的十件民生实事全部兑现。教育现代化创建成效明显,高考本科达线人数再创历史新高。医疗卫生服务体系日臻完善,卫生食品安全协管走在全国前列,国家卫计委在灌云召开现场会推广灌云模式。文化和精神文明建设亮点纷呈,县文化馆成功创建国家一级馆,王继才再获全国双拥模范,王维喜荣登“中国好人”榜,范松林入选“感动江苏”十大人物,王祖帅荣获江苏“美德少年”提名奖,蔡学举被确定为省级重大典型。社会治理能力不断提升,信访形势持续向好,信访综合考核全市第一。党的建设全面加强。圆满完成县乡村三级集中换届,各项指标均好于上级规定标准;各级党委党风廉政建设主体责任和纪委监督责任

2016 年 2 月 17 日,连云港市市长项雪龙(中)到灌云调研扶贫开发工作。

有效落实，巡察制度走在全市前列。人大、政协围绕中心，服务大局，依法履行职责。统战、武装、工会、共青团、妇联、双拥、宗教、台侨、慈善、党史地方志、老干部、老促会和关工委各项工作都取得新进展。

重要会议

【述职述廉述责和述法述学会议】 1月22日上午，县领导班子和领导干部述职述廉述责和述法述学及“一报告两评议”会议在县行政中心召开。市纪委副书记、监察局长王铁军作民主测评说明。县委书记左军主持会议并代表县委常委会作班子述职述廉述责和述法述学以及干部选拔任用工作情况报告。县长朱兴波作个人述职述廉述责和述法述学报告，其他班子及成员进行书面述职。县委委员，县人大常委会、政府、政协、纪委班子成员，县法院、检察两院主要负责人，县各部门党政主要负责人，各乡镇党委、政府、纪委主要负责人，党风联络员、特邀监察员和老干部代表参加会议。会上，与会人员对县领导班子和领导干部进行民主测评。

【全县目标绩效管理暨作风建设大会】 2月16日上午，全县目标绩效管理暨作风建设大会在县影剧院隆重召开。县委书记左军出席并讲话。县长朱兴波主持大会。孙毅、汪辉、孙小岚、沙荣胜、王庆嘉、戴涛、李占超、谢兆英、刘盾、李大海、于洪雁出席会议。县四套班子领导，县法院院长、县检察院检察长，省市属监狱、盐场主要负责人，乡镇、部门党政主要负责人，县人大、县政协各工作机构和专门委员会主要负责人，县属农场主要负责人，县直机关中层以上干部代表，老干部代表，部分“两代表一委员”，县重点企业负责人代表，重大事项督查组、优化办全体人员，获奖先进集体和先进个人代表参加会议。各乡镇、各部门设立分会场收看。

【全县政法暨信访稳定工作会议】 2月25日下午，全县政法暨信访稳定工作会议召开。县委书记左军出席并讲话。县委常委、政法委书记谢兆英作政法信访工作报告。县委常委、常务副县长于洪雁主持会议。副县长、县公安局局长王一兵宣读表彰决定。县法院院长、检察院检察长及各乡镇、各部门、各单位主要负责人参加会议。

【全县农业农村暨旅游业发展大会】 3月29日，全县农业农村暨旅游业发展大会召开，县委书记左军出席并讲话。县长朱兴波主持会议。县领导孙毅、汪辉、孙小岚、沙荣胜、王庆嘉、掌文胜、马兆素出席会议。县委副书记孙小岚对全县农业农村和旅游工作观摩情况作了点评。

【全省不动产统一登记工作推进现场会】 3月30日，全省不动产统一登记工作推进现场会在灌云召开。省国土资源厅副厅长魏红军出席会议并讲话。省国土资源厅不动产登记局局长林颢主持会议。副市长尹哲强、县长朱兴波分别致辞。全省各市、县（区）国土资源局相关负责人参加会议。县委常委、常务副县长于洪雁参加相关活动。

【县委常委扩大会】 4月13日，县委书记左军主持召开县委常委扩大会议，传达贯彻全省推进供给侧结构性改革工作会议和市委常委会、全市生态文明建设大会精神，部署经济工作。朱兴波、孙毅、汪辉等县四套班子领导，县法院院长、检察院检察长，各乡镇党委书记、乡镇长，县各部门、各单位主要负责人参加会议。会上，县长朱兴波传达全省推进供给侧结构性改革工作会议精神。县委常委、县纪委书记戴涛通报全县落实中央巡视组巡视江苏反馈意见专项整改督查和全县一季度优化投资发展软环境情况。县委常委、组织部长刘盾通报全县一季度重点项目推进情况。县委常委、常务副县长于洪雁通报全县一季度主要经济指标完成情况。县分管领导和各乡镇、部门分别汇报一季度工作情况，并观看《一季度全县重点项目推进情况》《软环境建设问题聚焦》两个专题片。

【全县“两学一做”学习教育动员部署会】 4月29日下午，全县“两学一做”学习教育动员部署会召开。县委书记左军出席会议并作动员讲话。市委督导一组组长、市纪委常委、监察局副局长蒋彩霞全程参加指导并讲话。县长朱兴波主持会议，并传达习近平总书记关于“两学一做”学习教育的指示精神和中央、省委学习教育座谈会、市委动员部署会精神。孙毅、汪辉等县四套班子领导；县法院院长、检察院检察长；县各单位、各部门党政主要负责人；各乡镇党委书记、政工副书记、组织委员；县直党委职能科室负责人参加会议。县委常委、组织部长刘盾对全县“两学一做”学习教育《实施方案》进行重点解读。

【灌云县“五方挂钩”帮扶协调小组工作会】 5月25日下午，省交通运输厅在灌云牵头召开2016年灌云县“五方挂钩”帮扶协调小组工作会议。省委农工办主任赵旻出席会议并讲话。省交通运输厅副厅长、党组成员丁峰主持会议。县领导朱兴波、孙毅、汪辉、杨金国、马兆素，“五方挂钩”协调小组成员单位分管领导、联络员，省委驻灌帮扶工作队全体队员出席会议。

【县委常委扩大会暨全县夏季秸秆“综禁”工作推进会】 5月27日下午，县委常委扩大会暨全县夏季秸秆“综禁”工作推进会在县行政中心召开。县委书记左军主持会议并就贯彻落实全省加快推进沿海地区发展、沿东陇海线经济带建设工作会议和市委常委扩大会议精神、做好全县夏季秸秆“综禁”工作提出要求。县长朱兴波传达全省加快推进沿海地区发展、沿东陇海线经济带建设工作会议精神。县人大常委会主任孙毅、县政协主席汪辉等县四套班子领导，县法院院长、县检察院检察长，五图河农场、灌西盐场“综禁”

工作分管领导，各乡镇(街道)党政主要负责人、分管负责人、“综禁”办主任，各部门、各单位党政主要负责人，2015年秋季秸秆“综禁”工作先进集体、个人代表参加会议。

【全县庆祝中国共产党成立95周年大会暨“两学一做”学习教育专题党课】 6月30日下午，全县庆祝中国共产党成立95周年大会暨“两学一做”学习教育专题党课在县影剧院举行。县委书记左军出席会议作纪念讲话，并讲授“两学一做”专题党课。县长朱兴波主持活动。县四套班子成员、县法院院长、检察院检察长，各乡镇(街道)、各部门党政主要负责人，乡镇政工副书记、纪委书记、组织委员、宣传委员，县人大、县政协各工作机构和专门委员会主要负责人，县直机关中层以上干部代表，老干部代表，部分县以上党代表、人大代表、政协委员，先进典型代表，县属农林场圃主要负责人，村(社区)党组织书记，受表彰先进代表参加活动。

【全县城市工作会议】 9月30日上午，县委、县政府在县影剧院召开全县城市工作会议。县委书记左军出席并讲话。县长朱兴波主持会议。县人大常委会主任孙毅、县政协主席汪辉等县四套班子领导，各乡镇(街道)、各部门、各单位相关负责人及老干部、人大代表、政协委员、房地产开发企业、物业公司代表参加会议。

【全县大干四季度确保完成全年目标任务动员会】 10月8日下午，县委书记左军主持召开全县大干四季度确保完成全年目标任务动员大会。县长朱兴波点评前三季度工作，具体安排部署大干四季度的有关工作。县委副书记孙小岚等县四套班子领导，县法院院长、检察院检察长，各乡镇(街道)、县各部门党政主要负责人参加会议。

【全县第十一届村委会和第六届居委会换届选举工作会议】 11月15日下午，全县第十一届村委会和第六届居委会换届选举工作会议在县行政中心召开。县委书记左军出席并讲话。县委副书记孙小岚主持会议。县领导李永涛、刘盾、掌文胜、马兆素、王从华、颜东出席会议。副县长颜东就做好换届选举工作作具体部署。县村委会换届选举工作指导小组全体成员，各乡镇(街道)党(工)委书记、政工副书记、纪委书记、组织委员、民政办主任，县村委会换届选举指导督查组组长、副组长、联络员，县村委会换届选举办公室各工作组全体成员参加会议。

【全县扶贫工作推进会】 11月23日下午，全县扶贫工作推进会召开。县委书记左军出席并讲话。县长朱兴波主持会议。县领导孙小岚、杨金国及省委驻灌帮扶工作队全体队员，各乡镇(街道)主要负责人、分管扶贫工作负责人，县直各部门主要负责人和经济薄弱村党组织书记参加会议。

【灌云浙江商会成立十周年暨招商项目推介会】 11月29日下午，灌云浙江商会成立十周年暨招商项目推介会隆重举行。省浙江商会常务副会长周才炳、县委书记左军分别致辞。县领导孙毅、汪辉、谭树林，县外浙商、在灌浙商代表及县有关乡镇(街道)、部门负责人出席仪式。

【现代芦蒿产业峰会】 12月3日，由省农科院、县政府共同主办的现代芦蒿产业峰会在灌云举行。省农委副主任张坚勇出席并讲话，省农科院副院长余文贵作《灌云芦蒿产业技术报告》，副市长吴海云出席，县委书记左军致辞，中国农业大学教授、中国农业工程学会设施园艺工程专业委员会主任陈青云作《如何发展设施农业》主题报告，县委副书记孙小岚主持峰会，副县长张凌云作灌云芦蒿产业信息发布。省、市有关部门和单位负责人，芦蒿生产技术专家，省内芦蒿销售市场负责人，县领导周翔、任静及县农口单位中层以上干部，各乡镇(街道)分管乡镇长、农技中心主任，县芦蒿种植大户、合作社(含企业)、经纪人代表参加峰会。

【学习贯彻省第十三次党代会精神宣讲会】 12月7日下午，市委书记、市人大常委会主任杨省世到灌云就学习贯彻省第十三次党代会精神作宣讲。县委书记左军主持报告会。县长朱兴波、县人大常委会主任孙毅、县政协主席汪辉等县四套班子领导，县法院院长、检察院检察长，各乡镇(街道)党政主要负责人、分管政工副书记、组织委员、宣传委员，各部门(单位)党政主要负责人，部分党代表、人大代表、政协委员，老干部代表，县级机关干部代表，县委宣讲团成员参加报告会。

【2016年度落实党风廉政建设责任制会议】 12月22日下午，市委书记、市人大常委会主任杨省世率队到灌云，就2016年度落实党风廉政建设责任制情况进行检查考核。县委书记左军代表县委作落实“主体责任”报告和个人述责述廉报告。县委常委、县纪委书记李永涛代表县纪委作落实“监督责任”报告和个人述责述廉报告。县长朱兴波等县委领导班子其他成员进行书面述责述廉。县委委员，县人大常委会、政府、政协、县纪委领导班子成员，县法院院长、检察院检察长，县责任制领导小组成员，县各部门主要负责人，乡镇(街道)党委、政府、纪委主要负责人参加会议。

【中国共产党灌云县第十二届委员会第二次全体(扩大)会】 12月28日上午，中国共产党灌云县第十二届委员会第二次全体(扩大)会议召开。会议分为现场观摩和集中开会两个阶段，主要任务是深入学习贯彻中共十八届六中全会、中央经济工作会议和省党代会、省经济工作会议及市党代会精神，回顾总结当年工作，重点部署2017年任务，动员和组织全县上下始终保持昂扬向上的精神状态，牢固确立攀高争先的雄心壮志，强势推进克难制胜的关键举措，奋力开创灌云更好更快发展的崭新局面。县委书记左军主持会议并代表县委常委会作工作报告。县委副书记、县长朱兴波点评观摩情况，总结2016年度经济工作并部署2017年经济工作任务。县委委员、候补委员；不是县委委员、候补委员的县四套班子领导成员；县法院院长、检察院检察长；县纪委委员；省市属监狱、盐场主要负责人；不是县委委员、候补委员的乡镇（街道）、领导班子成员；县人大、政协各工作机构和专门委员会主要负责人；县直机关中层以上干部代表，老干部代表，部分县以上党代表、人大代表、政协委员，重点企业负责人代表；各村（社区）党组织书记；县重大事项督查组、优化办全体人员参加会议。

【第三期县委书记工作讲坛】 12月29日上午，省委以“富民”为主题，举办第三期县委书记工作讲坛。省委书记李强出席并讲话。省委副书记、省长石泰峰主持。县委书记左军在讲坛上作题为《用创新甩掉贫穷，以富民圆梦小康》的交流发言。县长朱兴波、县政协主席汪辉等县四套班子领导及各乡镇（街道）、园区、相关部门主要负责人在县分会场集中收看。

信息工作

【概况】 2016年，信息工作紧紧围绕县委、县政府的决策部署，突出各项重点工作任务，全面反映推进发展中的新做法、新成效，深入研究工作推进中的新困难、新问题，并提出应对意见和建议，为县委、县政府及上级党委掌握情况、科学决策、指导工作提供及时有效的信息参考，县委办公室被评为省、市党委系统信息工作先进单位。全年收到各乡镇（街道）、部门（单位）上报信息3259条；向省、市上报信息252期、1785条，被省采用135篇，被省领导批示14篇；被市《快报》专刊采用4篇；编发《信息摘报》61期、589条。

【创新信息工作】 建立党委信息微信群，实时发布约稿信息，及时让信息员了解领导关注关心的热点问题。将县委办网站基层动态纳入信息考核，各乡镇（街道）各部门报送的部分信息被录入县委办网站，扩大信息采用面，提高乡镇（街道）部门报送积极性，全年网站采用298条基层动态信息。

【强化信息质量】 2016年，围绕县委中心工作，报送的信息突出展现灌云亮点，《灌云立足首季“开门红”冲刺招商“双过半”》等4篇信息被市《快报》专刊刊发；《灌云实行拟任干部“全方位”公示》等信息被省《快报》采用。在做好互联网信息的基础上加大问题建议类、亮点工作类信息的编报力度，报送的《基层反映夏季秸秆禁烧面临四个方面问题》等被省《快报》《江苏信息》等刊物采用，其中《沂河淌片区扶贫开发需整体推进》被省委主要领导批示。强化对外宣传工作，积极开展调研，从全县经济社会发展中挖掘亮点工作，向省市推介，在《中国组织人事报》《中国税务报》《连云港通讯》《连云港日报》等市级以上报刊发表外宣报道8篇。

【完善信息体制】 完善信息网络。及时更新分管信息领导和信息员相关情况及联系方式，每月通报各乡镇、各部门（单位）信息报送和采用情况。

创新考核方法。为更好激励各单位报送信息的积极性，对于不适合被《信息摘报》采用但又有质量的信息刊登在县委办网站上，并予以计分，使得各信息员信息报送积极性有了较大提高，全年收到各乡镇、各部门、各单位上报信息3259条，比上年增长18%。

开展信息交流。开展专题信息培训1次，各类信息交流活动6次，不定期和各乡镇（街道）、部门（单位）信息员及县外信息员开展交流。

调研工作

【概况】 2016年，调研工作紧紧围绕县委、县政府中心工作，深入开展调查研究，积极辅助领导决策、反映社情民意、展示发展成效。坚持把为领导决策提供参考作为调研工作的出发点，紧紧围绕高水平全面建成小康社会的目标，突出沿海开发、工业经济、城乡统筹、民生事业、乡村旅游，开展专项调研，撰写有质量的调研报告78篇，其中多项调研文章经过主要领导批示，有关部门落实到具体工作中。深入发掘全县在矢志跨越争先、奋力崛起苏北过程中涌现出来的先进典型和成功经验，积极在全县推广，强化示范带动效应，对外发表文章45篇。坚持走出去学习外地发展经验，先后赴江宁、江阴、溧水、扬中、桐庐等地就沿海开发、港口建设、城乡统筹、乡村旅游等工作开展专项调研，为全县经济社会发展提供有益借鉴。

优化投资发展软环境

【概况】 2016年，全县优化投资发展软环境建设紧紧围绕县委十一届十一次全体扩大会议和全县目标绩效管理暨机关作风建设大会精神，坚持以改革创新为动力，以解决实际问题为导向，按照强力打造“六大环境”，实现客商、基层、社会“三个满意”的工作思路和目标，以严格监督、严管干部、严肃问责为保障，全县投资发展软环境建设长足进步。连云港市电视台对灌云软环境建设情况作了专题报道。

【软环境专题调研】 年初，为强化软环境建设问题导向，县委、县政府部署县人大、县政协、县优化办等单位分别开展软环境建设专题调研，查找软环境建设中的存在问题。全年相继召开企业客商、招商引资人员、人大和政协委员代表、软环境监督员代表、社会各界人士座谈会6场次，县委书记左军对专题调研报告作出批示，县优化办及时梳理归类，以问题为导向，进一步明确工作思路和目标，为扎实开展全年软环境建设奠定基础。

【全县目标绩效管理暨作风建设大会】 2月16日，县委召开全县目标绩效管理暨作风建设大会，县纪委、县优化办主要领导总结部署全年优化投资发展软环境工作任务，县委主要领导对严格优化投资发展软环境工作作出重要指示。会议印发《关于切实加强优化投资发展软环境建设的实施意见》等3个重要文件，通报了全县2015年度软环境考评结果。围绕县委、县政府《关于切实加强优化投资发展软环境建设的实施意见》和全县绩效管理暨作风建设大会精神，对全年优化投资发展软环境的7大类63项任务，分别明确牵头单位和配合单位，制定《软环境任务分解落实督查推进表》，实现项目化推进，目标化考核；召开牵头单位主要领导会议，明确任务要求，强化时限责任。对各相关单位牵头任务落实情况进行督查，促进软环境建设有序推进。

【整体优化“六大环境”】 2016年，全县从制度创新入手，围绕县委、县政府《关于切实加强优化投资发展软环境建设的实施意见》等3个重要文件，着力优化诚信、政务、服务、法治、社会和创业六大环境。县优化办牵头有关部门专题调研，迅速出台《加强招商引资工作的意见》；围绕企业反映较大的奖补款返回不到位问题，有关单位加强企业对接，制订还款计划；县行政审批服务中心出台《实行并联审批、联合踏勘、联合验收制度》以及《重点项目行政审批“绿色通道”实施办法》，大幅度提高行政审批效率。县公安局建立警企挂钩制度、涉企治安案件“限时出警和限时结案制度”；县金融办、县人民银行，制订“灌云县金融信贷投入考核激励办法”和“加强政银企定期联系制度”，加强银企对接。优化“六大环境”初显成效。

【“四治”作风整顿活动】 2016年，全县组织开展“治庸治懒治散治浮”作风整顿活动，县委、县政府印发专项整顿活动方案，召开动员大会，县优化办领导进行全面部署，各单位迅速开展活动，全员排查庸懒散浮的表现，剖析思想根源，制定单位作风建设负面清单、问题整改清单，并进行公示。县优化办及时组织人员对活动情况进行督查，对排查不深入、公示不到位、活动走过场、活动成效不明显的6个单位进行回头查和定点巡查，对相关责任人提出问责建议。排查一批“不作为、慢作为、乱作为”的典型问题并进行深入调查核实，以县纪委名义向问题比较集中的单位派驻巡查组实行定点巡查，推进重点单位问题整改，提升“四治”活动成果。

【城乡环境集中整治】 根据全县城乡环境集中整治动员大会的要求，县优化办负责对县城区机关单位义务保洁情况、城乡环境脏乱差问题、交通秩序、城镇管理秩序进行全天候督查，从3月初到5月底，发现各类问题221个，下发问题整改通知书124份，印发专题简报4期、专项通报7期，对16个单位进行通报问责，对6个单位分管领导实行诫勉谈话。

【规范涉企执法行为】 2016年，全县严格实行“企业宁静日”制度、涉企检查核准和处罚报备制度。县优化办受理涉企检查23件、不批准4件，受理涉企处罚123件，批准处罚金额680.1万元，核减涉企处罚数额56万元。严格坚持道路交通“绿色通道证”制度，有效服务204国道改道、连盐铁路等重大项目建设。

【强化常态监督】 2016年，全年组织各类专项检查300余次，其中除正常组织机关工作纪律执行情况检查90余次外，持续开展城乡环境集中整治活动督查170余次；坚持开展对县委、县政府各类会议秩序的现场督查18次，集中组织对乡镇班子成员值班制度和应急值班情况督查12次，开展临港化工整治值班检查10次，组织对公款吃喝和禁酒令执行情况督查8次，大伊山景区秩序督查4次。根据督查中发现的问题，制作软环境建设曝光专题片，在全县干部大会上播放，释放警示效应，有力助推县委、县政府中心工作的落实。

【拓展监督渠道】 2016年，全县着力推进软环境监督体系建设，聘请软环境特邀监督员定期不定期开展活动，有效整合软环境热线、行风政府热线、县公共服务平台12345“软环境之窗”微信平台等监督资源，推进信息共享，多渠道发现问题，特别是开通《软环境之窗》微信群，对于来自社会各方面的意见，实现快速收集、快速交办、快速反馈。

【加大企业服务力度】 2016年，县优化办着力构建企业问题快速反应机制。相继召开软环境座谈会6场次，征集软环境建设方面存在的问题87个，及时安排交办督办，下发《软环境问题整改通知书》19份，相继开展对“美都新城”项目部分土地出让金承诺问题、中石油加气站项目长期不能规划建设、爱斯特淋浴设备有限公司部分土地未落实补偿问题、富泰华庭项目有关承诺不兑现等问题的专项调查，主持会办振大超市项目改造有关问题等5个会办会，第一时间解决企业客商和项目推进中存在的问题。

【软环境查处问责】 2016年，全县始终保持软环境建设高压态势，严格执行县委、县政府《关于严格优化投资发展软环境责任追究的若干规定》，进一步加大问责力度。做到在软环境建设问题上，不论涉及到谁，不论职务高低，一律严肃问责，严格实行责任上追一级制度，单位发生损害软环境问题，对分管领导、主要领导进行追责；对损害软环境的典型案件，做到发现一起、查处一起，全年下发查处通报17期，对89个单位、49名责任人予以通报批评（其中科级干部31人）、诫勉谈话55人，另有5名党员干部受到党政纪处分，查处数量创历史新高。

【软环境年度考核】 2016年，县委办公室、县政府办公室进一步完善优化投资发展软环境建设考核评议办法，优化办及时组织对全县各乡镇（街道）、各单位分类进行年度软环境考核评议。经考评，县国税局、县地税局、县卫计委、县人社局、县国土局、县行政服务中心、县教育局、县财政局、县农商行、县供电公司获得2016年度全县优化发展环境"十佳单位";县民政局审批窗口、县商务局审批窗口、县公共资源交易服务中心、县发改委审批窗口、县消防大队审批窗口、县交通局审批窗口、县经信局审批窗口、县文广体局审批窗口、县烟草局审批窗口、伊山派出所获得"十佳服务科室"(大队)"。

(县优化办)

重大事项督查

【概况】 2016年,县督查办围绕县委、县政府中心工作,突出工作重点,改进督查手段,进一步加大督查力度,有力推动全县重点项目建设和重要工作部署的落实,全县重大事项督查推进工作取得较好成效。全年100个项目被列入重大事项督查推进,分为工业、农业、基础设施、城市建设、社会事业及民生5类,总投资396亿元,年度计划投资160亿元。100个项目中,87个达序时进度,项目完成较好的有:临港产业区承担的华能热电联产项目、天骄锂离子电池制造项目,经济开发区承担的紫燕食品加工项目,经济开发区、东城区建设指挥部、教育局承担的九年制义务教育学校,交通运输局及沿线乡镇承担的连镇铁路灌云段征地拆迁工程、204国道灌云段改扩建工程,水利局承担的东门五图河治理工程,棚户区改造指挥部、住建局承担的棚户区改造工程,商务局、招商局、政协机关承担的颐高电子商务产业园等。对纳入市重点督查推进的20个项目以及15个参加市、县春季集中开工重点工业项目展开督查,20个市重点项目均达到年度序时计划要求,15个春季开工项目中,13个项目达到序时进度。对县主要领导交办事项开展督查,如招商引资、中央环保督察交办件、环保信访等,保证各项工作有效落实。

【督查程序】 督查立项。对纳入重大事项的项目,根据职责分工和县委、县政府要求,一项一立,建立督查台账,明确项目责任单位及责任人,确定推进目标和时限要求,以县委办文件形式下发落实。

督促检查。督查办根据督查事项实际情况,采取实地查看、明查暗访、查阅资料、听取汇报、座谈交流、跟踪复核等方式,开展督查工作。对推进较好的单位予以肯定,对完成差的提出要求。

催办核实。责任单位未在规定时限内完成交办任务和反馈办理结果的,督查办进行催办。书面督查的,县督查办对责任单位报送情况进行核实,确保准确可靠。

反馈报告。督查办根据督查情况,整理形成督查报告,以《督查专报》等形式,呈报县委、县政府主要领导。督查报告言简意赅,注重质量,具有决策参考价值。

跟踪督办。在督查专报上有批示意见的,督查办对督查报告中反映问题的解决情况及主要领导批示落实情况进行跟踪督办,直至办结或取得阶段性成效。

立卷归档。凡立项督查的事项,督查办均建立档案,进行科学分类和编目编号,督查结束后将相关文字、图片、影像等资料整理存档,妥善管理。

【督查原则】 在督查推进项目建设过程中,县督查办针对项目推进的不同阶段和不同情形,抓住关键,重点发力。对重点项目坚持"周督查、月分析、双月通报、季过堂、半年总结、年终考评",确保在节点督查中,所有督查项目一个不漏,全范围覆盖。县督查办根据工作需要,将领导关注、交办事项,进行专项督查。对滞后项目,加大督查频率,分析原因,找出症结,督促责任单位制定整改计划和措施,并将相关情况上报县责任领导。对于全县面上普遍存在问题或久拖不决问题开展调研督查,并上报《督查专报》,为领导决策提供参考。

【督查方法】 月度公示。每月通过展板、行政中心二楼电子显示屏、《灌云新闻》通报重点项目推进情况,将责任单位项目推进情况向社会公示,加大社会监督力度,推进项目顺利实施。

责任约谈。适时对未达序时进度、问题久拖未决等项目责任单位有关领导进行约谈,促其拿出整改措施,加快进度。全年,对15名相关责任人进行约谈。

提请督办。适时向县责任领导提交《提请单》,提请县责任领导切实解决影响项目推进的问题;向工作落实不到位的责任单位下发《督办单》67份,促其加快工作进度。

协调会办。对督查过程中发现的一般问题,由县督查办牵头会办;涉及多个单位、协调难度大的问题,由责任主体单位提出可行性方案,提请县责任领导会办;对一些重大、疑难、复杂的问题,提请县委、县政府专题研究解决。县督查办对会办意见落实情况进行跟踪督查。

表态发言。凡项目连续两个月未达序时进度的,责任单位主要领导在灌云电视台作表态发言。全年,有28人次在电视台作表态发言,对其他责任单位起到较好的警示作用。

问责追责。对项目推进情况和责任主体单位履职情况进行全过程督查,并根据督查情况,对存在需追责情形的,报县纪检监察部门对存在问题进一步调查核实,分清责任主体单位、服务单位责任,对确实存在追责情形的严格责任追究,需组织处理的移交组织处理,以常态化问责推动主体责任落实到位。

结果运用。凡是项目完成年度目标任务的,给予责任单位在年终县综合目标考核中加分,项目可参评县重大事项推进奖。将干部在项目推进中的履职情况、措施落实情况、项目推进效果,与干部的任用相挂钩。凡项目未完成年度目标任务的,相关责任人不得评先评优。

(县督查办)

组织工作

【概况】 2016年,全县组织系统认真贯彻落实县委和上级组织部门决策部

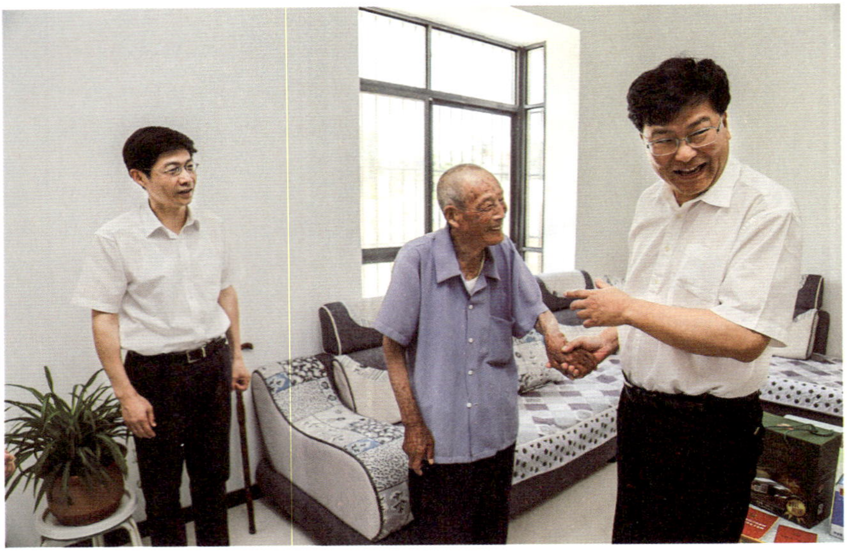

2016年6月25日,省委常委、组织部长王炯(右一)到灌云看望和慰问伊山镇山西村老党员和困难党员。

署,坚持围绕中心、服务大局,突出抓好"两学一做"学习教育,圆满完成县乡领导班子换届和村(社区)党组织换届工作,扎实开展"四新"大调研工作,干部队伍、人才队伍、基层党组织和党员队伍以及组织部门自身建设取得初步成效。全年52个组织工作重点项目圆满完成,特色及经验做法多次受到《中国组织人事报》《农民日报》《新华日报》《党的生活》等报刊宣传推介。

【干部队伍建设】 2016年,县委坚持整体稳定、突出乡镇(街道)配备重点、重视实绩、加大交流的原则,调整科级领导班子363人,其中,提拔106人,重用17人,交流103人,到龄90人,其他47人。

强化"一把手"配备。坚持把选准用好党政一把手作为加强领导班子建设的重中之重。根据乡镇(街道)党委换届的实际需要,重新选配6名乡镇(街道)党委书记、8名乡镇长和16名县直单位一把手。

优化领导班子结构。坚持通盘考虑,择优组合,既注重领导成员的知识、专业互补,也注重成员之间的素质、气质协调,较好增强班子的整体效能。

推进干部轮岗交流。从激发干部活力出发,多渠道多形式推进干部交流,将在乡镇(街道)工作时间较长的干部有计划地交流到县直机关,将缺少基层工作经验、有发展潜力的县直机关干部有意识地交流到基层,同时在县直机关之间、乡镇(街道)之间进行合理的干部交流。

【干部选任机制创新】 2016年,县委组织部门以制度创新为突破口,积极稳妥推进干部人事制度改革,努力形成规范有序、制度选人的用人机制和凭实绩用干部的鲜明导向,有效激发干部队伍的整体活力。

推行干部动态考核办法。推行重点岗位干部不定期专项考核、新提拔干部半年跟踪考核、不在状态干部及时定向考核等方法,对干部工作表现情况进行全程跟踪考核,激励干部始终在岗在位在状态。

干部任前财产实绩双公示。对拟提拔的干部,在提交县委常委会研究之前,组织部门专门征求纪检、法院、检察、公安、综治、信访、计生等部门意见,进行联合把关;在常委会研究决定后、干部正式任命前,一律在所在单位和互联网进行任前公示。

强化年轻干部培养。制订出台《灌云县年轻干部"四个一线"管理考核暂行办法》,积极推行"一线"按需从机关选才、干部到一线锻炼成才、组织从一线发现人才、县委在一线择优用才的"干部一线选拔培养模式",鼓励、号召优秀年轻干部多形式挂职锻炼、多渠道岗位交流,实现推动全县重点工作开展和促进年轻干部能力素质提升的双赢。

【换届环境营造】 2016年,县委组织部门通过县党建网、新闻媒体、拉横幅等方式,向广大干部群众宣传换届选举的相关精神,利用短信平台发送严肃换届纪律提醒短信50余条,送达人数2.8万余人次。组建12个督查指导组,由县党政领导班子成员担任组长,熟悉农村工作的县直机关主要负责人担任副组长,既对换届选举工作进行现场指导,又对换届选举风气进行跟踪了解和现场监督,及时处理纠正苗头性、倾向性问题,严肃查处违反换届纪律行为。

【干部选任监督】 2016年,县委组织部门坚持"凡提四必",在换届考察其间,组织纪检监察、公检法等部门对提拔对象进行严格把关,有5名考察对象因各种问题被暂缓任用。丰富任前公示内容,推行干部任前财产、实绩"双公示",对159名考察对象全部进行"双公示"。

【干部教育培训】 按照"大规模培训干部、大幅度提高干部素质"的总体要求,多形式加强全县各级干部教育培训工作。认真做好"领导干部三年增智计划"收尾工作,牵头举办组工干部党性修养提升赴延安专题培训班、领导干部创新思维能力提升赴复旦大学培训班(第三期)、新型工业化与新兴产业发展赴苏州专题研修班等外出班次5个;重抓新任科级干部、青年后备干部、团干部、女干部和村(居)干部培养,举办第十五期中青年干部培训班、全县团干部及县级青年文明号争创集体负责人培训班等14个县级主体班次,会同县财政局、县信访局等单位联合举办财政系统干部综合能力提升等示范培训班12个;培训各级各类干部5324人次,其中科级干部1826人次。

推行领导干部上讲台制度、体验式教学模式和干部教育培训“三学”机制，不断提高干部教育培训工作针对性、灵活性和实效性，促进教学相长。充分发挥上级调训引领作用，结合调训要求、干部工作岗位及分工情况，合理选派人员参训，全年完成中央、省、市调训22次，组织61名领导干部参训。

【“三比三争”创业富民活动】 2016年，根据村官创业意向，分类举办跨境电商WISH平台培训、大学生村官示范培训、农委淘宝培训等创业培训班，培训260多人，实现培训人数全覆盖。联合县人社局、团县委等单位下发《关于开展灌云县“农商银行杯”首届青年创业创新大赛的通知》，激发大学生村官创业热情。全县有48名村官参与创业，领办、合办、独办企业28个，创业项目涉及种养殖业、服务、零售、制造业等多个领域。

【党员大学生村官“两学一做”活动】 2016年，全县179名党员大学生村官到所在支部上专题党课2次，开展集中专题学习研讨52次。组建优秀党员大学生村官讲师团13个，开展巡回党课80次。以中国共产党成立95周年为契机，13个乡镇（街道）都组织党员大学生村官以集体宣誓的方式进行一次重温入党誓词活动；开展“讲述身边党员的故事”征文活动，收到征文720篇，引导党员大学生村官向身边的优秀党员学习看齐。

【机关公务员职务与职级并行】 2016年，为55名干部进行公务员登记，其中公务员37名、参公管理单位人员18名。对照《关于县以下机关建立公务员职务与职级并行制度的意见》，整理公务员年度考核结果，对上报初审者逐一进行严格审核、仔细筛选，重点查看个人人事档案中的公务员登记表、工资审批表、干部任免表、学历学位证书等关键内容，对照公务员年度考核底册逐一校对个人考核等次，对照纪检部门提供的近15年来给予党政纪处分的公务员情况表核对个人有无违法违纪情况，确保任职年限的缩短与延长准确无误。2016年审核符合条件95人，其中科员晋升副科73人，副科晋升正科10人，正科晋升副处11人，副处晋升正处1人。

【干部人事档案整改】 2016年，全面完成部管干部档案的专项审核工作，对部分存在信息不一致干部档案通过调查取证、开会办会、组织程序直接认定等方式，对多名问题档案进行整改，全县所有公务员、参照管理人员及县委管理的企事业单位领导班子成员列入干部档案专项审核工作范围，共计2054份，其中公务员及参照管理人员档案共2020份（在职科级干部档案659份，其他人员干部档案1361份）；事业单位班子成员档案22份；企业单位班子成员档案12份，专项审核工作全面完成，收回专项审核表1886份。

【人才引进】 持续推进“大伊山英才集聚计划”品牌建设，结合省“十大领域海内外引才行动计划”、市“三百引才工程”，举办“灌云县高层次人才集中招聘周”“人才专场招聘会”“高校行”专场招聘，对接“大连海创周”、精英人才对接峰会等引智平台，加大力度引进各类科技领军人才、企业经营管理人才、高技能人才及产业发展急需的高层次创新创业人才。共引进本科及以上学历人才369名，其中硕士研究生和副高以上职称人员55名。

【人才培养】 全年培训各类人才1万余人次。实施“三百育才计划”，培训高技能人才1579人，通过认证考试1218人，利用网络培训高级技术人才600余人，开展第二轮“青蓝工程”，通过开展以“名师带高徒”“拜师学技”等为主要形式的人才“传帮带”活动，全县结对901个，通过“青蓝工程”实现以强带弱、以优促优，促使一批青年人才迅速成长。围绕增强自主创新能力，以提升人才整体素质为核心，开展第二届“突出贡献人才奖”评选工作，激励人才队伍规模壮大和素质提升，带动各类人才在各领域中做出贡献。发挥县农业学校的龙头作用，培训农村实用人才3786名。

【人才载体建设】 加快“产学研”合作步伐，新建研究生工作站4家，市企业技术中心2家。拓展与天津工业大学、南通大学、江苏省农科院等科研院所的合作，共同打造研发机构、技术转移中心等产学研平台，推动特色产业基地和载体做优做强，河南师范大学在渔业园区建立产学研基地，淮海工学院与经济开发区签约设立淮海工学院技术转移分中心，为灌云科技创新提供技术支撑。

【人才服务工作】 建立党政领导干部联系优秀人才制度，县乡镇（街道）党政干部各联系一名优秀人才。开展“人才服务进百企，三送一帮促转型”活动，促进人才政策在企业落实。创新服务理念和思维，整合各种资源，推出了“互联网+”的人才服务模式。利用灌云党建网、人社网、微信公众号“灌云人才”、微信群、QQ群等网络平台，为人才提供“保姆式”“定制式”服务，实现与人才之间的交流零距离。开展“人才工作宣传月”活动，利用“灌云党建网”“灌云人才工作网”等媒体，集中宣传各行各业优秀人才的先进事迹，扩大优秀人才的辐射、激励、带动作用。

【“科技镇长团”作用发挥】 2016年8月，省第九批“科技镇长团”派驻灌云。科技镇长团发挥自身优势，主动融入灌云经济发展，充分发挥桥梁纽带作用，积极拓展与天津工业大学、河南师范大学等高校合作，帮助灌云企业建立工程技术中心、研究生工作站等产学研平台；结合灌云产业特色，先后邀请国家、省级专家到灌云考察调研、洽谈合作，实现科研成果在灌成功转化，为推动灌云特色产业和科研载体做大做强发挥积极作用。

【加强驻点村第一书记管理】 把第一书记岗位作为交流培养机关干部的大熔炉，适时举办培训班。建立第一书记 QQ 群,及时发布各类信息,加强工作沟通交流。第一书记入村以后,利用自身优势,积极推动驻点村精准脱贫,为驻点村引进项目 15 个,兴修水泥路 28.5 千米,铺设防渗渠 36 千米,新建电灌站 22 座,疏通沟渠 21.5 千米,改造升级村综合服务中心 5 个。

【村(社区)党组织换届】 2016 年,县委组织部门下发《选情分析表》,指导各乡镇(街道)对全县村党组织换届情况进行调查摸底,提前研究制订实施方案和工作预案。筹备召开村(社区)党组织换届选举工作会议,制订会议方案,撰写领导讲话初稿,并编印《全县村(社区)党组织换届选举工作会议材料汇编》。制订《关于做好全县村(社区)党组织换届工作的实施意见》《全县村(社区)党组织集中换届工作指导督查组组成人员及工作职责》等指导性文件。举办全县村(社区)党组织换届业务专题培训会,对县指导督查组副组长、联络员以及各乡镇政工条线人员进行换届选举业务培训。编印下发《村(社区)党组织换届选举工作指导手册》,指导各乡镇(街道)开展业务培训,县乡两级共计培训 945 人次。实行换届工作日报制,编制《村(社区)党组织换届选举工作日程表》,每天下午 5 时及时收集各乡镇(街道)村级党组织换届进展情况,全面掌握全县选举动态。稳妥做好换届选举及信访处置工作,坚持有访必接、有报必查,切实维护换届期间的信访稳定。9 月 22 日,全县 302 个村、26 个社区党组织换届选举工作全部完成。新推选出村党组织书记中,"双强"型书记 287 名,占 95.3%。换届完成后,村党组织书记平均年龄 41.3 岁,比上届减少 0.3 岁,其中,35 岁以下 18 名,占 5.96%;55 岁以上 57 名,占 18.87%;本科以上文化程度的占 9.27%,比上届提高 4.64 个百分点;初中以下文化程度的占 21.52%,比上届增加 8.27 个百分点;女性 17 名,占 5.63%;新任书记 48 名,占 15.89%;返乡创业人员 10 名,占 3.31%;退伍军人 39 名,占 12.91%;机关企事业单位人员 7 名,占 2.32%;合作社组织负责人 26 名,占 8.61%;村教村医 18 名,占 5.96%;大学生村官 13 名,占 4.30%。

【村服务中心"评星定级"】 2016 年,县委组织部门探索制订《灌云县农村基层党组织星级评定实施办法(试行)》初稿,细化村级综合服务中心规范化建设标准。围绕规范化建设要求开展集中整顿,从功能布局、设施配套、进驻服务、管理运行等方面进行全面整顿,推动村服务中心达标升级。推行村干部轮值坐班制,方便群众上门办事。组织村级组织梳理为民服务事项,整合农业、科技、劳动、教育、卫生等部门资源,不断强化村服务中心的服务功能。

【基层党建示范工程】 围绕基层党建工作实际,结合自身特点,全县推选并打造 31 个县级农村基层党建示范点。11 月 1 日,召开农村基层党建现场观摩会,对全县 13 个乡镇(街道)25 个基层党建示范点进行现场观摩,引导各乡镇(街道)认真学习借鉴,相互取长补短。

【开设"村支书微讲堂"】 2016 年,县委组织部下发《关于开设"村支书微讲堂"的通知》,组织村党组织书记集中开展"三讲"活动:"讲党课""讲做法""讲问题"。既有"室内讲堂",由优秀村书记就某一主题上台单独讲,参会人员就实际推进中遇到的难点、困惑进行集体讨论;也有"现场讲堂",把讲堂开到田间地头和项目建设现场,让村党组织书记边看、边学、边讨论;也有"走出去请进来",请周边地区"吴仁宝式"优秀村书记上讲台,为村级发展拓展思路、开阔眼界,传授成功经验。截至党员冬训前,全县 328 个村党组织书记全部上台授课一次。

【述职评议考核工作】 召开书记抓基层党建工作述职会议。全县乡镇(街道)党(工)委书记围绕履职情况及特色工作、存在问题及原因分析、下一步工作打算等 3 个方面依次进行述职,县委书记逐一点评,直面问题,让党(工)委书记受到触动、感到压力,达到"出汗红脸"的效果。各个乡镇(街道)也分别召开党组织书记述职评议会,盘点全年党建工作,明确下一步工作方向。

【乡镇(街道)党委换届选举】 按照省委、市委的统一部署,5 月上旬,全县 12 个乡镇(街道)党委进行集中换届。县乡各自成立换届工作领导小组,统一负责对换届工作的组织、指导和督查。编印《乡镇党委换届工作指导手册》,对换届 4 个阶段 13 个环节进行细化具体。举办业务骨干培训班,确保任务、方法、时限、人员、责任五个明确。在县乡两级党代表推选过程中,严把党代表条件关、程序关、比例关、审查关,注重先进性和广泛性,扩大代表中一线人员的比例。对乡镇(街道)党委推选的县党代表候选人初步人选(非科级干部)逐个进行考察,并征求纪检、公安、检察、法院、信访等有关方面的意见。各乡镇(街道)党委成立代表资格审查小组,对代表的产生程序和资格进行审查,切实保证代表的政治素质和结构比例。

【完成县委换届工作】 按照省委、市委关于做好县委换届选举工作的相关要求,制定《中共灌云县委关于做好中国共产党灌云县第十二次代表大会代表选举工作的通知》等文件。提前部署县直各党(工)委选举县党代表相关工作,筹备业务培训会,编印工作指导手册等材料,指导县直各党(工)委做好县党代表推选工作。全县 47 个选举单位均完成县党代表推选工作,推选出县党代表 355 名,代表结构等均符合有关要求。按照《中共连云港市委关于选举产生中国共产党连云港市第十二次代表大会代表的通知》要求,做好市党代表推选、考察等工作,完成 48 名市党代表推选任务,并拟定《关于确定灌云县出席中国共产党连云港市第十二次代表大会代表候选人预备人选的情况报告》等文件,连同市党代表名册、登记表、考察材料按序时要求报送市委组织部。

【"建党95周年"评优活动】 根据市委组织部文件要求，通过认真酝酿推荐、严格审查把关、组织联合评审，共评选出市优秀共产党员8个、市优秀党务工作者8个和市先进基层党组织11个，共计27个表彰推荐对象，相关材料最终上报市委组织部参加最终评审。印发《关于认真做好全县优秀共产党员、优秀党务工作者、先进基层党组织等推荐工作的通知》，指导各乡镇(街道)党(工)委、县直各党委按照序时要求做好参评对象推选工作，形成建议名单，提请县纪委、县委宣传部、县委政法委、县法院、县检察院、县公安局、县信访局、县计生委、县督查办等相关部门进行联合把关，报请县委研究决定，并在县内有关媒体上对表彰对象进行公示。最终名单由县委常委会研究后，形成表彰决定。组织召开庆祝中国共产党成立95周年大会，制作表彰证书、奖牌，印发表彰决定文件，确保大会圆满闭幕。

【建立党建责任清单】 在党组织书记层面，明确乡镇(街道)党(工)委、部门机关、企事业单位、村(社区)、"两新"组织5个领域党组织书记的党建第一责任人责任，确保不留空白、消除盲点，将从严治党的要求落实到每条战线、每个领域。在党建具体责任人层面，重点明确乡镇(街道)组织委员、县直部门单位人事科长的党建责任，强化组工干部的主业意识，协助书记履行好抓基层党建第一责任，当好参谋助手，切实把基层党建工作抓在手上、创出特色、形成品牌。

【推进"两新"组织"四个集中"行动】 3月，在全市率先开展"两新"组织大排查活动，采取单独建、联合建、分片划区建等方式新建15个党支部。9月，及时传达全市"两新"组织"四个集中"行动部署会精神，对相关单位进行专题辅导，采取"源头采集、属地交单、数据审核"办法抓排查，全县有相对固定场所且生产经营较正常的非公有制企业420家、正常运作的社会组织183家。在集中排查基础上，通过引导组织单独建、针对实际下派建、依托产业统筹建、规模企业带动建"四步法"，全力推进集中组建工作。至2016年底，全县组建非公有制企业党组织167个，非公企业党组织覆盖率98.1%，社会组织单独组建党组织27个。

【社区为民服务专项资金管理】 3月，出台《社区为民服务专项资金使用管理办法》，对每个社区补助20万元，条目化设定资金6类使用范围，建立正负"两个清单"。督促乡镇(街道)开设资金专户，及时将社区专项资金450万元拨付到位。指导社区采取入户走访、召开座谈会、填写意见收集表等形式，征集服务项目500余个。各社区填写《社区为民服务专项资金使用审批表》，报经乡镇(街道)党(工)委审核，确定拟实施的服务项目。联合县民政局、财政局，通过"家家到"实地查看社区申报的服务项目，严格审核把关。实行项目记实、定期汇报、跟踪督查等制度，建立项目管理台账，了解掌握项目进度，采取明查暗访、随机抽查等方式抓督查，发现问题及时整改。2016年全县使用社区专项资金310.43万元。

【"两学一做"学习教育】 2016年4月29日，全县召开以"学党章党规、学系列讲话，做合格党员"为主要内容的"两学一做"学习教育动员部署会，县委书记左军出席会议并讲话。朱兴波、孙毅、汪辉等县四套班子党员领导，县法院院长、检察院检察长，县级机关、直属单位和企事业单位党政主要负责人，各乡镇(街道)党委书记、政工副书记、组织委员和县直党委职能科室负责人参加会议，市委督导一组组长、市纪委常委、监察局副局长蒋彩霞出席会议并讲话。

在学习教育活动中，县级层面抽调22名骨干力量成立6个督导组，各基层党(工)委累计成立督导组326个，督导工作覆盖全县2127个党支部。全年县级督导组开展集中督导检查4次，各党(工)委累计开展督导活动520余次。

突出领导干部关键作用。制定《"两学一做"学习教育一把手职责任务清单》和《"两学一做"学习教育党员领导干部"五带头八必为"规定》。围绕党员领导干部、机关党员、农村党员等八种不同类型党员。制订分类实施方案。开展"八大先锋行动"。开展"领导干部立家规，共产党员正家风"主题活动。结合东王集镇"一碑四谱"，开展"家风故事大讲堂"。指导乡镇(街道)党委有效破解工学矛盾。侍庄街道、小伊乡在田间地头设置临时党支部、田头学教点。发挥本土典型

4月29日，全县召开"两学一做"学习教育动员部署会

作用。围绕开山岛夫妻哨、最美基层干部蔡学举、救人英雄王祖帅、感动江苏十大人物范松林等人，让党员学有榜样。其中，王继才作为市本土典型，参加全省先进事迹巡回报告会连云港站。开展讲"党员自己的故事"主题活动。分别围绕"讲我的入党故事、讲我的学习故事、讲我的创业故事、讲我的家风故事"四个主题，让普通党员走上讲台，成为党课主讲人。

加强信息宣传。在《党的生活》杂志讨论板块刊登1篇(讲党员自己的故事)，在《新华日报》刊登2篇(灌云县委新一届常委班子赴开山岛重温入党誓词、党员好家风引领农村好社风好民风)，在市《组工信息》刊登2篇("三面结合"纵深推进"两学一做""三个一线"靠前指导基层党支部扎实开展"两学一做"学习教育)。创新案例。灌云有《党员好家风引领农村好社风好民风》和《"先锋剧场"上演"两学一做"连台好戏》两篇案例入选《市创新工作案例汇编》，在全市3个县中，灌云创新案例最多。

【发展党员工作】 按照"控制总量、优化结构、提高质量、发挥作用"的要求，严格执行发展党员总量计划，合理分配年度计划。举办全县发展党员业务培训班，对全县所有党(工)委分管领导、业务负责人进行全覆盖培训，使发展党员工作质量得到进一步提升，基层党组织的生机和活力得到有效增强。2016年全县发展党员272名，其中35岁以下172名，占63.2%；大专以上文化146名，占53.7%；妇女66名，占24.3%，经济能人和大户172名，占63.2%。

【党员组织关系排查】 至2016年末，全县排查失联党员1749人，经过联系查找找回1585名，尚有164人失联(失联党员中按自行脱党除名29人)，其余按照上级规定进行停止党籍处理和继续查找。

【党内关怀工作】 结合省委组织部、市委组织部下拨的党费，县委组织部作相应配套安排，累计筹集党费60.2万元，在元旦春节期间对全县135名中华人民共和国成立前老党员和532名生活困难党员进行走访慰问。

【远教站点规范化建设】 2016年，县委组织部坚持分类指导，4月召开乡镇(街道)远程教育工作推进会和县直单位远程教育工作研讨会，分类推进远程教育站点规范化建设。以党建责任区为载体，对全县远程站点规范化建设开展"拉网式""村村到"专项检查，提升站点规范化水平，在5月全市"百村调研"活动中受到市委组织部肯定。完善台账资料，建立县乡村三级图片资料库，对全县各乡镇远程教育站点采取服务中心、站点标牌、设备安装、线路铺设、桌椅布置"五连拍"的方式，一村一个文件夹建立台账，对站点建设不规范的反馈到乡镇党委，并限期整改。

【"固定学习日"制度】 2016年，县委组织部"三化并举"，深化远程教育"固定学习日"制度，将每月10日、20日的"固定学习日"与"聚焦20号""党员活动日"等有机融合，优化活动内容，推进支部主体作用长效化、组织生活经常化、党员教育常态化。强化指导，多元化推进。采取随机抽查、现场查看和网络监控相结合的方式，加强指导。通过现场调阅记录、登录网络督查系统及时审核相关信息等方式，对组织不力或效果不明显的单位每月进行通报，并限期整改。全年累计有3万余人次参加学习，网络督查系统上载学习信息12800余条。

【推进微信订阅工作】 2016年，县委组织部按照《中共中央组织部办公厅关于发动广大党员订阅使用共产党员微信/共产党员易信的通知》和省委有关文件精神要求，协调有关媒体，加大对共产党员微信、共产党员易信的宣传力度，对订阅使用共产党员微信、共产党员易信工作作出具体部署，要求广大党员和入党积极分子积极广泛使用共产党员微信、共产党员易信。同时，响应"连云港党建云"微信公众号订阅使用工作，结合实际情况，严格落实工作要求，推动"连云港党建云"微信公众号订阅工作健康有序开展。采取灵活多样的方式宣传"连云港党建云"微信公众平台，广泛发动党员、干部和群众订阅使用。

【实施"三优"创作计划】 按照"需求化选题、项目化运作、社会化协作、系列化开发"思路，"精品化"制片，完成县农村党建工作汇报专题片，联合市电教中心拍摄胡文余专题片，加强与县电视台合作，制作《最美农技推广员蔡学举》《一位乡村医生的筑梦人生》等电教片报送市先锋频道播出。分别与市电教中心、县电视台、县外传媒公司合作，精心拍摄制作陈桂林、袁立雨、范松林等先进人物专题片，年内6部专题片拍摄任务全部完成。

(县委组织部)

2016年灌云县党员基本情况表

表4

项目	总数		预备党员	女	少数民族	台湾省籍	年龄									
							30岁及以下	31至35岁	36至40岁	41至45岁	46至50岁	51至55岁	56至60岁	61至65岁	66至70岁	71岁及以上
		A	B	C	D	E	F	G	H	I	J	K	L	M	N	O
总计	1	43027	189	7993	84	2	4863	2679	3351	3058	3367	3521	3717	4636	4586	9249

续表 4

项目		总数						年龄									
				预备党员	女	少数民族	台湾省籍	30 岁及以下	31 至 35 岁	36 至 40 岁	41 至 45 岁	46 至 50 岁	51 至 55 岁	56 至 60 岁	61 至 65 岁	66 至 70 岁	71 岁及以上
一、在岗职工		2	12091	86	2707	30	1	1681	1283	1824	1822	1938	1959	1584	—	—	—
公有制单位	合计	3	10753	66	2349	30	1	1122	1079	1657	1701	1838	1862	1494	—	—	—
	党政机关工作人员	4	2807	21	565	17	1	350	374	398	372	398	588	327	—	—	—
	事业单位管理人员	5	1306	23	288	1	—	216	162	242	217	184	157	128	—	—	—
	事业单位专业技术人员	6	3175	10	913	6	—	291	378	684	568	517	397	340	—	—	—
	企业管理人员	7	801	5	143	1	—	74	35	44	99	158	184	207	—	—	—
	企业专业技术人员	8	438	1	98	1	—	59	54	78	73	70	55	49	—	—	—
	工勤技能人员	9	2226	6	342	4	—	132	76	211	372	511	481	443	—	—	—
	农民工	10	—	—	—	—	—	—	—	—	—	—	—	—	—	—	—
非公有制单位	合计	11	1338	20	358	—	—	559	204	167	121	100	97	90	—	—	—
	企业管理人员	12	353	7	113	—	—	166	42	41	29	26	24	25	—	—	—
	企业专业技术人员	13	312	3	92	—	—	117	61	41	30	18	26	19	—	—	—
	民办非企业单位管理人员	14	87	4	29	—	—	42	11	10	11	7	3	3	—	—	—
	民办非企业专业技术人员	15	67	—	23	—	—	23	13	15	6	7	2	1	—	—	—
	工勤技能人员	16	519	6	101	—	—	211	77	60	45	42	42	42	—	—	—
	农民工	17	—	—	—	—	—	—	—	—	—	—	—	—	—	—	—
二、农牧渔民		18	21359	68	3422	37	—	1771	1144	1305	1112	1322	1481	1872	2672	2780	5900
外出务工经商人员		19	624	6	99	1	—	163	109	81	71	54	35	26	36	26	23
三、军人、武警		20	—	—	—	—	—	—	—	—	—	—	—	—	—	—	—
四、学生		21	—	—	—	—	—	—	—	—	—	—	—	—	—	—	—
五、离退休人员		22	7284	—	1171	13	1	—	—	—	—	3	20	216	1917	1797	3331
六、其他		23	2293	35	693	4	—	1411	252	222	124	104	61	45	47	9	18

宣传工作

【概况】 2016 年，灌云县思想文化宣传工作在县委、县政府的正确领导和市文明办的精心指导下，紧紧围绕宣传、践行社会主义价值观这一主线，狠抓典型选树和方法创新两个重点，突出文明创建、志愿服务、关爱未成年人三项工作，积极发挥"主战线、主阵地、主力军"作用，科学谋划、精心组织、有力落实，取得较好成效。

2016 年 4 月 14 日，省委宣传部副部长焦建俊到灌调研。

【灌云好人工程】 2016 年，全县实施县、乡、村三级联动“灌云好人”工程，县里建设好人园，乡镇(街道)建成好人广场，村(社区)张贴好人榜，用好人精神推动社会主义核心价值观建设，在全县树立“好人有好评、好人有好报、好人过上好日子”的价值导向，在推动面上建设同时开展“三十佳”典型评选，着重打造“一碑四谱”“五星放光彩”“三史一观”等特色试点。

【重大典型选树】 2016年，王继才荣获全国双拥模范称号，蔡学举被确定为全省重大典型，王维喜入选9月“中国好人”，范松林荣获“2015感动中国·江苏十大人物”并入选4月“江苏好人”，王祖帅见义勇为事迹被中央电视台、《新华日报》宣传，湖南卫视《平民英雄》栏目对其进行专题报道，全县12人获“港城叶欣仁”称号。

【文明创建】 2016年，县委宣传部牢固树立文明创建是最大民生工程的工作理念，以创建省级文明城市为龙头，集中开展公益广告宣传、环境卫生整治、交通秩序整治、经营秩序整治、公共设施完善等五大行动，高标准完成省、市、县三级基础文明联评联创工作，开展文明志愿服务近100场次，残障青年帮扶、盐碱地与绿色同行两个项目在省首届志愿者创业经验交流会上展示。

【理论教育】 2016年，县委宣传部以推进学习型党组织建设为核心，围绕一系列重大理论精神，组织各类宣讲300多场次；每月举办一期“伊山讲坛”市民课堂，着力培育基层理论骨干，有1人入围省“民间名嘴”评选，县博物馆入选全国社科普及基地；创新打造“白+黑”党员军训模式，以“白天军训强体魄、晚上教育强信念”为主题，组织集中训练13期，参训人员近3000人次，经验做法被《新华日报》《江苏宣传快报》刊载推广。

【舆论宣传】 加强“两台一报”传统媒体建设，重点打造“今日灌云”官方微信平台，围绕作风建设、招商引资、项目建设等重点工作策划50多个系列报道；加强对外宣传，先后邀请中央电视台、《农民日报》等主流媒体记者100多人次到灌云采访，在省级以上主流媒体发稿500余篇(条)，在市级主流媒体发稿2000余篇(条)，对外发稿量实现提升；出台加强舆论引导工作实施意见，建立舆情日报、周报、周边分析“三报机制”，科学监控、及早处置，全年未发生重大负面舆情。

【文化建设】 实施“三下乡”“三送”等文化惠民工程，深化“全民阅读”活动，组织“伊山放歌·活力灌云”广场文化系列活动，深受群众好评；突出“伊山伊水伊甸园”主题，抓住“赏桃花、拜大佛、品美食”三个核心点，重点打造大伊山和伊山林果园片区、伊芦山和善后河片区、新沂河和潮河湾片区三大文化产业片区；推出大型淮海戏《伊山情梦》，出版长篇报告文学《面对大海的诉说》，在省首批群众文化“百千万”工程评选中，灌云获优秀团队1个、优秀文艺骨干2人。

【基础建设】 2016年，县委宣传部强化基层联动，每季度召开一次工作推进会，通过现场观摩、情况汇报、主题活动等形式，掌握基层动态，指导基层工作。举办全县宣传系统骨干培训班，组织赴兰考、红旗渠开展学习教育。出台宣传系统工作制度汇编，研究制定涉及工作、学习、生活等方面的20项规章制度，形成有章可循、按章办事、规范有序的运行体制。

(宣传部)

统战工作

【概况】 2016年，灌云县统战工作认真贯彻落实中央和省委、市委关于统一战线工作一系列重大决策部署，树立“围绕中心、服务大局、维护稳定、构建和谐”的工作理念，创新工作机制，整合工作资源，提升工作水平，统战领域各项工作取得明显成效。县委统战部被评为2016年度全市统战宣传工作先进集体；县委统战部、县工商联创办的“企业家沙龙”被市委统战部评为2016年度市统战工作实践创新成果奖。

【贯彻中央和省市精神】 强化组织建设。成立由县委书记任组长，县委、县政府分管领导任副组长的县委统一战线工作领导小组，构建党委统一领导、统战部牵头、有关方面各负其责的大统战工作格局。

强化责任落实。研究制定《统一战线系列重大决策部署主要内容责任分解表》，明确牵头单位、责任单位和工作要求。先后通过协调会商、现场督促等形式，全面推动统战工作8个方面60条的贯彻落实，顺利通过市委检查验收。

强化专题培训。运用双月例会、集中辅导等形式，对乡镇(街道)统战委员、经济开发区、临港产业区分管领导和相关工作人员进行培训，提升统战工作实践能力和业务水平。

强化理论宣传。充分总结县内统战工作典型经验，及时对外报道，提升灌云对外形象。全年有30篇文稿被市级以上部门刊物(门户网站)刊载，其中中央统战部采用1篇。注重理论研究和实践探索，积极开展成果申报，大力推进统战工作创新创优。

【统战工作规范化建设】 2016年，县委统战部坚持以“有基础台账、有骨干队伍、有组织网络、有推进载体、有活动阵地、有工作成效”为目标，出台《全面提升统战工作规范化建设水平实施方案》，强力推动统战工作规范化建设水平。灌云经济开发区在全市县区中成立首家基础统战工作服务站，引领全市统战工作规范化建设。85%的乡镇(街道)统战工作达到“六有”目标。

【提升服务非公经济发展能力】 2016年，县委统战部扎实开展“进百企摸实情，解难题促发展”活动，深入企业驻点调研，帮助解决企业发展和经营管理方面难题。发动企业与村挂钩帮联，通过资金帮扶、项目支持，帮助行政村发展集体经济，增加农民收入，取得了预期效果。先后组织22名企业家赴外地培训，拓宽视野，更新观念，把握新的发展机遇。加强合作交流，分别与4地工商联缔结友好商会，促进学习交流。开展“献爱心，送温暖”活动，最大限度帮扶贫困群众，改善生产生活条件，形成良好的社会影响。组织县内知名企业参与社会捐赠、扶贫济困等事业，累计捐赠资金200多万元。在全市率先开辟经济统战新领域，依托县发展家乡促进会，赴珠三角、长三角等地举办系列招商引资活动，加快回归经济建设。

【推动民族宗教领域和谐稳定】 2016年，县委统战部认真贯彻落实全国和省民族宗教工作会议精神，坚持依法管理民族宗教事务，努力营造民族团结、宗教和睦、社会和谐的良好局面。加大少数民族扶持项目的争取力度，用于民族村基础设施建设，帮助解决生产生活方面的实际问题。认真落实帮扶机制和帮扶项目，争取上级扶持发展资金，用于少数民族工业发展基地和少数民族农业生产合作社建设，带动少数民族群众增收，推动少数民族经济发展。兑现少数民族群众清真食品补贴，分享改革开放成果。组织开展“法制进教堂”活动，增强宗教信众法治意识。扎实开展“和谐寺观教堂”“平安宗教活动场所”创建活动，不断提高宗教场所规范化建设水平。

【非公经济代表人士综合评价】 2016年，灌云根据中央统战部等单位《关于加强和改进非公经济代表人士综合评价工作的意见》精神和省市要求，在全市率先启动非公经济代表人士信息登记工作，对246名非公经济代表人士进行综合评价，为县人大、政协和工商联换届提供相关服务。

（县委统战部）

农村工作

【概况】 2016年，灌云县农村工作认真贯彻落实中共十八大和十八届三中、四中、五中、六中全会以及省市农村工作会议精神，紧密围绕县委、县政府农村工作部署，全面深化农村土地制度改革，继续推进城乡统筹发展，大力培育新型农业经营主体，着力规范农村“三资”管理，不断强化农民负担监督和进一步深化产权制度改革，各项工作取得显著成效。县委农工办被评为全省农工办系统先进集体。

【农村土地确权登记颁证】 2016年，全县清理土地承包档案16.94万卷，调查承包农户18.12万户，实测承包地块54.43万块计6.79万公顷。农村土地承包经营权确权登记颁证试点工作基本完成。除因在县、乡镇（街道）整体开发区内，涉及铁路、机场建设规划和历史遗留问题较多等原因的村组不确权或暂缓确权的20个村外，其余286个行政村全部确权。全县颁证率91.4%，169个村完成预验收。

8月23日，应农业部邀请，县委农工办主任董浦胜在湖南常德市举办的全国确权登记颁证政策与实务专题培训班上做专题讲课，灌云的“推进靠政府、技术靠外包、配合靠部门、运作靠基层”以及“一村三人、四至清晰、确认签字、盖章领证”等工作方法受到农业部领导和专家肯定。《连云港日报》于9月19日头版头条以主标题《灌云土地承包经营权确权登记办证领跑全国》、副标题《县级农办主任登上部级研讨会授课》进行报道。

【城乡统筹发展】 2016年，全县城乡统筹发展工作继续推进。工作重点是公共服务设施运行维护、美丽乡村建设和山前河整治。

公共服务运行体系及基础设施建设。2016年，全县安排村级公共服务运行维护资金1836万元。其中，村级保洁员及驾驶员补助资金990万元，垃圾收集车驾驶员和保洁员保险安排资金58万元，垃圾房建设资金63万元，其他公共设施维修养护资金725万元。县镇村垃圾收集转运体系实行全覆盖。各乡镇（街道）成立镇村卫生保洁队伍，按500人标准配1名保洁员，优先从低收入农户中选聘，采取购买扶贫公益性岗位方式落实基本工资来源，全县有村级保洁员1574名、垃圾收集车驾驶员261名。县城乡统筹办要求各乡镇建立工作机构，与保洁员、垃圾车驾驶员等管护人员逐一签订目标任务责任书，建立档案资料，明确管护人员工作区域、工作职责和工作报酬等，加快建立全县农村公共服务运行维护工作机制。每个乡镇（街道）配备1座垃圾压缩中转站、1辆大型垃圾转运车，用于将垃圾压缩后运送至垃圾处理厂。全县行政村配备垃圾收集车213辆。每个村按50户建1座垃圾房，每5户配置1只垃圾桶，全县建成垃圾房6200余间，分发垃圾桶5.5万只，并为每名保洁员配备小型三轮车、保洁服和保洁工具，“组保洁、村收集、镇转运”的农村生活垃圾收运体系覆盖全县所有镇村。

美丽乡村建设。2016年，全县重抓产业发展、镇村优化布局、基础设施和公共服务配套。建成一批城乡协同发展的新镇村和新社区，城乡一体化发展工作成效显著。东王集镇、图河镇、小伊乡3个乡镇被确定为市级美丽乡村重点中心镇。龙苴镇石门、伊山镇川星村、四队镇隆兴村被确定为省级美丽乡村示范村。

山前河综合整治。依据规划设计，工程分四个分项工程分步施工。即北岸污水管网、木栈道建设项目；南岸景观绿化工程项目，南北两岸各建一条道路项目，南岸公共卫生间建设项目，至2016年底，山前河污水管网、木栈道建设项目已竣工，进行二轮规划。

【新型农业经营主体培育】 2016年，全县着力构建新型农业经营体系。新发展家庭农场552家，全县累计家庭农场1200家，土地经营面积近1.33万公顷。新增农民合作社167家，累计农民专业合作社1332家，其中土地股份合作社76家。创建市级以上示范农民合作社123家、省级示范家庭农场8家，市级示范家庭农场11家，县级示范家庭农场19家。新流转土地0.49万公顷,全县累计流转土地5.4万公顷。

【农村集体“三资”管理】 2016年,县委农工办强化农村集体“三资”(资产、资金、资源)管理。扎实推进“三资管理”平台建设,实现村级电脑记账从单机版向网络版的升级。建立相关数据库,与省农村综合服务平台实现数据共享。严格规范村级财务公开,全县村级财务公开率100%。按省农委要求,在伊山镇山西村进行“三资管理”阳光行动试点,此项试点在连云港市内仅灌云县一家。“阳光行动”将村级“三资”等村务信息及时上传至网络平台,村民可以通过手机软件查看或互动。至年底,试点工作顺利完成。

【“一事一议”财政奖补】 2016年,全县围绕农民减负、继续解决农民出行难问题,严把农民负担预算方案审批关。对“一事一议”筹资筹劳方案严格按照民主议事、公示、审批等操作程序进行。全县实施“一事一议”财政奖补项目行政村100个,涉及农业人口26.17万人,筹集资金495.19万元,财政奖补项目总投资3063.33万元。

【农村产权市场建设】 2016年,灌云县成立农村产权交易监督管理委员会,建成灌云县农村产权交易所,制定《灌云县农村产权交易市场建设实施意见》,出台配套管理办法和实施细则等系列规章制度,制定产权流转交易规则,规范交易主体。投入60多万元于年初建成县级交易平台,12乡镇(街道)交易中心相继建成,并正式投入运行。全县年交易额突破1亿元,居全市榜首。

(唐殿善)

脱贫奔小康工作

【概况】 2016年,灌云县紧紧围绕“十三五”全县经济社会发展规划,以全面小康建设为目标,进一步聚焦农村低收入人口和经济薄弱村,制定全县“十三五”扶贫开发工作总体规划和2016年年度工作计划,进一步理清思路,强化措施,落实责任,强势启动新一轮农村扶贫开发工作,各项工作推进顺利。全年60个财政资金扶贫项目大部分建成达效,发放扶贫小额贷款1.03亿元,培训低收入农民3200人,实现2.8万低收入人口脱贫,12个省定经济薄弱村达新“八有”,各项扶贫补助政策兑现到位,2016年度扶贫工作任务全面完成。灌云被评为2016年度全市扶贫工作优秀单位,县扶贫办被县委、县政府授予2016年度建设灌云先进单位、小康建设推进奖。

【工作机制】 科学谋划工作思路。年初,召开全县脱贫致富奔小康工程动员大会,印发实施意见、考评办法、帮扶责任体系等一系列文件,对“十三五”期间全县扶贫开发工作进行总体部署和全面动员,部署安排当年扶贫开发工作,确定2016年实现2.8万低收入人口脱贫、12个经济薄弱村完成更高水平“新八有”建设目标任务,保证脱贫致富奔小康工作任务明确、措施到位、责任在身。

构建帮扶责任体系。进一步完善全县机关事业单位、重点企业脱贫致富奔小康工程帮扶制度,建立全覆盖的帮扶责任体系,全县13个乡镇、114个机关单位、50个民营企业与行政村结对,县四套班子领导、5800多名党员干部与低收入农户结对。明确乡镇扶贫工作主体责任,强化扶贫责任体系,形成上下齐抓共管、全县共同参与的扶贫工作格局。

完善督查考核机制。2016年,县委、县政府把扶贫开发工作纳入年度目标考核和县重点工作督查范围,明确规定未完成扶贫任务的单位和个人不得评先评优,并实行一票否决。每月召开乡镇扶贫开发工作过堂会、推进会。对全县扶贫工作推进情况进行不定期督查,全年对建档立卡、项目建设、扶贫小额贷款发放、低收入户年度动态调整、扶贫资金管理等进行23次督查,促进扶贫开发工作的有力有序开展。

【明确扶贫对象】 2016年,县委、县政府在县影剧院召开全县新一轮农村低收入人口建档立卡专题会议,下发实施方案,排定工作计划,扎实开展新一轮扶贫开发建档立卡工作。向全县农户发放“给广大农户一封信”,并将其在村组显要位置张贴,宣传新一轮建档立卡政策,使建档立卡政策知晓率达100%。对低收入户开展年度动态调整,并广泛印发公开信,实行公开操作,保证公开透明,确保群众满意度。对低收入农户申报对象实行“一看两查三听”,即看家庭整体状况,组织村、组干部和县乡督查组入户调查,了解整体情况;检查申报农户家庭成

2016年灌云县“五方挂钩”帮扶协调小组工作会议

员情况和家庭收入，确定是否符合家庭人均收入低于6000元扶贫标准；听取申报农户家庭成员、左右邻居反映和村组干部介绍，确保准确把握所有申报农户家庭情况。按期开展的帮扶对象动态调整工作，仍然坚持做到"一看两查三听"，确保登记的信息真实无误。严格操作程序。通过村组严格评议、县乡核查公示、填报登记录入，在操作程序、公示时间、督查督办等方面严格按省《扶贫开发条例》执行，保证操作过程不走样，整个建档立卡过程平稳有序，群众广泛认可。

【精准帮扶措施】 开展帮扶对接。利用3月底对建档立卡抽查审核的信息，组织帮扶干部和低收入户、帮扶单位和行政村进行初步对接。在进一步完善帮扶包保体系后，按照帮扶干部每季度至少对接一次帮扶对象的要求，督促推进对接帮扶工作，按照农户实际情况和致富愿望，推进帮扶计划制订和帮扶措施的落实，按照"一户一策"或"一户多策"要求，制订帮扶措施3.1万项，大部分得到实施。

落实帮扶政策。2016年，灌云对低收入农户落实"三项救助"政策（大病救助、教育救助和事实孤儿"三项救助"工作）。在全省率先实施低收入户多项救助政策，反映良好，新华社客户端、《新华日报》等媒体进行报道。全年发放教育救助金348户66.7万元，"事实孤儿"救助金357人35.7万元，发放大病救助295户285.7万元。中秋节慰问低收入农户69.1万元，全县慰问款物价值152.8万元。

开展扶贫培训。2016年，针对农村劳动力职业技能培训缺少政策支持的情况，县扶贫办出台扶贫培训政策，对低收入户劳动力开展职业技能和农业实用技术免费培训，培养其自主创业能力和转移就业机会。在第三个全国扶贫日期间，县相关部门联合举办扶贫专场招聘会，为农村贫困家庭劳动力提供就业平台和就业机会，推动"输血式"扶贫向"造血式"扶贫转变，让贫困户就近就地就业。59家用人单位登记专项招聘岗位1561个。参加招聘的工业企业26家，提供岗位969个；农业相关企业21家，招聘岗位232个；12个乡镇人民政府提供公益性岗位360个。整个招聘会期间用人单位与低收入农户初步达成就业协议1073个。

实施产业帮扶。根据省扶贫资金管理办法，通过村组讨论、乡镇申报、县评审小组初审、领导小组审核，确定财政扶贫资金集体扶贫项目60个。其中，补助类项目8个，计划总投资617万元；标准厂房、高效农业、乡村旅游等产业扶贫项目52个，计划总投资6766万元，通过项目带动低收入户6235户19952人。同时，加大金融支持力度，鼓励低收入农户自主实施增收项目，全年发放扶贫小额贷款1.03亿元，并把低收入户贷款上限从1万元提高到2万元，着力解决资金不足问题。

推进整体开发。聘请省社科院农村研究所专家对沂河淌沿线区域进行全面调查，科学制订整体发展规划。紧密结合沂河淌沿线地区自然条件和产业发展实际，配合县沂河淌生态旅游开发计划，着力构建现代农业产业体系。2016年，共在片区内组织实施扶贫项目24个，项目总投资2404万元。

创新帮扶载体。开展农村"事实孤儿"爱心爸妈招聘活动，有58个孩子和爱心人士确定认领关系。加强信息帮扶。县政府和中国移动连云港分公司合作，组织实施"互联网+精准扶贫"工程，为扶贫部门提供免费信息发布平台，对低收入农户推出多项信息帮扶措施，为低收入农户和帮扶责任人沟通联系、接收增收致富信息等架设桥梁。注重开发利用新媒体，推出微信公众号"灌云扶贫"，在扶贫部门、帮扶干部、帮扶对象之间建立交互式沟通平台。

【精准弱村转化】 坚持四个优先。即省委帮扶工作队优先帮扶经济薄弱村，省委帮扶工作队24名队员全部在经济薄弱村任"第一书记"，帮助经济薄弱村开展"新八有"建设；筛选50个县综合部门优先结对帮扶经济薄弱村；全县产业项目安排优先向经济薄弱村倾斜，帮助经济薄弱村增加集体经济收入；年度安排的基础设施项目优先向经济薄弱村倾斜，改善经济薄弱村生产、生活条件。

落实帮扶责任。全县164个县直机关和企事业单位组成12支帮扶工作队，帮扶12个乡镇；全县50个经济薄弱村每村明确1名县帮扶责任领导；凡与经济薄弱村结对的单位，年内必须帮助村级至少新发展1个集体增收项目，落实各类项目55个。加大资金支持。省经济薄弱村建设资金确保全部用于相应经济薄弱村。县财政对列入

县委书记左军（中）到乡镇调研扶贫开发工作。

当年脱贫计划的12个经济薄弱村每村给予5万元专项补助，帮助发展产业项目，增加集体收益；全县参与结对帮扶的单位年内到账帮扶资金不少于5万元，到位帮扶资金720万元。

开展规范化建设。在扶贫资料管理实行户有袋（资料袋）、村有册（低收入农户脱贫表册）、乡有账（扶贫资料台账）、县有库（全县扶贫情况电子资料库）的基础上，开展村级扶贫工作室规范化建设，所有行政村实行“五有六规范七公开”。推进村集体增收。在全县经济薄弱村推行“一社一店一公司”模式。即“十三五”期间，所有经济薄弱村成立土地股份合作社，开展电子商务服务，成立工程服务公司。至2016年底，全县50个经济薄弱村中，成立土地股份合作社11个。全年完成“新八有”建设的12个经济薄弱村全部开展土地股份合作社试点，有10个村开展电商业务，8个村成立工程服务公司，承接小型建筑工程及村庄保洁等业务。

开展能力培训。利用村两委换届的契机，选拔年纪轻、有文化、能力强、有志向的干部充实村级班子，着力改善村级人员结构。开展扶贫培训。组织各乡镇（街道）扶贫分管领导、乡镇（街道）扶贫工作站站长、当年计划实现“新八有”的17个经济薄弱村书记以及省委驻灌云帮扶工作队全体队员，赴泗阳、泗洪、沭阳考察学习，开拓思路。组织扶贫办、农工办、农委领导及高效农业专家、种养大户等，传授三农政策、村集体增收途径、农业产业化与结构调整及部分种养技术，邀请检察院干部进行廉政教育，着力提高扶贫干部的工作能力，强化拒腐意识。

（县扶贫办）

县级机关党的工作

【概况】 2016年，灌云县机关工委全面贯彻中共十八大、十八届三中、四中、五中全会和习近平总书记系列重要讲话精神，落实县委十一届十一次全体（扩大）会议部署，围绕服务中心、建设队伍两大任务，全面深化机关党的思想、组织、作风、制度和反腐倡廉建设，努力提高机关党建工作科学化水平，为全县建成更高水平小康社会提供政治保障和理论指导。

【思想建设】 2016年，县机关工委按照县委统一部署，开展“学党章党规、学系列讲话，做合格党员”学习教育活动，组织机关党员干部学习党章党规和习近平总书记系列重要讲话，切实增强政治意识、大局意识、核心意识、看齐意识。面向全体党员，以党支部为基本单位，以组织生活为基本形式，以落实党员日常教育管理制度为基本依托，注重抓在平常、融入经常。筑牢“学”的基础，抓好“做”的关键，注重“效”的根本，精心组织，认真落实。及时召开“两学一做”学习教育动员部署会，党委书记给机关党组织书记、副书记、委员及党员干部代表讲党课，先后为直属机关党组织负责人作了2次专题辅导。围绕“服务科学发展”和“提升履职能力”两大课题，积极推进学习型党组织建设。结合“两学一做”理论学习和驻点调研，教育党员干部坚定理想信念、增强政治定力，熟悉掌握党的政治纪律和政治规矩，不断提高党员干部的政治觉悟、责任意识和服务能力。

【组织建设】 2016年，县机关工委努力推动党员领导干部参加“三会一课”、双重组织生活和民主评议党员等制度落实，营造良好的政治生态。根据县委组织部统一安排，在党委中认真开展“党员找组织，组织找党员”活动，理顺党员组织关系，做好“失联”党员处置工作。规范党内组织生活，把每月20日定为县级机关党员集中活动日，并认真组织开展。按照县委的统一部署和要求，召开直属机关党代表推选和出席县党代会候选人推选会议，认真做好县直属机关出席县第十二次党代会代表推选工作。督促各基层党组织按时进行换届改选工作。5月，对18个基层党组织进行换届，对15个基层党组织改选增补；同时，坚持高标准，严把入口关，认真做好新党员发展工作。全年培训入党积极分子56人，新发展党员26名，批准预备党员转正12名。

【作风建设】 2016年，县机关工委认真学习贯彻中央纪委和省市纪委六次全会精神，切实推动党风廉政建设迈上新台阶。健全机关党组织纪检组织，配齐配强机关纪检书记、委员。强化机关党组织抓廉政建设责任意识，传导压力，将党风廉政建设责任落实纳入年终“联述联评联考”专项内容。扎实开展“廉洁从政警示教育周”活动，提升廉政教育成效，切实筑牢拒腐防变的思想防线。2月和3月，协助县委组织部在县青少年素质教育基地，分8批对全县1260余名50周岁以下机关公务人员进行每期一周封闭式军事训练，增强机关干部的纪律意识和团队精神，提升机关干部干事创业激情。推进“机关在职党员进社区”，组织“党员集中活动日”活动，推广使用“志愿江苏”服务平台，开展机关党员志愿服务，发挥党员干部个体优势，不断提高党员服务发展、服务基层、服务群众的能力。推动服务品牌（实例）评比和优质服务处室创建，通过“党员示范窗口”“党员示范岗”创评等形式，引导机关党员干部立足岗位创先争优。

【阵地建设】 2016年，县机关工委切实把“党建室”建设作为基层党建的一项重要内容，要求各基层党组织结合自身实际，建立党员活动阵地，让机关党员在潜移默化中接受教育。结合“党建视频云系统”的推进，加强督促检查，保证工作有序落实。县行政服务中心、检察院、地税局、环保局等单位按照“党建示范点”要求，建立“党建室”。

【文化建设】 2016年，县机关工委进一步加强县直篮球队、乒乓球队、羽毛球队、书画创作队、文艺演出队的“五支队伍”建设，先后举办机关男子篮球比赛、乒乓球比赛和羽毛球比赛。协助县委宣传部连续十年在县文体中心组织“伊山放歌”广场晚会40余场。通过组织机关党员干部自编、自导、自演，既丰富群众文化生活，又调动广大干部职工的积极性。举办“书香灌云”全民阅读活动，努力营造全民阅读社会氛围，提高广大干部群众的文化素质和文化品位。加强机关文化建设，充分发挥工会等组织的凝聚优势，依托单位之间的文体活动和单位内部的集体活动，不断丰富机关文化内涵。邀请专家为机关党员开展健康知识讲座和防震知识讲座等活动，推进无烟机关创建，丰富机关文体生活，激发机关工作活力。

（李长亮）

老干部工作

【概况】 2016年，全县有离休干部184人，其中，行政68人，事业单位56人，企业60人；抗日战争时期38人，解放战争时期146人；享受厅局级政治生活待遇1人，厅局级医疗、乘车待遇9人，县处级待遇61人（享受副司局级医疗待遇27人），乡科级待遇113人；平均年龄88岁，年龄最大的105岁，最小的81岁；中共党员136人，非中共党员48人。

2016年，县委老干部局在县委和县组织部门的正确领导下，坚持围绕中心、服务大局，积极为老干部办实事做好事，全县老干部工作取得新进展新成效。

【开展“两项建设”】 2016年，县委老干部局把深入学习贯彻习近平总书记系列重要讲话特别是视察江苏重要讲话精神作为首要任务，以思想政治建设和党支部建设为核心，加强对全县老干部的思想引领。在全县老干支部中开展“为党的事业增添正能量”系列活动，引导老干部走基层、话发展、谈感受、比贡献。配合县委组织部在全县开展“夕阳红”党组织建设行动，完善全县老干部党支部建设。按照离退休干部“一方隶属、多方管理”党建工作机制，推进社区老干部党支部活动阵地建设，引导和方便老干部就近参加组织生活、履行党员义务，伊山镇昌和社区被省授予老干部党建试点社区；5月，县委老干部局党支部升格为党委，设建制性党组织以及老干部活动中心党支部、老年大学党支部、老干部摄影学会党支部、诗词楹联协会党支部、门球运动协会党支部等6个非建制性党组织。组织离退休干部党支部书记参加省市培训，提高干部党建水平。

【落实“两项待遇”】 2016年，围绕老干部的所需所求，县老干局扎实做好老干部的政治、生活两项待遇的保障工作。按县委要求组织召开老干部情况通报会，县重大会议或人事变动均邀请老领导参加或听取意见，在重阳节前组织离退休四套班子老领导及老干部支部书记赴经济社会发展一线参观，先后到淮安周恩来纪念馆参观；到市徐圩新区、连云新城等沿海发展一线参观调研；结合老干部实际开展“两学一做”学习教育，组织老干部赴徐州参观淮海战役纪念馆，激发老干部为灌云发展建言献策的热情。与县有关部门沟通协调，及时拨付涉老资金，有序解决离休干部护理费标准调整、离退休干部“两费”落实、已故离休人员丧葬费及抚恤费发放等工作难题。在每年上半年对全县全体离休干部开展家家到“访亲连心”活动，收到良好效果。

【鼓励引导“晚霞生辉”】 以全县诗词、摄影、太极拳、门球、篮球8个老年文体协会为平台，吸纳老干部会员800余人。开展常态化老有所乐活动。在五一、国庆、元旦等节庆期间，举办扑克牌、象棋比赛和文艺汇演等形式多样、为老干部喜闻乐见的文体活动，搭建老干部交流平台。老干部积极参与文学创作，在国家、省、市、县媒体共发表散文作品280余篇、长篇小说6部；逐步形成汤成松太极拳、朱培柱门球、刘元超摄影、孙朝喜散文、王家业和孙希贵长篇小说等老年文化品牌。围绕中国共产党成立95周年、红军长征胜利80周年等纪念节点，开展纪念活动，通过开展征集评选老干部书法、绘画和摄影作品，让老干部以此歌颂社会发展成就，赞扬新风正气，展示阳光心态，抒发爱党、兴党、护党情怀，表达不断为党和人民事业增添正能量的决心，全县有16幅作品入选全市作品集。

（金同娟）

信访工作

【概况】 2016年，全县信访稳定工作围绕“控制非正常访、遏制越级上访、规范信访业务办理”的重点，突出“抓早、抓小、抓化解”的工作导向，坚持“控增量、压总量、减存量、提质量”的工作思路，扎实工作，积极创新，信访工作形势持续向好，信访总量连年下降，信访秩序显著规范，权益保障卡发放、“三到位”办信工作、“四位一体”的法治宣传等多项工作成为灌云的鲜明特色。省信访局领导班子先后有5人次到灌云县调研指导工作，对灌云的信访工作给予充分肯定和较高评价。在全市的信访绩效考核中连续4年获得第一名，2016年，灌云获“全省信访先进县”“全省信访系统先进集体”“市信访稳定工作先进单位”“县特别贡献奖”等称号。

【重抓初信初访】 2016年，县信访部门坚持和完善领导接访制度，确保县乡每个工作日有1名班子成员接待群众来访，回应群众关切，解决群众诉求。全县发生初访事项485批，按期办结率100%；加快初信初访办理工作，进一步完善多元融合式调解工作机制，按照“上午接待、下午调查、一周办结”的要求，组织法律工作者和“五老”人员，积极参与信访案件调查和化解工作，努力把问题化解在初始阶段，把矛盾解决在萌芽状态。全年调解重大社会矛盾案件45起，其中非正常死亡案件18起。

2016 年 3 月，全县政法暨信访稳定工作会议召开

【实抓阳光信访】 2016 年，全县进一步整合信、访、网、电等信访事项办理工作资源，拓展“互联网 + 信访”应用新平台，拓宽群众的信访渠道。围绕“系统范围全覆盖、信访事项全录入”的“两全”工作目标，坚持专职操作人员配备和业务办理水平提升两手抓，采取“走出去”培训、“请进来”辅导、“沉下去”指导、“带上来”会办、“严要求”关爱等措施，有效提高基层经办人员的整体素质，进一步增强阳光信访的公信力。规范信访事项办理，信访问题在网上交办和督办，让数据多跑腿，群众少跑路，最大限度方便信访群众，形成多写信、多上网、少走访的良好趋势。2016 年，全县阳光信访系统录入 572 件，办结 530 件，办结率 92.6%。

【紧抓积案化解】 2016 年，灌云加大信访案件跟踪督办力度，提高信访案件办理质量和效率，组织开展“进京去省重复上访专项治理”“重点信访案件化解处置”专题活动；年初排查不稳定因素 115 件，全部办结。5 月排查出重点信访积案 75 件，全部办结。省市交办的进京到省重复访案件 12 件全部办结。年初，成立农民工工资清欠工作办公室，化解涉建领域农民工讨薪 40 起，累计金额 3800 万元，成功吸附 30 个群体 1200 余人次。

【狠抓法治信访】 全面推行群众依法逐级上访权益保障卡制度，为群众依法逐级上访构建“绿色通道”。通过场所宣传、集市宣传、短片宣传、汇演宣传等多种形式，开展全方位、多角度、立体式的信访法治宣传教育活动。制作《违法上访必受惩——灌云县依法治访工作剪影》专题片，在电视台滚动播放，营造良好的法治氛围；联合公安等部门对 90 余名重点信访人员发放《法制教育告知书》，告知涉访当事人信访活动权利和违法上访应承担的法律责任；加大对涉访违法犯罪行为的打击力度，及时固定证据，依法实施打击。全年有 28 人(次)被行政拘留，3 人(次)被刑事拘留，3 人次被依法判刑，有效维护全县信访秩序的和谐稳定。

【严抓责任信访】 年初，各乡镇(街道)和相关县直机关负责人在电视台公开表态，落实全年信访稳定工作责任；建立日预警报告、周动态分析、月情况通报工作机制，明确责任主体，推动措施落实；对信访绩效考核位列最后一名的，“一把手”领导在全县大会上领黄旗、作检讨。在各重大敏感时期，专门成立信访督查组，加强对 13 个乡镇(街道)和 46 个重点部门检查督导，扎实推动信访责任落实。根据市《关于对信访问题突出的乡镇(街道、场)实行重点管理的暂行办法》，结合实际，完善信访工作责任追究方案，对责任不落实、工作不扎实的责任单位和责任领导严肃问责。

（丁　凯）

党校工作

【概况】 2016 年，县委党校认真贯彻落实习近平总书记在全国党校工作会议上的重要讲话精神和中央《关于加强和改进新形势下党校工作的意见》，坚持党校姓党的根本原则，多措并举，强化落实，干部培训、科研咨政、理论宣讲等工作取得新成效，为全县经济社会发展提供坚强的智力支持和人才保障。

【推进干部培训】 2016 年，县委党校按照全国党校、省委党校会议“党校要加强干部培训主业、理论教育和党性教育主课”的要求，进一步强化干部培训，推进规范化办学，着力增强干部培训工作的针对性、实效性。

突出培训主课。把马克思主义基本理论特别是十八大、十八届三中、四中、五中、六中全会精神和习近平总书记系列重要讲话、“四个全面”战略布局、社会主义核心价值观等重点内容作为主体班次的培训主课，确保 70% 以上，帮助学员强化理论武装，加强党性党风党纪和党史国史教育，理解、把握习近平总书记系列讲话精神的立场观点方法，打牢政治基础，强化“四个意识”。

增强培训能力。在教学计划的制订上，根据不同类别的干部，设计更加富有针对性的内容，不断增强教学的吸引力和感染力。在教学专题的准备上，组织教学人员提前介入，潜心研究，认真准备，加强课件制作，强化多媒体教学。把个人承担、集体备课和课题试讲制度有机统一起来，精心打造每个教学专题。在师资力量的安排上，强化资源共享，先后邀请 20 多位县内外有关领导以及中央党校、省委党校、市委党校专家学者为学员授课，进一步增强培训效果，帮助学员加深思想理论、讲话精神的理解和把握。在教师能力的提升上，实施培训教师计划，先后安排教师参加省委党校、复旦大学、中央党校等学习培训近10人次。安排3名教师到县东城区指挥部、重大项目办、县委办实际锻炼，着力提升教师理论联系实际的能力。

创新培训方式。适应多样化的教学需求，坚持理论联系实际，积极探索培训方式，把现场教学、案例教学、模拟式教学等方式引进培训，增强培训的吸引力和针对性。在全县第15期中青年干部培训班上，邀请市委党校老师进行案例教学；在全县宣传干部培训班上，组织学员瞻仰焦裕禄、参观红旗渠，进行现场教学等，在改进传统教学模式方面走出一条新路。《江苏党校报》刊登县委党校创新教学的做法。

加强学员管理。突出重点环节，加强各班次的管理。坚持班主任跟班制度，严格学员签到和考核，提高参学率。坚持教学评估，教学领导小组及时组织学员、参学单位等对培训班授课情况进行测评，开展优质课评比，提高教师的授课水平，努力增强培训效果。采取听课及蹲点的办法，加强备课、讲课等教学过程的检查，促进教学质量的提高。

2016年，举办灌云县第15期中青年干部培训班、全县宣传干部培训班、灌云县公务员及事业单位新录用人员初任培训班、全县卫生系统党员干部培训班、大学生村官创业培训班等8个主体班次，培训各类干部855人；与县委宣传部、县扶贫办、灌西投资公司、图河镇等部门、单位联合举办现场教学班9期，培训各类人员1272人。

【推进理论宣讲】 2016年，县委党校积极发挥党校理论阵地的独特作用，努力用马克思主义中国化的最新成果武装全县党员干部群众。围绕“两学一做”学习教育，学习十八大、十八届三中、四中、五中、六中全会精神和习近平总书记系列重要讲话及“四个全面”战略布局等内容，组织教师深入全县开展宣讲。

重抓集体备课。打造高水平的宣讲专题，组织教学人员先学一步、深入一步，坚持集体智慧，集体备课，集体攻关，深化理论学习和专题研究，着力打造高水平的宣讲专题。先后推出《习近平总书记系列重要讲话的核心要义》《十八届六中全会精神解读》《牢固树立五大发展理念，推动党校工作迈向新台阶》《正确把握“四个全面”的历史发展和深刻内涵》《守纪律 讲规矩 全面从严治党》《树立宪法权威，全面推进依法治国》《中国共产党的辉煌历史和基本经验》《学习新党章，永葆先进性》等10个宣讲专题。

重抓送教上门。组建由校领导、相关科室负责人以及骨干教师参加的宣讲团，深入全县机关、乡镇送教上门，开展巡回宣讲。全年宣讲40多场次，听课人数近10000人次。

重抓有序推进。在全县机关单位、乡镇企业开展《两学一做》学习教育，十八届三中、四中、五中全会、六中全会精神和习近平总书记系列讲话、省党代会精神的宣讲，点多面广，时间紧、任务重，党校安排1名副校长专门负责组织协调工作，统筹老师的安排。

【推进科研资政】 2016年，县委党校着力增强做好科研工作的责任感、使命感，以“基层调研、教学研究，学术研讨”为载体，以校刊《灌云咨政》为牵引，组织教学人员重点开展党的建设、“一带一路”、社会主义核心价值观、法治建设以及县域经济、社会等方面的研究，产生一批科研成果，较好地服务于全县工作大局。2016年出《灌云咨政》3期，刊发《关于加快全县现代农业的思考》《关于农村土地流转问题调查与思考》《县级法制政府建设的思路和对策》3篇调研报告；全年发表论文16篇，其中，张荣富的《基层党校坚持党校姓党必须解决的几个问题》《时代需要我们弘扬长征精神》，牛烨的《浅谈新形势党员干部的党性修养》发表在国家级刊物上。成殿军的《浅议社会诚信与法制建设》，林青青的《也谈家风教育》等8篇发表在省级刊物上。陈光波、张春华的《美丽乡村建设面临的问题及对策》获市委党校立项并结项，并获江苏省哲学社会科学界第十届学术大会优秀论文三等奖。成殿军、林青青的《县级法制政府建设的思路和对策——以灌云县为例》获市委党校立项并结项，该报告作为优秀调研报告被市委党校收录入《党校智库》。成殿军的《关于灌云县领导干部思想状况的调研报告》获2016年度连云港市思想政治工作优秀社科课题研究成果三等奖。牛烨、李玉珍的《“书香江苏”视域下灌云县“全民阅读”情况研究》获市委党校立项并结项；完成中国共产党建党95周年、思想政治工作征文15篇。

（李延洋）

史志工作

【概况】 2016年，灌云史志工作紧紧围绕全县经济发展中心，切实履行“存史、资政育人”的职能，突出“党史编研、县志编修、年鉴编纂”工作主业，充分发挥部门职责，基础工作全市领先，创新工作亮点纷呈。《中共灌云县历史》第三卷成为全市第一家获准出版的地方党史。

【《中共灌云县历史（第三卷）》编研】 党史三卷是全市第一家启动编研、第一家完成初稿、第一家通过评审、第一家获准出版发行的地方党史。2016年，县委党史办坚持质量第一、打造精品史书的目标，对三卷本进行细致的校对和修改，对有疑问、有出入的内容认真查询、对比、考证、确认，使史稿中的每一段文字表述、每一个人物姓名、每一个时间、每一组数据都经得起历史和实践的检验。

【《灌云县志（1984—2005）》编纂】 2016年，县委党史办（地方志办公室）以做精做细为目标，精雕细琢，对通过总纂评审的县志文稿进行再充实、再完善、再提高,对文稿中资料不全的问题,进行资料再补充;对文稿中史料模糊的问题,进行再核准,确保志书准确无误,不留遗憾。

【《灌云年鉴(2016)》出版发行】 2016年3月,县委办、政府办联合下发《关于做好灌云年鉴(2016)编纂工作的通知》,将年鉴的编纂纲目、组稿内容和编纂要求下发各乡镇(街道)各单位。县委党史办公室(地方志办公室)从4月正式启动资料收集工作,全力加快资料收集整理,认真开展材料审核、校对、排版等工作。11月《灌云年鉴(2016)》完成编辑工作,全书95.8万字,由江苏人民出版社出版发行。

【乡镇志部门志编纂】 2016年,伊山镇、杨集镇被作为全市乡镇志编纂试点单位,伊山镇、杨集镇正式启动镇志编纂工作,并开始材料收集整理。《灌云县工会志》通过县志办和市总工会共同组织的评审;《灌云县建设志》完成初稿编写。

【《灌云人大年鉴(2008—2015)》出版发行】 灌云人大年鉴编纂工作于2014年底被提上议事日程,2015年6月,县人大成立编纂委员会,组建编纂班子,明确具体分工,并全面启动编纂工作。2016年9月,由江苏人民出版社出版发行,全书36.8万字。

【《鉴史倡廉》出版发行】 2016年,在严格执行中央“八项规定”、大力推进反腐倡廉的新形势下,县委党史办与县纪委联合编写《鉴史倡廉》一书,该书分史鉴篇、践行篇、吟唱篇3个部分,约33万字,于2016年6月由黄河出版社出版发行。

【村志编纂】 韩圩村以“一碑四谱”(即:“心中的丰碑,时代风范光荣谱,立志创业光荣谱,学业有成光荣谱,尊老爱幼光荣谱”)的形式,开展群众性公民道德建设的做法,2011年8月被列为全国十佳公民道德建设典型案例,获得“江苏省文明村”称号。韩圩村在《韩圩沧桑》一书基础上,决定编纂《韩圩村志》。县委党史办安排专人进行业务指导。2016年底,26.6万字的《韩圩村志》书稿完成。

【资料整理】 《灌云年鉴(2003)》因种种原因未能如期出版发行,仅存的书稿遗失殆尽。2015年下半年开始,县委党史办对原稿进行重新整理、编排、校对,于2016年4月刊印500册,更名为《灌云年度资料(2003)》。

(县委党史办)

保密工作

【概况】 2016年,县委机要保密局坚持“党管保密”和“依法保密”有机统一,持续推进网络保密和涉密人员管理工作,重点抓好“十二五”时期保密事业发展规划总结。通过严格落实保密责任、开展教育培训、做好监督检查等,完成全年各项保密工作任务,未发生失泄密事件,确保党和国家秘密安全。

【保密责任落实】 4月,县保密委员会依据市委保密委员会扩大会议精神和相关文件要求,制订下发《中共灌云县委保密委员会2016年工作要点》。同时,组织召开县委保密委员会全体人员会议,与13个乡镇(街道)、82家单位(部门)签订《保密工作目标责任书》,并督促各乡镇(街道)、各单位层层落实保密责任,形成齐抓共管、各负其责的工作格局。

【保密教育培训】 8—9月,组织县委机要保密局人员分两批参加省委机要保密局组织的县区保密干部培训班,提升保密业务能力。2016年,在县委组织部党政领导班子成员和青年干部培训、县人社局公务员“四类培训”中继续安排保密法规和“两识教育”课程,由党校专职保密教师讲授保密知识,强化干部保密意识、保密法纪观念。全年开展各类保密教育培训4次。

【保密监督检查】 3月,全县组织开展涉密网络保密检查工作,及时统计上报全县涉密网络情况,并配合市委机要保密局做好县检察院涉密网络测评准备工作。3—7月,做好2016年度小高考、高考、中考的保密管理工作,全程监督检查,建立保密突发事件应急处置机制,确保考试顺利进行。7月,开展保密数据统计工作,对全县14家重点单位上年度产生的保密工作数据进行统计汇总,通过做好现场保密检查、督促整改完善、汇总核实录入等工作,严格在时间节点内完成任务。10月,开展全县涉密人员情况统计,统计汇总涉密人员具体信息,建立涉密人员动态数据库,督促各单位强化涉密人员在岗、离岗和脱密期管理。12月,开展机关、单位保密自查自评检查工作,在相关单位自查上报资料基础上,组织专项检查组进行抽查,督促各单位严格落实保密主体责任,及时消除泄密隐患,建立保密工作长效机制。

(县委机要保密局)

档案工作

【概况】 2016年,全县档案工作坚持依法治档,立足档案工作服务群众的主题,加强档案馆(室)业务建设、档案资源建设、档案信息化和档案队伍建设,不断提高档案事业发展水平和服务水平。在档案业务培训、业务指导、档案年检考核、档案保管利用等方面取得一定的成绩。

【档案保管】 2016年,县档案管理部门进一步加强对档案保管、利用、保护、保密等规章制度的落实,坚持实行档案库房专人保管、专人查阅;对新接收的档案按要求进行杀毒、杀虫、杀菌、除尘,然后才进入库房上架排列;坚持每个季度对库房档案进行1次检查,每半年对馆藏档案进行1次系统化、规范化整理校对,以确保无丢失、霉变、褪色、虫蛀、污损等现象;认真做好《档案检查记录》《档案交接记录》《温湿度记录》等统计台账。

【档案利用】 2016年,全年接待查档2800人次,为社会与群众服务提供案卷4025卷次,复印有效证明1000余份。

【档案信息资源建设】 按照档案"十三五"规划要求,加强对列入接收进馆范围的机关、团体、企事业单位电子文件和电子档案归档范围的监督和管理,督促各相关单位配备计算机软硬件设备,做好机读目录数据库的建立工作,要求各机关、团体、企事业单位向档案馆移交档案的同时,一并移交文件机读目录。全年接收婚姻档案1602盒(64080件)。

【档案年检考核】 2016年,县档案局在全县实施档案年检考核制度,严格档案执法检查和档案年检验收。11月,在各单位自查的基础上,对县直机关90个部门和单位、全县13个乡镇(街道)进行档案执法检查和年检验收。经检查,全县档案工作优秀的单位有30家,良好的有21家,合格的19家,基本合格的23家。

【档案业务培训】 2016年5月,县档案局先后对全县各单位和各乡镇(街道)档案管理人员举办两期档案归档整理及档案业务知识培训班,另举办国土和财政系统档案管理人员专题培训班,对全县档案管理人员进行档案业务知识培训,分别讲授《中华人民共和国档案法》《江苏省档案管理条例》《连云港市归档文件整理规则实施细则》《连云港市档案工作年检考核办法》《灌云县乡镇机关档案综合档案室档案分类方案》《乡镇档案工作试行办法》《档案整理跟我学》《机关文件材料归档范围和文书档案保管期限规定》,解读《几种常见编研材料的写法》以及国家档案局8号、9号、10号令等。全县各乡镇及县直机关120名专兼职档案管理人员参加培训,参培率96%。

【重大项目档案登记】 2016年,根据市档案局、市发改委、市住建局的有关规定,县档案局按照相关归档要求,督促全县10个单位被列入市级以上重点工程建设的项目,按规定及时完整地建立项目档案管理和登记,确保重大工程项目档案齐全完整。

(县档案局)

潮河湾风光

灌云县人民代表大会

综　　述

2016年，是全面实施“十三五”规划的开局之年，灌云县人大在县委的领导下，全面贯彻落实中共十八届三中、四中、五中、六中全会以及习近平总书记系列重要讲话精神，紧紧围绕县委十一届十次、十一次全体（扩大）会议和县十五届人大五次会议确定的各项任务，勇于探索创新，依法履行职责，注重工作实效，各项工作取得新进展。

主要工作

【加大法律执行监督】 2016年，县人大深入开展法律监督，努力创造严格执法、公正司法、全民守法的法治环境。分别听取和审议县政府关于《森林法》贯彻实施情况的报告、县检察院关于民事和行政检察工作情况的报告、县法院关于执行工作的报告；先后视察全县《人防法》贯彻实施情况、打击经济领域违法犯罪工作情况、“七五”普法启动工作情况；检查《教师法》贯彻实施情况，保证相关法律在灌云的贯彻执行。对部分检察官和法官开展履职评议工作，分别抽取县法院、县检察院6名法官和检察官进行履职评议。通过召开座谈会、个别谈话、抽查案卷、旁听庭审、民主测评、听取履职报告等方式，以点带面推动两院制定切实整改措施，促进法官、检察官队伍建设。高度重视对规范性文件备案审查工作，将其作为人大工作的重要组成部分和行使法律监督职权的重要内容，纳入人大工作总体部署，列入议事日程。通过开展一系列的法律监督工作，加快依法治县进程。

【落实宪法宣誓制度】 2016年，县人大常委会恪守宪法原则，履行宪法监督职责，大力弘扬宪法精神，坚决维护宪法权威，认真贯彻落实国家宪法宣誓决定和江苏省实施宪法宣誓制度办法，保证宪法全面有效实施。县乡人代会选举的干部、县人大常委会任命的干部进行宪法宣誓。县人大为“一府两院”和各乡镇（街道）统一制作宣誓台，对各单位有关人员进行宣誓仪式和程序的培训。激励和教育国家工作人员忠于宪法、遵守宪法、维护宪法。

【规范人事任免】 2016年，县人大在人事任免中，严格按法定程序办事，严格实行干部任前供职发言和法律知识考试制度，并通过视察、调研等多种途径，加强对干部的任用监督，把监督事与监督人有机结合，促进被任命干部进一步增强法律意识和责任意识，更好地干事创业、服务人民。2016年，县人大常委会依法任免国家机关工作人员81人次，接受辞职9人，其中，决定任命副县长4人，任命县人大常委会工作机构负责人9人，县政府组成部门负责人3人，任命“两院”（法院、检察院）职务人员22人，任命人民陪审员19人次，决定免职24人。

【强化经济发展监督】 2016年，县人大常委会听取和审议县政府关于国民经济计划和财政预算执行情况等常规工作报告，批准县政府关于2016年财政预算的调整；听取和审议县政府关于公共文化服务体系建设、农民集中居住区建设、防违建工作等情况的报告；听取和审议2016年上半年国民经济计划和财政预算执行情况、关于2015年县本级财政决算草案的报告和2015年县本级财政预算执行情况的审计报告；审查批准2015年县本级财政决算，对县政府2016年重点工作推进情况进行集中审议，视察全县干线公路建设与管理、视察两大园区重大项目建设、大伊山旅游景区建设与管理工作、全口径预算和财政风险防范机制工作、全县乡镇（街道）税源培植、畜牧业发展工作情况；组织力量调研政府重点工作完成情况、环境监测能力建设情况、全县产学研合作情况、调研农田水利基本设施工作情况。建议并督促政府充分发挥规划引领作用，优化投资结构、加快产业转型升级、改善金融信用环境等方面的建议；探索建立创意农业发展机制，推进传统农业向现代农业转变，实现从农业园到观光度假园过渡，农产品简单加工向创意产品转变；对金融综合改革推进情况调研，在金融服务创新上进行有效的探索，推动金融对农村、农业及全县经济建设的支撑作用不断增强。

【探索经济发展新路径】 2016年，县人大常委会多次调研科技创新体系建设、调研全县产学研合作情况。要求围绕强推产学研合作品牌建设目标，全面提升产学研合作水平和发展层次，加快众创空间和星创空间等新型创新载体培育，引导和支持创新要素向企业聚集等一系列对策建议。人大常委会牵头先后举办豆丹文化美食节、承办全国越野车场地争霸赛、全国自行车公开赛、无线电测向等重大赛事，深入调研旅游业发展情况。着力探索具有时代特色的发展新路径，提出激活当地特色资源，注重科技创新引领，推进特色文化、特色资源、现代科技与人们的生活深入广泛融合，建立培育战略性新兴产业体系等方面的建议。

【参与全县重点工作】 在做好本职工作的同时，服从县委全局工作需要，按照统一安排，积极参与抓产业、抓项目等重点工作。县人大机关抽调专门人员参加东城区建设，深入农户开展扶贫工作，综合治理和平安建设工作。对重点时段的夏秋两季秸秆禁烧工作和绿化造林，深入一线检查指导，发现问题，及时处理。通过参与重点工作，支持全县的经济社会发展。

【推动发展成果普惠于民】 *关注普惠性学前教育*。县人大常委会听取和审议县政府关于学前教育工作情况的报告，实地察看乡镇（街道）的幼儿园发展情况，建议县政府建立学前教育管理体制，推动各地完善普惠性幼儿园发展和保障机制，突破学前教育监管瓶颈等相关建议。

关注义务教育均衡发展。对重点学校招生工作情况进行调研，提出在学区划片工作上注重划片的科学合理性和社会影响，极力避免因学区划片工作可能产生的社会问题等建议；组织对教育现代化提升工程实施情况的视察活动，推动教育现代化工程的快速开展。代表提出关于教育现代化过程中必须高度重视信息化建设的建议等，得到政府高度重视并积极组织实施，取得明显成效。

关注师资整体素质提升。积极开展师资队伍建设情况调研，建议县政府改善师德建设长效机制，引领教师带头践行社会主义核心价值观，建立教师专业发展梯队攀升与支持服务体系，完善教师职称评聘制度，切实提高教师待遇。

促进构建健康保障体系。2016年，县人大常委会持续关注和维护群众卫生健康权益。深入多个部门30多个基层单位，调研基本公共卫生服务、药品安全管理、药品安全基础保障体系建设工作情况；视察卫生应急工作；听取和审议县政府关于《传染病防治法》贯彻实施的报告。就健全与完善传染病防治工作机制等多个方面提出系列建议。为防治过度医疗，打造绿色医疗环境，县人大常委会组成调研组，深入县乡村10多个卫生机构调研中医药事业发展情况，听取和审议县政府关于《我县中医药服务能力提升情况报告》，向政府提出中医事业发展的系列建议，让中医药惠及千家万户等建议。重点督办“关于加强我市全科医生队伍建设”代表建议，推动政府完善卫生人才评价机制，凝聚优秀人才投身全科医生。

关注群众精神生活。2016年，县人大常委会听取和审议县政府《关于公共文化服务体系建设情况报告》，建议县政府进一步建立健全农村文化队伍管理机制，理顺县、镇两级文化队伍的管理体制，稳定和发展农村文化队伍，强化基础建设，打造适应群众文化需求的先进阵地。调研《江苏省宗教事务条例》贯彻执行情况，视察星级宗教场所建设和管理工作、视察教风建设年创建工作情况，建议要依法、充分保障公民的宗教信仰自由，又要注重引导、突出抓好宗教思想建设，推动修行人士要言传身教、潜移默化、移风易俗感化世人，净化人心，和谐一方等方面作出贡献；鼓励经营主体借助文化品牌，深度开发佛教艺术产品，不断拓展佛教文化产业空间，实现文化与产业共同提升。

助力打造宜居灌云。针对城乡建设道路交通、城市管理等社会广泛关注的热点问题，县人大常委会听取和审议县政府关于农桥公路和县乡公交建设、村镇规划建设管理、防违建工作等工作报告；主任会议听取县政府关于东城区建设、江苏省公路管理条例实施等调查报告4次。针对社会反映的县城违建等突出问题，进行专项调研，写出高质量的调研报告，受到县委、县政府高度重视，并采取相应的措施，解决违建问题。

【完善代表联系网络】 2016年，县人大常委会为加强与县人大代表的密切联系，定期开展“三联一进”活动。坚持县人大常委会主任带领组成人员开展走访代表活动，听取代表对县人大常委会和“一府两院”工作的意见和建议。开展代表进社区、联系选民等活动，征询代表的意见和要求，并认真督促办理。有计划地对代表进行重点走访；加强对闭会期间代表小组活动的指导。县人大常委会根据工作需要，召开不同类型的代表座谈会，听取意见，交流情况。建立代表联系点，县人大常委会组成人员分工负责，经常到“人大代表之家”了解县人大代表工作、学习、生活情况。县人大常委会组成人员每年至少要联系代表10名。组织代表参加专题调查，县人大常委会及其工作委员会到各地进行调查研究时，邀请当地有关代表参加；经常列出专题，委托有关代表就地进行调查研究。每次常委会安排两个乡镇的县人大代表列席县人大常委会，全县代表每年能列席常委会一次以上，实现代表列席常委会全覆盖。提前将议题草案印发有关代表征求意见。为顺应网络时代，将网络民意融入人大工作常态，不断拓展代表知情、知政和议政渠道，在全市首家建立县级人大网站，并更新完善乡镇人大二级网页建设，结合利用QQ群、微信群，打造一个集传播、交流、服务为一体的政务网络平台。

【乡镇(街道)人大规范化建设】 2016年,县人大按照“八个规范”要求,加强基层人大队伍和阵地建设。全县12个乡镇(街道)有专职主席12人,专职副主席5名,街道人大工委主任1名,副主任1名。13名主席及街道主任全部在50岁以下,有6名在40岁以下。13名主席(主任)中有研究生学历2名,大专以上学历11名。投入10多万元,对全县50个代表之家进行设备更新,使“人大代表之家”成为更加规范的代表活动阵地。乡镇(街道)人大自身建设全部实现“五有”规范化的目标,得到省市人大的肯定。2016年,全县代表之家接待选民5000多人次。为规范乡镇(街道)“两会”的召开,制订下发《关于乡镇人代会和人大主席团会议召开的意见》,对每年2次人代会、4次以上主席团会议召开的内容,提出具体可行的建议意见。下发《关于召开乡镇人代会的通知》,对乡镇(街道)人大会议召开时间、会前代表补选、会前视察、会期、会议程序、文件归档提出要求,并将《乡镇人民代表大会操作规程》《选举办法》和各类选票样本上传至网络供各乡镇下载参考。

【代表建议督办】 2016年,县人大把落实代表建议,作为改进工作作风、加强民主与法制建设和激发代表认真履职热情的重要内容。县十五届人大五次会议期间代表提出建议55件,涉及27个部门和各乡镇(街道)。人代会闭幕后,根据代表建议内容进行逐件登记、编号,提出分办意见,采取跟踪督办、专人督办、现场督办、电话催办等方式,督促承办单位认真办理和答复,并与县政府督查室共同对代表建议办理情况进行督查。由常委会领导带队对代表建议进行现场重点督办,提高办理质量和效率。至年末,代表的建议全部办答完毕。其中,基本落实26件,占47.3%;正在落实或列入规划逐步落实的24件,占43.6%;因客观条件或其它原因需要以后酌情解决的5件,占9.1%。代表对办理结果普遍感到满意和基本满意。

【加强代表学习培训】 2016年,为帮助县人大代表履行好代表职责,县人大制订《关于县人大代表学习培训的规定》。县人大代表的学习培训采取邮送资料、集中培训、会议交流和学习考察等方式方法。分乡镇(街道)或分片区对乡(镇)代表进行集中培训1次以上,结合代表组活动,由代表组组织代表学习,着重帮助代表熟悉相关法律和专业知识,增强活动的效果。

【做好人大换届选举】 2016年,县人大常委会组织调查组提前调研,拟定对策,为县委指导换届选举工作提供依据。依法成立县、乡镇(街道)选举委员会,制定关于做好县乡人大换届选举工作的意见,经县委转发后实施。针对换届选举容易出现的新情况新问题,从10月18日起县人大领导带领机关人员,分组对全县选举工作进行现场督查指导,确保各项工作有序进展。

重要会议

【县第十五届人大常委会第二十六次会议】 2016年1月9日,县第十五届人大常委会第二十六次会议召开。县人大常委会主任孙毅,副主任江尧琥、朱正淮、王从华,以及委员共31人出席会议。常务副县长于洪雁,县法院、检察院、财政局负责人,县人大常委会有关工作机构负责人列席会议。

会议听取和审议县人大常委会代表资格审查委员会关于代表资格审查情况的报告;审议县政府关于调整县本级2015年财政预算方案的议案,审查和批准预算调整方案;讨论决定召开县第十五届人民代表大会第五次会议有关事项;讨论通过县人大常委会2015年工作报告;通过人事任免决定。

【县第十五届人民代表大会第五次会议】 2016年1月13日至15日,灌云县第十五届人民代表大会第五次会议在县影剧院举行。县人大代表302人出席会议,县政协全体委员,县有关部门主要负责人,县人民法院副院长、检察院副检察长,县人大常委会各工作委员会委员等列席大会。

会议的主要议程是:听取和审议《灌云县人民政府工作报告》;审查和批准《灌云县国民经济和社会发展第十三个五年规划纲要》;审查和批准《灌云县2015年国民经济和社会发展计划执行情况与2016年国民经济和社会发展计划草案的报告》,批准《灌云县2016年国民经济和社会发展计划》;审查和批准《灌云县2015年财政预算执行情况和2016年财政预算草案的报告》,批准《灌云县2016年县本级财政预算》;听取和审议《灌云县人大常委会工作报告》《灌云县人民法院工作报告》《灌云县人民检察院工作报告》。

【县第十五届人大常委会第二十七次会议】 2016年3月25日,县第十五届人大常委会第二十七次会议召开。县人大常委会主任孙毅,副主任江尧琥、王从华,以及委员共28人出席会议。副县长马兆素,县法院院长安仲润、县检察院检察长唐张,县林业局负责人及分管领导,县人大常委会有关工作机构负责人,杨集镇、侍庄街道部分县人大代表列席会议。

会议听取和审议《县检察院关于民事和行政检察工作情况的报告》及《县政府关于〈森林法〉贯彻实施情况的报告》;讨论通过《县人大常委会2016年度工作要点和关于加强对2016年政府重点工作监督的意见》;审议提请修编灌云县城市总体规划和县政府关于提请授予王军等十四人为灌云县荣誉公民的议案;通过人事任免决定。

【县第十五届人大常委会第二十八次会议】 2016年5月9日,县第十五届人大常委会第二十八次会议召开。县人大常委会主任孙毅,副主任江尧琥、王从华出席会议。副县长马兆素、县人民检察院检察长唐张、县人大常委会有关工作机构负责人列席会议。会议审议通过有关人事任免决定。

【县第十五届人大常委会第二十九次会议】 2016年5月24日，县第十五届人民代表大会常务委员会第二十九次会议召开，会议决定：接受王卫东、卞亚军、陆叶、龚志峰辞去县第十五届人民代表大会常务委员会委员职务，并报灌云县第十五届人民代表大会备案。

【县第十五届人大常委会第三十次会议】 2016年6月29日，县第十五届人大常委会第三十次会议召开。县人大常委会主任孙毅，副主任江尧琥、王从华以及委员共26人出席会议。县长朱兴波，县检察院检察长唐张以及人大相关工委负责人列席会议。

会议通过人事任免决定。举行新任命人员向宪法宣誓仪式。

【县第十五届人大常委会第三十一次会议】 2016年7月25日，县第十五届大常委会第三十一次会议召开，会议听取和审议县人民政府《关于提请审议灌云县2016年县级预算调整方案（草案）的议案》以及调整情况的说明，认真审查县人民政府提出的2016年财政预算调整方案。

县级一般公共预算总收入由年初的52.68亿元调整为49.76亿元，下调5.5%。县级一般公共预算支出总计由52.68亿元调整为49.76亿元，下调5.5%。

会议决定，批准以上调整方案。

【县第十五届人大常委会第三十二次会议】 2016年8月31日，县第十五届人大常委会第三十二次会议召开，对县法院、县检察院部分法官、检察官履职情况进行评议。县人大常委会主任孙毅，副主任江尧琥、王从华出席会议。副县长颜东，县法院院长安仲润，县检察院检察长唐张，部分法制委委员、内司委委员，同兴镇和南岗乡10名县人大代表及两院部分干警列席会议。

会议听取被评议法官、检察官履职情况报告和县人大常委会履职评议调研组关于被评议法官、检察官履职情况的调研报告；县人大常委会组成人员对被评议法官、检察官履职情况进行测评。

会议讨论通过关于加强人民法院执行工作的决定。

【县第十五届人大常委会第三十三次会议】 2016年9月30日，县第十五届人大常委会第三十三次会议召开，讨论通过县、乡人大换届选举有关事项。县人大常委会主任孙毅，副主任江尧琥、王从华以及委员共23人出席会议。常务副县长伏开清，县人大常委会党组副书记谢兆英以及县法院、检察院的相关领导、县人大常委会有关工作机构负责人列席会议。

会议讨论通过《关于县第十六届、乡（镇）新一届人民代表大会代表名额分配和选举问题的决定》《关于设立县乡选举委员会的决定》和《选民登记办法》。

【县第十五届人大常委会第三十五次会议】 2016年11月18日，县第十五届人大常委会第三十五次会议召开。县人大常委会主任孙毅，副主任江尧琥、王从华以及委员共23人出席会议。县委常委、常务副县长伏开清，县人大常委会党组副书记谢兆英列席会议。

会议听取和审议《灌云县人民政府关于"六五"普法实施和"七五"普法规划情况的报告》；审议通过《灌云县人大常委会关于开展第七个五年法治宣传教育的决议》；通过《关于在全县公民中开展法治宣传教育的第七个五年规划》。

会议通过人事任免决定。举行新任命人员向宪法宣誓仪式。

【县第十五届人大常委会第三十六次会议】 2016年12月5日，县第十五届人大常委会第三十六次会议召开。县人大常委会主任孙毅，副主任江尧琥、王从华出席会议。县人大常委会党组副书记谢兆英，县委常委常务副县长伏开清，县法院、检察院的负责人，不是人大常委会组成人员的工委负责人，县财政局、农开局、金融办负责人和分管领导，四队镇、图河镇部分县人大代表列席会议。

会议听取和审议《灌云县人民政府关于政府性债务情况的报告》《灌云县人民政府关于农业综合开发项目实施情况的报告》。

【县第十五届人大常委会第三十七次会议】 2016年12月30日，县第十五届人大常委会第三十七次会议召开。县人大常委会主任孙毅，副主任江尧琥、王从华出席会议。县委常委、常务副县长伏开清，县人大常委会党组副书记谢兆英及县人民法院、人民检察院负责人列席会议。

会议听取审议通过县人大常委会代表资格审查委员会《关于县十六届人大代表资格审查报告（草案）》，表决通过县人大常委会《关于召开县十六届人大一次会议有关事项（草案）》，讨论县人大常委会工作报告。

会议要求，有关部门及相关工作人员要在县委的统一领导下，精心组织、严把程序、协调配合、强化保障，认真做好会议的各项准备工作，确保把这次大会开成一个团结的大会、民主的大会、求实的大会和鼓劲的大会。

会议通过有关人事任免决定。

【县第十五届人大常委会第三十八次会议】 2017年1月6日，县第十五届人大常委会第三十八次会议召开。县人大常委会主任孙毅，副主任江尧琥、王从华出席会议；县委常委、常务副县长伏开清，县人大常委会党组副书记谢兆英，县法院、检察院负责人列席会议。

会议通过有关人事任免决定。

【县第十五届人大常委会第三十九次会议】 2017年1月11日，县第十五届人大常委会第三十九次会议召开。县人大常委会主任孙毅，副主任江尧琥、王从华出席会议。县委常委、常务副县长伏开清，县人大常委会党组副书记谢兆英列席会议。会议由江尧琥主持。

会议讨论决定县十六届人大常委会第一次会议有关事项，并通过有关人事任免决定。

代表建议

【概况】 县第十五届人大第五次会议期间，代表提出建议55件，内容涉及全县城建交通、农林水利、园区建设、民政司法、科教文卫等多个方面，分别由27个单位和各乡镇（街道）政府承办和协办。全部按期办理完毕。代表对办理结果普遍感到满意和基本满意。已经解决、基本解决和采纳吸收的26件（A类），占47.3%。这部分建议贴近灌云实际情况，具备解决条件，办理落实较快。已经开展工作和列入计划逐步解决的24件（B类），占43.6%。这部分建议所提问题有的需要建立机制、长期解决，有的较为复杂，因目前条件所限，一时难以解决，相关承办单位决定分期分批加以解决。受客观因素制约暂时不能解决的5件（C类），占9.1%。这部分建议所提问题因受县财力、物力或现行政策、管理体制等限制，暂未解决。

【关于加大渔业执法力度的建议】 朱兴海代表提出关于加大渔业执法力度，切实保护河道渔业生态的建议后，县海洋与渔业局制定详细的工作计划和实施方案。县渔政大队联合水警大队、县电视台和有关乡镇（街道）开展执法宣传两次，在重点乡镇利用宣传车循环广播《渔业法》等相关法律规定，发放宣传材料500多份；开展联合检查4次，专项执法12次，没收电捕工具8套，处罚2人。督促相关行政执法部门对电捕行为保持严打态势，对符合移送案件及时移送公安机关，震慑违法分子。

【关于出台商品房相关政策的建议】 孙泽清代表提出的关于出台商品房相关政策，提高商品房去化率的建议，被县建设局列入重点调研事项，依据相关法律法规及全县实际情况，拟定《灌云县促进房地产健康发展的优惠政策》，经县政府常务会议审议通过。主要涉及到降低购房信贷首付比例、放宽公积金贷款政策、实行专项补贴和户籍政策等10个方面22条具体措施。

【关于对城乡低保清理整顿的建议】 针对徐占兵代表提出的关于对城乡进行低保清理整治的建议，县民政部门表示要确保惠民政策应有的扶危济困作用，以制度建设为抓手，坚持多措并举，尽力实现低保工作的阳光操作、公开透明。每年进行1次低保复审。县政府召开2016年度城乡低保复审会议，部署低保复审工作，要求各乡镇（街道）开展低保对象复审工作，清查“关系保”“人情保”、不按规定退保等问题。通过城乡低保年度复审，乡镇入户率100%，重新计算补差，做好分类施保，一次性复审上报不符合低保797人。常态把好低保进口关。突出病、残、年老体弱等5种对象家庭，对新申请低保家庭随机抽取30%，由县工作组进行入户调查，防止“漏报”和“错报”，实现应保尽保；将低保工作纳入对乡镇（街道）民政部门的年度考核，严厉查处违规办理低保人员。督促强化规范管理。要求各乡镇（街道）建立健全入户调查、民主评议、近亲属备案、档案管理等工作机制。每村成立群众代表占一半以上的评议小组，定期对该村申请低保人员进行民主评议；对国家公职人员、低保经办人员及村民委员会干部近亲属享受低保的，单独建档备案。2016年按不低于20%的比例进行县级入户排查。进一步探索引进第三方组织对低保对象进行拉网式排查，推进公开公正。长期公示接受社会监督。县民政局每季度将低保人员信息打印两份并加盖公章后发给各乡镇（街道），要求在各乡镇、村公示栏进行张贴，对低保对象信息进行长期公示，同时留照片存档备案。县民政局不定期进行抽查，发现问题及时要求乡镇（街道）整改。

【关于加大招商力度和提高招商效率的建议】 针对孙泽清代表提出的“关于加大招商力度，提高招商效率，打造实力灌云的建议”，2016年，灌云县采取措施，狠抓招商引资工作责任落实。建立了县四套班领导带头招商和各乡镇（街道）、部门主要负责人为招商引资第一责任人制度。突出发挥县开发园区、乡镇（街道）的招商引资主体作用，各乡镇（街道）主要领导按照“AB角”要求，除特殊情况外，党委书记、镇长必须有一个人在外招商。充分发挥灌云发展家乡促进会的桥梁纽带作用，为招商引资开拓更宽阔的渠道，搭设更有效的平台。从经济主管部门抽调52名德才兼备优秀干部专职到园区从事招商工作，将挂职招商作为考察与锻炼干部的重要途径。实施重点区域招商，先后在昆山、宁波、宜兴、西安、上海等地举办经贸洽谈会；由县主要领导带队赴丹麦、南非、韩国、美国、加拿大、上海、浙江等地开展经贸洽谈活动。

【关于加强县城交通秩序管理的建议】 针对卞祖凡代表提出的关于加强对县城交通秩序管理的建议，县公安局交警部门进一步强化路面管控，排查安全隐患，完善道路设施，查处各类交通违章，教育违法行为人。严厉查处车辆乱停乱放、遮挡号牌、未挂牌、假牌套牌、闯红灯、逆行等违法行为，进行高密度、高频率的精确打击，形成严管高压态势，做到不徇私情，严格处理。特别加大节日期间的路面秩序管控，抽调警力充实一线，在各重点路口指挥疏导交通，进一步规范整治管理“盲点”、秩序“乱点”和交通“堵点”，确保交通安全、畅通、有序。

【关于324省道西段拓宽的建议】 朱延松代表提出的关于324省道西段拓宽的建议，已被纳入灌云县“十三五”交通发展规划，计划于2017年启动，扩建工程按一级公路标准进行建设。

【关于规范生活困难离任村干部补贴发放的建议】 徐占兵代表提出的关于规范生活困难离任村干部补贴发放的议案，从目前情况来看，立即落实的条件还不成熟。全县13个乡镇（街道）有1226人享受离任村干部生活困难补贴。因大部分乡镇村干部的档案缺失，规范清理找不到充足的事实依据。若依据现有资料进行规范清理，容易引起这部分群体情绪不稳定，甚至发生大规模信访问题。县政府针对议案提出的内容，一方面督促各乡镇（街道）认真做好政策宣传工作，对新增加的人员严格审查把关；另一方面，督促各乡镇（街道）开展自查自纠工作，对不符合条件的人员进行仔细甄别和筛选，并在确保不发生大规模信访问题基础上，提出相关处理意见。

【关于小鸭河北岸道路连通与绿化建设的建议】 陈桂冬代表提出的关于原劳动局南侧小鸭河北岸道路连通与绿化建设的建议，因建议中涉及的道路现为泥石路，东与新民路相通，西与供电小区南侧道路相通，不在一条直线上，如果要连通则涉及老厂房和部分居民拆迁，暂不具备落实条件，待该地块拆迁建设后按规划建设。

（县人大常委会办公室）

潮河湾风光

综　述

2016年，灌云县围绕“秉持发展新理念，增创跨越新优势”的工作主题，以“一带一路”交汇点建设为战略契机，把工作重点放在转变发展方式、增强发展动力、争创发展优势、共享发展成果上，全力保持经济稳定增长，加快产业转型升级，深化城乡一体发展，促进社会和谐稳定，经济社会保持良好发展态势，实现“十三五”良好开局。2016年，实现地区生产总值328.66亿元，增长8.2%；规模以上固定资产投资272.2亿元，增长21.4%；外贸进出口总额2.33亿美元，增长17.9%；社会消费品零售总额119.45亿元，增长12.1%；城镇和农村居民人均可支配收入22979元、12969元，分别增长8.2%、9.2%。完成一般公共预算收入21.52亿元。

政府常务会议

【县政府第34次常务会议】　2016年1月7日，县政府第34次常务会议召开。会议听取审议《2016年政府工作报告》《灌云县人民政府重大行政决策程序规定》《灌云县城市环境综合整治行动接续实施方案》和《关于不动产登记职能整合后相关问题的汇报》。

【县政府第35次常务会议】　2016年1月21日，县政府第35次常务会议召开。会议听取审议《2014年度目标考核奖兑现方案》《2016年度全县经济建设和社会发展目标任务绩效管理考评办法》和《2016年度县级机关绩效考评办法》，传达了市政府全体扩大会议精神，并就做好防控强降温大风工作作了部署安排。

【县政府第36次常务会议】　2016年2月2日，县政府第36次常务会议召开。会议听取审议了《灌云县2016年国民经济和社会发展主要计划指标任务分解》（草案）《灌云县2016年百项重点项目计划》《2015年度全县经济建设和社会发展目标考核情况汇报》《2015年度全县经济建设和社会发展目标考核情况汇报》和《2015年度先进工作者表彰评选情况汇报》。

【县政府第37次常务会议】　2016年3月25日，县政府第37次常务会议召开。会议听取审议《2016年全县招商引资考核办法（送审稿）》《关于加强招商引资工作的意见（送审稿）》《灌云县促进电子商务发展扶持政策（讨论稿）》《灌云县控制和查处违法建设工作实施办法（试行）》《关于县城区部分道路命名及更名情况汇报》《关于加快发展旅游业的实施意见》和《204国道灌云段改扩建工程税费分配建议方案》。

【县政府第39次常务会议】　2016年8月9日，县政府第39次常务会议召开。会议听取审议《关于教育系统岗位设置工资晋级工作的请示》《关于县城区机关、六一两所幼儿园收归公办的请示》《全县机关事业单位工作人员养老保险制度改革汇报》《关于调整城镇土地使用税税额标准及土地等级范围的汇报》《原旋耕机厂西侧地块棚户区改造项目房屋模拟征收补偿方案》（报审稿）《关于申请〈灌云县土地和房屋征收资金管理办法〉延期的报告》《关于县城新水厂建设相关问题的报告》《灌云县城市建筑垃圾管理暂行办法》《关于免除无丧葬补助费的城乡居民殡葬基本服务费用的请示》《灌云县2016年城乡低保补助标准调整情况汇报》和《关于安全生产工作的报告》。

【县政府第40次常务会议】　2016年9月29日，县政府第40次常务会议召开。会议听取审议《灌云县城市管理暂行办法》《关于进一步加强城市规划建设管理工作的实施意见》和《关于鼓励和加快全县旅游产业发展的具体实施办法（试行）》，讨论研究旅游产业投融资有关问题。

【县政府第42次常务会议】　2016年10月31日，县政府第42次常务会议召开。会议听取审议《灌云县重点公益林管理实施方案》《灌云县“十三五”水域滩涂养殖规划》《关于成立乡镇农业资源开发机构和明确管理人员的情况汇报》《灌云县抗旱应急预案》《灌云县防御台风工作应急预案》《灌云县新沂河防洪抢险应急预案》《灌云县饮用水源地突发性污染应急调度预案》《灌云县城市管理相对集中行政处罚权工作向乡镇和园区延伸实施(试点)方案》《关于加快推进教育现代化建设努力办好人民满意教育的意见》《灌云县驻点招商实施方案》《灌云县驻点招商绩效考核办法》《灌云县驻点招商人员管理办法》和《关于给予马进生开除公职处分的请示》。

【县政府第43次常务会议】 2016年11月22日,县政府第43次常务会议召开。会议听取审议《中央环保督察环境问题整改工作方案》《灌云县城市建筑垃圾管理暂行办法》《关于给予侦破"1·18"食品案件个人奖励的工作方案》《关于在全县公民中开展法制宣传教育的第七个五年规划》和《灌云县规范性文件管理规定》。

政府实事工程

【推进大众创业】 2016年,全县投入创业引导资金和创业小额担保贷款基金1000万元,实现扶持创业2000人,新增城镇就业和农村劳动力转移各1万人。

【夯实教育基础】 2016年,县经济开发区、东城区九年制义务教育学校和益海学校图文中心主体工程封顶。

【健全完善城乡公共医疗卫生服务体系】 强化县乡医疗卫生资源优化整合,争创省级示范乡镇卫生院1家、卫生室3家,建成启用县老年健康护理院和儿童诊疗中心;实施智慧健康工程,整合县内医疗机构就诊卡,发放居民健康卡30万张,初步实现全县医疗机构检查结果和就诊信息的互通互联。

【棚户区改造】 2016年,全县投资10亿元,完成棚户区改造1200户、13万平方米。

【山前河专项治理】 2016年,县城区完成山前河污水管网、景观绿化等建设工程,打造滨河风景长廊。

【提升城市供水能力】 2016年,县城区10万吨水厂完成初步设计批复;新建改造供水管网20千米。

【完善市政基础配套】 2016年,县城区启动北环路建设,完成新民北路、建设路东延等道路改建工程,新建改造背街小巷道路20条、污水管网8千米,疏通下水道50千米。

【实施农路农桥提档升级】 2016年,全县完成农路建设30千米,新建改造农桥95座。

【丰富群众文化生活】 2016年,文广体局继续开展"伊山放歌"广场系列活动,组织大型群众文化活动30场次以上,完成文化下乡演出260场次,放映电影3800场次,赠送图书2万册以上。

【科普基础设施建设】 2016年,县科技馆与中标方签订施工合同,建成开放"四合一"五楼的"江苏省流动科技馆"。

政务督查

2016年,政务督查工作坚持以年初县委、县政府确定的重点项目和《政府工作报告》精神为主线,切实将总体目标任务进行分解,制定一整套考核督查措施,并就项目建设、招商引资、城市建设、新农村建设、社会治安等事关全县经济社会发展的重点工作进行专项督查和综合督查,深入各乡镇(街道)、各园区、相关企业和工业集中区直面项目,务实督查,有效推进,保障项目按序时进度出效果、出形象。全年共开展专项督查29次,联合督查11次,落实县政府主要领导批示件163件,办理市、县人大代表建议政协委员提案244件,印发政务督查20期。针对县政府主要领导交办事项,采取下发通知或督办卡督促、电话督促、现场督办等形式进行督查。

电子政务

【概况】 2016年,县政府高度重视全县政府信息公开和政府网站建设工作,强化资金投入,强化工作措施,完善长效机制,突出重点领域信息公开,不断丰富拓展政府网站的内容和功能,取得明显成效。按照《国务院办公厅关于开展第一次全国政府网站普查的通知》和省市相关文件通知的要求,进一步强化网站建设,提升和完善政府信息公开、在线办事、互动交流三项主体功能。网站平均每天浏览量3000人次左右,总浏览量350万余人次。

【注重网站整体推进】 规范网站建设。2016年,灌云县按照中国政府网普查标准,加大力度整合全县各乡镇(街道)、部门网站,不断完善乡镇(街道)子网站群建设,定期督查全县33家政府网站建设管理情况,切实消除政府网站"僵尸""睡眠"等现象,全面提升政府网站的权威性和影响力,维护政府公信力。

突出信息时效。建立健全全县机关部门、乡镇(街道)信息报送制度,形成覆盖全县各个层面的网络信息报送网络,确保县内信息动态在第一时间通过政府网站反映出来,确保网站天天都有新内容、日日都有新信息。为保证网上信息的权威性和严肃性,建立网络信息员上报、管理人员筛选、分管领导初审、领导小组组长终审的四级信息上报审核制度,确保信息安全。

突出基础保障。2016年,灌云县制定下发网站内容保障的一系列考评办法,制定政府门户网站内容保障分解表,把任务明确落实到各乡镇(街道)、各部门。各单位通过统一的内容管理平台维护相关责任栏目,保证信息的及时性和全面性。同时将政府信息公开工作和网站建设工作纳入全县优化投资发展软环境建设,直接与全县综合目标考核相挂钩,并进一步健全日常巡查考核制度,推动网站工作常态化,保障网站内容的实时更新。

【加强政府信息公开】 2016 年,围绕政府中心工作和群众关心、社会关注的重点领域,及时、准确公开政府信息。重新设计研发政府信息公开系统,全县新公开各类政府信息 13200 条,接收办理依申请公开 10 条,增强政府工作透明度,保障群众的知情权、参与权、监督权。

强化组织领导。建立"主要领导亲自抓、分管领导具体抓、确定专人抓落实"的工作机制,将责任明确到人,做到一级抓一级,层层抓落实。明确政府信息公开义务主体 57 个。并在图书馆、行政服务中心设立政府信息公开查询点,购置档案柜、电子触摸屏等设备,配备专门人员。

完善相关制度。先后编制《灌云县依申请公开政府信息工作规程》《灌云县政府信息公开考核制度》等涉及政府信息发布协调、保密审查、依申请公开、目标考核等多项制度,同时各个政府信息公开义务主体单位也都制定完善相关工作流程制度,保证政府信息公开工作的有序开展。

搞好工作培训。积极做好政府信息公开业务培训工作,建立政府信息公开 QQ 群,组织各单位业务人员在线沟通、学习和交流。2016 年召开培训交流会 3 次,累计培训人员 165 人次。

【健全服务应用平台】 2016 年,为进一步强化对广大市民、企业、客商的服务意识,政府网站设置书记信箱、县长信箱、办事大厅、咨询投诉、建言献策等栏目,简化市民反映、咨询、解决问题的渠道,提高市民参与政务的积极性,提高政府的公信力;阳光权力等专栏,使社会各界可以更好地实时地了解灌云纳入行政审批办事机构的日常审批件办理情况;政风行风热线直接与市民进行互动交流,解答群众所关心的全县发展和民生改革等方面的问题;在线直播 3 次全县重大会议,保障全县广大群众可以通过政府网站了解全县发展大事;强化在线调查等互动栏目建设,全年开展调查征集活动 8 次;开通灌云政务新浪微博和灌云政务微信,累计发布微博 1334 余条,微信 1687 余条;2016 年灌云县全面加强热点专题专栏的建设,全年累计建设弘扬社会主义核心价值观等热点专题 4 期。

【细化目标管理责任】 2016 年,健全完善信息公开和网站管理与运行的一整套责任体系,包括信息员责任、网站管理人员责任、分管领导责任等,确保人有专管之事,事有专管之人。增强信息公开和网站管理工作人员的荣辱意识、责任意识和创新意识,杜绝了互相推诿现象的发生,调动工作人员的积极性。同时,为使政府网站真正成为百姓的网站,切实强化对政民互动栏目的督查,加大协调力度,确保群众反映的问题在 7 天内都能够得到答复。同时,加强网站安全系统建设,每天定时对网站系统、服务器、防火墙等软硬件的工作情况进行巡查,确保网站安全运行。

决策咨询

2016 年,出台《灌云县规范性文件制定和备案规定》《灌云县行政机关合同管理办法》《灌云县人民政府重大行政决策程序规定》等一系列文件。灌云县在制定《灌云县建筑垃圾管理暂行规定》时,在媒体和网络进行广泛征求意见,向公众进行问卷调查,组织专家进行风险评估和论证,收到对征求意见稿提出具体意见 34 条,其中大部分意见建议被采纳。灌云县价格监督检查等行政决策工作中,严格按照"公众参与、专家论证、风险评估、合法性审查和集体审查"等程序,规范决策行为。全年落实重大行政决策公众参与、专家论证 4 次。

政务信息

2016 年,全县政务信息工作围绕发展大局,服务领导决策,以更快、更全、更准的精品信息为领导提供服务,取得显著成绩。加强信息上报工作,上报省、市政府信息 10000 余条,被采用 481 条,其中:国务院办公厅采用 1 条,省采用 18 条,市采用 462 条;制发《政务信息》12 期、《灌云政讯》24 期;上报市政府门户网站信息 3500 余条。同时按时高质量完成市县年鉴、党史、县志、大事记的编报工作,为领导全面了解全县政治、经济动态和进行决策提供可靠依据。

建议和提案办理

【建议办理】 县第十五届人大第五次会议期间,代表提出建议 55 件,涉及全县城建交通、农林水利、园区建设、民政司法、科教文卫等多个方面,由 27 个单位和各乡镇(街道)政府承办和协办。全部按期办理完毕,使代表的真知灼见有效地转为加快发展的生动实践。

【提案办理】 县第九届政协第六次会议期间,县政府共收到委员提案 90 件,内容涵盖经济建设、城建交通、科教文卫、社会保障、民主法治等方面。县政府办会同县政协提案委根据委员建议内容进行逐件登记、编号、提出分办初步意见。通过各方努力,90 件委员提案全部办结,并分别函复政协委员。

政务公开

【载体建设】 建立健全一系列政府信息公开工作的相关制度和要求,先后编制《灌云县政府信息公开指南和目录编制工作方案》《灌云县依申请公开政府信息工作规程》《灌云县政府信息公开社会评议制度》《灌云县政府信息依申请公开制度》《灌云县人民政府信息公开保密审核制度》《灌云县人民政府信息公开责任追究制度》《灌云县人民政府信息协调发布机制》《灌云县政府信息公开考核制度》等涉及政府信息发布协调、保密审查、依申请公开、目标考核等多项制度，同时全县各个政府信息公开义务主体单位也都制定完善相关工作流程制度，保证了政府信息公开工作的有序开展。

政府网站建设。重新设计研发政府信息公开系统，全县新公开各类政府信息13200条，接收办理依申请公开10条，增强政府工作透明度，保障群众的知情权、参与权、监督权。

明确政府信息公开义务主体。明确政府信息公开义务主体57个，在图书馆、行政服务中心设立政府信息公开查询点，购置档案柜、电子触摸屏等设备，配备专门人员。

健全服务应用平台，加强便民性。强化对广大市民、企业、客商的服务意识，设置书记信箱、县长信箱、办事大厅、咨询投诉、建言献策等栏目，简化市民反映、咨询、解决问题渠道，提高市民参与政务的积极性和政府的公信力。

【政府信息公开】 2016年，全县主动公开政府信息13200条，政府网站公开政府信息数9315条，政务微博公开政府信息数1334条，政务微信公开政府信息数1687条，其他方式公开政府信息数863条。全年在县政府网站信息公开平台和县政府信息查阅场所图书馆、县行政服务中心公开信息2359条，其中县政府及县政府办公室公开信息558条，乡镇（街道）公开信息291条，部门公开信息1432条，企事业单位公开信息78条。2016年政府信息公开专栏访问量达350万人次。有10件政府信息公开权利人向政府信息公开义务人申请公开信息（其中同意答复数1件，不属于本行政机关公开数8件，告知作出更改补充数1件），通过信息公开系统和信件方式受理，并按规定给予答复。

【公共资源交易信息公开】 2016年，县公共资源交易中心继续强化权力运行制度和监管体系、健全和改进作风常态化制度，进一步加强公共资源交易中心建设，不断规范交易行为，加强交易平台建设，着力打造阳光工程，从源头上预防和抑制公共资源交易领域不良现象的发生。抓好工程招标，政府采购工作，公共资源交易额稳步增长。2016年受理各类进场交易项目298个，其中工程建设项目95个，中标价4.28亿元，节约资金0.88亿元，节资率达17.05%；水利项目9个，中标价3194.31万元，节约资金242.71万元，节资率7.06%；政府采购174项，采购总额10557.50万元，节约财政资金1808.49万元，节资率14.62%；农开项目20个，中标价4814.55万元，节约资金412.78万元，节资率7.9%。

县行政服务大厅

2016年，中心受理交易投诉15起，查处投标单位涉嫌围串标、出借资质、伪造业绩、代理机构违反程序操作等违规违法行为14起，均给予当事人取消3个月至1年的投标资格，并处1万元至10万元罚款的行政处罚。进一步推进电子招投标工作，真正实现电子招标无纸化。积极推行电子招标投标工作，有利于降低招标投标成本，提高评标效率，减少人为因素干扰，遏制弄虚作假行为，增加招标投标活动透明度，保证招标投标活动的公开、公平和公正，预防和减少腐败现象的发生。2016年率先在全市做到所有进场交易的工程类项目完全无纸化。

【县长信箱】 2016年，全县各单位高度重视县长信箱办理工作，创新工作方法，强化办理落实，及时反馈处理结果，群众反映的问题得到有效解决，群众满意度高。全年县长信箱受理群众有效来信401件，按程序全部交与相关单位办理。交办401件，按时办结397件，全年按时办结率99%，办结率100%。

政府公共服务热线

2016年，县12345公共服务平台覆盖全县党政群企，县城区被分成30个管理责任区、1625个万米单元网格，应用数字信息、图像传输、卫星定位等现代科技手段实行24小时全覆盖式管理。实行热线、巡查、领导交办、监控查看、QQ、微信、微博、电子邮箱“八位一体”受理诉求方式，方便广大群众投诉、举报。开通企业服务热线，为全县企业提供咨询投诉服务；拓展虚拟养老服务平台，建立养老基本信息库、服务提供商库、服务类型库，不断探索12345平台的养老服务等功能。2016年组织开展集中巡查活动25次，上报案件3905件；开展案件处置体验行活动5次，捡拾绿化带杂物面积约3万平方米，清理违法张贴广告2900处。制定《2016年度12345政府服务热线与数字化城市管理工作考核细则》和《灌云县12345平台疑难案卷确权管理办法》，完善三级办理机制，进一步落实责任，对案件实行跟踪督查制度，确保案件不积留。2016年交办案件17620件，办结17112件，办结率97.11%，其中，热线受理16941件，即办件9525件，派单件7416件，处置率100%，群众满意率95%以上；市平台交办2333件，按时结案率100%。

（韦庆刚）

人事人才工作

【概况】 2016年，灌云县引进高校毕业生1600余名，其中本科毕业生525名、硕士研究生65名；根据相关人才政策，对引进的高层次人才和有突出贡献人才进行资助和奖励；推荐90余名毕业生成功就业；安排150余名毕业生就业见习，发放就业见习补贴16万余元。

【公务员录用和职位管理】 2016年，全县通过公开招考、接收警校毕业生、特殊职位招考等方式，录用公务员75人，其中硕士研究生4人、本科生71人。2016年，全县（政府系统）公务员（参照管理人员）符合职务职级并行办事员晋升科员级1人，科员级晋升副科级106人。

【公务员绩效考核】 2016年，全县开展公务员绩效考核，严格按照绩效目标确定考核格次，把考核结果与奖励分配结合起来，充分调动和激励广大干部的进取意识和责任意识。2016年，全县（政府系统）副科职领导班子以下公务员（参照管理人员）参加考核1857人。根据《公务员法》《公务员奖励规定（试行）》等法律法规规定，对2013—2015年度考核优秀的79名公务员记三等功，对2015年度考核优秀的325名公务员上报县委县政府嘉奖。

【公务员培训和监督】 2016年，开展公务员苏南苏北对口培训、机关事业单位工作人员军训、初任培训、公务员培训大讲堂等多种培训形式，参训公务员2400余人次。

【专业技术人员管理】 2016年，县人力资源管理部门在业务培训中注重学用结合，专业技术人员继续教育层次不断提升，培训通过率96.5%，促进专业技术人员综合素质的提高。严格把关职称评审申报材料，全年审核各系列职称申报材料高级171份，中级187份，初级164份。通过考试、评审、认定、考评结合等方式，全县新增正高专业技术人员7人，副高114人，中级346人，初级160人。外国专家工作有序开展，北欧农庄生猪养殖有限公司获批省引智成果示范推广基地。高层次人才工作卓有成效，兑现高层次人才各项资助资金223.84万元。灌云留学人员创业园被市人力资源和社会保障局认定为市级留学人员创业园，市级留学人员创业园实现零的突破。认真做好项目申报推荐工作，尤丽康（江苏）生物医药有限公司的邹潮入选2016年度连云港市“海燕计划”重点项目资助，获得资助资金5万元。完成第二届灌云县突出贡献人才奖评选工作。

【人才队伍建设】 2016年，灌云县根据省市考工定级工作的通知精神，认真做好技师考评和考工定级工作，及时制定工作方案，发放通知，并通过网站、电话等方式进行广泛宣传，严格审核报名人员的申报资格，对照原始档案记载的工龄和专业工龄等条件确定培训等级，选聘县内优秀师资任教。全年培训等级工83人，其中，高级工29人、中级工28人、初级工26人。组织工勤人员继续教育培训两期，参加培训525人。

【人事服务】 2016年，灌云县有序推进岗位设置常规管理工作，根据按需设岗、竞争上岗、按岗聘用、合同管理的原则，认真审核各单位岗位聘用情况及岗位变动聘用人员的资格条件，保证有空岗位才能聘用人员，人员符合条件才能聘用到相关岗位。全年办理人员岗位变动聘用962人次，其中，教育系统443人次，卫生系统348人次，其他事业单位171人次。

【人事考试】 2016年，按照招聘计划，县人力资源管理部门及时在市县人力资源和社会保障网、灌云县政府网及其他相关部门网站发布招考公告，做到信息公开透明。细化招考工作任务，严格招考工作程序，确保招考工作达到预期效果。全年组织公开招聘6次，招聘事业单位工作人员259名，其中，教育系统148名，卫计系统61名，其他事业单位50名。

【人才引进】 外出招聘。根据全县规模以上重点企业和事业单位的人才需求，组织用人单位外出招聘。先后举办春季、夏季及专场人才等大型招聘会，招揽具有本科以上学历高校毕业生500余名。依托县经济开发区、临港产业区和现代农业产业园的特色项目集聚急需人才，引进具有硕士研究生以上学历及副高以上职称等人才27名。

网上招聘。2016年，通过门户网站发布300余家次用人单位的近1200余条岗位信息，为企业推荐化工、机械、药业等紧缺人才700余名，引进人才200余名，受到用人单位和应聘人员的一致好评。

组织“高层次人才灌云行”活动。组织急需高层次人才参观园区重点企业、县重点建设工程项目，让他们对灌云的经济和社会发展产生直观的印象，同时组织用人单位与人才对接，进行双向选择，引进硕士研究生38名。

【人才服务】 2016年，县人力资源管理部门推行联系重点企事业单位制度，对县内重点企业和部分事业单位进行摸底，确定重点服务对象，印制联系服务卡。深入服务单位做好紧缺急需人才的预测和统计，对各类人才需求信息整理建库，并通过外出招聘和单位门户网站发布，为企事业单位招揽急需人才。会同相关单位，认真统计人才政策奖励对象和项目，根据《灌云县引进高层次创新创业暨急需人才办法》（试行），对引进的高层次人才和有突出贡献人才进行资助和奖励，及时发放高层次人才资助和奖励经费；对符合条件的项目按时发放奖金。

高校毕业生就业洽谈会

【高校毕业生就业】 2016年，县人力资源管理部门进一步强化毕业生就业服务工作，对灌云籍未就业毕业生及时登记，根据用人单位人才需求情况及时推荐，先后推荐毕业生200余名，有90余名毕业生成功就业。及时落实人才奖励政策。建立28家高校毕业生就业见习基地，基地单位就业见习工作的软硬件水平明显提高，毕业生就业见习逐渐形成规模化、网络化、多专业、需求人员多、专业面广的格局；提供食品、化工、管理、财会、机械、农学、教育等就业岗位，先后有150余名毕业生在基地实习，其中100余名毕业生实现基地就业；及时对毕业生就业见习情况进行考核，发放就业见习补贴16万余元。

【大学生创业】 2016年，县人社局多措并举，大力推动大学生创业就业，取得明显成效。加大载体建设，提供平台支持。县人社局积极推动各类创业孵化基地建设，为大学生创业就业提供平台。全县建成市级创业孵化基地4个，县级创业孵化基地8个。县中小企业园投资3亿元，建成创业孵化基地面积10.9万平方米，被市人社局认定为2015年市级创业示范基地，该基地入驻创业企业近30家。70名大学生实现创业。加强创业培训，提供技能支持。县人社局统筹全县培训，通过免费创业培训，提升大学生就业创业能力。2016年，组织创业培训620人，其中大学生212人。开展调研指导，指引就业创业方向。县人社局组织相关科室人员经常深入工业园区调查企业发展和用工情况，分析就业形势，多渠道宣传灌云县就业创业政策，号召大中专毕业生积极参与就业创业活动。落实扶持政策，提供资金支持。为更好服务大学生创业，县人社局会同县财政局、金融机构和泰和担保公司，为大学生创业提供资金支持。全年发放小额担保贷款700多万元，其中发放大学生小额担保贷款200万元，有力支持大学生创业。

扶贫专场招聘会

【人才中介服务】 2016年，除了灌云县人才流动管理办公室、灌云县劳动就业管理处、各乡镇（街道）人力资源和社会保障服务中心等15个公共就业服务外，批准设立"灌云创合人力资源有限公司"。县人才流动管理办公室和劳动就业管理处提供就业岗位10346个，进场应聘人数8413人次，达成就业意向3756人次。

（柴婷婷）

编制工作

【概况】 2016年，灌云县编制工作认真贯彻落实中共十八大、十八届三中、四中、五中、六中全会精神，以深化政府职能转变和机构改革、机构编制管理等任务为重点，致力于实施“动力、潜力、活力、能力”四力工程，较好完成机构编制工作任务，为建设“强富美高”幸福新灌云提供坚强的机构编制保障。

【机构编制管理】 把好“三关”，大力提升机构编制规范化管理水平。严把编制入口关。坚持用编计划管理，每年年底开展下一年度行政、事业单位用编计划编制工作，统筹考虑各单位报送的用编计划，在编制员额和职位空缺内，研究提出下一年度用编进人计划，作为新录用、招聘等人员纳编入册重要依据。如在教育、卫生系统以及其他事业单位工作人员招聘工作中，对计划招录人数提前测算，配合组织、人社部门全程参与招聘简章制定、报名与资格审查、笔试、面试、体检等各个环节。严把调配审核关。人员调动调整时，严格按照计划执行，没有申报用编计划和超编单位一律不予考虑。对县外调入人员，一律向原编制所在地编办寄送《关于机关事业单位人员编制性质的函询》，经原编制所在地编办函复确认编制信息无误后再按规范程序办理，有效杜绝档案缺失或伪造涂改档案人员等不在编人员绕道调入情况发生。严把销编出口关。加强与组织、财政、人社等部门的配合，定期对需办理销编手续而未及时办理的退休、在职死亡、调往外县市等类人员进行核查梳理，跟踪催办督办，及时办理销编手续，巩固机构编制实名制核查成果。2016 年，为全县机关事业单位办理人员出入编、调整更新业务 1670 人次。

用好“三量”，着力提高服务县域经济社会发展能力。控制机构编制总量。严格落实进人控编审核和预审制度，坚持编制审批在先，杜绝超编进人等违规现象，通过余额调剂、进出平衡等措施，全年没有新增财政负担工资人员。对要求增加机构编制的申请，坚持从严控制，内部调剂，实现“控制总量、盘活存量、有减有增”。盘活机构编制存量。撤并整合职责相近、设置重复分散、规模过小的各类事业单位，适当收回部分空余编制。将“县人民广播电台”“县电视转播台”“县有线电视台”三家单位撤并整合为“县广播电视台”一家单位，核减事业编制数 6 名，用于编制 2016 年旅游人才引进用编用人计划中县旅游执法大队招聘计划，进一步优化编制资源配置，加强旅游人才队伍建设，助推全县旅游业快速发展。释放职数管理能量。及时报备科级领导职数预审，对符合列入科级领导职数目录备案管理条件的 17 个科级事业单位领导职数进行重新核定和规范明确，并将科级职数更新报表及时报送市编办。规范股级职数核定，印发《灌云县机关事业单位股级职数核定暂行办法》，明确全县机关事业单位股级职数核定标准和审批流程，进一步加强和规范机关事业单位股级职数核定工作。通过及时动态调整科股级职数，为全县干部配备和充分调动干部干事创业投身灌云发展积极性打下较好基础。

管好“三库”，协同搭建一体化实名制管理平台。协同利用中编办核查信息系统、金猴实名制管理系统及连云港市机关事业单位综合管理信息系统 3 个信息系统数据库对全县机构编制调整、人员任免职、新录用、调动等数据信息进行实时监控，并对数据进行统计分析，为领导决策提供数据支撑。此外，依托《连云港市机关事业单位综合管理信息系统》平台，与组织、人社、财政等部门真正实现政策协同、程序衔接、信息共享、多重把关，实现机关事业单位机构编制、人员管理、工资审批、经费统发、养老保险等各项业务一体化管理。

确保“三百”，高效完成事业单位登记管理重点工作。实行法人年度报告网络公示制度，通过 QQ 群、电话热线、网上授课等形式建立健全服务平台，提高服务效率，实现 2015 年度全县事业单位法人报告公示率 100%；制定《灌云县事业单位法人公示信息抽查实施方案》，加强事业单位法人监管，采取“两随机”的方式，对县干休所、中医院、杨集初中、南岗中心卫生院和县环卫处开展抽查，并形成抽查报告，通过“灌云县机构编制网”及时向社会公示，接受群众监督。实现中文域名注册管理覆盖率 100%。在实现党政机关、事业单位网上名称管理“两个全覆盖”基础上，对现已注册的中文域名和网站挂标机构进行“回头看”，理清变动事项，将已撤销机构的域名删除，提升中文域名注册时效性。印发《关于开展机关、编办直接管理机构编制的群众团体统一社会信用代码赋码工作的通知》，制作对应课件，开展网络培训；抓住县机关事业单位养老保险制度改革契机，在全县范围打开工作局面，至年底，全县机关、群团统一社会信用代码赋码完成 100%。

【机构改革】 推动落实改革试点。2016 年，县编办拟定《下车镇行政管理体制改革试点工作任务分解落实方案》，细化和分解工作职责、主要目标、时间节点等事项，将改革的 5 大项 13 小项重点工作内容分解落实到各相关职能部门。遵循强化管理、改善服务、统一执法的设计思路，在下车镇综合设置“5 办 1 局 1 中心”，将 5 大办公室设置在下车镇政府集中办公区，便于工作衔接；将综合执法局设在拓展空间较大、交通出行便捷的原白蚬乡政府所在地，方便行政执法；腾出一栋 400 平方米的办公楼改建为便民服务中心，优化便民服务流程。下发《灌云县下车镇主要职责内设机构和人员编制规定》，对下车镇人员编制和领导职数进行重新调整，对下车镇党委政府主要职责、内设机构、人员编制等情况进行明确。抓好人事安排与配备，联合县委组织部、县人社局指导下车镇对全镇行政机关及镇属事业单位的公务员、事业编制人员及聘用人员全部登记造册，摸清干部职工人员底数。以维护基层稳定为原则，指导下车镇编制该镇机构设置及人员安排方案。抓好权限梳理与下放。县编办会同县政府办、县法制办、下车镇党委等部门，多次召开专题会议，对省下放权限目录及县级部门权力清单进行全面梳理，明确在产业发展、规划建设、项目投资、安全生产等 8 个方面赋予下车镇部分县级经济社会管理权限，共梳理下放涉及住建、农委、民政、交通等15家部门权限。

完成检验检测机构改革。2016年，县编办认真贯彻落实省政府关于加强市场监管相关文件精神，按“一个部门管市场”要求，对现有的质量检验、药品监测、农产品检测等5个检验检测机构，通过“撤多建一”的方式，整合组建综合检验检测中心，承担全县产品质量、食品药品安全、农产品安全等检验检测职能，实现“一个中心管检测”的目标，提高公共服务质量和效率。

推进事业单位分类改革。稳步推进“红顶中介”专项整治。县编办印发《灌云县清理规范行政机关与具有“红顶中介”性质的下属事业单位脱钩改制工作方案》，对清理时间、范围、工作任务、政策依据和上报时间等提出了明确要求。加强督促，对落实不到位的相关单位和责任人进行问责，确保该项工作取得实效。完善医疗卫生单位辅助岗位聘用制管理模式，按照“标准核定、备案管理、分类聘用、同岗同酬”工作机制，2016年招聘编外聘用制护理人员90名，逐步缓解医疗卫生单位超编缺人困境。调研摸底生产经营类事业单位实况。对照2014年上报的分类目录，认真做好全县生产经营类事业单位机构编制、人员管理、经费渠道、资产债务、经营状况等各类情况的调研和摸底工作，为全面改革打好基础。

【年度绩效考核】 完善规范考评办法。按照“目标管理、过程控制、结果导向、持续改进、公众满意”的要求，从考评体系、分组结构、比例权重、基本程序、激励导向5个方面对考评办法进行优化和改进，并印发《2016年度县级机关绩效考评办法》和出台《2016年度县级机关绩效考评细则》，严格机关绩效管理，推进机关绩效管理规范化、科学化建设，做到实施范围、指标体系、管理程序、结果运用、组织领导体系等“五到位”。

强化落实过程监管。规范目标申报。印发《关于做好2016年度依据部门职责承担的工作目标计划申报的通知》，规范化开展各单位年度绩效目标计划审核工作，结合各单位报送的工作目标计划，开展季度督查，严抓过程监管，促进各单位全面提升工作效能。创新进程督查。采取“五色标记法”，用“绿、蓝、黄、橙、红”五种颜色对各单位的各项工作序时进度和工作完成质量的督查情况、相关材料报送时间和材料报送质量登记情况等过程监管记录进行标记，直观地反映各单位日常的工作开展情况，便于年底考评，实现过程监管与年终考评有效结合。

探索创新评估机制。积极探索投诉调查监督机制。会同县行政服务中心、数字化城管等单位，通过12345政务热线等平台对涉及机关绩效管理工作内容的投诉进行梳理，对涉及机关绩效管理投诉集中、超过时限未处理的单位开展专项督查。积极探索绩效管理成效评估机制。开展机关绩效管理工作的组织实施、实施效果和公众意见等内容评价，通过分析评估结果，发现机关绩效管理实施过程出现的问题和存在的短板，结合公众意见，提出整改建议方案，经相关程序审核批准后，开展整改落实，不断完善机关绩效管理工作。

（县编办）

外事侨务工作

【概况】 2016年，灌云县有华侨华人133户408人。国内有侨眷属319户967人。新移民、新华侨（留学生）39户（人），其中博士及博士后21人。近期外出务工人员107名。海外“四有”（政治上有地位、经济上有实力、学术上有造诣、社会有影响）人物30人，多数为在学术上有造诣的专家学者。2016年，县外侨工作在县委、县政府的正确领导下，在市外侨办的大力支持下，认真贯彻党的路线、方针、政策，紧紧围绕县委、县政府的中心工作，坚持为侨服务，为经济建设服务，为祖国和平统一服务，依法维护侨益，注重凝聚侨心，认真研究新形势下侨务工作中出现的新问题、新情况，与时俱进、开拓创新，积极推进全县外侨各项工作健康发展。

【因公出国（境）管理】 县外侨办全年共办理自组出访团组7批23人次。工作中严格按照中央“八项规定”精神以及灌云县委、县政府《关于进一步加强因公出国（境）管理工作的通知》，既热情服务又严格把关，做到服务周到、热情主动、程序规范。配合相关部门，加强出国境人员的审核，完善报批手续，保证外出人员不发生滞留不归等违规问题。

【灌云与克拉克马斯郡互结友城】 5月份，由县委主要领导带队的灌云经贸代表团赴美，对美方有关州、郡进行友好访问，并就双方友城结好事宜进行洽谈。经过前期多次的联系、对接商榷，双方达成友城结好初步意向。11月30日，美国俄勒冈州参议院环境与资源委主席克里斯·爱德华兹和克拉克马斯郡郡长玛莎一行专程到灌云考察。双方就友城结好事宜进一步进行深入的交流、洽谈。灌云县政府与克拉克马斯郡签订建立友好城市关系意向书，标志着双方全方位推进经贸、教育、文化、旅游等领域交流合作的开始。

【完善工作机制】 以建立健全侨务工作机制为着力点，以完善全县“大统战”格局为抓手，扎实推进侨务基础工作。参与组建县大统战工作领导机构。落实侨务重点工作推进机制。排出年度侨务工作重点，明确完成时间和序时进度。配好兼职基层侨务干部。明确全县13个乡镇（街道）的统战委员兼职基层侨务干部，切实解决基层侨务工作无人管、无人具体抓等问题。强化侨法宣传。保护归侨侨眷的合法权益，进一步凝聚侨心，汇集侨智，发挥侨力，维护侨益，深入宣传贯彻侨务法律法规。

【加强联络联谊】 充分利用华创会、海外江苏之友、苏台经贸洽谈会、华交会等多项大型活动期间与近20个重点社团近百余名华商建立的友好关系,采取“请进来、走出去”方法,大力组织开展招商引资引智工作。

年初邀请部分侨眷属、侨港资企业代表和县人大、政协、侨联等有关涉侨部门领导参加茶话座谈会,征询与会人员对发展振兴灌云的意见和建议,增进党和政府与侨界的沟通和了解。全年,接待回乡省亲的华侨华人、港澳同胞3批10余人次,走访侨港资企业10余家,看望慰问侨眷属30余户,发放慰问金2万余元。

【落实归侨侨眷保护法】　为保护归侨侨眷的合法权益,进一步凝聚侨心,汇集侨智,发挥侨力,维护侨益,深入宣传贯彻侨务法律法规,全国法制宣传日期间,组织人员,走上街头,参与全县普法宣传日活动,接待咨询群众300余人,发放侨法宣传资料230余份,为构建和谐灌云营造良好的氛围。同时积极争创省级侨务示范社区。把伊山镇城北社区、昌和社区作为重点建设单位,在硬件投入、软件建设等方面严格要求,精心指导,按照省级示范社区的建设要求一一过关。12月,省侨办对伊山镇城北社区下发全省社区侨务工作示范单位的铭牌。

【引导侨商为公益事业服务】　在省市侨办的帮助下,省海外交流协会对灌云县贫困学生无偿捐助2万元,帮助数十名贫困学生缓解经济压力。与县卫生局和县中医院共同为县贫困人员做白内障手术。美籍华人梁成运捐资2万元援助灌云公益事业。6月,《华人时刊》杂志社记者到灌云县采访县委书记左军,宣传灌云的人文环境和区位发展优势。

(县外侨办)

机关事务管理

【概况】　2016年,县机关事务管理工作紧紧围绕全县经济社会发展大局,严格按照“服务零距离、管理零缺位、保障零失误”的要求,通过加强管理、改进服务和不断拓展保障领域,在闲置办公用房清理、公务用车平台运行、领导生活区设施完善、中心空调改造、视频会议室更新、中心食堂运营等后勤内务管理有条不紊地进行。在干好本职工作的同时,还积极参与到秸秆禁烧、结对扶贫、招商引资等全县重点工作中去,较好完成各项工作任务。

【办公用房清理】　2016年,机关事务管理局对全县100余家单位闲置办公用房进行再梳理,清理腾退闲置办公用房300余间7886.5平方米。为巩固和深化办公用房清理成果,对照新标准,继续组织办公用房督促检查,防止出现反弹。规范办公用房调配、置换、租借和处置等管理工作,探索和建立集中管理的资产管理体制。督促相关单位采取得力措施按时盘活、用好、管住机关腾置出来的空余房源,做到物尽其用。结合省市要求,开展对行业协会、商会涉及的行政办公用房进行清理腾退和规范管理工作。

【公务用车改革】　2016年,全县涉改车辆617辆,车改保留346辆,用于实物保障岗位用车32辆,机要应急用车65辆,接待调研用车15辆,特种专业技术用车21辆,一般执法执勤用车203辆,离退休老干部用车10辆;全县涉改人员2335人发放补贴。2016年,依据中央、省、市相关文件精神要求,对封存车辆进行疏理。对权属不清的公务车辆,重新明确权属单位,合理进行调拨过户,计39辆;对取消的公务用车以公开拍卖和报废两种形式进行处置,公开拍卖168辆,报废64辆,交易价款428.42万元,全部缴入财政账户。成立县公务用车集中管理综合保障平台,于2016年5月运行,现有车辆37辆(其中执法车2辆),驾驶员18人。

【工作机制创新】　2016年,县机关事务管理局认真贯彻落实《江苏省机关事务管理办法》,建立健全机关事务统一集中管理体制,制订和完善机关办公用房、国有资产、公车改革、后勤服务监管等配套的制度标准,围绕建设节约型机关和保障机关运转,把办法规定的内容落到实处。逐步拟定《全县行政事业单位国有资产管理办法》《县级党政机关办公用房管理暂行办法》《全县公务用车制度改革总体方案》以及相关配套文件。建立健全工作机构,强化机构职能,增加公务用车管理服务科,承担县公务用车制度改革领导小组办公室和县公共机构节能工作领导小组办公室日常工作,负责县公务用车管理和服务工作,公共机构节能监督和管理工作。

【公共机构节能】　2016年,县机关事务管理局将公共机构节能工作融入节约型机关建设,认真贯彻落实《公共机构节能条例》,通过加强宣传引导、推进节能技术改造、开展节能示范单位创建、强化督查考核等手段,切实推进公共机构节能工作向纵深发展,推动节约型机关建设。2016年县交通运输局成功创建省级节能示范单位。2016年末,全县有国家级节约型示范单位1家,省级节能示范单位3家,县卫计委、县水利局成功创建市级节水型示范单位。

【环境治理】　抓重点。2016年,县机关事务管理局突出抓好行政中心重点楼层的卫生保洁工作,确保做到地面整洁、无积水、无烟头、无纸屑、无污迹;电梯整洁明亮,卫生间干净无异味,设施完好。

抓员工。管理负责人每天检查各楼层、外部通道和广场的卫生;保洁人员必须在岗在位,每小时不间断进行保洁;水电人员对领导室内设施、设备、灯具、电器开关经常检查,发现问题及时维修或更换。2016年,仅行政中心就报修空调、照明灯、电梯、桌椅、门锁等1000余次,更换广场大理石400余平方米。

抓监管。每名中层干部负监管责任,确保电梯、消防设备、空调、亮化设施正常运行,每天24小时不间断供电供水,按管理规定关闭相关设备电源,设施设备故障处置及时;保安确保熟悉机关有关证件及使用规定，熟悉中心地形地貌及岗位任务，按规定着装、热情文明接待来访人员；保证绿化区卫生整洁，设施摆放有序，树木长势良好，草坪生长茂盛，没有树木歪斜、草坪枯死和不及时补植现象。

【"无烟机关"创建】 2016年，县成立创建无烟机关工作领导小组，制定并下发《"无烟机关"创建活动实施方案》《控烟管理制度》。开展"拒绝烟草的危害"禁烟宣传活动，邀请县疾控中心专家开展"远离烟草、珍爱生命、文明机关"主题讲座。聘请"控烟监督员"，在中心主楼外设置"室外吸烟区"，在主楼内的大厅、会议室、楼梯、走道等醒目位置均设立禁烟标志，初步形成了人人不在室内抽烟的良好氛围。

【生活区改造】 2016年，投资10余万元，在领导生活区装潢改造图书阅览室，配备沙发、桌椅，从淮海工学院图书馆调借图书1800余册，涉及经济、政治、科技、文学各领域，丰富领导业余生活；添置生活设施设备，投资8万余元改造生活区的水、电等基础设施，保证用电用水安全及时；添置大中小型绿色植物，营造温馨舒适的生活环境。

【中央空调改造】 2016年，行政中心空调系统经过10年的运行，内外机运转部件磨损、控制元件老化、管道内杂质及氧化物堵塞等问题频现，急需更换及改造。县机关事务管理局组织专门力量，聘请暖通空调专家参与改造，经过项目立项、图纸设计到审图核图、招标等多个程序，计划2017年初开始施工，2017年6月底前全部用上新空调。

【智能化系统改造】 2016年，管理局对行政中心原有的电子监控系统进行改造，模拟摄像系统更换为海康威视数字化网络系统，出入口安装车辆抓拍系统，中心广场、市民公园增加高空全景监控，地下车库、护城河等重点部位实现高清无死角，监控室显示频由液晶电视换为高精密度模块，全面提升大楼整体的安全防范水平。同时，改造中心电子政务网，更换20台楼层接入交换机、光纤连接模块，保证内外网络的高效安全运行。

【完善设施设备】 修剪行政中心周边100余棵香樟，保证受冻树木的成活率；投资8万余元，改造装潢公务用车平台的办公室、值班室、储藏室，配备电视、电脑、电话等设施；对中心周围的草坪、花草树木进行治虫、剪修；及时更换中心广场损坏的大理石100余块；投资2万元，修缮中心西附楼2楼食堂卫生间、走道墙体；更换或维修楼层茶水炉10余台；日均修理门窗、门锁3批次。

【中心食堂管理】 2016年，升级改造中心食堂，服务内容从每天午餐变为三餐供应，配备消毒碗柜，新增电子显示屏，投资10余万元，大小餐厅新安装空调，改良菜品，增加种类，早晚餐稀饭、豆浆免费供应，中餐实行保本经营。加强食品安全管理，原材料从采购、运输、贮存到加工和消费等环节，层层把关、规范管理。落实反"四风"，反对铺张浪费，通过张贴标语、工作人员提示等形式，提醒用餐者注意节约，同时开源节流，严控跑、冒、滴、漏，有效避免浪费，降低运行成本。

（县机关事务管理局）

潮河湾风光

政协灌云县委员会

综　述

【概况】　2016年,县政协在县委的坚强领导和县政府的大力支持下,认真贯彻落实全省政协工作会议精神,坚持团结和民主主题,团结带领广大政协委员围绕全县工作中心,服务大局,履职尽责,认真开展专题协商和考察调研工作,加强载体和平台及自身能力建设,各项工作取得新进展。全年举行全体会议1次,常委会议4次,主席会议12次;征集提案140份,立案90件,其中领导批办53件,占提案总数的58.9%。

主要工作

【专题协商】　2016年,县政协扎实做好"双月"协商工作,协商前认真制订协商方案,深入开展调研论证;协商时邀请县委、县政府分管领导、相关部门主要负责人、智库成员、市县政协委员参加,进行广泛协商;协商后及时报送协商意见。2016年,县政协就加快发展全县生态旅游业、压减直播稻种植、建设有特色的村级地名标牌、加快数据信息资源与应用、食品安全监督管理5个重点课题开展专题协商,就稳定和扩大有机水稻种植、小区住宅专项维修基金管理与使用、非物质文化遗产传承与保护、县城区道路两侧便民设施维护、职业技术教育5个课题进行专委会对口协商,形成相关意见和建议,县委主要领导在县政协专题协商报告作出批示,充分肯定政协协商成果。

【调研考察】　2016年,县政协按照"贴紧中心,精准选题,认真调研,确保质量"的要求,突出事关全县发展的重大事项和关键性问题,就软环境建设、人才竞争力情况、金融生态环境建设3个重点专题进行集中调研,各专题调研组在分管主席带领下,深入县内外乃至省内外,通过走访、座谈、研讨等方式,进行广泛的调查研究,形成具有较高质量的专题调研报告,得到县委、县政府的重视和相关领导的批示,并被吸纳到县委、县政府出台的优化经济发展软环境具体意见当中。

2016年,县政协组织委员对全县重大项目建设、扶贫开发、城乡饮用水源地保护、民生实事工程建设、县城区秩序管理与绿化管护等进行专题考察,就相关重要事项开展集中讨论,提出切实可行的意见。

【民主监督】　2016年,县政协高度重视民主监督工作,制订出台《关于加强政协民主监督工作的实施意见》,就民主监督的重点、形式、内容进行明确和规范,有力有序开展政协民主监督。积极探索创新民主监督的方式方法,将2015年经县政协专题协商并转化为县委、县政府工作决策的杨絮污染治理、农村殡葬管理列为2016年民主监督的重点,召开专题主席会议,听取职能部门推进落实情况通报和全县主要经济指标完成情况及招商引资工作情况通报,助推相关工作的开展。

【载体和平台建设】　积极组织"一室两团三会"开展活动。2016年,政协委员工作室先后组织委员学习协商民主理论、学习全省政协工作会议精神、学习履职业务知识,开展形式多样、内容丰富的学习、研讨、交流活动,推动委员强化责任意识、激发履职热情、增添工作动力;科技惠农服务团立足服务群众理念,组织委员到农村地头,传授农业生产技术,向困难农户捐赠农业生产资料;医疗保健服务团组织医卫界别委员到农村、到社区、到学校,开展义诊巡诊活动,宣传普及医疗卫生知识,向群众赠送常规医疗药品;企业界委员协作联谊会组织委员到企业了解生产经营情况,协助相关部门和单位外出招商引资,帮助企业协调解决生产经营中的实际问题;政协委员爱心促进会积极资助困难群体,为部分贫困学生、孤儿等奉献爱心,组织委员为盐城特大风灾地区群众捐款捐物;政协委员社会和谐促进会开展法律咨询、法律援助,协助相关部门化解矛盾纠纷,促进社会和谐稳定。

组织委员参与县政协组织的重大活动。完善政协委员列席县政协重要会议和活动制度,主席会议、常委会议、专委会重要工作分别安排部分委员列席或参加，让委员更多地知情明政、参政议政。

推动界别和委员联组开展履职活动。各界别、委员联组紧扣县委、县政府工作部署，围绕县政协九届六次会议要求，结合界别和联组工作特点，组织委员进行政治理论和履职业务学习，开展调研、视察，积极建言献策，较好地履行职能，推动基层政协工作的开展。

【能力建设】 *开展"两学一做"学习教育*。2016年，县政协党组和政协机关扎实开展"两学一做"学习教育，组织党员干部认真学习党章党规，学习习近平总书记系列重要讲话，学习新修订的《中国共产党纪律处分条例》和《中国共产党廉洁自律准则》，邀请省委党校教授为机关党员干部和党员委员作专题辅导报告，通过集中学习教育、开设专题党课、分析查找问题、落实整改措施等，进一步强化党员干部的党性修养和理想信念，强化纪律观念和看齐意识。

推进"学习型机关、智慧型政协"创建活动。2016年，县政协制定《关于建设学习型机关、智慧型政协的实施意见》，在政协机关和广大委员中大力倡导"博学善思、崇实求精、涵德慧心、包容和谐"的作风品质，组织开展专题学习、精深读书、集中调研月等活动，推动政协委员做政治上的明白人、群众利益的代言人、助推发展的带头人、廉洁从政的清白人、与人为善的忠实人，不断提高机关服务质量和委员履职水平。

开展集中调研月活动。由各位主席带队，组织专委会和机关党员干部深入到基层和群众中，开展调查研究，听取基层群众和政协委员对政协工作的意见建议，征集政协全会发言选题，收集社情民意信息。集中调研月期间收集对政协工作的意见建议30余条、大会发言选题25个、社情民意信息18条。

办好"名家讲座""委员讲堂"。2016年，县政协邀请相关方面专家学者为全体委员讲授政治、经济、法律等知识，推动广大委员提升素质，更好地适应岗位工作和履职要求；安排政协常委为企业界委员讲授金融和资本运作知识，帮助委员拓宽眼界、开阔思维，提升履职实践能力。

组织纪念县政协成立35周年活动。成功举办县政协成立35周年纪念系列活动，通过征文、举办书画摄影展、召开座谈会等，回顾人民政协的发展历程和履职成果，引导委员坚定理想信念，强化政治认同，致力履职尽责。

重要会议

【县政协九届六次会议】 2016年1月12—14日，政协灌云县第九届委员会第六次会议召开。会议听取并讨论县委书记左军在开幕式上的讲话，审议通过《政协灌云县第九届委员会常务委员会工作报告》《政协灌云县第九届委员会常务委员会关于五次会议以来提案工作情况的报告》及其他报告；列席县十五届人大第五次会议，听取并讨论《灌云县人民政府工作报告》及其他报告。

【县政协九届二十四次常委会议】 1月13日下午，县政协九届二十四次常委会议第一次会议召开。会议听取各讨论组对县委主要领导讲话、政府工作报告、政协常委会工作报告、提案工作报告讨论情况汇报；协商讨论《县政协九届六次会议决议》（草案）。

1月14日上午，县政协九届二十四次常委会议第二次会议召开。会议听取各讨论组对大会《决议》草案讨论情况汇报；听取县政协九届六次会议提案初步审查情况报告。

【县政协九届二十五次常委会议】 1月14日上午，县政协九届二十五次常委会议召开。县政协主席汪辉，副主席王宽磊、徐清安、郭家登、黄军昌、任静出席会议。会议审议通过2016年主席会议、常委会议重点议题。

【县政协九届二十六次常委会议】 4月22日，县政协召开九届二十六次常委会议。县政协主席汪辉主持会议并讲话，县政协常委会组成人员、驻灌市政协委员、相关部门主要负责同志、部分县政协委员参加会议。围绕全县城乡环境整治动员大会精神的贯彻落实，与会人员视察盐河公园、市容市貌和卫生环境管理、县城区道路交通管理、绿化管护情况，听取县公安局、交通局、城管局、建设局相关情况通报。会议建议，应紧紧围绕县委、县政府决策部署，进一步加大环境整治力度，坚持真抓真管、齐抓共管、常抓长管，充分发挥职能部门作用，积极引导社会全面参与，高标准、高质量抓好综合整治工作，打造整洁优美、秩序井然的城乡环境。县统计局通报一季度全县经济社会发展主要指标完成情况，县招商局通报全县一季度招商引资情况，县民政局通报县政府常务会议关于全县农村殡葬改革与管理工作落实情况，县林业局通报县政府常务会议关于"减少杨树种植、遏制杨絮污染"落实情况和春季植树造林情况。

【县政协九届二十七次常委会议】 7月22日，县政协主席汪辉主持召开县政协九届二十七次常委会议，调研全县重大项目建情况，听取并协商讨论县政府关于上半年全县经济社会发展情况通报，听取县政协上半年工作情况通报。县委常委、常务副县长伏开清，县政协领导王庆嘉、王宽磊、徐清安、郭家登、黄军昌、任静、邸照勤出席会议。与会人员调研江苏峰之屹食品有限公司、县经济开发区中小企业园产品展示厅、连云港鑫达旺环保设备有限公司、同兴镇伊甸园农业观光项目、下车新城、小伊乡藕虾高效混合种养基地、灌云县汇鑫隆鞋业有限公司、连云港申蔚环保农业科技发展有限公司、南岗乡福惠泉光伏农业创意园、伊山镇林洋光伏菌业产业园等重点项目，实地感受全县上下紧紧围绕县委、县政府决策部署，抢抓招商引资、加快项目建设的强劲态势。会议听取伏开清代表县政府所作的全县上半年经济社会发展情况通报,并进行协商讨论。面对宏观环境趋紧、经济下行压力加大等各种不利因素的影响,全县上下在县委、县政府的领导下,各项主要指标仍然保持较好较快的增长,实现时间过半、完成任务过半,经济和社会发展稳中有增、难中有进、总体向好,为完成或超额完成全年各项目标任务奠定坚实的基础。会议对进一步做好下半年工作提出相关意见和建议,伏开清表示将高度重视和认真研究县政协常委会的建议,采取更加有力的措施抓好下半年工作,推动全县经济社会更好更快发展。

【县政协九届四十五次主席会议】 1月14日上午,县政协召开九届四十五次主席会议。县政协主席汪辉,副主席王宽磊、徐清安、郭家登、黄军昌、任静出席会议。会议协商提出2016年专题调研、专题协商、专题视察议题;协商提出2016年主席会议、常委会议重点议题;协商确定县政协九届二十五次常委会议有关事项。

【县政协九届四十六次主席会议】 2月24日上午,县政协召开九届四十六次主席会议,专题审议协商九届六次会议委员提案。县政协主席汪辉,副主席王宽磊、徐清安、郭家登、黄军昌、任静出席会议。县政协九届六次会议收到提案140件,内容涉及全县经济发展、社会进步、环境保护、民生事业等各个方面。九届六次会议后,县政协提案委先后召开提案委员会组成人员会议和重点承办单位协商会议,对提案进行修改完善,形成立案方案。会议对立案方案进行认真审议,决定立案90件(含合并案32件)转社情民意3件,不予立案15件。

【县政协九届四十七次主席会议】 3月4日,县政协召开九届四十七次主席会议,专题协商加快全县旅游业发展工作。县政协主席汪辉主持协商会议,县委常委、副县长沙荣胜和县相关单位负责人到会听取协商意见。主席会议在前期深入调研的基础上,就进一步做大做强全县旅游产业、打造富有灌云特色的旅游经济亮点、促进现代服务业快速发展进行充分的协商讨论,提出相关意见和建议。旅游业是现代服务业的重要组成部分,对于稳增长、调结构、扩就业、促小康具有重要的推动作用。全县旅游资源丰富,以大伊山为核心的佛文化、山色风景资源,以新沂河、白蚬果园为代表的田园风光资源、以沿海及滩涂为片区的滨海风光及湿地、盐文化资源等都较为独特,发展旅游业具有很好的基础和独特的比较优势。

会议建议,针对旅游产业发展态势和县现有基础,按照县委十一届十一次全体会议要求,把加快发展旅游业作为县经济社会发展的重要增长极,立足自身资源特点,以生态旅游为突破口,坚持差异化发展和核心景区带动战略,突出重点景区景点打造,集中投入建设,强化宣传推介,形成联动效应,推动全县旅游经济的跨越提升。

【县政协九届四十八次主席会议】 4月6日上午,县政协主席汪辉主持召开政协九届四十八次主席会议,专题协商"压减直播稻种植,提高粮食生产能力"。县委副书记孙小岚、副县长马兆素列席会议,县政协副主席王宽磊、徐清安、郭家登、黄军昌、任静出席会议。会议听取相关情况汇报和协商讨论后,指出,近年来全县水稻单产增产幅度较小,一个重要原因是直播稻面积居高不下,影响水稻总产量的稳定提高,也给全县的粮食安全带来一定的隐患。会议要求充分认识直播稻的种植风险,下大决心压减直播稻面积。充分利用会议、广播、村公示栏等载体,广泛宣传直播稻的风险与危害,将高产稳产稻作技术宣传到千家万户,引导农民自觉放弃水稻直播种植方式。大力推广机插稻,通过宣传引导、政策扶持、服务指导等综合措施,调动农民直播改机插的积极性。大力推进机插稻生产专业化、社会化服务,鼓励水稻生产大户、农机手带机加入服务组织,建成大面积机插稻高产、超高产示范区。落实目标考核责任制,加强组织领导,把直播稻种植压减作为稳定发展粮食生产的重要工作来抓,层层分解压减任务,明确具体工作责任人,确保各项措施落实到位。加强督查考核,把直播稻种植压减工作列入农业系统重点工作考核内容,切实加大对压减工作的督查指导力度,确保压减工作取得明显成效。

【县政协九届四十九次主席会议】 5月17日,县政协召开九届四十九次主席会议,专题视察城乡饮用水源保护情况。县政协主席汪辉主持会议,县政协领导王宽磊、徐清安、郭家登、黄军昌、任静、邸照勤参加会议。县水利局、环保局、建设局、伊山镇、南岗乡、侍庄街道单位主要负责人列席会议。与会人员先后深入叮当河涵洞控制工程、叮当河截污导流工程、凯发水厂取水口、老叮当河应急备用水源等地现场察看,了解县饮用水源保护工程进展情况,并听取相关情况介绍。

【县政协九届五十次主席会议】 6月27日,县政协召开九届五十次主席会议,围绕"建设有特色的村级地名标牌"进行专题协商。协商会前,县政协组成专题调研组,就村级地名标牌建设进行深入调研;协商会上,邀请部分乡镇(街道)和县有关部门主要负责人、部分政协智库成员和市县政协委员参加,进行充分的协商讨论,形成工作共识。村级地名标牌是"本地人的脸,外地人的眼",与经济社会发展和群众生产生活密切相关,是一项基础性的民生工程,建设有特色的村级地名标牌对于推进美丽乡村建设、加快发展乡村旅游、提升农村精神文明和文化建设水平、促进对外交流交往、优化对外开放形象都具有现实和长远意义。全县结合地名普查和农村环境整治,建设一批村级地名标牌,但从总体上看个性化还不鲜明,缺乏历史、文化、特色、创意,与美丽乡村建设的要求还不相适应。会议建议,建设特色村级地名标牌功在当代、利在长远,应坚持统筹规划、点面结合、分步实施、有序推进，深度挖掘灌云的历史文化，全面展示灌云的时代特征，有效彰显农村的发展风貌，加大有特色的村级地名标牌建设力度，大幅提升村级标牌建设的特色和水平。

【县政协九届五十一次主席会议】 7月15日上午，县政协主席汪辉主持召开政协九届五十一次主席会议。县政协领导王宽磊、郭家登、黄军昌、任静、邸照勤出席会议。会议听取并审议县政协上半年工作和下半年重点工作安排的情况汇报；协商确定县政协九届二十七次常委会议有关事项。会议要求政协有关部门根据主席会议提出的修改意见，对上半年工作和下半年重点工作安排作进一步修改完善后，提交县政协九届二十七次常委会议审议。认真准备，确保县政协九届二十七次常委会议取得实效。

【县政协九届五十二次主席会议】 8月23日上午，县政协主席汪辉主持召开政协九届五十二次主席会议，就加快数据信息资源整合与应用、推进智慧灌云建设进行专题协商。县政协领导王庆嘉、王宽磊、徐清安、郭家登、任静出席会议。会议指出，智慧城市建设是运用物联网、大数据等新一代信息技术，促进城市规划、建设、管理和服务智慧化的新理念和新模式。建设智慧城市是转变经济发展方式，促进经济结构调整和产业转型升级的现实需要；是转变政府职能，提高公共管理水平的必然要求；是改善民生服务，提高生活品质的有效途径。会议建议，加快大数据信息资源整合与应用，确保智慧城市建设高效开展；瞄准重要领域，把握关键环节，有效整合各种资源优势，实现高水平规划、高效率推进、高质量落实；与全面创新改革、提升城市管理水平、保障改善民生等紧密结合；注重完善总体规划和顶层设计，以科学严谨的规划进行指导，紧密结合城市定位和自身特色，实现对城市各领域的精确化管理，全力推动全县智慧城市建设不断取得新进展。

【县政协九届五十三次主席会议】 9月9日下午，县政协主席汪辉主持召开政协九届五十三次主席会议。县委副书记孙小岚，县政协党组书记王庆嘉，副主席王宽磊、徐清安、郭家登、黄军昌出席会议。相关部门及乡镇（街道）主要负责人，部分市、县政协委员参加会议。与会人员调研南岗乡石涧村、南岗乡岗南村绿缘养鹅合作社、侍庄街道侍圩村虾藕共养示范点，听取相关情况汇报，就如何做好扶贫工作进行交流发言。

【县政协九届五十四次主席会议】 10月20日下午，县政协主席汪辉主持召开政协九届五十四次主席会议，就加强食品安全工作进行专题协商讨论。县政协领导王庆嘉、王宽磊、徐清安、郭家登、黄军昌、任静出席会议。县市场监督管理局、农委和卫计委等部门负责人分别就各自在食品安全监管方面的工作作了汇报，与会人员围绕如何加强食品安全监管展开热烈讨论，提出相关意见和建议。会议充分肯定近年来全县食品安全监管工作取得的成绩。就进一步做好食品安全工作，建议"增强一个意识，加大三个力度，提升五个水平"：增强一个意识，增强全社会的食品安全意识。大力宣传普及食品安全法律法规和食品安全知识，特别是新的食品安全法，让广大农民群众以及食品生产、加工、流通企业和经营者自觉遵守食品安全法规和条例，注重质量，守法经营，规范行为，相关部门要各司其职，协调配合，共同营造全社会重视、关心食品安全的浓烈氛围。

【县政协九届五十五次主席会议】 11月22日，县政协主席汪辉主持召开政协第九届五十五次主席会议，专题考察2016年全县十项民生实事落实情况，副县长颜东列席会议。县政协党组书记王庆嘉，副主席王宽磊、郭家登、黄军昌、任静出席会议。与会人员先后深入灌云经济开发区实验学校、同仁老年护理院、原旋耕机公司棚户区改造、山前河综合整治等民生实事工程现场察看。颜东代表县政府通报十件民生实事工程进展情况，希望县政协继续关注全县民生实事工程建设，对工作进展情况实施监督，建言献策，共同推动民生实事工作再上新台阶。

【县政协九届五十六次主席会议】 12月29日下午，县政协主席汪辉主持召开九届五十六次主席会议，研究县政协十届一次会议筹备工作。县政协领导王庆嘉、王宽磊、徐清安、郭家登、黄军昌、任静、周建军参加会议。会议听取县政协十届一次会议筹备工作情况报告，审议通过十届一次会议议程和日程草案、主席团常务主席名单草案、大会秘书长和副秘书长名单草案、县九届政协常委会工作报告和提案工作报告草案等，决定将上述草案提请县九届政协二十八次常委会议审议。

（县政协）

提案工作

【概况】 2016年，县政协进一步加强和改进提案工作，围绕落实"调动提案者和承办单位两个积极性、提高提案撰写和提案办理两个质量、提升提案在政协履职和服务全县大局两个方面实效"的思路，从提案的"提、交、办、督"等各个环节入手，进一步完善提案工作机制，加强提案工作指导，不断增强提案工作实效。

【提案质量】 2016年，政协提案工作坚持抓源头、抓基础，专门下发提案征集工作通知，就提案的撰写、案情的调研、提交的时间和格式等作出规范，并印发提案征集参考目录，对全体委员进行提案业务辅导，引导广大委员和界别、团体、联组聚焦全县经济社会发展重大问题和涉及群众切身利益的问题，深入调研，理性分析，提出切合实际、具有参考价值的意见和建议。对征集到的140份提案，由提案委进行初步审查，分管主席牵头进行复核,在此基础上,县政协召开专题主席会议进行研究,经初审、复审、定审“三关”,立案90件,提案的质量水平有了进一步提升。

【签办督办】 从委员提案中筛选出部分重点提案送县委、县政府领导阅批,县党政主要领导、分管领导批办53件,占提案总数的58.9%,签批率比上年提高了14.6个百分点。加强提案督查,对所有立案的提案实行主席、副主席、秘书长、专委会督办制度,实现提案督办的全覆盖。各督办主体深入到提案承办单位,加强对提案办理的跟踪督查督办,推动提案承办单位认真做好提案办理工作。加快提案办理信息平台建设,委托连云港云天网络科技公司开发提案办理工作软件,推进提案交办、考核、查询、评价的信息化。

【协商沟通】 召开提案办理推进会,将提案人与承办单位召集到一起进行面商沟通,面对面听取办理意见,共同商讨提案办理工作。在县政协的推动下,各提案承办主体认真落实工作责任,明确质量要求,规范办理程序,加快提案办理进度。召开提案工作双评议会议,由提案承办单位对提案质量进行评议,由提案人、政协常委对提案办理质量进行评议,评议结果在县内媒体公开。

【反映社情民意】 2016年,县政协制定下发《关于进一步做好反映社情民意信息工作的通知》,组织广大政协委员围绕群众关心关注的热点难点问题,加强调研走访和联系群众工作,积极反映社情民意信息,推动相关问题及时有效解决,较好发挥社情民意信息的“直通车”作用。

文史工作

【概况】 2016年,县政协进一步开展政协文史资料征编工作,编辑第20辑文史资料;组织征集灌云境内地名由来资料;做好全国政协和省市政协相关史料协征工作,就非物质文化遗产传承与保护,广泛开展资料征集,工作成效明显。

（县政协）

潮河湾风光

综　　述

2016年，灌云县纪检监察机关在市纪委和县委领导下，按照全面从严治党要求，聚焦主业主责，强化挺纪在前，重拳出击惩治腐败，持之以恒纠正“四风”，全县纪律检查工作取得良好成效。县纪委、监察局先后获省纪检监察信息工作先进单位（居全省县区第二）、省廉政公益广告评选影视类铜奖，市反腐倡廉宣传报道、纪检监察信息、纪律审查工作第一名，市“山海廉韵”廉政公益广告评选一等奖，市学党规党纪电视知识竞赛三等奖，市党风廉政教育和廉政文化创建活动先进单位等称号，被市纪委推荐为全市县区唯一的“全国纪检监察先进集体”提名单位。

主要工作

【廉政监督】 2016年，全县各级纪检监察机关主动履行“同级监督”职责，建议或督促同级党组织抓好党员干部的教育、监督和管理，全年开展廉政提醒127次、提出廉政建议15条、组织廉政约谈124人次。开展“两个责任”检查考核，纠正履责不到位问题近20个，13家单位因“两个责任”落实不力被通报问责，8名责任人被廉政约谈。认真做好拟提拔重用干部党风廉政建设情况把关工作，对76批次281名干部党风廉政情况进行回复。改进巡察监督，研究制定提升巡察工作成效的“17条改进意见”，先后3批次对12家单位实施巡察，发现线索10个，立案5件，约谈领导干部15人。

【纪律审查】 2016年，全县纪检监察机关接受信访举报310件次，处置问题线索722个，谈话函询330人次。立案392件，党纪处分392人，其中党纪轻处分333人，占85%；党纪重处分59人，占15%；立案审查并移送司法机关3人，占处分党员总数的0.8%。狠抓积案化解，全年办理进京访17批45人次，化解信访积案46件，6个发生进京越级上访乡镇（街道）被通报问责。发挥纪律审查治本功能，先后对2家发案单位近百名干部开展集体谈话，强化提醒；向4家涉案单位发送纪检监察建议书，限期整改问题。

【作风建设】 坚持作风建设常态化，全年查处违反八项规定问题5起，党政纪处分8人。组织4批次违规吃喝问题专项检查，对13家单位点名通报。狠抓机关作风建设，针对“慢作为不作为乱作为”等机关作风弊病，先后组织明查暗访270余批次，下发通报17期，涉及问题单位89家，55名责任人被予以诫勉谈话。深化基层党风廉政建设，着力解决群众反映的突出问题，先后挂牌督办群众身边“四风”和腐败问

灌云县拟提拔（重用）干部任前廉政法规知识暨法律知识测试

题线索4批次60件,立案查处43件,纪律处分46人、诫勉谈话7人、免职处理1人。继续强化对安监局、人社局等30余家部门单位"三公经费"公开试点工作"再监督",全县"三公经费"支出比上年减少35.4%。

【廉政教育】 发挥好县党风廉政暨预防职务犯罪警示教育基地教育警示作用,先后接待田湾核电、市行管局、县法院等单位25批次6000余人次参观;组织县四套班领导和乡镇(街道)党政"一把手"参观市纪委办案点"清风苑"接受集体廉政警示教育。组织参加全市"学党纪党规、当学习标兵"有奖测试及"学党规党纪"知识竞赛,分获二、三等奖;组织承办全市党风廉政宣传工作推进现场会、全县"环保杯"党风廉政知识竞赛等市县重要活动,取得良好的廉政宣传成效。原创廉政小品《两根项链》入选"山海廉韵乡村行"巡演,编撰完成廉政书籍《鉴史倡廉》,并由黄河出版社公开发行。全年在中央、省市媒体分别上稿60篇、375篇、319篇。

【队伍建设】 2016年,县纪委不断强化纪检监察干部队伍日常教育、管理和监督。积极搭建"全员军训""四铁教育""比武练兵""高校研修"等活动载体,组织纪检干部赴中国纪检监察学院、红旗渠干部学院、上海交通大学等处接受专业培训5批170余人。进一步充实完善编外"巡察人才库""后备人才库""青年人才库",从全县选调青年业务骨干充实到纪检监察工作一线。制定出台《灌云县纪委监察局监督执纪问责权力清单、责任清单、负面清单》以及全县纪检监察干部《五个严禁》,通过明确权力边界、法纪红线和运行流程,进一步增强纪检监察干部的责任意识和红线意识,自觉做到"知为知止",严防"灯下黑"。

重要会议

【全县党风廉政建设暨纪检监察工作会议】 2月5日,全县党风廉政建设暨纪检监察工作会议在县行政中心召开。县委书记左军出席会议并讲话。县领导朱兴波、孙毅、汪辉、孙小岚、王庆嘉、戴涛、李占超、谢兆英、刘盾、于洪雁参加会议。县委常委、纪委书记戴涛代表县纪委常委会作工作报告,会议对2015年度全县纪检监察工作先进单位和先进个人进行表彰。

【全县"聚焦'四种形态'落实挺纪在前"专项工作会议】 3月31日,灌云县召开"聚焦'四种形态'落实挺纪在前"专项工作会议,总结2015年度全县纪检监察系统"纪律审查提质增效年"和"忠诚干净担当"主题教育活动情况,安排部署监督执纪"四种形态"工作。市纪委纪检监察一室主任赵广东,县委常委、县纪委书记戴涛出席会议。

全县党风廉政建设暨纪检监察工作会议

【县纪委监察局新任纪委书记见面会】 6月6日,县纪委监察局机关召开新任纪委书记见面会,欢迎新任县委常委、纪委书记李永涛到任,钱光武、徐洪伟等委局领导及各农村工作室、委机关各室全体工作人员出席会议。各室负责人重点汇报本室的工作推进情况、全年目标定位以及今后工作态度,其他人员分别作简要的自我介绍。

【县纪委"两学一做"主题座谈会】 6月29日,县委常委、县纪委书记李永涛主持召开"强化素质提升　全力进位争先""两学一做"专题座谈会,深化"两学一做"学习教育。乡镇(街道)、园区、县直机关党政、纪委负责人及老干部代表等参加会议,县纪委副书记、监察局局长钱光武参加会议。

领导调研

【刘海涛在灌云调研】 12月6日下午,市委常委、市纪委书记刘海涛到灌云调研经济社会发展和党风廉政建设工作。县委书记左军,县委常委、纪委书记李永涛,县委常委、临港产业区党工委书记张启银参加活动。在灌期间,刘海涛实地调研灌云华能热电联产项目、连云港燕尾作业区、胜科(连云港)水务有限公司、江苏远征化工有限公司等地,听取有关情况介绍。

【王铁军在灌云调研】 8月8日,市纪委副书记、监察局局长王铁军,市纪委常委、秘书长杨海灵,市监察局副局长杨光,到灌云开展工作调研。县委常委、纪委书记李永涛,县纪委副书记、监察局局长钱光武,县纪委副书记徐洪伟等委局领导班子全体成员参加座谈汇报。

【王峻松在灌云调研】 10月21日，盐城经济开发区纪工委副书记、监察局局长王峻松率调研组一行4人到灌云考察交流监督执纪“四种形态”经验做法。县纪委副书记、监察局局长钱光武等委局班子成员及相关科室负责人参加考察座谈。

【郑凯在灌云调研】 10月20日，淮安市淮阴区纪委副书记、监察局局长郑凯带领考察团一行6人到灌云考察学习“四种形态”、党风巡察、同级监督等方面创新工作。县纪委副书记、监察局局长钱光武等委局班子成员及相关科室负责人参加考察座谈。

（县纪委）

潮河湾风光

灌云县工商业联合会

【概况】 2016年，灌云县工商联深入贯彻落实中共十八届五中、六中全会精神，结合开展“两学一做”“理想信念教育”及县级工商联“五好”建设等工作，充分发挥职能优势和作用，认真践行“两个健康”工作主题，进一步解放思想、开拓创新、真抓实干，较好完成全年的各项工作目标任务，被评为江苏省“五好”县级工商联，被《中华工商时报》评为“2016年度民营经济新闻宣传工作先进集体”，被省工商联评为“2016年度县(区)工商联先进集体”。

【开展“两学一做”学习教育】 2016年，县工商联积极开展“两学一做”学教活动，开拓思路，选准载体，狠抓落实，收到明显成效。县工商联专门召开“两学一做”学习教育动员部署会，成立县工商联“两学一做”教育领导小组，及时制定《实施方案》《集中学习周活动日程安排表》，发放专题学习记录簿，做到集中学与个人自学相结合、规定内容与自选内容相结合、领导率先学与人人跟学相结合，精心组织好学习教育。党组书记周华兵的家风故事《家庭会议》，被县委组织部推荐在《灌云报》上刊载。

【创办“企业家沙龙”】 2016年，县工商联搭建常态化的政府与企业沟通平台，通过营造宽松、自由的氛围，使与会企业家能够吐露心声、畅所欲言。积极引导非公经济人士凝聚共识，提振信心，共同应对经济下行压力，探讨热点经济话题，关注企业发展难题，破解企业发展瓶颈。成功举办旋耕机行业企业家沙龙，十多家企业领导敞开心扉，畅所欲言，共商全县旋耕机行业发展大计，气氛热烈，成果明显。

【开展“三个一”活动】 2016年，县工商联在机关人员中开展“我到企业走一走，我为企业献一策，我帮企业解一难”“三个一”活动，要求年内机关工作人员每人走访20家非公有制企业，至少提出一条建设性的意见或建议，帮助企业解决一个困难或办好一件实事。截至年底，机关工作人员先后到远征化工、科伦多食品配料、汇九齿轮等70多家企业走访调研，听取、收集企业意见和建议，深入了解企业经营情况及存在的困难和问题，及时掌握企业、行业及产业发展现状，帮助企业拓展新的发展空间，谋求新的发展机遇。

【稳步发展会员】 2016年，县工商联以突出重点、有序结合为原则，坚持会员数量与质量并重，主动联系走访辖

县工商联“企业家沙龙”第一期——旋耕机行业代表座谈会

区优质企业,与企业家座谈,争取优质企业入会。1月28日,县物流业商会成立,首批会员25家;3月27日,在工商联八届五次执委会议上,增选灌云口腔医院等4家企业为工商联常执委单位。

表5

2016年灌云县物流业商会首批会员单位

序号	单位	序号	单位
1	连云港杭运物流有限公司	14	连云港市云飞物流有限公司
2	连云港市港城物流有限公司	15	连云港成成物流有限公司
3	连云港鹏宇物流有限公司	16	连云港辰宇物流有限公司
4	连云港东南物流有限公司	17	连云港飞达物流有限公司
5	连云港市永飞物流有限公司	18	连云港顺华物流有限公司
6	灌云同旺物流有限公司	19	灌云县宏源物流有限公司
7	连云港中强物流有限公司	20	连云港和邦物流有限公司
8	连云港恒远物流有限公司	21	连云港明亮物流有限公司
9	连云港明宇物流有限公司	22	连云港建辉物流有限公司
10	连云港泰瑞物流有限公司	23	连云港益弘物流有限公司
11	连云港市恒永物流有限公司	24	连云港轩宇物流有限公司
12	连云港兴云港物流有限公司	25	连云港振越物流有限公司
13	连云港市鑫畅物流有限公司		

【帮助企业培训人才】 2016年4月和6月,县工商联先后组织18位企业家参加中国人民大学第30、31届公益讲座。6月19—22日,县工商联组织4家企业参加在北京大学举办的连云港企业家研修班。帮助企业家及时把握当前经济形势,了解资本运作规律,切实帮助非公有制企业掌握先进企业发展理念、确立企业可持续发展战略。

【合作交流】 2016年4月,县工商联与吉林市丰满区工商联、磐石市工商联、舒兰市工商联、桦甸市工商联四家工商联签订《友好商会协议书》;4月28日、11月29日,海州区和连云区工商联到县工商联考察交流;7月8—9日,常州市连云港商会经贸考察团一行20人到灌云考察投资环境;9月28—29日,常州市金坛区工商联及金坛区化工行业商会一行9人到灌云县考察、调研,两地工商联缔结为友好商会。

【宣传报道】 2016年,县工商联和各会员企业积极向连云港总商会网站、江苏工商联网站、中华全国工商联网站投稿。被县内网站、刊物用稿11篇(条),被连云港总商会网站用稿355篇(条),被江苏省工商联网站用稿278篇(条),被全国工商联网站用稿6篇(条),上稿数量和质量在全市县区工商联中领先,受到省、市工商联领导表扬。

(周华兵　杨友海)

灌云县总工会

【概况】 2016年,灌云县总工会深入开展"两学一做"学习教育活动,积极履行职能,求真务实,开拓进取,在服务全局中强化自身建设,在开展学习教育中提升工作水平,充分调动积极性,发挥创造性,稳步推进各项工作。

【培育劳模创新工作室】 2016年,全县培育劳模创新工作室20余家。其中,刘敏捷劳模创新工作室为农民提供科技资料万份以上,为农民技术培训5000余人次,提供新品种30多个、新技术6项,完成试验示范20多次,带动农民增收,在全省"建功'十三五'建设新江苏"劳动竞赛动员大会上被授予江苏省示范性劳模创新工作室。劳模创新工作室成为全县发挥劳模作用、提高创新能力、推动技术进步的有效载体。

【开展职工技能素质提升竞赛】 2016年,县总工会通过深化培训、练兵、比武、晋级"四位一体"的职工职业技能发展模式,推动各行业、企业、单位广泛开展职工岗位练兵和技能竞赛活动,先后组织开展十大工种职业技能竞赛、基层卫生全科医疗和社区护理岗位练兵技能竞赛、第二届卫生监督执法技能竞赛、水利行政执法技能竞赛、厨艺大赛、首届豆丹加工能手技能大赛等,职工技能素质得到整体提升。着力创建"工人先锋号",在全县企事业单位开展创建工人先锋号活动,全县有10个班组被授予工人先锋号。按照"打造工会品牌、勇于开拓创新"要求,强力打造"首席员工"品牌,扎实推行首席员工"星火行动"。推进以首席员工为主体的"名师带高徒"活动、建立"首席员工创新工作室"、创建"首席员工示范班组(示范岗)"系列活动,充分发挥首席员工和其他先进模范的示范、引导和辐射作用。

【维护职工权益】 *以维权为职责,不断提高服务职能。*2016年,县总工会紧紧围绕"组织起来,切实维权,构建和谐"这一主线,以常态化的工会劳动法律监督检查为主要抓手,依托职工服务中心,整合资源,积极做好职工服务工作,完善职工服务中心接访制度,建立健全信访案件的交办、督办、审核把关制度,做到事事有交待,件件有落实,在职工中树立良好的形象。加强职工法律援助工作站的建设。全县建成工会法律援助工作站25家,全年为职工提供法律咨询服务150批件;建立全县劳动争议调解员培训、实践基地,为职工代理劳动争议案件35件。加大劳动关系矛盾排查力度,积极化解劳动争议,着力维护职工队伍稳定。开展常态化劳动争议调解仲裁巡回观摩活动,在企业高度集中的县经济开发区和临港产业区建立巡回调解仲裁庭,对劳动争议案件开庭调解审理,促进劳动关系和谐。全年调处劳动争议约280件,调解成功236件,成功率85%以上。

*参与民主管理,推进工资集体协商。*2016年,县总工会联合县三方五家成员单位下发《关于开展2016年度工资集体协商"冬春要约行动"的通知》,召开全县工资集体协商"冬春要约行动"动员大会,全县发出要约的区域行业、企事业单位130个,其中,协议到期发出要约187个,初次发出要约45个,经协商已单独签约企业147家;覆盖企业230家,覆盖职工21089人。在县临港产业区举办企业《连云港市工资集体协商暂行办法》《集体合同》和《劳动合同法》培训班,在县经济开发区召开全县工资集体协商现场观摩会,以点带面,全县工资集体协商质量进一步提升。

*开展"安康杯"竞赛活动,提高职工自我保护能力。*在全县各系统、企业工会中深入开展"安康杯"竞赛,共有200多家企事业单位参赛,各参赛单位按照要求,同期推行事故隐患和危险源点监控法,排查出危险源点62个,其中,A级7个,B级17个,C级38个。对排查出的危险源点全部制定监控措施,并将监控责任落实到人头。开展安全生产月活动和广场咨询日活动,组织4块版面在广场展出,发放劳动保护手册等宣传材料300余份,接待咨询160余人,提高职工依法维护自身安全与健康的意识和能力。开展送健康活动,携手市康缘药业集团向环卫工人、公路养护工和企业一线职工赠送藿香正气水、毛巾等药品和物品,共计1000余份,价值3万余元,在全社会形成关爱职工的和谐氛围。

【帮扶服务】 *建立帮扶服务长效机制。*2016年,县总工会建立特困职工档案信息725个,其中485人信息被录入全总困难帮扶工作系统;核发特困职工证388本,其中新发132本。开展困难帮扶救助项目11项,共救助困难职工1706人次,发放救助金73.92万元。开展"劳动最光荣·一线职工四季行关爱行动",先后组织310名一线职工参加治疗休养,支付经费41万元。开展单亲困难女职工"圆梦行动",为15名女职工实现梦想。为患重大疾病困难职工办理医疗费二次报销工作。帮助公租房职工家庭减免房租2.8万元。开展职工技能培训促就业和困难职工家庭高校毕业生阳光就业行动。与县商务局在县电商培训中心联合举办电子商务培训班。培训下岗职工、农民工、困难职工1370人次。举办大型企业用工招聘会二期,参加招聘会企业60多个,提供就业岗位3000多个,进场应聘5000多人,达成意向协议1800多份。举行2016年"金秋助学"活动,50名受助学生分别领到3000元助学金和爱心车票补贴。

*规范帮扶服务档案管理。*县总工会加强帮扶工作和文书档案管理工作,制定特困职工档案管理制度。做到"一人一档一册"材料齐全、完整、清晰、不遗不漏。建立借阅登记制度,阅卷人不得从卷内抽取材料,保持案卷材料完整性,2016年,共建立纸质档案598份,其中录入全总帮扶系统职工信息525人。

*关爱和服务劳模。*2016年,县总工会组织部分劳模和先进人物分批赴常熟、扬州疗养院体检休养,发放劳模"三金一贴"17.9万元,落实好劳模待遇。让劳模充分感受到政府的关心和爱护,更加坚定为全县经济社会发展贡献力量的信心和决心。

【强化自身建设】 *突出固本强基主题,开展"两学一做"学习教育。*县总工会积极开展"两学一做"学习教育,把思想建设放在首位,以尊崇党章、遵守党规为基本要求,以习近平总书记系列重要讲话精神武装全体党员,坚定理想信念,提高党性觉悟;进一步增强政治意识、大局意识、核心意识、看齐意识,坚定正确政治方向;进一步树立清风正气,严守政治纪律和政治规矩;进一步强化宗旨观念,勇于担当作为,在生产、工作、学习和社会生活中起先锋模范作用。

*加强组织建设,增强工会凝聚力。*做好组建工会和发展会员工作。把组建工会和发展会员工作作为重中之重,采取切实措施,最大限度地把全县职工吸纳到工会中来,促进经济发展和社会的和谐稳定。全年完成工会组建120家,发展会员12000人,其中农民工会员6000人。开展教育培训工作,全年举办各类培训班7期,培训人员450人。

*推进文化建设,丰富职工生活。*2016年,县总工会大力推进"职工书屋"建设。在职工中营造良好的读书学习氛围,继续开展"职工书屋"示范点建设活动,县供电公司申报国家级职工书屋。开展丰富多彩的文体活动。先后组织举办全县女职工广场舞大赛,住建系统、教育系统、卫计系统、交通系统、机关干部职工和企业职工羽毛球赛和乒乓球赛,以及"伊山放歌、活力灌云"广场文化系列活动,丰富职工文化生活。女职工广场舞荣获

省广场舞比赛团体、规定套路、自选套路3个一等奖，市女职工广场舞比赛一等奖和优秀组织奖。

（县总工会）

共青团灌云县委员会

【概况】 2016年，团县委认真学习贯彻中共十八届四中、五中、六中全会和中央党的群团工作会议精神，以习近平总书记系列重要讲话精神为指导，坚持思想建团、实践兴团、服务立团、基础强团的总体思路，积极探索符合时代特点的共青团工作新模式。多项工作得到团市委和县委的充分肯定，全县团的工作获省级表彰2项、市级表彰3项，“省级青少年综合服务平台”和“省优秀少年科学院”成功创建；团县委获市微团课大赛、说课大赛一等奖；在市“第四届中小学生自我保护情景剧大赛”中，县实验小学获小学组二等奖，实验中学获中学组二等奖；在全市首届青年创业精英大赛中县选手分获二等奖和优秀奖。

【强化思想引领】 2016年，团县委积极开展“红领巾寻访强富美高新江苏”“红领巾寻访老党员”等主题教育实践活动，组织城区小学生走访企业、居民区、规划馆、开发区，通过亲身参与、亲身感受、亲身体验，激励广大青少年更加坚定爱国主义情怀，增强报效祖国的责任感和使命感。关注传统文化教育，结合“全民阅读”和“八礼四仪”，在全县中小学广泛开展“传递书香　共同成长”阅读志愿活动和“诵读学传”活动，引导青少年阅读经典，弘扬民族文化，提高道德素养。开展向“救人小英雄”王祖帅学习主题队会、事迹报告会等系列活动，号召广大团员青年和少先队员努力践行社会主义核心价值观，传承中华传统美德。评选表彰推荐省市好青年、优秀团干部、优秀团员等先进典型，开展“百万少年争当‘江苏好少年’展评”活动，用典型引领激励青少年向上向善。

【促进青年创业】 2016年，团县委联合县委组织部、县人社局等7家单位举办首届青年创业创新大赛。经过海选、初赛、决赛等多次评比，搭建青年创业展示平台，营造大众创业万众创新良好氛围。召开全县农村淘宝电商工作座谈会，多部门联合参与，不断加大资金扶持，激发创业创新热情，提高创业创新本领。加大农村淘宝创业配置力度，联合多部门举办全县农村青年电商培训班，培训青年1000余人次，电子商务交易额累计1.2亿元，1056名农村青年成为“淘宝合伙人”，县农村淘宝创新的做法被《连云港日报》头条报道。围绕“促进青年创业教育培训”举办2016年度“共青团与人大代表、政协委员面对面”活动，为创业青年出点子、解难题。开展“寻找乡村好青年”活动两次，让有志向、有作为的青年代表带动周边青年创业。

【维护青少年权益】 2016年，团县委围绕青年志愿爱心需求，开展“微爱公益行”活动，走进县特殊教育学校，赠送衣物、电脑等生活及学习用品，筹集善款资助残疾青少年成长就业。围绕青年圆梦需求，联合县工会、扶贫办、红十字会等开展希望工程圆梦行动，发放助学金近20万元，资助学生45人。围绕培养青年生态理念需求，组织开展“保护母亲河　共建生态城”植树护绿、清洁环保活动3次。五四期间，组织200名青年志愿者参加“投身环境集中整治　提升文明创建水平”志愿服务集中活动，号召青少年从我做起，爱护碧水蓝天。围绕青年心理健康需求，开展中高考减压“阳光行动”“青春自护·暑期安全”等系列活动，在12355咨询平台基础上，南京师范大学灌云附属中学精心打造县级心理咨询示范点。

【队伍建设】 2016年，在延安市委党校举办为期5天的全县团干部及县级青年文明号争创单位负责人培训班。持续深入开展“两学一做”学习教育活动，帮助基层团干部坚定理想信念、提升党性修养、增强工作能力、锤炼优良作风，推动全县基层团组织的工作。召开全县基础团务规范化建设会议4次；对中学团干部进行专题培训，严格团员发展标准，严肃团的组织生活，大力推进中学共青团“六个一”团建项目，进一步规范基础团务工作，夯实团组织基础。举办“学讲话　话改革　谋发展”主题开放日活动，建立团干部直接联系青年制度，以联系身边团支部为着力点，构建专兼职团干部工作、生活的网格化朋友圈。探索团干部直接联系、服务、引导青年的有效机制，着力破解团组织吸引力和凝聚力不足问题，畅通团干部密切联系青年的有效渠道。从硬件上，整合青少年活动中心资源，为青年人才干事创业、学习交流提供固定场所，打造共青团的“门店”。

（团县委）

灌云县妇女联合会

【概况】 2016年，县妇联坚持以中共十八大、十八届五中、六中全会和习近平总书记系列重要讲话精神为指导，深入贯彻中央、省委党的群团工作会议精神，紧紧围绕全县中心工作，牢牢把握“党政所急、妇女所盼、妇联所能”的工作定位，创新妇女工作理念，健全妇女工作机制，培育妇女工作品牌，全面提升妇联工作水平，全县妇女事业取得新发展。

【搭建妇女创新创业平台】 开展妇女就业扶持行动。2016年，县妇联举办女性专场招聘会3场，近百家企业提供1000多个适合女性就业的岗位。为妇女创业小额贷款发放做好宣传、协调工作，全年发放妇女小额贷款1800万元，受惠妇女260人，带动1000多名妇女就业。组织320名农村妇女参加江苏学习在线“网上行”活动。举办家政服务技能培训班12期，开展月嫂培训、母婴护理员以及家政实务等专业技能培训，参训农村贫困妇女3000余名。

开展岗位建功行动。建成“巾帼创业示范实践基地”4个，颐高电子商务园和汪洋养羊专业合作社申报为省级巾帼示范基地,争取省示范基地补助资金4万元。联合县人社局、团县委等单位组织开展青年创新创业大赛,激发妇女创业热情,展示妇女创业风采。有100多名妇女参赛。

实施互联共建行动。抓住阿里巴巴"村淘"项目签约入驻灌云的机遇,组织开展"互联网+巾帼创业创新"服务活动,建立微信平台、实现资源共享,打造电子商业圈。组织100多名妇女参加颐高电子园举办的电子培训班两期。在侍庄街道常荡村、三合村打造巾帼电商创业基地,增强创业妇女自身的"造血"功能。引导广大创业妇女利用网店、微信平台加大宣传,让当地农产品走出乡村,推动更多妇女创新就业。

【维护妇女儿童权益】 开展普法维权活动。以"反对家庭暴力,构建社会和谐"为主题,联合县法院、卫计委、总工会、司法局等十几家单位在伊山镇胜利社区、东门社区等开展庆"三八"维权进村(社区)广场咨询、文艺宣传活动,通过设立咨询台、宣传展板、发放宣传资料和文艺演出等形式,大力宣传反家暴等法律法规。

健全妇女维权机制。完善妇女维权联席会议制度,健全妇女法律援助中心、法律服务机构,强化社会救助手段。建立维权服务站(岗)12个,受理、办结妇女(未成年人)案件175起。继续推进婚姻家庭案件诉调对接工作,建立婚姻家庭纠纷排查机制、联合调处机制,充分发挥妇女维权志愿者、人民调解员作用,提高妇联调解成功率和影响力。

化解社会矛盾纠纷。以促进社会和谐为目标,热情接访,主动援助,积极化解矛盾。2016年,县妇联接待群众来信来访59人次,参加陪审妇女儿童案件24件。对于妇女合法权益受到侵害的信访案件,县妇联高度重视,主动介入,积极为受困妇女排忧解难,帮助她们通过理性合法的方式表达利益诉求。

【助推文明和谐宣传】 发挥巾帼典型引领作用。注重培育和选树先进妇女典型,引导妇女学习先进、提升素质、增长才干,实现自身全面发展。选树黄梅元、陈晓玲、范松林、王英、张梅等一批优秀典型。其中,黄梅元家庭获全国五好文明家庭,陈晓玲家庭获首届江苏省文明家庭,范松林当选"2015感动中国·江苏十大感动人物",在全县广大妇女中掀起了学楷模、树新风、建新功的热潮。动员倡导妇女积极参与社会主义核心价值体系建设,发扬"自强、创新、博雅、厚德"的新女性精神,引导广大妇女遵守社会公德,践行职业道德,弘扬家庭美德,修炼个人品德。

聚焦家庭家教家风。统筹推进家庭文明建设,大力弘扬社会主义核心价值观,加大"文明家庭""最美家庭""平安家庭"和"好媳妇""好婆婆"等评树力度,大力倡扬夫妻和睦、尊老爱幼、科学教子、勤俭节约、邻里互助的文明家风。召开灌云县妇联九届三次执委(扩大)会暨庆"三八"表彰会、"美丽灌云·巾帼添彩"优秀巾帼志愿者表彰大会,表彰三八红旗手、三八红旗集体、巾帼文明岗、五好文明家庭、平安家庭户、好婆婆、好媳妇、巾帼志愿者等先进集体、先进个人。配合县文明办开展书香家庭、文明家庭等评选工作,推荐的10户书香家庭得到市级表彰。配合县爱国卫生运动委员会办公室开展健康家庭评选工作,评选健康家庭200户,推荐市级健康家庭22户。

开展宣传文化活动。协助县总工会举办"2016·灌云县女职工广场健身操"大赛。围绕"2016中国·灌云豆丹美食节"开展系列活动,协助举行首届百位新人集体婚礼、少儿书画展演、"烟草杯"广场舞、太极拳展演等活动。开展"婆婆妈妈"大舞台宣传教育活动,共举办秸秆禁烧、妇女权益保障法、家庭美德等文艺宣传20余场;举行"庆六一"文艺演出暨表彰大会、"牵手感恩,追逐梦想"庆六一文艺汇演、全县少儿围棋比赛等系列文化活动,展示儿童阳光、快乐、健康、茁壮成长的精神风貌。

【关爱妇女儿童】 实施贫困妇女圆梦行动。为300名贫困家庭妇女免费体检,每人免费提供价值400元的妇科体检项目。开展贫困妇女两癌筛查,筛查对象为35—64岁适龄妇女,实行全免费,并为每名体检者建立个人健康档案,对13个乡镇(街道)27224名妇女进行两癌筛查,对180多名妇女进行复查。向全国、省妇联争取福利彩票专项救助资金6万元,援助6名患癌妇女。联系省委帮扶工作队、省交通厅机关妇委会,举办"微笑行动——单亲特困母亲援助专项资金发放仪式",为全县280名单亲特困母亲家庭送去价值12.6万元的物资。

关爱儿童健康成长。"六一"期间,县四套班子领导专程前往南岗留守儿童寄宿中心、县益海学校、新区机关幼儿园看望少年儿童,为他们送去节日的祝福。依托市妇联"海生草"项目,在南岗中心小学、伊芦小学,运用多元智能理论,对集中寄宿的留守儿童开办"小候鸟"少儿合唱团、篮球培训班、科技班等公益课堂,让90名留守儿童身心健康得到全面发展。继续深化救助"困境儿童"活动,向省爱德基金会每年争取助孤款21万元,资助中小学生108人次,大学生18人次。争取县扶贫办孤儿资助款37.1万元,资助371名事实孤儿,每人每年1000元。"六一"期间,争取市妇联为150名留守儿童送去7.5万元慰问金。县妇联自筹资金5.8万元,开展"寒冬送温暖"行动,看望特殊教育学校、益海助学中心等学校儿童。2016年县妇联荣获市关爱困境儿童先进单位荣誉称号。

开展巾帼志愿行动。为组织"爱心妈妈"重构和代偿给留守儿童的爱,动员全县女干部、女职工、女志愿者成立"爱心妈妈"关爱联盟,深入乡村,深入农户与留守儿童结对。组建500人的巾帼志愿服务队伍,累计开展关爱活动88次,建立反映留守儿童进步成长和家长基本情况的记录簿,定期开展关爱留守儿童活动,惠及留守儿童4000余人。

(县妇联)

灌云县残疾人联合会

【概况】 2016年,县残联全面推进康复机构标准化建设,认真做好残疾人之家建设和残疾人托养工作,加强对残疾人的就业培训,安排残疾人就业270人。按时完成全年的各项目标任务,被县委、县政府授予建设灌云先进单位奖、绩效考核良好单位,被市残联授予绩效考核工作目标完成奖、绩效考核管理目标先进奖、创优工作奖,基础信息数据动态更新工作先进单位、就业培训体系建设工作先进单位、辅具适配全覆盖试点工作先进单位、宣传文化工作先进单位、体育工作先进单位、康复三提升工作先进单位和市首届残疾人“展能节”组织奖。伊山镇残联、同兴镇残联、小伊乡残联被市残联授予残疾人工作先进单位。

【就业培训】 2016年,县残联安排残疾人就业270名,对560名残疾人进行技能培训。输送8名盲人参加市盲人初级按摩培训。完成实名制就业和培训信息录入工作,并对有就业能力残疾人进行登记造册,建档立卡和职业能力测评工作。全年举办5次残疾人技能大赛,选拔28名残疾人技能能手参加市技能竞赛,选送50余件残疾人作品参加市残联组织的展览。开展助残就业同步奔小康行动,对6家安排残疾人就业的企业进行无障碍设施改造,对按比例就业的帝妃霓服饰有限公司、鲜禾鞋业、新乐电器、五图河农场等多家企业给予奖励。组织残疾人自主创业典型宣讲团,6名残疾人讲述了自己的创业经历。2016年,县残联还对盲人按摩机构进行规范化管理,小彭盲人推拿被推举为“诚信盲人推拿机构”;建成舒昊盲人按摩机构为盲人按摩就业基地;扶持5名盲人开办盲人按摩机构;6名盲人参加市盲人按摩知识竞赛。以连云港帝妃霓服装有限公司为依托,建成以残疾人培训、实训、就业为一体的孵化基地。

【康复工作】 2016年,灌云县残联全面推进康复机构标准化建设工作,做好“互联网+康复服务”信息化网络建设,引进优胜劣汰机制。全县有189名残疾儿童参加康复训练。其中,0—6岁残疾儿童180名,7—14岁残疾儿童9名。加强对康复专业技术人员的培训,县残疾儿童康复机构专业技术人员全部达到一级机构人员标准并持证上岗。成立灌云县残疾人辅助器具服务中心,辅具展厅面积60平方米,辅具库房160平方米。在13个乡镇(街道)建立15个服务站,在11个乡镇(街道)设立村级辅具服务点,专职委员具体负责辅助器具服务站点的管理工作,县乡两级康复服务网络覆盖90%。下车镇、侍庄街道辅具适配实现全覆盖,有辅具需求的残疾人,辅助器具全部发放到位。完成假肢矫形“长江新里程计划”、国家“七彩梦”和彩票公益金等重点救助项目年度任务,筛查适配假肢人员38名。完成贫困白内障患者免费手术260例,超额完成60例。完成精神病患者免费服药1004例,住院治疗15例。

【社会保障和残疾人之家及残疾人托养工作】 2016年,全县为82名在校高中以上贫困残疾学生发放教育补助83500元,为7516名符合“两项补贴”的残疾人发放补贴1100万元。完成侍庄街道16个村(居)“残疾人之家”、4家县级“残疾人之家”、6家省级“乡镇残疾人之家”建设任务。全县托养机构中有160名残疾人从事辅助性就业。培育和发展县精神病防治院为精神残疾人或重度残疾人“托养服务+医疗康复”托养机构。为全县7318名贫困残疾人落实精准扶贫措施,并为贫困残疾人建档立卡。

【宣传文体工作】 2016年,灌云县残联进一步加强文体服务体系建设。在伊山镇、杨集镇、侍庄街道组建残疾人文体兴趣团体,在伊山镇青龙社区创建残疾人文化示范基地。全面开通“三专”宣传平台,利用报纸、电视、手机报、网站等各类媒体宣传残疾人事业发展取得的成绩,发表各类稿件40多篇。以“用自强精神点燃残疾人创业热情”为主题,推荐3篇稿件参加省残联2015年度残疾人事业发展好新闻评选。在第二十六个全国助残日期间,通过媒体、条幅、标语、电子显示屏等方式开展宣传工作,并在乐天玛特广场、特教学校、同兴镇、圩丰镇等地,组织开展残疾人大型文艺汇演和大型义诊、捐赠等活动。充分展示残疾人才艺技能。县特教学校“快乐的普姆”、赵岩和陆美的唢呐“在海一方”和陆美的二胡“紫竹调”参加全省第九届残疾人文艺汇演。县残疾人运动员在全省残疾人田径运动会上,获5金、3银、1铜的好成绩,在苏北片区排名第一。在8月市残联举办的游泳、乒乓球比赛中,县残疾人运动员获金牌4枚,在全市排名第一。县残疾人运动员在省第七届“全民健身运动会暨残疾人围棋、飞镖锦标赛”中,获飞镖比赛冠、亚军,获围棋比赛亚军。

【残疾人组织建设】 2016年,县基层残疾人组织建设达到标准化要求。专门协会组织健全,做到活动经常化;肢残人协会、聋人协会、盲人协会、精神病人亲友会、智力残疾人亲友会协助县残联有关部门开展各项活动。建成伊山镇孙二摩托车修理部、灌云县特教学校、侍庄街道鹊桥会婚恋交友中心、伊山镇新村卫生室、灌云县精神病防治院等6家助残社会组织孵化园。加强乡镇(街道)残疾人专职委员管理,除正常的业务培训之外,实行每月一例会、每季度一评比、每半年一考核、一年一总结制度,经考核合格的续签聘书,实行一年一聘。

(时明亮)

灌云县科学技术协会

【概况】 2016年,灌云县科协“秉持发展新理念,增创跨越新优势”工作主题,努力开创科协工作新局面,成功建立市级科普惠农服务站4家、市级科普教育基地1家和市级科普示范基地4家；“三百行动”活动惠民利民，第二届灌云县青少年科技创新县长奖等各项科普活动有序开展。5000平方米新科技馆作为县政府2016年十大民生工程之一进入装修阶段；获省“全国科普日”优秀特色活动奖，被评为省级科普示范县。

【推动实施《全民科学素质行动计划纲要》】 2016年，县科协，切实履行县科学素质工作领导小组办公室职责，把科普工作集中到纲要框架之内。遵循“政府推动，全民参与，提升素质，促进和谐”方针，积极推动实施《全民科学素质行动计划纲要》。围绕公民科学素质建设的目标，联合有关部门，加强统筹协调，做好任务分解、检查督促、监测评估等工作，把《全民科学素质纲要》纳入政府目标考核。把工作重点放在未成年人、农民、城镇劳动人口、领导干部和公务员等人群上，以重点人群科学素质行动带动全民科学素质的整体提高。努力实施科学教育与培训基础工程、科普资源开发与共享工程、科普基础设施工程。

【省级科普示范县创建】 2016年，灌云县科协积极参与创建“省级科普示范县”活动。坚持“政府推动，全民参与，提升素质，促进和谐”方针，积极开展党政机关各职能部门间的协调合作，统一部署，整合资源，广泛动员社会力量，调动一切积极因素，提高公民科学素质，繁荣科学文化，创造文明社会环境，被评为“省级科普示范县”。

【科普项目申报】 2016年，灌云县伊芦佳园水蜜桃种植专业合作社等4家惠农服务站被命名为“市级科普惠农服务站”；灌云伊芦佳园水蜜桃种植专业合作社、灌云县金雪养鸡专业合作社、灌云伊芦佳园水蜜桃种植专业合作社3个科普示范基地被命名为“市级科普示范基地”；灌云县青少年农业科普实践基地被命名为“市级科普教育基地”；图河镇成功创建“省级科普示范乡镇”；图河镇许大沟村被命名为“省级科普示范村”。

【科普活动】 举办第二十八届科普宣传周活动。2016年5月17日，在灌云乐天马特广场举办第二十八届科普宣传周开幕式，共22家单位参加，科协负责人以及各单位的分管领导参加活动。广大居民积极参加科普广场咨询活动，其间，各单位派出专业人员100余人，对前来咨询的市民提供最新鲜、最直接的科普知识，并向现场群众发放各类材料5万余份，各类图书1万余册。

开展全国科普日活动。结合2016年全国科普日，灌云县科协开展“科普进社区”活动。邀请环保和卫生方面的有关专家，利用全国科普日，在全县范围内掀起以“节能、环保、健康”为主题的科普知识宣传周活动。灌云县科协获“2016年省全国科普日优秀特色活动奖”。

举办青少年科技创新县长奖。为鼓励青少年爱科学、学科学、讲科学、用科学。2016年，举办第二届青少年科技创新县长奖，6月完成灌云县青少年科技创新县长奖相关工作，11月进行最终评比并对获奖人员颁发奖杯和奖金。

开展“三百行动”。2016年，县科协认真实施科普惠农兴村计划及“三百行动”，根据省市科协“三百行动”的要求，在杨集镇三图村举办养鸡培训班，并邀请江苏省农业科学院兽医研究所教授张则斌为养鸡大户和对养鸡感兴趣的农民进行专业培训；邀请中国科学院南京土壤研究所专家杜昌文，为灌云县种植专业户进行培训，杜昌文教授以“减肥增效、绿色发展”为主题，从化肥的重要性和过量施用化肥的危害性、化肥减量增效技术、策略和途径以及对于化肥问题的展望三方面向现场观众作报告。还组织科技人员下乡村、到田头、进渔场，开展技术咨询、分发种养书籍、举办各类培训班。

营造尊重人才、尊重创造社会氛围。2016年，县科协在《灌云日报》、灌云新闻广播电台等新闻媒体大力宣传县内广大优秀科技工作者代表的先进事迹，各县级学会、各乡镇科协也以各自方式宣传本系统、本地区优秀科技工作者，在全县范围内营造尊重人才、尊重创新的社会氛围，吸引更多的科技人才进驻灌云，为灌云的发展作贡献。

【提高科普设施利用率】 科技馆免费开放。2016年，县科技馆坚持免费对外开放，主动邀请县各中小学学生前来参观，同时结合青少年科技县长奖，邀请获奖教师及获奖学生到馆参观。节假日期间，县科协加大宣传力度，利用微信、微博、报纸、电视等媒体宣传科技馆，吸引更多市民参观。至2016年底，科技馆接待市民35000余人次，其中中小学生近2万人。

开展科普大篷车进校园、进社区活动。2016年，灌云县科协开展了一系列科普宣传活动，其中最受欢迎的当属“科普大篷车进校园、进社区活动”。科协组织工作人员，把科学技术设备及科学创新理念带入校园传授给学生，受到学生们的热烈欢迎。2016年，科普大篷车先后进入灌云实验小学、益海助学中心、鲁河小学、伊芦中学等10多所学校及伊山、侍庄、南岗等多个社区开展科普活动。

重点建设灌云县新科技馆。2016年，科协把新科技馆的建设作为工作中心和首要目标任务，按照县政府常务会议纪要精神，真抓实干，力争打造苏北一流科技馆，确保按时按量、保质保量完成。

（县科协）

灌云县红十字会

【概况】 2016年，县红十字会紧紧围绕县委县政府工作中心以及省市红十字会的工作重点，真抓实干，开拓创新，不断提高人道救助实力和公共服务水平，更好地发挥人道领域联系群众的桥梁和纽带作用。在组织建设、募捐筹资、人道救助、救护培训、生命重建与志愿服务等各个方面均取得新进展。在全市红十字目标管理考核中被评为综合工作优秀单位，获县委、县政府建设灌云先进奖。

【募捐筹资】 县红十字会救助资金全部来源于社会募捐。2016年5月，县红十字会向各乡镇、教育卫生系统、企业发出倡议，号召全县机关、单位干部职工，积极奉献爱心，广泛筹集资金。全年接收社会捐款122万元，其中，接收机关单位、企业、乡镇干部职工捐款32.8万元，接收全县中小学在校师生捐款7.25万元，接收县烟草公司等单位捐赠87.7万元，为开展困难救助提供资金保障。

【人道救助】 2016年春节期间，全县开展“博爱送万家”活动，投入25.53万元救助金，物资价值12万元，对全县691户困难家庭、县特殊教育学校给予人道救助。关爱五保老人，为确保全县敬老院的五保老人能够温暖过冬，红十字会为各乡镇五保老人提供500套价值2.78万元的防寒棉衣；为各乡镇敬老院的老人送去牛奶380箱，价值4.56万元；10月是敬老月，联合县人民医院到东王集敬老院，为40名五保老人义诊，并送去牛奶饼干等慰问品。开展日常困难救助工作。全年得到县红十字会救助的有37人，发放救助金5.35万元。从县人道救助基金里捐助3万元支援受龙卷风灾害严重的盐城市阜宁、射阳灾区；县委县政府牵头，发动全县干部职工为盐城灾区捐款10多万元，并捐献慰问物资价值8万元。暑假期间，开展“博爱助学”活动，投入4.5万元，救助贫困大学新生15名。联合县教育局开展“汇聚爱心·挽救生命”活动，投入2万元，救助灌云县实验小学困难学生20名。日常救助重病学生6人，发放救助金8000元。关爱残疾儿童和特殊学校的学生，县红十字会为110名困难残疾儿童送去200箱牛奶和300箱奶粉；为特殊教育学校的孩子们捐赠2万元慰问金和价值33.6万元的奶粉，用于改善孩子们的生活质量。

【博爱项目】 2016年，县红十字会积极向上级红十字会争取资金支持，县“博爱助医”救助尿毒症患者项目顺利获批，该项目投资8.8万元，其中省红十字会资助5万元，县红十字会配套3.8万元，用于救助全县88名特困尿毒症患者，该项目获得全市红十字会系统2016年度优秀博爱项目。

【救护培训】 2016年，县红十字会承担省市应急救护培训任务11300人次，县红十字会及时召开动员会，分解任务，下发文件，及时对接，热心为企业服务，先后免费为连云港仁弘日用品有限公司、北欧农场等企业开展应急救护知识培训。9月为江苏省灌云高级中学、灌云县第一中学的初一、高一学生开展应急救护培训。通过培训提高企业员工和学生的逃生避险自救互救能力，加强了平安校园建设。联合县机关工委，将应急救护培训纳入入党积极分子培训内容，联合县委组织部为2016年新录用机关事业单位工作人员开展应急救护培训，使广大机关事业单位干部职工了解和掌握应急救护基本知识，至10月底，完成初级救护培训1369人次，普及培训10007人次，超额完成全年目标任务。

2016年1月20日，县红十字会开展2016年度春节“博爱送万家”活动。

【生命重建工程】 2016年，县红十字会成功完成1例造血干细胞捐献。23岁的茆艳凤是灌云县伊山镇河东村人，同时也是徐州医科大学的一名大四学生，为江苏省第504位、连云港第13位、灌云县第3位造血干细胞捐献者，也是连云港市首例大学生捐献志愿者。县红十字会利用到机关、企业、学校开展救护培训机会，大力宣传无偿献血和造血干细胞捐献相关知识，动员更多的人参与公益事业。9月上旬，采集造血干细胞有效血样260人份进入中华骨髓库，超额完成全年目标任务。全县累计1841人血样进入中华骨髓库，成为捐献造血干细胞志愿者。全年有21名志愿者与患者初配相合，有6人进行高分辨配型，3人进行全面体检，1人成功捐献。全年参与无偿献血5500人次，采血量超200万毫升，居全市各县区首位。

（县红十字会）

灌云县哲学社会科学界联合会

【概况】 2016年，灌云县社科联在县委、县政府的领导下，在市社科联的指导下，围绕县委、县政府的中心工作，深入学习习近平总书记系列重要讲话精神,进一步拓展社科知识普及渠道,增强社会科学工作的影响力和覆盖面。

【社科普及活动】 2016年,县社科联融合县内社科资源,大力宣传和普及社科知识。县社科联与宣传部、党校联合创新打造伊山讲坛这一科普宣传模式。全年"伊山讲坛"共举办讲座12期,听课2400余人次。"伊山讲坛"特地邀请江苏省地震工程研究院副院长邓民宪到灌云作防震减灾专题讲座。邀请北大民营经济研究院特约讲师包红刚为全县大小企业作"工业4.0时代制造业的出路"专题讲座,使全县民营工作者们受益匪浅。"伊山讲坛"还针对大众关心的子女教育、健康养生、文艺欣赏等分别举办专场讲座,邀请行业名家到灌授课。采取前部分专家讲课、后部分听众提问专家解答交流模式,开展社科普及活动。

【理论学习和讨论】 2016年,县社科联围绕县委"全面建成小康社会,建设强富美高新灌云"的总体思路,配合县委中心组以党委中心组学习为载体,开展专家辅导讲座。围绕"四个全面"战略布局、国防建设新形势、舆情处理与媒体沟通、一带一路经济新常态等理论时事热点,专门邀请省委党校教授周延胜、南京大学法学院教授狄小华、浙江大学教授熊卫平等到灌授课。通过一系列专家解读、专题讲座,增强干部驾驭当今经济社会工作的能力,提高干部政治理论素养和工作水平。

【重点课题立项申报、学术调研】 2016年,县社科联按照市社科联的要求,及时组织学会、协会及相关单位,开展省社科普及规划项目申报立项、优秀成果申报、创新奖申报等工作。县博物馆被命名为国家级社科普及示范基地,县图书馆、小学生实践基地被命名为市级社科普及示范基地。政协原副主席黄军昌论文《领导者如何驾驭"不好用"的下属》获连云港市第十三届哲学社会科学优秀成果奖三等奖。社科联主席张荣富申报市县专项课题《绿色发展理念引领下连云港市生态文明建设路径研究》结项。

(县社科联)

潮河湾风光

综　述

2016年，灌云县境内公路总里程2613.81千米，公路密度为169.95千米/百平方千米，其中，高速公路67千米，一级公路75千米，二级公路350千米，三级公路130千米，四级公路1991.81千米。客运站场8个。航道总里程455.18千米，其中，三级航道55.48千米，四级航道22千米，五级航道73.5千米，六级航道52.4千米，等外航道251.8千米。内河港区有码头7个，泊位24个，泊位长度1124米。全年累计完成交通基础设施建设投资10.25亿元。县交通运输局被江苏省精神文明建设指导委员会授予“2013—2015年度江苏省文明单位”，连云港市委授予“2014—2015年度连云港市文明单位”，县委、县政府授予全县“综合目标考评优胜三等奖”“特别贡献奖”“重大事项推进先进奖”“优化发展环境先进奖”“社会和谐稳定建设奖”和“机关绩效管理十佳单位”。204国道灌云段改扩建工程、龙苴大桥建设工程获评全市公路水运工程“平安工地”建设市级“示范工地”，204国道灌云段改扩建工程被评为“江苏省交通建设优质工程”挂牌创建项目，获评2016年度江苏省普通国省干线公路建设工程“十佳项目”，是全市交通工程建设唯一获此殊荣的奖项。

2016年5月10—11日，省交通运输厅厅长游庆仲到灌云调研经济社会发展、交通运输、扶贫开发等工作

公路管养

【公路维修】　2016年，投入2500万元完成324省道城区段大中修工程；投入1500万元维修204国道、228国道、324省道等干线公路沥青混凝土路面8.69万平方米；投入210万元修复穆南线、圩伊线等道路路面破碎板约2000立方米，修复杨陡线波形护栏约120米，修复桥涵2座，重建1座。

【道路养护】　2016年，县交通部门投入600万元，完成路面保洁143千米，路肩边坡边沟清理260公里，里程碑刷白202块，补缺百米桩及警示桩272根，确保干线公路路况达到省市规定指标；全县桥梁防撞墙刷白1.295万延米，安装防眩板178块，更换波形护栏156延米；完成236省道侍庄集镇段、324省道花坛和绿化补植5.17万株，维修花坛120延米，花坛刷白1650延米，绿化修剪9.09万平方米；处置桥头跳车和桥梁伸缩缝6处。投入800万元，做好228国道灌江口大桥管养中心前期征地拆迁和沟塘填补工作。

【环境整治】　2016年，县交通局路政大队贯彻执行“大队包面、中队包片、个人包段”和“定任务、定标准、定奖惩”为内容的“三包三定”制度及“一路一档”管理机制；以全县城乡环境整治为契机，拟定《灌云县国省干线公路两侧建设与规划管理办法》,注重与乡镇联合开展路域环境综合整治,开展228国道"畅、安、舒、美"示范公路创建活动。以国省干线、城乡主要结合路段等区域为重点,对乱堆乱放、乱搭乱建等现象开展专项治理,及时制止、查处各类损坏、侵占路产路权的违法行为,全年出动路政人员8624人次、路政巡查车辆7台,查处各类涉路案件159起,实施行政许可事项15起,清除违法建筑261平方米,清除路面障碍物1.13万立方米,清除摊点672个,清除非标1484块。公路路域环境得到明显改善。

【超限治理】 2016年,县交通部门以超限检测站为依托,实行每日24小时工作制,组成5个中队,对国省干线尤其是228国道进行重点管控,查处目标由违章车辆的数量向超限的质量转变,查处路段由全面检查向重点区域转变,查处的重心由逢超必查向抗法冲岗转变。抽调机关、路政等部门10余名执法人员组成机动中队,不定期对超限车辆进行突击检查,有效堵塞治超漏洞。全年查处超限车辆815辆,卸驳载各类货物3.76万吨;充分利用新建的242省道公路运输车辆动态称重检测管理系统开展科技治超,通过实施非现场处罚治超案件117件,超限率控制在2.6%以内。

公路建设与运输

【公路建设】 2016年,全县公路项目完成投资8.55亿元。其中204国道改扩建工程完成投资6.13亿元;全线路基填筑及中小桥涵基本完成,部分路段提前启动沥青摊铺。投资1亿元启动233国道灌云北环段征地拆迁等相关工作;投资0.25亿元启动龙苴大桥建设;投资1.16亿元新(改)建农路150公里,新(改)建桥梁11座。

【运输生产】 2016年,全县完成公路客运量0.17亿人次,客运周转量4.36亿人千米,比上年分别增长1.8%、0.9%;公路货运量0.147亿吨,货运周转量26.61亿吨千米,同比分别增长5.1%、4.9%;水路货运量0.036亿吨,货运周转量17.52亿吨千米,比上年分别增长3.5%、3.2%。

航道建设与运输

【航政管理】 2016年,县航道管理部门不断加大航政管理力度,认真做好临、跨、过河设施行政许可工作,全年受理办结9起行政许可。全年航政艇巡航180天,里程2350千米,清障扫床航道里程296千米,依法收取航道赔(补)偿费53.37万元,干线航道通航率继续保持在95%以上。

【工程养护】 2016年,全县加强航道养护工作。投入410万元,完成缺失芦苇1400平方米补植作业,利用夏季枯水季节修复施工疏港航道灌云段全线护岸墙勾缝1900平方米,完成1539米护岸压顶凿除及修复施工,完成船坞及办公区信息化改造作业。完成疏港航道护岸完善工程包括仲集大桥南新建护岸40米、县城东方红桥下新建护岸82米、灌云水上服务区北新建护岸49米。完成县城南环大桥航段新建直立护岸202.75米及车轴河口航段新建生态护岸104.6米。完成辖区内等级航道300多个断面测量、整理归档等工作。

【安全管理】 2016年,县航道管理部门采用多种形式全方位对交通安全工作进行宣传。航政艇上航上线宣传15次,全天候在电子显示屏滚动显示安全标语,召开各类安全会议15次,参会280人次,举行4次安全教育培训及测试,培训面100%,定期对办公场所水、火、电进行安全检查,确保车、艇安全行驶。全年未发生一起安全事故。

港口建设与运输

燕尾港现为连云港灌河港区燕尾作业区,由连云港市港口管理局灌河分局管理。灌河港区燕尾作业区是连云港港南翼港区的重要组成部分,紧邻灌河口5万吨级航道西导堤,扼守黄海与灌河交通要冲,经灌河、通榆河、盐河等航道可直抵长江与京杭运河,经东灌线航道与徐圩港区互联互通,沟通东西,连贯南北,海河无缝对接,水运条件优越,船舶进出方便,是苏北、皖北、豫南、鲁南等周边地区的最佳出海口,是发展海河联运的最佳港口之一。自2013年开港至2016年,以

204国道灌云段改扩建工程城区段施工现场

建设“服务临港产业港、海河联运特色港、灌河流域龙头港”为发展定位，逐步发展成为苏北海河联运的重要港区，建成2个3万吨级泊位和2个5万吨级泊位，形成以煤炭、矿石、散盐、粮食为主，吨袋、钢材、集装箱为辅的货源结构，2016年港口吞吐量312万吨；启动建设3号码头两个5万吨级泊位，完成岸线批复、项目立项、环评、洪评、海域使用论证等相关手续。极大提升港口综合功能、拓展口岸服务范围，满足内外贸船舶靠泊和广大客户的进出口需求。2016年12月29日连云港港灌河港区燕尾作业区临时进出国际航行船舶获交通运输部批准。

连云港内河港灌云港区下车作业区连云港阿尔山实业有限公司码头于2016年获交通运输部岸线许可，正在做码头初步设计。五灌河作业区连云港宵洋物流有限公司码头二期工程初步设计方案获市交通运输局批准，启动施工设计图。

铁路机场口岸建设

【连盐铁路】 连盐铁路是一条连接连云港市和盐城市的高速铁路，正线长度234.03千米，国铁Ⅰ级，客货兼顾，双线电气化，设计时速200千米。灌云县境内长37.4千米，线路北起善后河（新坝界），南止新沂河中泓（灌南界），途径小伊乡、下车镇、杨集镇、图河镇等4个乡镇，工程总投资约22亿元。至2016年底，县境内铁路墩台建设和连续梁铺架完成，线上工程加速推进。

【连淮扬镇铁路】 连镇铁路灌云境内全长26.8千米，在连盐铁路董集站接轨，途径小伊乡、下车镇、伊山镇、东王集镇，在东王集镇境内设灌云站，工程总投资约19亿元。至2016年底，完成红线交地60.67公顷，占总量的99.3%；提供临时用地22.47公顷；房屋拆迁完成355户，占总量的98.3%。同步推进被征地农民社保、安置小区建设等工作。

连镇铁路灌云段项目建设

【连云港新机场】 连云港花果山国际机场位于连云港市灌云县小伊乡，其规划控制区范围为：东至宁连高速公路；西至龙苴镇小由泓，并向南延伸至龙竹路；南至小伊乡枯沟河，并延伸至龙竹路；北至善后河，距连云港市区约21.5千米。占地面积约230公顷，一期规划飞行区等级为4C级（远期为4E级），建设2800米跑道、整条平行滑行道，8万平方米站坪、3万平方米的旅客候机楼，近期（2025年）满足旅客年250万人次、货邮年2.4万吨的需要，其中出入境国际旅客30万人次。2016年，国家发改委、交通运输部下发关于印发《交通基础设施重大工程建设三年行动计划》的通知，迁建连云港机场工程被列为2018年国家交通基础设施重大工程建设重点推进项目，项目主要建设内容为“新建1条跑道、航站楼及相关配套设施”，投资20亿元。省政府印发《沿东陇海线经济带重大项目推进三年行动计划》，连云港机场迁建工程、长深高速公路连云港新机场互通、204国道至新机场连接线（全长8千米，一级公路标准）位列其中。2016年，项目前期工作按市机场办公室进度要求稳步推进。

【口岸建设】 2016年12月29日，交通运输部批准同意连云港灌河港区燕尾作业区临时开放，进靠国际航行船舶，这是灌云县沿海大开发的一个重要里程碑。县委、县政府用9个月时间，就完成从市级到省级再到国家级层面口岸查验单位和军方的意见征求，开创高效报批口岸工作的新纪录。燕尾作业区临时开放，打破灌云县有港无口岸的历史，实现燕尾港口进靠国际航行船舶的夙愿，推动全县经济社会的快速发展。

城乡公共交通

【城市公共交通】 2016年，灌云县新辟及优化公交线路12条；大力推动发展新能源公交车，投入2004万元，新增、更新新能源公交车60辆；投入40万元新建、维修城乡一体化公交站亭，投入7万元新建130个镇村公交、出租车招呼牌；投入近450万元新建灌云县龙苴汽车客运站；实现100辆城市公交车一卡通全省互联互通。

【农村公共交通】 2016年，开通运营南岗、陡沟、龙苴等乡镇社区的公交，扎实推进镇村公交工作。年底通过省级验收。开通后的乡镇村公交运营良好。建成的5个农村客运站全部投入使用，并实行联网售票，全县符合通车条件的301个行政村班车通达率100%。

【行业管理】 2016年,县交通部门继续落实县委、县政府惠民政策,为70周岁以上老人、残疾人、残疾军人提供免费乘车服务;强化安全管理工作,对全县5家客运企业及8家客运站每月开展1次安全检查,严格执行客运站各项管理规定,定期排查整改安全隐患;严把进站证换发审核关,对进站客运车辆的运营手续逐台严格审核,对不符合进站条件的车辆,坚决不允许进站发车;加强对客运行业从业人员教育培训,培训出租车驾驶员、公交驾乘人员3200余人次;做好投诉处理工作,全年共接处投诉230余起,做到件件有结果,起起有落实,提高客运服务水平。

【燃油补助】 2016年,县交通部门为了确保出租车、农公班车、城市公交车燃油补贴资金及时发放,把好营运车辆燃油补贴审核关,督促客运企业据实上报,并作出承诺,确保油补数据真实可靠、上报及时;在油补发放过程中,专门成立油补发放工作领导小组,拟定油补发放方案经报批后,严格按照方案发放,完成燃油补贴资金发放工作。

【春运工作】 2016年春运期间,全县投入运力334辆,10347个座位,投放加班车42辆,外调临时加班车120辆,安全运送旅客120.31万人次,客运车辆发班5.84万班次,加班348班,未发生旅客漏乘错乘或滞留现象,圆满完成春运工作任务。

交通运输行业管理

【公路行业管理】 2016年,县交通部门认真落实公路管养体制,积极开展养护劳动技能竞赛,以预防性养护、日常性养护、精细化养护为抓手,大力开展以路肩、边沟、绿化、桥头跳车和集镇段环境为主要内容的“五项整治”活动,确保“小塘及时补、大塘不过夜”。以加强安保设施管理、公路维修为主导,以定点检查、流动性检查为重点,加强对全县国省干线重点路段、重点区域的养护和超限车辆的管控。全年投入1500万元,对204国道、228国道、324省道进行日常维修,共维修沥青砼路面8.69万平方米;查处各类公路违法案件159起,实施行政许可事项15起,清除违法建筑261平方米,清除路面障碍物1.13万立方米,清除摊点672个,清除非标1484块;查处超限车辆815辆,卸驳载各类货物3.76万吨,超限率严格控制在2.6%以内。全县管养国省干线公路MQI值91.3,PCI优良率87.6%。

【航道行业管理】 2016年,县航道管理部门将航政管理工作作为全年工作的重中之重,全面贯彻施行《中华人民共和国航道法》《江苏省航道管理条例》,大力推进依法治航进程,不断完善执法公示制、责任制和监督制度,认真贯彻航道巡查制度,提高日常巡航密度,及时发现并查处各类违章行为,干线航道通航保证率95%以上,航标正常率99%以上,保障航道安全畅通和航产航权完整。全年巡航180天,巡航里程2350千米,清障扫床航道里程296千米,干线航道通航率保持在95%以上。

【运输市场管理】 2016年,县交通部门坚持“依法监管、标本兼治、综合治理”原则,协助企业处置出租车罢运事件,重点查处“面的、黑的、轿车、大客车”等非法营运车辆,全年查处违章案件335件,黑车38辆,纠正挂出租车顶灯运营残疾车35辆次,整治规范8个客运站、11家驾校、36家维修企业经营行为,行政处罚48.03万元。联合公安、城管等部门,加大对城区内非法营运车辆的管理力度,全年共查处电动车、三轮车和“黑车”等违法违规车辆460辆次,进一步净化了客运市场环境。

【地方海事管理】 2016年,县海事管理部门派出海事志愿者98人次,通过送春联、慰问贫困船民、渡运安保、水上保洁、安全知识进校园、应急救援演练、安全月咨询服务、平安交通义务执勤、义务献血、结对帮扶等一系列志愿服务活动,广泛传播海事声音,树立海事新形象。加强渡口安全巡查监管力度,每年一类渡口每道安全检查24次,二类渡口每道安全检查12次,三类渡口每道安全检查4次。全年出动执法人员263人次对重点渡口进行现场维护,安全护送旅客8万人次。以“平安海事”创建活动为抓手,开展水上交通安全整治活动,严厉打击水上各类违章行为,对违章船舶严管重罚。同时运用电子手段加大对重点船舶、重点水域、重点时段的监控,加大巡航力度,提高水上交通安全预防预控能力。加强与市内兄弟单位的联合执法力度,查处海事执法系统的重点跟踪船舶。强化水上水下活动监管,做好施工期间的水上交通安全工作。开展水上应急搜救演练活动,锻炼水上搜救队伍,提高渡口从业人员应对水上突发事件的处置能力。配合上级和有关部门做好船舶拆解工作。巡航6480千米,上船检查1640人次,检查船舶5020艘次,纠正违章1485艘次;实施船舶法定检验285艘,征收船舶检验费56.94万元;实船签证330艘次;实施船舶安全检查361艘次,发现并纠正缺陷1986项,缺陷纠正率100%;实施行政处罚1364件,罚款50.8万元,确保辖区水上交通安全形势的持续向好。

(柴　模)

邮　政

【概况】 2016年，灌云县邮政分公司认真贯彻落实省、市分公司工作会议精神，顺应形势，围绕建设“政府认可、行业有位、社会满意、员工幸福”发展目标，以提升规模为主线，主动适应转型发展新常态，强化目标引领，深化转型发展，加快“四大工程”建设，各项工作稳步发展。

【业务收入】 2016年，全县完成邮政业务收入8030万元，比上年增长10.77%，继续保持两位数增长的发展态势。邮务类业务收入2258万元，比上年增长22.3%，列全市四县第一。其中，函件专业收入增长12.24%，列全区第一位；集邮专业收入增长22.8%，列四县第二；报刊业务收入增长1.61%、包裹快递业务收入增长59.44%，均位居全区第二。代理金融业务收入5766万元，比上年增长6.83%。公司在提升发展规模的同时注重质量和效益的提升，全县实现收支差额2139万元，全面完成市公司下达的收支差计划；实现有效收入6481万元，增长9.63%，公司效益进一步提升。

【项目开发】 2016年，灌云分公司围绕13个重点项目加大市场开发和项目开发力度，通过拓展自定项目积极推进对外融合、对内整合、扩大经营范围。做实一点一策活动，开展夕阳红、务工客群、DIY蛋糕制作亲子等项目活动，吸收资金总量2.1亿元，形成收入540万元。结合地方特色，开展集邮定向开发，实现收入28万元，常态化开展邮票首发、集邮品鉴会30余次，实现收入80万元。开拓商函市场，为学生定制毕业生纪念册实现收入5万元，积极试水商业演出，成功运作儿童剧项目，实现收入8万元；举办几十场大小型车险团购会，实现商业保费168万，开展3次大型订货会收入70余万元；校园期刊推进有序，《创新作文》期刊领跑全区，累计征订1600余份，实现流转额16.7万元。

【转型发展】 2016年，全县23家代理金融网点实现转型全覆盖，产能管控，增值服务体系建设初步完成，厅堂氛围营造明显浓厚，客户服务和维护能力逐步提高。集邮业务全面推行网厅销售、微营销、集邮联名卡等销售模式，线上销售收入10万元。片区投递网优化工程开始运行，调整报刊收订新模式，将流转额直接下达至各投递片区，支局仅承担重点报刊指标，提升片区投递员的主动性，全年投递片区流转额500余万元。

【薪酬改革】 2016年，公司不断完善分配激励办法进行企业员工年薪制和绩效的管理改革，出台支局长、中层干部及普通员工的绩效管理办法，对投递员实行计件工资制。初步实现薪酬推动发展的杠杆效应，让广大员工分享企业发展成果。

【人力资源整合】 2016年，公司进一步规范选人用人机制，支局长、理财经理等重要岗位实行公开竞聘，同时陆续出台《支局（所）负责人管理办法》《支局（所）负责人薪酬管理办法》，规范支局长队伍管理。优化人力资源，调整后台3名人员到营业网点，合理安排3名投递员到营业柜台。开展高技能、高素质员工转聘和大学生招聘工作，全县转聘B类员工6人，新增校园招聘A类金融柜员2人，社会招聘B类金融柜员6人，石家庄邮校2人，苏州技校1人，缓解一线柜员紧缺状况。

【队伍建设】 *在教育培训上下功夫。* 2016年，公司开展大小培训105次，技能、知识、以及持证考试75次，同时加强岗位大练兵的抽查和通报力度，进一步明确三大工种的持证要求，持证人数进一步提升，员工素质进一步加强。全县邮储柜员90人，持证80人（其中3人持投递证），持证率88.8%；全县投递员41人（不含劳务承揽），持证34人，持证率82.9%。

在营销队伍上注活力。 优化营销理财团队人员配置，全县金融理财团队21人，其中专职理财经理19人，非全客户经理2人，金融网点专职营销人员覆盖率83%，保险收入贡献率100%。新增配备18名大堂保安兼大堂经理（外包），助力网点经营发展。

【风险防控】 2016年,全县配备代理金融合规检查人员2名,在全县范围内开展"六排查、六强化"专项排查整治、"两个加强、两个遏制"回头看工作等专项检查活动96次,发现问题175个,问题整改率100%。出台风险防控、排查整治等规定,从严检查,严格问责,强化"四不两直"暗查暗访制度,努力实现从突击检查向常态化管理转变,从少数人重视向全员参与转变,从运动式检查向科学化专业化监管转变,金融风险防控措施得到有效落实。

【安全管理】 严格落实安全责任制,签订安全生产责任书。2016年,公司加大设备投入,对全县ATM加钞间强弱电线路进行刚性防护,并配备门禁系统。严格执行安全生产工作,出台车辆管理办法,规范人员行使和车辆使用。对网点安全检查做到全覆盖,开展非现场检查、节假日突击检查,全年发现安全隐患31个,现场整改28个,限期整改3个。不断提升通信质量和服务质量,2016年,公司对全县24家网点、5家专业公司,进行常规检查和专项检查、非现场检查和不预告检查共506天次,填写视察报告书136张,下发白色整改通知书11次、黄色整改通知书4次,检查需整改问题428件,其中银行审计检查问题207个,全面落实整改。

【改革创新】 片区投递优化工作持续创新。为适应农村电商市场发展的新常态,公司持续深化特色邮路创新,致力于开展片区投递网优化工作,得到省、市公司领导的充分肯定。针对2015年下半年的农村投递网优化试点以及2016年的持续创新和改革片区投递网的管理模式、运营模式以及业务发展模式情况,公司成立5个片区投递配送中心、1个接转点。利用片区模式促进经营发展,在5个片区中开展邮务类旺季营销竞赛活动,把重点报刊、流转额、分销和车险四项业务进行综合考量,实行只奖不罚,拉动旺季营销活动业绩的增长。

综合服务平台建设有序推进。2016年,累计建成邮掌柜445个,完成市公司计划的100.68%。平台建设与加盟店的维护、村邮站建立结合在一起,全面推进邮政在村一级的服务。同时加强平台与金融、包裹等专业联动,在向村民提供小额存取款、代收费、包裹自提等服务的同时,进一步加大平台的宣传力度,充分发挥全县各邮政网点、投递片区以及加盟店的网络优势,开创平台建、营一体化运作,促进邮政各项业务的发展。

小伊片区投递配送中心成立

信息网创新维护水平逐步提升。运用"互联网+"进行营销模式的创新和整合,不断推进微营销、网厅营销、新媒体营销等服务模式,加强线上线下的整合发展。完成金融合规视频监控配套工程、保险理财"两录"系统、自助填单等多项省内信息系统建设推广。搭建高清视频会议平台,实现全县金融网点远程参会,减少网点运营的时间和空间成本。获市2016年度信息网运行维护管理竞赛二等奖。

(唐娇娇)

中国电信灌云分公司

【概况】 2016年,中国电信股份有限公司灌云分公司积极推进全县通信网络升级和智慧城市基础设施建设,围绕"加快发展、转变方式、深化改革、推动创新、加强管理"主线工作,推动企业架构扁平化改革向纵深发展,对内强化能力提升,对外优化网点布局。公司被授予"江苏省文明单位""依法管理诚信经营先进企业"等称号。

【业务发展】 2016年,中国电信灌云分公司先后开展"开门红""精三扫""宽带会战""终端团购会""翼校通""高校迎新""双百兆""4G提升服务"等重点营销工作。以分享计划、存折计划、全家嗨等资费发展中高端客户,拉动收入有效增长;通过全网通手机组合嗨卡,体现电信大语音大流量、4G易通卡等优惠资费促进天翼规模发展;政企市场以全业务签约、行业应用等重点业务为主。成功与银行、政府、企业等行业签约应用。

【基础建设】 2016年,公司在运行维护方面紧紧围绕市场业务发展支撑重点,以4G建设、全光建设、光进铜退三大项目工程为中心,有条不紊开展移动网络覆盖、交换机退网、长线维护等基础工作。积极参与城市建设,完成"204国道""山前河""连镇铁路""连盐铁路"等多处线路改造任务。4G网络建设方面,至2016年底,公司投资1300万元,县内实现4G网络全覆盖,天翼用户突破13万人。光网建设响应国家提速降费要求,启动新一轮宽带提速,政企客户全面提速,全光覆盖率达90%以上,全县家庭平均上网带宽由20M提升到46.8M,宽带用户、iTV用户均超10万。智慧政务方面,参与承建全县党建视频云系统、党员远程教育平台、天网系统、医疗机构专线等项目。在景区、医院、车站、超市、酒店等人员密集场所提供aWIFI热点服务。

【党风廉政建设】 2016年,公司党委与各职能部门负责人签订党风廉政建设责任书,把党风廉政建设的要求贯穿于企业管理、业务经营以及对外经济交往活动的全过程;认真贯彻中央八项规定、六项禁令和反“四风”要求,保障公司各项工作健康发展;按照省、市公司的要求,重点关键岗位人员开展廉洁自律情况自查自纠专项活动;开展“两学一做”主题党课教育,严守党的政治纪律和政治规矩,坚持贯彻党课学习精神,从严治企,确保企业持续健康发展。

【社会责任】 2016年,中国电信灌云分公司深入开展“德行灌云·志愿同行”“投身环境集中整治 提升文明创建水平”、员工无偿献血、“情系孤儿,爱心捐助”“情暖冬阳”“送温暖、献爱心慈善一日捐”“慰问环保工人”等社会公益活动;结对侍庄街道朱胥村开展扶贫,年底帮扶对象成功实现脱贫。开展“雷锋活动日”“公民道德宣传日”等主题宣传活动,弘扬主旋律、传递正能量,不断深化企业文明建设工作。

【安全生产】 2016年,灌云分公司安全工作以保障通信生产和通信建设为目标,坚决贯彻“安全第一,预防为主”方针,深入推进安全隐患排查工作,不断提高全体员工的安全责任意识和安全防范意识,坚持做到制度落实,管理到位,认真整治通信机房、通信线路、机动车辆等的安全隐患,共清理800多处安全隐患。认真落实安全生产月活动,集中学习、集中排查、集中整治,保证通信生产、通信安全畅通和通信建设工作的正常进行,保障企业和社会的稳定和谐发展。

【客户服务】 2016年,灌云分公司坚持以“用户至上、用心服务”为理念,抓好每个服务环节,以感知测评为手段,强化差异化服务优势,多方面提高客户满意度。积极参与政风行风建设,不断规范市场、资费及收费行为,加强用户信息安全、网络安全和信息化建设。不断提升用户满意度,对装维指标的提升提出更高要求,并积极落实省市公司“快装快修”政策,切实提高服务质量。

(王占胜)

中国移动灌云分公司

【概况】 2016年,中国移动灌云分公司不断加强产品创新、市场拓展和客户服务,为促进全县经济社会持续健康发展发挥重要作用。坚持“移动市场、政企市场、家庭市场、新业务市场”四轮驱动,提升“组织、资源、机制”三大管理能力,推动企业健康平稳发展。以客户为中心,以市场为导向,以执行力提升为保障,立足“高起点、高品质”拓展4G业务和家庭宽带市场,增速行业第一。2016年,灌云移动分公司先后获“全省厂务公开民主管理先进单位”“连云港市巾帼文明岗”“县先进基层工会”“用户满意服务单位”等荣誉称号。

【4G网络建设】 2016年,灌云移动分公司紧紧围绕打造“精品移动4G网络”这一核心工作,持续加大网络投入,加强覆盖深度,不断提升4G网络,确保网络优势。全年新建站点150个,全县4G站点超过650个,顺利实现灌云县城、主街道全覆盖,乡镇、农村4G连续覆盖。

【4G优质服务】 2016年,灌云移动分公司进一步聚焦网络优化,提升用户上网、通话满意度。组织专业化队伍查找解决网络覆盖问题,持续提升网络质量。加强对4G用户网络满意度调查,及时处理用户反映的网络问题。推进重点客户关怀,重点测试优化政府机关、学校、医院、大型超市等人员密集场所的网络质量。主动开展4G用户透明消费宣传,累计覆盖10万人次,通过规范服务标准,不断提升窗口服务质量。

【宽带提质降费】 2016年,灌云移动分公司推出“20M宽带起步用、百兆宽带免费送”优惠方案,大规模开展宽带提质提速专项活动,将宽带全部进行光纤模式改造,保证宽带网络质量。针对农村宽带用户,进一步降低资费门槛并加快技术升级,推出优质优惠宽带产品。至2016年年底,百兆宽带成为灌云移动宽带用户的首选。借助网速提升,同时推广多种智能化家庭产品,包括家庭监控、4K影视、信号放大器等相关衍生产品,推进并普及智慧家庭建设。

【集团信息化拓展】 2016年,灌云分公司依托优质的4G网络和丰富的传输资源,积极推动无线智慧城市建设,先后与多家单位合作信息化项目。其中,“平安工地”项目,采用“互联网+”模式助力工地安全生产,视频监控提升了建设单位及工地现场的信息化水平;“村务通”项目,实现全县13个乡镇的行政村全覆盖,推进基层政务管理信息化;“政协工作手机”项目,创新开发省内首个政协议政平台,升级议政连线2.0版本,为地方经济发展发挥越来越重要的作用。

【党风廉政建设】 灌云分公司认真贯彻落实党风廉政建设责任制,将党风廉政责任制纳入管理人员年度考核。通过加强考核、责任追究、述职述廉等方式,提升各级人员的廉洁从业意识。深化党风廉政教育,通过培训、会议、书籍、OA、短信、宣传栏等多种形式开展廉政教育,组织党员及骨干员工参观县党校警示教育基地,营造浓厚的廉政氛围,筑牢反腐倡廉思想防线。建立廉政惩罚体系,结合廉政从业自查和效能监察工作,提高预警防范检查覆盖与频次,将廉政建设融入公司生产经营全过程。

【服务社会和地方经济】 2016年,灌云分公司一直把服务社会、参与社会活动、重视弱势群体、积极承担社会责任作为重要的经营理念。公司每年组织员工参加义务献血,组织青年志愿者多次到敬老院、特殊教育学校、留守儿童家庭进行关爱行动,资助困难儿童完成学业。进一步强化竞合理念,加强与合作商的沟通合作,发挥自身影响力和示范作用,做维护市场秩序的楷模;深化价值链合作共赢意识,加强互利协作,维护繁荣和谐的产业生态圈,为地方经济发展作出贡献。

(灌云移动分公司)

中国联合网络通信有限公司灌云分公司

【概况】 2016年,中国联通灌云县分公司认真执行市分公司和县委、县政府的工作部署,精细化营销、精细化管理、精细化运营。继续完善大服务体系,提高客服质量,加强工程与网络建设,进一步拓展营销渠道,在城区建成4G核心门店达11家。年收入1100万元。

【渠道建设】 2016年,灌云分公司坚持拓展营销渠道。渠道总体规模数量较2015年增加37%以上;以4G业务为主导,在城区建立4G核心门店11家。在城区胜利西路新建自营厅,同时建立乡村服务点,基本做到村村都有服务点,为联通客户提供全方位的服务。

【业务发展】 作为4G产业的主导运营商,公司充分利用双4G网络的优势,实现4G业务快速增长,实现120%的增长率,用户规模全年实现20%的快速增长。同时2G/3G业务增收稳定,为公司的业务发展奠定了基础。互联网家庭用户方面,总体增长稳定,实现15%的增长。总体年收入近1100万,公司的收入、用户规模跨上新的台阶。

【客户服务】 2016年,在继续完善大服务体系的基础上,灌云联通的客户服务工作从服务质量监督工作、投诉工作、维系工作、俱乐部工作四个方面出发,创新模式保重点,明晰短板谋突破,夯实基础抓落实;不断提升服务能力和服务水平。对VIP客户进行生日祝贺、节日问候、话费友情提醒等,同时为提高VIP客户的感知度,开展多家联盟商户,享受VIP优惠折扣。高质量的VIP客户得到精细化服务。为客户免费解决智能手机软件灌装和4G业务的使用问题,提高客户满意度。

【工程及网络建设】 2016年,灌云联通分公司新增4G宏站1536个;新增3G宏站201个;新增2G宏站350个。新增4G楼宇639栋;新增3G楼宇168栋。完善城区、县城、乡镇、景区等99个重点场景4G覆盖;完善56个重点市场区域(校园、医院、商超、交通枢纽等)室内覆盖。新增10GE分组传送网元222端;新增GE分组传送网元227端。投资2400多万元,完成智慧港口、智慧交通、智慧城管、渣土管理、平安餐饮、森林防火监控、小区及商业体楼宇智能化等ICT建设项目;投资500多万元,为传媒企业提供主机托管业务,为某网络公司提供VPN游戏加速业务;投资600多万元,为某网络公司提供云计算服务,与某网吧业务集成商合作开发网吧云业务。投资600多万元,为某金融企业及某生产企业提供无线POS、远程抄表等物联网应用服务。投资200多万元,为某保险企业建设保险行业大数据分析系统。建设2G、3G、4G基站3580个,4G峰值下载速率150M,上载速率50M;LTE载波聚合实验网峰值下载速率达到300M;4G人口覆盖率90%,面积覆盖率达75%,初步形成4G高速数据网连续覆盖及2G、3G语音网全覆盖的高速精品网。完成IP城域网的提速工程,升级2个核心机房的CR至100G平台,升级7个汇聚机房的BRAS至100G平台,扩容BRAS设备28个万兆端口。

(中国联通灌云县分公司)

江苏有线灌云分公司

【概况】 2016年,江苏有线灌云分公司在省、市公司的正确领导和地方政府的大力支持下,全体员工团结拼搏,克难奋进,在队伍建设、机制管理、拓展市场、发展用户等方面取得了显著成效。城区数字电视整体转换工作基本结束,拥有电视用户近两万户,数字电视入户率90%以上。至2016年底,原模拟信号全部整转成数字信号。

【农村环网建设】 2016年3月10日,市公司召开关于灌云农村环网施工专题会议,灌云分公司按照会议要求,成立领导小组,组织技术人员进行路由勘察、距离测定,同时进行材料询价和购买,及时与中邮建公司进行工程对接,多次召开协调推进会,完成合并后的所有乡镇主干线实现通达,信号开通的乡镇有东王集、图河、圩丰、四队、同兴、下车、小伊、龙苴、侍庄,信号未开通的为南岗乡。通过重点乡镇重点突破和以点带面的推广,完成全年发展5000户的任务。

【公司产品】 江苏有线灌云分公司承担着全县所有数字电视的运行和维护工作。电视网提供211套数字电视节目,其中基本电视节目78套,还传送高清频道、付费频道、互动点播、数字广播等节目内容。依靠江苏有线遍布全省的光纤网络,灌云分公司拥有一个开放性强、兼容量大的综合业务传输网络,不但可以为个人和集团用户提供高速、稳定的互联网接入服务,还能为政府、金融、公安、交通、医疗、企业等提供专业的数据业务服务。县城初装用户预交2年数字电视收视费552元,免初装费,送高清机顶盒1台。乡镇初装用户预交1年数字电视收视费216元,免初装费,送高清机顶盒1台,如需安装第二台电视,只需购买200元机顶盒一台,一个户可以接3台机顶盒,每年只收取216元,无其他附加费用。公司还推出宽带业务,一年280元,8M宽带,一年380元,20M宽带强势推出“好视乐雅”特惠套餐,数字电视+10M宽带+互动+回看+随意点播包,县城一年费用660元,乡镇一年费用600元。2016年,乡镇数字电视入户率80%以上。

(江苏有线灌云分公司)

城乡建设与环境保护

城乡规划与建设

【概况】 2016年,县住建局贯彻落实市城乡建设工作会议精神,围绕建设"强富美高"幸福新灌云目标,以民生建设为主题,以城乡规划为龙头,以重点工程建设为抓手,全力推进中心城区、新型城镇、美丽乡村建设,较好完成了全年各项目标任务,城乡建设工作取得良好成效。全年投入城建资金92亿元,实施重点工程80项,新开发城区建筑面积100万平方米,新开工镇村建筑面积165万平方米,新增改造绿地180万平方米,完成房屋征收面积70万平方米。完成黄山路、沂河路、潮河路、建设路东延段等11条道路新建工程,完成新民路、胜利西路、长安大道改造工程,完成盐河公园二、三期绿化、长安大道30米景观绿地建设、人民东路等9条道路侧分带绿化建设工程,五星级宾馆主体工程竣工,开发区九年制学校、东城区消防站、县档案馆新馆、邮政局营业综合楼等项目开工建设。

【村镇规划】 2016年,县住建局组织编制《花果山国际机场空港产业园概念性规划》《灌云县镇村布局规划》;启动完成《灌云县域乡村建设规划》(村指自然村,非行政村),规划一般村1159个,发展村386个,其中,重点村307个,特色村46个,重点特色村33个。发放《建设项目选址意见书》36份,《建设用地规划许可证》14份,《建设工程规划许可证》23份,出具土地征收、出让红线图44份,出具规划设计条件13份,规划竣工核实3个,审查规划方案11个。

东城区开发建设加快推进

【城区规划】 2016年,完成全县地下管线普查工作,启动修编《灌云县城市总体规划(2016—2030)》,对皇冠花园、亿阳·汇福苑、溢彩馨都西区A1号楼、伊新花园、档案馆异地新建、海洋监测中心实验楼、君悦华庭、书香府第等11个项目进行规划方案审查,核发县城区《建设项目选址意见书》及地址复函21份,《建设用地规划许可证》9份,《建设工程规划许可证》24份,出具用地红线和征收红线图16份,办理财富楼、御璟东方、壹帆广场、星河湾、金湾美苑等《建设工程竣工规划核实认定书》13份。

【旧城改造】 2016年,对县城区恒通巷、书馆巷、新村巷等28条背街小巷实施升级改造,铺设巷道路面4541米,面积15833平方米,新建、维修下水道3851米。

【市政设施建设】 2016年,实施新民路(健康路至胜利路)改造、建设路东延、长安大道市政化改造等工程,新铺沥青混凝土路面1.1万平方米,人行道0.5万平方米,新建雨水管道1200米,道路路面修补1.2万平方米,路缘石修复15600米,人行道修补4600平方米,雨水管道清掏疏通48千米,改建检查井、雨水井1300座。

【村镇建设】 2016年,全县重点开展省级临海城镇、美丽乡村和康居示范村建设,推进省级临海城镇和省级重点中心镇燕尾港镇、杨集镇、圩丰镇3个省级重点镇建设项目,完成重点建设27项,总投入约1.66亿元。改造完成镇区道路、亮化等基础设施和农贸市场、污水处理厂、市民健身广场、滨河绿化带及墙体立面改造等公共服务设施。龙苴镇石门村、四队镇隆兴村美丽乡村建设基本完成,伊山镇川星村乡村旅游结合县大旅游规划实现优化提升,推进康居村庄建设工程。同兴镇轴北村小陈庄、杨集镇潮河村谢圩庄成功列入省级康居村庄项目。伊芦康居示范村、安福安置区、下车学府家园等集中居住区项目建设进展顺利;开工建设杨集紫金一号小区、东王集镇紫金明珠等房地产开发项目,新开工建筑面积约46.62万平方米;完成110户农村危旧房改造和133户以船为家渔民上岸安居工程。

2016年度灌云县城乡建设发展项目推进情况汇总表

表6 **单位:万元**

序号	项目名称	性质	项目计划实施内容	总投资	年度计划投资	年度完成投资	完成进度情况
一、市政道路桥梁:建设项目18个,完成投资37600万元							
1	纬七路	续建	长5880米,宽14米	6000	4800	4800	完成
2	新纬六路	续建	全长1560米,宽14米	2500	2000	2000	完成
3	新纬七路	续建	全长1146米,宽14米	1400	1000	1000	完成
4	石化路	续建	长4480米,宽14米	4000	3000	3000	完成
5	水利路	新建	长680米,宽15米,沥青路面	900	900	900	完成
6	长江路	续建	西起韶山路,东至新204国道,全长2.8千米,宽34米	7000	3500	3500	完成
7	沂河路	续建	西起振兴路,东至云台大道,全长1130米,宽24米	900	500	500	完成
8	黄山路	新建	南起长安大道,北至淮河路,全长1370米,宽34米	3000	3000	3000	完成
9	潮河路	续建	西起庐山路,东至东方大道,全长1894米,宽34米	4000	3000	3000	完成
10	嵩山南路	新建	南起长江路,北至沂河路,长约600米,宽18米	1200	1200	1200	完成
11	胜利西路(新民路—民安路)改造工程	新建	全长1000米,宽43米,配套绿化带、路灯、排水设施等	3500	3500	3500	完成
12	新村路(健康路—胜利西路)改建工程	新建	全长650米,宽30米,配套绿化带、路灯、排水设施等	2000	2000	2000	完成
13	建设路(伊山路—盐河路)	新建	全长550米,宽30米,配套绿化带、路灯、排水设施等	1800	1800	1800	完成
14	黄河路	新建	东起东方大道,西至云台大道,全长1300米,宽27米	3000	1500	1500	完成
15	云台大道北延	新建	南起人民东路,北至胜利东路,全长480米,宽50米	2200	1000	1000	完成
16	东方大道北延	新建	南起人民东路,北至胜利东路,全长480米,宽60米	2500	1000	1000	完成
17	人民路东延工程(东段:东方大道至新204国道)	新建	建设全长700米,双向6车道,宽50米	3500	3500	3500	完成
18	道路改建	新建	10000平方米,水泥混凝土路面	400	400	400	完成
二、公用事业:建设项目9个,完成投资8720万元							
1	自来水管网建设	续建	新建长江路、沂河路、黄山路等道路供水管线14.2千米	900	500	500	完成
2	自来水管道建设	新建	实施3000米自来水管道建设	170	170	170	完成

续表 6

序号	项目名称	性质	项目计划实施内容	总投资	年度计划投资	年度完成投资	完成进度情况
3	自来水管网建设	续建	新建长江路、沂河路、黄山路等道路供水管线14.3千米	560	160	160	完成
4	自来水管道建设	新建	实施3001米自来水管道建设	1290	490	490	完成
5	自来水管网建设	续建	新建长江路、沂河路、黄山路等道路供水管线14.3千米	2020	820	820	完成
6	自来水管道建设	新建	实施3001米自来水管道建设	2750	1150	1150	完成
7	自来水管网建设	续建	新建长江路、沂河路、黄山路等道路供水管线14.4千米	3480	1480	1480	完成
8	自来水管道建设	新建	实施3002米自来水管道建设	4210	1810	1810	完成
9	自来水管网建设	续建	新建长江路、沂河路、黄山路等道路供水管线14.4千米	4940	2140	2140	完成
三、园林绿化:建设项目16个,完成投资54990万元							
1	新区绿化项目	新建	广场、道路沿线绿化4万平方米	1000	800	800	完成
2	人民路10米景观绿化工程	续建	占地面积25800平方米	600	600	600	完成
3	长江路绿化工程	新建	绿化面积约5000平方米	800	800	800	完成
4	长安大道北侧绿化景观带	续建	绿化面积约10万平方米,游园绿化	1200	600	600	完成
5	灌河路绿化工程	新建	绿化面积约3000平方米	500	500	500	完成
6	东方大道绿化工程	续建	绿化面积约1万平方米	250	250	250	完成
7	南京路西延段绿化(伊西大道至西环路)	新建	占地面积约0.7万平方米	—	—	—	完成
8	人民路景观绿化工程	续建	占地面积2.5万平方米	600	600	600	完成
9	幸福路北延段绿化(山前河至胜利西路)	新建	占地面积约0.8万平方米	—	—	—	完成
10	王圩绿岛北岛绿化改造	新建	占地面积约7.8万平方米	1000	1000	1000	完成
11	胜利西路绿化改造	新建	占地面积约0.5万平方米	320	320	320	完成
12	西苑北路绿化改造	新建	占地面积约1万平方米	150	150	150	完成
13	盐河公园三期	新建	占地面积约3.2万平方米	600	600	600	完成
14	云台大道绿化工程	续建	绿化面积约1.5万平方米	350	300	300	完成
15	长安大道30米景观绿化	续建	占地面积约8.5万平方米	2000	2000	2000	完成
16	企业园绿化	新建	2万平方米	150	150	150	完成
四、旧城改造:建设项目9个,完成投资109600万元							
1	燕尾港镇区搬迁	新建	项目涉及300户居民,征收面积约7万平方米	13000	13000	13000	完成
2	公安局地块片区改造	新建	征收15000平方米,48户	6000	3000	3000	完成
3	原旋耕机公司西侧地块棚户区改造(通用机械厂、碱厂)	新建	征收40000平方米,300户	20000	18000	18000	完成
4	织布厂地块片区改造(含恒通驾校)	新建	征收15000平方米,73户	6000	6000	6000	完成
5	东城区城中村改造	新建	项目涉及500户居民,征收面积约18万平方米	30000	30000	30000	完成

续表 6

序号	项目名称	性质	项目计划实施内容	总投资	年度计划投资	年度完成投资	完成进度情况
6	原县医院家属区地块旧城改造	新建	项目涉及225户居民,征收面积约4.6万平方米	12000	12000	12000	完成
7	灌云中学西南角及城西分校东侧地块	新建	项目涉及50户居民,征收面积约2万平方米	9600	9600	9600	完成
8	山前河南岸山前村整治改造工程	新建	项目涉及50户居民,征收面积约2.3万平方米	12000	12000	12000	完成
9	侍庄裕丰地块	新建	项目涉及59户居民,征收面积约1.2万平方米	6000	6000	6000	完成

【城市供水】 2016年,县自来水公司全年售水540.1万立方米,实现销售收入661万元,安装收入1590万元。完成恒仁·嘉天下、福泽东方、圣华·融仕园、五农景苑等小区和五星级酒店、东城区南京师范大学灌云附属中学(原杨集中学)、卫生局的管网配套铺设及小区内管道安装,铺设管网37.47千米,其中,DN110以上管道8.47千米,DN110以下管道29千米。完成化肥厂宿舍、仁慈医院、工商银行等“一户一表”改造工作,新增用水户4583户。

【农村供水】 2016年,全县先后完成图河镇至燕尾港镇、同兴镇(伊芦)至四队镇、南岗乡至龙苴镇、圩丰镇至洋桥农场等区域供水管网建设工程82.5千米,实现区域供水主管网乡镇全覆盖,保证全县农村人口的饮用水安全。

【城市供气】 2016年,东城区长江路、沂河路、黄山路新铺设天然气DN200中压管道14.2千米,新增用户3000户。

【污水处理】 2016年,县城区新建污水管网6千米,完成投资750万元,城区共建成污水管网71千米。全年县城区日均收集处理污水2.04万吨,同比增加0.04万吨,城市污水集中处理率85.2%,比上年增长0.2%。建制镇新建分散式污水处理站3座、新建污水管网35千米,分散式污水处理站总规模为720吨/日,建成污水管网44.3千米,完成投资额1876.5万元。

【园林绿化】 2016年,全县按照“突出重点、全面推进、打造精品、提升绿化档次”总体思路,围绕“四城同创”工作重心,新建百年广场二、三期绿化、郑庄大沟绿化、30米景观绿化(韶山路—云台大道)、人民路10米景观绿化、南京路西延段绿化(山前河至西环路)、幸福路北延段绿化(山前河至胜利西路)等一大批公共绿化工程,新增绿地26.3万平方米。人均公园绿地12.28平方米(县城区人口增加),绿地率36.89%,绿化覆盖率40.58%。

道路绿化

【房屋征收】 2016年,灌云抢抓国家棚户区改造的战略机遇,积极争取江苏银行棚改贷款18亿元,组织实施原县医院家属区、原织布厂、原通用机械厂等10余个地块的棚户区改造项目,完成征收76.21万平米,动迁居民2790户,企业18家。

【城市档案管理】 2016年,县城建档案馆督促指导全县建设工程做好城建档案的整理、编目及验收移交等管理工作,对在建各个项目的工程资料进行现场或面授指导。完成1个乡镇特级档案室、3个乡镇一级档案室的创建工作,获省住建厅颁发的“十二五”全省村镇建设档案工作“突出贡献单位”奖。全县城建档案管理工作在获得“省级示范馆”的基础上迈上新台阶。

(县住建局)

附:

县城东城区规划与建设

为适应灌云县城市发展战略,2011年8月,县委、县政府以《灌云县总体规划(2010—2030)》为依据,提出拓展城市空间，全力加快东城区综合开发，深化落实东部新区的功能与布局，带动全县城市建设的发展。

一、总体规划

东城新区范围东起规划连淮铁路，南到徒沟河路，西至盐河东岸，北到通伊路。规划用地面积22.3平方千米，规划人口规模18万人，建成后将形成现代商贸、物流为产业核心，拥有完善居住社区、高效便捷的对外交通网络、高品质的地区空间环境的城市综合片区。总体空间布局框架为"一轴、三心、四区、六带"。

"一轴"：以中部人民路为依托，向西连接老城区中心，向东连接东城新区的城市商贸、文化景观核心区以及连淮铁路灌云站，沿线布设大型城市商贸区和文化休闲功能区，形成东城新区的城市主轴线。

"三心"：城市商贸、文化景观核心，行政商业中心，综合商务中心。

"四区"：分别为高端居住区、中心商贸区、宜居生活区、工业物流区。

"六带"：依托自然水系和道路，形成"两纵四横"结构的六条绿化景观带；东西向"四横"分别依托东门河、三里河、六里河、张泓河形成水景绿化景观带；南北向"两纵"分别依托云台山大道和东方大道形成路景绿化景观带，并在东方大道——人民路交叉口建设大型城市文化休闲公园，共同构成东城新区的绿化景观网络体系。

二、公共设施建设现状

东部城区建设启动后，按照"规划引领、科学开发、重点突破、统筹推进"的总体要求，主攻基础设施，狠抓重点项目，推进以人民东路为重点的基础设施工程，以皇冠世纪酒店、商务中心为重点的商务开发工程，以南京师范大学附属灌云中学为重点的公共配套工程，逐步推进建设步伐。

（一）基础设施

1. 人民路东延（西段）：西起振兴路，东至东方大道，建设全长约2400米，双向6车道，机动车道宽23米，非机动车道各宽4.5米，侧分绿带各宽5米，人行道宽4米，配套路灯，总投资3亿元。该项目2014年6月竣工通车，非机动车道11月竣工验收。

2. 长江路：西起韶山路，东至204国道，全长2613米，宽34米，配套绿化带、路灯、管道管网等，项目总投资约1亿元。该项目于2014年5月开工建设，东方大道以东段及云台大道以西段于2015年6月竣工通车。

3. 云台大道：南起长安大道，北至人民东路，长1372米，慢车道各宽4.5米，人行道各宽4米，项目总投资4500万元。该项目机动车道于2011年底开工，2012年7月通车；非机动车道于2014年5月开工，11月竣工。

4. 东方大道：南起长安大道，北至人民东路，长1437米，慢车道各宽4.5米，人行道各宽4米，项目总投资5300万元。该项目机动车道于2011年底开工，2012年7月通车；非机动车道于2014年5月开工，11月竣工。

5. 长安大道：西起韶山路，东至204国道全长2787米，由原12米宽沥青混凝土路面拓宽为48米双向六车道城市道路，含中央分隔带4米，项目总投资7000万元。该项目2012年11月开工，2013年6月13日建成通车。

6. 景山路：北起长江路，南至太湖路，全长670米，宽18米，项目总投资1200万元。该项目于2014年5月进场施工，8月竣工通车。

7. 灌河路：全长1040米，宽27米；配套绿化带、路灯，项目总投资1500万元。该项目于2014年6月进场施工，11月竣工通车。

8. 潮河路：西起庐山路，东至东方大道，全长1894米，宽34米，配套建设绿化带、路灯、管道管网等，项目总投资4000万元。该项于2016年2月进场施工，长安大道以西段完成水稳层施工。

9. 华山路：南起人民路，北至潮河路，全长303米，宽18米，配套绿化带、路灯、排水设施等，项目投资600万元。该项目于2014年4月进场施工，10月竣工通车。

10. 沂河路：全长1130米，宽24米；配套绿化带、路灯，项目总投资4000万元。该项目云台大道—韶山路段于2015年10月竣工通车，韶山路—胜利路段于2016年11月2日实施保障性施工，年底基本完成路槽开挖，北半幅完成山场碎石回填及雨水管道施工，2017年3月竣工。

11. 黄山路：南起潮河路，北至人民东路，全长750米，宽34米，项目总投资1500万。该项目于2016年5月进场施工，年底完成水稳层施工和路沿石砌筑。

（二）公共工程

1. 东城府苑安置房项目：东城府苑小区位于东王集乡伊东村，三里沟北侧，振兴花园东侧，华山路西侧，黄河路南侧，占地约3.53公顷，总建筑面

东城府苑

积约5.6万平方米,总投资约1.8亿元,由江苏恒驰房地产开发有限公司投资建设。规划建设五至六层房屋共14幢,60—130平方米各类户型444户,小区建筑密度24.7%,绿地率30.5%。该项目于2013年11月开工建设,2016年底交付使用。

2. 南京师范大学灌云附属中学:该项目位于县城东城区东方大道东侧、三里沟南侧,按四星级标准建设,规划总占地面积14.27公顷,一期占地6.67公顷,二期占地7.6公顷,建筑面积7.5万平方米,总投资2.2亿元,办学规模为25轨75班,可容纳在校生3750人,由青岛城市建筑设计院有限公司设计,江苏江建集团有限公司承建。该项目于2012年9月6日开工,2013年底主体工程封顶,2014年8月底投入使用。

3. 仁济医院项目:仁济医院医疗综合楼(门诊、急诊、医技、病房楼)位于振兴南路西侧,占地2.4公顷,总建筑面积5.9万平方米,最大可容床位520张,总投资额2.3亿元,由江苏运潮投资集团公司投资建设。该项目于2014年3月进场施工,2015年9月竣工验收,10月投入使用。

4. 公安业务技术用房项目:该项目位于长安大道以北、云台大道以西,长江路以南,用地面积2.47公顷,建筑面积3万平方米,项目总投资1.2亿元。该项目于2014年11月开工建设,2015年9月主体封顶。2016年交付使用。

5. 盐河A地块安置房:位于规划建设路以北,伊山变电所以东,占地2.49公顷,建筑面积3.5万平方米,项目总投资1.2亿元,由江苏恒驰房地产开发有限公司投资建设。该项目于2015年8月全面开工建设。

6. 九年制义务教育学校:位于黄山路以东,潮河路以北,占地面积7.2公顷,建筑面积4.3万平方米,总投资2.5亿元。2016年底该项目4栋楼封顶,预计2017年9月投入使用,在硬件配置、师资力量等方面加大倾斜力度,打造成全县一流的九年制学校。

7. 消防站:位于东方大道以西,占地1公顷,按照一级消防站标准设计建造,总投资2000万。该项目于2016年5月进场施工,11月主体封顶。

(三)商业项目

1. 东城区商务中心:商务中心建设工程位于云台大道西侧,灌河路南侧,嵩山路东侧,长江路北侧,由A、B、C三座大厦组成。A座由连云港易安居房屋开发有限公司投资建设,建筑高度21层,建筑面积3.8万平方米,地下室面积11000平方米,人防工程4000平方米。B、C座由江苏恒驰房地产开发有限公司投资建设,B座建筑高度17层,建筑面积2万平方米,地下室面积3900平方米;C座建筑高度17层,建筑面积2.1万平方米,地下室面积4000平方米。商务中心项目,机动车停车位1195个,绿地率30.5%,建筑密度15.5%,工程总投资约2.8亿元。该项目于2014年4月开工建设,至2015年9月,A、B、C三座楼均已主体封顶,A楼进行地源热泵空调安装施工,B楼完成外墙玻璃安装,并进行幕墙施工,C楼开始安装外墙玻璃。2016年底全部完工。

九年制学校

2. 皇冠世纪酒店项目:项目位于人民东路北侧,云台大道东侧,占地约3.33公顷,总建筑面积约4万平方米,总投资约3亿元,由江苏乐居投资置业有限公司投资建设。酒店主体建筑高18层,建设周期约为二年半,项目于2014年5月进场施工,计划2017年4月投入运营。

三、规划区内工业企业发展设想

至2016年年底,东城区辖区内暂无工业企业,若县委、县政府同意在东城区开发情趣内衣特色小镇,将规划在小镇打造产业智造中心,建设情趣内衣产业的智能制造集聚区,目标是通过建立智慧工厂及产业链的重组分工,提升情趣内衣制造业的智能化水平。通过整合产业链,推动分散的情趣内衣企业集聚创业,重点将东王集镇及周边年销售额超1000万元的情趣内衣企业整合到智造中心;通过开展招商引资,吸纳高端、规模情趣内衣企业入驻。

四、河流及绿地系统情况

1. 河流情况:东城区范围内三里河,该河道西起盐河,东至官沟河,约12千米,其中东城区段约3.5千米。黄山路至新204国道段沿河边的银杏林,建议保留。

2. 绿化情况:东城区绿地系统主要包括道路绿化、沿路景观带、盐河公园绿地及商住小区内部绿化,完成的绿化包括盐河公园、人民路、云台大道、东方大道、长江路东段及西段、沂河路东段、景山路,长安大道北侧绿化景观带完成云台大道往东700米,共计完成绿化约25.8万平方米。其中,盐河公园绿化改造提升14万平方米;人民路侧分带及景观带绿地面积约2.5万平方米;长安大道北侧绿化景观带绿地面积约3万平方米;东方大道道路绿化约1万平方米;云台大道道路绿化约1万平方米;长江路道路绿化0.3万平方米;沂河路道路绿化0.1万平方米;东城明珠小区绿化约0.8万平方米;皇冠花园小区绿化约0.6万平方米;五农景苑小区绿化约0.7万平方米;易居公馆小区绿化约0.8万平方米;福泽东方小区绿化约1万平方米。

五、各类管线管网

1. 铺设污水管网7.81千米,分布于长江路、东方大道、云台大道、人民路、景山路,西接盐河边县城污水管道。

2. 铺设雨水管网22.64千米,分布于长安大道、长江路、景山路、东方大道、云台大道、人民路、灌河路、华山路等东城区各主次干道,西接县城振兴路雨水管道。

3. 铺设天然气管网9.84千米,从振兴路与人民路交叉口及振兴路与长安大道交叉口接入,分布于长安大道、人民路、东方大道、云台大道、沂河路、灌河路、华山路。

4. 铺设自来水管网10千米,从长安大道及振兴路接入,分布于人民路南侧、东方大道东侧、云台大道西侧、长江路北侧、韶山路、华山路、灌河路、沂河路。

5. 铺设供电管网6.46千米,从振兴路与沂河路交叉口110千伏伊城变、杨陡路110千伏盐东变往南跨东门河沿云台大道北延接入,分布于人民路、云台大道、东方大道、长江路、沂河路、韶山路、长安大道。

6. 铺设通讯管网20千米,从振兴路接入,分布于人民路、长江路、东方大道、云台大道等东城区各主次干道。

7. 安装路灯366盏。其中,长安大道(324省道)88盏,人民东路(振兴路—东方大道)路灯116盏,云台大道60盏,东方大道中间绿化带路灯26盏,韶山路30盏,华山路14盏,长江路16盏,景山路16盏。

六、与本次规划相关的街道、乡镇概况

1. 伊山镇:伊山镇为县城镇,是全县政治、经济和文化中心,总面积82平方千米,其中:城区面积20平方千米,下辖21个行政村、13个社区,281个村(居)民小组,人口15.9万人。全镇耕地面积3619公顷,建成现代农业示范园区、"菜篮子"工程示范基地、设施园艺基地、大棚叶菜生产基地等;全镇共有企业1489家,形成以制造业为主导产业,医药化工、服装、食品等为特色的产业链,其中年销售收入在2000万元以上的规模以上企业19家。

2. 东王集镇:东王集镇紧邻县城,2015年1月,经江苏省人民政府批复同意,撤销灌云县东王集乡,以原东王集乡行政区域设立东王集镇,是全县农业产业经济与新型招商经济重点乡镇。东王集镇行政区域面积91.92平方千米,人口6.47万人,辖1个居委会、21个村委会。经济以农业为主,主要种植小麦、水稻、山芋、玉米、大豆等作物。有工业企业15个,主要产品有食盐、砖瓦和塑料制品。外贸主要商品有畜产皮张和家兔,是畜牧业生产的重点乡镇之一。

3. 侍庄街道:位于江苏省连云港市灌云县城南,南与灌南县相望,西至叮当河与南岗乡接壤,东有盐河和东王集镇毗邻,北与县城相连。2015年1月9日江苏省人民政府同意撤销灌云县侍庄乡,以原侍庄乡行政区域设立侍庄街道办事处,行政区域面积66.44平方千米,人口5.01万人,辖2个居委会、16个村委会。侍庄街道产业结构为7.2∶64.1∶28.8。

城市管理

【概况】 2016年,县城管局紧紧围绕城市管理这一中心工作,夯实基础、开拓创新、锐意进取,各项工作取得较好的成绩,城市管理制度逐步完善,基础设施投入不断加大,城管队伍思想素质不断提高,城市管理水平进一步提升。被授予"省级文明单位""市级文明单位"称号,省级城市管理示范路和示范社区通过初审。

【管理制度建设】 2016年,县城管局进一步规范城市管理工作,理顺执法和收费体制,解决城市管理面临的突出问题,补齐城市管理工作短板,研究制定7部城市管理方面的规范性文件。其中:《灌云县城市管理相对集中行政处罚权实施办法》《灌云县控制和查处违法建设实施办法(试行)》《灌云县城市管理暂行办法》《灌云县建筑垃圾管理暂行办法》《关于调整县城区建筑垃圾处理收费标准的通知》《灌云县城市管理相对集中行政处罚权工作向乡镇和园区延伸实施方案(试点)》经过政府常务会研究通过并出台,《灌云县城市生活垃圾处置费收费管理办法》正在制订。这些文件的制定出台,从源头上解决城市管理职能职责不清的问题,保障城管局依法有效地行使城市管理职权,对提高城市管理水平、促进城市环境可持续发展具有重要的意义。

【基础设施建设】 2016年,针对县城区垃圾中转站存在数量少,布局不合理、设施简陋,影响周边居民生产生活,群众反映强烈问题,城管局在东城区、元邦、王圩建3座垃圾中转站,同时对影响周边环境的小鸭河、西苑路垃圾中转站进行搬迁;购置环卫作业车9辆、移动式垃圾中转设备8套、垃圾中转箱100只、垃圾桶和果皮箱2000余只,进一步完善城区垃圾收运体系,提升机械化作业水平,提高道路清扫、垃圾清运效率,减轻环卫工人的劳动强度;新建双桥、小鸭河2座一类环保公厕,缓解人流密集地方如厕难问题。进一步规范管理流动摊点,规划建设疏导点19个、售货亭38个、便民服务亭19个,供流动摊点业主进行经营;实施公共自行车项目,一期建停车点39个,投放自行车815辆,设置锁车器980个,初步涵盖县城各主要道路商住小区、机关单位,为市民提供出行便利,启动二期项目;建成"环卫工人安康驿站"7座,为环卫工人提供遮风避雨休息点。加大执法装备投入。2016年,县城管局购置执法车6辆、电动巡逻车11辆、执法记录仪30台,为高效执法提供有力保障。

【城管队伍建设】 思想建设。2016年,县城管局以“城管文化建设年”为抓手,充分发挥思想建设工作凝聚人心、推动发展、促进和谐的作用,为完成各项工作任务提供强大的精神动力和组织保证。

开展载体活动。举办公共自行车比赛、演讲比赛、趣味运动会、革命歌曲歌咏比赛、联欢会,城管工作大家谈、城管开放日、城管进校园等系列活动,宣传城管精神和文明执法的典型事例,增强队伍的凝聚力、向心力,增强干部职工的职业荣誉感和归属感,激发广大城管干部职工工作积极性,推动城管工作水平不断提升。

职业道德教育。组织干部职工学习《致加西亚一封信》,开展履职尽责教育,提升城管干部职工执行力;学习《弟子规》,使党员干部职工的行为从“他律”转向“自律”,使党员干部职工树立积极进取的人生观,培养高尚的职业道德。

舆论引导。加大宣传力度,利用电视台、报纸、微信平台等媒体宣传城管工作,并建立城管微信平台,广泛宣传报道城管工作先进人物和先进典型,曝光破坏城市管理的不文明行为,增强市民群众的认同感,让广大群众能够真正理解城管工作、支持城管工作。

作风建设。以“作风建设年”为载体,对城管队伍采取半军事化管理,从提振干部职工精气神、提升干部职工能力素质、锤炼干部过硬作风等方面入手,强化队伍建设。通过开展执法队伍军事训练、“比差距、思进取、创新业”大讨论、业务技能竞赛、召开民主生活会等一系列活动,努力把城管干部职工打造成战士,锻造不怕苦、不怕累、敢于担当、勇争一流的精神,牢固树立起首战用我、用我必胜等坚定信念,培育敢抓、敢管、敢碰硬的岗位责任意识,为营造良好的市容秩序作出应有的贡献。着力加强廉政建设,增强廉洁自律意识,严格执行“一岗双责”,对违纪违规的人员进行严肃查处,全年辞退1人、调离执法岗位2人、受到党内严重警告2人、诫勉谈话5人。

【城市管理工作】 2016年,县城管局以“城市管理水平提升年”为载体,通过开展一系列工作,进一步完善城市管理措施,城市管理水平得到不断提升,人居环境得到明显改善。

开展城市环境综合整治。制定出台《灌云县城市环境综合整治接续工作实施方案》,与相关部门签订目标责任状,层层落实责任。完成整治项目71个,城区基础设施更加完善,市民关注的难点热点问题得到有效解决,环境脏乱差现象得到显著改善,人居环境明显提升。

注重示范引领。为抬高城市管理标杆,全年创建省级城市管理示范路2条和示范社区1个。并邀请专家进行编制规划,对2条示范路人行道板、公交站台、路缘石、树池、空调外机美化、光交箱美化等进行综合改造,对其他城区道路和社区管理起到示范引领作用。

开展专项整治。针对城市管理中的难点、热点问题,共开展专项整治活动20余次。定期开展春夏秋冬专项整治4次,不定期开展噪声和餐饮油烟污染、乱倒垃圾、三乱小广告、非机动车停放等专项整治。

着力查处违建。坚决遏制私搭乱建行为,牢牢抓住宣传引导、加大巡查、强力拆除三个环节,严格控制新增违建,逐步消除存量违建。2016年,县城管局联合有关乡镇拆除各类违法建筑12500平方米,县城规划区违法建设势头得到有效控制。

完善城乡生活垃圾收运处置体系。按县政府部署安排,县城管局将乡镇生活垃圾纳入转运范围,日转运生活垃圾由原来的150余吨,增加至300余吨,四级生活垃圾收集转运处置体系实现全覆盖。

创新城管工作机制。2016年,县城管局依托12345政府公共服务平台,建立三级督查机制,即数字化城管督查、局督查、部门督查,同时购置300部对讲机,建立对讲机交流平台,做到及时发现问题,及时处理,提高工作效率。出台《城市管理工作督查考核办法》,进一步细化管理标准,落实长效责任,规范执法行为,建立激励机制,充分调动全局干部职工的工作积极性,不断提升城市管理水平。推行城市管理单元管理法,采用网格化管理,落实“六定”工作制,实现管理的全覆盖、无缝隙。将精细化的管理理念运用到城市管理工作中,提高城市管理的质量和效率,打造一批城市管理精品。在做好县城区相对集中处罚权工作的同时,进行相对集中处罚权工作向乡镇(街道)延伸试点工作,成立开发区大队,实现城市管理执法全覆盖,进一步推动城市管理的城乡统筹协调发展。采取“白加黑”模式,加大城市管理力度,实现全天候管理无缝隙。白天采取日常巡查,落实街面常态管理,确保市容秩序规范有序;晚上及时调整工作重心,加大对各类违法行为巡查力度,发现一处、整治一处。全年受理12345平台移交的乱倒垃圾、乱停乱放、乱贴乱画、乱拉乱挂、违法建设等各类案件1.7万余件,对讲机交办案件8.4万件,结案率均为100%。发布《督查通报》82期。

(县城管局)

便民服务暨数字化城管

【概况】 2016年,县便民服务暨数字城管指挥中心以提升12345政府公共服务平台处置效能为目标,深入开展“两学一做”学习教育活动,强化服务意识,提升服务效能,推动便民服务和城市管理工作的高效开展。在全市12345政府热线与数字城管目标考核中,连续5年排名第一,获“建设灌云先进单位”称号。

【服务内容】 县12345政府公共服务平台是为群众提供通过电话、网络等现代化方式反映包括公共政策和信息咨询、建议批评、投诉举报、非报警求助等统一公开的政府公共服务平台，受理的内容主要包括对政府及其工作部门的批评、意见和建议；对政府工作人员工作效率、质量、作风等方面的批评、意见和建议；对改革开放、经济建设、社会事业、城市规划建设管理等方面的意见和建议；对实行政务公开、公示制、承诺制的政府部门和公共事业单位违示、违诺的批评、意见；对政府工作职责、办事程序和政策规定的咨询；政府职责范围内应予解决的救助事项；以及其他需要政府协调解决的问题。

【巡查工作】 日常巡查。将县城区划分成4个大区、10个小区，安排巡查员早7时至晚8时在各自网格中不间断进行巡查，及时发现城管问题。对照《灌云县数字城管暂行办法》和《城管导则》等案件上报标准，加强内部沟通协调，科学调整城管问题上报和核查结案标准。加强对巡查员日常巡查上报的督查工作，明确日均上报数量不低于6条，提高案件上报质量。2016年上报案件15534条，立案处理12800条，有效上报率82.4%。

集中巡查。为方便12345平台成员单位集中处置问题，在日常巡查的基础上，开展集中巡查工作。每天开展亮化巡查，每月开展一次小广告集中巡查，每季度开展一次占道经营、店外经营集中巡查。适时对季节性问题进行集中巡查。组织巡查员开展县城区重点区域占道经营、垃圾存放点（筒、箱、池）、水域护栏、减速路挡、公共厕所、果皮箱、亮化等集中巡查活动26次，清除城区内所有主次干道两侧公共绿化带内的蜘蛛网2次，清除违法张贴小广告3100余处，清除背街小巷环境卫生问题369处，处置交通问题82处，消除井盖安全隐患184处，修复破损水域防护设施47处，修复减速路挡16处，解决绿化问题216处，修复路灯191处。

实行举手之劳巡查模式。强化巡查员大局意识，在巡查队伍中树立实事求事、吃苦耐劳精神，对非法张贴小广告、非机动车乱停放、未入池（箱）垃圾袋、井盖轻微弹跳等巡查员能够自行处置的事、部件问题，自己动手解决，减少12345平台成员单位工作量，提高城管问题处置效率。全年巡查员自行处置各类案件170余件。

【案件督办】 2016年，县便民服务暨数字化城管中心进一步推动平台案件高效准确处置，落实责任，对成员单位案件办理情况实行严格的考评，确保案件及时处置。

实行定期考核制度。对平台成员单位的办件情况每半月进行一次通报，点明案件的处置和办理情况，对存在问题的单位，半月予以预警，每月计算案件办理情况得分，作为年终考核的重要依据。实行目标考核管理。将成员单位的考核结果纳入县目标绩效考核管理，根据月度考核得分，计算年度目标绩效考核得分，作为年终考核的重点内容。年底，对平台重点成员单位进行现场考评，从人员、设备配备及运行、考核机制等各个方面进行考评，现场评分。强化保证金制度。对上年保证金被扣款的单位发放通知，限时补足。对因案件处置不力或考评得分低的，按规定扣除一定数量的保证金。对21家上年度被扣款的单位补足保证金2.1万元。全年有18家成员单位因办件不力被扣保证金2.75万元。

2016年，12345平台受理案件32103件，交办20628件，办结20056件，办结率97.23%，按期办结16391件，按期办结率81.73%。其中受理热线20409件，即办件11346件，派单件9063件，处置率100%，群众满意率98.65%；市平台交办2789件，办结案率100%。

（县数字城管中心）

环境保护

【概况】 2016年，全县环保工作认真贯彻落实国家和省市关于加强环境保护和生态文明建设的一系列重大方针政策和环保法律法规，紧扣生态文明建设主题，按序时推进各项工作，取得明显成效，全县生态环境质量进一步改善。全年环境空气质量优良率85.6%，比上年上升13.6个百分点；重污染天气比上年减少11天；县城PM2.5平均浓度41微克/立方米，比上年下降32.79%；叮当河饮用水源地水质达标率保持100%。

【生态县建设】 2016年，县委、县政府成立由主要领导挂帅的全县生态文明建设领导小组，把生态文明建设纳入全县经济社会发展总体规划，编制中长期发展规划和年度实施计划。积极开展生态乡镇创建活动，至2016年底，全县建成国家级生态乡镇1个、省级生态乡镇11个，省级生态乡镇覆盖率92.3%。调整扩大生态红线区域，全县生态红线保护区域由原来的272.04平方千米增加到355.95平方千米，占全县土地面积比例从17.68%调整至23.14%，其中一级管控区由8.63平方千米增加至46.27平方千米，占全县土地面积比例从0.56%调整至3.01%。

【污染减排工作】 2016年，全县建立县水污染防治行动联席会议制度，排定城镇污水管网、工业园区污水集中处理等“十三五”期间流域水污染防治重点工程项目，并按计划组织实施。开展燃煤小锅炉整治、挥发性有机物治理工作。实施17家企业强制性清洁生产审核工作。加快推进临港产业区华能热电联产项目、污水分质处理项目、光大环保危废填埋项目建设，经济开发区开始兴建光大生物质热电联产、光大生活垃圾焚烧发电项目。获得的上级环保专项资金1864.77万元，被统筹用于农村环境综合整治、燃煤锅炉整治、挥发性有机物治理等环保重点工程。

【环保问题整改】 2016年，县委、县政府高度重视中央环保督察反馈问题的整改工作，成立由县主要领导任组长的领导小组，印发《关于印发〈中央环保督察环境问题整改工作方案〉的通知》《关于开展新一轮化工集中区环保专项整治工作的通知》,启动新一轮化工园区环保专项整治行动。制定新一轮环境问题整改任务分解表,确定“三个一批”名单,对75家企业实行限期整改、41家企业停产整改、11家企业取缔关闭。至11月,127家企业中有80家企业通过验收;省厅10家挂牌督办企业中8家通过整改验收;1家被兼并重组,处于停产整改;1家被县政府列为拟取缔关闭,被强制停产。11月中旬,根据整改验收结果确定新的“三个一批”,对42家企业实行取缔关闭、18家列入停产整治,17家列入转型升级。

【环境执法监管】　2016年,全面完成全县网格化环境监管体系建设,在全县建立县、乡、村三级监管网格和县经济开发区、临港产业区、连云港监狱、灌西盐场等特殊网格。执法部门加大巡查力度,临港环保分局成立水环境巡查中队,实行24小时不间断巡查,对园区河道水质状况进行24小时监控。开展系列检查行动,加强节假日巡查、夜查、专项检查、突击检查,确保对国控污染源每月现场检查不少于3次,其他重点污染源的检查不少于1次。加大行政处罚力度。对162起环境违法行为实施行政处罚,处罚金额965.29万元,其中,7起环境违法案件被移交公安机关查处,8名责任人被行政拘留;移送公安刑事案件1起,2名责任人被刑事拘留。坚持做好环保审批服务工作,全年累计完成审批事项168件,组织专门班子跟踪服务光大环保填埋场等重大项目。

(县环保局)

潮河湾风光

建筑业

【概况】 2016年,全县建筑业紧扣“提高企业核心竞争力”主题,不断做优做强企业,重点培育建筑施工龙头骨干企业,优先扶持优势专业承包企业。积极完善建筑市场监管机制,净化建筑市场环境,加强企业信用体系建设。不断优化建筑产业结构,促进建筑产业现代化,促进企业生产经营方式集约化管理。积极开展中介劳务输出外埠市场。全年县域工程获市优“玉女峰杯”工程2项,市优质结构工程12项。

【建筑施工】 2016年,全县建筑业坚持立足县域与拓展外埠两手抓方针,以创造良好信誉为抓手,以扩大产业规模、扶持企业为重点,不断增强企业的市场竞争力,深入优化产业结构,施工中尝试运用装配式建筑。全年各类施工监理企业在外设立办事机构23个,完成建筑业总产值92.69亿元,增加值20.36亿元;外出施工5.8万人,外出施工产值37.44亿元。

【工程建设管理】 2016年,发放施工许可证26本,完成竣工备案项目19家;办理施工单位项目备案36本,办理施工企业项目备案26项,办理监理企业项目备案26项,办理非国有资金施工合同备案25项,办理非国有资金监理合同备案25项,办理勘察设计合同备案111项;完成施工图送审审查57个、岩土工程勘察报告送审审查41个;创省文明工地3个,市文明工地5个。

附:

2016年度灌云县建筑企业综合实力10强企业名单

1. 连云港市华信建筑安装工程有限公司
2. 连云港华建建筑安装工程有限公司
3. 连云港翔业建筑工程有限公司
4. 连云港先诚建筑安装工程有限公司
5. 连云港市兴云建筑安装有限公司
6. 江苏汇锦建设工程有限公司
7. 江苏云申建设工程有限公司
8. 连云港云辉建筑工程有限公司
9. 连云港苏润建设工程有限公司
10. 江苏梅岭建设工程有限公司

2016年灌云县获市“玉女峰杯”工程项目一览表

表7

序号	工程名称	施工单位	项目经理	建设单位	监理单位
1	灌云昊云商务大厦工程	连云港市华信建筑安装工程有限公司	茆德志	连云港昊云房地产开发有限公司	连云港市连大建设监理有限公司
2	灌云恒仁·嘉天下住宅小区D12#楼	连云港华建建筑安装工程有限公司	陈守兵	江苏恒仁置业有限公司	连云港云瑞建设监理有限公司

2016年灌云县获市优质结构工程项目一览表

表8

序号	工程名称	建设单位	施工单位	监理单位	项目经理	总监理工程师	结构形式	建筑面积(平方米)
1	皇冠花园10、11#楼	江苏乐居投资置业有限公司	连云港云辉建筑工程有限公司	连云港正方建设监理有限公司	夏兴鹏	段永飞	框剪11层/框架6层/	14895

续表 8

序号	工程名称	建设单位	施工单位	监理单位	项目经理	总监理工程师	结构形式	建筑面积(平方米)
2	金都玫瑰园 8#、11#楼	灌云县金都置业有限公司	连云港市华信建筑安装工程有限公司	连云港云瑞建设监理有限公司	茆德志	吕继红	框剪 16/11	13543
3	皇冠世纪城 3#、5#、6#楼	江苏乐居投资置业有限公司	曙光建设有限公司	连云港正方建设监理有限公司	周开明	武　进	框架 6/7	13967
4	伊山苑 3#、4#楼	江苏常盈房地产开发有限公司	江苏梅岭建设工程有限公司	连云港云瑞建设监理有限公司	梅　红	张建如	框架 6 层	11462
5	东城明珠 9#、10#楼	连云港泰瑞置业有限公司	江苏登壹建设工程有限公司	连云港连大建设监理有限公司	刘　磊	李金柱	框剪 18	30219
6	西苑星城 3#、6#、8#楼	连云港和华置业有限公司	江苏登壹建设工程有限公司	连云港云瑞建设监理有限公司	顾　刚	王余成	框架/框剪 6、8、14 层/	19523
7	西苑星城 4#、10#楼	连云港和华置业有限公司	连云港云辉建筑工程有限公司	连云港云瑞建设监理有限公司	刘玉良	王余成	框剪 11/16 层	17250
8	紫金明珠 2#、7#楼	灌云紫金房地产开发有限公司	江苏禾田建设有限公司	连云港云瑞建设监理有限公司	邢光虎	王立飞	1 层商业 + 4 层住宅/	8430
9	灌云县东城区新建九年制学校 1#~4#楼小学部教学楼	连云港恒驰实业有限公司	江苏万年达建设集团有限公司	连云港建明达建设监理有限公司	孙　龙	姚加千	框架 4 层	7292
10	灌云县东部城区消防站	连云港恒驰实业有限公司	连云港市兴云建筑安装有限公司	连云港苍梧工程管理咨询有限公司	葛成钧	王建兵	框架 4 层	5671
11	易居公馆 1#、2#、5#、13#楼	连云港华通房地产开发有限公司	上海创艺建筑工程有限公司	连云港云瑞建设监理有限公司	姚浙峰	汪守高	框剪 15/18 层/框架 5/6 层	26431
12	江苏灌云经济开发区实验学校建设项目教学楼、综合楼、图书阅览室及报告厅	连云港祥云投资有限公司	连云港翔业建筑工程有限公司	江苏航宇工程管理有限公司	滕　磊	倪爱好	框架 4/5 层	18015

房地产开发

【概况】 2016 年,全县房地产市场开发运行稳中有降,开发建设的面和量小于 2015 年。全年新增房地产投资企业 2 家,其中春联房地产开发有限公司虽已办理开发资质证,但尚未实施开发;隆丰置业有限公司 2016 年新开发建设商品房 1.83 万平方米、投资额 4830 万元。原有的开发企业先后有 42 个项目新建商品房 52.65 万平方米,总投资额 12.8 亿元,全年销售商品房 5585 套、销售面积 60.75 万平方米。

【商品房建设】 2016 年,全县颁发商品房预售许可证 42 份、批准预售商品房 1814 套 16.9 万平方米,其中商品房 1129 套 13.32 万平方米,商品房在全县范围内的公示率、备案率 100%。

2016 年灌云县房地产开发项目一览表

表 9　　　　单位:万元

序号	项目名称	性质	项目计划实施内容	总投资	年度计划投资	年度完成投资	完成进度情况
一、公共建筑:建设项目 8 个,完成投资 72625 万元							
1	仁济医院病房大楼	续建	振兴南路西侧,规划路北侧,用地面积 35.5 亩,建筑面积 5.9 万平方米	23000	5000	5000	完成
2	公安业务技术用房	续建	用地面积 37.1 亩,建筑面积 3 万平方米	12000	5000	5000	完成
3	九年制义务教育学校	新建	潮河路北侧,用地面积 108 亩,建筑面积 4.3 万平方米	25000	25000	25000	完成

续表 9

序号	项目名称	性质	项目计划实施内容	总投资	年度计划投资	年度完成投资	完成进度情况
4	消防站	新建	位于东方大道西侧，占地 10 亩，按照一级消防站标准设计建造	2000	2000	2000	完成
5	东城新区商务中心 A 楼工程	续建	商务中心占地 57.13 亩，A 楼建筑面积 3.8 万平方米	11850	5000	5000	完成
6	东城新区商务中心 B、C 楼工程	续建	商务中心占地 57.13 亩，B 楼建筑面积 2 万平方米，C 楼建筑面积 2 万平方米	16400	10000	10000	完成
7	皇冠世纪酒店	续建	占地 50 亩，按五星级标准建设，建筑面积 4.4 万平方米	45000	20000	20000	完成
8	东王集派出所	新建	东王集派出所业务技术用房及附属用房，建筑面积 2600 平方米	625	625	625	完成
二、住宅建设：建设项目 29 个，完成投资 298060 万元							
1	西苑星城	续建	占地 82.1 亩，综合配套商住开发建筑面积 15.3 万平方米	50000	15000	15000	完成
2	凯信花苑	新建	占地 60 亩，规划面积 14.3 万平方米	40000	13000	13000	完成
3	伊和苑	新建	占地 104 亩，规划面积 19.3 万平方米	50000	13000	13000	完成
4	临港产业区海滨新城公租房	续建	占地面积 43 亩，总建筑面积 3.9 万平方米，公租房 80 套，限价商品房 220 套	6000	4000	4000	完成
5	亿阳汇福苑	新建	用地面积约 117 亩，建筑面积约 13 万平方米	32500	10000	10000	完成
6	盐河 A 地块安置房	新建	位于规划建设路以北，伊山变电所以东，占地 37.4 亩，建筑面积 3.5 万平方米	12000	7000	7000	完成
7	东城区 7#地块	续建	长安大道北、云台大道东，用地面积 65 亩，建设面积 17 万平方米	52300	10000	10000	完成
8	皇冠世纪城	新建	用地约 100 亩，建筑面积约 16 万平方米	50000	10000	10000	完成
9	东城明珠	续建	用地面积 42.89 亩，建筑面积约 7.5 万平方米	20000	12000	12000	完成
10	五星级酒店	续建	占地面积约 50 亩，规划总建筑面积约 4.23 万平方米	15000	10000	10000	完成
11	五星级酒店配套（皇冠花园）	续建	用地面积 60 亩，建筑面积约 8.6 万平方米	30000	10000	10000	完成
12	易居公馆（2#地块）	续建	沂河路南、云台大道西，用地面积 104 亩，建筑面积 13 万平方米	41600	20000	20000	完成
13	福泽东方工程	续建	用地面积约 104.6 亩，建筑面积约 17 万平方米	45000	15000	15000	完成
14	星河湾地块开发	续建	宁连高速西侧、王圩安置区北侧，王圩安置区外围，占地约 32.5 亩，建筑面积约 5.2 万平方米	13000	5000	5000	完成
15	金榜华府	续建	西环路西侧、小鸭河北侧，占地面积约 12 亩，建筑面积约 22.9 万平方米	50120	10000	10000	完成
16	祥源呈杰园	续建	胜利西路南侧、西环路西侧，占地面积约 28.7 亩，建筑面积 5 万平方米	12000	3000	3000	完成
17	金都玫瑰园小区	续建	用地面积约 60.2 亩，建筑面积约 6.1 万平方米	15000	6000	6000	完成
18	山水国际地块	续建	用地面积约 226 亩，建筑面积约 30 万平方米	65000	35000	35000	完成
19	西城国际花园	续建	伊陡路北侧、伊西大道东侧，占地面积约 120 亩，综合开发建筑面积约 16.5 万平方米	40000	8000	8000	完成
20	商业水街二期	续建	建设路南侧、水利路东侧，占地面积约 214 亩，建筑面积 15.3 万平方米	38250	8000	8000	完成
21	圣华 · 融仕园	续建	用地面积 186 亩，建筑面积 19.5 万平方米	48750	20000	20000	完成

续表 9

序号	项目名称	性质	项目计划实施内容	总投资	年度计划投资	年度完成投资	完成进度情况
22	伊山苑	续建	用地面积约 17 亩,建筑面积 1.8 万平方米	5000	5000	5000	完成
23	弘华御园	续建	用地面积约 16.4 亩,建筑面积 7.5 万平方米	9543	6000	6000	完成
24	天润花园	续建	用地面积约 30 亩,建筑面积约 2 万平方米	9000	6000	6000	完成
25	云龙山庄	续建	用地面积约 50 亩,建筑面积约 3.4 万平方米	13600	8000	8000	完成
26	东城区 5#地块	新建	云台大道东侧,沂河路南侧,用地面积 78.2 亩,建筑面积约 15.3 万平方米	31300	10000	10000	完成
27	东城区 6#地块	新建	云台大道东侧,长江路北侧,用地面积 74.7 亩,建筑面积约 14 万平方米	59800	10000	10000	完成
28	教育局地块	续建	用地面积 6503 平方米,总建筑面积 20789 平方米	7000	7000	7000	完成
29	翰林院	新建	用地面积约 5 亩,建筑面积约 7000 平方米	2060	2060	2060	完成

【经济适用房建设】 2016 年,全县完成民生小区二、三期景观绿化面积 1 万平方米,安装水、电、气等配套基础设施。全年分配符合经济适用住房条件的家庭 26 户,安置 18 户渔民上岸居住。

【公共租赁住房建设】 2016 年,省政府下达灌云县公共租赁住房建设目标任务为“基本建成 80 套,新增低收入住房保障家庭租赁补贴 20 户”。委托县临港产业区管委会,按省政府要求,在 10 月 30 日前,完成省政府下达的建设任务,该项目占地面积 9 亩,总投资 2000 万元,总建筑面积 5967 平方米。新增低收入住房保障家庭租赁补贴 22 户。

房地产管理

【概况】 2016 年,全县围绕国家、省、市统一部署,继续开展城市危旧老楼的安全隐患大摸底、大排查和大整治行动。按照 2015 年出台的《灌云县城区老楼危旧房屋排查整治工作实施方案》《灌云县退房房源再销售管理办法》《灌云县商品房预售资金监管实施办法》,进一步加大房地产市场管理力度,着力构建规范稳定的房地产市场运行秩序,从源头上避免和防范商品房交易风险,保护人民群众的合法权益。

【住房价格管理】 2016 年,县房管部门继续执行房地产开发经营企业商品房销售“一价清”、价格备案制度及商品房销售明码标价规定,按照“一房一价”原则如实申报预售价格;把房地产开发经营企业价格行为纳入制度化、规范化管理轨道。全年,商品房销售均价为 3984.33 元,比上年下降 2%;商品住宅销售均价 3801.72 元,比上年增长 3.5%;商品住房销售价格与周边县、市基本保持一致。

【房改与住房保障】 2016 年,灌云进一步完善住房保障体系,出台住房保障政策《灌云县 2016 年度住房保障有关政策的通知》,城镇中等偏低收入住房困难家庭的人均月收入标准由 2015 年的 1299 元调整为 1416 元(人均年收入低于 16992 元);低收入住房困难家庭的人均月收入标准由 2015 年的 974 元调整为 1062 元(人均年收入低于 12744 元)。新就业无房职工和在城镇稳定就业的外来务工人员均纳入公共租赁住房保障范围。

【物业管理】 2016 年,县政府调整物业管理工作领导小组成员,组长由副县长担任,成员由县相关行政职能部门、相关乡镇、侍庄街道办事处各 1 名主要领导担任。县住建局负责全县物业管理监督指导工作,对全县物管小区按季度开展检查考核评星工作,在物管行业建起“智慧物业网”“物业管理微信群”“物业管理 QQ 群”。至 2016 年年底,全县 9 个乡镇物管项目共 119 个,其中伊山镇 59 个,侍庄街道办事处 32 个,东王集镇 9 个,燕尾港镇 5 个,杨集镇 7 个,同兴镇 1 个,龙苴镇 2 个,下车镇 2 个,图河镇 2 个,总建筑面积 880.61 万平方米。27 个物业服务企业承接物业项目管理服务工作,28 个物业项目成立小区业主委员会,有 5 家业主委员会进行换届。

【房地产中介管理】 2016 年,县房管部门进一步加大房地产中介经营机构的规范监管力度,每季度组织对房地产开发企业和房地产中介经营机构进行监管检查一次,发现问题及时督促纠正和限时整改到位,并将相关情况纳入年度综合考核。对照标准,切实规范房地产经纪人员职业行为,每半年进行一次专业培训,着力提升房地产经纪人员的职业道德素质、业务素质和营销能力。

【房地产市场交易】 2015 年 12 月 17 日起,原住建局房产登记窗口停止受理房产登记交易业务,从当年12月21日起,在全县范围内实施不动产统一登记。各类不动产登记业务(包括存量房交易信息上报工作)统一由灌云县不动产登记局(登记中心)负责办理。

装饰装修

【概况】 2016年,全县有装饰装修企业4家,分别为连云港开达装饰工程有限公司、连云港鑫苏装饰工程有限公司、连云港奥奇装饰工程有限公司、连云港旭旺建筑装饰工程有限公司。4家企业均具备装饰装修二级资质。其余多为无资质装修施工。

【新材料推广】 2016年,全县墙材革新与建筑节能及散装水泥工作均取得新的业绩。墙材总产量年度目标为4.6亿块,其中新墙材4.3亿块,占墙材总量93.5%,完成墙材总产量4.68亿块,其中新墙材产量4.4亿块,占墙材总产量的94%。新墙材建筑竣工面积年度目标45万平方米,实际完成52.2万平方米,节能50%以上的节能建筑竣工面积占总建筑面积100%。新建新墙材生产线1条,新增产能8万立方米。全年散装水泥使用量24.5万吨(市下达指标20万吨),其中预拌混凝土企业使用15.13万吨,水泥制品企业(含个体)及其它建筑工程、销售网点及水利、路桥等使用9.37万吨,散装水泥使用率82.8%(市下达计划指标80%),比上年增3.5个百分点。至2016年,全县有预拌混凝土资质企业8家,生产预拌混凝土52.38万立方。县城区预拌混凝土使用率99%以上。

【资质管理】 至2016年底,全县建筑企业有54家,其中二级总承包企业9家,三级总承包及各级专业承包、劳务企业46家。其中:具有房屋建筑工程施工总承包资质企业19家;具有市政工程施工总承包资质企业10家;具有交通水利工程施工总承包资质企业7家;钢结构、装饰装修、预拌混凝土等专业承包企业15家;劳务分包企业6家。

【安全监督】 2016年,全县受理报监工程28项136个单位,面积71万平方米,部分实现数字化远程监控管理;全年组织各种安全生产综合大检查7次,检查工地累计186个,消除各种安全隐患125条,下发安全整改通知书329份,其中停工通知书12份;与各方责任主体签订安全生产目标责任书108份;全年获得省级标准化示范工地5项18个单位工程,市级标准化示范工地7项29个单位工程。

【执法监督】 县内执法监管初步实现"数据一个库、监管一张网"。安全监督检查采取专题巡查与阶段性检查相结合的方法,检查采取"不发通知、不打招呼、不听汇报、不用陪同接待、直奔基层、直插现场"方式。检查人员必须亮证执法且不得少于2人。对申报监督的工程项目经理进行严格确认,同时对各相关管理人员在岗情况进行不定期检查,连续三次被查出不在岗的,将被记入企业诚信库并进行通报批评,对存在安全隐患拒不改正的项目即刻报送县建设局执法科提请行政处罚。

(丁云青)

防震减灾

【地震监测】 2016年,县地震台坚持每日24小时值班制度,实时观测地震动态,监视黄海地震区和郯庐地震带震情,坚持月会商和周会商及紧急会商制度。对地震的时空强变化、地震波的波速变化,用数理统计和时空扫描法,结合宏观异常变化情况,对未来地震的时间、地点、震级三要素进行监测预报。

【防震减灾教育】 2016年,县地震台在"5·12"防灾减灾日、科普宣传周、安全生产月、"7·28"唐山大地震纪念日、国际减灾日等重要的宣传节点开展地震知识宣传的同时,向广大群众推广连云港市防震减灾微信公众号,让人民群众从中获取有实用价值的、对防震减灾工作有促进作用的地震知识。继续发挥防震减灾科普示范学校和教育基地以及地震安全示范社区在地震科普宣传中的示范作用,指导创建省级防震减灾科普示范学校灌云县防震减灾科普示范学校1所,扩大县防震减灾科普教育阵地。

【地震应急管理】 2016年5月,县防震减灾助理人员开展地震突发情况桌面演练,使全县基层防震减灾应急管理工作提升到新的层次。9月,更新完善全县灾情速报网,邀请连云港市地震局领导对全县7个乡镇的民政助理员和乡镇所属的各村灾情速报员180余人进行地震知识培训。增强基层防震减灾工作人员的责任心,进一步加强县防震减灾体系的建设。

2016年,县地震局继续加强对龙苴镇范庄村、四队镇南兴村、圩丰镇德丰小区和小伊乡张徐村4处一类宏观测报点的指导、管理力度,并新增图河镇图河村深水井1处一类宏观测报点。

(县地震局)

住房公积金管理

【概况】 2016年,灌云县住房公积金管理中心以创新发展为抓手,以精准服务为核心,扎实开展"两学一做"学习教育活动,坚持"规范、廉洁、便民、高效"的服务宗旨,不断加强作风建设,提升服务效能,打造优质高效的服务环境,圆满完成各项目标任务,受到社会各界的好评。被市机关工委评为"2016年度市级机关优质服务实例"并受到表彰。

【公积金归集】 2016年,县公积金管理中心通过电视、报纸、广播、网络等媒介,深入开展住房公积金宣传活动,全县公积金归集面进一步扩大。通过县政府“12345”服务热线与公众进行互动交流,为广大缴存单位和职工释疑解惑;全年邮寄住房公积金个人对账单2万余份,对缴存人有关信息作了详细说明,使缴存人对自己住房公积金缴存、支取等情况一目了然,同时,对住房公积金制度及相关知识作了宣传。加大对非公有制企业的宣传力度,30余人次先后深入开发区、临港产业区等非公有制企业相对集中的园区一线,进行面对面的政策宣传,增强职工的维权意识,调动广大职工缴存住房公积金的主动性、积极性。加大监督,维护广大职工合法权益。采取电话联系、上门督促、邮寄催告函等形式,开展公积金催建催缴和稽核工作。全年进行催缴80余次,催建单位100余家,稽核单位50家,取得实效42家。及时纠正存在的问题和不足,较好维护广大职工的利益,推动更多单位为职工建立住房公积金制度,提高住房公积金覆盖面。

全年新增开户单位76个,新增缴存职工2258人;公积金归集3.36亿元,完成全年目标2.484亿元的135%,比上年增长43%。

【公积金提取】 2016年,县公积金管理中心执行《连云港市住房公积金提取管理实施细则》,加强内部管理,坚持严格把关和“人性化”管理相结合,不断完善住房公积金支取规定。严格按提取规定审批办理提取手续,安排专人逐一对所提交各项材料的真实性、合法性进行审核,堵塞违规套取公积金漏洞,确保提取无差错。全年发现并制止4次骗提住房公积金行为。放宽提取支付房租和偿还商业住房贷款条件。新的租房提取住房公积金政策进一步简化,职工只需提供无房产证明即可,提取时不再提供租房合同或契约、租房发票。新的提取公积金偿还商业住房贷款政策,放宽至每年都可以提取公积金一次,提取金额为上一年度住房贷款还款额,拓宽提取使用渠道,切实减轻职工家庭偿还住房贷款的经济负担。

全年累计提取住房公积金2.06亿元,比上年增长35%,当期提取率61%。

【公积金贷款】 2016年,国家将房地产“去库存”作为五大经济任务之一,出台一系列宽松政策,为购房者创造宽松购房环境。县公积金中心结合实际,采取多种措施用好用足公积金,住房公积金资金使用效率不断提高,为职工改善居住条件,促进全县房地产市场发展,发挥积极的推动作用。

加大贷款支持力度。2016年,在国家“去库存”住房消费政策的推动下,县公积金中心积极调整公积金贷款申请条件,缴存满6个月即可申请贷款;职工使用公积金贷款购买首套房、二套房的最低首付比例均降至20%;对已使用过两次公积金贷款的职工,能够提供家庭无房或仅有一套住房证明的,可比照购买第二套改善型住房申请公积金贷款;贷款额度为账户余额的15倍;缴存职工家庭首次购房在144平方米以内的,首付由30%调整为20%,支持缴存职工购买自住和改善性住房需要。全年住房公积金个贷发放1.83亿元,比上年增长29%,支持574户家庭圆了“住房梦”。

开办异地公积金贷款业务。为服务异地缴存住房公积金者在灌云购房家庭的贷款资金需求,开办异地公积金贷款业务。全年审批发放异地公积金贷款20笔,累计发放贷款520万。

【公积金基数调整】 2016年,住房公积金缴存基数的上限为1.5万元,下限为2300元,机关、事业单位和职工个人住房公积金缴存比例不变,仍各为12%;企业单位和职工个人住房公积金缴存比例调整比例为各5% ~12%,调整时间为2015年7月1日。

【公积金风险防范】 2016年,县住房公积金管理中心紧紧抓住“抓管理促发展,以管理防风险,向管理要效益”这条工作主线。实施“零余额”账户管理,提升资金使用效益和安全。强化公积金会计核算管理,明确目标任务,严格按照住房公积金会计核算管理办法执行,做到准确无误,账账相符,在保证公积金支取、贷款情况下,安排定期存款,确保公积金增值。

【管理服务】 2016年,县住房公积金管理中心与县不动产局协作,创新发展,共同推行“互联网 + 政务”工作,通过信息共享、互联互通、业务协同,实行审批和服务事项网上办理,打造具有连云港特色的“互联网 + 贷款直通车”服务品牌。实现“一窗口、一站式、一条龙服务”。住房公积金贷款流程从原来往返各部门6次简化为2次,办理时间从原来300分钟减少至30分钟,服务效率得到全面提升。针对退休人员年纪大、路途远,到服务网点办理业务相对困难等情况,开展上门服务和预约服务。到东辛农场驻地为退休人员集中办理住房公积金支取业务。

【队伍建设】 2016年,县住房公积金管理中心扎实开展“两学一做”学习教育,加强党员队伍建设,推进单位全面发展。制定《关于开展“两学一做”学习教育的实施方案》《“两学一做”学习教育工作清单》,严密组织,确保时间、人员、效果三落实,先后组织集体学习16次,自学23次,上党课4次,集体讨论5次。坚持学习教育与岗位争先相结合,做合格党员。在服务大厅开展“亮身份”“亮职责”“亮流程”“亮承诺”活动,开展“争群众满意窗口、争优质服务品牌、争优秀服务标兵”活动,努力提高为民服务能力。有一名员工被中共连云港市委市级机关工委评为优秀共产党员。

(县住房公积金管理中心)

招商引资

【概况】 2016年,全县招商引资工作突出建设“强富美高”幸福新灌云工作主题,主动把握和适应经济发展新常态,把招商引资作为承接产业转移、增强全县综合实力的战略举措,抢抓机遇,攻坚克难,招商引资工作,取得一定成效。全年引进过亿元在谈项目37个,其中过10亿元项目6个;新签约项目57个,其中过亿元项目36个,过10亿元项目9个;新开工过5000万元项目50个,其中过亿元项目19个,过10亿元项目2个。

【招商措施】 明确目标,营造招商氛围。在年初的招商引资目标会议上明确要确保新签约过亿元项目60个,过10亿元项目15个;确保新开工过5000万元项目40个。建立县四套班领导带头招商和各乡镇、部门主要负责人为招商引资第一责任人制度。县委、县政府主要领导负责招引10亿元以上项目各1个,每位分管领导负责招引5亿元以上项目1个;县人大、县政协每位领导负责招引3亿元以上项目1个。

建立招商引资目标完成承诺制。全县招商引资大会提出,对上半年招商引资无实绩的单位,乡镇党委书记离岗招商,镇长主持工作;园区主任离岗招商,副主任主持工作。突出发挥县开发园区、乡镇的招商引资主体作用,各乡镇主要领导按照“AB角”的要求,除特殊情况外,党委书记、镇长必须有一个人在外招商。

【招商活动】 积极“走出去”。2016年,按照市县统一部署,全县把招商引资作为经济工作的重中之重。由县委、县政府主要领导、分管领导带队先后组团赴韩国、日本、丹麦、南非等国家和上海、杭州、无锡(宜兴)、昆山、宁波等地开展招商引资活动,组织参加“2016丝博会”暨第20届“西(西安)洽会”、2016灌云(宜兴)投资说明会等活动。各乡镇、园区和部门举办各类专业招商活动80余次,累计签约项目21个,签约资金50余亿元。

大力“请进来”。2016年,县招商部门通过“关心家乡发展、回归家乡创业”座谈会、2016中国灌云豆丹美食文化节、第三届中国(连云港)丝绸之路国际物流博览会等推介活动,充分挖掘落地企业及各部门的人脉资源,大力开展以企招商、以商招商,主动邀请客商到灌实地考察,全年接待宁丰人造板集团、华能集团、欧美同学会、韩国食品协会代表团等客商70余批、200余人次。

【招商机制】 2016年,县招商局结合市、县下达的指标任务以及各单位的实际情况,制定出台《2016年招商引资考核办法》,对指标任务进行分解下达,动员全县各级各部门积极投身招商引资工作。制定《关于加强招商引资工作的意见》,使招商引资工作有章可循。召开全县招商引资工作大会,动员全县上下积极行动,真抓实干,全面掀起招商引资新高潮。聘请一批招商顾问并邀请专家对全县招商干部开展业务培训。

【招商项目】 至2016年底,招商局有亿元以上在谈项目6个,合同投资额38亿元,其中过10亿元项目为浙江富冶集团投资15亿元的年产30万吨电解铜项目;新签约项目3个,分别为投资10亿元的连云港和风风电项目、投资5亿元的颐高电商创业园项目、投资5000万元的服装加工项目;新开工项目2个,分别为投资5亿元的颐高电商创业园项目、投资5000万元的电动三轮车项目,颐高电商创业园项目4个电商主题馆完成内部钢架及门窗安装,部分主题馆完成隔断安装,内外装潢同步推进。

【驻点招商】 2016年第四季度,县驻点招商活动正式启动,驻点招商领导小组每月召开一次驻点招商工作推进会,听取工作汇报,点评大区工作,科学研判招商信息,布置项目跟进措施,解决项目跟进难题,并对实绩进行排名。通过招商信息管理平台,对大区主任、招商代表实行移动考勤,同时对其招商活动、项目首谈登记、项目跟进等方面进行有效管理。所有招商人员外出招商时间与招商项目以平台登记为准,并将登记情况每月通报一次。奖罚分明。驻点招商人员招到项目的,建议按灌政发〔2016〕39号文奖励。即项目投产达效后,按固定资产投资的1‰一次性奖励第一引资人,成绩突出、符合条件的,优先提拔、重用。对大区主任、驻点招商代表实行淘汰制。对一年内无开工的项目予以淘汰,更换替补。

(县招商局)

利用外资、港澳台资及内资

【概况】 2016年,县商务局认真贯彻全县经济工作会议精神和上级商务工作会议精神,不断加大招商引资力度,努力完善市场服务体系,积极挖掘外贸进出口潜力,严格开展商务综合执法,各项工作稳步推进,取得明显成效,全年实现利用外资2426万美元。

连云港北欧农庄生猪养殖场项目奠基仪式

【招商引资】 2016年,县商务局以举办活动为载体,大力推行以商招商,成效明显。

北欧农庄生猪养殖三期项目。该项目总投资4000万美元,建设5万平方米的主体猪舍,建成年存栏基础种猪7700头,仔猪22.5万头。完成主体猪舍、设备安装、内外装修及附属设施建设,进行试运营,部分仔猪入舍饲养,至年底全部投产运营。

鑫鹏纺织项目。该项目于2月签约,由河南客商和深圳客商投资1亿元,租用县经济开发区厂房1万平方米,新上年产纺棉纱6000吨,织布400万米。46台套织布机、4台套RFRS型转杯纺纱机和4台梳棉机等设备安装已结束,9月20日正式开业运营。

颐高电子商务创业园项目。该项目占地13.33公顷,建筑面积10万平方米。建设网商群体生态链整合基地和电子商务产业链整合平台,包括电商培训中心、网商创业基地、电商综合商业体、网货博览城和智慧社区。完成电子商务运营公司注册等各种手续。城市资源馆、微巢商学院、万创空间和颐居草堂4个电商馆主体工程及内外装潢结束,10月20日开始试营业,首批32家电商经营企业和12家电商服务企业入驻园区。同时启动电商从业人员"万人培训计划",聘请淘宝大学资深讲师普及培训16批次、1600多人次,为电商创业园的发展提供人才支持。

"村淘"项目。2016年,县商务局积极与阿里巴巴集团合作,推进阿里巴巴村淘项目建设,淘宝服务中心投入运营,并在行政村发展村淘服务点100个,为村民提供网上代购、网上代卖、服务民生等项目。县政府设立村淘发展专项资金50万元,用于村淘发展建设,并打造村淘示范点,阿里物流快递将直达村级,打通县"工业品下乡、农产品进城"最后一公里,为乡村百姓带来真正的方便实惠。向上申报省级电商示范村2个。侍庄街道三合村已获批省级电商示范村。

发饰制品扩建项目。该项目于2月签约,由福建客商投资6000万元兴建,租用开发区中小企业园4000平方米厂房,新上年产20万套教习头、5万套男块等工艺发饰制品生产线。厂房改造和设备安装已完成,8月初投产运营。

聚世惠超市项目。由聚世惠集团公司投资1亿元兴建的线上线下大型连锁超市和聚世惠物流项目,一期租用振兴路广源小区3000平方米门面房,于5月28日开业运营。

【争取政策资金】 2016年,县商务局充分利用省外经贸发展专项资金平台,为20多家外贸企业争取到中小企业国际开拓资金及出口目标考核奖励250多万元,为出口企业提供出口信用保险补贴12万元,为加快培育外贸竞争新优势,实现外贸稳定增长起到较好的推动作用。

2016年灌云县批准投资的外商及港澳台投资企业情况表

表10　　　　单位:万美元

序号	企业名称	投资方(国别或地区)	投资总额	注册资本
1	连云港多对多农副产品有限公司	韩国	600	600
2	连云港泉昊环境科技有限公司	韩国	70	50

续表 10

序号	企业名称	投资方(国别或地区)	投资总额	注册资本
3	连云港仁运包装科技有限公司	中国香港	200	200
4	连云港惠蓓进出口贸易有限公司	中国香港	860	860
5	连云港澳雅环保科技有限公司	澳大利亚	3000	3000
6	连云港澳樱再生资源有限公司	澳大利亚	500	500
7	连云港格博商贸有限公司	中国香港	101.7	101.7

2016 年灌云县利用外资和港澳台资情况表

表 11

单位:万美元

序号	企业名称	投资方国别或地区	注册资本	实际投资额
1	连云港北欧农庄生猪养殖有限公司	中国香港	3250	1098.6
2	胜科(连云港)水务有限公司	新加坡	1077	208
3	连云港科立丰实业有限公司	新加坡	1060	19
4	光大城乡再生能源(灌云)有限公司	中国香港	2993.8	576
5	连云港京申箱包有限公司	中国台湾	20	8
6	连云港泉昊环境科技有限公司	韩国	50	3
7	连云港科瑞特包装有限公司	加拿大	45.6	22.4
8	连云港德安邦进出口贸易有限公司	中国香港	2200	451
9	连云港冷安进出口贸易有限公司	中国香港	500	40
	合计			2426

对外及港澳台贸易

【概况】 2016 年,灌云县实现自营出口总额 2.1 亿美元,实现外贸进出口 2.33 亿美元,比上年增长 12.6%;出口商品主要涉及胶合板、化工产品、船舶、棉纺织品、工艺品、鞋服制品、农副产品等 29 类,其中农产品出口 3500 万美元,比上年增长 91.1%。在巩固美欧传统市场的同时,继续开辟南美、中东、东南亚等新兴市场,出口商品国际市场进一步扩大,与 28 个国家建立业务关系。全县形成外贸企业、三资企业和生产企业为主的外贸出口队伍。

【村淘项目建设】 阿里巴巴村淘项目是县电子商务的重要载体之一。2016 年,县级淘宝服务中心运营良好,全县行政村发展村淘服务点 130 多个,先后举办"村小二"各类培训会、启动会近 30 场次。2016 年村淘总销售额超 3000 万元,累计服务村民 5 万多人,成交订单量近 20 万笔,各站点村民代购、农产品代卖、扶贫开发、民生保障等惠农服务水平显著提升。东门社区任晶晶开办的"小晶农村淘宝服务点",总投资近 50 万元,主要经营灌云当地冰草、紫苏、蓝莓等农特产品及银鱼干、虾皮等燕尾港海洋特色干货。服务点吸纳带动 57 户农民开展订单种植,半年销售额达 220 万元。

【电子商务示范村建设】 2016 年,县商务局结合党建和经济薄弱村"新八有"建设,积极引导一二三产业融合,发挥农村电子商务带动市场化、促进规模化、提升品牌化作用,紧抓全县电商主体提升品质层次,加强电子商务产业模式和组织形式创新,推动电商小个体由"散兵游勇"成长为"正规军",全县农村电子商务示范效应加快形成。

侍庄街道集聚全县主要的快递物流企业,顺丰、申通、中通、天天等物流企业县域总部在此布点,为电商企业提供完整的仓储、物流服务。辖区内紫燕食品项目食品加工车间和千亩浅水藕基地基本建成,该项目将进一步整合线上、线下资源,形成完整的产业链格局。在电商咨询培训、美工摄影等领域,全街道有 10 多家企业、个体可为各类网商提供服务,街道电商产业雏形初现。2016 年侍庄街道三合村获"江苏省电子商务示范村"称号,域内企业连云港正凯塑料有限公司获评"连云港市十佳诚信电商企业"。在全市商务工作会议上,侍庄街道代表灌云县作了电子商务工作经验介绍。东王集镇伊东村、盐东村情趣内衣在全国网络销售市场占比达 50% ~60%,据统计,年销售额 1000 万元以上的情趣用品商家 10 多个,带动全县情趣内衣年销售额达 10 亿元。两村与下车镇的仲集村,被评为"连云港市电子商务示范村"。

【组织企业参加经贸活动】 2016 年,县商务局先后组织有关企业参加广交会、上海华交会、深圳高新技术交易会、新疆乌鲁木齐出口商品交易会、德国汉堡工业产品展销会、印度农业化工产品交易会和巴西国际汽车配件展等大型经贸洽谈会,多次赴上海、苏州、广州等地开展专项招商引资活动。

【市场监管】 2016年,县商务综合执法大队通过日常执法、集中检查、举报查处和重点打击相结合的方式,有效实现商务部门市场监管作用。坚持发挥12312商务投诉服务热线的群众监督作用,切实加强知识产权保护,维护市场秩序,并受理打击制售假冒伪劣产品行为。全年受理投诉热线5起,办结5起,办结率100%。坚持发挥相关职能部门的监管作用,完善建立部门、企业联动机制,联合公安、消防、市场监督、环保、交通运输、安监及乡镇,利用3个月的时间,对全县非法加油站点进行集中整治,共清理非法加油站点142家,拆除加油机184台,清理储油罐143只,拆除棚架45个,有效地维护了全县成品油经营市场秩序。出动执法人员400余人次。逐月对39家成品油经营企业进行全面、彻底的地毯式监督检查,填写隐患排查登记表39户,发现隐患及时督查整改。全县成品油市场全部整改到位,秩序良好,未发现非法经营现象。

2016年灌云县进出口企业前20名情况表

表12 单位:万美元

序号	名　　称	出口数额	增幅%
1	连云港五洲船舶重工有限公司	2878	275.68
2	连云港银丰食用菌科技有限公司	2531	-8.72
3	连云港新福瑞发饰制品有限公司	2441	1553.32
4	连云港鲜禾制鞋有限公司	2124	-47.2
5	江苏金田集团有限公司	1941	-22.15
6	新乐电器(江苏)有限公司	1040	82.27
7	江苏峰之屹食品有限公司	864	0
8	国成功能服饰(连云港)有限公司	951	-19.35
9	江苏威陵家具有限公司	770	467.34
10	灌云县三星食品有限公司	521	8.07
11	连云港正凯塑料制品有限公司	476	4.6
12	江苏科伦多食品配料有限公司	433	222.54
13	连云港连连化学有限公司	377	18.32
14	连云港圣叶农业开发有限公司	273	741.69
15	连云港科立丰实业有限公司	247	-71.07
16	连云港花茂日用品有限公司	216	11.56
17	连云港市金帅医药化工有限公司	231	33.91
18	连云港长江化工有限公司	135	1.69
19	连云港爱斯特淋浴设备有限公司	113	-12.41
20	连云港科铭化工有限公司	100	-17.21

经济技术协作

【银企合作】 2016年,灌云县在深入开展多形式、多层次、多领域银企对接工作同时,不断创新转贷方式,有效化解中小企业融资难难题。加强与证券、信托等非银金融机构战略合作,加快推进企业发行债券,对拟上市和拟挂牌企业分类指导,鼓励企业上市融资;引进连云港市工投集团产业投资有限公司产业发展基金,扶持县内优势产业。

【人才培训】 2016年,组织180余家企业参加中小企业竞争力大讲堂——工业4.0时代制造业的出路专题讲座,及《清华大讲堂》、中小企业产业发展专题培训、创新发展领军人才培训、管理创新专题研修班等各类培训。

(金　星)

灌云经济开发区

【概况】 2016年，灌云经济开发区进区投资5000万元以上工业项目20个，其中投资过亿元项目10个，新增投产企业13个。完成规模以上工业产值193.69亿元，比上年增长7.5%；工业销售收入192.73亿元；完成地方自营出口9694万美元，比上年增长28.4%；工业用电量4736万千瓦时，比上年增长35.7%；新增规模以上工业企业9家，规模以上企业达到75家；财政一般预算收入4.33亿元；纳税超100万元工业企业12家，其中超2000万元1家。2016年，累计投入5.8亿元用于基础设施建设，新建开发区实验学校、水利路、云山南路以及绿化、路灯、管网等一批配套项目，承载能力大幅提升。

【招商引资】 2016年，园区以提高产业“集聚度、关联度、配套度”为目标，重点围绕产业升级“招大引强”、围绕集群发展“补链强链”、围绕创新驱动“招才引智”，定纪律、压责任、严考核，努力在“重大项目促进、重点项目跟踪、产业项目引进”上下功夫、求实效，招商引资工作取得“量质双增”良好局面。全区新签约项目20个，其中过亿元项目10个，完成全年目标100%。

【项目建设】 2016年，经济开发区将园区企业细分为在谈项目、在建项目、重点服务企业、运行良好企业、停产置换企业五类，制定《开发区2016年重点项目推进责任分解表》，建立项目服务“包保制”和项目推进“会办制”，倡导“无事不扰、有求必应”的服务理念，同时对分管领导、分包部门和具体责任人进行严格考核督导，确保项目建设提速增效。2016年，全区新开工5000万元以上项目12个，完成全年目标109.1%；新竣工5000万元以上项目10个，完成全年目标112.5%。

灌云经济开发区中小企业园

【科技创新】 2016年，经济开发区突出政策引领，出台鼓励投资、加快创新发展实施办法，设立科技创新与品牌专项扶持资金500万元，为科伦多等贡献较大企业兑现奖励政策。加快扶持发展，支持科奇科技、新福瑞发饰制品等5家企业技改扩能，帮助银华春翔、耀科铝业等7家企业申报国家高新技术企业，进一步激发企业发展的内生动力。强化平台建设，挂牌成立淮海工学院技术转移中心灌云分中心，组织企业与上海大学、南京农业大学、南通大学以及国家航天中心、北京中关村等高等院校和科研院所开展产学研对接活动，强化省级云海高新技术创业园、市级留学人员创业园、南农大农业装备研究院等平台建设，助推科技成果转化。2016年，全区新申报省级高新技术企业2家，市级工程技术研究中心5家，省级高新技术产品7个，新获批市级科技进步奖2项；2名高层次人才入选市“555”工程计划、1人入选市“海燕计划”。成功获批“江苏省高端装备制造业特色基地”“全省智能制造试点园区”。

【基础配套建设】 优化城市配套，投入5.8亿元，大力实施道路、绿化、路灯、管网、电力等基础配套建设，新建道路34118平方米，新增绿化34200平方米，疏通沟河6000米，修补道路2000平方米，新建管网2400米。水利路南端、云山南路建成通车;电力线路改造顺利完成;开发区实验学校实现封顶;污水处理厂标准化儿园正在积极筹备,确保明年开工建设;中小企业园建设加快推进,20 万平方米标准厂房全部投入使用,入住企业 29 家,成功获批省级重点培育小企业创业基地、省级高新企业产业园和省级创业孵化基地。

(孙步东)

光大环保(连云港)废弃物处理有限公司

临港产业区

【概况】 灌云临港产业区总体规划面积 120 平方千米。重点发展港口物流、石油化工、装备制造、金属材料、再生资源、新能源等产业。2016 年,进区项目 13 个,其中,过亿元的 8 个,超 10 亿元的 5 个,新增投产企业 11 个;完成规模以上工业产值 378.39 亿元,比上年增长 16.07%;完成业务总收入 575.5 亿元;完成地方自营出口 4163.5 万美元,比上年增长 0.08%;完成工业用电量 30948 万千瓦时,比上年增长 10.28%;新增规模以上工业企业 3 家,全区规模以上企业 127 家;全年财政一般预算收入 5.86 亿元,全区纳税超 100 万元企业 67 家。

【招商引资及项目建设】 2016 年,产业区坚持项目招引与建设同步推进,加快完善产业发展规划,精准定位产业方向,主攻重特大项目招引。相继签约投资 60 亿元的华能海上风电、20 亿元的亚欧冷链物流、10 亿元的鑫兆磊石材加工、10 亿元的东方远创助剂、5 亿元的中染科技等过亿元项目 15 个,其中超 10 亿元 6 个。围绕“整合资源、提质提量、转型升级”目标,做强做优精细化工板块,以闰土、盛吉、莱亚、花蝶等为重点,打造清洁生产型染料产业高地。借助市医药产业的雄厚实力,以恒运医药、常茂生物、保易制药为重点,推进实施新医药产业发展规划。加快发展循环经济,积极鼓励远征化工、明盛化工发挥废酸综合利用辐射带动效应,推进上下游产品供需产业链建设。强化项目清理整合,全面排查长期停产停业、环保整治中取缔关闭、长期未建成投产、土地使用权被收回等 8 类企业,对 16 家“僵尸企业”启动清理程序。同时,对乐斯化学、远征化工等 8 家企业技改给予扶持。

【港口建设】 2016 年,产业区积极抢抓“一带一路”及灌云口岸开放被列入国家口岸“十三五”发展规划机遇,港口建设获得大发展,规范运营加快突破。全年突破 420 万吨,超额完成年度目标任务。1 号、2 号码头各项手续和配套设施加快完善,2 号码头开港试运营;5 万吨级 3 号码头水工开工建设。渔港码头一期建成使用。港口合作加快突破。与市港口控股集团实现全面合作,首期 33.33 公顷的办公、堆场、仓储、工区、查验设施等主体工程开工建设。口岸开放加快突破。12 月 28 日临时开放手续获得批准,一类口岸开放手续上报国务院。

【产业转型升级】 2016 年,产业区以华能海上风电、华能热电联产、华电风电、天骄锂电池、华能屋面光伏等项目为抓手,能源产业板块加快崛起,重点布局德力西冷链物流、森柏油脂、鑫兆磊石材等基础型、基地型、临港型重特大项目,开始逐步走出以化工为主的产业困局。

【科技创新】 2016 年,产业园区先后与南京大学、南京林业大学就搭建“高新技术研究院”建立合作关系,培育发展省级“企业创业示范基地”“灌云县临港科技企业孵化器”“惠利达担保公司”“江苏省博士后创新实践基地”等科技创业服务平台。园区通过出台激励机制和创业辅导措施,先后为 65 家企业提供创业辅导和科技成果孵化,孵化面积达 31.88 万平方米。其中新增孵化企业 4 家,新增孵化面积 8500 平方米。下发科技创新激励文件,设立专项奖励资金,鼓励企业加强科技研发,全年兑现科技专项财政扶持资金 3319 万元,占园区公共财政预算支出的 4%。引导远征化工、乐斯、致远等 52 家企业与南京大学、江苏理工大学、淮海工学院等院校建立科研校企合作关系,先后培育江苏远征化工有限公司、连云港市海得利化学有限公司、连云港致远化工有限公司、连云港锐华化工有限公司等 10 家省级高新技术企业,占园区企业总数的 10.87%,其中新获批 6 家高新技术企业。乐斯化学荣获第九届江苏省专利奖评选活动优秀奖;远征化工、力达宁化工、华邦化工、江苏农用激素工程技术研究中心 4 家企业被省科技厅认定为省级工程技术中心;远征化工、宝诚化工等 7 家企业被省经信委认定为省级企业技术中心;远征化工还获批“江苏省博士后创新实践基地”,获“管理创新优秀企业”称号;远征化工、乐斯化学等 6 家企业建立研究生工作站。全园区企业有省高新技术产品6个,省名牌产品2个,省级两化融合示范和试点企业8家。

【园区设施配套建设】 按照全县"一城、一港、五中心、多节点"的发展规划,加快燕尾新城建设,建成口岸开放综合服务楼1.2万平方米、安置保障房、公租房4万平方米等。加快重点路网建设,全面建成总投资3亿元的新纬六路、新纬七路、石化路、连燕路、疏港路等9条道路;续建石化路、景观大道等6条道路。基础设施承载能力得到大幅提升,成功举办第二届全国越野车、摩托车争霸赛。

(县临港产业区)

大伊山石佛寺南门广场

大伊山旅游经济区

【概况】 2016年,大伊山旅游经济区认真贯彻落实县委扩大会和县旅游发展大会精神,围绕县委、县政府提出"明确一个目标、绘制一张蓝图、树立一个标杆、打造一个特色、做响一个品牌"的旅游业"五个一"发展思路,突出"伊山伊水伊甸园,真情真意真灌云"主题,推进景区开发、建设与管理,各项工作都取得了新成效。年度实现固定资产投入1.4亿元,比上年增长70%;全年接待游客88万人次,比上年增长10%;旅游综合性收入684万元,比上年增长31.5%。2016年,大伊山风景区获县委、县政府综合目标三等奖,被市委、市政府评为文明单位。

【景区建设】 2016年,大伊山旅游经济区对景区基础设施配套工程进行提升改造,修建石佛古寺等处游步道1260米、仿生态护栏516米;安装智能门禁系统5套;新安装大型宣传显示屏20平方米;安装180米栖龙洞声控智能灯;新建票务中心2个;维修观景平台5个;新建A级标准厕所2座,改造3座;新设立分类垃圾桶170个;增加休息区26处,休息座椅44张;重建标识系统,新增加安全、警示、提醒等各类标识标牌168块。对游客服务中心、防火用房进行设备配套和器械添置。基础设施建设总投资3600万元。

【招商引资】 大伊山旅游经济区充分利用景区资源,全力做好招商引资,于2016年6月引进投资2亿元的万佛宫项目,8月28日全面开工,一期工程完成投资1.1亿元,建成万佛宫大厅、前厅、后厅及舍利子塔。启动游乐场二期工程,投资2000万元,新增十多个游乐项目,建成苏北最大游乐设施项目。至年底,大伊山欢乐世界游乐园所有项目顺利运营。

【旅游服务】 2016年,景区软件服务更加细致,无线信号全覆盖、母婴室、休息室、租借设施、微信购票入园等全部实现;导游服务、外语导游更加周到、贴心;休息座椅、吸烟区、仿生态护栏、生态游步道、智能灯亮化等景点设施让游客更方便,体现快乐旅游、休闲旅游的特色,受到旅客的称赞。全年无旅游投诉案件。

【安全管理】 2016年,大伊山旅游经济区加强景区的安全管理、森林防火等工作,成立大伊山景区安全及防火工作指挥部,实现景区、县消防大队与镇村防火小组联防,对防火、安全工作实行领导分工负责制,确定重点时段和重点区域,责任分包到人,实现全年无安全事故。

【旅游宣传】 全年发放景区宣传册22000册,在各类信息、报刊及电视媒体上报道景区工作80余次,参加和举办旅游产品博览会、节日促销、登山活动等推介景区新景点及促销活动12次。

(县大伊山旅游经济区)

伊芦山景区

【概况】 伊芦山位于同兴镇伊芦村,西临204国道,东接沿海高速,北临古泊善后河,传说因华夏第一贤相、商朝伊尹晚年隐居于此而得名,山上景点众多,文化底蕴深厚,交通优势明显,发展旅游业的条件得天独厚。2016年,伊芦山风景区被县委、县政府确定为全县重点建设的三大旅游景区之一,进行重点开发,同兴镇全面落实县委提出的"伊山伊水伊甸园、真情真意真灌云"发展主题,主动作为、科学规划、团结奋斗、克难攻坚,扎实推进伊芦山景区建设各项工作。

【景区规划】 伊芦山景区建设以伊芦山养生文化产业园为项目依托,计划总投资5.8亿元,充分利用伊芦山资源优势,以发展特色生态休闲农业为主线,采用江苏省城镇与乡村规划设计院规划设计方案,力争3年内打造苏北第一乡村康养乐园,建成以康养为主题,以伊尹为文化源头,以中药材种植加工为特色产业,集文化体验、康体锻炼、健康饮食、修身养性、田园休闲为一体的特色小镇。

【景区建设】 2016年,同兴镇利用优势扩大优势,利用资源深挖资源,对孟陬路进行升级改造,新建2000平方米的钟庵东西厢房,兴建集休闲、住宿、餐饮为一体的信天游客栈,完成上山道路扩宽、伊尹归隐处、奇泉等旅游景点的建设打造,完善并丰富伊芦山历史文化传说。

梅园 2016年10月开工建设,至年底,流转土地70公顷,水系开挖和地形整理完成土方约100万立方米,投入资金1000余万元。

游客服务中心 2016年10月开工建设,面积6000余平方米,至2016年底,主体工程量完成约60%,投入金额约800万元。

景区道路建设 凤凰路、伊尹南路、富民路、梅园路、滨河路、桃园路等"五纵一横"道路,2016年,投入金额700余万元,完成总工程约60%。

伊尹路两侧建筑立面改造 按照徽派建筑的样式,对伊尹路沿街62户人家立面进行改造,2016年,投入金额200余万元,完成总工程量约50%。

(县伊芦山景区)

灌云现代农业产业园区

【概况】 2016年,灌云现代农业产业园区按照县委、县政府的决策部署,深入推进项目建设、招商引资和作风建设,推动产业升级,全力打造光伏菌业园、西岭玫瑰园和油用牡丹精准扶贫产业园等重点项目,围绕推进农业供给侧结构性改革,以建设"科技园区、生态园区、高效园区、有机园区"为目标,大力发展精品农业、循环农业,努力将园区建设成为集优质农产品生产流通、高科技成果运用示范及农业生态休闲观光于一体的省级现代农业产业园区。

【园区经济】 2016年,园区全面完成县委、县政府下达的目标任务。截至12月底,完成规模以上固定资产投资8.6亿元,服务业发展投资9800万元,新开工项目2个、竣工2个,实际完成利用外资40万美元,完成率100%。

【重大项目】 2016年,园区全力推进光伏菌业园项目建设,整个项目区全部并网发电,一期内部生产设施加快推进,并投入使用。顺利完成瑞云堂基地扩建项目,扩建春季玫瑰、海棠、桃等经济林果计16.67公顷。大力推动油用牡丹种植基地项目建设,从南岗乡、同兴镇流转土地200公顷,构建连片种植区域排水系统,完成油用牡丹育苗播种工作。

【招商引资】 2016年,园区引进江苏林洋集团合作建设投资5亿元的光伏菌业园项目,总投资1亿元的油用牡丹种苗繁育基地项目和总投资3000万元的马诗龙食用菌出口加工项目。

【科技种植】 2016年,园区围绕日光温室芦蒿优质高效种植技术体系建设,编制的《日光温室芦蒿生产技术规程》,被定为市级地方标准。12月上旬成功举办全国芦蒿产业峰会。芦蒿新品种灌蒿1号、灌蒿2号通过市科技局成果鉴定,《芦蒿脱毒苗的快繁方法》申报了技术专利。园区顺利完成省级农业园区建设水平监测评价工作,被评为良好等次。

【园区建设】 2016年,现代农业科技综合示范基地高标准建成,新铺设园区主附干道柏油路2.35千米、水泥路6.2千米。投资建设园区试验示范基地内的喷滴灌及泵站、进排水渠、路涵、斗门等基础设施,完成绿化面积1.2万平方米。

(马丙四)

灌云现代渔业产业园区

【概况】 灌云现代渔业产业园区地处灌云县东北部,核心区东临黄海,南接临港产业区、五图河农场,西靠灌云县圩丰镇,北接连云港工业生产基地—徐圩新区。渔业园区规划面积5333.33公顷,其中核心区1200公顷、辐射区4133.33公顷,突出"五区四中心"(泥鳅高效生态养殖区、海水养殖区、淡水鱼标准化养殖示范区、高端特种鱼养殖区、生态休闲区、种苗繁育中心、水产品检测中心、管理服务中心、科技服务中心)建设,渔业园区养殖品种有福瑞鲤、加州鲈鱼、太湖1号青虾、黄颡鱼、乌鳢、南美白对虾等40多个品种。2016年,渔业园区核心区养殖面积达933.33公顷,辐射区3066.67公顷,总面积4000公顷,其中,海水养殖1333.33公顷,淡水养殖2333.33公顷,全年水产品总量5.3万吨,创产值12.5亿元。

【新品种引进】 2016年,渔业园区从无锡淡水研究中心等科研机构引进翘嘴红白、土凤鱼、大鳞鲃鱼、罗氏沼虾等新品种4个,放养面积20多公顷。

【物联网工程】 2016年,现代渔业产业园区实现水产养殖信息化,通过手机、电脑等信息终端操作,完成投饵、增氧等养殖流程,全程监测养殖水体中溶氧、pH值、水温等技术参数,增加水产养殖动物的密度,减少用工和用电量,节约成本,提高饲料利用率。

【新模式示范】 2016年,灌云冬辰水产养殖合作社新增温棚高效养虾面积17.33公顷,采用小棚清洁养虾新模式,具有小范围、高密度、反季节等特点。采取一年两次投苗,放苗50000尾/棚,产量400~600千克/棚。

【养殖场改扩建】 2016年,渔业园区改扩建渔业规模养殖面积133.33公顷，其中连云港丰睿水产养殖有限公司新建800公顷；连云港浩升水产养殖合作社新建400公顷；灌云冬辰水产养殖合作社新建17.33公顷。

【种苗繁育场建设】 连云港市丰睿水产养殖有限公司种苗繁育场占地4.33公顷，拥有4000平方米育苗车间、36个淡化大棚，年可培育南美白对虾苗15亿尾，放养面积2333.33公顷，是县内最大的南美白对虾繁育基地。

【养殖技术培训】 2016年，渔业园区举办水产养殖技术培训班4期：水质调控技术培训班、鱼类疾病防治培训班、新常态下淡水鱼健康生态养殖技术培训班、水产技术高层论坛。

（县现代渔业产业园区）

水产养殖技术培训

潮河湾风光

工　业

综　述

【概况】 2016年，灌云县继续坚持工业优先发展战略，不断调整产业结构，加快工业产业转型升级，围绕临海化工业、装备制造业、轻工纺织业、新能源产业等四大产业，实现错位发展、集聚发展。全县有规模以上工业企业262家，全年累计完成现价产值759.2亿元，比上年增长17.9%；完成工业增加值141.8亿元，比上年增长10.8%；完成工业用电量6.05亿千瓦时，比上年增长15.2%。

【工业经济运行】 2016年，四大主导产业实现现价产值659.2亿元，占全县的86.8%。其中临海化工业完成产值406.8亿元，占全县规模以上工业现价产值的53.6%，细分行业中的高端染料成为县内三大特色产业之首，产值156.5亿元。装备制造业完成产值134.1亿元，其中农机装备产业优势明显，拥有“中国旋耕机之都”称号，以五洲船舶、耀科铝业、汇九齿轮等企业为依托，构建以船舶制造、海洋装备、机械配件为基础产业板块。轻工纺织业完成产值116.2亿元，在着力壮大和培育新乐洗衣机等家电新兴产业的同时，加快纺织服装、食品酿造、造纸建材等传统产业改造升级步伐。着力培育发展清洁能源产业，以此带动地方相关产业创新能力的不断提升，不断增强产业的支撑、辐射和带动效应。全年，新能源产业完成现价产值2.2亿元，重点发展太阳能光伏发电、锂离子电池、风电、生物质等新生替代能源；加快推进林洋新能源18兆瓦农光互补、大唐灌云50兆瓦农光互补光伏发电项目，初步形成新能源产业框架。

【产业投资】 2016年，全县全社会工业投资增幅有所放缓。全社会固定资产投资272.19亿元，比上年增长21.4%，其中工业投资174.79亿元，比上年增长7.7%。全年新开工5000万元以上工业项目50个，过亿元项目19个；新竣工项目50个，其中过亿元项目18个。鑫兆磊石材、森柏粮油3号码头及堆场、宁丰木业加工、光大生物质热电联产、林洋油牡丹光伏发电等项目开工建设，天骄锂电池、常茂生物药品添加剂、保易制药、缠绕环保等项目建成投产。创新项目跟踪服务手段。通过项目建设现场图片(视频)、难题办理跟踪、督查推进通报等方式，及时了解项目从开工建设到竣工投产的进展情况。全年完成办件72件，其中可能危及电力设施安全的施工作业审核24件。由于受化工整治的影响，化工项目技改备案多次出现暂停，影响全县企业技改备案的数量和投资额。

【技改和创新】 2016年，全年累计完成技改项目备案48件，完成技改投入36.78亿元。县锐华化工和恒运医药2家企业获批市级企业技术中心。

【园区建设】 2016年，全县着力构建“2+10”的工业载体空间，在拓展临港产业区、经济开发区两大工业园区的基础上，在全县11个乡镇布点工业集中区。2016年，临港产业区有规模以上企业127家，全年实现现价产值483亿元；县经济开发区实现现价产值182亿元。各乡镇规划建设的各类工业集中区10个，建成标准厂房20多万平方米，在建各类标准厂房22万平方米，拥有规模以上工业企业73家，形成特色农产品加工、建筑材料、纺织服装等劳动密集型产业。

【服务企业】 针对宏观经济环境趋紧，经济下行压力加大，工业经济发展所面临的新情况、新要求，县经信局出台《灌云县经济和信息化局关于2016年精准服务企业的实施方案》，深入推进“2016企业服务年”活动，提升服务效能，全力做好企业服务。引进市工投设立产业发展基金，扶持优势产业加快发展。

强化预测预警。进一步强化重点企业行业运行情况监控，将县市“三大培育计划”企业纳入监测范围，编制《工业经济信息》，逐月分析规模企业主要经济指标完成情况，掌握重点企业产品、原料价格变动及生产运营情况，及时帮助企业化解经营中遇到的突出矛盾和问题，不断提高工作指导性、前瞻性和预见性。

强化精准服务。引进市工投设立产业发展基金，扶持优势产业加快发展。组织耀科铝业、双程酿造等企业参加“江苏产品万里行”太原展、宁夏展,帮助企业拓宽市场,促进企业做大做强。为进一步提升中小企业发展能力,更好地适应经济发展新常态,组织县工业企业负责人参加各类培训达300余人次,包括清华大讲堂系列培训、江苏省中小企业竞争力大讲堂等。

强化创新驱动。加快县经济开发区、临港产业区科技园、创业园和创业辅导基地(孵化器)等载体建设。在设立创业扶持基金的同时,制定和完善相应的创新机制和扶持政策,引导企业入园发展。启动小微企业三年培育计划。引导中小微企业围绕大企业和重点项目,以“专、精、特、新”为方向,发展配套产业,延长产业链和产品链,推动上下游企业分工协作,加速形成专业化产业集群。

强化产业升级。邀请省化工行业协会完成编制全县“十三五”化工产业发展规划,着力扩增量、优存量、提质量,加快构建符合园区实际、突出临港特色的现代产业体系。持续推进化工行业专项整治,对每个化工企业产业准入性进行检查,编制《灌云县临港产业区化工集中区化工产业转型升级意见》,推动化工行业转型升级,实现绿色协调发展。通过搭建融资平台、构建技术平台、强化物流服务等措施,积极培育高端装备制造产业载体,使灌云县装备制造业综合竞争力大幅提升。2016年,县经济开发区获批江苏省高端装备制造业特色产业基地。

【信息化建设】　2016年,县经信局对全县大中型企业,信息化规划、ERP功能应用、MES功能应用、PLM应用、SCM功能应用及电子商务的开展情况、生产装备的数控化等相关信息内容进行如实填报,结合2016年度省级工业和信息产业转型升级专项资金项目的具体要求,筛选可申报2017年企业互联网升级专项资金的企业。借助移动灌云分公司提供“企企通”项目平台,力争为县经济开发区、临港产业区实现G级宽带接入,为10家规模以上工业企业提供工业信息基础设施解决方案或优化方案,开展百家以上工业企业及生产性服务企业高带宽专线示范应用,提升企业高速宽带接入能力,实现信息网络与服务到园区、进企业、入车间、联设备。

信息安全管理。2016年,继续完善网络安全各项规章制度,加强信息安全检查,排除隐患,确保各项防范措施落到实处。根据市信安办发现的灌云县人防办网站出现的问题,积极对接,进行相关的处置和及时反馈。

“两化”融合。2016年,组织重点企业申报省、市“两化融合”试点、示范。按照申报的具体条件,对全县重点及成长型企业进行调查摸底,最终确定连云港耀科铝业有限公司为省、市“两化融合”试点、示范企业,并配合连云港市科技处完成对试点企业的现场考察和认定工作。截至2016年年底,全县获省级试点企业11个、市级试点企业19个(其中示范企业8个),帮助县标普公司的综合信息平台成功申报智慧江苏试点项目,促进重点企业的优化升级。

推进电子商务。2016年,深入推进“互联网+”行动,着力搭建产业融合对接平台,切实打造良好的电子商务发展环境,不断加大政策支持力度,推动电子商务事业又好又快发展。颐高电子商务创业园推进工作进一步加快。同时,进一步开展农村信息化工作,经申报,灌云县标普农业开发公司的“灌云县域商业导航和综合信息服务平台”在2016年智慧江苏建设中获省信息化试点工程。

开展电商拓市。认真宣传新型营销观,组织企业开展电商拓市活动,协助银河涂料、巨龙铸造、大陆机械等企业与阿里巴巴、中国制造网等网站联手,引导中小企业开展网络销售、网络采购、网上谈判、网上拍卖和租赁等电子商务。配合县商务局做好连云港颐高电子商务创业园项目筹备推进工作,组织召开了颐高电商创业园招商说明会,积极做好入驻的企业推介工作。成功推荐包括南岗粉丝、板浦滴醋、燕尾港海产品在内的十家特色产品入驻连云港颐高电子商务创业园城市资源馆,县域内的特色产品得到有效推广。

“企企通”工程。为鼓励企业加快应用电子信息技术步伐,提高生产过程的自动化、控制智能化和管理信息化水平,灌云县加快信息化基础设施建设和各类先进技术的运用,成功构建服务智能制造的“网+云+端”三级工业信息基础设施框架体系。截至2016年底,全县有多家企业与三大电信运营商合作,建立企业自有网站,新上ERP信息管理系统、财务系统等。县经济开发区获批省“企企通”工程试点园区,耀科铝业、鲜禾鞋业等企业获批省“企企通”工程试点企业。

无线电管理。做好无线电操作证书的考试筹备和考试现场巡视工作。2016年1月26日,在伊芦中学(江苏省业余无线电爱好者实训基地)成功举行专场业余无线电操作证书考试。全县有60余名爱好者参加考试。

积极做好无线电固定监测站和小型无线基站的选址工作。经省核查组实地考察和详细分析建站条件及影响因素后,最终敲定在伊芦山上建设无线电固定监测站项目选址的方案。

与市无线电管理处对接,把新引进的集监测、压制于一体的监测压制设备及2名技术人员,安排到灌云县参与大小高考的无线电安全保障工作。对3个考点周边进行电磁环境测试,保存监测数据,以便考试期间及时、快速发现作弊信号。考试期间,将无线电监测保障人员分成移动监测组和一个固定监测组,移动监测组负责对全县3个考点进行巡逻式监测,固定监测组则利用架设的固定设备进行全方位监测,对出现的无线电舞弊信号进行及时压制,为考生营造公平、公正的考试环境。

【民营经济】　2016年,全县私营个体户数累计3.37万户,比上年增长27.4%;其中私营企业总数7868户,比上年增长25.22%;个体经营户总数2.58万户,比上年增长28.13%。全县新增私营个体经济注册资本123.8亿元,比上年增长81%。至2016年底,全县私营个体经济总注册资本629.07亿元,比上年增长24.4%,其中私营企业总注册资本606亿元，比上年增长22.91%，个体经营户总注册资本23.1亿元，比上年增长85.22%。全县私营个体企业共计吸纳就业人员11.5万人，比上年增长48.2%；其中私营企业吸纳就业人员6.03万人，比上年增长9.4%；个体经营户吸纳就业人员4.4万人，比上年增长29%。

（孙小燕　王秀林　董婷婷　金　星）

2016年灌云县个体工商户基本情况统计表

表13

乡镇所在地	个体户数(户)	注册资本(万元)	乡镇所在地	个体户数(户)	注册资本(万元)
伊山镇	9294	78538.72	南岗乡	1328	15975.42
圩丰镇	727	5520.55	侍庄街道	3662	28831.23
杨集镇	1855	24523.38	东王集镇	1569	14647.17
燕尾港镇	835	6683.90	图河镇	1017	9027.15
同兴镇	1169	9324.56	小伊乡	780	7473.40
四队镇	1148	8741.75	2016年底总数	25843	230876.20
下车镇	1421	14101.55	2015年底总数	20170	124647.25
龙苴镇	1038	7487.37	比上年增加	28.13%	85.22%

2016年灌云县私营企业基本情况统计表

表14

乡镇所在地	私营企业数(个)	注册资本(万元)	乡镇所在地	私营企业数(个)	注册资本(万元)
伊山镇	2529	1199400.97	南岗乡	330	71155.16
圩丰镇	241	214286.42	侍庄街道	1454	901444.84
杨集镇	392	140721.10	东王集镇	390	121425.64
燕尾港镇	522	2887978.54	图河镇	244	64679.69
同兴镇	407	133308.28	小伊乡	261	62819.00
四队镇	449	73430.82	2016总数	7868	6059835.00
下车镇	323	94714.61	2015总数	6283	4930383.18
龙苴镇	326	94470.41	比上年增加	25.22%	22.91%

2016年全县主要工业企业总产值排行榜

表15　　单位：万元

序号	企业名称	2016年	2015年	增幅%
1	连云港五洲船舶重工有限公司	586640.7	586808.7	0.0
2	江苏远征化工有限公司	281814.2	196105.0	43.7
3	江苏明盛化工有限公司	260176.1	191175.7	36.1
4	江苏和利瑞科技发展有限公司	240562.6	169126.7	42.2
5	连云港腾翔金属材料有限公司	227539.4	220538.0	3.2
6	连云港宝诚化工有限公司	179680.0	132049.9	36.1
7	连云港市和邦再生物资有限公司	121789.9	113054.6	7.7
8	江苏双宏化工有限公司	116793.8	91974.9	27.0

续表 15

序号	企业名称	2016 年	2015 年	增幅%
9	连云港科伦多食品配料有限公司	109277.3	67430.3	62.1
10	连云港科田化工有限公司	106079.2	85783.7	23.7
11	江苏博鹏重工机械有限公司	105575.4	51974.6	103.1
12	江苏盛吉化工有限公司	105352.0	94983.5	10.9
13	江苏花果山鹅业食品有限公司	89897.3	71079.3	26.5
14	江苏金桥盐化集团日晒制盐有限公司	89699.4	83668.2	7.2
15	连云港宏顺精细化工有限公司	86851.6	68381.1	27.0
16	连云港莱亚化学有限公司	73007.0	61687.3	18.4
17	连云港乐斯化学有限公司	70426.4	64423.7	9.3
18	江苏伊云贝尔饮料股份有限公司	61438.2	54193.7	13.4
19	连云港科铭化工有限公司	58905.1	50508.4	16.6
20	连云港安托山混凝土制品有限公司	58044.5	42832.5	35.5
21	连云港索欧服饰有限公司	57135.3	47418.7	20.5
22	连云港市新鑫隆化工有限公司	56009.9	47160.8	18.8
23	连云港通裕天然气有限公司	55893.4	50599.1	10.5
24	江苏腾钰化工有限公司	55496.1	44042.1	26.0
25	江苏连连化学股份有限公司	55218.5	55162.6	0.1

2016 年全县工业利税总额企业一览表

表 16　单位:万元

序号	企业名称	国税		地税		合计	
		累计	同期	累计	同期	累计	同期
1	江苏远征化工有限公司	3277.55	4854.31	324.94	282.26	3602.49	5136.57
2	江苏明盛化工有限公司	1774.15	2991.36	424.01	251.57	2198.16	3242.93
3	连云港恒运医药科技有限公司	1987.05	2104.87	114.91	144.89	2101.96	2249.76
4	江苏科伦多食品配料有限公司	2012.24	1742.27	47.79	92.42	2060.03	1834.69
5	江苏盛吉化工有限公司	1457.47	1201.65	95.19	188.44	1552.66	1390.09
6	江苏和利瑞科技发展有限公司	1232.87	1434.21	213.56	374.73	1446.43	1808.94
7	连云港中港精细化工有限公司	1209.15	1085.82	129.74	72.60	1338.89	1158.42
8	连云港鲜禾制鞋有限公司	1062.59	3381.81	193.80	177.87	1256.39	3559.68
9	江苏双宏化工有限公司	871.9	1051.51	236.91	102.80	1108.81	1154.31
10	连云港康恩宁化工有限公司	1063.05	793.06	21.82	44.14	1084.87	837.20
11	连云港市新诚化工有限公司	900.27	751.29	81.43	82.87	981.70	834.16
12	连云港五洲船舶重工有限公司	576.96	142.12	289.20	217.11	866.16	359.23

续表 16

序号	企业名称	国税		地税		合计	
		累计	同期	累计	同期	累计	同期
13	连云港通裕天然气有限公司	774.74	255.79	86.81	63.48	861.55	319.27
14	连云港锐巴化工有限公司	766.55	507.49	43.77	48.65	810.32	556.14
15	连云港科铭化工有限公司	733.09	879.24	34.73	80.49	767.82	959.73
16	连云港市金帅医药化工有限公司	625.95	486.50	52.07	39.92	678.02	526.42
17	连云港圣丰化工有限公司	610.64	501.64	25.59	50.86	636.23	552.50
18	连云港市新鑫隆化工有限公司	597.10	415.05	30.82	24.33	627.92	439.38
19	连云港乐斯化学有限公司	477.95	262.83	143.25	128.51	621.20	391.34
20	连云港花茂日用品有限公司	548.71	736.15	49.81	40.55	598.52	776.70
21	倍合德华强(连云港)医药化工科技有限公司	530.88	192.19	59.40	43.50	590.28	235.69
22	连云港善德化工有限公司	544.23	229.02	36.00	67.47	580.23	296.49
23	江苏春晓医药化工科技有限公司	525.36	218.79	30.56	37.34	555.92	256.13
24	江苏连连化学股份有限公司	457.15	858.13	76.08	107.20	533.23	965.33
25	连云港市工投集团日晒制盐有限公司	481.53	167.08	9.97	15.57	491.50	182.65
26	连云港清泰化工有限公司	435.62	323.58	28.35	51.62	463.97	375.20
27	连云港盈润化工有限公司	419.60	127.87	18.32	27.31	437.92	155.18
28	连云港凯美克医药化学有限公司	396.36	479.61	20.90	47.61	417.26	527.22
29	江苏盛世化工有限公司	363.77	219.12	22.95	50.05	386.72	269.17
30	连云港莱亚化学有限公司	324.65	130.09	54.87	85.98	379.52	216.07
31	连云港宝诚化工有限公司	244.55	-113.10	132.07	121.91	376.62	8.81
32	连云港长江化工有限公司	305.13	254.02	23.22	20.84	328.35	274.86
33	江苏多元化工有限公司	312.80	321.95	14.78	28.93	327.58	350.88
34	江苏腾钰化工有限公司	297.35	435.10	29.14	148.77	326.49	583.87
35	连云港润泽化学有限公司	272.28	152.60	31.58	27.98	303.86	180.58
36	连云港腾宏科技化工有限公司	262.76	265.98	35.75	31.59	298.51	297.57
37	国成功能服饰(连云港)有限公司	264.17	1362.19	31.75	42.05	295.92	1404.24
38	江苏花果山食品有限公司	249.38	106.35	35.13	19.54	284.51	125.89
39	连云港华颐精细化工科技发展有限公司	241.38	113.51	35.77	50.66	277.15	164.17
40	连云港锐华化工有限公司	239.41	203.44	21.27	43.58	260.68	247.02
41	连云港合兴化工有限公司	233.13	118.26	24.95	17.54	258.08	135.80
42	连云港华翔医药科技有限公司	229.96	174.62	24.74	27.74	254.70	202.36

续表 16

序号	企业名称	国税		地税		合计	
		累计	同期	累计	同期	累计	同期
43	连云港三诺化工有限公司	214.92	188.52	38.83	36.42	253.75	224.94
44	连云港明昊电子有限公司	240.16	175.21	6.24	9.89	246.40	185.10
45	连云港超帆化工有限公司	225.93	151.59	18.35	16.24	244.28	167.83
46	连云港嘉康实业有限公司	219.92	228.06	22.60	49.26	242.52	277.32
47	连云港宝源化工有限公司	207.59	106.31	24.10	24.35	231.69	130.66
48	江苏华电灌云风力发电有限公司	127.66	-90.10	98.14	69.81	225.80	-20.29
49	连云港宁康化工有限公司	198.23	165.02	19.79	17.79	218.02	182.81
50	连云港花蝶化学有限公司	192.68	136.75	17.79	35.82	210.47	172.57

2016 年全县综合实力 10 强企业一览表

表 17　　单位:万元

序号	企业名称	现价产值		应税销售		入库税金(国、地税)	
		累计	同期	累计	同期	累计	同期
1	江苏远征化工有限公司	281814.2	196105.0	34870.19	42882.10	3602.49	5136.57
2	江苏明盛化工有限公司	260176.1	191175.7	26166.29	19419.22	2198.16	3242.93
3	连云港恒运医药科技有限公司	3069.9	13765.5	9212.21	7762.96	2101.96	2249.76
4	江苏科伦多食品配料有限公司	109277.3	67430.3	29754.60	21599.65	2060.03	1834.69
5	江苏盛吉化工有限公司	105352.0	94983.5	30293.22	22422.38	1552.66	1390.09
6	江苏和利瑞科技发展有限公司	240562.6	169126.7	27159.88	26148.33	1446.43	1808.94
7	连云港中港精细化工有限公司	16493.2	15478.0	14767.57	15130.67	1338.89	1158.42
8	连云港鲜禾制鞋有限公司	13477.9	25461.7	15952.40	24906.54	1256.39	3559.68
9	江苏双宏化工有限公司	116793.8	91974.9	12151.55	10970.76	1108.81	1154.31
10	连云港五洲船舶重工有限公司	586640.7	586808.7	14418.18	4781.73	866.16	359.23

(金　星　孔小燕　王秀林)

机械工业

【概况】　2016 年,全县机械制造规模企业 24 家,全年完成产值 49.2 亿元,农机装备产业优势明显,拥有“中国旋耕机之都”称号,以汇九齿轮、威迪机械等企业为依托,构建以机械配件、农机装备为基础产业板块。

【江苏博鹏重工机械有限公司】　公司位于县经济开发区孙滕路 20 号,为张家港五江博宇重工机械制造有限公司出资 4 亿元投资兴建,计划用地 21.33 公顷,有员工 52 名。主要从事化工(压力容器)、矿山、冶金等各种大型机械设备制造,主产品符合 ASME 压力容器国际规范认证条件。主要设备包括数控机、刨边机、液压机、CO_2 焊机、直流焊机、钻床等。项目于 2011 年 9 月试生产,已建成大型车间 1 万多平方米,配套用房,冲砂房、回火房、探伤房建成使用;企业生产稳定,生产规模不断扩大。2016 年,实现销售收入 842.93 万元。受市场行情影响,公司二期工程未能启动建设。

【连云港市云港旋耕机械有限公司(原灌云县云港旋耕机厂)】　公司位于县城振兴路南首,东王集工业区内,计划 2017 年搬入县经济开发区。公司主营系列旋耕机、水田打浆机、双轴灭茬机等,拥有所有机具零配件生产设备。主打产品为“云港”牌系列耕整地机械及各种零配件,其整机产品已连续多年进入国家通用类补贴目录,及各省非通用类补贴目录。其产品选材加工质量均达到国家标准,通过 GB/TI9001 - 2008/ISO9001:2008 质量管理体系认证,产品销往全国各地。2016 年,实现产值 12488 万元。

【江苏威迪农业装备科技股份有限公司】 公司项目由济南客商傅海明投资兴建,项目位于县城开发区孙腾路西侧,占地面积 2 公顷。该项目固定资产总投资为 3400 万元,建筑面积为 5000 平方米;2006 年 10 月 30 日开工建设,2007 年 3 月进行试生产;主要生产旋耕机各种配件,产品在国内畅销,市场前景广阔。2016 年实现产值 1.22 亿元,入库税金 116.5 万元。

汇九齿轮

【江苏银华春翔机械制造有限公司】 公司位于江苏灌云经济开发区,是国内最早研发生产中大马力旋耕机的骨干厂家,为国家中型企业。主打产品"云山"牌系列旋耕机及复式机具是"江苏省著名商标""江苏省名牌产品""国家免检产品",通过国际 ISO9001 - 2000 质量体系认证。公司以农机为业,不断创新,注重新产品的研发,至 2016 年,公司拥有旋耕机、双轴灭茬机、秸秆粉碎还田机、免耕施肥播种机、水田起浆机、烟草起垄机、植树挖穴机等九大系列 80 余个品种,可与 18—180 马力级各类拖拉机配套使用。产品畅销国内,远销海外,深受广大用户欢迎。2016 年,实现产值 3768 万元。

【连云港耀科铝业有限公司】 公司为制造优质汽车铝合金轮毂企业。公司坚持走以人为本、科技带动、促进发展路子,不断增强企业的竞争力和自身实力,取得良好的经营业绩。2016 年,实现现价产值 4.2 亿元,并获自主研发专利 1 个,申请的 24 个实用新型专利资料全部报送有关部门。公司申报的名牌 AG01X 高新技术产品获连云港市高新技术产品称号,计划 2017 年申报江苏省高新技术产品和国家高新技术产品。

2016 年灌云县机械工业主要企业一览表

表 18

序号	企业名称	序号	企业名称
1	连云港耀科铝业有限公司	13	连云港市连发机械有限公司
2	江苏丰厚钢管有限公司	14	连云港市富民机械制造有限公司
3	连云港宏越钢结构有限公司	15	连云港金核铸造厂
4	连云港市巨龙铸造有限公司	16	连云港市锐远农业装备科技有限公司
5	连云港欧德曼轴承制造有限公司	17	连云港市威迪机械有限公司
6	灌云润丰轴承有限公司	18	连云港市大陆旋耕机厂
7	江苏汇九齿轮有限公司	19	连云港市东方管件制造有限公司
8	江苏博鹏重工机械有限公司	20	连云港市云港旋耕机械有限公司
9	连云港市经纬铸造有限公司	21	灌云县黄海机械有限公司
10	连云港市光明旋耕机厂	22	连云港市东堡旋耕机械有限公司
11	连云港市东兰机械厂	23	江苏银华春翔机械制造有限公司
12	灌云县振兴机械厂	24	连云港巨龙机械装备有限公司

(孔小燕)

新材料产业

【概况】 2016年,灌云县在推动产业创新发展中,着力打造新材料特色产业基地,重点发展新型化工材料、锂电池材料、纺织纤维材料、特种金属以及金属复合材料等高附加值产品。通过不断强化对关键项目和核心技术的联合攻关,推进产业规模化、布局集聚化,加快形成灌云经济新增长点。其中,纳米级高纯氧化铝、活性固化剂等新材料生产技术国内领先。

【江苏连连化学股份有限公司】 公司创建于2006年,坐落于灌云临港产业区,是专业从事橡胶化学品、高纯超细氧化铝、铝纯盐研发、生产的高新技术企业。企业注册资金3500万元,占地面积13.5万平方米,建筑面积2.5万平方米,总投资约1.2亿元。在职员工176人,大专以上学历占40%。公司致力于高科技改造和提升传统橡胶助剂行业,积极开发绿色环保新工艺产品。“橡胶促进剂TDEC生产新工艺”获国家发明专利(ZL01105884.6);促进剂TBzTD、ZBEC和ZDTP等新产品的开发,推进了安全型无亚硝胺橡胶化学品在橡胶工业中的应用。2012年公司扩建2000吨/年超细氧化铝、2000吨/年异丙醇铝产品的项目。项目总投资为2.6亿元。2016年,实现产值5.36亿元,纳税533万元。

【灌云天骄科技开发有限公司】 公司是深圳市天骄科技开发有限公司2015年投资成立的全资子公司,注册资金2000万元,是一家集锂电池材料研发、生产、销售及相关技术咨询和服务为一体的高新技术企业。天骄科技主要股东为厦门众和新能源有限公司(众和股份(股票代码:002070)控股企业)和王伟东(归国留学博士,深圳市首批海外高层次人才),主要产品有锂离子电池正极材料镍钴锰酸锂、磷酸铁锂、锰酸锂、钴酸锂,锂离子电池负极材料及钛酸锂。公司高规格高要求按照新能源汽车动力电池的要求规划建设,设计产能为1万吨。至2016年底,已具备年产3500吨锂离子电池三元正极材料的生产能力。同时灌云天骄同深圳天骄共享发展平台,在新产品的开发、市场推广等方面共享新能源汽车发展盛宴。

新能源业

【概况】 2016年,全县新能源规模企业两家,重点发展太阳能光伏、锂离子电池、风电、生物质等新生替代能源;加快推进林洋新能源18兆瓦农光互补、大唐灌云50兆瓦农光互补光伏发电项目,初步形成新能源产业框架,带动地方相关产业创新能力的不断提升,不断增强产业的支撑、辐射和带动效应。2016年,完成现价产值2.2亿元。

【华能灌云热电有限责任公司】 公司位于灌云县临港产业区,由中国华能集团江苏分公司投资建设,注册资金1500万元。为华能公司与临港产业区合作项目中开工的第一个项目,规划建设2台25MW级背压式热电联产机组加3×220吨/小时高温高压煤粉炉,最大供热量306吨/小时。项目占地19.87公顷,新增建筑面积3.4万平方米,计划总投资12.9亿元。项目建成投产后,将大幅提高临港产业区集中供热供汽能力,提高能源利用率,为园区一百多家企业提供热源汽源,建成后将拆除园区所有企业临时供热锅炉,对园区的环境保护及安全生产提供保障。

2016年底,吹填区真空预压及土方回填及试桩结束,厂区道路正在施工,2000平方米的办公楼和500平方米的食堂、浴室基本完工,施工用房完成,桩基础工程采购、施工招标完成,进行打桩施工。

【华电灌云风电场】 江苏华电灌云风力发电有限公司灌云风电工程是中国华电集团公司在江苏省的第一个风电工程项目。工程装机容量10万千瓦,建设50台2000千瓦风力发电机组,项目总投资约为人民币10亿元,于2010年12月22日全部并网发电。年设计发电量2亿千瓦时,与燃煤火电机组相比,每年减少二氧化碳排放17.9万吨,减少烟尘1181吨,减少二氧化硫排放905吨,氮氧化物983吨。2016年,实现产值10211.6万元,税收225.8万元。

灌云风电项目

化学工业

【概况】　2016年，全县化学工业有规模企业116家，完成产值396亿元，占全县规模以上工业现价产值的52.2%，细分行业中的高端染料成为全县三大特色产业之首，产值156.5亿元。

【连云港恒运医药科技有限公司】　公司是由江苏豪森医药集团投资，主要从事医药中间体及原料药的生产、研发和销售。注册资本1000万元，计划总投资10亿元，项目用地26.67公顷，新增建筑面积20万平方米，购置反应釜、离心机、真空干燥机等设备，形成年产500吨抗肿瘤医药中间体生产能力。2016年，实现应税销售收入9212万元，国税、地税合计入库税金2102万元，纳税列全县规模以上工业企业第三位。

【江苏远征化工有限公司】　公司是集染料研发、生产和销售为一体的江苏省高新技术企业、江苏省科技型企业。企业自主研发省级高新技术产品8项，取得发明专利2项，国家专利局受理发明专利4项，国家火炬计划1项。先后被评为“江苏省高新技术企业”“江苏省科技型中小企业”“江苏省创新型企业”“江苏省安全生产标准化二级企业”“江苏省企业技术中心”“江苏省染料工程技术研发中心”“江苏省两化整合试点企业”，顺利通过ISO9000质量体系、ISO14001环境体系认证，远征化工牌分散染料被评为连云港市知名商标、江苏省名牌产品。2016年，实现销售收入34870.19万元，入库税金3277.55万元。

【江苏明盛化工有限公司】　公司成立于2005年，是一家专业生产H酸、对位酯、氨基K酸等活性染料中间体及硫酸的厂家。公司坐落在灌云县临港产业园区内，占地面积56.67公顷，有固定资产5亿元，员工近600人，其中具有大专以上学历的科技人员100多人。公司建有全球最大的、技术最先进的活性染料中间体生产线，年生产能力6万吨以上，其中H酸2.5万吨，对位酯3万吨，氨基K酸6000吨。公司配套年产20万吨硫磺制酸装置一套。2016年，实现销售收入26166.29万元，入库税金1774.15万元。

【连云港恒贸化工有限公司】　公司是由杭州恒贸化工有限公司于2005年在临港产业园投资建立，主要产品有氨水、氯代苯酚等。占地面积53000余平方米，建筑面积7000多平方米，项目总投资5582万元，有员工90余人；是行业内第一家也是唯一一家掌握并实现大生产化单位。附加产品升级，公司常年聘请浙江大学教授、留美博士顾海宁老师及其团队为技术顾问，为加大环保投入老产品的技术升级和新产品的开发做技术指导；由浙江环境工程有限公司（浙江省环境科学院）提供技术支撑，投入研发资金400多万元，解决了用连续氯化和连续精馏替代原来的间歇氯化和间歇精馏，实现氯代苯酚精馏工艺连续化。2016年，实现应税销售收入8382.8万元，入库税金143.2万元。

【连云港圣丰化工有限公司】　公司位于临港产业园纬七路16号，占地33500平方米，注册资本1000万元，是一家集医药中间体、精细化工的研制、开发、生产、销售和服务为一体的现代化化工生产企业。生产项目为500吨三苯基氯甲烷、年产50吨联苯氧基磷酸二苯酯、10吨2’-羟基-3-苯基苯丙酮、10吨氮杂环丁烷系列产品、400吨（E）-2-〔2-（6-氯嘧啶-4-基氧）苯基〕-3-甲氧基丙烯酸甲酯。2016年，实现应税销售收入10722.06万元，入库税金610.64万元。

【江苏双宏化工有限公司】　公司成立于2006年，位于灌云县临港产业区，占地面积203000平方米，现有员工110人。主要项目为：高级染（颜）料项目（年产10000吨非纺织品染料、5000吨环保型纺织品染料、5000吨专用有机颜料）主要产品：弱酸性橙3G、弱酸性艳红B、弱酸性黑3GL、弱酸性猩红FG、弱酸嫩黄2G、弱酸性艳红10B。2016年，实现应税销售收入12151.55万元，入库税金871.90万元。

【江苏盛吉化工有限公司】　公司为2010年兴建的民营化工企业，投资5亿元，位于灌云县临港产业园区，占地面积27公顷。2011年5月开工建设，2013年7月基本竣工，环境保护设施同期进行建设。2016年，实现销售收入30293.22万元，入库税金1457.47万元。

【连云港宝诚化工有限公司】　公司成立于2007年，位于县临港产业园区，占地面积239213平方米，建筑面积107645平方米。注册资金8000万元，员工150人。有完备的水、电、气、冷公用工程生产设施，技术力量雄厚，检测仪器设备先进，各项目的主要关键技术领先国内同行。厂区自身建有完善的污水处理装置等环保设施，配套齐全，设备完善。2016年，实现销售收入25918.48万元，入库税金244.55万元。

冶金工业

【概况】　全县冶金工业有规模以上企业1家（腾翔金属）。2016年，完成现价产值22.7亿元，随着供给侧结构性改革的深入，全县冶金企业数量大幅缩减，浩林铜业等一批小冶金企业逐渐被淘汰。

【连云港腾翔金属材料有限公司】　公司建于2007年10月，位于灌云经济开发区。占地面积177890平方米。现有员工120余人，其中各类专业技术人员40人。注册资本8800万元。已建成冶炼车间、原料库、办公楼、公寓楼及其他公辅设施面积40000平方米。

公司主要设备有精炼电炉2台，总容量均为6300KVA，采用热装热兑工艺，是国内先进的精炼电炉，技术先进，工艺装备水平一流；与其配套的除尘系统采用国内先进的变频调速、低压脉冲布袋除尘器，满足了清洁生产和无烟工厂的需要，具有技术一流、工艺先进、能源节约、环保清洁的特点。

公司主要生产经营中低微碳铬铁产品。产品2011年4月通过ISO 9001：2008质量管理体系认证和ISO14001：2004环境管理体系认证。2012年通过"安全生产标准化三级企业（冶金）"认证，公司获"江苏省信息化与工业化融合试点企业"称号。产品质量稳定，科技含量高，信誉上乘，赢得国内外广大用户的肯定和赞誉。

轻纺工业

【概况】　2016年，全县轻纺工业在着力壮大和培育新乐洗衣机等家电新兴产业的同时，加快纺织服装、造纸建材等传统产业改造升级步伐。至2016年底，全县轻工纺织业规模企业有71家，完成产值116.2亿元。

【连云港天福鎏服装有限公司】　公司成立于2010年5月，由公司法定代表人个人出资。厂址位于灌云县下车镇仲集工业区，租用标准厂房2800平米，主营机织服装、针织服装、纺织材料标签及徽章、化纤制造加工等。公司设施完善，技术力量雄厚。有电脑平车100台及各类专用设备50余台，其中，进口圆头锁眼机1台，进口套结机4台，进口平眼机2台，进口钉扣机2台，电子打扣机4台，双针机8台，多针车2台，麦架车4台，五线包缝机8台。有职工120人，其中，中高层管理人员6人，本科、大专各2人。拥有专业技术人员6人，从事CAD制板2人，制样人员4人。

公司建有一套完整的质量管理体系和考核细则，从自检、互检、巡检到成品检验、后道检验、开箱检验等多道把关。现有4条生产线，具备从面料进厂—技术制板打样—裁剪—缝制—包装直至产品出运一整套的生产能力，年生产能力80万件。公司与西班牙、意大利、法国、美国等欧美多家客户建立了长期服装加工业务。2016年，实现应税销售收入4130.51万元，纳税93.57万元。

【连云港索欧服饰有限公司】　公司位于县经济开发区纬三路34号，占地2.87公顷，注册资金1500万元，2008年3月筹建，2009年10月投产，建有厂房3栋，宿舍楼2栋，办公楼1栋，总建筑面积15000平方米，拥有员工75人，各类工业缝纫机、烤边机、手缝机、裁剪机400余台。公司与浙江绍兴东方针织、上海颖懋贸易公司、上海山泊贸易公司建有长期合作关系，初步形成产销一条龙的格局，其产品全部外销欧美、中东等地。2016年，实现销售收入1667.92万元，纳税191.38万元。

【连云港鲜禾制鞋有限公司】　公司位于县经济开发区纬二路28号，是韩商独资企业。占地面积5万平方米，建筑面积3.2万平方米，其中主厂房2.5万平方米。公司于2006年5月开工建设，同年12月上旬建成投产。现有5条生产线（实际使用4条生产线），员工1000多名。公司的主要产品为休闲运动鞋、橡胶鞋，年产400万双，年出口额3400万美元。主要品牌有SPERRY、GLOBE、CIRCA等，销往美国（占80%）、欧洲（占15%）、韩国、日本等世界各地。2013年下半年起，着力于自主品牌Mellowalk（体育运动休闲鞋）的开发与销售。2016年，实现应税销售收入15952.40万元，纳税1256.39万元。

【新乐电器（江苏）有限公司】　公司由宁波新乐电器有限公司在灌云县经济开发区投资建设，2012年开工，2015年竣工投产。拥有大容量、节能型洗衣机生产线4条。2016年，创产值6939万元，完成税收27.8万元。

（孔小燕）

新乐洗衣机生产车间

船舶工业

【概况】　全县规模以上船舶工业企业两家（五洲、和利通）。2016年，共建造大小船舶28艘，总载重8万多吨，主要是集装箱船、海洋工程船、散装货船、加油船、渔船等。完成现价产值62.7亿元。

【连云港五洲船舶重工有限公司】　公司创建于2007年5月，位于灌云县燕尾港镇团港，紧邻灌河口。至2016年底，投资近7.8亿元人民币，占地总面积88万平方米，拥有1.1千米海岸线。

建成三座1万吨级船台、两座2万吨级船台、四座3万吨级船台、四座5万吨级船台，一座8万吨级船台，共配备门吊100T+100T7台，80T+80T4台，32T+32T 5台，20T+20T18台，10T2台。20800平方米的喷涂车间竣工投产。公司有员工578人，其中，具有中高级专业技术任职资格人员10人，船体、机电工程师20余人。公司管理完善，取得ISO9001质量管理体系认证，设备齐全，采用目前最先进的分段造船技术，能够按照中、外船级社的规范和各种国际公约及标准设计、建造各种民用船舶。

公司秉承“科技兴企”的战略，坚持“精心设计、精细管理、精工建造、精诚服务”的指导方针，不断提高企业的核心竞争能力。通过RINA、CCS、ZC、BV、ZY等船级社的入级建造许可，能建造10万吨以下各类民用船舶（油轮）。随着国际市场的发展要求，公司积极推进“数字造船、绿色造船、精益造船、标准造船”的理念，不断提高公司的市场竞争力。建造的船型分别有：散货船、集装箱船、油轮、拖轮、海工船、钢制渔船等，出口至阿联酋、毛里求斯、土耳其、意大利、新加坡、菲律宾及香港特区等地，国内船东则有广东、广西、福建、浙江及山东等地的航运公司及个人。至2016年底，公司建造并交付船舶130艘。

2016年，公司在建船舶9艘。其中，印度尼西亚CCS级5000吨集装箱船4艘，国内10000吨甲板驳1艘，5000吨甲板驳1艘，7000吨自卸沙船1艘，2000～3000吨甲板驳2艘。在手订单国内2000～5000吨级海工船及集装箱船共4艘。

（孔小燕）

食品工业

【概况】 2016年，全县有规模以上企业14家，实现现价产值27.7亿元。主要涉及粮油、水产品、食用菌、畜禽、果蔬加工、食品酿造等。充分利用沿海平原的优势条件，对农、渔业产品进行深加工，制造高品质的米、面、油、粉丝、海苔、紫菜、虾仁、食用菌等产品，为农民创收、带动就业发挥积极作用。花果山鹅业、伊云贝尔、云灿大米等企业不断做大地方特色食品，扩大风鹅、蓝莓、豆丹产品的市场影响力，积极打造灌云“美食之乡”名片。

【江苏伊云贝尔饮料股份有限公司】 公司是一家专业从事蓝莓种植、加工生产、销售的国际化企业，占地面积8.67公顷（约8.67万平方米），建筑面积近6万平方米，拥有333.33公顷蓝莓栽培种植基地。公司与中国农科院、吉林农业大学、浙江大学、南京农业大学，中华全国供销合作总社济南果品研究院等多所科研院所建立了产学研合作关系，与植保栽培、灌溉、技术研发、生产管理、产品设计包装等众多领域的国内外十余位著名专家、学者签订人才、技术引进服务协议。公司从美国进口世界最先进的年产5万吨果汁生产设备（一期），二期将投产10万吨瓶装蓝莓果汁生产线，真正实现榨汁—淬取—灌装等一条龙现代化生产。公司以蓝莓浆果为原料，以浓缩蓝莓汁等系列有机果汁饮料为主导产品，加大鲜果中花青素的淬取以及果酒、干果、果酱、营养口服液、含片等产业链上延伸产品的研发力度，引领消费者健康消费。2013年公司荣获“江苏省农业产业化重点龙头企业”称号。公司以“生态理念、健康使命”为理念，打造中国蓝莓行业领军品牌。2016年实现产值6.08亿元。

【江苏花果山食品有限公司】 公司是江苏康缘集团有限责任公司旗下的全资子公司，占地4公顷，注册资本2208万元，职工180人。公司总经销和招商职能由公司旗下权属公司江苏阳光海湾食品有限公司负责，公司拥有“花果山”“御饪坊”和“海头”等三大商标品牌产品，其中“花果山”是江苏省著名商标，“花果山牌风鹅”是江苏名牌产品。公司主要经营范围为肉制品（酱卤肉制品）、其他水产加工品（风味鱼制品）。生产加工以禽系列（风鹅、风鸭、风鸡、参鸽），鱼系列（黄金鲫鱼、香豆酥鱼）等产品为主。公司不断加大“花果山”牌、“御饪坊”牌系列产品的研发和宣传力度，推出一系列礼盒产品：风鹅、风鸭、参鸽、吉祥四宝、四喜临门、御品二珍、御品三珍等礼盒系列产品；注重开发休闲旅游食品市场，先后研发酱香和香辣口味的鸭舌、鸭肫、鸭锁骨、鸭肫、鸭翅、鸭心以及牛板筋等散装称重休闲食品，并成功在电子商务市场销售。

公司主打产品花果牌风鹅是连云港地区的特产，“花果山牌风鹅”是公司在继承传统独特配方基础上，与南京农业大学紧密协作，选用江苏省最大的万顷天然无公害沂河淌牧场精心养殖的鹅，采用现代先进的食品制作方法，浸入几十味天然中草药等精制而成，产品具有皮薄肉嫩、香腊可口等特点，被中国农业部绿色食品发展中心认定为“绿色食品A级产品”。被授予江苏名牌产品称号，“花果山牌商标”被评为江苏省著名商标；其产品曾被国家质监总局评定为“国家地理标志保护产品”，荣获“江苏省第九届食品博览会金奖”“江苏产品万里行金奖”“连云港市十大名吃”等称号。

（孔小燕）

煤炭工业

2016年，全县煤炭企业拥有固定资产110万元，有职工1186人，其中退休职工369人，未改制企业职工及徐州多源公司从事煤炭生产的劳务派遣工27人。多源公司除所属的煤海工商贸易公司、管件厂和原徐州4个联系工区未改制外，其余改制基本完成。2016年，全县有个体或合营的煤炭供应点18个，分别以烟煤、无烟煤及白煤块、煤球供应全县用煤户。

（庄开松）

供　电

【概况】　灌云县供电公司隶属于连云港供电公司，主要经营、管理、建设灌云县境内的电网，为灌云县经济发展和人民生活提供电力保障。2016年，灌云县供电公司认真贯彻县委、县政府和市供电公司各项决策部署，以"工业主导、创新驱动、开放引领、城乡统筹、民主共享"五大发展战略为引领，发挥电力先行作用，强化供电服务保障，全县社会用电量12.83亿千瓦时，比上年增长16.6%；其中工业用电量6.05亿千瓦时，比上年增长15.15%；电网调度最高负荷34.9万千瓦，比上年增长23.91%。按全国总工会要求建成"职工书屋示范点"，公司党委被表彰为"全市先进基层党组织"。

【电网建设与改造】　2016年，县供电公司主动对接全县总体经济规划，不断增强主网网架结构，累计投入电网建设改造资金6.16亿元。加快推进500千伏核电二期送出、220千伏厉荡变、220千伏灌西变等10项重点电网工程建设，110千伏陡沟变单主变扩建工程顺利完工，成功实施全球截面面积最大的超高压碳纤维导线现场展放试验。配合县政府开展电力配套新建和改造，实施204国道线路迁改、风景区线路迁改、山前河整治电网改造等13项重点工程，累计投入改造资金2.03亿元。协助市供电公司与灌云县政府签订加快推进小城镇(中心村)电网改造升级的协议。加快"一流配电网"建设，开展全县配电网单元制规划，高质量完成城农网专项工程。城市、农村居民户均配变容量分别提升至4.64千伏安、4.3千伏安。配网故障同比下降2.6%。深化"稳压"第二年行动，加强电能质量数据动态管控和预警，建立"低电压"常态排查、动态治理机制，配变关口电压合格率同比上升7.98个百分点。

【安全生产】　2016年，县供电公司深入贯彻安全工作要求，扎实开展"三查三强化"等7项安全专项检查。完善安全督查网络体系，"小现场"作业全面纳入安全督查范畴。全面实施现场许可制度，确保安全措施执行到位。配合县经信局推进平安电力创建，强化连盐、连镇铁路危险源点管控。加强用电检查，对临港产业区235户高压用电客户组织专项检查，用户引起的跳闸事故同比下降15.4%。组织安规普考提升全员安全素养。清单式备战迎峰度夏，确保负荷高峰可靠供电。积极应对"6·23"阜宁风灾后续影响，全天候开展涉核线路通道特巡，协同保障田湾核电送出安全。

【经营管理】　2016年，县供电公司不断强化同业对标管理，落实全员责任，做实指标跟踪分析，抓好动态过程管控，荣获管理进步标杆和物力管理进步标杆。严格执行公务接待的标准和流程，开展专项自查自纠，强化重要、敏感费用控制和考核，杜绝费用超支。及时落实整改各项审计、检查发现的问题，堵塞管理漏洞。积极推进集体企业改革，稳妥化解各类矛盾，提前完成集体企业"三定"工作。加强劳动纪律管理，实行全员电子化考勤，不定期进行检查通报。项目化管控"全面创新年"活动，制定实施41个重点创新项目。汇聚员工创新成果，建成职工创新工作室。完善农村小产权房用电申请管理办法，规范增量客户的用电新装管理。

【服务工作】　2016年，县供电公司深入开展"品质苏电　智惠生活"优质服务主题活动。积极走访政府、园区、大客户，征求意见建议，全方位对接全县100项重大项目。主动对接县政府重点项目，促进业扩报装提速增效，推行临时用电供电方案现场答复，全年高压业扩服务环节平均时长14.2天，比上年缩短25.38%。精心组织、主动对接，全面完成"村村通"3000个监控探头的接电任务，为构建"平安灌云"和谐社会添砖加瓦。保障企业安全稳定用电，对燕尾临港产业区235户高压用电客户进行专项检查。认真落实生态文明建设要求，积极推广电锅炉、热泵等节能技术，实施电能替代项目12个，替代电量2371万千瓦时，减排二氧化碳2.4万吨、二氧化硫71吨。跟踪服务新能源项目，确保林洋光伏等项目按期并网。加快电动汽车充换电设施网点布局，建设城市及高速服务区充电站4座。推动港口、内河岸电系统建设，完成低压岸电10套。试点完成腾翔公司"源网荷"友好互动系统建设，实现电力负荷的优化配置和电能的双向互动。加强便民服务，加快"多表合一"集采集抄建设，完成"多表合一"2390余户。完成全国汽车拉力赛、中高考等27次重要保电任务。公司连续十年获县优化发展环境"十佳单位"称号。

【精神文明建设】　2016年，县供电公司认真贯彻中共十八届六中全会精神，深化学习型党组织创建，清单式开展"两学一做"学习教育，提升全体党员党性修养；规范完成公司"两委"换届，调整和完善领导班子工作联系点，建立"分工合理、配合密切、制衡有序、运转高效"的领导班子运行机制和"三重一大"集体决策制度；全面落实省公司廉政风险防控行动方案，进一步完善"风险防控"体系；开展正风肃纪专项行动，组织2016年中层干部和重点岗位人员廉政谈话，筑牢各级人员思想防线，党风廉政建设和优质服务"一对一"专题宣讲活动覆盖全县12个供电所；全面落实两个责任，深化"四风"问题整治"回头看"；打造坚强干部队伍，组织中层管理人员脱岗培训；开展学雷锋"暖春行动"，塑造"青春灌电"品牌；承办"光明之夜"专场文艺晚会，展示灌电风采。

（县供电公司）

农业·水利

农业

【概况】 2016年，全县农业按照调结构、转方式、加快供给侧改革要求，围绕绿色发展理念，扎实搞好优质粮食生产、畜禽水产养殖等优势产业；加快休闲观光农业、农产品加工、生态循环农业建设，大力推进外向型农业发展，并强化农产品质量安全监管，全县传统农业进一步向现代农业转变，一二三产业融合发展的步伐进一步加快。

【粮食生产】 2016年，全县小麦种植面积5.15万公顷，比上年增加113.33公顷；在小麦遭遇冷冬年、后期出现连阴雨易发赤霉病的特殊气候条件下，实现平均单产399.4千克/亩，比2015年增产0.1千克/亩，单产位居全省第一，总产增加0.36万吨。秋粮水稻普获丰收。2016年全县4.63万公顷水稻，由于良种与机插秧、抛秧比例扩大，加之前中期气候条件有利，病虫草害综合防治好，单产635千克/亩，比上年增12千克，实现总产44.13万吨，比上年增0.77万吨。

【高效农业】 2016年，全县新增高效农业面积0.33万公顷，高效渔业666.67公顷，其中设施农业0.11万公顷。同兴、小伊等乡镇新扩浅水藕600公顷；主推藕虾混养模式，全县藕虾混养规模达0.13万公顷；南岗乡新扩油牡丹266. 67公顷；伊山镇新扩光伏食用菌基地33.33公顷；圩丰镇新扩设施渔业113.33公顷。休闲农业围绕“主导产业—特色基地—休闲农业”的推进模式，突出打造两大园区。其中，伊芦生态园占地333.33公顷，新扩浅水藕133.33公顷。伊山镇百果园占地333.33公顷，初具“春季赏花、夏秋采摘、冬季休闲”功能。全县建成杨集葡萄、伊山草莓、一条岭蓝莓10多个采摘基地。

优质水稻

【规模养殖】 2016年3月，投资3400万美元的北欧农庄三期7700头猪场、投资1.5亿元的立华种猪场相继动工建设，全县生猪饲养量95万头，其中出栏68.4万头；生猪大中型规模养殖比重74.2%，全县家禽饲养量386万羽，其中存栏125万羽；自三季度家禽产品（鸡蛋和肉鹅）销售价格上涨，家禽生产呈回暖态势；全县肉牛养殖量1.3万头；全县肉羊养殖量5.1万只；随着北欧农庄、立华牧业等大型养殖企业的建成投产，规模健康养殖水平得到进一步提升。

【质量农业】 2016年，全年培育“三品一标”品牌农产品56个，产品占食用农产品的比重47%；申报区域特产豆丹“地标产品”；完成农产品药残检测9300次，检测合格率98.3%。畜禽防疫步步为营，截至年底，使用口蹄疫疫苗60万毫升、猪瘟疫苗60万毫升、蓝耳疫苗55万毫升、禽流感疫苗80万毫升。编印《灌云县农产品品牌名录》，在市区成功举办第二届灌云名优产品展示展销会，积极组织团组参加第十八届江苏（连云港）农洽会。

大棚芦蒿

【农业产业化】 2016年,全县新上农产品加工项目20个,实现农产品出口4200万元,增幅全市第一。3月,投资5.6亿元的品品鲜食用菌科技有限公司,投资7亿元的大唐—明申农光互助等项目工程,先后破土动工,9月基础设施建设全部完工。

【循环农业示范区创建】 2016年,县政府与上海新农饲料股份公司签订投资6亿元、占地200公顷的循环农业示范园建设协议;在南岗乡曹赵村流转土地133.33公顷,采用高光效新型玉米种植技术;常州立华集团在下车镇循环农业示范园实施利用秸秆、猪粪生产有机肥项目,并与图河镇签订循环农业示范工程协议。

【农民教育培训】 2016年,灌云围绕"农业供给侧结构改革"的工作思路,立足全县农业产业结构特点、结合市场需求科学定位,积极调整改善农民职业教育专业结构,加强农民教育培训以适应新技术、新模式、新业态发展的实际,提高农产品供给的有效性,增强农业资源在市场中的配置,推动全县农业生产提质增效,破解全县农业发展困境。

2016年,以农业学校为培训主体的新型农民培育力度不断加大,全年培训人数3437人,开展新型农民职业技能培训31期。其中:家庭农场主培训2期258人,稻麦种植培训16期1694人,机插秧培训2期220人,畜禽养殖培训3期339人,果蔬种植培训3期347人,村级防疫员培训2期245人,种子经营户培训1期136人,电子商务2期198人。

【循环农业】 2016年,全县以农村清洁能源建设为重点工作内容,突出抓好规模养殖场沼气治理工程,新建规模养殖场沼气治理工程19处。2015年度规模养殖场沼气治理工程20处建设完成待验收。2016年度规模养殖场沼气治理工程进行招投标。加大秸秆综合利用工作力度,切实提高利用水平。采取政策推动、项目扶持、市场引导的方式,培育建设秸秆综合利用企业(合作社),共建"五有"型秸秆利用合作社22个,设置村级秸秆临时堆场300多处。在推进秸秆全量还田基础上,加强全县秸秆综合利用体系建设,全年秸秆多种形式利用量8万吨,全县秸秆综合利用率95.5%。完成农产品产地重金属污染防治工作土样采集32份,种植样品采集530份。

【蔬菜生产】 2016年,全县蔬菜面积1.67万公顷,其中主要推广的芦蒿—番茄轮作、芦蒿—西瓜轮作、稻—菜(西兰花)轮作、藕虾共养等高效种植魔芋面积0.87万公顷。引进示范新品种36个,其中芦蒿品种12个,番茄品种8个,黄瓜品种2个,西瓜品种2个,甜瓜品种4个,芸豆品种4个,丝瓜品种4个。较好地完成或超额完成县菜篮子工程蔬菜基地建设、蔬菜水肥一体化推广、芦蒿研讨会、西瓜—芦蒿轮作专利申请、叶菜基地建设、蔬菜新品种推广等目标任务。

(县农委)

林业

【概况】 2016年,县林业局认真贯彻落实全市林业工作会议精神和县委、县政府年度工作部署,全面落实科学发展观,按照"创建全国绿化模范城市和建设绿色生态港城"的总体要求,围绕林业年度重点项目等中心工作,扎实推进林业各项工作,实施沿海、沿路、村庄、农田、河堤、林业产业、森林培育、林政管理、森林防火等重点工程;全县完成绿化造林1400公顷,其中成片造林533.33公顷,分别完成目标任务的105%和133.3%;完成沿海防护林366.67公顷,完成目标任务的110%;新建和完善农田林网5333.33公顷,完成目标任务的114.3%;扩建花卉苗木及特色经济林果面积300公顷,完成目标任务150%;打造省级绿化示范村13个,完成目标任务的100%;森林抚育面积1466.67公顷,完成目标任务的110%,四旁植树426万株,完成目标任务的101.4%。

【组织领导】 2016年,县委、县政府及各乡镇和有关单位,高度重视林业工作,造林绿化工作被列为县委书记和县长的一号工程。县政府下发《灌云县2016年造林绿化工作意见》,对2016年营造林各项目标任务进行全面布置安排;同时,加大对目标任务的落实力度,要求各乡镇及各有关单位将全年目标任务分解落实到边到角,确保造林地块无遗漏。县主要领导和分

伊芦山桃园

管领导多次牵头组织召开由乡镇长、分管领导参加的林业现场会和现场促进会。县、乡、村建立三级责任网络,层层有任务,人人有担子,一级抓一级,将任务单位和地块、落实到造林主体。

【资金投入】 2016年,全县各乡镇、各有关单位按照“谁投资、谁受益”原则,开拓视野,创新办法,采取拍卖、承包、股份合作等多种形式,做到一事一议、一段一人,把宜林地包出去、租出去、买断、合股,公开、公平、让利、确权于林农,充分调动广大群众和各类投资主体参与造林的积极性。县乡财政、企业、能人大户全社会对绿化造林的投入明显加大。

【督查考核】 2016年,县林业部门突出抓好年初确定的重点工程,保证每项重点工程有专人抓,有专人管。造林期间,全局分成4个工作组,每组由1名领导带队,深入造林现场,严把造林质量和技术标准,确保工程质量。县政府办、县督查办、县林业局及相关单位抽调人员,组成3个督查组,深入各乡镇采取看现场、听汇报方式督查。对工作滞后的乡镇重点督查督办,限期整改,确保完成县政府下达林业生产任务。

【重点工程】 绿色通道建设工程。2016年,全面完善境内宁连、沿海两条高速以及324省道、242省道、228国道、海滨大道等高等级公路两侧成片林带补植工作。围绕204国道拓宽改造工程,新建两侧绿化带并扩增花卉苗木基地,确保高标准、高质量建成以道路绿化为主、两侧苗木基地为辅的绿色通道生态景观走廊。对县乡道、乡村道、村级主干道,确保铺设一条、绿化一条。全县完成道路成片造林133.33公顷。

河堤绿化工程。全县河堤绿化相对薄弱,境内善后河、界圩河、车轴河、五图河、五灌河等大型入海河道由于新疏浚、林木采伐,导致河堤绿化断档严重,河堤绿化率不高。2016年,县林业局充分利用河堤宜林地资源,做好土地流转,明晰土地权属,大力实施植树造林,年内完成大中型河堤及新疏浚大中沟成片造林133.33公顷。

沿海防护林项目工程。2016年,县林业局围绕全年333.33公顷沿海防护林目标任务,大力推进以沿海防护林建设为主、花卉苗木基地为辅的沿海防护林体系工程建设。推广栽植白蜡、刺槐、苦楝、白榆、女贞、木槿、冬青、夹竹桃等乡土树种和耐盐碱树种,带、网、片结合,做到栽一块、成一块、见效一块,形成功能完善、效益明显的沿海防护林体系。集中力量建设以河堤、道路为主的成片防护林带,圆满完成全县沿海防护林建设任务。

农田林网建设工程。2016年,县林业局针对县林网控制率较低,水平不高的情况,完善林网新植和建设规划,对东部地区及林网网格过大的田块,结合农田水利,调整规划,完成高标准农田林网4666.67公顷。

绿化示范村建设工程。2016年,全县认真落实《全省村庄环境整治行动计划》,开展省级绿化示范村创建活动,坚持整村推进,充分利用家前屋后、边隙、闲置土地,加快推进农田林网、村庄道路、农村河道、围村防护林建设;开展康居示范村和农村人居环境集中打造活动,建设美丽宜居村庄。建成省级绿化示范村13个,其中生态示范村1个,营造村庄小片林2万平方米。

花卉苗木及经济林果工程。2016年,充分利用县境内高速、国省干道、铁路沿线交通区位优势,采取林苗间套模式,发展和壮大324省道、204国道沿线花卉苗木产业带。利用现有的优质桃、优质梨、葡萄、蓝莓、无花果、大樱桃等经济林果基地辐射带动作用,扩大优质林果生产基地规模,全年新扩优质花卉苗木及经济林果基地300公顷以上。发展新兴林木产业,推进薄壳山核桃、油用牡丹、玫瑰等木本油料植物种植。加快林洋集团在南岗、龙苴、同兴、伊山等乡镇的油用牡丹种植基地建设,年内种植突破66.67公顷;上半年永和花卉苗木批发市场投入运行。

森林抚育工程和山体植被恢复。全力抓好中幼林抚育管理工作,在完成五图河农场80公顷森林抚育试点示范的基础上,高质高效完成1466.67公顷的森林抚育任务。做好林木栽植结构调整,在树种选择上推广杨树雄性植株,选择一些有市场、有效益的苗木树种和特色经济林果及花卉苗木,采取先集体后农户、先村庄后村道、先水网路网后农田林网的采伐更新模式,逐步淘汰雌性杨树。着力做好大伊山、伊芦山、罘山、小伊山、张宝山等境内山体植被及林相更新改造工程。全年完成更新任务100公顷。

【森林资源管理】 2016年,县林业局加大查处滥砍盗伐和乱捕滥猎等违法行为的打击力度,认真保护好森林资源。大力宣传《森林法》《野生动物保护法》及有关法律、法规,按照"打防结合、标本兼治、重在治本、综合治理"方针,查处各种林业刑事行政案件。重点打击盗伐、滥伐林木,非法收购、运输木材,放火或失火烧毁林木,非法征占用林地等行为。创新执法理念,采取深入重点林区宣传林业政策法规,查源头、查运输、查市场的方式,及时发现、制止和依法处罚盗伐、滥伐林木案件。全年查处各类林业案件31起,处罚当事人31人,移交司法机关处理24起。

严格办事程序,强化林政管理。2016年,全年办理林木采伐证298件,做到能不伐的不伐,能少伐的尽量少伐,促进林木的有序采伐和可持续利用。

【森林防火】 2016年,县林业管理部门认真贯彻落实全省森林防火工作会议精神,切实抓好森林火灾防范的工作部署、森林防火宣传教育、疏堵结合的野外火源管理、森林防火预案落实情况的督查、森林火灾案件侦破等工作。重点抓好大伊山和伊芦山防火工作。防火戒严期间,重点林区严控流动人员和车辆进出,加强火源管理,完善防火值班值宿制度。完成投资近80万元,建设护林房、购置扑火机具、扑火装备、防火宣传牌、林火视频监控等,全年没有发生森林火灾,取得连续16年没有发生火灾的佳绩。

【林木病虫害防治】 2016年,县林业局全面加大林木病虫害测报和防治力度,特别是对重点工程、重点地块、大中型河堤成片造林、花卉苗木基地、城区行道树、绿色通道进行全面预测、及时预报,确保及时防治。做好美国白蛾的防控工作。严格按照属地管理、政府主导、部门尽责的原则,进一步明确职责,落实防治责任制,切实做好疫情普查和防治工作。投入180万元,利用飞机施药防治2万公顷,对美国白蛾实施地面人工防治5333.33公顷,抑制第一代美国白蛾疫情的蔓延。

(费景东)

农业资源开发

【概况】 2016年,灌云县农业资源开发局围绕"全省有位、苏北领先、全市一流"的目标定位,按照"彰显特色、创造品牌、培育典型、适度规模、增加效益"的工作思路,深入贯彻"农业开发崛起、种植结构转型、特色产业跨越、农民收入倍增"发展战略,以项目和资金管理为中心,以强化农田基础设施建设为重点,大力开展高标准农田整治,加快农业综合开发区域规模化水平,推进农业产业化经营,推动农业科技进步。全年完成农业综合开发投资6080万元,土地治理2666.67公顷,招商引资完成全社会固定资产投入5180万元,为全面提高项目区农业综合生产能力、农业综合效益、改善项目区生态环境,发挥重要作用。

2016年,全市高标准农田现场会在灌云召开,灌云在全省第一家成立乡镇农业资源开发办公室,各乡镇配备2名农开管理员;在全国农开项目建设中率先实施"智慧农开"APP监管模式;宣传信息工作全省排名第二,全市排名第一,全年发表各类宣传文章363篇。队伍建设和监管创新工作经验在全省农开局长会议上进行交流,单项工作获县委、县政府授予的"现代农业推进奖"、综合工作获市局考评第一名。

【项目建设】 2016年,全县共争取农业综合开发资金6080万元。其中,农业综合开发土地治理项目5250万元,丘陵山区开发投入750万元;实施国家农业综合开发产业化经营,项目总投资80万元。

【高标准农田建设】 2016年,国家下达灌云农业综合开发存量资金高标准农田任务2333.33公顷,按照全省农业综合开发"四沿"规划和高标准农田建设基本要求,本着科学规划、集中连片、规模开发、促进现代农业发展、提高农业综合生产能力的原则规划项目,涉及小伊、下车、四队、杨集4个乡(镇)10个行政村。计划投资5250万元。完成新改拆建电灌站26座、新建渠系配套建筑物1908座、混凝土防渗

修建防渗渠

渠道70.80千米、输变电线路配套2.65千米、变压器8台套,新铺水泥路52.08千米。项目工程6月全面开工。

【丘陵山区综合开发】 2016年,全县省级丘陵山区农业综合开发项目4个,即灌云县南岗乡五户油牡丹种植基地项目,灌云县同兴镇伊芦山生态旅游观光园项目,灌云县龙苴镇杨范经济林果示范基地项目,灌云县南岗乡孙庄光伏林果高效农业园项目。建设规模333.33公顷,项目总投资750万元。项目涉及3个乡镇6个行政村,受益农户430户,农业人口1020人。建设内容主要包括新、改建电灌站4座,输变电线路2.9千米,变压器3台,防渗渠道2.72千米,PE输水管道11.55千米,生产桥、渠桥18座,路涵53座,放水口52座,蓄水池1座,防撞墩0.615千米,水泥路10.31千米,石阶路1.4千米,绿化苗木2000株等。

【农业产业化经营】 2016年,灌云实施国家农业综合开发产业化经营财政补助项目1个,即连云港市灌云县年增100吨生鲜奶家庭农场改扩建项目。项目总投资80万元,其中财政资金40万元、自筹资金40万元。

【招商引资】 2016年,县农开局招商引资获得全县农产品生产及加工项目二等奖两个,完成外资40万美元,规模以上固定资产投资5180万元,占全年任务的104%;全社会工业完成固定资产投资5180万元,占全年考核目标104%,完成新上500万元以上农副产品深加工项目两个,分别为连云港祥华农业发展有限公司年产2万头生猪养殖及饲料加工项目、江苏伊云贝尔饮料股份有限公司年产1万吨蓝莓果汁生产加工项目。新开工5000万元以上项目两个,新竣工项目两个。完成新开业项目5个。

【阳光招投标】 2016年,县农开局、县财政局采取招标代理方式,由连云港市正源招标代理有限公司代理招投标全过程的各项工作,邀请市农业资源开发局纪检组长、监察室主任参加全程监督,确保招投标工作更加规范,充分体现公开、公平、公正的原则,得到投标人高度认可,实现零投诉零上访。

(县农开局)

农业机械

【概况】 2016年,县农机局扎实开展农机化各项工作。全县农机装备总动力127万千瓦,农机综合机械化水平85%以上,全县联合收割机保有量6800台,水稻插秧机保有量3200台(其中乘坐式360台),水稻机插秧规模化流水线育秧50—100亩以上的专业合作社12个,订单作业万亩以上的合作社11家,水稻机械化生产水平达75%以上;县内大、中型拖拉机2700台,秸秆还田旋耕机保有量5600台套,粮食烘干机120台套;新增粮食烘干中心11个设备、60台套,烘干能力1000吨/次。有7家农机合作社获市财政局、市农机局奖励10万元。新增农机专业合作社24个,农机跨区作业5000余台次,作业面积40多万公顷,收入4.5亿元。新增各类植保机械360台,为实现"十三五"粮食生产全程机械化打下坚实基础。

【农机推广】 2016年,县内水稻种植面积4.33万公顷左右。为改变传统作业模式和杜绝直播稻现象,县农机部门组织开展水稻机插秧发展质量提升百日行动,加大乘坐式插秧机推广力度,通过现场会、观摩现场对比会、降本增效等宣传形式,让广大农户快接受,快吸收。着重抓好集中育秧和规模化服务,通过技术支持,服务创新等方式巩固提高水稻种植机械化水平,拥有水稻机插育供秧面积20—80亩的12家,新增水稻机插面积1.33万公顷,完成市政府下达的75%机械化生产水平,位列全市第二。

【农机购置补贴发放】 2016年,县农机部门认真落实中央及省级财政农机购置补贴政策,发放补贴资金4500多万元,涉及各类农机具2500台/套,惠及农户3000余户。为确保农机购置补贴顺利发放,制定灌云县农机购置补贴实施办法,统筹资金安排。建立工作高效、廉洁责任制,明确任务和考核要求。在省下达的补贴资金控制指标内,优先安排水稻插秧机、育秧播种机、秸秆粉碎机、大中型拖拉机、秸秆捡拾打捆机等的重点机具的补贴资金,使惠农、惠民政策得到有效发挥。

【农机安全监理及技能鉴定】 2016年,县农机部门牢固树立农机安全生产首要责任意识,落实农机安全生产工作责任,加强安全监督管理,确保农机生产安全,开展平安农机创建、大中型拖拉机专项整治等活动,认真抓好农机安全生产隐患排查和安全生产专项检查活动,及时纠正、处理违章操作、违章作业的现象,消除各类农机作业事故隐患。

【秸秆机械化全量还田】 2016年,县农机部门认真贯彻全省秸秆机械化还田实施办法通知精神,周密部署,全员发动,以收割机加装秸秆粉碎装置为抓手,强力推进购置拖拉机等还田机械,为全县秸秆禁烧工作提供技术支撑和装备,发挥农业机械化的重要作用,全县新增秸秆机械粉碎装置524台,75马力以上拖拉机还田机231台套,小麦秸秆机械化还田面积3.71万公顷,兑付省补还田资金1310.5325万元;水稻机械化还田面积2.6万公顷,12月底兑付省补还田资金484.4675万元。

【农机跨区作业】 2016年,全县组织联合收割机械跨区作业5000余台次,发放跨区作业证3000余张,作业区域覆盖全国12个省市,作业面积40余万公顷,为全县农机手创收4.5亿元,超额完成市、县下达的目标任务,为全县农民增收、农业增效、服务社会发挥了积极作用。

【粮食烘干中心建设】 2016年,县农机部门加强粮食烘干中心项目建设，高标准、高质量完成任务。依托农机力量延伸粮食生产产业链，突破粮食生产安全新瓶颈，推进粮食生产全程机械化，全年新增烘干中心布点11个，新增烘干设备60台套，烘干能力1000吨/次。

（县农机局）

水利

【概况】 2016年，县水利局以“两学一做”主题学习教育为契机，贯彻落实五大发展理念，突出水安全、水资源、水环境“三水统筹”发展，坚持把水利建设、防汛防旱等作为改善民生的重要举措，全面推进水利现代化试点工作，全年完成建设资金3.1亿元，组织实施东门五图河治理、灌西保滩及护坡修复、节水灌区改造、农村河道疏浚等一大批惠及民生的水利工程设施，在保障群众生命安全、改善人民生产生活条件、促进经济社会健康持续发展、维护生态环境等方面发挥了重要作用。先后获市水利系统目标考核一等奖、县目标考核综合目标优胜奖三等奖、重大事项推进奖、现代农业推进奖等奖项。

【防汛防旱】 2016年，县水利局认真组织开展汛前安全检查、在田作物春季灌引、蓄水等工作；为保障夏季插秧顺利进行，在提前蓄水保水基础上，引水1.2亿方，全县4.63万公顷水稻栽插任务顺利完成；强化防汛物资储备，县乡两级共储备编织袋39.3万只、块石1.03万吨、土工布2.2万平方米、木材190.5立方米、输水软管3.5万米、救生衣和救生圈120套、防汛帐篷75顶；实施完成2016年度抗旱水源工程；加强防汛防旱现代化能力建设，投入49.9万元，对全县所有节制闸安装视频监控系统。

【重点工程建设】 2016年，县水利局投入1.65亿元，按5年一遇排涝、20年一遇防洪标准，疏浚整治东门五图河31公里，完成一期工程建设并启动二期工程；投入5963万元，实施完成灌西保滩及护坡维修工程，海堤防洪能力得到有效提升；投入5800万元，组织实施大中型涵闸除险加固工程，完成大新河闸迁建工程；投资1000万元完成东门河闸拆建工程。界圩闸拆建工程通过省、市组织的竣工验收。五灌河挡潮闸除险加固工程设计进入招投标程序。大中型涵闸除险加固工程的实施，提升全县防洪排涝能力。

【农村水利建设】 2016年，全县完成农田水利建设投资近亿元，农田水利基础设施得到进一步加强。实施完成农村水利建设土方1500万立方米，衬砌渠道112千米，新改建灌排泵站53座。疏浚完成官沟河、一帆河2条县级河道40千米和4条乡级河道，整治村庄河塘102处；结合长效管护，清理大中沟517条1730千米；全面完成2015年度重点县、2015年度重点县奖补资金、2016年度重点县、“中央统筹资金”农田水利建设项目和农田水利维修项目；实施完成伊山镇、同兴镇两个高标准农田示范片工程；官沟河节水灌区改造工程加快推进，完成年度目标任务。

【农村饮水安全】 2016年，县水利局编制完成《灌云县农村饮水安全巩固提升工程“十三五”规划》，按照城乡居民饮用水同水源、同水质、同管网、同服务的要求，解决1.5万人饮水不安全问题。全县农村区域供水用水户数达10.5万户，涉及9个乡镇近50万人，农村人居环境和生活质量得到进一步提升和改善。

【水利工程管理】 2016年，县水利局强化项目前期管理，在不断调整和完善水利现代化规划基础上，编制完成《“十三五”水利规划》《水资源综合规划》等中长期水利治理规划；严格工程建设管理，界圩闸拆建工程通过竣工验收，叮当河涵洞管理所达标创建工作顺利通过省级考核；开展河道及大中型涵闸确权划界工作，对新沂河、通榆河等19条骨干河道和燕尾港挡潮闸、五灌河挡潮闸等17座水闸进行确权划界。推进规费征收管理，切实抓好水资源费、水利工程水费、闸费等涉水收费工作，不断规范收费行为。

【水行政执法和水资源管理】 2016年，县水利局认真落实水资源管理制度，加强地表水、地下水“四个一”管理，扎实推进节水载体“三同时”工作，完成节水载体创建两个；开展水生态文明建设工作，完成两家自备水取用单位水资源论证。立案查处河道取土等涉水事案件9起，协调省水利厅完成燕尾港3号码头专家评审工作。全县水资源管理和水环境保护逐渐步入规范化、制度化轨道。

【水利体制改革】 2016年，县水利局进一步深化小型水利工程管理体制改革，积极争取财政资金，集中对乡村大中小沟进行清理。继续推进农村饮水安全工程管理体制改革，推进恒泰水务公司、分公司和污水处理厂的的运转工作，做好全县农村供水统一管理、供水设施建设和维护、水源管理与调度、供水安全与管理，对农村供水生产、安装、经营企业实行统一核算。

【水利科技与人才培养】 2016年，县水利局重视水利科技的应用和人才的培养，在防渗渠道建设过程中，广泛采用机械化一次成型施工技术，每台套设备日工作进度达400米，效率是传统工艺的10倍，使用寿命是传统工艺的6倍。建立以水利学会为中心和平台的覆盖全县的科普网络，水利学会发展会员170多人。继续深入开展“首席员工”选树活动，以实施“知识蓝领”打造工程为抓手，先后举办机电设备工作原理、闸门运行管理、泵站更新改造等多种门类培训班和知识竞赛。在行业内有序开展岗位练兵和技能比武活动。

（徐美祥）

商贸服务

综　　述

2016 年,全县有限额以上贸易企业 158 家,其中,批发和零售大个体 51 家,批发与零售企业 44 家,住宿餐饮大个体 34 家,住宿餐饮企业 5 家,县外企业 24 家。实现社会消费品零售总额 119.45 亿元,比上年增长 12.1%,高于计划目标 1.1 个百分点,其中限额以上消费品零售总额 24.88 亿元,比上年增长 12.8%,高于计划目标 1.8 个百分点,限额以下消费品零售总额 94.57 亿元,比上年增长 11.9%,高于计划目标 0.9 个百分点。

连锁经营。2016 年,全县有连锁经营企业 33 家,其中限额以上企业 16 家,年销售收入 9.2 亿元。

百货批发零售。2016 年,全县有百货批发零售企业 44 家,年销售总额 449.31 亿元,比上年增长 11.5%,其中批发业销售 243.53 亿元,比上年增长 10.3%,零售业销售 205.78 亿元,比上年增长 13%。

餐饮、住宿业。2016 年,全县餐饮业有企业 23 家,个体工商户 170 家。住宿业有企业 33 家,个体工商户 169 家。全县餐饮、住宿业实现销售收入 16.14 亿元,比上年增长 18.1%。其中,限额以上企业销售收入 2.03 亿元,比上年增长 20.7%,限额以下收入 14.11 亿元,比上年增长 17.7%。

服务业规模与结构。2016 年,全县限额以上企业规模小,限额以上企业户数在全市排名偏后,全市限额以上企业 678 户,灌云限额以上企业只有 71 户,占全市全部企业数比重 10.58%。缺乏大规模、高层次、有品牌的龙头企业,全县销售收入主要集中在批发零售企业,主营业务收入无超过 10 亿元批零企业,超亿元的企业 9 户,40% 的住宿餐饮企业的主营业收入都在 2000 万元以下,大型贸易企业少,全县商贸业规模化发展不够,限额以上零售额占比较低。2016 年,灌云县限额以上零售额实现 24.88 亿元,占全县社会消费品零售总额 20.8%,比重低于全市平均点 24.6 个百分点。全县有限额以上零售企业 24 家。限额以上零售额占全市比重 5.87%,居全市第 6 位。

县外产业活动单位负拉动影响较大。1—12 月县外产业活动单位实现零售额共 9.46 亿元,占全县限额以上零售额比重 38%,比上年下降 10.35%,较 1—11 月下降 13.01 个百分点。

说明:社会消费品零售总额统计困难,限额以上企业由于没有健全的考核机制及税收因素的影响,出现瞒报、漏报甚至不报的情况,特别是限额以上批发业,县外企业受市场影响上报数据波动大,餐饮业达到纳规要求企业少,达到要求的又不愿意纳规,没有做到应统尽统,难以全面反映全县社会消费品零售总额的真实状况。

2016 年灌云县十大餐饮服务企业一览表

表 19

序号	名　　称	销售额(万元)	比上年增长%
1	灌云县新世界大酒店	1230.3	26.03
2	连云港东圆国际大酒店有限公司	1472.2	23.42
3	灌云县清和园宾馆	981.7	20.51
4	灌云县伊山宾馆有限公司	1656.6	22.24

续表 19

序号	名　　称	销售额(万元)	比上年增长%
5	灌云县清泉宾馆	847.9	-16.46
6	灌云县龙飞大酒店	540.5	25.03
7	灌云县伊山镇海之舟大酒店	554.4	25.23
8	灌云县永明渔港大酒店	684.1	24.27
9	灌云县兆坤酒楼	526.5	23.5
10	灌云县伊山镇点点香酒店	586.6	24.46

（张光杰）

国有商业

【概况】 2016年，灌云县商业集团总公司围绕县委提出的“十三五”六大工程和新一年“六个新突破”重点工作，以中共十八届三中、四中、五中全会精神为指导，以“四个全面”统领全局，统一全体干部职工的思想，坚定信心，团结拼搏，各项工作取得较好成绩。

【招商引资】 2016年，公司继续对大南猪场进行投资改造，引进总投资5200万元的县苏联机械厂旋耕机生产线项目，于7月底全面竣工投产。新签约项目总投资5000万元，县鸿达机械制造厂入驻大南园区，于9月1日开工建设。对原工薪之家大卖场撤走后闲置1年之久的商业大厦1—2楼4000平方米营业场所对外招商，引进总投资约1200万元的室内休闲项目永青健身游泳馆，于2016年国庆节试营业。

【信访稳定工作】 强化工作责任。2016年，县商业集团总公司为做好信访稳定工作，进一步强化领导责任，公司党委成员实行包片负责制，成立矛盾纠纷化解工作领导小组，安排两名工作人员专门负责信访接待工作，实行一岗双责制、首问负责制和责任追究制，采取“一事一列，一人为主，一段一结”工作法。强化企业责任。总公司与所属各单位主要负责人签订信访工作责任状，将责任进行量化传递，把信访工作责任落到实处。制定专门的《“两会”期间维稳工作方案》，对涉及军转干、改制企业职工等特殊群体进行定人定岗特别关注；妥善处理因东亚公司司法执行疑义及综合公司司法执行进度不够引起的职工上访，平息食品公司地块22个购房户要求按期入驻等引发的信访矛盾。全系统无集体上访和越级上访现象的发生。

着力解决民生问题。总公司党委把解决群众的切身利益问题和实际困难放在第一位。在元旦、春节及其他传统节日期间，深入走访慰问困难职工、军转干部、老干部、老党员及对口帮扶村困难群众。发放解困及慰问资金14.7万余元；上缴军转干医保费9.6万元；上缴困难企业退休职工医保费11.6万元；兑现伤残军人一次性残疾补助金13万元；上缴无资产企业职工养老保险金15.9万元。认真贯彻落实党和国家的有关惠民政策，配合政府相关部门认真核查和兑现企业退休人员的独生子女费199人次15.92万元。

【安全生产管理】 2016年，公司牢固树立“安全第一，预防为主”的方针，认真贯彻安全生产各项法律法规，健全组织，建立制度，按月检查企业的安全生产情况，对安全隐患能整改的立即整改，一时整改有难度的限期整改到位，做到常抓不懈，警钟长鸣。2016年全系统无一件安全生产责任事故发生。

（张喜高）

供销合作商业

【概况】 2016年，全县新扩建农副产品市场1个，即南岗农贸市场。新增农田托管面积933.33公顷。新建或提档三星级为农服务社8家，改造薄弱村综合服务社1个（即南岗岗东为农服务社）。全县有五星级社2个，四星级社1个，三星级社3个。新增农民合作经济组织专业合作社17个。全县有农民专业合作联社5个；提档升级“三体两强”基层社1个，即南岗供销社；建设鲜活农产品直销超市2个；建设特色农产品展示中心（或电商体验中心）1个；新建农产品交易市场1个；建设农田托管组织8个；建设农资直供专营店25个；建设农村电商服务站（或基层经营服务网点信息化改造）25个；建设农产品电商示范村5个。

【基层组织建设】 2016年，县联社专门成立基层组织建设工作领导小组，主要领导亲自挂帅，分管领导具体负责抓好基层组织建设的各项具体工作。县社和各基层社签订基层组织建设工作目标责任状，同时制定相应的

南岗乡岗东村为农服务中心

奖惩措施，所属各单位成立相应的组织机构，确保全系统基层恢复重建工作按进度顺利完成。

【服务“三农”】 认真抓好为农服务社建设。2016年，县供销系统争星创级，提高质量，进一步加快由过去单一的为农服务向综合服务转变，在完善为农服务的功能上下功夫。进一步巩固已建的为农服务社基础，在县临港开发区、县工业园区和南岗、图河、圩丰、鲁河、小伊5个乡镇兴建为农综合服务社，争取申报“三星级”。在小伊乡新建为农服务社两家，做到成熟一家发展一家，决不降低建社标准，努力提高服务社的综合服务功能。

农民专业合作社建设。县供销合作社坚持把发展专业合作社、推动农业产业化发展作为供销社改革发展的主要目标，立足本县优势资源和特色产业，积极引导、领办专业合作社。通过灌云县绿缘鹅业专业合作社的示范引领，在南岗、侍庄等地新创办4个农民专业合作社，入社成员625户，带动农户2385户。专业合作社坚持高标准起步，规范化运作，严格按照《中华人民共和国农民专业合作社法》要求，建章立制，受到当地党委、政府的高度关注。有效提高农民的组织化程度，促进当地农村经济的发展。

基层社提档升级。2016年，县供销合作总社因地制宜，突出重点，构筑创新平台，进一步挖掘潜力，整合好系统资源，采取多种方式盘活资产，做好基层社的恢复重建工作。重点抓好图河和小伊两个空白乡镇的基层社恢复重建工作。商讨图河社的土地置换事宜，恢复重建小伊社。为发展农村市场，壮大供销合作经济，南岗供销社以资本为纽带，整合本社闲置资产，依托好又多连锁超市，扩大供销社农村阵地。南岗供销社好又多连锁超市运营良好，取得较好经济效益和社会效益。

新型农村商贸流通体系构建。县供销合作社根据农村产业特点，利用资产、场地、信息经营等优势，通过盘活存量资产，积极兴办、巩固一批农副产品批发市场，着力培育和发展以当地主导产业为主的集散型批发市场，在做大做强南岗和燕尾等农产品综合市场的同时，组织市场管理人员开展互查评比、经验交流，有效提升农贸市场服务功能和服务质量。

农资连锁经营。县供销合作社进一步完善以农得利农资有限公司为依托的农资连锁配送体系，大力发展连锁配送的现代流通方式，建立县乡（镇）连锁的配送体系，连锁店覆盖全县13个乡镇。全面提升供销社农资在农村市场的竞争力和服务水平。全年新增农资直营店11家，供销社农资超市延伸到全县乡（镇）的所有行政村。

（县供销合作社）

粮食流通

【概况】 2016年，全县粮食系统围绕全面建成小康社会的战略目标和新要求，以服务全县经济发展大局为己任，坚持不懈地抓好招商引资和项目建设，以服务“三农”为己任，着力深化国有粮食购销企业改革，努力提升粮食经济运行质量，主动适应经济发展新常态，全县粮食经济取得显著成绩。全县完成粮食购销总量48.99万吨，其中，收购31.19万吨，销售17.8万吨。县粮食局直属国有粮食购销企业完成粮食购销总量18.96万吨，其中，收购15.54万吨，销售3.42万吨。灌云县宇禾粮食储备库被评为2016年度全市粮食收购工作先进单位。粮食流通监督检查工作继续保持全国先进。经国家粮食局和省粮食局联合考核，灌云县粮食局继续保留“全国粮食流通监督检查示范单位”称号。

【粮食收购】 2016年，县粮食局针对粮食收购面临的仓容紧、压力大的新情况，全县国有粮食购销企业及早落实收购仓容和器械，投资60万元新添置了输送机、扒谷机、塔机、抽风机等机械。严格执行托市粮收购政策，全面推行粮食收购“一卡通”系统操作，提高业务人员的工作效率和服务水平，坚决杜绝“打白条”、压级压价、限收拒收，保护农民售粮积极性，让农民售“舒心粮”，在全县形成一个农民踊跃售粮的“政策市”。全县收购最低收购价小麦64323吨。其中，租赁社会仓容收购37851吨，国有粮食购销企业腾并仓容收购26472吨。做好秋粮收购工作。全系统收购最低收购价稻谷29915吨。

【粮食经济多元化发展】 2016年，县粮食局以供给侧改革为指导，不断巩固和完善国有资本、集体资本、非公有制资本交叉持股、相互融合的混合所有制经济，全县粮食产业呈现前所未有的多元化发展势头。县穆圩粮管所和当地粮食经营大户合作，投资5100万元，在穆圩粮管所院内新上年产10万吨大米项目；界圩粮管所和江苏远望集团合作，成立股份制企业灌云乐泰粮食仓储有限公司，在界圩粮管所院内新建年产4万吨仓容及配套烘干和日处理2000吨粮食深加工项目；陡沟粮油管理所吸引职工入股，在孙庄库点新建3万吨粮食仓储设施建设项目；下车粮库年储存粮食2.15万吨仓储设施建设项目完成招投标，并获得省补助资金602万元。全县粮食系统仓容量进一步增加，至年底，全县粮食系统有效仓容量31.94万吨。

【粮食物流产业园建设】 2016年，县粮食局认真学习贯彻国家粮食局《关于加快推进粮食行业供给侧结构性改革的指导意见》，把建设粮食物流产业园区作为大力发展粮食产业经济的主要措施。制定整合资源发展粮食物流产业园区的项目方案，得到上级领导的高度重视，省粮食局就项目编制及申报提出具体意见，市粮食局领导多次到灌云现场指导，县委、县政府也多次召开县财政、国土、粮食等部门协调会，专题就粮食物流产业园建设作出部署。决定项目选址在县经济技术开发区，总占地面积20公顷，一期10.4公顷及相应码头岸线，预留10公顷。项目一期工程，由灌云谷丰粮食购销有限公司、连云港市工投集团青口投资有限公司、江苏筑富实业投资有限公司3家单位联合投资兴建，分别占股份36%、35%、29%。11月，项目通过县发改委批复。

（胡志艳）

物资贸易

【概况】 2016年，县物资集团总公司下属国有改制企业继续维持2015年状况，年底未改制企业总数11个，在册职工总数1501人。全年实现流通销售5500万元，比上年减少960万元；全社会固定资产投资5200万元，占年计划的109%。其中，全社会工业固定资产投资5200万元，占年计划的110%；引进市外内联到位资金2200万元，占年计划的100%；上缴职工养老金86万元，新增就业岗位12个。

【物资经营】 2016年，县机电设备公司、金属材料公司等企业继续以拓展代理为经营取向，增加市场份额，以诚信经营为本，扩大规模经营，取得一定成绩。县机电设备公司抓住实行物资代理销售的契机，与东风悦达起亚、北汽福田、中大工业集团、飞彩集团等企业联合，推行厂家直销，完善售后服务，促进车贷业务开展，乘用车及工程机械等特种车辆实现销售3100余台。物资主营品种销售超过3700万元。物资集团总公司本部的物资储运公司及所属金属公司、机电公司等企业在电煤代理、货运、钢材、橡胶制品、汽车维修等增值业务方面取得成效，与木材工业有限公司一起，形成物资主营品种的企业联合体，实现保持物资主业经营稳定的目标。

【市场建设】 2016年，金属公司多方协调关系，继续拓展河东钢材市场，形成卷板材规模销售业务。公司钢材市场采取因陋就简的办法，形成销售规模，同时带动不锈钢型材的销售。在完善市场建设方面，积极策应县委、县政府开发建设东部城区的部署，着手租用闲置土地，建设金属材料市场。物资储运公司大力拓展近海货运物流市场，承接大宗陆、海联运业务，并在销售、运输的同时，与昊辉仓储有限公司合作，拓展仓储代理业务，并积极投标外包，全年实现营业收入2620万元。

【下岗职工培训】 2016年，县物资集团总公司注重加强对下岗职工的培训。在县劳动就业机构指导下，依托县就业培训中心和物资职工学校，采取联办等培训方式，对物资企业下岗职工进行技能培训。先后培训市场营销、汽车修理、化工设备安装、数控车床操作、室内装饰等5个专业36人，为下岗职工再就业创造条件。

（县物资公司）

物流业

【概况】 2016年，县经信局继续做好《灌云县现代物流发展规划》的组织实施工作，鼓励企业投资物流领域，通过市场运作，实现资本优化配置和制度创新。研究制定《关于加快发展现代物流业的意见》及《灌云县现代物流业发展行动计划（2017—2020年）》。加大基础设施投资。全县拓宽翻新242、324等多条省道，改道扩建204国道灌云段，为全县物流业的发展提供强有力的支撑。灌云拥有两条高速公路（连宁、连盐）、一条国道（204）、四条省道（324、226、242为一级公路、236为二级公路）。充分发挥通江达海、海河联运的区位优势，发挥自身资源优势和园区口岸开放功能，抓住用好“一带一路”战略机遇，围绕建设“江苏沿海重要的海河联运港口与交通枢纽”定位，不断拓展对外开放新空间，打造陆海内外联动、东西双向开放新格局，全力推进沿海港口建设，打造海河联运中心。至2016年底，港口建成3万吨级码头泊位和5万吨级码头泊位各2个，设计年吞吐能力490万吨。稳步推进物流园区建设。总投资50亿元港口物流园位于灌云县燕尾港镇西侧，规划面积10平方千米，建设集仓储、配送、加工为一体的现代临港物流园，为化工产品、煤炭、矿石、石油等物资流通、集散提供支撑和服务。另有规划的城市综合物流园、杨集综合物流园、灌西木材物流园、淮连农副产品批发市场等。至2016年年末，全县物流企业有120余家，运输车辆有1409辆，2个运输船队，各类运输船舶200余艘。县红旗物流、盛德物流等年纳税在100万元以上运输型物流企业有22家。其中灌云县远大物流有限公司等5家物流企业被认定为市级重点物流企业。

2016 年灌云县主要物流企业入库税收情况表

表 20

序号	物流企业名称	2016 年入库税收单位(万元)	上年同期单位(万元)	增减率(%)
1	连云港佳星物流有限公司	196.49	434.95	-54.83
2	连云港云宇物流有限公司	105.20	93.78	12.17
3	灌云县弘昌物流有限公司	99.54	54.32	83.24
4	连云港红旗物流有限公司	83.54	50.66	64.92
5	连云港灵方物流有限公司	75.67	45.69	65.61
6	连云港昆仑物流有限公司	73.58	101.71	-27.66
7	灌云荣华物流有限公司临港分公司	69.74	88.87	-21.53
8	连云港天地海物流有限公司	60.25	41.97	43.55
9	连云港永祥物流有限公司	33.17	34.27	-3.21
10	连云港万吉物流有限公司	30.47	24.56	24.06
11	连云港顺华物流有限公司	30.06	17.37	73.08
12	连云港忠美物流有限公司	24.54	3.29	646.45
13	灌云县恒通运输有限公司	24.29	64.08	-62.09
14	连云港中祥物流有限公司	23.37	44.58	-47.58
15	连云港市恒永物流有限公司	22.98	15.73	46.13
16	连云港市永飞物流有限公司	22.45	11.35	97.76
17	连云港兴云港物流有限公司	19.17	—	—
18	连云港宏路吉物流有限公司	17.73	22.12	-19.83
19	连云港言国物流有限公司	16.27	14.26	14.12
20	连云港市鹏宇物流有限公司	16.18	6.95	132.73
21	连云港泰邦物流有限公司	16.06	34.59	-53.58
22	灌云吉安物流有限公司	15.69	—	—
23	连云港市裕展物流有限公司	14.79	10.26	44.20
24	连云港明科物流有限公司	14.65	24.24	-39.55
25	连云港成城物流有限公司	14.46	—	—
26	连云港宵洋物流有限公司	14.21	11.56	22.97
27	连云港久运物流有限公司	13.84	—	—
28	灌云县远大物流有限公司	13.63	24.71	-44.81
29	灌云县宏源物流有限公司	13.38	8.42	58.87
30	连云港丽得物流有限公司	12.79	6.39	100.13
31	连云港途安物流有限公司	12.42	16.33	-23.96

续表 20

序号	物流企业名称	2016 年入库税收单位(万元)	上年同期单位(万元)	增减率(%)
32	连云港市航通运输有限公司	11.74	6.48	81.14
33	连云港亿豪物流有限公司	11.66	14.28	-18.36

(董婷婷)

盐　业

【概况】 2016 年,灌云盐务管理局完成固定资产投入 5200 万元,完成税金 86 万元,销售各品种盐 6950 吨,招引投资 5200 万元蒙恩紫菜公司紫菜生产加工项目 1 个。

【食盐市场监管】 2016 年,县盐务管理局按照省、市盐务局和县食安委的要求,会同县公安、卫生、市场监管部门开展"春雷 2 号""五一端午""中秋国庆"等 4 次打击制售假盐联合执法专项行动。对农贸市场、商场超市、饮食摊点、卤货等关系千家万户的食盐供应网点进行全面检查,同时开展"走千村、访万户"活动,做到检查与宣传相结合,提高群众食盐安全意识,提高碘盐覆盖率。全年查处盐业违法案件 39 起,移交司法机关 26 起,立案 21 起,没收私盐 3.82 吨,罚款 2.4 万元,走访农户 2100 余户,检查商超、饮食摊点和学校食堂 1500 余家,发放宣传材料 1 万余份。

【盐品营销服务】 2016 年,县盐务局先后开展"大干一季度,实现开门红""大干二季度,实现任务目标过半""大干四季度,冲刺全年目标"劳动竞赛。小包装食盐销售指标分解到月,细化至周,客户经理销量落实到天,采取电话预约和免费送货上门服务的办法,保证市场供应充足,及时满足不同消费者用盐需要。全年销售食盐 2450 吨,小工业盐 1000 吨,省外销售盐产品 3500 吨,新增食盐品种 4 个,盐产品销售量在全市占领先地位。

【食盐储备】 2016 年,县盐务局按照省局统一要求对仓储设施进行升级改造,保证县内人口 3 个月用盐储备。县内市场有海藻碘低钠盐、海藻碘食用盐、无碘低钠盐、加碘低钠盐、泡菜盐、精制盐、清真海藻碘食用盐 7 个品种。

【海盐生产】 2016 年,继续实行盐田承包责任制,东辛、界圩 2 个小组生产原盐 3500 吨。

(王坚通)

烟草专卖

【概况】 2016 年,灌云县烟草专卖局(分公司)坚持"找短板、扫洼地、谋出路",力保辖区卷烟市场企稳回暖。围绕全行业"止跌回升,调好状态;控制货源,均衡增长;重点发力,冲刺目标"三步走战略,全年实现卷烟销售 24913 箱,比上年 26641 箱下降 6.48%;实现销售收入 4.79 亿元,比上年增长 0.37%;实现税利 14284.99 万元,比上年增长 9.56%;利润 11585.49 万元,比上年增长 9.64%。先后获省价格诚信单位、用户满意服务之星班组、江苏省文明单位、市用户满意服务单位、县三八红旗集体、十佳窗口、党员示范岗等多项荣誉。

【市场监管】 2016 年,县烟草专卖局(分公司)不断创新工作方法,落实年度目标和重点工作清单,关口前置,强抓打假破网。实施柔性执法、分类监管、关注物流运输环节、互联网、手机等新媒体非法销售环节,把"大数据"理念引入市场监管、案件查处过程,变"人找信息"为"信息找人",实现精准打击,全年查获案件 123 起,"1·25"、"4·21"国标网络案件和"11·30"市标案件成功告破,移送司法机关累计刑拘、逮捕 7 人,判刑 4 人,登记保存卷烟 6235.6 条,案值 101.97 万元,行政指导 105 户,市场净化率一直保持在 98.7% 以上,市场秩序综合评价在全市条线位居第一,全年行政执法卷宗准确率、及时率、办结率和评审合格率均达 100%,在全市卷宗综合评查中名列第二;严格执行行政许可首问负责制、一站式服务制、一次性告知制,开辟网上服务、上门服务、绿色通道、网上审批等服务举措,赢得社会好评。

【管理服务】 2016 年,县烟草专卖局(分公司)坚持以创优的思想、精益的手段狠抓基础管理,取得显著成效。以闭环为目标,抓好常规管理。落实《公务接待管理规定》,规范接待流程,注重降本增效;初步运行省烟草专卖局公务派车网上审批程序,强化车辆运行和油耗考核,使车辆管理趋向科学化、制度化;健全完善会议服务规定,建立部门工作绩效周反馈、月汇报制度,提升行政管理和服务效能;健全

荣获市"青年文明号"

基建管理制度，编制《小额基建维修申请单》，使基建管理工作进度快，质量优。以实效为追求，抓好安全管理。严格落实"一岗双责"，层层签订落实安全责任，注重安全培训，组织开展消防灭火、逃生系统性应急演练，定期开展车场日活动，建立健全车辆管理档案，以"微型消防站"为抓手，逐步建立专业消防应急队伍；推进安全文化建设年活动，利用手机短信、网站、管理看板等进行宣传，以"安全生产月"为抓手，组织开展争当"红旗车"驾驶员、精益安全管理等系列活动，成功举办第十二届安全暨趣味运动会，提升全员安全素养；定期组织专兼职安全员，对重点区域进行安全检查，并及时整改，顺利通过二级标准化复评；以规范为前提，抓好财务管理。严格财务报销流程，努力杜绝财务收支业务中不规范问题的发生，财务处理准确率99.15%，位于全市第一；坚持把纪律规范挺在前面，开展公务接待、公务出差等专项自查整改工作，努力做到令行禁止；建立健全战略绩效评价机制，完成全局绩效考核办法及考核指标体系；广泛征求合理化意见，组织开展"精益提升献计策"金点子征集活动；定期开展精益大讲堂、精益成果分析会、节约小技巧合理化建议征集活动，努力实现节支增收。

【创新工作】 2016年，县烟草专卖局(分公司)始终把创新作为增强企业内生动力的抓手平台，将创新与实践有机结合，着力提升品位价值。坚持创新与文化对接。全局建起一级班组4个、二级班组8个，班组之间相互较劲，既比工作业绩，也比素质提升。积极开展"好书我推荐""新书漂流记"活动，新购图书1042册，丰富员工文化生活；组织开展"一人一课"，倡导每日一学，每周一讲，每月一考，全面提升员工素质；不断创新文化活动形式，通过举办青年沙龙、"典型在我身边"等形式，丰富以训代培，以会代培模式；坚持创新与业务对接。组织引导员工以创新工作室平台，进行自主创新，将目光定准提升卷烟销量、提升监管水平、精益基础管理和客户经理转型等领域，发挥聪明才智。营销条线组织开展《聚焦中小客户，提升其成长度》的课题研究，专卖条线《"LLCCCM"六维专卖管理市场监管分析评价体系考核标准》获全市创新成果三等奖，多篇论文在全市交流，《互联网+行政许可》和《柔性执法分类监管》创新课题取得初步成果。开启"互联网+"党建新模式，打造"灌云党建"版块，通过电脑、手机、微信"三位一体"，及时向干部员工发布党建与业务发展要点、"两学一做"相关知识、行业政策动向，打造"精神加油站"；坚持创新与服务对接。主动对接贫困村，开展脱贫攻坚活动；组织开展无偿献血、文明创建、投身公益事业，"烟往情深"志愿服务品牌成为全县十大品牌之一，并被评为"江苏省文明单位"。

(陈如森)

法律服务

2016年，灌云法哲律师事务所、震云律师事务所认真贯彻和落实科学发展观，严谨执业，注重实际，不断提高队伍素质。定期开展思想政治教育和律师职业道德、执业纪律教育，同时积极组织所内人员参加业务学习。两所有法律服务人员21名。

2016年，两所受理案件1083件，民事915件、刑事131件、行政32件、法律援助39件。两所积极参与社会公益活动，有两名律师作为法律服务自愿者，被县社区矫正中心聘为法律顾问，定期向中心提供法律帮助，为社会和谐稳定贡献力量。

2016年，全县有法律工作者52名，担任法律顾问900家，代理民商事诉讼案件6500余件；代理非诉讼民事案件600余件；起草审查经济合同1800余份；代写法律文书2400余份；代理法律援助案件1400余件；法律见证1200余件；协助司法所工作日4000人次；业务收入370万余元。全体法律工作者能够遵守职业道德和执业纪律，无人受到刑事、行政或行业处罚、处分。

(县司法局)

潮河湾风光

综　述

2016年，全县旅游工作认真贯彻省、市旅游会议精神，以打造“伊山伊水伊甸园，真情真意真灌云”旅游品牌为主题，强势推进“一年破题，两年成形，三年出彩，五年成名”的“3+2”行动计划，坚持规划引领，突出特色发展，重抓项目推进，率先启动伊甸园、伊芦山、潮河湾三大景区建设，强化要素支撑，创新工作机制，重抓项目推进，有效整合乡镇、部门力量，加快重点景区项目建设步伐，全县旅游业呈现出蓬勃向上的发展势头。全年接待游客98万人次，旅游综合收入10.8亿元。

旅游产业发展体系建设

【概况】　2016年5月，县委、县政府研究成立县旅游产业发展工作协调推进指挥部(以下简称县旅游指挥部)，县政协主席、党组书记汪辉任指挥，县委、县政府相关分管领导任副指挥，19个单位、部门主要领导或分管领导为成员。指挥部全面落实全县旅游产业发展大会精神，进一步整合资源，加强协调配合，形成工作合力，加快全县旅游产业重点项目、重点景区建设和相关工作落实，在县旅游产业发展领导小组的统一领导下，推动全县旅游产业快速发展。指挥部下设办公室，具体负责日常事务。

2016年，县旅游指挥部认真贯彻落实县第十二次党代会、全县农业农村工作暨旅游业发展大会及县委、县政府《关于加快发展旅游业的实施意见》精神，以打造“伊山伊水伊甸园，真情真意真灌云”旅游品牌为主题，坚持规划引领，强化要素支撑，创新工作机制，重抓项目推进，提出“一年破题，二年成形，三年出彩，五年成名”的“3+2”行动计划，充分发挥指挥部作用，构建全县旅游产业发展体系，有效整合乡镇、部门力量，加快重点景区项目建设步伐，伊甸园、潮河湾、伊芦山等重点景区建设快速展开，整体工作推进成效明显，为全县旅游产业快速发展奠定良好基础。

【工作运转体系构建】　县旅游指挥部在县旅游产业发展领导小组领导下，立足指挥有力、运转高效，搭建好上下联动、协调有力、组织有序的工作班子，从全县学习旅游管理、景观规划设计专业的人才中挑选12名专业人员到县旅游指挥部下设的办公室，各景区所在乡镇成立分指挥部，乡镇主要领导任指挥，各自明确1名旅游工作分管领导，初步形成县指挥部牵头抓总、办公室推进落实、乡镇和部门分工协作责任明确的组织领导体系和工作责任体系，探索出一套旅游工作顶层设计决策机制和工作协调推动落实机制。

【旅游规划体系构建】　2016年，县旅游指挥部牢固确立策划先行、规划引领的工作理念，突出高起点规划、高水平设计，致力形成以景区总体规划为龙头、以景点项目规划为重点、以基础设施配套规划为支撑的全县旅游产业发展规划体系。通过面向社会公开招标，经过严格筛选和考察比对，选定国内著名的规划设计单位编制伊甸园、伊芦山、潮河湾3个片区的详细规划和大伊山总体规划及核心景区修建性规划，多次召开对接会、预审会对设计方案进行修改完善，体现规划的前瞻性、科学性、实用性和可操作性，力求使景区有吸引力，项目上有震撼力，特色上有差异化，更好体现灌云的旅游特质。

【投融资体系构建】　积极探索和构建旅游产业发展投融资机制，用好政府启动资金，聚合全县项目资金，激活民间建设资金，构建起政府主导、市场运作、多元投入的旅游产业发展投资体系。先后成立连云港弘大旅游发展有限公司、灌云恒利旅游开发有限公司两大县级旅游产业发展投融资平台，伊山镇、杨集镇、同兴镇分别成立连云港百果园旅游开发有限公司、连云港潮河湾旅游开发有限公司、连云港信天游旅游开发有限公司等投融资平台，筹措旅游产业发展建设资金，为景区景点项目建设提供必要的资金支持。

【政策保障体系构建】　为切实强化旅游产业发展的政策保障，持续快速推进全县旅游产业发展,根据县委、县政府制定出台的《关于加快发展旅游业的实施意见》精神,县旅游指挥部组织相关方面人员认真学习领会和深入讨论研究,借鉴外地经验做法,紧密结合灌云县情实际和旅游产业跨越发展要求,以县政府名义下发《关于鼓励和加快全县旅游产业发展的具体实施办法(试行)》,在土地利用、税费征缴、金融扶持、专业人才培养、产业配套等方面制定相关激励政策,为全县旅游业发展注入政策推动力。

【智力支撑体系构建】 2016年,经县旅游指挥部的多次接洽和积极推动,县政府与南京旅游职业学院签订校地战略合作协议,在规划设计、产学研究、决策咨询与服务、设立博士团工作站、人才培养引进、互派挂职学习、信息交流、聘请政府旅游产业发展顾问等方面开展全方位的交流合作,借助南京旅游职业学院的智力支持提升县旅游产业的发展层次和运作水平;与北京张纪中文化发展有限公司签订合作协议,共同打造镜花缘主题文化小镇;7月,组织全县30多名涉及旅游业发展的公务人员到南京旅游职业学院进行为期一周的集中培训,使其了解旅游产业发展形势、更新观念、熟悉相关业务知识和技能,更好地适应工作需要;招聘专业团队编写各景区导游词,引进高素质的导游人员,讲好各景区自己的故事;开展"灌云县旅游形象标识征集和旅游商品(牌)设计大赛"活动,收到来自全国26个省(直辖市、自治区)设计者应征旅游标识作品148件、旅游商品创意设计作品98件。

【项目建设责任体系构建】 县旅游指挥部把景区景点项目建设作为重中之重,按照"严把质量标准、规范操作运行、确保社会稳定"的要求,采取边规划边建设办法,快速推进伊甸园、伊芦山、潮河湾景区建设,3个片区所涉及到的乡镇和县交通局、建设局、农委、水利局、供电公司、电信、移动等部门按照县旅游指挥部的统一要求,切实做好地形整理、路桥铺设、房屋拆迁、坟地搬迁、杆线迁移、农庄改造、作物区划调整布局、种子选配以及人员组织、施工协调、矛盾化解、技术指导等工作,确保各景区项目建设有序推进。县旅游指挥部各成员单位按照各自的职责分工,强化责任落实,注重分工协作,及时调度指挥,为加快景区项目建设创造条件。在做好伊甸园、伊芦山、潮河湾3大片区项目建设的同时,加快推进新沂河百里生态画廊相关配套设施建设和大伊山整治与提档升级工程建设。

【督查推进体系构建】 县旅游指挥部切实加大组织协调和工程督查推进力度,指挥部办公室设立督查工作组,通过现场跟踪督查、编发工作简报、印发重点项目督查推进表等方式,强化规划编制、项目建设、问题处理等工作的及时跟进。按照"标准高、节奏快、出精品"的要求,对旅游产业发展和景区景点建设中的相关重大事项,县旅游指挥部定期不定期召开项目建设进度汇报会、现场督查推进会、分析研究会办会,一周一会办,十天一督查,半月一过堂,一月一通报,确保组织体系高效运转,各类项目快速建设,重点工作有效落实。县旅游指挥部建立工作日报制度和"三看"考核制度,通过微信群,伊甸园、潮河湾、伊芦山所在乡镇党委书记及大伊山旅游经济区主任每日通过微信群汇报工作情况,相互促进;以项目为抓手,优化考核办法,以"看谁干得多、看谁干得快、看谁干得好"作为评价原则,有效推动各景区建设步伐,实现全县旅游产业协调快速发展。

(县旅游指挥部办公室)

旅游规划

【概况】 2016年,全县旅游工作坚持规划先行,引领旅游发展。突出高起点规划、高水平设计,致力形成以景区总体规划为龙头、以景点项目规划为重点、以基础设施配套规划为支撑,与城建、交通等专项规划有机衔接的全县旅游产业发展规划体系。力求体现前瞻性、科学性、实用性,力求景区有吸引力,项目上有震撼力,特色上有差异化,更好体现灌云的旅游特色。

【潮河湾景区规划】 在"乐游伊水畔,乡约潮河湾"的旅游总体定位基础上,提出"一核带多点、一带串两段"的总体规划结构。一核即潮河湾景区的发展核心潮河湾游园,多点为多个旅游服务节点,一带即依托潮河形成的全域滨河旅游带,两段为田园生活段和乡村乐游段。为强化整个片区的旅游协同发展,规划对潮河村、王庄等具有旅游发展潜力的村庄进行美丽乡村规划设计,通过道路改造、建筑出新、景观节点打造、水系整治等措施提升片区乡村旅游发展水平。

【伊芦山景区规划】 将伊芦山打造成集文化体验、康体锻炼、养生饮食、田园休闲为一体的乡村旅游目的地和苏北第一乡村康养乐园。充分利用伊芦山生态资源,按照"上山到村进园入户"总体思路,实施四大举措:一是打造历史人文景区。以"秀美伊芦山,生态同兴镇"为主题,积极打造占地70公顷的苏北最大的梅园,占地33.33公顷的亚洲最大红枫园。围绕历史人物钟离眛策划包装文化园项目对外招商,围绕奇泉酱油、葛藤粉、凌霄、浪花石等资源开发旅游纪念品。二是建设生态宜居社区。完成伊芦康居示范村一期工程,开展山前河整治提升工程,建成滨河风光带。三是发展休闲农业园区。建成面积133.33公顷,集特色种植、生态养殖、休闲垂钓、农家乐、乡村休闲旅游为一体的伊芦生态园,培育形成灌兴葡萄、伊恋草莓、伊露油桃、伊仙水蜜桃等一批具有地方特色的农产品品牌。四是打造伊尹美食文化街区。传承伊尹"五味调和"美食烹饪技艺。汇聚淮海戏、草编工艺、奇泉酱油制作工艺等地方文化特色,在田园路建设民俗文化街区,让游客在尽情享受伊尹美食的同时充分体验伊芦山丰厚的文化底蕴。

【伊甸园景区规划】 重点打造以"漫

游”和“乡约”为主题，以果林资源为核心，集观光、乡村休闲、文化体验、度假养生为一体的综合性旅游景区。下设游客服务中心、百花园、百果园、采摘园、伊甸广场、童话小镇、美丽乡村、农家乐等核心区域。

【大伊山景区规划】 逐步实施佛文化步行街、山前河滨风光带、镜花缘文化小镇、精品温泉度假区、景区内的景观景点、北出入口打造等建设项目，力争在2020年前将大伊山景区建成华东地区知名的旅游目的地和国家AAAAA级旅游景区。

旅游资源

【大伊山景区】 2012年10月，大伊山景区创成国家AAAA级旅游景区，2015年，景区顺利通过省旅游局AAAA级景区评定性复核，景区素有“古伊胜境仙居地”、“淮北平川第一山”的美称。大伊山乃城中山，有着20亿年的“山龄”。大伊山以其“古”、“佛”“神”“奇”而闻名遐迩。一年四季阴晴雨雪，景色变幻无穷，都能给人赏心悦目的感受。核心景区树木葱茏、鸟语花香。老龙洞及二十余处的涧沟流水潺潺；随处可见的天然洞窟幽深、妙崖耸立、石趣横生；伴有动人传说的象形石、茯苓泉、瓢儿井更是给大伊山增添了几许灵性和神秘的色彩。

大伊山东麓青风岭上，有6500多年前新石器时期母系氏族的遗存——石棺墓葬群遗址，为国家重点文物保护单位，石棺墓葬群遗址以及山上历代岩画都是大伊山古老闻名的最好见证。大伊山石佛寺景区，是以佛文化为依托而打造的佛教文化游览区。整个景区主要由3个部分组成：寺庙殿宇、伊山大佛、山门广场。寺庙殿宇古朴典雅、气势恢宏。伊山大佛居高临下、慈祥安逸。整个景区体现大伊山深厚的佛教文化，给大伊山增添无穷的魅力。

【潮河湾景区】 国家AAA级景区，江苏省四星级乡村旅游点，江苏省水利风景区。景区位于灌云县城东18千米杨集镇境内，距连云港市区40千米，沿海高速公路3千米，“204”国道沂北段南侧。东至潮河东路，西至潮河西路，南至沂河淌，小潮河贯穿其中。由潮河湾滨水公园、花溪小镇、渔家花湾、滨河风光带、沂河淌风光带等组成，占地总面积419.13公顷。其中潮河湾滨水公园占地71.07公顷，由银杏花海、水上乐园、风车花田、婚纱摄影基地、自助烧烤服务区、万亩生态草坪、垂钓中心和拓展训练中心等组成。景区以“自然、生态、野趣”为主题，精心打造休闲、娱乐、观光、科普等旅游产品，构建游客的“心灵港湾、梦中家园”。

【灌云县博物馆】 2012年12月，县博物馆被国家旅游局评为国家AAA级景区，坐落在灌云县城新区陆庄生态园内，西临宁连高速公路，南面324省道，背依大伊山，东与县行政中心毗邻，环境优美，交通便捷。博物馆占地面积1.2公顷，建筑面积6500平方米，馆舍为局部三层的古典园林式建筑。灌云县博物馆藏有珍贵文物3000多件，其中国家三级以上文物38件，馆藏文物数量和质量在市内均名列前茅。

【灌云县烈士陵园】 坐落在县城区的大伊山，2013年被评为国家AAA级旅游景区，是红色旅游和“清风灌云”廉政文化旅游专线的重要景点、江苏省重点烈士纪念设施保护单位，先后被命名为省级爱国主义教育基地和省级全民国防教育基地。始建于1958年，占地3.4公顷。全县共有烈士1371位，其中无名烈士29位，集中安葬在县烈士陵园内827位，他们有参加过二万五千里长征、身经百战的红军战士、抗日民主人士、地下工作者、对越自卫还击作战和现代化建设时期为保护人民群众生命财产安全而献出宝贵生命的烈士。

【伊芦山景区】 国家AA级旅游景区。景区位于灌云县的北大门，与连云港市海州区相邻，西距204国道5千米，东距242省道6公里，交通便利，景区属灌云县同兴镇。伊芦山，山虽不大，遗存的名胜古迹却很多，文字题刻、摩崖造像等名胜古迹遍布山间，犹如一幅历史文化厚重的水墨丹青。景区最有名的应属在山顶的一个天然石窟内的“六神台”，窟内有6尊佛教造像。是盛唐时佛教的艺术遗迹，属江苏省文物保护单位。伊芦山上钟庵，庵内古树名木甚多，风光绮丽。在钟庵后面的山崖下，有并列二泉，神奇即在于二泉一清一浊，经年不竭，人称“奇泉”。

【伊甸园景区】 伊甸园景区位于灌云县城，伊山镇东部地区，涉及七里松、川星、向阳三个行政村，占地413.33公顷。距离大伊山景区约5千米，新204国道、连镇高铁和杨陡公路从景区中间穿过，交通十分便利。伊甸园景区以“漫游”和“乡约”为主题，以果林资源为核心，是集生态观光、乡村休闲、文化体验、度假养生为一体的综合性旅游景区，景区下设游客服务中心、百花园、百果园、采摘园、伊甸广场、童话小镇、美丽乡村、农家乐等核心区域。

【陆海渔苑】 景区位于圩八路东侧的洋桥农场和圩丰镇结合部，东接灌西盐场和县临港产业区，西连沿海高速灌云东出口，南沿界圩河自然风光带，北通过跨海大桥与连云港市徐圩新区对接，区位优势显著。旅游区核心占地面积208.67公顷，区内各种花木相映生辉，高规格养殖池塘星罗棋布，观赏鱼类五彩缤纷，备战碉堡错落有致，自然原生态环境优美，人文历史底蕴深厚。旅游区已发展为集水产养殖、农业种植、盐碱地开发、餐饮服务、渔业观光旅游于一体的综合性渔业休闲观光园。景区为江苏省三星级乡村旅游点。

【江苏超蓝蓝莓旅游文化园】 景区位于龙苴镇南李村，景区在大力发展现代高端农业产业——蓝莓的基础上，开发有旅游经典绿地，蓝莓采摘区，绿化生态长廊，农家乐旅游餐馆，旅游接待中心，农民休闲文化广场等景点。景区内可以休闲垂钓、自由采摘，游客可体验自己劳动的乐趣，直接享受绿色产品；有以仿古或蒙古包为主的农家乐旅游餐馆，食材都是景区自养、自种，杜绝使用饲料、化肥、农药，志在让游客回归自然，享受人与自然的和谐统一。景区为江苏省二星级乡村旅游点。

【南岗花卉苗木园】 2014年，园区被评为江苏省三星级乡村旅游点，现有种植200公顷香樟、桂花、梅花、紫薇、樱花、红枫、广玉兰等近50个品种的绿化、景观苗木；53.33公顷黑莓、蓝莓农家乐采摘基地。春、夏可看花，夏、秋能摘果，特别是每年梅花、樱花、玉兰花盛开季节，大批游客都会慕名而来。

【兴云现代农业科技园】 园区为江苏省三星级乡村旅游点，位于江苏省灌云县侍庄街道境内。园区规划占地666.67公顷，集农林畜渔娱的研、种、养、加、销、玩一条龙生态产业链，融“科技、文化、餐饮、休闲、观光、娱乐”为一体的富有乡村特色、科技示范、产业带动型的休闲农业观光园。

【开山岛】 开山岛位于灌河入海口处，海拔高度为30.4米，总面积1.5万平方米。全岛由黑褐色的岩石组成，怪石嶙峋，陡峭险峻。岛上无树木泥土，亦无淡水水源，兀踞在海天之间，烟波浩淼之中。登岛远眺，水天一色，海鸥翔集，大有“波浪看如倒，蓬莱望若林”之意境。

旅游设施建设

【概况】 2016年，全县大力加强旅游公共服务设施建设，在市旅游局全力指导下，年内完成新建厕所5座，改扩建厕所2座，总建筑面积348平方米，总投入147万元；加强停车场建设，新建停车场2个，共9900平方米。抓好交通标识牌建设，制定全县旅游交通标识牌优化提升方案，按照省旅游交通标识“整、增、换、护”优化提升要求，共新增旅游交通标识牌4个，改换旅游交通标识牌7个；加强景区Wi-Fi覆盖率，实现辖区内AAA级及AAA级以上旅游景区和三星级及三星级以上乡村旅游区(点)免费Wi-Fi覆盖率100%，重点区域视频监控覆盖率100%。

【大伊山景区建设】 基础设施配套工程提升，修建石佛古寺等处1260米游步道、516米仿生态护栏；安装5套智能门禁系统；新装20平方米大型宣传显示屏；安装180米栖龙洞声控智能灯进行亮化；新建2个票务中心；维修5个观景平台；新建A级标准厕所2座，改造3座；新设立分类垃圾桶170个；增加休息点26处，休息座椅44张；重建标识系统，新增加安全、警示、提醒等各类标识标牌168块。对游客服务中心、防火用房进行设备配套和器械添置。建设总投资达3600万元。2016年6月引进投资2亿元的万佛宫项目，8月28日全面开工，一期完成投资1.1亿元，已建成万佛宫大厅、前厅、后厅及舍利子塔。投资2000万元，启动游乐场二期工程，新增十多个游乐项目，建成苏北最大游乐设施项目，至年底，大伊山欢乐世界游乐园所有项目顺利运营。

【伊甸园景区建设】 自2016年9月，景区建设项目开始正式启动，项目总投资额5亿元。到年末投资1.5亿元，完成土地流转，环境整治，道路拓宽，地形整治，水系调整，果树挖塘、油菜种植、建筑物拆迁等基础性工程。

【潮河湾景区建设】 为强化整个片区的旅游协同发展，景区对潮河两侧潮河村、元兴村、何庄村、后三村等具有旅游发展潜力的村庄进行美丽乡村规划设计，通过道路改造、建筑出新、景观节点打造、水系整治等措施，提升片区乡村旅游发展水平；对潮河湾滨水公园进行改造提升，新建游客服务中心、生态停车场以及全新打造的西主入口，全年建设总投资2000万元。

【伊芦山景区建设】 2016年，景区建成游客服务中心、生态停车场、“四纵一横”景区道路等，梅园、美丽乡村、伊尹美食街和信天游客栈初步具备接待条件。全年建设总投资1500万元。

旅游市场开发

2016年，全县以旅游宣传为抓手，以提高旅游知名度和影响力为目的，开展宣传促销活动。加强网络宣传，在旅游局网站及时发布旅游动态、旅游咨询，对外宣传灌云旅游。与江苏旅游资讯网合作，在江苏微旅游微信平台投放宣传图片与文章。及时准确上报旅游信息，全年被上级旅游部门采用信息65条，党委系统信息上报18篇。开展旅游调研，积极参加旅游推介会，全年参加省市旅游局组织的各类旅游宣传活动4次。其中，10月21—23日在南京国际展览中心举行2016江苏国际餐饮博览会，灌云组织了旅游商品企业、县餐饮商会、旅游景区等单位25人参加。举办高水平节庆活动。在《苍梧晚报》进行“春游灌云”系列宣传，推出以“赏桃花、拜大佛、品美食”为主题的宣传活动。县文广体局、县旅游局、侍庄街道办事处共同主办2016“祥云杯”自行车公路赛；县旅游指挥部、县文广体局、大伊山旅游经济区管委会、县旅游局等共同主办“科伦多杯”醉美灌云摄影比赛作品展。在旅游产业宣传上，启动“灌云县旅游形象标识征集和旅游商品(牌)设计大赛”，得到全国各地设计专家、爱好者的积极响应，收到国内25个省(直辖市、自治区)的应征作品数百件，其中，旅游形象标识148件，旅游商品创意设计作品98件，真正实现“花小钱，办大事”。

旅游节庆活动

【灌云·豆丹美食文化节】 2016年7月，灌云举办豆丹美食文化节，以“神奇豆丹，美好灌云”为主题，以豆丹为特色、美食为主体、文化为内涵、节庆为载体,旨在通过丰富多彩的各类活动,进一步弘扬灌云旅游美食文化,促进产业发展。

【连云港·灌云王圩西瓜节】 5月24日,伊山镇举办第八届连云港·灌云王圩西瓜节。西瓜节突出“绿色、推介、产业、娱乐”四大主题,旨在通过庆祝王圩西瓜规模高效种植喜获丰收,把高效农业和旅游产业有机结合,达到“以瓜为媒、广交朋友、宣传品牌、发展经济”的良好效果。王圩西瓜有15年种植历史,以皮薄、味甜、口感好而抢占市场,王圩西瓜质量不断提高,种植规模不断壮大,西瓜种植园成为集西瓜采摘、观光为一体的生态农业园区,年销售额高达3000多万元。伊山镇高效农业园区建筑面积已超过166.67公顷。

旅游监管

2016年,县旅游管理部门认真构建安全监管体系。年初与县内A级景区、旅行社以及星级饭店等重点旅游接待企业签订《灌云县2016年度旅游安全生产责任书》。组织开展旅游安全检查10次,认真排查安全隐患并督促企业整改落实,对检查中存在的虚假宣传、备案不及时等扰乱旅游市场秩序的单位,下达责令整改通知书,要求其限期整改到位。规范旅行社、旅游饭店、旅游景区等旅游企业的经营和管理,杜绝欺客宰客现象发生,不断提高经营水平和服务质量。春节、十一黄金周、五一小长假、中秋节加强值班工作,受理旅游投诉零起,做到零投诉。督促各大旅行社做好统保工作,旅行社统保率100%,每年均居全市行业第一,为安全生产奠定良好基础。全年全县涉旅企事业单位未发生一起安全生产事故。旅游执法大队依法治旅,严格开展旅游执法工作,保障旅游市场平稳有序。

旅游服务

【旅游饭店】 2016年,全县有星级饭店6家,其中四星级1家、三星级3家、二星级2家,按照五星级标准在建饭店1家,四星级标准在建饭店1家。2016年县旅游管理部门对东圆国际大酒店、伊山宾馆等6家星级饭店进行多次检查,要求存在问题的饭店及时整改,提高服务水平和服务质量。11月,全县4家星级饭店全部通过复核。

【旅行社】 2016年,全县旅行社有五家,分别是实华旅行社、行宇旅行社、美达旅行社、港中旅行社、环球旅行社。旅游局为加强旅行社管理,为旅行社制定行业服务承诺书,着力推进辖区内旅行社统保工作,确保旅行社统保率100%。

【美食街】 幸福大道餐饮美食一条街　位于灌云县新城区幸福大道西侧,地处县城中心繁华位置,南北走向。2007年,该街道开始打造,2008年下半年全部建成并投入运营。幸福大道美食一条街建筑外观设计美观古朴,酒家饭店招牌规格统一,环境优美,集中展示灌云餐饮文化和餐饮特色。有点点香大酒店、醉春风酒家、三星酒店等19家餐饮、休闲、娱乐企业入驻经营,汇集各大菜系、南北风味小吃,并突出灌云特色菜系。已成为集餐饮、娱乐、休闲、文化为一体的旅游特色街。在全县以及周边地区具有较高的知名度和美誉度,经济、社会效益显著。

三合美食一条街　位于县政府东侧500米左右的一条巷内,至2016年,有多家特色饭店进驻,有老街坊、梁家寨大碗菜共20余家饭店营业。美食街内以其量大价廉味美吸引着周边的食客。

南京路美食一条街　县城最繁华地段南京路两边大大小小的饭店有近50家,汇聚各地美食,川味小吃、港式菜肴、本地烧烤、灌云豆丹等一应俱全。

灌云县旅行社一览表

表21

序号	旅行社名称	联系方式	地　址
1	实华旅行社	0518－88810766	灌云县伊山镇胜利西路128号
2	行宇旅行社	0518－87078888	灌云县伊山镇新村街十字路口西侧广场内
3	港中旅行社	0518－88811669	灌云县伊山镇胜利西路96号
4	美达旅行社	0518－88898988	灌云县伊山镇胜利中路577号
5	环球旅行社	0518－88655198	灌云县伊山镇人民中路东方雅苑416号

（臧月红）

银行·保险

综 述

【概况】 2016年,全县有各类金融市场主体51家。其中:银行类金融机构10家,保险公司19家,融资性担保公司3家,科技小额贷款公司1家,农村小额贷款有限公司1家,农民资金互助合作社10家,政府融资平台7家。2016年末,全县各项存款余额260.8亿元,较年初增加44.1亿元,比上年同期增加16.59亿元。各项贷款余额183.79亿元,比年初增加17.89亿元,比上年减少12.2亿元。余额存贷比70.45%,新增存贷比40.61%。

【金融机构建设】 2016年,新设立灌云民丰村镇银行南京路支行;组织筹建灌云县金拓农村小额贷款公司,注册资本金1亿元。

【金融服务】 以担保为主体的金融服务。利用泰和担保平台,为中小企业提供融资性担保。2016年末,全县在保中小企业70户,在保余额1.95亿元,其中小额担保贷款余额683万元。

以小额贷款公司为主体的金融服务。利用诚鑫科贷平台,为科技型企业提供信贷支持。全年累计投放科技型企业贷款5370万元,余额2090万元。

以农民资金互助社为主体的金融服务。至2016年12月末,全县10家农民资金互助合作社资产总额为12581万元,负债总额为11467万元,入社社员6968户,吸收互助金余额11458万元,向社员投放互助金8360万元。

设立小微企业转贷应急基金。由江苏筑富实业有限公司出资2亿元,成立灌云县中小企业应急转贷基金,帮助金融企业、中小企业化解融资难题。至2016年12月末,累计发放转贷应急基金1.51亿元。

【重大项目融资】 2016年,全县7家融资平台新开展融资项目43个,融资金额103.18亿元,至年末,到账资金55.03亿元。其中,发债、融资租赁等直接融资19.7亿元、重大项目融资77.88亿元、流动资金项目融资5.6亿元。

【资本市场发展】 2016年,为切实加强对上市工作的领导,县政府成立由县长任组长、23个职能部门主要负责人和13个乡镇(街道)乡镇长、街道办主任为成员的推进企业上市工作领导小组,小组办公室设在金融办,负责对企业上市工作的具体推进。同时,制定出台《灌云县关于开展企业上市培育行动实施方案》,进一步明确企业上市工作的指导思想及阶段发展目标,企业上市的良好氛围逐步形成。至2016年年末,全县进入上市轨道的企业有2家,分别为连云港通裕天然气有限公司、连云港科铭化工有限公司。上市重点后备企业9家,分别为连云港科伦多食品有限公司、江苏远征化工有限公司、江苏双宏化工有限公司、江苏盛吉化工有限公司、连云港康恩宁化工有限公司、连云港锐巴化工有限公司、连云港市新诚化工有限公司、连云港连发机械有限公司、江苏汇九齿轮有限公司。

【金融生态环境建设】 2016年,全县积极推进金融生态环境创建工作。金融生态考核在全省排名较2015年有较大提升。重新调整打击和处置非法集资工作领导小组,开展金融互联网企业排查、涉嫌非法集资广告信息排查清理、交易场所专项整治、非法集资问题专项整治等一系列专项活动,遏制非法集资事件的发生,净化全县金融生态环境。

(县金融办)

中国人民银行灌云县支行

【概况】 2016年,中国人民银行灌云支行在中心支行党委及县委、县政府的正确领导下,以“创新、协调、绿色、开放、共享”发展理念为指导,以党建工作为统领,以“心文化”建设为主线,积极落实稳健货币政策,稳步改善金融生态环境,扎实推进金融精准扶贫,持续优化普惠金融服务,深入践行“两学一做"要求,积极落实党风廉政建设"两个责任",较好完成全年各项工作任务。

【传导稳健货币政策】 加大窗口指导力度。2016年,人民银行灌云县支行通过专题汇报、组织召开行长联席会议等形式,向县政府、金融机构和企业宣传总分行2016年工作会议精神,结合县域实际制订2016年金融工作计划,让政府和企业了解金融宏观政策。

持续加强银企合作。积极与县金融办、经信局、银行及企业沟通联系,通过召开推进会,分类指导银行贷款投向,推进银行与融资企业和项目逐一对接,在全县114个贷款项目86.4亿元融资需求中,银行与62个企业或项目达成64.8亿元的合作意向,分别占融资需求项目数和需求金额的54.4%、86.4%。

【引导信贷投放重点领域】 2016年,灌云县支行围绕产业发展、城市建设和民生工程等政府重点项目,引导全县金融机构加大对重点项目、小微企业、涉农及就业、扶贫、保障性安居工程等民生领域的信贷支持。至12月末,全县各项存款余额260.88亿元,较年初增加44.06亿元,比上年同期增加16.59亿元。各项贷款余额183.80亿元,比年初增加17.89亿元。余额存贷比70.45%,新增存贷比40.61%。其中,涉农贷款累计投放77.64亿元,余额82.37亿元;工业贷款累计投放25.11亿元,余额39.93亿元;支持新型农业经营主体方面,对9家农业产业化龙头企业发放贷款1.51亿元,对311个家庭农场发放贷款3364.81余万元,对5889个专业大户发放贷款7.33亿元。

【开展风险监测】 2016年,灌云县支行严格落实总行"坚持底线思维,守住不发生系统性区域性金融风险底线"要求,运用"金融发展与稳定监测预警分析系统"对辖内金融运行风险进行持续有效的监测、分析,发现异常,及时采取措施,做到提前介入,早期处置,避免了辖区内金融风险的发生。

【开展法人机构评级】 2016年,灌云县支行按照上级行统一部署与安排,对灌云农商行和灌云民丰村镇银行开展存款保险评级工作,评定灌云农商行初始等级为5级,灌云民丰村镇银行初始等级为7级,针对两家法人机构实际情况分别提出完善和改进建议及要求。

【强化"两管理两综合"】 2016年,灌云县支行强化对辖区农商行、民丰村镇银行新设网点的开业管理,对申请加入支付结算系统和账户管理系统的新网点准备情况进行核查。配合中支货币金银科对9家金融机构人民币收付及反假币情况开展现场检查;配合中支征信管理科对灌云民丰村镇银行、灌云农村商业银行征信管理进行现场检查,并做好对灌云农村商业银行存款保险核查工作。强化金融机构重大事项报送管理,推进各金融机构按月零事项报送制度。按季对金融机构执行人民银行政策进行综合评价,对2015年评价和重大事项上报情况以文件形式下发到各银行业金融机构,并在行长联席会议上进行通报。

【推进"诚信建设系列行"】 持续开展征信宣传活动。先后组织辖内金融机构开展3·15金融消费权益保护、"珍爱信用记录,享受幸福人生"征信宣传周、金融知识普及月等宣传活动,共举办各类宣传活动120场次,发放各类宣传材料2.4万余份,接受咨询0.42万人次,全县社会信用环境得到明显改善。

扎实推进农村信用体系创建。至12月末,全县建立信用档案211216户,累计发放贷款19.35亿元。培育和扶持农村青年示范户谋事创业、增收致富,有效缓解农村青年创业"起步难、贷款难、担保难"问题。建立农村青年示范户信用档案4.76万户,评定青年信用示范户1500户,对建立信用档案的农村青年累计发放贷款1.64亿元元,贷款余额为4.92亿元。

【金融扶贫】 建立金融扶贫工作机制。2016年,成立灌云县金融扶贫工作推进领导小组,建立金融扶贫工作季度联席会议制度,制定《灌云县金融助推脱贫致富奔小康的实施方案》;组织召开全县金融扶贫推进会,与灌云农商行等5家涉农金融机构签订金融扶贫承诺书。明确涉农金融机构2016年发放小额扶贫贷款全年累计不低于0.65亿元;发放各类扶贫贷款全年累计不低于1.75亿元;联系支持15个扶贫产业项目、1个扶贫地区基础设施建设项目。

积极落实金融扶贫项目。2016年,县支行根据县扶贫办扶贫项目清单,推进辖内涉农金融机构开展扶贫项目对接,因地制宜设计金融扶贫开发产品。通过签订《扶贫项目主办行认领书》,明确邮储银行灌云支行等5家涉农金融机构对南岗乡扶贫养鹅、同兴镇金膔农机专业合作社等扶贫项目的主办人身份。推进主办行以项目为依托,积极发放各类扶贫贷款。至12月末,辖内涉农金融机构共发放各类扶贫贷款6.44亿元,其中扶贫小额贷款1.03亿元;为3个扶贫项目发放贷款3.7亿元,报批3个产业项目及基础设施建设项目。

创新探索金融扶贫新模式。2016年,县金融部门大力推进"信贷+保险"扶贫模式。统筹推动县金融办、扶贫办、人寿财险公司、商业银行多家单位协作,共同发力金融扶贫,初步达成由县政府设立资金池,保险公司、商业银行有机结合化解扶贫信贷风险的运行模式共识,"信贷+保险"洽谈取得重大进展。农户扶贫贷款保证保险试点方案获得省人保财险公司批准,正对施行过程中可能出现的问题和风险进行评估。大力推进"金融扶贫+江苏农户系统"模式,在金融扶贫中通过排查筛选农户信息,发力精准扶贫。至12月末,江苏农户系统录入有贷农户信息103527条。推动农商行发放扶贫贷款10382万元,扶贫贷款余额6990万元,支持贫困群众6920户。

【提升国库服务水平】 2016年,灌云

县支行积极推进国库标准化、信息化建设,上线运行电子退库、更正、免抵调业务系统,全面做好税制改革准备工作,按时完成系统参数设置、财政收入调库工作,配合税务部门开展“营改增”宣传培训工作,保证税收入库的及时性和准确性,为“营改增”顺利实施奠定基础。协助县地税系统完成金税三期工程上线工作,支持与配合县地税局的工作。

【创新金融服务站建设模式】 2016年,灌云县支行联合县农委、县金融办及县中行对农村金融综合服务站建站模式、服务功能、发展规划及商户选择标准进行科学调研和论证,创新提出“农村金融综合服务站+益农信息社”建设模式。7月,连云港市首家“农村金融综合服务站+益农信息社”在灌云县南岗乡马蹄村正式挂牌开业。灌云政银合作的相关做法被南京分行网站刊用宣传。至10月末,全县服务站发生交易量27.29万笔,交易金额10.40亿元,与上年相比增幅均在10%以上。

(县人行)

中国工商银行股份有限公司灌云县支行

【概况】 2016年,中国工商银行灌云支行紧紧围绕县委、县政府以及市分行工作部署,加快创新营销体制机制,以旺季营销竞赛活动为抓手,深入推进市场拓展,积极防控和化解各类风险,努力实现银行与员工同进步、共发展,各项工作取得新的进展和成效。2016年,新建成人民西路自助银行,便民服务渠道更加通畅。

【存款业务】 2016年年末,支行各项存款余额183009万元,比年初增长28188万元,其中,储蓄存款余额82678万元,比年初增长7043万元;对公存款余额100332万元,比年初增长21145万元。代理债券监管账户1户,一次到账存款16亿元。“工商企业通”区域占比60%。实现e缴费平台上线,在市分行系统处于领先地位。

【贷款业务】 2016年,县支行围绕重点项目攻关计划,重点项目客户营销取得新的进展,完成“灌云县城乡统筹区域供水工程”项目后续提款5000万元,投放“山前河片区环境综合整治工程”项目贷款1.5亿元。

【经营管理】 2016年,支行积极开展“回归本源,防控风险”基础管理年活动和“3+6”网点现场管理专项整治活动,“营改增”涉税事务顺利推进;开展《员工禁止行为规定(2016版)》网络学习活动,扎实推进员工行为动态专项排查,全行继续保持零案件、零重大事故、零重大负面舆情。

(杨化东)

中国农业银行股份有限公司灌云县支行

【概况】 2016年,灌云农行强化党建引领作用,加强队伍建设,努力服务“三农”,做实普惠金融,各项工作取得一定成绩。荣获2016年度建设灌云先进单位、金融服务发展二等奖、市“五四”红旗团支部、精神文明单位称号。

【网点分布】 2016年,灌云农行有5个营业网点,其中县城区4个,分别为营业部、胜利路支行、城镇支行、新都支行,东辛农场1个(东辛农场支行)。下辖伊山南路、东王集两个金融便利店,中大街、新城华府、公积金、杨集4个离行式自助银行。

【负债业务】 2016年年末,灌云农行各项存款余额29.42亿元,较年初增加2.83亿元。其中,个人存款余额18.67亿元,较年初增加1.62亿元。对公存款余额10.75亿元,较年初增加1.21亿元。

【资产业务】 2016年,灌云农行不断加大对政府重点项目和招商引资项目贷款支持力度。至2016年末,各项贷款余额27.30亿元,较年初增加4.16亿元。其中,法人贷款余额14.54亿元,比年初增加1.41亿元;个人贷款余额12.76亿元,比年初增加2.75亿元。大力支持中小企业发展,全年投放贷款9000余万元。

【服务“三农”】 2016年,累计投放农户贷款253户,金额3500余万元。其中投放新型农业主体贷款营销投放232户,2100余万元。至年末,惠农通服务点325个,其中五星级服务点10个。完善服务点机具功能,在原有的取款、转账等功能基础上,增加缴纳电费、移动充值等功能,提高服务点交易量。全年惠农通服务点台月均交易47.4笔,全年惠农通服务点有效率97.2%,较好服务广大农村客户。

(潘　红)

中国银行股份有限公司灌云县支行

【概况】 中国银行灌云支行成立于1988年12月10日。2016年,支行下设营业部、发展部、管理部三个职能部门,管辖伊山路支行、云海支行两个经营性支行。现有在岗员工63人。主要办理存款、贷款、结算业务;办理票据贴现;代理发行金融债券;代理发行、兑付销售政府债券;买卖政府债券;代理收付款项及代理保险业务;外汇存款、外汇贷款、外汇汇款、外币兑换、国际结算、结汇、售汇;经营行业监督管理机构批准的其他业务。2016年实现利润2300万元,较上年增长291%。支行荣获2016年省行“十佳管辖支行”、市行“中银优秀集体”、2016年市行开门红竞赛组织推动奖、2016年市行开门红竞赛负债业务拓展奖等称号。

【存款业务】 2016年,支行存款余额26.20亿元,较上年末增加12.63亿元，其中对公存款17.05亿元，较上年增加12.01亿元；储蓄存款9.14亿元，较上年增加0.61亿元。

【贷款业务】 2016年末，支行贷款余额17.63亿元，较年初增加3.5亿元，其中对公贷款余额9.52亿元，较年初增加2.60亿元；个金贷款8.12亿元，较年初增加0.90亿元。

【不良贷款清收】 2016年，灌云中行不良贷款4200万元，主要是江苏耀中铝车轮有限公司4000万元。清收工作取得重大进展，抵押房产于2016年12月14日进行网上竞拍，拍得2420万元。

【工作创新】 支持中小企业发展。灌云中行新推出中小企业税贷通、中银结算通宝等纯信用授信产品，切实解决中小企业融资难的问题。

拓宽融资渠道。针对目前金融市场传统信贷业务规模紧张，同时为政府及企业拓宽融资渠道，灌云中行先后推出海外债、非标理财、股权融资等融资方式，切实支持地方经济建设。

支持农村经济发展。2016年，灌云中行在南岗、小伊、杨集、灌西等地设立农村金融综合服务站。发放益农贷近500万元，打通服务农村金融的最后一公里。

（中国银行灌云支行）

中国建设银行股份有限公司灌云县支行

【概况】 2016年，建设银行灌云支行坚持以“保稳定，谋发展，促提升”为总体工作思路。坚持以服务地方、支持实体经济发展为己任，主动融入全县经济社会发展大局，克难攻坚促进全行各项业务持续快速发展。至2016年年末，一般性存款余额105673万元，其中企业存款余额为60764万元，比年初新增18602万元。个人存款余额为44909万元，比年初新增4919万元。各项贷款余额142791万元，比年初新增23134万元。对公贷款继续保持较高资产质量，个人按揭贷款不良额控制在低水平。全年无案件及责任事故发生。在全县目标考核中，建行灌云支行分别荣获“金融服务发展”三等奖、“建设灌云先进单位”等。

【负债业务】 强夯基础，保持存款业务稳步发展。强化存款业务拓展营销，把推进个人存款稳步增长放在首位。根据市分行制定的个人金融业务旺季营销考核方案，研究、制定支行旺季营销实施方案和考核办法。明确工作措施和时间进度，抓好“四个落实”，定期召开会议，坚持晨会通报制度，把首抓旺季争先进位工作贯穿旺季全过程，将方案落实到具体工作中，落实到每个岗位，层层分解，细化目标任务，到人、到时点。考核激励到位，根据县行旺季考核方案，结合本部门实际，将绩效工资与各项业务指标挂钩考核，把服务及核算质量、前台业务量等纳入考核范畴，充分体现“按劳分配、多劳多得”原则。落实好资源配置，保证网点窗口开足、一线人员充足。充分调动员工营销的积极性和创造性。不定期对营销工作进行小结，及时调整工作措施。至12月末，全行储蓄存款日均新增4489万元，系统内排名第4位，时点新增4919万元，系统内排名第3位。

【资产业务】 抓重点，突破大项目营销。至12月末，公司业务贷款52130万元，比年初上升4404万元。2016年，公司与政府平台合作。储备大伊山旅游5亿元、棚户区改造10亿元等一批重大投资项目；意向性达成一带一路10亿元集合债资金监管行意向。成功与恒驰公司签订债券资金监管协议，锁定企业债15亿，取得零的突破，打开未来业务发展空间。

保亮点，个贷业务快速增长。至2016年末，发放个人贷款1762笔，金额3.15亿元，比年初新增1.87亿元，余额9.06亿元，计划完成率161%。个人住房贷款余额位居同业第二，新增额位居同业第一。加大优质楼盘及二手房营销力度，实现营销常态化，取得较好成绩。至12月末，全年营销新楼盘10个，二手房贷款发放145笔，均超额完成市分行下达指标。密切加强并关注住房公积金客户营销新开户和住房维修资金提质增效工作，房改金融业务取得进展，全年住房公积金新开户3个，住房维修资金账户实现零突破。细分目标客户、实现差别化营销。区分不同客户执行差别化利率政策，提高住房贷款的收益率，同时做好联动营销及新产品营销，在办理住房贷款业务过程中积极向房贷客户营销建行电子银行、贷记卡、贷无忧、快贷、优享贷、房抵贷等相关产品，不断提高产品覆盖度，提高客户依存度。以客户为中心，为客户及开发企业提供优质服务。在省、市分行考核中，个贷条线人员（含分管领导）分别获得省、市行先进个人及省分行优秀客户经理称号。

【风险防范】 提升合规文化教育，强化风险案件防控。深入开展风险案件防控教育，强化各项规章制度落实，加大监督检查和整改力度，组织员工学习廉洁合规从业禁令，不断强化员工“遵章守纪、廉洁从业”意识，有效遏制各类违纪违规和风险事件的发生。深入开展员工行为排查工作，强化检查、整改和积分管理。及时发现不良行为，遏制案件风险发生。加强内控制度建设。认真组织支行案件防控联席会、网点案件防控工作例会，落实重要岗位员工定期轮岗制度，突出重点部位业务检查。高度重视上级行现场、非现场和外管部门检查发现问题的整改。

【队伍建设】 2016年，县建行进一步加强员工队伍建设，坚持大学生员工多岗位锻炼，大力培养综合性人才。在市分行举办的《2016年“迎五四　赛技能”柜面青年员工操作技能大赛现场竞赛》中，县建行荣获支行排名第二。通过对大学生员工实施多岗位锻炼和加强客户经理队伍建设等措施，支行服务客户的综合水平进一步增强。在市分行举行的2016年一季度柜面业务知识现场考试中，县建行获第三名，及格率100%。

（灌云建行）

中国农业发展银行灌云县支行

【概况】 中国农业发展银行灌云县支行有网点1个，位于伊山中路58号。2016年，全行有员工15人，其中领导班子3人。设两部一室，其中信贷部5人，财务会计部4人，办公室3人。

2016年，灌云县支行在上级行党委及地方政府的正确领导下，紧紧围绕年初确定的争先创优目标，坚持发展不动摇，加大贷款营销和存款组织力度，切实加强基础管理和风险防控，扎实推进队伍建设，促进业务经营的发展及基础管理水平的提升。在省行2016年度争先创优中被评为二类行，综合排名位于全市第一。

【贷款业务】 2016年，县农发行贷款余额26.28亿元，其中，政府中长期项目贷款18.5亿元，工业贷款1725万元，粮食购销储备及托市贷款7.61亿元。全年新增贷款2.4亿元，主要为政府中长期项目贷款增加1.32亿元，粮食购销储及托市贷款增加1.09亿元。全年累计投放各类贷款7.57亿元，其中，政府中长期项目贷款投放4.8亿元，工业贷款投放1725万元，粮食贷款投放2.6亿元。全年投放的政府性主导项目贷款4.8亿元主要为投放县临港产业区水利项目贷款1.4亿元，县域善南片区水利项目贷款2.9亿元，东城区整体城镇化项目贷款0.5亿元。

【存款业务】 截至2016年底，全行存款余额13.9亿元，其中企事业单位存款13.6亿元，同业存款3000万元。存贷比189%。

（县农发行）

江苏灌云农村商业银行股份有限公司

【概况】 2016年，灌云农村商业银行（简称“灌云农商银行”）内设17个直属部门和1个微贷中心，36个营业网点，在编员工523人。

2016年，灌云农商银行坚持“服务三农”“服务中小企业”的发展定位，落实“分类营销，分层服务”战略，改进工作方式，提高服务水平，加大工作力度，加快各项业务拓展步伐，实现经营管理的稳步提升。至年末，全行注册资本金4.31亿元，资产总额96.28亿元，比年初增加6.15亿元，增幅6.82%。各项存款余额87亿元，较年初增加8.2亿元，增长10.4%，各项贷款余额65.04亿元，较年初增加1.93亿元，存、贷款市场份额分别占全县金融机构的36.06%、35.13%，均位居辖内金融同业首位。2016年，县农商行获全国“送金融知识下乡”工作先进单位，“助力小微、扬帆起航”项目获全国“银团合作优秀项目”；获“江苏省文明单位”“连云港市文明单位”称号，并被县委县政府评为建设灌云先进单位、优化发展环境十佳单位。

【业务经营】 组织资金。2016年末，全行各项存款余额87亿元，较年初增加8.2亿元，增长10.4%，存款总量市场份额36.06%，其中，储蓄存款68.7亿元，较年初增加8.78亿元，增幅14.64%；对公存款18.4亿元。

信贷投放。2016年末，全行各项贷款余额65.04亿元，较年初增加1.93亿元，贷款总量市场份额35.13%，其中，农户贷款33.66亿元，较年初增加2.89亿元；消费贷款3.45亿元，较年初增加1.12亿元；住房按揭贷款7.68亿元，较年初增加7108万元。涉农贷款余额29.71亿元；小微企业贷款余额16.69亿元；服务小微企业达到2423户；申贷获得率87.05%，较年初上升2.50个百分点。

电子银行。2016年末，全行支付快车、POS机、手机银行、企业网银、代扣电费分别为421户、436户、15700户（动户率35%）、1840户（其中动户611户）、47776户；其中，支付快车较年初增加54户，POS机较年初下降178户，手机银行较年初增加9036户，企业网银较年初增加428户，代扣电费较年初增加2871户。第三方支付74308户，较年初增加50625户；客户覆盖率16.24%，较年初上升13.08%；微信银行签约10249户，较年初增加6544户；手机银行自助贷款5331户，新增2个离行式自助银行，ATM自助设备69台，全年离柜率67.28%，较年初上

灌云农商银行办公大楼

董事长尚修国、监事长李国佩共同为振兴南路支行揭牌

升11.17%。

经营效益。2016年末，全行实现各项收入4.83亿；其中，贷款利息收入3.73亿元，金融机构往来收入8525万元，利润总额8794万元，净利润6595万元。贷款损失准备金余额4.99亿元，较年初上升4909.34万元，增幅10.91%；不良贷款拨备覆盖率156.69%，较年初上升4.19个百分点；资本充足率为13.80%，一级资本充足率为12.70%，较年初分别上升0.93和0.92个百分点；拨贷比7.67%，较年初上升0.54个百分点。监管评级由四级上调至三级，省联社考核等级达2A级。

【支持实体经济发展】 2016年，县农商行按照小额分散的信贷原则不断增量扩面，调优结构，强化对支农支小的考核，全力满足支农支小信贷需求。专门成立三农事业部，下设3个分中心，服务全县“三农”金融市场；开展新一轮阳光信贷，并推出主打产品“农易贷”“商易贷”，根据客户贡献度等情况，给予差别化的利率优惠政策；加快阳光信贷标准化建设，推进“阳光金融”系统建设，结合农户信息录入、业务流程、额度测算等开发完善新系统。三季度，开展对全辖家庭农场、专业合作社走访，走访率100%。推进集中授信工作，新增家庭农场授信72户、金额573万元，新增专业合作社授信68户、金额744万元；推出11个信贷产品，仅丰收贷即发放420笔、1.04亿元；加强金融扶贫工作，全年累计投放扶贫贷款6920户、金额1.04亿元，其中12月份发放近4000万元，较好完成全年精准扶贫的投放目标。对城区信贷投放机构进行整合，成立新的微贷中心、公司部，微贷中心专营200万元以下小微贷款，公司部专营200万元以上小微企业贷款、大额个私贷款业务，开展“企业服务直通车”活动，根据重大项目、集中开工项目名单和A级纳税人，做好存量客户的价值深度挖掘和新客户的业务营销，至年末，微贷中心贷款7.2亿元，公司部贷款19.6亿元，支持县域经济的发展。

【信贷风险管控】 2016年，县农商行不断强化组织领导，落实清收人员和清收责任，实行限期清降；协调法院对涉及农商行债权的财产保全、诉讼执行、逃废债人员曝光等方面给予大力支持。加大对不良贷款的诉讼、执行力度，完成2015年全行逾期贷款材料整理并递交法院诉讼工作，涉及逾期贷款311笔、金额4056万元；诉讼当年逾期贷款118笔、金额2789.35万元，并对于逾期的大额贷款随时进行诉讼保全。2016年，灌云农村商业银行对生效判决新执行立案的350件、金额1.45亿元，开展18次集中执行及机动执行。全年累计处置不良贷款7354万元，其中，现金清收不良贷款862万元，核销不良贷款6492万元。抵债资产处置取得明显效果，全年处置抵债资产2037万元。坚持服务“三农”战略定力，加大支农支小力度，优化信贷行业结构与客户结构；调整授信调查、审批流程，实施贷款“三查”模板标准化建设，强化贷款“三查”制度，规范贷款操作流程，贷款用信突出实效，确保信贷资金流向实体经济；做实贷后检查工作，加强新增贷款的风险防范，当年到期贷款回收率96.44%，其中新增到期贷款收回率达99.77%，新增贷款风险得到有效把控。

【金融创新】 2016年，县农商行强化产品创新，先后推出家庭农场贷款、消费贷、经营贷、农易贷、商易贷等11个信贷新产品。合理应用科技创新，推广使用省联社创新项目，全面上线客户风险预警系统以及图形前端系统、柜外清业务、柜面双录等项目；借助省联社科技力量研发本行健康卡项目、银医通二期项目（支持银联卡）、国土线上交易系统、财政非税系统改造等；通过外包公司以及引进科技特殊人才完成报表系统、事后监督系统、绩效系统等6个系统的ODS改造，自主开发运维管理平台，并搭建四个系统模块、14个系统功能模块；手机银行自助贷、微信在线申贷等业务得到应用。农商行通过人民银行合格审慎评估，获得利率定价权，并拥有发行同业存单、大额存单的资格；招标选定信用评级机构为农商行进行信用等级评定，经评定县农商行信用等级为A级；通过存款保险信用等级评定，县农商行被评级5级，全年交存保费169万元；取得债券市场业务资质，加快融入资金市场步伐。开办代理贵金属、理财业务，代理紫金农商行理财产品；与江南农商行、紫金农商行签订联合投资计划，累计联合投资金额4亿元；开展同业线上交易，办理同业存放、拆借等线上业务33笔、33.2亿元。联合投资收入1397万元，拆出、存放同业收入2298万元。

【发展电子银行】 2016年,县农商行举办ATM转账有奖、手机云闪付、圆鼎IC卡云闪付、“农情端午,礼在其粽”等营销活动。印制9万份宣传折页,通过LED屏、微信、官网宣传农商行电子银行优惠政策;组织开展电子银行产品进学校、入社区活动;结合“走千家,访万户”上门服务的活动,宣传推介电子银行产品。制定电子银行业务考核办法,实施电子银行业务全员化考核,做到全员营销,同时明确奖惩具体条件,利用绩效考核系统量化计价,实现“月月分配,季度兑现”“谁营销,谁受益”,促进电子银行业务质与量的双提高。2016年,县农商行新增2个离行式自助银行,改造8家网点自助服务区设备,新增存取款一体机14台。全年新购100台无线POS机具,150台无线村村通机具。加快新产品推广应用。上线手机银行自助贷、手机银行理财、云闪付、第三方支付、积分商城等,深入推进电子银行业务活动的开展。

【经营风险管控】 2016年,全行紧紧围绕案防工作要求,严格落实安全保卫和案件防控责任制,强化风险预防和过程控制,实现了安全稳健经营。

完善管理制度。调整职能部室设置,对新设立的部门职能及全行各岗职责进行重新梳理和完善,制定部门及岗位职责;加强对规章制度的法律审查,修订完善、出台规章制度,修订《员工违规行为处理暂行办法》,内部管理机制得到有效优化;完成全辖网点达标验收,推进信贷标准化建设,财务管理透明化建设,条线岗位标准化、流程化建设进一步推进。

加强内控管理。开展“查隐患,明禁令,防案件”专项整治活动、省联社相关风险提示落实情况排查、票据业务自查、金融统计专项检查、“两个加强、两个遏制”回头看、重点领域等风险排查,配合人行综合执法检查,定期开展稽核审计、辅导检查、业务条线检查,并做好检查后的整改和问责工作。

狠抓案件防控。加强员工八小时外行为管理,开展员工参与高利贷、民间借贷行为等自查排查工作。通过排查进一步规范业务操作,查堵风险隐患,增强业务发展的抗风险能力,确保全年无新增案件。

加强安全保卫。开展安全防范警示教育,组织员工参加省联社、公安部门以及本行的安全保卫培训,开展形式多样的预案演练。推动实施安保135规划,坚持“人防、物防、技防”并重,认真做好全辖技防设施的检查整改工作,并制定、实施网点装修计划以及自助服务区改造计划,加大检查力度,确保安全保卫“零隐患”,安保工作被市公安局记集体三等功,省联社条线考核实现进位争优目标。

【人力资源管理】 2016年,县农商行努力改变现有人才资源结构,提高现有人才素质。加强教育培训,建立常态化的教育培训机制,制定年度培训计划,采取“请进来、走出去”等方式,通过红色教育、同业考察、专题讲座、上挂外派、在职自学等形式,与高校、专业培训机构等进行合作,构建多层次、全方位、网络式的教育培训体系。全年组织培训40次、上课144课时。组织青年管理干部参加清华大学高级研修班学习,组织赴井冈山、延安开展“两学一做”红色教育,到海门农商行、沭阳农商行等地观摩学习,切实提高中层管理干部的管理能力。强化队伍管理。通过推行公开招聘、竞争上岗、建立后备人才库等,选拔和培养人才,年内共调整支行行长23人,其中,提拔支行行长8人、总经理5人,提拔中层正职后备人才1人、中层副职后备人才11人;选聘中层正副职等各条线的后备人才60人。构建和谐企业文化。完成对龙桥宿舍、大部分农区网点宿舍改造,并按2台/支行标准为24家农区支行职工宿舍配置空调,并通过持续提高职工福利待遇及相关费用补贴提升员工幸福指数。组织开展员工子女参加孔子学院学习、四周年庆典晚会、微贷中心成立一周年庆典晚会、全行职工大讨论、征文及微电影活动、拍摄专题系列片等丰富企业发展内涵的活动及金融知识进万家等一系列宣传活动,打造积极向上企业文化,增强企业的向心力、凝聚力。

(县农商行)

灌云农商行网点分布统计表

表22

序号	机构名称	机构地址	邮 编	电 话
1	营业部	灌云县伊山镇水利路东侧	222200	0518-88115908
2	圩丰支行	灌云县圩丰镇支北路38号	222235	0518-88115932
3	四队支行	灌云县四队镇繁荣路72号(街西社区)	222234	0518-88115935
4	鲁河支行	灌云县四队镇鲁河街65号	222236	0518-88115938
5	杨集支行	灌云县杨集镇中大街93号	222221	0518-88115950
6	图河支行	灌云县图河镇三舍街道163号	222224	0518-88115955
7	五农支行	灌云县五图河农场场部	222225	0518-88115958
8	沂北支行	灌云县杨集镇沂北小街	222222	0518-88115962

续表 22

序号	机构名称	机构地址	邮 编	电 话
9	同兴支行	灌云县同兴镇孟陬路 203 号	222233	0518－88115965
10	板浦支行	连云港市海州区板浦镇新民路 24 号	222241	0518－88115968
11	伊芦支行	灌云县同兴镇伊芦街桥西 5 号	222232	0518－88115982
12	宁海支行	连云港市海州区宁海乡平安村宋簏	222243	0518－88115870
13	东农支行	连云港市连云区农辛农场东方中路 27－1 号	222248	0518－88115985
14	下车支行	灌云县下车镇下车街 31 号	222231	0518－88115988
15	白蚬支行	灌云县下车镇白蚬社区小东庄 36 号	222206	0518－88115990
16	小伊支行	灌云县小伊乡小伊村迎山路 35 号	222202	0518－88115992
17	穆圩支行	灌云县龙苴镇穆圩西街 3 号	222213	0518－88115995
18	龙苴支行	灌云县龙苴镇中大街 41 号	222212	0518－88115997
19	陡沟支行	灌云县南岗乡陡沟村	222211	0518－88115878
20	南岗支行	灌云县南岗乡南岗村街道 830 号	222203	0518－88115876
21	东王集支行	灌云县东王集镇直属村中大街	222204	0518－88115977
22	侍庄支行	灌云县侍庄街道树云村一组	222207	0518－88115957
23	向阳支行	灌云县伊山镇振兴北路 30 号	222200	0518－88115930
24	城东支行	灌云县伊山镇振兴东路 103 号	222200	0518－88115915
25	胜利支行	灌云县伊山镇胜利中路 236 号	222200	0518－88115911
26	中大街支行	灌云县伊山镇中大街 213－1 号	222200	0518－88115922
27	伊山支行	灌云县伊山镇伊山北路 1 号	222200	0518－88115920
28	城中支行	灌云县伊山镇胜利中路 336 号	222200	0518－88115918
29	城镇支行	灌云县伊山镇伊山南路 361 号	222200	0518－88115928
30	城南支行	灌云县伊山镇金陵御花园东门	222200	0518－88115867
31	城西支行	灌云县伊山镇胜利西路 208 号	222200	0518－88115925
32	龙桥支行	灌云县伊山镇伊山南路 439 号	222200	0518－88115831
33	界圩支行	灌云县杨集镇五福庄村街道 62 号	222221	0518－88115952
34	中正支行	连云港市海州区板浦镇中正路 72－1 号	222241	0518－88115980
35	临港支行	灌云县燕尾港镇燕尾路 25 号	222228	0518－88115960
36	振兴南路支行	灌云县伊山镇振兴南路	222200	0518－88125990

中国邮政储蓄银行股份有限公司灌云县支行

【概况】 2016 年，中国邮政储蓄银行灌云县支行，认真贯彻省市行年初工作会议精神，围绕支行转型发展要求，强化风险管控，抢抓发展机遇，不断克服发展中遇到的困难和问题，完成全年主要目标任务。至年末，共实现业务收入 4848.29 万元，个人储蓄余额 8.66 亿元，新增存款 7346 万元；公司业务总存款余额 6.54 亿元，全年净增 1.64 亿元；各项贷款余额 5.79 亿元，比上年增加 2.06 亿元。

【基础金融业务】 2016 年，邮储银行以强大的网点覆盖优势为依托，大力发展基础金融业务，为更广大的人民群众提供基础金融服务。全年实现收入 1988.72 万元，比上年增长 12.40%，占银行自身收入比重 41.02%。

至年末，支行自营网点余额累计 8.66 亿元，全年累计净增 7346 万元。

邮储银行灌云县支行开展夏日送清凉活动

其中活期余额 47325 万元，占比 54.62%。全年累计发行金融 IC 卡 13012 张，完成率 74%。发行信用卡 2585 张，结存激活卡量 4344 张，净增激活卡量 1800 张，完成率 113.21%。本年度个人网银新增激活 9885 户，激活率 104.99%，手机银行新增激活 11539 户，激活率 83.66%。电子银行累计激活 21423 户，完成率 82.40%，同比增幅 2.54%。本年度销售保险 3685 万元，完成计划 94.49%。基金有效销量 65 万元。12 月份理财产品日均保有量 12113 万元，本年净增 1873 万元，完成率 57%。国债销量 912 万元。

【信贷业务】 2016 年，灌云县支行有 7 个信贷业务受理点，其中，2 个位于县城，5 个位于乡镇。县城的受理点主要针对县城内住房贷款及非购房消费贷款的受理，5 个乡镇受理点分别设置在东辛农场、圩丰镇、杨集镇、龙苴镇和同兴镇，每个受理点辐射 2—3 个乡镇，业务范围主要为小额贷款，且以涉农行业为主，基本上辐射灌云县所有乡镇。

至年末，灌云县支行发放个人贷款 2205 笔，金额 42606 万元，净增 20621 万元，余额 57904 万元。市分行下达的任务指标为净增 16000 万元，灌云县行共完成净增 20621 万元，完成市行计划 129%。其中，小额贷款放款 1208 笔 12656 万元，商务贷款放款 205 笔 7043 万元，住房贷款放款 594 笔 20080 万元，居民消费贷款放款 198 笔 2827 万元。小额贷款全年减 386 万元，余额 9858 万元；商务贷款增 949 万元，余额 10140 万元；住房贷款增 18476 万元，余额 32996 万元；居民消费贷款增 1582 万元，余额 4910 万元。

【公司业务】 2016 年底，支行公司业务时点余额 65460 万元，公司业务年日均余额 60084 万元，比年初净增 16397 万元。

【小企业信贷业务】 2016 年，县邮储银行大力扶持县内小企业和民营企业的发展，落实政府对小企业的政策扶持，大力开发小企业金融产品，为中小企业的发展提供百分百的金融支持，全年贷款净增 1380 万元，净增额全市排名第二。并完成年计划 138%，计划完成全市排名第一。

【内控管理】 2016 年，支行进一步加强银行内控管理，认真开展员工日常行为排查，通过家访、座谈等形式加强员工八小时之外的管理，对存在的风险隐患作认真排查梳理，及时消除风险点，做到排查无遗漏，线索追到底。加强贷后管理岗检查，定期和不定期对贷款业务的内部操作情况进行现场和非现场检查，了解客户基本情况和贷款使用情况及客户的经营情况。

（时新宏）

江苏银行股份有限公司灌云支行

【概况】 2016 年，江苏银行灌云支行围绕县域经济建设目标，按照县委县政府和上级行的各项工作要求，以信贷投放为抓手，积极利用优势创新金融产品，全力支持地方经济发展、支持政府重点项目、支持全县民生建设，支行各项业务稳健增长，产品创新成效初显，在全县金融机构考核中排名第一，在其他各项考核中名列前茅，获“金融服务发展一等奖”，被评为“建设灌云先进单位”，市十佳诚信银行。

【经营业绩】 2016 年，江苏银行灌云支行各项存款 21.13 亿元，比年初增长 5.08 亿元；刚性贷款 14.4 亿元，比年初增长 3.8 亿元，其中中小企业贷款余额 7.97 亿元，比年初增长 2.31 亿元。存贷比 68.28%，增量存贷比 73.57%。全年实现利润 5675 万元，比上年增加 1893 万元，人均 247 万元。

【支持政府重点项目】 2016 年，江苏银行灌云支行以支持地方经济发展、支持政府重点项目、支持全县民生建设为目标，围绕政府性项目，加大信贷投放力度，全年贷款投放较年初新增 22.93 亿元。支持的单位有县开发区、临港产业区、恒驰公司、筑富公司、县交通局、建设局、水利局，县医院、县委党校、灌云县中学，涉科教文卫、交通、建设、水利等各大系统，授信方式上有流动资金贷款、项目贷款、基金等多个授信品种。贷款主要用于道路建设、公路养护等基础设施建设，医疗、教育、棚户区改造等民生工程建设。另外，为连云港恒驰实业有限公司办理棚户区改造基金业务 18 亿元、为江苏筑富实业投资公司办理 4 亿元城市发展基金业务，均为连云港金融机构首笔;利用他行资金投放5亿元,利用分行贴现资金3.2亿元,开立敞口银行承兑汇票5.23亿元。

【打造特色名片】 打造小微金融特色名片。2016年,江苏银行灌云支行坚持“求质不求量”的服务原则,以税e融、人才贷等特色产品为突破口,打造小微金融服务特色品牌。坚持标准化、模块化、批量化的营销渠道,将客户服务落到实处。全年发放小微企业贷款61笔,授信金额7.97亿元。

打造消费金融特色名片。江苏银行灌云支行以“卡易贷”“卡分期”“房易融”“金易贷”等消费金融产品为抓手,送金融服务进社区,争取做居民身边的银行,做居民放心的银行,做居民贴心的银行。全年开展社区营销活动100多次,参与人次5000余人,用实际行动赢得客户信任,有效提升客户参与度,不断夯实支行的客户基础。

【防控和化解信贷风险】 2016年,江苏银行灌云支行对不良贷款进行全面梳理,按照应收尽收的原则,多管齐下,多策并举,制定多种针对性的清收方式。对于对公不良贷款,或借助政府力量,采取置换方式,进行处置;或对其抵押物进行处置,或采取打包处理的方式处理;对于在手的零售不良贷款,首先安排客户经理上门催收,找到当事人当面分析利弊,若无效将立即采取诉讼。加强客户经理业务素质和职业道德的教育提升,加强业务发展中的风险防范。年末不良贷款余额20万元,不良贷款率0.013%,低于分行平均水平。

(江苏银行灌云支行)

江苏灌云民丰村镇银行

【概况】 江苏灌云民丰村镇银行是由江苏民丰农商银行主发起设立的、具有一级法人资格的新型农村金融机构,于2011年12月30日正式对外营业。2016年,灌云民丰村镇银行围绕县域经济社会发展,坚持“立足灌云、服务三农、发展中小、支持个体”的市场定位,贷款办理手续简便快捷、以“民熙物阜,丰裕城乡”为使命,存款服务耐心周到、汇兑结算及时畅通为基本要求,充分发挥一级法人金融机构“更快、更近、更专业”的独特优势,全力支持灌云地方经济社会发展。年末存款余额43292万元,贷款余额48209万元,业务规模稳步增长。至年末,全行实现各项营业收入3433.35万元。实现利润总额788.63万元,实现净利润478.63万元,比上年增长383.36万元,增幅402.39%。

【存款业务】 2016年末,灌云民丰村镇银行各项存款余额43292万元,比年初新增11774.84万元,增幅37.36%;其中,储蓄存款余额13452.89万元,较年初新增1956.4万元,增幅17.02%;对公存款29839.02万元,较年初新增9818.44万元,增幅49.04%。

【贷款业务】 2016年末,灌云民丰村镇银行各项贷款余额48209.30万元,较年初增加1790.36万元,增幅3.86%。其中个人类贷款余额37222万元,较年初增加3345万元,增幅9.87%。贷款1381户,户均34.91万元。

民丰银行开展阳光信贷进村活动

【支持三农】 贷款总户数1381户,户均34.91万元。2016年,灌云民丰村镇银行着力开展“四扫五进”工程,即“扫街、扫园、扫城、扫村”和“进机关、进社区、进园区、进街区、进市场”,全面推广“房产抵押快易贷”“担保公司担保快易贷”“金领快易贷”“旺铺易贷通”“小微贷款”“小企业联保贷款”等信贷品种,主要面向“三农”、小微企业,重点向园区企业、工贸企业、个体工商户、农村“种、养、加大户”开展营销。

【队伍建设】 2016年末,灌云民丰村镇银行有43名干部职工。先后组织新员工进行岗前培训,使新员工尽快适应银行工作模式;加强业务知识培训,形成常态学习机制;落实轮岗制度,加强各岗位间的交流轮转,使员工技能掌握全面化、系统化,快速发展培养中坚力量;引进高级人才,使银行各项工作得到进一步规范和提升。

【网点建设】 2016年10月18日,江苏灌云民丰村镇银行南京路支行正式开业,银行在城区范围内形成了三位一体的网点布局,提升知名度和影响力。

【经营管理】 2016年,江苏灌云民丰村镇银行全面规范和强化经营管理,规范部门及人员设置，对有必要单设的部门或岗位设立专人专岗，改变以往一人多岗普遍兼岗的现象；选拔精英人才充实中层岗位，对部门负责人岗位采取公开竞聘民主推选的方式，好中选优，优中选精，把确实想干事、能干事的员工公平公正的推上干部岗位，构筑未来发展的中坚力量；全面规范落实岗位职责，细分全行各项工作所需岗位，每一岗位划定职责，发现问题依职责定责任，真正做到岗位清晰，职责明确。

（民丰村镇银行）

江苏太仓农村商业银行灌云支行

【概况】　江苏太仓农村商业银行股份有限公司，是苏州地区规模较大的区域性股份制商业银行，太仓农商行存贷总额400多亿元。灌云支行是太仓农商行经中国银行业监督管理委员会批准设立在灌云的县级分支机构。灌云支行对外营业机构为：营业部、恒驰分理处（行政中心内）、紫金国际分理处。支行机关设业务发展部、办公室、小贷中心。有员工31人。2016年，灌云支行在灌云县委县政府领导下，在市县各级监管部门的指导下，在太仓总行的大力支持下，各项业务取得较好发展。

【信贷业务】　2016年，江苏太仓农商行灌云支行年末各项贷款增幅39.44%，表外银票业务增加7242万元；制造业贷款增幅38%，列全市金融机构前三。以小微贷为主要抓手，推动支持实体经济的发展。根据政府部门有关指示精神，加强业务宣传，扩大小贷业务的覆盖面；成立小贷专职部门，加快人才培养，打造一支小微贷专职队伍；在思想上提高认识，将金融服务工作目标分解，加大内部考核和绩效分配力度。年末，小微贷款任务全面完成。小微贷款增速56.77%，在全市28家金融机构中处于较高水平。授信业务的增长有力支持了灌云的经济发展。

【资产质量】　2016年，江苏太仓农商行灌云支行在业务经营中认真管控风险，加强员工风险教育，打造合规经营文化；加强制度建设，打造精细管理文化，严防各类案件风险；严格问责制度，打造执行力文化。支行全年无问题贷款，保持不良资产零记录。

【金融文化建设】　2016年，江苏太仓农商行灌云支行大力推动金融文化建设，提高员工积极性，加强合规文化建设，强化员工优质服务意识和学习气氛。支行恒驰分理处被连云港市质量协会、连云港市总工会、连云港市妇女联合会授予“2016年连云港市用户满意服务之星班组”称号；灌云支行被总行评为“2016年度先进单位”。

（黄晓华）

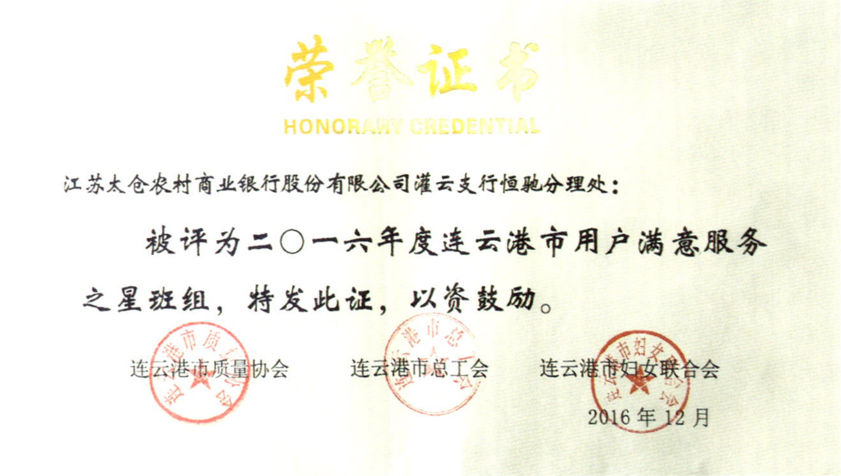

获得“2016年度连云港市用户满意服务之星班组”证书

中国人民财产保险股份有限公司灌云支公司

【概况】　2016年，灌云支公司积极贯彻落实上级公司年度保险工作会议精神，紧紧围绕“超越市场，超越主要竞争对手”的奋斗目标，切实按照“落实好两个转变”的工作要求，把握好“发展、服务、管理、文化”四个关键词，积极落实“三大工程”，迎难而上，求真务实，明确责任，狠抓细节，各方面工作有了较好发展。至年末，保费收入9178.3万元，完成上级下达的各项任务目标。获连云港市“文明单位”“志愿服务优秀团队”“市职代会规范化建设示范单位”等称号。

【业务发展】　2016年，灌云支公司坚持践行科学发展观，围绕全县工作大局，贴紧人民群众生产生活，争先创优，加快发展，较好发挥人保公司构建防灾体系、组织经济补偿、稳定农经发展、安定人民生活的职能作用，为灌云经济发展、社会稳定和新农村建设做出了显著成绩。公司以创建百亿军团活动为契机，以创优争先活动为抓手，坚持目标管理。强化目标考核；深化制度改革，优化资源配置；实施项目开发，扩大业务总量；开展劳动竞赛，调动积极因素。全年各项业务快速推陈出新，特别是政策性农业保险实现集约化发展，社会保险保障程度显著提升。开办各类险种30余个，累计为当地社会承担各种风险200亿元。有效化解社会风险，起到社会“稳定器”的作用。

【队伍建设】　2016年，公司坚持以人为本的经营理念，把深入学习贯彻中共十八大精神作为加强员工教育、提

江苏省政策性农机具保险调研座谈会在灌云召开

高员工素质的根本举措来抓。全年开展4次专题教育和6期业务培训班。坚持用科学的理论武装人、用先进的思想教育人、用典型的事迹鼓舞人、用先进文化熏陶人、努力提高员工的理论水平、思想觉悟和工作能力。在公司建设和发展中,全体员工心系大局,爱岗敬业,拼搏进取,艰苦创业。在保险市场竞争十分激烈的情况下,创新创业创特色,争先进位快发展,完成和超额完成上级下达的各项任务指标。

【文明创建】 2016年,公司以服务人民、奉献社会为宗旨,以提高行业文明程度和干部职工素质为目标,广泛深入地开展群众性文明创建活动,两个文明建设的总体水平和文明程度得到显著提高。公司始终坚持以文明创建为引领,以为客户创造更高的价值为使命,强化"三个一流"建设,努力提升服务水平,获得社会的广泛认可。

【行风建设】 2016年,公司认真贯彻中纪委以及上级公司纪监工作会议精神,坚持抓党风促行风的工作方针,坚持预防为主、教育为先、从严治司的工作思路。开展主题教育,筑牢思想防线;坚持制度管人,强化纪律约束;完善监督机制,强化督查力度,努力开创行风建设新局面。贯彻"两个条例",落实八项制度,建立监督体系,强化执行力度。规范行为,堵塞漏洞,杜绝各种违规违纪事件发生。全体员工都能牢记宗旨、履行义务、爱岗敬业、勤奋工作,争做政治合格、业务精良、作风过硬、纪律严明的好员工。

(人民财产保险公司)

中国人寿保险股份有限公司灌云支公司

【概况】 2016年,中国人寿保险股份有限公司灌云支公司出台"求实、求精、求进——构筑敢于领先灌云公司"新三年规划,围绕省市公司的业务发展部署,业务保持持续、稳定、健康的发展势头,队伍管理和经营水平均有显著提高,确立公司在县城寿险市场的主导地位。公司现有员工49人,各级服务网络遍布全县各个乡镇。全年实现保费收入2.64亿元,比上年增长10.6%,首年期交保费4624万元,比上年增长27.3%;10年期交保费3271.64万元,比上年增长36.26%;短险保费1982.41万元,比上年增长7.16%。公司全年理赔5700余件,理赔金额600余万元。各项工作稳步推进,赢得了社会各界的广泛好评。

【业务经营】 个险。2016年,公司人力规模大幅增长,个险业务下半年同比增长较快。五六联动十年期总量全市第一;全年销售持证人力突破1500人,主管队伍突破120人。基础管理逐步加强,出勤人力由200人提升至400人。

团险。2016年,公司团险业务稳步推进,"开门红"战役1月31日实现短险500万元,全市第一家达成阶段目标的60%;3月15日实现保费830万元,完成一季度必成指标,提前15天完成任务,成为全辖团险渠道第一家达成"开门红"目标单位,收到市公司贺信;蓝海项目成功开拓,并获得省公司蓝海项目费用奖。大目标、大格局、大发展的定位成为公司业务稳定发展的保证。

银保。2016年,公司银保期交业务同比有较大增幅,比2015年排名提前三名,完成10年期任务指标。借助新产品新平台,抓住潜力渠道大力拓展对公业务。十年期业务借助鑫产品推动,转变观念,抢前抓早,借助个险平台,调动人员积极性,提高件均保费达成目标;加强对公业务拓展,提质增量,实现对公期交保费88万元,占期交保费的29.1%。主管队伍不断壮大。引导业务高手发展意愿,自主招募新人,搭建架构,初步实现"一体两翼"构想。

健康保。2016年,灌云县新农合大病保险参保人数为735048人,公司承保保费1837.62万元,符合大病保险理赔条件的共有4747人,赔付金额1441万元,赔付率71.1%。其中:补转院7906次、补卡8552次、外伤登记328次、信息修改2795次、新生儿缴费1451次、二次返院申请审批1537次、居外申请审批2385次、咨询热线接听5123次等。健康保险部在行政中心设立柜面服务窗口,在全县综合评比中获第二名。

【客户服务】 2016年,公司克服人员不足的困难,以"服务也是生产力"的理念引导员工,2016年契约条线在5日承保率和新单转账率方面一直名列前茅。回访条线实现手机号码收集完成100%。理赔95519报案、微信报案及云助理报案通过送培训进职场等形式宣导,实现大步跨越,让客户足不出户即可进行保单签收、理赔报案。

(灌云人寿保险)

中国人寿财产保险股份有限公司灌云支公司

【概况】 2016年,中国人寿财产保险股份有限公司灌云县支公司,紧紧围绕总省市公司的业务发展部署,以"规模稳定、调优结构"为支点进行谋划,业务持续、稳定、健康发展,一体化销售和获客能力持续提升,确立公司在县城财产保险市场的前置地位。公司现有员工30人,依托寿险乡镇网点不断拓宽服务范围。全年实现保费收入3670万元,比上年增长20.88%。公司全年理赔2090余件,理赔金额2200余万元。企业文化建设不断深入,各项工作稳步推进,赢得社会各界广泛好评。

【业务经营】 2016年,公司销售部门"基本法"考核成效显著,队伍整体销售产能不断提升,实现百万销售人员有9人。公司新组建电话服务销售团队稳定发展,全年实现销售额600万元以上有6人。公司互动销售渠道得到长足进步,全年实现保费1300万元,确保主力保费地位,为公司规模增量奠定了基础。公司客户服务和理赔部门强化"两个加强、两个遏制"的基础管理职能,严格把好进口关和出口关,在提升优质服务和公司品牌的同时,全面防范风险危机。公司连续6年荣获市级以上"双文明"先进单位。

【管理服务】 2016年,公司积极推进客户精细化管控。持续加强客户数据真实性管理,做好客户与市场细分,提升承保端精准定价能力和优质客户获取能力。从车险业务经营关键环节入手,强化服务质量标准化、服务手段多样化,持续提升客户满意度与服务竞争力。加强服务品质管理,通过便捷高效的服务体验,提高续保率,加快形成"产品服务—客户体验—业务发展"的良性循环。

(胡　勇)

中国人民人寿保险股份有限公司灌云支公司

【概况】 2016年,中国人保寿险灌云支公司秉承"人民保险,服务人民"的宗旨,努力服务经济社会发展,保障人民生活。参与地方健康养老产业,为客户提供"美好生活""百万身价""健康一生""无忧一生"等近百个保险产品服务。公司拥有完善的体制和专业的管理团队,实行差异化经营,精细化管理,多元化发展,适应市场需求,探索创新之路,紧跟总公司的"稳增长、强基础、重价值"的九字方针,注重销售服务,以客户为中心,合规经营,防范风险。获"保险营销创新奖""渠道业务发展标兵""最佳企业文化创新奖"等多个荣誉称号。

【业务发展】 2016年,中国人保寿险灌云支公司优化资源配置,开展各项劳动竞赛,个险、团险、银保、互动、理财各条线多轮齐转,全年各项业务快速推进,公司实现保费收入697.16万元,比上年增长23%。

【队伍建设】 2016年,中国人保寿险灌云支公司与银行合作网点超过42家,拥有寿险销售人员256名,为客户提供多种保险服务。不断提高员工素质,注重员工队伍的培养教育,通过系统性培训,考核筛选,综合评估等方式,快速提升员工队伍能力;充分运用公司的品牌优势引进人才,提高公司在寿险市场的核心竞争力。

【合规经营】 2016年,公司积极开展"拒绝销售误导,诚信从我做起""拒绝反洗钱,从我做起"等的主题教育活动,坚持以客户为中心,提供优质服务,坚持以诚信为原则拒绝销售误导;坚持以专业为基础努力提升自我;坚持以法律为基础,维护客户利益,确保合规经营。

(徐　翔)

潮河湾风光

财政·税务

财　　政

【概况】　2016年，全县财政部门认真贯彻县第十二次党代会精神，积极落实县人大十五届五次会议决议，求真务实，迎难而上，积极应对“营改增”改革，全力以赴抓收入，千方百计保支出，促进了财政工作稳定运行，全年预算执行情况良好。2016年，灌云县实现地区生产总值328.66亿元，比上年增长8.2%，其中，第一产业增加值64.1亿元，比上年增长2.5%；第二产业增加值143.12亿元，比上年增长9.2%；第三产业增加值121.44亿元，比上年增长10.1%。全社会规模以上固定资产投资272.19亿元，比上年增长21.4%，人均生产总值40926元。社会消费品零售总额119.45亿元，比上年增长12.1%。

2016年，全县一般公共预算收入21.52亿元，上级税收返还、转移支付收入（含专项补助）26.54亿元，一般债券转贷收入2.75亿元（含置换债券0.85亿元），上年结转收入6.11亿元，调入预算稳定调节基金1.92亿元，调入资金1.98亿元，收入合计60.82亿元。全县一般公共预算支出49.64亿元，上解上级支出5.17亿元，地方政府一般债务还本支出0.85亿元，支出合计55.66亿元，结余结转2017年使用5.16亿元。

【促进经济稳定发展】　大力实施积极财政政策，综合运用财政资金政策手段，加强与上级主管部门对接，认真研究财政各项补助政策，加强业务联系，在教育保障、农桥建设、一事一议财政奖补、村级公共设施运行维护、基本财力保障、政府债券等多个方面向上级争取资金24.45亿元，比上年增加2.8亿元，增长12.9%。促进县域经济更好更快发展。

支持供给侧结构性改革。积极落实“三去一降一补”重点任务，全面贯彻上级降低实体经济企业成本的政策意见，将降低税费负担、社保缴费等政策落实到位。贯彻落实企业减负措施，取消和停征部分行政事业性收费，进一步减轻企业负担。

强化园区载体建设。在财政体制、资金调度、政策支持等方面向两大园区倾斜，园区配套功能不断提升。运用好各类发展专项引导资金，加大对旅游、物流、电商等现代服务业和文化产业的支持力度，促进产业升级与发展。

支持重点项目建设。围绕县委、县政府年初确定的重点项目，加大财政资金支持力度，加快项目建设步伐，大力推进园区基础设施、港口码头和204国道灌云段改扩建等重点项目建设。

支持招商引资。安排招商引资专项资金677万元，重点支持招引科技含量高、带动能力强、纳税效益大的高新技术企业，培育后续财源。

支持中小企业发展。2016年，县财政安排民营经济发展、小微企业贷款、科技创新与产业升级引导、创业引导、人才引进等专项资金近3000万元，用于支持企业发展，加强企业科技创新、技术改造，提高企业核心竞争力。

【提升公共服务水平】　坚持民生发展导向，优化支出结构，压缩一般性支出，将更多财力向民生事业倾斜，促进了民生改善和社会事业全面发展。

支持教育优先发展。2016年，全县教育投入9.54亿元，增长9.9%；落实义务教育经费保障机制和“两免一补”政策，全县共投入农村中小学公用经费7152万元；加大困难家庭学生补助力度，全年发放义务教育阶段学生生活费、高中助学金、职业教育助学金1310万元，资助不同阶段贫困学生19895人；加强校安工程建设，安排农村义务教育阶段薄弱学校改造和校舍安全工程项目资金3588万元。

完善社会保障体系。2016年，拨付社保基金9.2亿元，及时足额落实各项社保提标、提档、提补政策。实施机关养老金制度改革，统筹居民养老保险体系建设，提高企业退休人员基本养老金待遇；提高城乡低保补助标准，发放城乡低保8296万元；财政投入资金6556万元，做好五保户、优抚资金、孤儿保障、尊老金及重度残疾人生活护理补贴等惠民资金发放工作。

推进医疗卫生体制改革。县财政配套医疗卫生支出1.01亿元，用于医

开展财政惠民政策宣传

疗卫生事业发展，深化公立医院综合改革，推进基本药物制度改革，支持全县公共卫生服务体系建设，努力解决老百姓"看病难、看病贵"问题。

加大"三农"资金投入。争取省级以上财政支农补助专项资金5.04亿元，支持各项三农事业发展，落实惠农补贴政策，通过"一卡通"及时发放财政各项涉农补贴；拨付资金2981万元，解决农村安全饮水问题；拨付"一事一议"财政奖补资金2930万元支持项目建设，有效改善农村生产生活条件；实施精准扶贫，投入各类财政扶贫资金4500万元，实施财政资金扶贫项目60个。

加快城乡统筹步伐。以全省覆盖拉网式农村环境综合整治为着力点，整合财政资金2526万元，对农村环境进行集中整治，改善和提升农村生产生活环境。争取省级资金413万元，重点用于县城内城中村、老旧小区、背街小巷等综合整治任务，提升县城品位和文明水平。

加强安居工程建设。拨付资金629万元，支持公租房、保障房和渔民安居房建设。

支持文化事业发展。安排财政资金623万元，开展"送科普图书、送戏、送电影下乡"活动，继续支持博物馆、体育场和图书馆免费开放，城乡居民业余文化生活丰富多彩，群众生活幸福指数不断提高。

【健全财政管理机制】 健全政府预算管理。进一步完善政府预算体系，细化部门预算编制，强化预算刚性约束，坚决做到"有预算不超支、无预算不支出"，严格按照法定程序调整预算；全面建立以财政国库单一账户体系为基础的国库集中支付制度，推动国库集中支付凭证电子化改革工作，按照省财政厅电子化改革要求，对国库集中支付软件进行升级改造，财政国库支付电子化实拨资金成功上线。

全面推开"营改增"试点。以县政府为主导，制定《灌云县全面推开营业税改征增值税试点工作方案》，牵头组织协调国税、地税部门摸清底数，及时掌握一手数据，加大政策宣传，营造良好氛围，做好全面推开"营改增"试点各项工作，实现税制平稳转换。

深入推进预决算公开。先后出台《灌云县预决算信息公开管理暂行办法》和《2016年灌云县县级预决算信息公开工作方案》，主动向社会"晒账本"，自觉接受监督。县级部门预算和"三公"经费预算公开实现除涉密部门之外的全覆盖。县财政部门公开2015年政府决算和2016年政府预算，全县74个部门公开2015年部门决算和2016年部门预算及"三公"经费预决算。

加大财政监督力度。加强对教育、医疗、卫生、社会保障等民生专项资金的监督检查，推进专项资金管理规范化、制度化，确保财政资金使用发挥实效。2016年对新农合、城乡居民养老保险、城镇居民医保金、农村低保、尊老金、义务教育学校公用经费、教育现代化7个项目进行专项检查，涉及县级专项资金总额1.9亿元。

开展绩效评价。部门预算编制与预算绩效目标编制同步进行，支出100万元以上的项目全部申报绩效目标。全年纳入绩效管理的项目17个，涉及财政资金达6.04亿元。积极探索开展第三方绩效评价，真正树立"花钱问效、无效问责"的绩效意识，确保财政支出投有所得、建有所益。

防控政府性债务风险。认真贯彻省政府《关于加强政府性债务管理的实施意见》，从规模控制、预算管理、债务监管、风险防控等方面认真做好各项工作。

探索推广PPP模式试点。按照《灌云县人民政府关于在公共服务领域推广政府和社会资本合作模式的实施意见》要求，推广运用PPP模式，其中233国道灌云段建设工程作为2017年省级PPP试点项目通过省财政厅批准。

推进法治财政建设。建立健全财政法规制度，规范财政执法行为，强化财政执法监督，加强财政法制宣传，财政干部依法行政、依法理财能力不断提升，财政管理行为不断规范，促进法治财政工作的开展。2016年，县法治财政标准化建设顺利通过省财政厅验收，并获法治财政标准化建设先进单位。

（王东升）

2016年灌云县一般公共预算收支决算统计表

表23

单位:万元

预算科目	调整预算数	决算数	预算科目	调整预算数	决算数
一、税收收入	137095	137095	一、一般公共服务支出	9923	9923
增值税	22566	22566	二、外交支出		
营业税	51820	51820	三、国防支出		
企业所得税	6396	6396	四、公共安全支出	1104	1104
企业所得税退税			五、教育支出	9184	9184
个人所得税	1247	1247	六、科学技术支出	2850	2850
资源税	4125	4125	七、文化体育与传媒支出	83	83
城市维护建设税	4711	4711	八、社会保障和就业支出	2852	2852
房产税	3079	3079	九、医疗卫生与计划生育支出	2328	2328
印花税	1491	1491	十、节能环保支出	28011	28011
城镇土地使用税	18785	18785	十一、城乡社区支出	50184	50184
土地增值税	18360	18360	十二、农林水支出	12979	12979
车船税	3	3	十三、交通运输支出	3480	3480
耕地占用税	42	42	十四、资源勘探信息等支出		
契税	4470	4470	十五、商业服务业等支出	784	784
烟叶税			十六、金融支出		
其他税收收入			十七、援助其他地区支出		
二、非税收入	7120	7120	十八、国土海洋气象等支出	978	978
专项收入			十九、住房保障支出	443	443
行政事业性收费收入	286	286	二十、粮油物资储备支出		
罚没收入			二十一、预备费		
国有资本经营收入			二十二、其他支出		
国有资源(资产)有偿使用收入	6663	6663	二十三、债务付息支出		
捐赠收入			二十四、债务发行费用支出		
政府住房基金收入					
其他收入	171	171			
一般公共预算收入	144215	144215	一般公共预算支出	125183	125183
上级补助收入		26762	上解上级支出		45794
待偿债置换一般债券上年结余					
上年结余					
调入资金			调出资金		
债务(转贷)收入		2028	债务还本支出		2028
			增设预算周转金		
调入预算稳定调节基金			安排预算稳定调节基金		
接受其他地区援助收入			援助其他地区支出		
			待偿债置换一般债券结余		
			年终结余		
			其中:净结余		
收入总计	173005		支出总计	173005	

2016 年 7 月 6 日，县长朱兴波（左二）在国地税办税服务厅调研税务工作

国家税务

【概况】 2016 年，县国税局以组织税收收入为中心，深化税收管理改革，优化办税服务，圆满完成各项工作任务。在市国税局和县委、县政府的绩效考核中双双获佳绩，首次获评全市国税系统绩效管理先进单位，在县政府绩效考核中名列市属条管单位第一名。获县委、县政府"特别贡献奖"、县优化投资发展环境十佳单位等六项荣誉。

【组织税收收入】 2016 年，县国税局始终坚持组织收入原则，强化税收预测和分析，通过挖潜增收、堵漏增收，在重点税源停产、县域经济总体下滑的情况下，实现税收收入的持续增长。全年组织国税收入 8.72 亿元，比上年增长 18.22%。其中，组织政府考核收入 7.63 亿元，比上年增长 18.43%。完成一般预算收入 3.42 亿元，比上年增长 56.40%。同时办理各项退税 1.47 亿元，其中办理出口退税 1.17 亿元。

【促进地方经济发展】 2016 年，县国税局主动承担县政府招商引资任务，成功引进年产 5.7 万吨新型助剂项目一个，计划投资 10 亿元。实现利用外资 40 万美元目标，超额完成工业固定资产投资 5000 万元任务。在灌云豆丹美食节经济论坛上，税务人员为与会客商和各乡镇、各部门领导作招商引资税收政策辅导报告，得到企业人士和政府领导的高度评价；承担社会责任，圆满完成秸秆禁烧任务，包保村实现无火情；全员发动投入文明城市创建，组织干部到责任区卫生保洁，顺利通过省考核验收；扶贫工作成效显著，全力支持省局帮扶队员筹措扶贫资金，在南岗乡曹赵村落实帮扶资金 1514 万元，启动实施帮扶项目 10 个，为帮扶村实现农业增产、农民增收、贫困人口全面如期脱贫打下坚实的基础。

【税收管理改革】 2016 年，县国税局加大对税收违法行为的打击力度，成立了公安派驻税务部门联合机制办公室，警税协作更加紧密；步步为营、稳打稳扎，顺利完成省局金税三期上线试点和统一委托代征软件的试点任务。小双轨期间，测试量全省第二。大双轨期间，系统业务结构匹配精准度全省第一。6 月，全市国税系统风险管理推进工作现场会在灌云县召开，灌云县国税局在会上作经验交流。8 月，灌云县国税局获得全省国税系统税收管理改革综合示范点称号。全年共完成风险应对 176 户次，风险应对总成效 6132.02 万元，总成效居全市国税系统第一名。

【营业税改征增值税】 2016 年 3 月 18 日起，灌云全面推行营改增税制转换工作。从 5 月 1 日，全县 3285 户纳税人成功实现"营改增"的税制转换。如期实现纳税人能申报、能开票、能缴税、税负减的目标。6 月，全县 256 户营改增一般纳税人完成首月纳税申报。7 月，全县 1182 户营改增小规模纳税人完成首月纳税申报。2016 年，全县营改增纳税人实现增值税 15145.44 万元，比上年增长 260.84%（其中，5—12 月营改增实现增值税 10486.02 万元）。

【国地税合作】 2016 年，县国税局与地税局认真贯彻落实中央深改组、中央"两办"和国家税务总局文件精神，在推进国地税服务高度融合、执法事项适度整合、信息高度聚合上先行先试，取得显著突破。以"一人一窗一机一份资料"通办国地税业务的模式共建县国地税联合办税服务厅，此举走在全省同行业前列，减少纳税人的办税负担，提高办税效率，增加地方财政收入。7 月，市国税局、市地税局在灌云县联合召开深化税收征管体制改革暨国地税合作现场会，在全市范围内推广复制灌云国地税经验。至年末，灌云县国地税办理国地税通办业务 65265 笔，征收国税税款 8008 万元，征收地税税款 6671 万元，有力促进地方经济发展。《人民日报》《中国税务报》等媒体予以报道。

【队伍建设】 2016 年，县国税局深入推进"两学一做"学习教育。班子成员带头撰写"两学一做"学习笔记 10 万余字，县机关工委对县国税局经验进行推广介绍。在营改增、金三上线、税收管理改革、国地税合作等重点工作中,党员的先锋模范作用和党组织的战斗堡垒作用得以充分显现,9名职工的事迹上了市国税局营改增、金三上线“党员先锋谱”。抓好系统党建。认真抓好省局党建联系点建设,发挥党建统领全局作用,陶冶干部情操和党性修养,先后开展支部书记“微党课”评比活动,党规党纪全员知识竞赛,领导干部大讲堂,孝文化道德讲堂,组织干部参观爱国主义教育基地,开展爱国家、爱单位、爱家庭为内容的“三爱”主题活动,弘扬正气,凝聚力量,在全县国税系统形成人人思进、健康向上的浓厚氛围。增强队伍活力。坚持“党组围着干部转,机关围着基层转”的鲜明导向,建立班子成员按月轮流走访基层机制,与干部面对面交流思想、心贴心听取意见、手挽手解决问题,切实维护职工利益,干部的意见发生质的变化,数量从近百条减少到十余条,内容从以强调福利待遇为主到以工作建议为主,队伍的凝聚力、向心力和战斗力得到加强。7月,县国税局选手组成的代表队,代表灌云县政府参加全市学党规党纪电视知识竞赛,从全市112家参赛队伍中脱颖而出,进入决赛并获得三等奖。

【服务社会发展大局】 2016年,县国税局坚持严格执法、规范执法、文明执法,努力打造公平公正的税收法治环境、优质高效的税收服务环境。认真落实“首违不罚”制,对1048户首次违法的纳税人不予处罚;全面推行电子税务,增加自助办税设备,方便纳税人网上办税、自助办税,缓解办税窗口的工作压力;及时审批办理减、免、退税,全年办理各项退税1.47亿元。认真落实好民政福利企业、高新技术企业等税收优惠政策,切实维护纳税人的合法权益;高度重视部门协作。积极参加全县机关工作人员军训活动,被县委、县政府评为军训先进单位;承办“平安灌云、法治税务”联欢晚会,政法系统与税务系统配合更加密切,协税护税机制更加稳固。县国税局被评为“县软环境十佳单位”,位居全县各单位之首;文明创建、绩效管理、治安综治、工青团妇等多项工作受到省市县表彰奖励;倾力投身公益事业。成功举办“党旗飘扬、税徽闪亮”专场晚会,观众3000余人次;国税干部表演的节目成功入选2016年全县春节联欢晚会,深受观众喜爱;组织青年志愿者开展义务献血、助贫助困助学、文明交通及赈灾捐款等活动20余次;为同兴镇金further村安装路灯30余盏,全年累计捐款15万余元。

(陆润林 高 浪)

2016年灌云县国税分地区分项目统计表

表24 单位:万元

序号	代码	名称	本月					累计				
			合计	增值税	营改增	消费税	企业所得税	合计	增值税	营改增	消费税	企业所得税
H	H	合计	7699.42	7690.27	2354.06	4.52	4.62	76377.77	60073.59	14385.33	103.88	16200.30
1	3207231000	灌云县伊山镇	250.20	246.40	115.98	3.75	0.04	2688.46	2354.55	1617.37	81.54	252.37
2	3207231020	灌云县杨集镇	51.95	51.95	20.10			920.25	860.36	467.75		59.89
3	3207231030	灌云县燕尾港镇	87.81	87.95	8.35		-0.14	525.42	513.06	293.50		12.36
4	3207231040	灌云县同兴镇	166.29	166.29	108.17			1227.48	1209.20	323.24		18.28
5	3207231050	灌云县四队镇	186.23	186.23	175.41		0.00	925.15	906.59	629.08		18.55
6	3207231060	灌云县圩丰镇	184.00	182.19	2.92		1.81	610.90	601.14	148.68		9.76
7	3207231070	灌云县龙苴镇	81.27	81.27	66.13			1037.45	958.64	541.28		78.81
8	3207232030	灌云县图河镇	6.28	6.28	2.99			141.28	135.18	80.51		6.10
10	3207232050	灌云县下车镇	29.52	29.52	18.67			414.63	389.50	206.49	0.13	25.00
12	3207232070	灌云县东王集镇	36.53	36.53	12.24		0.00	828.28	676.32	72.16		151.96
13	3207232080	灌云县侍庄街道	221.15	219.19	92.19		1.96	2476.00	2226.58	864.60	0.08	249.34
14	3207232090	灌云县小伊乡	176.78	176.69	12.66	0.09		1223.88	1190.51	267.98	0.90	32.47
16	3207232120	灌云县南岗乡	120.13	120.13	30.97			2832.60	871.28	580.60		1961.32
17	3207237020	灌云县(县属)	2485.65	2484.68	1657.80	0.02	0.95	19076.33	15788.40	7726.64	0.11	3287.82
19		县城开发区	2152.06	2151.40	28.98	0.66		9816.06	7653.36	461.87	21.13	2141.57
20		临港产业区	1463.56	1463.56	0.48			31633.61	23738.92	103.59		7894.69

注:本表乡镇数字中不含县城开发区和临港产业区企业入库数

2016 年灌云县缴纳国税 100 万元以上企业统计表

表 25　　单位:万元

序号	纳税人识别码	纳税人名称	所属乡镇	税收数
1	91320700139381530R	江苏灌云农村商业银行股份有限公司	伊山镇	4057.96
2	91320723839384855U	国网江苏省电力公司灌云县供电公司	伊山镇	4056.25
3	913207236617893875	江苏远征化工有限公司	燕尾港镇	3277.55
4	91320723MA1MUJB63Y	连云港市新汇再生资源回收有限公司	侍庄街道	3121.22
5	913207237820737566	连云港市烟草公司灌云分公司	伊山镇	2430.6
6	91320723694541169Q	江苏科伦多食品配料有限公司	伊山镇	2012.24
7	91320723575448885W	连云港恒运医药科技有限公司	燕尾港镇	1987.05
8	91320723779669129N	江苏明盛化工有限公司	燕尾港镇	1770.39
9	91320723558007463U	江苏盛吉化工有限公司	燕尾港镇	1457.47
10	91320723693344446Q	江苏和利瑞科技发展有限公司	燕尾港镇	1232.87
11	91320723559256103F	连云港中港精细化工有限公司	燕尾港镇	1209.15
12	91320723562908985U	连云港康恩宁化工有限公司	燕尾港镇	1063.05
13	320723786349633	连云港鲜禾制鞋有限公司	侍庄街道	1062.59
14	91320723793849345C	连云港市新诚化工有限公司	燕尾港镇	900.27
15	91320723796143161U	江苏双宏化工有限公司	燕尾港镇	871.9
16	913207007888786199	连云港通裕天然气有限公司	侍庄街道	774.74
17	913207236676280581	连云港锐巴化工有限公司	燕尾港镇	762.45
18	91320700696729763R	连云港科铭化工有限公司	燕尾港镇	733.09
19	320723010001487	待结算财政款项—国税一分局现金汇缴户	伊山镇	639.03
20	91320723796143196E	连云港市金帅医药化工有限公司	燕尾港镇	615.74
21	91320723683547514X	连云港圣丰化工有限公司	燕尾港镇	610.64
22	913207237983303580	连云港市新鑫隆化工有限公司	燕尾港镇	597.1
23	913207236617666016	连云港五洲船舶重工有限公司	燕尾港镇	576.96
24	91320700670131595W	连云港花茂日用品有限公司	侍庄街道	548.71
25	91320723567833775Y	连云港善德化工有限公司	燕尾港镇	543.85
26	9134010014904479XF	中铁四局集团第四工程有限公司	伊山镇	538.48
27	913207237983301043	倍合德华强(连云港)医药化工科技有限公司	燕尾港镇	528.36
28	91320723581005933H	江苏春晓医药化工科技有限公司	燕尾港镇	525.36
29	91320723684946816E	连云港市工投集团日晒制盐有限公司	燕尾港镇	481.53
30	91320723797401142D	江苏乐斯化学有限公司	燕尾港镇	477.95
31	91320700789949853Y	江苏连连化学股份有限公司	燕尾港镇	455.65
32	9132072369551690X1	连云港清泰化工有限公司	燕尾港镇	435.62
33	913200001347647277	江苏五图河农场有限公司	图河镇	432.89
34	91320723678318223J	江苏恒仁置业有限公司	伊山镇	428.65
35	91320723572575133B	连云港盈润化工有限公司	燕尾港镇	419.6
36	91320723660071728Y	连云港市华通房地产开发有限公司	伊山镇	405.55

续表 25

序号	纳税人识别码	纳税人名称	所属乡镇	税收数
37	91320723685325624X	灌云县伊能电力工程有限公司	侍庄街道	398.02
38	913207235602687423	连云港凯美克医药化学有限公司	燕尾港镇	391.33
39	913207237038080227	中国石化销售有限公司江苏连云港灌云石油分公司	伊山镇	381.52
40	91320723796545590B	江苏盛世化工有限公司	燕尾港镇	363.77
41	913207237961431456	连云港莱亚化学有限公司	燕尾港镇	324.65
42	91320723672521175D	江苏多元化工有限公司	燕尾港镇	312.8
43	91320723066208859D	灌云荣华物流有限公司	燕尾港镇	308.85
44	913207236683604956	连云港长江化工有限公司	燕尾港镇	305.13
45	320723000000025	灌云县圩丰镇人民政府	圩丰镇	303.36
46	9132072368715796XD	江苏腾钰化工有限公司	燕尾港镇	297.35
47	91320723703805753F	中国移动通信集团江苏有限公司灌云分公司	伊山镇	282.29
48	320723000000024	灌云县四队镇人民政府	四队镇	272.31
49	320723660071779	连云港润泽化学有限公司	燕尾港镇	272.28
50	91320723793849011U	连云港腾宏科技化工有限公司	燕尾港镇	262.76
51	91320700795360682U	国成功能服饰(连云港)有限公司	侍庄街道	260.68
52	9132072308311327XX	江苏乐居投资置业有限公司	伊山镇	259.97
53	320723000000034	灌云县小伊乡财政所	小伊乡	257.37
54	91320723575448244K	连云港博投新材料有限公司	东王集镇	256.25
55	91320723139374162L	连云港市华信建筑安装工程有限公司	伊山镇	254.75
56	913207237378368307	江苏花果山食品有限公司	伊山镇	247.14
57	91320723668381034W	连云港宝诚化工有限公司	燕尾港镇	244.55
58	320723000000027	灌云县同兴镇人民政府	同兴镇	243.65
59	913207236748657058	连云港华颐精细化工科技发展有限公司	燕尾港镇	241.38
60	91320723552546095X	连云港明昊电子有限公司	侍庄街道	240.16
61	91320723560289770N	连云港锐华化工有限公司	燕尾港镇	239.41
62	9132072305667387XP	连云港和华置业有限公司	侍庄街道	238.56
63	91320723797401126P	连云港合兴化工有限公司	燕尾港镇	233.13
64	91320723793849089U	连云港华翔医药科技有限公司	燕尾港镇	229.96
65	913207237919779411	连云港超帆化工有限公司	燕尾港镇	225.93
66	913207237974011695	连云港嘉康实业有限公司	燕尾港镇	219.54
67	913207236638361162	连云港三诺化工有限公司	燕尾港镇	214.92
68	91320723670971180K	连云港厚泽房地产开发有限公司	侍庄街道	209.18
69	91320723564275130L	连云港和美置业有限公司	伊山镇	204.43
70	91320723688343326N	连云港宝源化工有限公司	燕尾港镇	200.92
71	913207236668239519	连云港宁康化工有限公司	燕尾港镇	198.23
72	91320723468086794G	江苏省灌云县水利工程总队	伊山镇	197.88

续表 25

序号	纳税人识别码	纳税人名称	所属乡镇	税收数
73	913207235652978099	连云港佳星物流有限公司	侍庄街道	196.49
74	91320723586606885W	连云港花蝶化学有限公司	燕尾港镇	192.68
75	913207235884183006	江苏灌云民丰村镇银行有限责任公司	伊山镇	192.03
76	320723000000019	灌云县伊山镇协税护税办公室	伊山镇	184.67
77	91320723792334358P	连云港富禹化工有限公司	燕尾港镇	182.98
78	91320723666395635A	连云港市添立润化工有限公司	燕尾港镇	172.45
79	91320723780294897J	灌云县苏能农电有限公司	伊山镇	171.68
80	91320723663260188U	连云港索欧服饰有限公司	侍庄街道	168.69
81	320723000000033	灌云县燕尾港镇财政所支出专户	燕尾港镇	168.24
82	913207000552168291	光大环保（连云港）固废处置有限公司	燕尾港镇	166.75
83	91320723591143934R	江苏紫东食品有限公司	杨集镇	161.41
84	91320723775425258J	江苏汇九齿轮有限公司	伊山镇	156
85	91320723569121018E	灌云金都置业有限公司	伊山镇	155.6
86	91320723796143225R	连云港金邦化工有限公司	燕尾港镇	152.15
87	110102722617424	北京市政建设集团有限责任公司	伊山镇	151.97
88	91320723661766708H	连云港紫燕化学有限公司	燕尾港镇	147.47
89	91320723693331127B	连云港云山置业有限公司	伊山镇	146.77
90	913207231393700811	江苏云申建设工程有限公司	伊山镇	145.29
91	91320723788390613R	连云港恒贸化工有限公司	燕尾港镇	143.19
92	91320723076332618B	苏果超市（连云港）有限公司灌云分公司	伊山镇	140.45
93	91320723570368229Y	灌云县永捷贸易有限公司	龙苴镇	139.06
94	913207235642641834	连云港翔业建筑工程有限公司	侍庄街道	138.4
95	91320723567822304Y	连云港冠麟服饰有限公司	伊山镇	137.93
96	91320723788878694C	连云港市特别特生化有限公司	燕尾港镇	132.29
97	913207237919779929	连云港群盛化工有限公司	燕尾港镇	131.36
98	91320723784363634L	江苏华电灌云风力发电有限公司	燕尾港镇	127.66
99	320723674898312	连云港华亿珈化工有限公司	燕尾港镇	126.07
100	913207237796691612	连云港映山花化工有限公司	燕尾港镇	125.97
101	913207237961429436	连云港天勤化工有限公司	燕尾港镇	125.8
102	913207236933639548	连云港丽城置业有限公司	伊山镇	125.43
103	91320700726644139W	江苏登壹建设工程有限公司	伊山镇	125.1
104	91320723696731505N	连云港瑞昆化学工业有限公司	燕尾港镇	124.32
105	913207233139960640	灌云生升鞋业有限公司	伊山镇	121.74
106	91320723667617447L	连云港吉鑫化工有限公司	燕尾港镇	119.07
107	913207230586496035	灌云为恒商务咨询服务有限公司	龙苴镇	118.67
108	91320723661789299N	连云港永润化工有限公司	燕尾港镇	115.68
109	913207236627258364	连云港亿隆化工有限公司	燕尾港镇	115.16
110	913207236725363690	灌云新高置业发展有限公司	伊山镇	114.64

续表 25

序号	纳税人识别码	纳税人名称	所属乡镇	税收数
111	110102722617424	北京市政建设集团有限责任公司	寺巷街道	114.46
112	913207237974011770	江苏科润达化学有限公司	燕尾港镇	111.54
113	913207236632511777	连云港照辉化工有限公司	燕尾港镇	110.41
114	913207237923341478	连云港群乐化工有限公司	燕尾港镇	110.36
115	91320723578165864C	连云港三和永泰电子有限公司	侍庄街道	109.67
116	9132072378839063XC	江苏汇锦建设工程有限公司	伊山镇	108.83
117	91320723565256732T	灌云县五月花海服装有限公司	侍庄街道	106.15
118	320723667617842	连云港万和房地产有限公司灌云分公司	侍庄街道	105.8
119	91320723798330251L	连云港云宇物流有限公司	南岗乡	105.2
120	91320723680501959B	连云港市千年翠钻珠宝有限公司灌云第二分公司	伊山镇	104.27
121	320723139378358	江苏全泰交通工程有限公司	伊山镇	102.04
122	9132070079740129XH	江苏威迪农业装备科技股份有限公司	侍庄街道	101.36
123	91320723MA1MAPCG92	灌云旺玉船舶租赁有限公司	伊山镇	100.76

地方税务

【概况】 2016年，县地税局积极贯彻“忠实履职、安全履职”工作要求，以“统筹三个发展、推动创优争先”为主线，实施“品牌带动、科技引领、人文感召”三大攻略，牢牢把握“税制改革、征管体制改革、互联网+税务”三大发展新动能，稳步推进“七大体系”建设。县地税系统全年组织税费收入21.37亿元，其中税收收入15.48亿元，剔除营改增的影响，比上年增长19.25%，保障地方经济建设和社会发展。

地税大楼

【征收管理】 2016年，县地税局坚持质量并举，有效发挥税收职能，面对营改增等客观因素造成税收总量下降的实际情况，注重税费并重，努力在组织收入上做细做实，各项基金费收入4.43亿元，比上年增收15.78%。不断加大重点税源征管力度，强化依法治税，深度清理营业税存量税源，全县实现入库契税1.81亿元，比上年增长5.99%。实现查补入库税收1.55亿元。

【征管改革】 2016年，县地税局积极探索实践，改革效能不断积聚。积极贯彻省市局的工作部署，努力在实践中开拓创新，各项工作取得显著成效。扎实做好“营改增”试点工作。全年向国税部门移交企业纳税人1524户，个体工商户1809户。深度推进国地税合作示范区建设。按“一人一窗一机一份资料”格局，推行国地税办税服务厅联合办税，全年通办业务65265笔，有效弥补征管漏洞。顺利完成“金三”上线试点工作。

【依法行政】 2016年，县地税局继续推行优化执法服务，和谐征纳关系。全面落实结构性减税政策。重点加大对科技创新、小微企业、保障民生等方面的税收政策的落实力度。全年共实现优惠政策减免税2200余万元，增长11%。不断规范服务内容，扎实开展“便民办税春风行动”。拓展办税平台，实现短信、QQ、电子邮件等多种非接触式办税服务形式，提高征管效率和纳税人的满意度。继续完善办税流程。全面实施“一照一码”登记改革。

【纳税服务】 2016 年,县地税局继续以“便民办税春风行动”等活动为载体,通过运行“灌云纳税人之家”微信公众平台,定期发布税收政策和办税指引,开展国地税联合办税、不断完善咨询辅导区、自助办税区等区域功能,提升办税效率。积极推进“实名制办税”“三证合一”,规范纳税服务、完善电子档案数据库,实现征管评查信息共享。开办“纳税人之家”“纳税人学校”,开展新办企业辅导,全年组织培训1600余人次。

【队伍建设】 2016 年,县地税局突出文化聚力工程,激发干部队伍活力,围绕省市局加强文化建设的新要求,注重以文化建设提升干部队伍的素养,提升事业发展的“软实力”。通过提升绩效管理水平,对接市局“劳动竞赛”,细化各项考核指标,有效激发了干部工作潜能。通过创优教育培训模式、开展“道德大讲堂”,提升干部职工的理论素养,组织外出培训,开阔干部职工视野。大力打造爱心品牌,不断丰富“地税妈妈关爱留守儿童”活动,组织“包粽子、品阅读”等活动,提升品牌创建效应。

【廉政建设】 2016 年,县地税局全面落实党风廉政建设责任制,从严落实“八项规定”,不断推进党风廉政建设向纵深发展。强化纪律监督,结合《税收违法违纪行为联动追责管理办法》的实施,探索实施基层分局派驻专职纪检监察员,构建全方位税收监督体系。积极落实公务接待、公车管理、财务管理等方面的相关制度,净化内外工作环境。加强党风廉政建设,深入开展“服务零距离、满意在地税”活动,大力提升地税行业形象。被省委宣传部等部门联合表彰为“文化科技卫生三下乡先进单位”。

(县地税局)

2016 年灌云县税收收入分析表

表 26　　单位:万元

序号	项　　目	累　计			
		本年	去年	增减额	增减%
	顺序号	6	7	8	9
1	一、各项收入合计	213692	391217	-177525	-45.38
2	二、税收收入	154831	337818	-182987	-54.17
3	其中:1. 省级收入	2141	4328	-2187	-50.53
4	2. 市县级	152690	333490	-180800	-54.21
5	3. 一般预算	143639	324806	-181167	-55.78
6	三、基金费合计	58861	53399	5462	10.22

2016 年灌云地税税收分产业收入情况表

表 27　　单位:万元

时期 项目	累　计			
	累计收入	去年同期	增减额	增减%
税收收入合计	86220	71905	14323	19.92
一、第一产业	297	1253	-956	-76.30
二、第二产业	44402	35704	8698	24.36
1. 采矿业	13	3175	-3162	-99.59
2. 制造业	6669	4812	1856	38.58
3. 电力煤气及水的生产供应业	1536	987	549	55.55
4. 建筑业	36184	26729	9455	35.37

续表 27

项目＼时期	累计			
	累计收入	去年同期	增减额	增减%
三、第三产业	41529	34948	6581	18.83
1. 交通运输仓储及邮政业	1532	985	547	55.60
2. 批发零售业	1592	1460	132	9.04
3. 金融业	3951	5203	-1252	-24.06
4. 计算机传输、服务和软件业	79	93	-14	-15.05
5. 住宿和餐饮业	245	686	-441	-64.29
6. 文化、体育和娱乐业	99	110	-11	-10.00
7. 租赁和商务服务业	16085	1665	14420	865.82
8. 房地产业	15620	17676	-2048	-11.58
9. 其他行业	2318	7070	-4752	-67.21

2016 年灌云地税分税种税收收入分析表

表 28 单位:万元

序号	项目	累计			
		本年	去年	增减额	增减%
	顺序号	6	7	8	9
1	税收收入	86220	71902	14312	19.92
2	增值税	478	0	478	
3	营业税	18778	15741	3037	19.29
4	企业所得税	6787	5722	1065	18.61
5	个人所得税	6587	8593	-2006	-23.34
6	城建税	3939	3375	564	16.71
7	车船税	1661	2036	-375	-18.42
8	房产税	2685	2180	505	23.17
9	资源税	4125	134	3991	2978.36
10	土地使用税	17467	6490	10977	169.14
11	土地增值税	5564	10357	-4793	-46.28
12	印花税	4096	1390	2706	194.68
13	契税	14011	15887	-1876	-11.81
14	耕地占用税	42	0	42	

经济综合管理

发展计划管理

【综述】　灌云县发展和改革委员会现有在职干部 13 人,离退休干部 14 人,内设办公室、综合计划科、投资科、经济发展管理科、目标管理科、重大项目管理科、经济协作科,县目标办、县沿海办与发改委合署办公。

2016 年,灌云县发展和改革委员会在上级发改部门的指导下,围绕年初确定的经济社会发展目标任务,努力克服经济下行压力加大带来的不利影响,突出化工整治强化目标意识,狠抓工作落实,强推重大项目,全县经济社会总体保持难中有进、稳中有增态势。完成地区生产总值 326 亿元,按可比价增长 8.5%。其中,规模以上工业增加值 135 亿元,增长 11%;服务业增加值 120 亿元,增长 11%;三次产业比重调整为 19:44.2:36.8。实现城镇和农村居民人均可支配收入 23046 元和 13010 元,分别增长 8.5% 和 9.5%。完成规模以上固定资产投资 272.2 亿元,增长 21.4%;规模以上工业固定资产投资 174.8 亿元,增长 7.7%。实现社会消费品零售总额 119.4 亿元,增长 12%。外贸进出口 2.3 亿美元,增长 17.3%,其中外贸出口 1.98 亿美元,增长 10.5%;实际利用外资 2426 万美元。实际完成一般公共预算收入 21.52 亿元,实际增长 14%。

【"十三五"经济社会发展规划】　2016 年,是"十三五"的开局之年,根据灌云现有发展基础,结合"十三五"全县经济社会发展趋势和宏观经济走势,衔接全面小康新要求和全省沿海开发"335"规划,确定"十三五"时期全县经济社会发展的总目标是:全面建成小康社会,建设"强、富、美、高"的幸福新灌云,力争到"十三五"末,经济社会发展实现"一个确保、二个两番、六个倍增",即:确保到 2019 年全面建成小康社会;到 2020 年规模以上固定资产投资、规模以上工业投资较 2015 年翻两番;地区生产总值、规模以上工业总产值、规模以上工业增加值、一般公共预算收入、城镇居民人均可支配收入、农村居民人均可支配收入实现成倍增长,综合排名在全省显著前移。经济运行质效、民生保障水平、城乡环境、生态建设、基础设施大幅提升。

【重点项目建设】　2016 年,全县有 20 个项目列入市重点项目,项目计划总投资 97.55 亿元。在 20 个项目中,产业项目 16 个,城建及基础设施项目 4 个。至年末,有 19 个项目开工建设(其中尤丽康生物提取品生产、天骄锂离子电池生产制造、江苏保易医药辅料、南京明亮润滑油添加剂、杭州缠绕设备等 5 个项目已竣工投产,东门五图河整治工程已完成年度工作任务),鑫兆磊实业有限公司石材加工项目即将开工。在已开工建设的项目中,立华牧业、常茂生物、新城化工等项目进展较快;哆哆食品因投资商资金链断裂导致项目停滞,其他项目均能按计划推进。

【宏观调控】　2016 年,县发改委进一步增强计划指导作用。全面完成"十三五"规划编制工作,成立"十三五"规划编制工作领导小组,下发"十三五"规划编制工作方案,编制完成《灌云县国民经济和社会发展第十三个五年规划纲要》(征求意见稿),得到市委市政府的高度评价。配合完成全市十三五规划纲要、主体功能区规划、新型城镇化及城乡一体化等一系列规划编制工作。编制完成《灌云县 2016 年上半年国民经济和社会发展计划执行情况报告》和《灌云县 2016 年国民经济和社会发展计划执行情况与 2017 年国民经济和社会发展计划(草案)报告》,并经县人大和人大常委会审议通过。综合工业、农业、服务业、外资、财政、科技、社会事业等经济主管部门,结合市对县年度考核目标,完成《灌云县 2016 年国民经济和社会发展主要计划指标》编制、下发任务。加强建设全面小康社会进程监测。会同县统计局、人社局等部门加强对全面建设小康社会 25 项指标的监测分析,2016 年底实现 24 项指标达到或超过全面小康目标值,小康社会实现程度 99.5%。积极做好资金争取工作。紧抓国家稳增长、调结构等各项政策机遇,充分发挥自身职能,通过多渠道搜集信息,勤汇报、多沟通、抓重点,积极做好项目的筛选储备和申报工作。年初目标争取上级资金2400万元,全年争取资金6647万元。

【项目投资管理】 2016年,县发改委围绕稳定经济增长重抓有效投入,突出优化供给侧结构的正确导向,进一步优化投资结构、提高投资效率,全县100个重点项目达序时进度87项,列入市级重点督查推进的20个项目有18项达序时进度。全县新签约项目57个,其中过亿元项目36个;新开工5000万元以上工业项目50个,其中过亿元项目19个;新竣工重点工业项目50个,过亿元项目18个;3号码头及堆场、宁丰木业、光大生物质热电联产、林洋油牡丹光伏发电等项目开工建设,天骄锂电池、常茂生物药品添加剂、保易制药、江苏缠绕环保等项目建成投产。

努力提升项目服务水平。2016年,县筑富公司成功发行16亿元债券,成功搭上沿海一带一路集合债末班车;筹备申报恒驰公司债券;组织四队镇申报全国新型城镇化综合试点镇并获得省发改委批准,完成国家新型城镇化综合试点方案要点的上报工作,四队镇入选省国家新型城镇化32个综合试点镇,是连云港市唯一入选乡镇。

【项目网上审批】 2016年3月,县网上审批系统试运行,7月初全面运行,下半年网上审批项目240件,实现线下无审批目标。

【目标考核暨绩效管理】 根据市《2016年度县区目标任务绩效考评办法》编制《2016年度全县经济建设和社会发展目标任务绩效管理考评办法》,县发改委牵头目标责任主体单位认真做好2016年度市对县经济建设和社会发展目标任务绩效考评工作。灌云县获全市经济建设和社会发展目标绩效考评先进县区二等奖。

公平、公正、公开地进行县内目标任务绩效考核。以《2016年度全县经济建设和社会发展目标任务绩效管理考评办法》为依据,牵头完成全县2016年度县对乡镇、园区、部门经济建设和社会发展目标任务绩效考核工作,公平、公正、公开地对全县13个乡镇(街道)、33个重点招商引资部门、21个非重点招商引资部门和7个园区进行认真考核。主动引领县经信、招商、农委、商务、统计、环保、安监等涉及目标管理部门,按照考准、考严、考实的总体要求,深入项目一线,严格把握、准确考量、认真核查,全面、实在、公开地体现各条线经济建设和社会发展实绩,提交真实、全面的考核结果,通过县委常委会、县政府常务会两级会审后,形成客观、公正的全县考核成果。依据考核结果,制定奖励方案,圆满完成县目标绩效管理暨作风建设大会筹备工作。

(王善丽)

2016年灌云县主要经济社会指标完成情况表

表29

类别	指标	单位	数据	同比±%	数据来源
增加值	地区生产总值增幅(季度数据,1~12月实绩)	%	328.66	8.2	统计局
	规模以上工业增加值增幅(1~12月实绩)	%	141.83	10.8	
	服务业增加值增幅(季度数据,1~12月实绩)	%	121.44	10.1	
财政	一般公共预算收入(1~12月实绩)	%(万元)	215179	-45.2749	财政局
	税收占财政收入比重(1~12月实绩)	%	82		
投资	其中:规模以上固定资产投资(1~12月实绩)	亿元	272.1861	21.41577	统计局
	其中:规模以上工业固定资产投资(1~12月实绩)	亿元	174.7927	7.686938	
外资	直接利用外资(1~12月实绩)	万美元	2426	-27.56	商务局
外贸	外贸进出口总额(1~12月实绩)	%	23330	17.9	商务局
	外贸出口(1~12月实绩)	万美元	20309	12.6	
消费	社会消费品零售总额增幅(季度数据,1~12月实绩)	%	119.45	12.1	商务局 统计局
	居民消费品价格涨幅(季度数据,1~3月实绩)	%			物价局
工业经	规模以上工业现价产值(1~12月实绩)	亿元	759.19	17.87	经信局
	工业用电量增幅(1~12月实绩)	万千瓦时	60476	15.15	
收入	农村居民人均可支配收入(季度数据,1~12月实绩)	%	12968.77	9.16	统计局
	城镇居民人均可支配收入(季度数据,1~12月实绩)	%	22979.32	8.19	

(县目标办)

国土资源管理

【概况】 2016 年,全县国土资源系统广大干部职工围绕年初确立的“保护资源、节约集约、维护权益、改革创新”工作目标,深入推进节约集约用地“双提升”行动,促进国土资源事业的持续健康发展,为地方社会经济发展提供坚强的用地保障。2016 年,国土资源局获县委、县政府“综合目标二等奖”等 5 个奖项,被连云港市国土局评为“综合考评优秀单位”。

【保障发展用地】 2016 年,县国土资源部门切实履行职责,积极参与调控,科学合理配置,及时供应各类保增长用地。2016 年供应各项建设用地 80 宗,供地总面积 664.56 公顷。利用存量建设用地占新增建设用地 82%。其中,出让国有土地使用权 65 宗,出让土地面积 439.93 公顷,划拨土地 14 宗,划拨土地面积 10.94 公顷,畜禽养殖备案用地 18 宗。2016 年获省批准用地 188.51 公顷,其中农转用 120 公顷。通过“节约集约模范县”创建奖励、城乡建设用地增减挂钩,累计向省、市多争取农地转用指标 130 公顷。有效调控、有保有压、积极向上争取和科学合理配置,保证全县各项建设用地特别是事关全局的重大项目、重点工程、基础设施建设以及民生工程的用地需求。

【推进重点工作】 2016 年,县国土资源部门尽职尽责,强势推进各项重大工作,确保各项重大工作的圆满完成。坚持把加强基本农田保护作为重中之重,坚持基本农田周、月、季报告制度,强化对基本农田的管理,整合农委、水利等项目,完成 0.52 万公顷高标准基本农田建设任务。完成 33 个项目 2.4 万公顷高标准农田上图入库工作,建成基本农田保护标志牌 300 块,全县基本农田保护率持续保持 100%。土地复垦开发整理项目推进有序。2016 年,完成增减挂钩、占补平衡、工矿废弃地复垦项目 52 个,新增耕地 277.16 公顷。龙苴吴南村和四队双闸村两个省投项目全面建成。下车镇统一乡镇布局调整试点工作,顺利完成施工任务并通过市局验收。矿产资源利用水平明显提高。第三轮矿产资源总体规划顺利通过省厅审查。完成矿产资源规划调整工作,调减储量估算 2993.3 万吨。完成全县 17 家采矿企业的采矿权年检工作。开展地热勘查工作,筹资 230 万元实施 7 个地热区块勘查工作。国土资源执法监察步上新台阶。成立 4 个执法片区,负责片区内的执法监察巡查及对违法违规用地行为的制止、报告、立案调查等工作。全年不定期开展土地动态巡查 81 次,联动执法 5 次,立案查处 12 宗,收缴各类罚款 20 余万元,依法拆除违法违规建(构)筑物面积 8000 余平方米。完成部下发的 893 宗和省厅下发的 435 宗变更调查图斑的核查工作。土地执法工作被省厅评为“全省土地执法先进县”,两名员工被市局表彰为“十佳国土卫士”。国土资源节约集约利用成效明显。对 10 家企业进行土地、资产投资情况评估,其中,5 家恢复使用,1 家注销土地使用权,2 家进行资产整合,2 家解除合同。在全县开展违法违规用地执法大检查活动,对 20 宗批而未供的土地重新进行“招拍挂”公开出让。2016 年,灌云被国家土地总督察办公室表彰为“土地利用和管理形势分析工作成效突出观测点”。主动为县财政争取增量资金。精研政策,主动对接,22.73 公顷补充耕地指标在省补充耕地交易平台交易,交易价款 0.98 亿元;2016 年增减挂钩复垦项目争取专项补助资金 511 万元;追缴 2012—2015 年度市相关用地单位拖欠的耕地开垦费 560 万元。向上争取各类资金和清欠耕地开垦费计 1.09 亿元。

【维护群众权益】 不动产统一登记提档升级。2016 年,县国土资源部门推出不动产登记“五融五同”工作经验,并在农村不动产登记的试点工作中,创新农村宅基地和农房一体不动产登记工作方法。3 月和 11 月,省国土厅两次在县国土资源部门组织召开省级不动产登记工作现场推进会,《中国国土资源报》等多家媒体宣传报道灌云的工作经验。该项工作被县委县政府评为“特别贡献奖”。全年县国土资源部门受理信访 17 件,处理率 100%,完成行政诉讼 42 起,复议 3 起,有效地维护了国土资源法律法规的严肃性。

政策法规宣传。以“土地日”“地球日”和“国土资源宣传周”为契机,通过网上公布、公示牌公示、集中宣传、接受咨询和举办听证、信访答复等多种形式,将土地利用总体规划修编、土

12 月 29 日,县国土局举办连云港市首本农村宅基地和农房一体《不动产权证书》颁证仪式

地征收征用、土地市场交易、国土资源政策法规、国土资源规费征缴依据及其标准等所有涉及国计民生、事关广大人民群众切身利益的事项，一律面对社会进行宣传。2016年开展规模较大的集中宣传活动6次，向群众散发宣传材料6000余份。

地质灾害防治。加强重点地质灾害隐患点防治工作，举行地质灾害应急演练。在大伊山景区奶奶山南坡万丈崖地质灾害隐患点安装网络监控和高音广播，实行24小时动态监测；县政府下拨治理资金15万元，作为隐患点安装安全防护设施和警示牌费用，有效地保障了隐患点周边群众生命财产安全，连续14年实现地质灾害零伤亡。

【提高服务发展能力】 2016年，县国土资源部门以服务地方发展为切入点、落脚点，紧贴县委、县政府的中心工作和全县发展大局，围绕市局的工作部署，积极融入和全面做好服务工作。切实提升业务素质。县国土资源部门紧抓“两学一做”“队伍建设年”活动，先后与淮海工学院、南京农业大学签订战略合作框架协议，合作建立产学研教学实习基地，为干部职工提供学习交流平台。创新干部培训方式，与南农大合作办学，对局机关、直属事业单位以及基层所50人开展为期8天的培训，让学员们从学习中更新知识，开阔眼界，提升业务素质。全力强化“窗口”建设。在开设房地产企业办证专门“窗口”、开展“大客户”预约上门服务的基础上，推出“弹性窗口”机制，实行二维码扫描、业务受理告知单、业务办结手机短信提醒等便民服务，受到群众一致好评。全年收件近4.5万件，全部在承诺时限内办结，实现了零投诉、零差错，3次被县行政服务中心评为“红旗窗口”。大力推进土地公开出让。县国土资源部门结合县情，主动应对，通过精心培育和正确引导，推进土地市场交易工作。在全市三县中率先实现网上交易挂牌出让。全年举办土地使用权公开挂牌出让4期，出让土地65宗，成交金额25.35亿元。国有建设用地使用权挂牌出让，活跃灌云县土地市场，提高土地利用效益，增加了政府财政收入，为灌云县城市化、现代化建设提供有力的经济支撑。

（平卫军）

海洋与渔业资源管理

【概况】 2016年，全县完成海洋经济总产值15.6亿元。完成水产品总量6.6万吨，完成渔业经济总产值16亿元，新增高效渔业面积666.67公顷（其中高效设施渔业133.33公顷），改造维修池塘0.22万公顷。

【海洋资源管理】 重大项目用海。2016年，新建灌云县燕尾港一级渔港工程用海项目获上级审批。连云港港灌河港区燕尾作业区码头三期工程海域使用论证报告书、海洋环境影响评价报告书及华能灌云海上风电场300兆瓦工程可行性研究报告书、海域使用论证报告书、海洋环境影响评价报告书均通过专家评审。

海域使用管理。开展用海企业调查，完成海洋功能区划中期修编资料、海洋主体功能区划调整修编资料收集上报工作。完成海岸线修测外业调查工作和海岸线修测调整资料上报工作。

海洋与渔业生态修复。4月，县海洋与渔业局投入资金在叮当河、善后河、潮河等水域进行增殖放流，投放鲫鱼、花白鲢鱼、鲤鱼、草鱼等鱼苗。5月，配合省渔业指挥部，在开山渔场成功开展海洋放流活动，共放流中国对虾苗1亿尾。

海域动态与海洋环境监测。开展三维全景动态监测系统建设，启动海洋环境监测中心实验室建设，2016年底，实验室大楼封顶，进入内外装修阶段，实验室资质通过认证。

【渔业生产】 2016年，县渔业管理部门先后开展渔业生产春季调研和涉渔企业调查及2016年高效渔业项目调研等工作，精心编制“十三五”水域滩涂养殖规划。不断推进渔业建设。全县新增家庭渔场10家。全县繁育南美白对虾苗13亿尾；渔业园区休闲区扩建8.67公顷。不断更新养殖品种。通过和科技院校的合作，新引进水产养殖新品种4个，渔业园区养殖品种发展到40多个。推广浅水藕套养小龙虾养殖技术1000公顷，常规鱼混养南美白对虾模式0.31万公顷，养殖结构和布局日趋合理。强化水产品质量安全监管。组织开展水产品安全专项检查8次，共检查8家企业和7家合作社206户养殖户。完成全县46个抽样检测指标任务，确保水产品质量安全零事故。

【海洋与渔业执法】 加大执法力度。2016年，县海监大队开展岸线巡查和各类执法检查30余次。渔政大队联合公安、新闻媒体，组织各乡镇渔业管理人员，并聘请10名渔业监督员，开展打击毒、电、炸专项行动18次，专项执法26次。查处违规海洋渔船57艘。

增强管理实效。2016年，县海洋与渔业执法部门认真开展渔业船舶年审、检验工作。船检人员做到每船必检。开展淡水安全检查6次，检查渔船389艘，整改5艘。海洋港口检查26次，检查渔船326艘次，整改47艘次。

做好伏季休渔工作。2016年，成立伏季休渔工作领导小组，采取悬挂横幅、宣传展板、张贴宣传标语、散发宣传单、张贴伏休通告、粘贴“休渔规定”“三防常识”等卡通宣传画、召开渔民伏季休渔座谈会等方式，切实做到伏季休渔家喻户晓，做到渔船应休尽休，顺利完成当年伏休工作。

方便渔民办理证书年审。2016年，县海洋与渔业局在燕尾港镇租用临时办公室，为渔民上门提供服务，此次窗口前移，共在燕尾港提供办证服务11天，共年审156艘渔船证书。办理渔业互助保险业务，雇主责任险632人，25280份。

【渔业安全生产管理】 全面落实责任制。2016年，县政府与各乡镇政府和部门、乡镇政府和村、社区，签订渔业安全生产责任书，形成党委、政府、部门、船东（船主）齐抓共管的责任网络。

严格执法监督。2016年，县海洋

与渔业局先后开展“春节前渔业安全生产大检查”“渔业安全生产事故隐患排查月”“海洋涉渔乡镇船舶规范化管理专项整治”“夏季渔业安全生产大检查”“渔业安全生产专项整治”“5·12防灾减灾”和“安全生产月”等一系列安全生产检查整治工作。

严打涉渔“三无”船舶。结合伏季休渔管理,采取海上查、港口堵方法,强化打击力度,全面开展涉渔“三无”船舶专项整治和海洋涉渔乡镇船舶规范化管理专项整治工作。确保全县乡镇船舶规范化、系统化、科学化。

夯实安全生产基础。重视与安监、海事、气象等部门的联系,在“防灾减灾日”“世界海洋日”“安全生产月”和“伏季休渔”期间,向群众普及海洋与渔业灾害风险的识别方法、应对技巧、防范措施。强化渔民抗风险能力。加快推进老旧渔船更新改造工程,渔业互助保险健康发展,全县所有渔船都参加渔业互助保险,所有船员都实行全员足额保险。

(县海洋与渔业局)

市场监督管理

【概况】　灌云县市场监督管理局组建于2015年4月25日,由原县工商行政管理局、县质量监督管理局、县食品药品监督管理局整合成立,加挂灌云县食品药品监督管理局牌子。2016年,县市场监管局有在职干部职工213人,其中,公务员149人,行政附属编制23人,事业编制41人。下设8个基层分局、1个执法大队和14个科室。先后获评省、市文明单位;在市食品安全工作考核评价中列各县区第二,获评优秀等次;在县目标综合考评中获目标完成奖、建设灌云先进单位奖、市目标争先奖、党建工作创新工程奖、社会管理创新奖、就业创业推进奖,获市质监系统改革完成奖,被评为省级文明城市创建工作先进集体、县安全生产先进单位、机关工作人员军训活动先进单位、县纪检监察工作先进单位、12345平台工作先进单位、志愿服务优秀团队;局行政审批窗口获市“优化发展环境先进科室(窗口)奖”,执法大队被评为市打击传销先进集体,放心消费创建办被评为市放心消费创建工作先进单位,消费者协会被评为市消费维权工作先进单位和市十佳人民调解委员会。

【市场监管】　年报公示工作。2016年,县市场监管部门广泛宣传年报工作,全县市场主体2015年年报率91.3%,列市县区第二;加强信用监管,申报获评市级“重守”企业18家,移出经营异常名录600余户。

行业主体监管。县市场监管部门对相关企业实行“双告知”,移交液化气、加油站无证经营300余户,清理无照经营千余户。

集贸市场管理。县市场监管部门注重农贸市场规范管理,平安市场创建工作考核居市第一。

合同助农工作。全县推行农副产品购销签订合同制度,相关做法在省合同工作会议上得到推广。

【商事制度改革】　2016年,全县全面推行企业“多证合一”,启动个体工商户“两证整合”。全年登记企业1589户,新增注册资本总额112.5亿元;登记个体工商户5437户,其中,发出“两证整合”营业执照123份,新增资金总额10.9亿元,比上年分别增长62.5%和160.5%。发放电子营业执照4003份。全县登记各类企业7902户,注册资本总额599.4亿元;登记个体工商户25954户,资金总额23.6亿元。大力培育新型经营主体,发展农民专业合作社和家庭农场,新登记家庭农场562个,资金总额3.2亿元,分别占全市新登记的65.3%和51.7%。新登记农民专业合作社153户,成员出资总额4.6亿元,其中,新登记土地股份专业合作社24户。

【质量标准工作】　地理标志保护。2016年,江苏花果山食品获批国家地理标志产品专用标志使用权。全年申请商标470件,注册326件,有效注册量1662件;培育省著名商标8件、市知名商标13件、省名牌产品2个、市名牌产品10个。

质量诚信体系构建。组织申报AA、AAA质量信用企业各1家,在质量信用评价系统内新录入18家企业。

标准化项目推进。县行政服务中心省级服务业标准化试点项目通过上级验收;县行政服务中心和12345民生热线暨数字化城管指挥服务中心分别获批国家级和市级社会管理与公共服务标准化试点;获批市级农业地方标准2个。

检测平台建设。2016年,县市场监督管理局与南农大、县科技局合作,积极推进智能化农机检测平台项目建设。

【安全监管】　食品餐饮安全监管。2016年,县食品药品监督管理局围绕“保食品安全”中心任务,开展系列专项整治;在食品生产环节开展“亮企”行动,食品流通环节开展“亮店”行动,餐饮服务环节开展“亮厨”行动,下发责令整改通知书60余份,立案查处流通领域各类食品违法案件30余件;建成食品快检实验室,全年完成抽检2772批次。

药品医疗器械监管。2016年,全年办理药品经营许可证86份、医疗器械经营许可证28份;开展疫苗、中高考期间药品等专项检查325家次,发出整改通知16份,查办案件16件;完成药品、医疗器械不良反应(事件)监测报告1022篇。

特种设备安全监察。2016年,县市场监管部门不断强化日常安全监察,发现隐患175处,下达整改指令书46份,立案15起;全县电梯投保率达80%。

【执法维权】　2016年,县市场监督管理局进一步加大案件查办力度,全年办结各类违法案件176件。其中,查办的公用企业整治案件被省工商局评为十大限制竞争类案件,有2起案件被省食药监局评为大要案;罚没入库50万元以上案件1起、30万元以上案件1起,查处商业贿赂案件2起。持续做好消费维权工作,调处消费投诉612件,办结举报160件,为消费者挽回经济损失百余万元。

2016 年灌云县个体工商户基本情况统计表

表 30

乡镇(街道)名称	个体工商户户数(户)	注册资金总额(万元)	乡镇(街道)名称	个体工商户户数(户)	注册资金总额(万元)
伊山镇	9294	78538.72	南岗乡	1328	15975.42
圩丰镇	727	5520.55	侍庄街道	3662	28831.23
杨集镇	1855	24523.38	东王集镇	1569	14647.17
燕尾港镇	835	6683.9	图河镇	1017	9027.15
同兴镇	1169	9324.56	小伊乡	780	7473.4
四队镇	1148	8741.75	2016 年底总数	25843	230876.2
下车镇	1421	14101.55	2015 年底总数	20170	124647.25
龙苴镇	1038	7487.37	比上年增加	28.13%	85.22%

2016 年灌云县私营企业基本情况统计表

表 31

乡镇(街道)名称	私营企业数(户)	注册资本总额(万元)	乡镇(街道)名称	私营企业数(户)	注册资本总额(万元)
伊山镇	2529	1199400.97	南岗乡	330	71155.16
圩丰镇	241	214286.42	侍庄街道	1454	901444.84
杨集镇	392	140721.1	东王集镇	390	121425.64
燕尾港镇	522	2887978.54	图河镇	244	64679.69
同兴镇	407	133308.28	小伊乡	261	62819
四队镇	449	73430.82	2016 总数	7868	6059835
下车镇	323	94714.61	2015 总数	6283	4930383.18
龙苴镇	326	94470.41	比上年增加	25.22%	22.91%

2016 年灌云县江苏省名牌产品(企业)名单

表 32

产品名称	企业名称
云生牌水稻种子、大豆种子	连云港市云辉农业发展有限公司

2016 年灌云县连云港市名牌商标及产品名单

表 33

类　别	序号	企业名称	商标及产品名称
机械制造业	1	江苏威迪农业装备科技股份有限公司	“威迪”、“振云”牌双圆盘开沟机、旋耕机械
	2	连云港是云港旋耕机械有限公司	云港牌旋耕复式机械
	3	连云港市连云机械有限公司	惠农牌旋耕机
	4	连云港双亚机械有限公司	春山牌旋耕机
	5	连云港九迁机械制造有限公司	九迁牌旋耕机
	6	连云港五洲船舶重工有限公司	五洲牌钢制船舶
	7	连云港锐巴化工有限公司	锐巴牌均匀增粘剂

续表 33

类 别	序号	企业名称	商标及产品名称
食品	8	灌云县安国食品厂	多来利虾酱
金融	9	中国人民财产保险股份有限公司灌云支公司	

2016 年灌云县江苏省著名商标名单

表 34

序号	企业名称	商标名称	使用商品/服务
1	连云港大陆农业机械装备有限公司	大陆桥	农业机械,播种机(机器)等
2	连云港市连发机械有限公司	惠农	农业机械等
3	江苏花果山鹅业食品有限公司	花果山	鹅等(非活制品)
4	江苏远征化工有限公司	远征化工	媒染料;茜素染料;着色剂等
5	江苏伊云贝尔饮料股份有限公司	超蓝世界及图	果汁等
6	连云港市威迪机械有限公司	振云及图	犁.收割机等农业机械
7	灌云县三星食品有限公司	苏龙及图	猪肉、鱼片等食品
8	江苏江南农化有限公司	巨能	杀虫剂、灭杂草剂等农药

2016 年灌云县连云港市知名商标名单

表 35

序号	企业名称	商标名称	使用商品/服务
1	连云港大陆农业机械装备有限公司	大陆桥	农业机械,播种机(机器)等
2	连云港市连发机械有限公司	惠农	农业机械等
3	江苏花果山鹅业食品有限公司	花果山	鹅(非活制品)等
4	江苏远征化工有限公司	远征化工	媒染料;茜素染料;着色剂等
5	江苏伊云贝尔饮料股份有限公司	超蓝世界及图	果汁等
6	连云港市威迪机械有限公司	振云及图	犁、收割机等
7	灌云县三星食品有限公司	苏龙及图	猪肉食品、猪肉、鱼片等
8	江苏江南农化有限公司	巨能	农药、杀虫剂、灭杂草剂等
9	连云港市奇泉酿化厂	奇泉及图	酱油
10	灌云县兴云生态农业有限公司	嫩汪汪及图	玉米等
11	爱斯特	银鳗卫浴	水龙头等

(县市场管理局)

安全生产管理

【概况】 2016 年,县安监局认真贯彻落实全国、省、市安全生产工作会议精神,深入开展“安全生产行政执法监督年”和“企业主体责任落实年”活动,按照“强基础、抓提升;控事故,护民生”的安全生产工作思路,狠抓各项措施的落实,全县安全生产形势继续保持稳定。2016 年,全县发生道路交通事故 48 起,死亡 47 人,比上年分别上升 45%、67.9%。发生农机事故 2 起。工矿商贸领域发生事故 4 起,死亡 5 人,比上年分别持平和上升 400%。

【安全生产责任体系建设】 2016 年,县政府与各相关单位签订安全生产目标责任书,县委、县政府班子成员也分别签订《灌云县委党政同责、一岗双责安全生产目标责任书》《灌云县人民政府党政同责、一岗双责安全生产目标责任书》,进一步确立安全生产工作责任。各乡镇、园区和相关部门层层签订安全生产目标责任状，逐级分解任务，层层落实责任，形成自上而下、一级抓一级的目标管理体系和责任体系。县乡党委、政府严格落实安全生产责任，县乡政府一把手分别担任同级政府安全生产委员会主任，切实履行主要领导责任，统一指挥、协同作战，各安全生产职能部门各司其职、密切配合，县乡上下形成共同做好安全生产工作的强大合力。

【隐患排查治理】 2016年，全县先后开展“一节两会”“事故隐患排查月”“安全生产月”“执法检查”“专家检查”等一系列活动。全县出动检查人员3900余人次，检查各类生产经营单位2356家次，排查治理隐患6492条。不断完善隐患排查治理信息系统建设，督促企业及时做好隐患排查治理信息平台的录入和上报工作，提高治理工作常态化、制度化、信息化水平。至年底，全县进入隐患排查治理平台企业1478家，自查自报各类事故隐患17552条，整改16711条，整改率95.21%。

【打非治违】 认真贯彻落实“依法治安”工作思路，始终保持“打非治违”高压态势，打击非法、违法生产经营行为，治理违规操作、违章指挥、违反劳动纪律行为。以安全生产大检查、“打非治违”专项整治行动、“安全生产行政执法监督年活动”为抓手，开展重点领域专项整治行动。2016年，安监部门查处非法生产化工企业48家次，立案查处企业12家，处罚金额169.9万元，到位111.9万元。其中，事前处罚9家，处罚金额84.9万元，到位66.9万元。

【危险化学品专项整治】 2016年，县安监部门将危险化学品专项整治作为“一把手”工程，县委、县政府主要领导、分管领导先后5次主持召开专题会议，部署和推进全县危险化学品专项整治工作。全县开展自查危化品企业282家，自查隐患605条。出动执法人员1306人次，组织专家检查378人次，检查危险化学品企业553家，排查出隐患2765条。确定拟取缔、关闭、转产企业23家，拟停产整顿企业42家，限期整改企业64家，并分类制定处置计划。县安监部门出动检查人员356人次，先后组织省市县专家258人次对化工园区企业采取“家家到”式隐患排查，检查化工企业126家，查出重点隐患885条，下发现场处置决定书64份、限期整改指令书65份，约谈企业主要负责人29人次。县政府专门成立由化工专家、相关部门组成的危化品专项整治验收领导小组，负责整改验收。根据企业存在的问题及风险高低，制定危化品企业隐患治理工作方案，逐个企业、逐个问题列出整改进度表，确保隐患整改到位。对列入红表的企业，针对各企业问题逐一研究、制定拟取缔、关闭、转产、搬迁方案，23家红色企业中确定拟转产企业2家，拟关闭企业13家，拟取缔企业8家。至年底，拟转产的2家企业成功转产，其他拟取缔、关闭企业全部停电到位。42家“黄色企业”和64家“蓝色企业”整改到位通过验收。

【提升应急救援能力】 2016年，县安监部门制定《灌云县临港产业区安全生产事故应急预案》，明确园区相关部门在事故预防和应急处置中的职责、权限和分工，强化安全生产应急管理工作的协调，不断健全应急处置协调联动机制。4月22日，县安监部门联合公安、消防、环保等部门在江苏远征化工有限公司就劳动防护用品的佩戴、应急救援器材的使用进行实操演练，120家企业分管安全领导、安全部长近300人参加观摩会。

全县危化品专项整治工作推进会

【队伍建设】 2016年，进一步强化乡镇及两大园区安监机构队伍建设，县经济开发区机构建设方案由县编委办报市编委办；8月9日，经县政府第39次常务会研究，批准建立临港产业区安监机构。县政府制定印发《关于调整县临港产业区安监机构隶属关系的通知》，进一步理顺园区管理体制，强化属地监管责任落实。

【安全生产标准化建设】 2016年，全县持续推进和巩固提高企业安全生产标准化达标创建工作，重点抓好标准化到期复评和提档升级工作，至年底，全县有危险化学品企业129家（不含不储存经营企业及加油站），其中生产危险化学品企业54家，使用危险化学品企业72家，经营存储危险化学品2家（其中1家同时为生产企业），危化品运输企业2家，通过标准化企业99家，其中二级标准化5家（含已通过评审，尚未发证企业），三级标准化94家。

灌云县“安全生产月”咨询活动

【职业危害监管】 深入开展职业病危害防治专项行动，全年组织200余人次对120余家涉及职业病危害因素严重的企业进行检查，发现隐患800余条，整改780余条，整改率超过97.5%；全县1000家企业进行了职业危害申报，有职业危害企业申报率100%；企业职工体检率、建档率100%；强力推进安全设施和职业卫生两个“三同时”齐头并进，全县有42家企业通过预评价评审，36家企业通过设计专篇评审，84家企业通过控制效果评价和现状评价，2家木制家具企业落实现状评价，使职业病危害从源头上得到控制。

【宣传教育培训】 2016年，县安监部门通过举办“安康杯”知识竞赛、安全生产专题文艺演出、安全生产知识讲座、开展集中咨询和巡回咨询、发放安全生产知识手册、手机发送安全知识短信、张贴安全生产标语横幅等多种形式，广泛宣传安全生产法律法规和相关知识。6月18日，邀请省淮剧团在县影剧院举办一场《平安情·中国梦》安全生产专题文艺演出，吸引了社会各界人士1000余人观看演出，以群众喜闻乐见的形式宣传安全生产基本知识和法律法规，营造良好的安全氛围。不断加强企业主要负责人、安全管理人员和特种作业人员安全生产培训工作，为加强动火、进入受限空间等化工企业八大危险作业管理，结合化工园区实际，制定印发《加强化工(危险化学品)企业动火、进入受限空间特殊作业安全管理实施方案》，10月11—27日，举办特种作业安全管理培训班3期，督促企业落实主体责任，切实提高化工企业安全生产管理水平，有效防止和减少特殊作业过程中的生产安全事故。11月25日，举办《江苏省安全生产条例》专题培训，邀请法律博士、新《条例》参与制定者蔡云就新《条例》总体原则和主要内容进行授课，有效指导进一步落实企业安全生产主体责任和政府部门监管责任。

(殷成坤)

物价管理

【概况】 2016年，灌云县价格工作紧紧围绕全县经济工作中心，认真贯彻落实省市物价工作会议和县委扩大会议精神，主动适应新常态，以贯彻《省政府关于进一步深化价格改革切实加强价格监管的意见》为主线，不断提高价格调控、价格监管、价格服务能力和水平，扎实开展“稳物价、惠民生、促发展”各项工作，为“强富美高”幸福新灌云建设营造有利价格环境。灌云县物价局先后被市物价局授予“价格调控先进集体”和“目标考核优秀单位”，被县委县政府授予“目标完成奖”和“目标争先奖”等荣誉称号。

【价费管理】 2016年，全县继续实施农村饮水安全工程，争取省市局对农村饮水安全工程的政策扶持；贯彻落实中央和省市关于进一步深化价格改革意见，根据统一部署安排，全面建立城镇居民自来水、天然气阶梯价格制度；调研测算县农村公交单位车型价格成本，核定单位运价，及时批复县凯达公司10条农公线路公交票价；认真做好农村低压电网维护费调查测算上报和阶梯电价政策落实情况跟踪调查；及时开展天燃气价格调整前的调查分析；认真落实涉及经济发展和环境优化的水电气价格清理公示工作。着力解决经济发展中遇到的价格矛盾。加强涉农价格、服务价格和涉房价格管理，推进经济发展。认真落实减轻农民负担、增加农民收入的政策措施，开展惠农政策和化肥优惠政策落实情况检查。参与粮食收购市场专项检查，加大粮食保护价政策落实力度。完善商品房价格备案管理，强化成本认证，完善备案程序，落实商品房“明码标价”“一房一价”“一价清”等制度，妥善处理和化解涉房价格纠纷和矛盾，认真履行批核王圩新区二期经济适用房价格手续，为政府保障性住房建设提供全面服务。认真规范物业收费管理，完善备案程序。及时调整大伊山旅游风景区门票价格及相关收费标准。从严核定公墓骨灰存放收费标准。在价费批核中，优先考虑困难群体承受能力，制定相应优惠照顾政策，坚持定调价程序和行政权力网上公开运行，保证价格管理工作既能服务经济发展，又能照顾民生改善。积极推进医疗服务价格改革。认真开展县级以下医疗服务价格的监督检查，及时反馈评估考核结果。县内2家县级医院总体调价规模1087万元左右，财政补偿64万元左右，涉及调价项目723项。医院调价后，医疗工作比较平稳，未出现大的波动，价费改革取得初步成果。加强收费管理，严格执行清费治乱减负政策。清费降本减负。根据中央供给侧改革降成本精神以及省市《关于清费降本减负政策落实情况专项督查的通知》要求，县物价局迅速清理涉企、涉农、涉民收费项目和收费标准，取消、放开、免征、降低各类行政事业性收费和政府定价经营服务性收费227项，其中，取消85项，放开11项，停止免征81项，降低收费标准50项。经过清理整顿，每年可为企业和群众减负2000余万元。出台4项清单。对全县涉及行政事业性收费单位实现网络化动态管理，加强事中、事后监管。编制《灌云县涉企行政事业性收费目录清单》《灌云县政府定价的涉企服务性收费目录清单》《灌云县政府定价的中介服务收费目录清单》和《灌云县涉企行政事业性审批前置收费目录清单》。通过收费目录清理，管理制度建设，所有行政事业收费目录全部在网络公开，每季度开展一次行政事业收费和涉农收费公示检查，在行政村开展涉农收费公示试点工作，不断提高收费公示水平，保证收费公示率100%。对全县30家规模企业建立付费登记制度，定期开展登记检查，发现问题及时查处。

【价格监督检查】 2016年，县物价监管部门坚持开展常规性市场价格监管，积极组织开展"市场价格行为规范年"专项整治行动，打击虚假宣传等价格欺诈行为，积极推进明码实价和价格诚信工作，做好价格异动应急预案，所有重大节日期间在安排值班的同时要求值班人员密切关注市场价格情况，做好价格异动应急巡查。坚持24小时值班制度，开放12358价格投诉平台，畅通12345便民服务平台渠道。全年受理各种咨询、投诉、举报等事项80余件，比上年增长110.5%，答复率100%。

【专项检查治理】 开展涉农收费专项检查。重点对农资、农民建房、农村水电、农机等价格和收费政策执行情况及有关涉农减免、优惠政策落实情况进行检查。

开展医药卫生服务价格检查。重点检查政府定价药品最高零售价格执行情况、药品加价率，特别是基本药物零差率及医疗服务价格项目规范政策执行情况。

开展商品房销售明码标价执行情况检查。重点查处经营者在销售商品房时不按规定明码标价、价外加价、及利用各种标价方式或价格手段进行价格欺诈的违规行为。

开展旅游收费专项检查。对个别存在明码标价问题的旅行社，责令限期整改。全年立案检查单位40多家，查处价格违法金额1300多万元，严格执行企业生产宁静日制度。

【价格认证】 2016年，县价格认证工作认真贯彻落实《江苏省涉案财产价格鉴证条例》，通过抓管理，抓建设，提高服务质量与水平，树立良好社会形象，不断拓展价格认证领域和范围，加强对涉房价格认证评估工作，认真落实好县委、县政府安排的重大评估鉴证事项，做到精心组织、周密安排，及时准确作出报告。全年完成鉴证254多件，鉴证金额360多万元。其中，刑事类案件124件，鉴证金额110万元；车损类案件130件，鉴证金额250万元。加强与政府和相关部门沟通协调，实现涉案财产价格认证经费列入财政预算8万元。

【价格调控】 2016年，全县价格调控工作得到进一步加强。市价格工作会议结束后，灌云立即组织召开全县价格调控工作会议，传达落实全市价格工作会议精神，落实县价格调控目标责任制分解，完善价格调控联席会议制度，先后多次组织召开相关部门参加的市场价格动态分析座谈会，修改完善《政府应对价格异常波动预案》，推进各项价格调控目标落实。出台相关调价项目，对涉及民生的价格问题及时制定配套优惠补贴政策。积极与财政、商务、供销等部门落实重要商品物资储备和设立价格调节基金任务，县财政调拨200万元充实价格调节基金，对困难群众给予价格补贴。认真抓好平价商店创建和日常管理工作，及时出台《灌云县农副产品平价商店管理考核暂行办法》，严格落实考核奖励，淘汰退出机制，4家平价商店全部通过省市年度考核。平价商店争先创优意识不断增强，动用13.5万元扶持平价商店建设，确保每家平价商店能建设好、管理好、经营好。全县居民消费价格指数CPI为2.1%，所有列入控制目标的商品价格全部低于市定上涨幅度。

（马 兵）

审 计

【概况】 2016年，县审计局围绕县委、县政府的工作中心，充分发挥审计监督职能，完成审计项目22个，审计查出的违规金额和管理不规范金额53973万元，其中，违规金额178万元，损失浪费资金115万元，管理不规范金额53680万元，审计发现非金额计量问题103个，制度建设、审计队伍建设等方面均取得明显成效。

【审计监督】 预算执行审计。2016年，县审计局进一步拓宽财政审计思路，确立全局一盘棋的大财政审计指导思想。完成对县本级预算执行审计、县农开局等部门预算执行审计。查出非税收入未征缴到位9565万元，揭示预算管理体系不完善、预算编制不完整、预算约束力不强等问题，为县政府、县人大加强预算监督和管理提供全面、真实、准确的信息，促进建立全面规范、公开透明的预算管理制度。

经济责任审计。注重边审边改，发现问题，与被审计单位及时沟通，提出整改要求，做到审计一项，规范一块，促进一片，充分发挥经济责任审计在制约和监督权力运行、加强干部管理监督、促进党风廉政建设和保障经济平稳较快发展等方面的积极作用，全年调整账目2988万元。

固定资产投资审计。跟踪审计中发现的问题，及时出具审计建议书，防

开展审计业务培训

止项目建设中的高估冒算、挤占挪用和损失浪费等行为，规范建设市场经济秩序，促进党风廉政建设，确保政府建设资金发挥应有的投资效益。

专项资金审计。牢固树立“民生审计”理念，坚持把人民群众关注和反映比较强烈的领域和问题作为审计监督的重点，为县委、县政府完善和落实各项惠民利民措施提供了政策依据。

审计机关人财物管理改革试点。准确把握《江苏省审计机关人财物管理改革试点实施方案》精神，把思想和行动统一到省委、省政府决策部署上来，做好局机构编制和人员管理、经费和资产管理等相关基础工作，有重点、有步骤的统筹推进改革试点工作。

【审计质量管理】 审计制度建设。2016年，县审计部门制定《灌云县审计局审计现场管理办法（试行）》，从业务管理、纪律管理、责任追究等方面，对审计组的现场审计活动作出具体规定，提出明确要求，为审计现场的科学化、规范化管理提供制度保障。

规范审计进度管理。审计质量采用挂图作战，每周五各业务科室定期填报《灌云县审计局2016年度审计项目计划执行情况表》，并将进度上墙，通过强化任务观念、时间观念，自加压力，充分调动审计人员工作积极性，提高工作效率，有效推进工作的顺利开展；每月定期召开业务交流会，审计人员交流各自项目开展情况和审计中好的经验和做法，以便互相学习。

【审计队伍建设】 完善和健全工作制度。健全考核奖惩和约束机制，修订完善局机关目标管理考核办法以及审计项目质量综合考核暂行办法，通过奖优罚劣，进一步调动和提高审计工作的主动性和积极性。

深化审计业务培训。组织审计人员参加政治理论、审计业务以及在职学习、网上学习等后续教育学习培训，完善教育培训体系，提高业务能力和工作水平。

提高思想素质。配合全县文明创建活动，成立灌云爱心速递志愿服务队，组织开展关爱留守儿童、寿星老年公寓义务保洁等志愿活动，既丰富审计人员业余生活，又使大家的思想灵魂受到深刻的洗礼。以“两学一做”学习教育活动为契机，坚定理想信念，争做合格党员。组织全体人员认真学习中共十八大、十八届三中、四中、五中、六中全会有关精神、党风廉政建设有关规定和审计“八不准”，增强审计人员廉政意识，保持审计机关廉洁从审。

【党风廉政建设】 2016年，县审计局认真组织全体人员学习中共十八大有关精神、党风廉政建设有关规定和审计“八不准”，签订《2016年党风廉政建设工作责任书》，确保责任到人，分工负责。从人、财、物、重要岗位入手，修订完善公务接待、公务出差审批、车辆管理、固定资产管理等制度，进一步完善机关效能建设、政务公开和经费预算管理；积极开展“两学一做”，认真贯彻落实中央八项规定，切实转变工作作风，强化服务意识，做到政令畅通，令行禁止，服务全县经济发展、当好灌云“经济卫士”；做好党风廉政建设工作，健全领导干部“一岗双责”制度，切实提高履行“一岗双责”的意识和能力；签订党风廉政建设责任书，将党风廉政建设责任制落实到每一位工作人员，形成横向到边，纵向到底，一级抓一级，层层抓落实的责任制网络。紧密结合审计工作实际，利用典型案例，警钟长鸣，从源头上预防滋生腐败，坚持定期分析研究，做到年初有部署，年中有抽查，年末有总结。

（邵珊珊）

统　计

【概况】 2016年，县统计局认真落实县委、县政府决策部署，积极策应经济发展新常态，坚持稳中求进工作总基调，努力克服经济运行中存在的困难和矛盾，实现经济运行有力、稳中有进、基本面向好，完成了全年各项目标任务，为全县经济健康持续稳定发展提供坚强有力的统计支撑。

【第三次全国农业普查】 2016年3月中旬，成立县、乡镇农业普查机构，选调组织协调能力强、业务精、作风硬的业务骨干参加普查办公室的工作。3月底前乡、村级完成组建。按照“全省统一领导、部门分工协作、地方分级负责、各方共同参与”的原则，制订了县第三次全国农业普查实施方案。县统计局加强部门间的协调合作，形成工作合力。进行经费预算编制和物资筹措。将PDA、普查员补贴、工作用车费用纳入预算，为普查工作的顺利开展创造条件。组织综合试点。8月下旬，普查工作选取代表本地实际情况的下车镇林庄村开展综合试点工作。通过试点，进一步完善普查方案，探索普查的组织模式，锻炼普查队伍。进行普查农作物面积遥感测量实地调查。进行宣传发动、小区划分、“两员”选调、业务培训、清查摸底等各项工作。以2016年12月31日为普查的标准时点，进行时期资料为2016年度资料现场登记普查。

【专业年报】 2016年，县统计局着重突出数据源头管理，建立健全统计数据质量控制工作机制。全面、及时、准确地完成2015年工业、投资、建筑、房地产、能源、商贸、重点服务业、劳资、科技、农业、农调等20多个专业的各项统计年报；加强与相关部门以及上级统计部门的沟通、协调、衔接，做好统计数据质量审核、评估，不断提升统计数据质量。县服务业增加值、农村居民人均可支配收入、城镇居民人均可支配收入等主要考核指标均居四县区首位。5月中旬，各项年报报表网上直报工作经过企业上报、统计机构审核、验收等程序后顺利完成。全县470家“五上”企业（规模以上工业263家、有资质的建筑业38家、有资质的房地产47家、限上贸易业58家、重点服务业64家）和85家大个体月度、季度联网直报工作有序开展。为保证数据质量，在网报过程中，县统计局充分发挥职能作用，全程进行监测和预警，及时向县有关部门和有关领导反馈、报告相关网报数据动态情况。

【统计服务】 2016年，县统计局突出统计分析研究、预测预判和监测评价职能作用。组织《统计年鉴》编写，用数据客观地反映全县经济运行情况；积极开展新常态下的分析研究。特别加强对投资、工业、农业、房地产、建筑、服务等行业主要经济指标数据的统计分析；定期开展全县宏观经济运行分析。注重经济走势研判，做好经济形势分析和预警预测。对县主要经济指标在全市比重、位次、增幅等及时进行横向和纵向对比，提高统计分析的前瞻性、针对性、准确性；进一步加强统计分析和调查工作的奖惩考核，保证分析数量和质量。先后印发统计分析与调查42期，全年有百篇（次）调查统计分析、500条（次）统计信息在省市内网、市县政府网站和《中国信息报》《连云港日报》《今日灌云》《灌云政讯》《信息摘报》等媒体刊出，客观反映全县经济和社会事业发展的各方面情况。

【基层基础建设】 2016年，县统计局进一步完善统计基层基础规范化建设的各项制度和规范，开展规范化管理水平提升活动。完善“双基”建设工作各项规范要求和标准，坚持示范引导，构建统计规范化建设长效机制。组织开展统计基层基础规范化建设“回头看”。向上级部门申请资金用于全县各乡镇（园区）统计办办公设备、交通工具购置和光纤专线建设，使乡镇（园区）在统计办公条件等方面得到进一步改善。县统计局被省评为规范化管理示范单位。

【改革创新】 2016年，县统计局按照省统计局统一部署，在新常态下扎实抓好统计改革。推进国民经济核算制度方法改革工作，在国家统一核算方案正式实施后，实现县与市GDP在总量、结构和速度上衔接；推进投资统计改革。对计划总投资5000万元及以上固定资产投资项目的统计，改为法人单位和项目相结合的方式，纳入“一套表”调查；改进贸易统计，探索构建以零售业销售指数为核心的指标体系，改进社会商品流通发展统计体系；改进住户调查。增强调查样本代表性，提高调查户配合程度，加强消费结构升级监测工作等。

（县统计局）

潮河湾风光

法　　治

政法委及综治

【概况】　2016 年,灌云县政法维稳工作围绕中心,服务大局,开拓创新,真抓实干,全力推动信访稳定、平安建设、法治建设和队伍建设,取得明显成效。灌云先后获评省、市信访稳定工作先进县;县检察院获评省文明单位、省先进基层检察院和全国青少年维权岗;县法院获评省文明单位和省法院执行工作标兵单位;公安"四项建设"和刑侦、治安等工作绩效排名全市前列;东王集法律服务所获全国法律援助先进集体称号。

【保障经济发展】　全力服务发展大局。2016 年,县政法委先后开展"护企安商""送法入企"等活动,强化对沿海开发、连镇铁路等重点工程和临港产业区、经济开发区等重点企业的挂钩服务,全县化解重大涉企纠纷 134 件,提供法律服务 286 人次。

创建食药环打处机制。公安、市场监督等部门参与的打击食药环违法犯罪联勤联动办公室,建立平台,配备食品药品快速检测仪,先后成功侦破食药环案件 35 起,公诉 78 人,其中公安部挂牌督办案件 4 起,新华社、中央电视台等媒体作了专题报道。

着力优化发展环境。在出入境、公证等部门设立办证快速通道,进一步缩短办事期限,对在灌投资申办、落户的企业和重大项目,实行提前预约服务、绿色通道服务和马上办服务,及时妥善处置重点工程引发的矛盾纠纷 86 起。

县多元融合调解工作推进会

【维护大局稳定】　重抓重大活动。2016 年,全县政法部门全力做好全国"两会"、G20 峰会、中共十八届六中全会等重大活动期间信访稳定工作,没有发生因信访问题引发的不良事件和个人极端行为。全国"两会"期间,市驻京信访工作领导小组向县委、县政府发来感谢信,对灌云在全国"两会"期间实现零进京上访、零进京集访、零有影响事件的"三零"工作目标,给予充分肯定。

实抓初信初访。2016 年,办理发生初信初访事项 485 批,办结 438;加快初信初访办理工作,完善多元融合式调解工作机制,调解重大社会矛盾案件 45 起,其中非正常死亡案件 18 起。

紧抓积案化解。年初排查不稳定因素 115 件,全部办结。5 月排查出重点信访积案 75 件,全部办结。省市交办的 12 件进京到省重复信访案件,也全部办结。年初,成立农民工工资清欠工作办公室,化解涉建领域农民工讨薪 40 起,累计金额 3800 万元,成功吸附 30 个群体 1200 余人次。

严抓责任信访。2016 年,县政法委专门成立信访督查组,加强对 13 个乡镇(街道)和 46 个重点部门检查督导。根据有关规定,先后对伊山镇、侍庄街道和县农委实施信访问责。

【推进平安建设】　推进技防建设。推

行政执法案件评查

进平安“天眼”三期工程及鹰眼“村村通”工程，新建3942路高清视频监控，建成视频实战应用平台，对接人车识别和人脸识别系统，实现视频监控技术跟踪应用、精确打防，全力打造升级版技防灌云，确保技防建设年底前通过省市验收。

开展人防建设。建成由社区工作人员组成的平安志愿者队伍和由256名保洁员、环卫工人等组成的红袖标巡防队，开展兼职巡防，将综治网格化和警务网格化有机融合，实行“一格一辅警”，每名社区民警管理4—6个网格，指导带领辅警上车巡逻、下车处警、就地采集、现场服务。

排查整治重点地区。排查中小旅馆、洗浴中心、网吧等行业各类场所万余家（次），破获两抢一盗案件2793起，诈骗案429起，处罚各类违法犯罪人员3373人次。年初排查的3处县级挂牌整治重点地区、2个市级挂牌整治突出治安问题，全部整治完毕。

【法治灌云创建】　开展法制宣传教育。2016年，灌云组建法院院长、检察院检察长等人参加6个普法讲师团，举办各类法治宣讲活动52场次，受教育5.6万人次。

强化法制宣传教育。组建灌云福昌法治艺术团，运用淮海戏、工鼓锣等表演形式，开展法制进村（社区）、进教堂等演出58场次，张福昌法制工鼓锣被中央电视台专题报道。投入40万元建设伊山镇法制文化广场。

提升公正司法水平。推出法律援助工作团队、彩虹桥工作法、其春工作法等，为当事人提供专业化、特色化司法服务，其中莉云工作室被评为省级青年文明号。全年县行政负责人行政复议案件出庭率、行政审判案件出庭率、涉府案件执行率100%。

稳步推进司法改革。全面实行人员分类化管理，严格执行检察官、法官遴选程序和入额标准，检察院33人、法院39人被确认为首批中央员额制入额检察官和法官。

【队伍建设】　加快推进多元融合式调处机制建设。2016年，全县组建医患纠纷、婚姻家庭等专业、行业调委会11个，推进公调、诉调、检调、访调对接以及行业调解组织建设，选聘人民调解员428人，受理各类矛盾纠纷2064件，调解成功2050件，调解成功率99.3%，涉及理赔金额636万元，防止民转刑案件15起，防止群体性上访18起。

强化综治基层基础建设。2016年，大力推进县乡综治专网建设，完成县综治视频会议室建设，设立综治责任网格328个，PC账号开通数408个，对村级网络配备移动终端，全年录入数据量596230个，各项数据录入全市排名前列。组织4名综治工作人员参加市综治信息化大比武，获总分第1名。争取省市各类奖补资金118万元。全年司法救助27个案件共29人，救助资金71.4万元。

推进基层行政执法监督。扎实推进《县人大常委会关于行政执法检察监督实施办法》《县委县政府关于行政执法检察监督实施细则》落实，围绕“生态文明”“安全生产”两个专题，对全县安监、环保等重点领域进行监督，查阅各类台账36册，调阅处罚案件卷宗293卷，发出检察建议10件。

坚持从严治警。出台《严格执行纪律八项规定》《关于服务保障干警四项承诺的意见》等，全力打造一支政治、业务、责任、纪律、作风、廉洁过硬的政法队伍。县公安局立案突出问题专项治理工作经验被公安部、省、市专办简报刊发，副市长、市公安局长王永生专门作出批示，要求总结推广灌云经验做法。县法院被评为省文明单位、省法院执行工作标兵单位等。检察院先后获得“全国青少年维权岗”“省级青年文明号”。县调处中心梁德金被授予“全国人民调解能手”，伊山、杨集调委会被司法部授予全国模范调委会。

（县政法委）

法治政府建设

【概况】　2016年，灌云县认真贯彻落实中共十八大及十八届三中、四中全会精神和《国务院关于加强市县政府依法行政的决定》等文件要求，把依法行政作为政府的一项基础性和全局性工作，全面推进法治政府建设。全县法制观念进一步增强，依法行政工作水平明显提高，法治政府建设取得明显成效。

【强化组织领导机构】　2016年，灌云县进一步健全县依法行政工作领导协调机制，及时调整县依法行政工作领导小组，完善政府常务会议制度，明确县政府法制办主要负责人列席政府常务会议，听取县法制部门依法行政工作汇报；认真谋划全年依法行政重点工作，落实依法行政年度报告制度。

【健全完善规章制度】 2016年，灌云县严格执行市政府关于行政决策系列文件，修订完善《灌云县人民政府工作规则》《灌云县行政执法工作考核办法》，制订出台《灌云县行政执法过错责任追究办法》《灌云县行政机关合同管理办法》《灌云县行政首长出庭应诉工作暂行办法》《灌云县人民政府关于进一步加强政府法律顾问制度建设的意见》等10项制度及《灌云县二〇一六年推进依法行政建设法治政府工作要点》等政策文件，规范决策行为，全年共落实重大行政决策公众参与、专家论证4次。严格规范性文件管理制度，出台《灌云县规范性文件制定和备案管理办法》，按照法定权限和程序制定，及时向市政府法制部门报备。健全学法用法制度，结合全县“六五”普法，制订《灌云县常务会议学法制度》，坚持理论学习与集中学习相结合，每次会前安排不低于30分钟的学法时间，全年安排专题学法活动3次；由县法制办牵头，对县卫生、国土、交通等部门执法人员开展依法行政培训，对全县840余名申领执法证人员进行考核，并为其办理执法证件。各部门的学法检查、考核结果被作为各部门年底考评的依据。

【规范行政执法行为】 健全依法行政考评体系。针对全县行政执法实际状况，将行政执法责任制纳入年度考核范围；成立推行行政执法责任制领导小组，严格施行行政执法责任制、行政管理公示制、行政执法评议考核制、行政执法过错追究制，做到统一安排部署、统一评比检查、统一考核奖惩。

开展“公开审案”活动。2016年，灌云县制订“公开审案活动”方案，除涉及国家秘密、商业秘密、个人隐私案件外，都予以公开审理，允许社会大众旁听，并邀请人大、政协、行风监督员在重大执法中对整个执法过程进行现场监督，做到案件办理阳光、透明。

推进行政权力公开透明。严格按照《连云港市行政权力网上公开透明运行管理暂行办法》要求，县监察部门切实加强行政权力运行平台和行政监察平台以及政府法制监督平台建设，在“真上网、全上网”上下功夫；全面开展对县行政权力库的校勘工作。全年更改优化行政权力683件，申请挂起行政权力472件，使各项行政权力网上运行更加准确、科学、合理；对全县行政权力网上公开透明运行进行跟踪督查，对工作不力、影响全县“权力阳光”工作全年目标考核的单位及责任人进行责任追究，实现行政机关、行政权力事项和网上监察监督全覆盖。全年受理42629余件，办结41678件，实时监察各类办件85件，发出“黄灯”预警信息215个，“红灯”报警信息457个。

【推进行政执法监督】 组织行政执法案卷质量检查。邀请县人大、政协、法院等专家组成专家组，对全县22家县直部门和6家法律法规直接授权单位的83份行政处罚、42份行政许可进行检查，重点评查各部门的行政处罚和行政许可案卷，并将评查结果作为年度依法行政考核评分的依据。县国土、卫生、地税、水利、建设等10家单位的行政执法卷宗被评为“优秀卷宗”。认真开展执法主体机构清理活动。按照部门自审、公开征求意见、编制管理机构确认、县政府法制办统一复核程序，依法梳理并明晰行政机关所执行的法律法规、规章以及执法职责，梳理责任清单，对执法过程中存在的问题梳理出负面清单。全年确认行政执法主体资格单位28个，并为其颁发《行政执法主体资格证》；定期开展行政执法专项检查，开展重点领域专项整治，重点查处行政处罚定性不准、处罚不当、程序违法等违法违规行为。

【开展行政权力清理】 根据中共十八届三中全会提出的“推行地方各级政府及其工作部门权力清单制度，依法公开权力运行流程”要求，全县开展行政权力清单梳理工作，组织34个部门进行清理，编制全县行政权力清单。至2016年年末，县政府各部门有行政权力5426项、行政许可229项、行政处罚4433项、行政强制238项、行政征收70项、行政给付16项、行政奖励40项、行政确认117项、行政裁决12项、行政征用2项、其他权力269项。将权力清单汇编成册，并经县政府常务会议通过予以发布。

【行政复议规范化建设】 2016年，灌云县积极探索行政复议工作新思路，充分发挥行政复议作用，保障和监督行政机关依法行使职权，保护人民群众合法权益。初步建立诉求表达机制、执法保障机制、矛盾调处机制、利益协调机制、权益维护机制；建立政府法制办与法院沟通协调制度，及时商讨案情，沟通办案方式，提高行政复议效率；建立行政复议决定与行政协调相结合制度，严格遵循自愿、合法原则进行调解，基本实现行政复议工作“定纷止争，案结事了”功能，化解各类社会矛盾纠纷，促进和谐社会建设。全年收到行政复议申请案件19件，办结11件，正在办理8件。

【严格行政诉讼出庭应诉制度】 2016年，县政府出台行政首长出庭应诉制度，将行政首长出庭应诉纳入考核范围；建立法院行政案件通报机制。全年县政府行政诉讼应诉案件19件，出庭应诉率100%。按法院开庭通知要求，县法制办以书面形式将开庭内容呈报县长批办，政府负责人出庭应诉，行政首长出庭应诉率100%。

【推进基层法制政府建设】 2016年，全县继续开展“依法行政乡镇行”活动，全面落实基层政府行政执法责任制，加大对乡镇政府依法行政的评议考核和责任追究力度；推行“五问工作法”，推进乡镇决策民主化。全县有532件涉及公共设施和公益事业等方面的建设事项，通过“五问决策”的508件，其中，实施490件，暂缓实施10件，不予实施8件，未发生一起因违法而引发的影响社会稳定的重大事件；创新权力制衡机制，在行政决策“五问”工作法基础上，积极探索、创新权力制衡机制。按照国家和省市关于党风廉政建设的新部署和新要求，在全县范围内推广“六权”工作，严格界定职权，着力防范和解决权力主体不明晰、权力运行不透明、权力行使不规范、权力裁量不严肃以及权力制约不得力等问题。

【积极推进“两法”链接】 2016年，县法制办配合县检察院开展“两法”衔接，创新“一个模式”，搭建“两个信息平台”，坚持“三项监督原则”，建立“四项监督机制”，实现行政监督与行政执法的无缝对接。全年督促相关行政执法部门整改事项88件，建章立制256条，受理信访举报32件，查实答复14件。基层行政执法监督工作被纳入“法治灌云建设3年规划”，并被列入“法治灌云年度指标考评体系”。

【执法体制改革】 2016年，灌云县根据精简、统一、效能原则，在调整住建、规划、环保、工商、公安等部门部分行政处罚权基础上，组建城市管理行政执法局，与县城管局两块牌子一套人马。县城市管理行政执法局挂牌成立后，根据县政府明确的“组织公共服务、实施综合管理、监督专业管理、协调社区资源、指导自治组织、维护社会稳定”定位，决定把加强城区管理作为社会管理创新的重要方面，整合区域内管理力量，编织综合联动网，打造“责任共同体”。突出执法联动保障、搭建执法联动平台以及联勤协调、联动保障和联动监督三大功能，整合各类执法资源。开展各项重大活动的专项整治，在豆丹美食节、清明节、中高考等全县重大活动中，综合执法局专门制定市容、环境卫生的整治预案。全年出动城管、环卫人员3000多人次，清理店外经营400多处，清理小广告等城市“牛皮癣”800多处，清除卫生死角200多处，清运垃圾80多吨。

（县政府法制办）

公　安

【概况】 2016年，灌云县公安局坚持“创平安保民生、倡文明促发展、抓执法提能力”的工作思路，以强力推进“四项建设”、打造“五个公安”为主线，克服硬件落后、警力不足等实际困难，强基础、勇革新、精管理，扎实做好各项公安工作，切实抓好全局队伍建设，推动全县社会治安持续好转。

【维护社会稳定】 2016年，县公安局全面落实信息预警研判、重点人员稳控、社会面巡防等多项措施，收集掌握各类预警信息300余条，提前介入并妥善处置一大批群体性事件发生，同时坚持快出警、快控制、快解决，妥善处置非正常死亡及其他群体性事件120余起，确保全县社会大局稳定。多次组织开展矛盾纠纷大排查大化解活动，以解决信访突出问题为重点，深入村居、企业，细致排查，及时解决，坚决把矛盾和问题化解在当地、解决在萌芽状态。年内，全县矛盾纠纷调处成功率达90%。圆满完成县“两会”、清明庙会等重大安保活动，未发生重大有影响群体性事件及安全事故。

【打击违法犯罪】 2016年，县公安局组织开展“惊雷1、2、3号”“打黑除恶”等一系列专项行动，成功破获“10·18”金店被抢案、“11·5”故意杀人案等多起大要案件，有力打击各类违法犯罪活动。刑事案件破案率达36.6%，侵财案件破案率达21.9%，刑事案件发案下降7.5%，侵财案件发案下降7.3%，食药环案件打击处理、黄赌娼打处等多项工作全市领先，群众安全感和满意度稳步提升。

【水上治安管理】 2016年，县公安局不断强化辖区水上从业人员的安全防范意识，提高应急处置能力，结合市局安全大检查，安排警力对辖区的潮河湾游船、码头、渔排等进行安全大检查，对从业人员进行安全宣传教育，并要求相关负责人做好安全自查工作。同时，联合船闸管理所、渔政部门对县内主要水域开展巡查，遏制辖区水域内的非法捕捞现象，保护自然水域渔业资源和生态环境。

【禁毒工作】 2016年，县公安局紧紧围绕“四项建设”和公安改革工作总体要求，创建社区戒毒新机制，在各乡镇设立社区戒毒工作站，并聘请专职社工落实戒毒治疗、动态管控、心理矫正、就业指导等。将全县吸毒人员排查管控任务落实到每名社区民警，要求社区民警利用QQ群、微信群等信息平台，抓住社区戒毒和康复环节，对辖区吸毒人员逐人落实家庭、单位或社区、乡镇、派出所“四位一体”的管控措施。获公安部、省厅挂牌督办的2起重特大团伙贩毒案件相继破获，打击处理涉毒犯罪人员90人，查获毒品6000余克，收缴毒资80万余元，查处非法种植毒品原植物违法犯罪嫌疑人8人，查处吸毒违法人员406人，强制隔离戒毒68人。

【法治公安建设】 2016年，县公安局强力推进执法规范化建设。针对“7·23”案件中暴露出的执法安全隐患，采取充实执法监督力量、完善执法监督体系、规范执法流程、抓住关键环节等措施，重点从接处警、立破案、涉案财物管理、网上巡查、平台流转、实地抽查、跟踪督办、查处问责等方面完善制度体系，力求问题整治到位、执法规范到位。强力推进队伍正规化建设，健全各级班子，狠抓教育培训，提升能力素质，培育选树典型，完善考评奖惩激励机制，培育想干事、能干事、干成事的良好风气。队伍中先后涌现薛霜、李天伦、王海龙、傅伟等工作标兵，其中，县公安局党委委员、政治处主任薛霜获评“江苏最美警察”提名奖，并荣记个人二等功。

【户政管理】 2016年，县公安局进一步提高户籍室办事效率和服务质量，以810强基工程为契机，建设全新户政服务中心，科学划分户政服务中心内部办公区域，在设立咨询接待区、等候休闲区、照片采集区、办公服务区的基础上，精细化咨询接待区，实现咨询接待区的多功能服务。

【居民出入境管理】 2016年，县公安局开辟网上预约、微信预约，强化“绿色通道”的人性化服务体系，针对节假日和高峰期建立办证高峰应急制度，在群众遇到紧急情况且手续符合规定时，按急事急办原则予以办理，保证群众能够在最短时间内办结。建立“境外人员服务管理”微信交流群，通过微信群随时掌握境外人员动态，确保“底数清、情况明、服务好、管得住”。

【社会治安管理】 2016年，县公安局围绕治安突出问题，全警动员，重拳出击，深入开展突出社会治安问题和治安重点地区排查整治专项行动，先后组织开展“利剑行动”、防范通讯网络诈骗等多项打击整治活动。采取多种方式，打击赌博、网上淫秽色情、组织、强迫、容留妇女卖淫等群众反映强烈、社会影响大的违法犯罪行为，全力净化社会环境。抓获涉赌涉娼人员462人，查处涉赌涉娼案件540起。

【社区管理模式创新】 2016年，县公安局创建全省领先的网格化社区警务管理模式，将全县划分为213个网格，实行一格一辅警，每名社区民警管理4—6个网格，常态情况下，社区民警带领辅警骑巡防电动车深入网格区域就地采集、接处警情、现场服务，开展不安定因素排查、信访化解、纠纷调处等。战时状态下，服从指挥中心及派出所勤务指挥室指令，就近处警，快速反应。将派出所警务工作平台作为网格化警务载体，在平台内完成信息采集、工作推送、评定考核。将网格警务与微警务有机融合，增加群众参与度和知晓率，网格员通过微信群向群众推送网格内警务动态，多渠道获取有价值线索。创建10余个信息化工作平台，智能作战云平台、派出所警务工作平台、视频实战应用平台、危化品安全监管平台、消防监管平台、灌云公安微警务、治安总动员、反扒联盟、伊山警事等。其中，合成作战平台、派出所警务工作平台被全市推广应用，并申报科技创新奖。

灌云县公安局办公大楼

【流动人口管理】 2016年，县公安局积极探索创新流动人口管理服务模式，以出租房屋、旅馆行业及企业用工单位为管理着控点，全面进行流动人口信息采集，做到“底数清、情况明”。进一步明确各派出所职责，对登记的流动人口进行每日核对、分析，及时发布预警信息，通知各责任区民警认真落实管控。采集流动人口信息6672人，注销2830人，变更651人。

【交通安全管理】 2016年，县公安局启用“智慧交通”工程，建成智能化交通指挥中心，创建可视化监控平台，实行交通信号联网控制、高清电子警察双向监控、违法违章适时处置、交通拥堵智能疏导、执法执勤动态监管等一系列交通整治行动，打造“安全、文明、畅通”的道路交通环境。全年查处各类交通违法行为424820起，查处涉牌涉证机动车385辆，查处酒驾324人（其中醉驾95人被追究刑事责任），查处非法营运校车7起，查获盗抢“三车”11辆，未发生死亡3人以上的特大交通事故。

【网络安全管理】 2016年，县公安局创建专业化的研判打击队伍，针对网络犯罪利用的科技手法展开专案经营和类案侦查，运用科技力量侦破案件，同时通过办理典型案件，树立典型总结侦办经验，将其中优秀的做法总结后加以推广，全面提升民警侦办网络犯罪能力。

【维稳机制建设】 2016年，县公安局创建维稳处突新机制，成立以县委常委、常务副县长任组长，县维稳办、综治办、信访局及公检法司等部门负责人共同参加的领导小组，抽调公检法司、国土、城管、环保、卫生、交通、安监、社保等多家单位30余人建立应急处突专家组，一旦发生群体性事件，县维稳办、综治办、公安局、司法局“四”部门和涉及群体性事件的“X”单位同步上案，联合开展现场处置、协商谈判、说理说法、打击处理、跟踪处置等工作。结合县实际制定30多种维稳处突工作预案，确保突发事件发生后及时一键点调、合成指挥。2016年，先后妥善处置各类群体性事件100余起。

（县公安局）

检　　察

【概况】 2016年，检察院坚持以中共十八大、十八届三中、四中、五中、六中全会和习近平总书记系列重要讲话精神为指导，坚持“政治建检、业务兴检、科技强检、文化育检”建院总要求，奋力在全市当排头，全省创一流，全国争先进，顺利完成县委及市检察院部署的各项工作任务。获全国青少年维权岗、全省先进基层检察院、全省检察文化建设示范院、全省廉政文化示范点、省文明单位、全市“六五”普法先进单位等多个奖项。

【服务经济发展】 2016年，县检察院围绕落实县委工作部署，制定《为全县重大项目建设提供检察服务的意见》等系列文件，实行“六个一”服务举措，紧扣征地拆迁、资金流转等重点环节，参与重大项目的事故预防。在深入连淮扬镇铁路建设现场开展重大工程事故预防过程中，发现并移送恶意骗取工程补贴款284万元犯罪线索，挽回国家重点工程建设损失。在县经济开发区和临港产业区成立检察工作站，为非公经济集聚区企业提供司法保障。出台《服务保障临港产业区化工环保整改六项措施》，开展打击破坏生态环境刑事犯罪及行政执法专项监督等活动，服务保障生态文明建设。在派驻杨集检察室建成全县农村干部警示教育基地，把检察服务向基层一线延伸。

【推进平安建设】 2016年，县检察院认真履行审查逮捕、起诉职责，依法打击刑事犯罪，切实维护社会安全稳定。落实国家安全战略，坚决打击危害国家安全犯罪和邪教组织破坏法律实施犯罪。开展打黑除恶、禁赌禁毒、打击涉枪涉爆等专项行动，批准逮捕故意杀人、抢劫、强奸等严重刑事犯罪142件165人。依法办理公安部挂牌督办的特大侵犯公民个人信息案、贩卖巴西牛肉案、市检察院挂牌督办的戴来来故意杀人案等重大有影响案件。结合办案开展风险研判，提交的研判报告被县委县政府主要领导、上级检察院领导多次批示肯定。办理的颜某某涉嫌故意伤害核准追诉案，受到最高人民检察院检察长曹建明两次批示肯定，侦查监督科被评为全市社会治安综合治理先进集体。

【查办和预防职务犯罪】 2016年，县检察院立案侦查贪污贿赂犯罪案件9件16人，渎职侵权职务犯罪5件5人，案件涉及医疗卫生、扶贫开发、交通等领域，其中科级干部1人，立案案值在20万元以上8人。坚持信息引导侦查和精品化办案，加强职务犯罪侦查信息平台和信息库建设，升级完善电子取证等侦查技术系统，并运用到办案实践，切实提高自侦办案“两化”水平，如在查办连云港某医疗器械有限公司及其法定代表人唐某行贿案中，充分运用信息化技术手段，不仅掌握唐某行贿的证据，同时还深挖出连云港市中医院和连云港市妇幼保健院的相关人员职务犯罪线索，有力推动医疗专项行动的顺利开展。

【惩治刑事犯罪】 着力加强审查逮捕、审查起诉工作，对严重刑事犯罪提前介入侦查，依法快捕快诉、严厉打击。2016年，全县批准逮捕116件149人，不批准逮捕20件33人。出庭支持公诉461件596人，收到法院判决442件574人。与县公安局、法院、司法局等单位密切配合，依法高效办理各类刑事案件，推进刑事案件速裁程序试点，不断提升刑事案件诉讼质效。

【开展诉讼监督】 加强刑事诉讼法律监督。推行“三监督、三合作”工作方法，解决监督范围局限于报捕案件、监督渠道局限于被动发现、监督方式局限于刚性职权等问题。结合办案向公安机关发出纠正违法通知书3份。追加漏诉5件9人，提请抗诉案件3件4人，建议法院再审案件1件，发出检察建议书1份，开展羁押必要性审查1件。加强刑罚执行和监管活动监督，办理在押人员又犯罪案件1件1人，羁押必要性审查案件15件20人，发纠正违法通知书2份，检察建议书3份，开展指定居所监视居住检查3件3人。

开展民事行政诉讼监督。发再审检察建议2件，获采纳1件，再审案件改判2件；受理执行监督案件5件，发出执行监督检察建议4件，获采纳3件；受理审判人员违法案件3件，发出检察建议3件，获采纳3件；受理督促履职类案件12件，受理支持起诉案件1件，发支持起诉书1件，采纳1件，发出检察建议14件，获采纳14件，受理督促起诉案件2件，发检察建议1件，采纳1件。其中《依法履行环保监管职责检察建议》获评全国检察机关民事行政检察优秀案件。

【推进司法责任制改革】 2016年，县检察院完成员额检察官遴选、检察人员分类管理、检察权运行、检察官职权清单及问责制度等改革任务，配套出台案件分配管理规定、办案组织设置意见、检察官岗位职责等制度，扎实推进司法责任制改革稳步、深入推进。经省检察官遴选委员会审核，共遴选员额检察官33名，占检察人员总数的33%，对检察官、检察辅助人员和司法行政人员实行分类管理，将业务力量压到办案一线，将司法责任落实到具体人员，将工作绩效考核到具体案件。

【创新基层行政执法监督模式】 2016年，县检察院形成“一个模式、三个平台、四项原则、六项机制”行政执法监督体系。提请县人大常委会审议通过《灌云县行政执法检察监督实施办法》，县委县政府出台《灌云县行政执法检察监督实施细则》，推动行政执法监督依法、长效开展。加强监督主体建设，经县编委批准，在全市率先成立行政检察科，通过开展行政执法监督活动发现并办理相关案件14件，行政执法监督工作走在全省前列。

【创建未成年人犯罪预防保护体系】 完善青苹果法治乐园，打造开放式法制教育大课堂。开展各类法制教育实践活动60余场次，受教育学生4万余人次，学生在苹果树上留言3000余条；创建李杰工作室，打造专业化维权工作站，办理未成年案件266件，参与维权活动129人次。创立司法保护中心，打造社会化帮教服务区，开展阳光护蕾等系列活动40余次。青苹果法治乐园被评为省法治文化示范点、省十佳护航工程。

【思想政治建设】 以党建带队建，扎实开展党的群众路线、“三严三实”“两学一做”等学习教育专题活动，结合司法办案和检察工作争先创优，加强理想信念教育和争创全国先进检察院目标引领，切实增强在全市争第一、当排头的自信自觉精神，打造“政治过硬、业务过硬、责任过硬、纪律过硬、作风过硬”的检察队伍。

【司法规范化建设】 建立健全案件监督管理机制，对所有案件实行网上运行、流程管理、全程监控、提前预警和网上实时考评，把内部监督贯穿于办案过程始终。围绕执法办案的热点问题和关键环节，完善岗位职责、安全防范、案件督察、责任追究等制度，将规范执法的要求定责到岗、细化到人。

【党风廉政和纪律作风建设】 2016年，县检察院按照全面从严治党的要求，认真落实党风廉政建设“两个责任”，认真履行“一岗双责”，切实把纪律和规矩提到前面。开展“治庸、治懒、治散、治浮”作风整顿活动，全面排查清理工作作风、责任担当、推进落实、遵章守纪等方面存在的问题。强化检务督察，做到业务队伍全覆盖，办公、办案、会议场所全覆盖，对督察中发现的问题坚持零容忍，立整立改。

(汤井波　高　兵)

法　院

【概况】 2016年，县法院在县委的坚强领导下，认真贯彻中共十八大和十八届三中、四中、五中、六中全会以及习近平总书记系列重要讲话精神，紧扣县委战略决策部署，聚焦司法为民、公正司法主线，依法履行审判职责，深入推进司法改革，全面加强队伍建设，法院工作取得新进展。全年受理各类案件10550件，比上年增加12.1%，审执结9207件，比上年增加11.8%。法院先后被评为江苏省文明单位、全省法院执行工作标兵单位、全省预防青少年违法犯罪工作先进集体、全省法庭文化建设示范单位。

【执法办案】 以全力服务发展为重点，紧紧围绕全县发展大局。2016年，县法院强化对重大项目、重点工程、重要产业的司法服务，坚持“纠纷处置提前介入、重大问题协商会办、信访问题联调联处”，为全县经济社会发展营造优质发展环境。以审判职能延伸为重点，深入开展“庭所、庭企、庭校”共建活动，深入县临港产业园区、经济开发区以及各乡镇开展法律咨询座谈活动，全方位参与社会综治和平安建设。以深化法治建设为重点，切实加强法治宣传，常态化开展院庭长巡回宣讲，深入开展送法进乡村、进学校、进企业、进部队等活动16次。

坚持宽严相济，依法惩治刑事犯罪。全年审结各类刑事案件636件，比上年增长19.1%。依法审结危害公共安全案件144件，侵犯公民人身权利民主权利案件66件，侵犯财产案件168件，妨害社会管理秩序案件155件。从重从快审结吴某等6人虚开增值税发票案、沈某等8人虚开增值税发票案等一批广受社会关注、影响社会民生的重大案件。依法审结贪污、单位受贿、滥用职权、玩忽职守等职务犯罪案件13件。

审结各类民商事案件5876件。2016年，民商事案件新收5883件，比上年增长1.85%；结案5876件，比上年增长5.50%。依法审理富园广场、美都新城、金榜华府等小区因延迟办证引发业主群体性纠纷案件200余件。

保持高压惩戒，强力破解执行难题。加强执行查控中心建设，充分利用执行司法查控平台与县内主要商业银行、不动产登记局、公安局等建立的“点对点”网络查询专网系统，以及最高院的“总对总”网络查询系统，高效查询银行账户、房地产、人员身份及车辆等信息，利用网上查询平台查询案件62387次，网上冻结、扣划992万余元。加大失信惩戒曝光力度，将失信被执行人“黑名单”和限制高消费措施结合起来，依托微博、微信、网站等新媒体平台，公共场所LED显示屏等曝光老赖身份信息。曝光失信被执行人名单614人，促使37名“老赖”主动清偿债务936万余元。常态化开展积案清理活动，组织错时执行、节假日执行、专项执行等活动32次，有效执结案件528件，执行到位标的额1572.1万元。

【司法改革创新】 坚持依法有序，稳步推进司法改革。规范开展法官入额工作，严格按照省、市法院的要求，坚持公开公平公正，坚持党管干部、双向选择、考试考核、差额择优、依法选任的基本原则，39名政治素质好、业务水平高、办案能力强、审判业绩突出的人员进入首批法官员额。健全和完善主审法官、合议庭办案责任制，出台人员分类管理以及与之相适应的岗位职责、目标考核管理制度，改革审判委员会议事制度，推动建立权责明晰、管理有序的司法权运行机制。出台《部门、个人业绩评价办法》，按照人员分类进行科学考核，激发工作活力提升工作实效。

坚持优化审判资源配置，扎实推进专业化审判。2016年，设立速裁庭，全年速裁庭收案468件，结案447件，结收案比95.51%。在所结案件中392件适用小额诉讼程序，“速立、速送、速调、速审、速判、速结”，快速审理当事人争议纠纷，全面维护法律权威，保障当事人的合法权益，体现灵活、快捷、高效、便民的原则，取得较好的社会效果和法律效果。大力推行院庭长办案制度，落实法官员额制改革。打破部门界限，将院领导及综合部门有审判职称的人员，与涵盖院本部及两个法庭进行审判资源整合，形成资源共享、上下互通的大民事审判格局。

坚持争先创优，打造少(少年儿童)家(家庭)审判品牌。扎实推进家事审判方式改革试点工作，建立专业审判组织，创新家事调查、家事调解、心理疏导、社会观护等机制，选聘家事调查员20名，心理咨询师18名，社会观护员9名、家事调解员40名，妇女儿童权益保护的针对性和实效性进一步增强。全年审结家事纠纷案件841件，调解撤诉率69.7%，一审服判息诉率99.29%。

【构建多元解纷】　整合诉讼服务功能，创新网络、手机等诉讼服务新途径。深入推进远程立案、庭审、调解、接访、缴费等信息化手段运用，努力构建实体与网络、现场与远程相结合的诉讼服务新模式，打造诉讼服务、诉讼引导、立案登记、案件速裁、诉调对接、涉诉信访、司法辅助“七位一体”诉讼服务平台。成立县人民调解委员会驻法院工作室，聘任驻院专职调解员两名，负责对起诉至法院的、适宜委托人民调解且原告同意调解的民事纠纷进行人民调解。工作室受理诉前调解案件62件，诉中委托调解26件，调解成功率达65%。设立专职速裁庭，对小额诉讼案件、司法确认案件、督促程序案件及其他适用简易程序案件进行快速裁决。成立多元化解纠纷工作办公室，具体负责诉调对接、诉检对接、诉公对接、诉律对接、院庭长法律巡回宣讲、指导庭所等共建、指导法官工作室和民情联系点等工作。全年共审结小额诉讼案件447件，调解、撤诉率58.6%，案件平均审理12.5天，当庭宣判率、简式裁判文书适用率80%以上。

【队伍建设】　思想作风建设。加强思想政治教育，制订党组中心组学习计划，组织开展“两学一做”学习教育，通过支部学习会、书记讲党课等形式，实现政治觉悟、思想境界和党性修养新提升，县法院被评为全县先进基层党组织。

党风廉政建设。加强司法作风建设，加大审务督查频率，持之以恒改进工作作风。建立科学的选人用人机制，加强与县人大、县委组织部门的汇报沟通，着力解决干警职级待遇问题，1名干警晋升为主任科员，1名干警晋升为党组成员，8名干警晋升为中层正职，13名干警晋升为中层副职，队伍结构进一步优化。加强党风廉政建设。聘任廉政监督员17名，不定期组织开展案件评查、信访听证、明查暗访等活动，切实强化内部监督，严肃工作纪律。邀请县监察局副局长开展《准则》和《条例》专题讲座，组织全院党员干警参观县廉政教育基地，进一步筑牢干警廉洁自律防线。

法院文化建设。先后建成院史陈列室、图书室、法官活动中心和法官健身中心，营造“快乐工作、健康生活”氛围。加强基层基础建设，审判综合楼外墙改造、杨集法庭升级改造高清法庭改造等工作顺利完工，办公、办案环境进一步改善。

（孙　慧）

司法行政

【概况】　2016年，全县司法行政系统认真贯彻落实中共十八届五中全会精神，紧密围绕县委、县政府全面深化改革的决策部署，以绩效目标为导向，以大办法治惠民实事为抓手，通过有形化推进、项目化运作、责任化考评，全面提档升级矛盾纠纷排查调处、公共法律服务、特殊人群服务管理、法治宣传教育“四个全覆盖”体系建设，经省司法厅、市司法局考核验收，全县“四个全覆盖”体系建设全部达标。司法局顺利完成办公大楼置换工作，建筑面积由原来的1000平方米增至3000平方米，改善办公条件。在全省第十五次法治宣传教育工作会议上，灌云县被省人民政府表彰为全省“六五”普法先进县。县司法局、县教育局被省委宣传部、省司法厅评为全省“六五”普法先进单位，3人获全省“六五”普法先进个人，四队镇、侍庄街道被市人民政府评为全市“六五”普法先进乡镇（街道）。“六五”期间新增“青苹果”法治乐园、灌云县法治文化公园、昌和社区法治文化园3个省级“法治文化示范点”。省级“民主法治示范村（社区）”创建数累计达119个，创建率达37%。“灌云县夕阳红普法志愿者在行动”被评为普法项目创新奖。东王集法律服务所被司法部评为“全国法律援助工作先进集体”。东王集司法所被评为江苏省优秀司法所。县法律援助中心徐建玉承办的两件案例被市司法局、老龄工作委员会评为“老年人维权法律援助十大优秀案例”。伊山镇人民调解委员会、杨集镇人民调解委员会、县医患纠纷人民调解委员会被省司法厅命名为“江苏省人民调解委员会规范化建设示范点”。县医患纠纷调委会承办的一件案例被省司法厅评选为“全省优秀调解案例”。徐林被省司法厅评为“江苏省优秀基层法律服务工作者”。

【人民调解工作】　调解员培训。2016年，县司法局强化县、乡、村三级调解组织的业务培训，组建由分管局长带队，法院法官、律师和优秀调解能手为授课人的培训师资，深入全县13个乡镇和相关企业进行业务培训。县局基层科组织两期专职调解员培训班，对全县县、乡两级调处中心、专业、行业调委会和派驻制调解员进行培训，培训邀请全国优秀调解员、县法院的两名优秀法官、县司法局副局长和基层科工作人员进行授课。

筹建专业调委会。2016年，全县新建一批专业调委会，包括价格争议调委会、交通事故调委会、环境保护调委会、物业管理调委会、征地拆迁调委会，从筹备情况看，各调委会的办公用房基本配备到位，专职调解员选聘到位。

专业调委会工作。县医患纠纷调委会成立于2010年，至2016年，调委会调解一大批重大的医患纠纷，被省司法厅评为“江苏省人民调解委员会规范化建设示范点”；县婚姻家庭纠纷调委会成立于2014年，至2016年共调解纠纷276起，为降低全县离婚率、构建和谐社会发挥积极的作用；县劳动人事争议纠纷调委会成立于2011年，至2016年新聘任两名专职调解员，调解工作正式步入正轨。

人民调解工作室工作。2016年，派驻县信访局调解工作室调解各类矛盾纠纷26起。派驻县法院调解工作室自5月成立，调解各类矛盾纠纷44起。全县12个派驻派出所人民调解工作室,主要负责调解派出所移送的矛盾纠纷,全年调解各类矛盾纠纷123起。

基层人民调解组织规范化建设。2016年,全县以人民调解组织规范化建设为抓手,进一步深化人民调解委员会规范化建设,出台《关于进一步加强人民调解委员会规范化建设的实施意见》,全县100%的乡镇(街道)、村居(社区)人民调解委员会、70%以上的专业性、行业性调解委员会达到规范化标准。县医患纠纷调委会、伊山镇调委会和杨集镇调委会被省司法厅评为全省人民调解委员会规范化建设示范点。

矛盾纠纷排查分析。2016年,开展6次日常排查和3次重点时期排查,即"两节""两会"期间矛盾纠纷专项排查活动、"五一"期间矛盾纠纷专项排查和农忙期间的矛盾纠纷排查活动,排查出各类矛盾纠纷753起,调解753起,调解成功738起,调解成功率98%。

优秀人民调解案例评选。上半年组织各调解组织参加全省优秀调解案例评选工作,县医患纠纷调委会上报的《医患纠纷难解决　人民调解来帮忙》被省厅评选为全省优秀调解案例。2016年调解工作经费共60余万元,全部纳入县财政预算,实行专款专用。

2016年,全县受理矛盾纠纷2536起,调解2536起,调解成功2522起,调解成功率99.4%,有效发挥"第一道防线"的作用。

【法制宣传教育】 "六五"普法取得丰硕成果。在全省第十五次法治宣传教育工作会议上,灌云被省人民政府表彰为全省"六五"普法先进县。县司法局、县教育局被省委宣传部、省司法厅评为全省"六五"普法先进单位,3名工作人员获全省"六五"普法先进个人,四队镇、侍庄街道被市人民政府评为全市"六五"普法先进乡镇(街道)。"六五"期间新增"青苹果"法治乐园、灌云县法治文化公园、昌和社区法治文化园3个省级"法治文化示范点"。省级"民主法治示范村(社区)"创建数累计119个,创建率37%。"灌云县夕阳红普法志愿者在行动"被评为普法项目创新奖。

全面启动"七五"普法。2016年,全县建成3个省级法治文化建设示范点,开通灌云普法网、普法微博、微信,组建六大普法讲师团,定期赴机关、学校、农村进行宣讲。培育新兴艺术团、福昌法治文化团等一批社会普法组织,经常性开展法治宣传活动。建立健全执法过程中"法律告知"机制,落实"谁执法谁普法"主体责任。开展"法润灌云　关爱民工""美好城市　法律相伴　你我共创"等专项活动。

【特殊人群监管】 2016年,全县累计接收社区矫正对象451人。期满解矫421人,违反规定收监12人。登记在册矫正对象503人,其中,缓刑424人,假释79人。加大教育培训力度,增强社区服刑人员、刑释解教人员的法制意识和再就业本领,提升管控质量。全年组织集中教育培训班10期,有369名矫正对象接受系统的法律法规、思想道德、心理健康等教育。有420名社区矫正对象参加县司法局在阳光技校举办的技能培训班,培训专业涉及电焊工、电工、叉车驾驶,所有参培人员均取得中、初级技能证书。乡镇司法所组织集中教育110场次,受教育人数1256人次。建立健全刑释解教人员信息库。为全面掌握刑释解教人员信息,切实做好刑释解教人员安置帮教工作,维护社会和谐稳定,对全县三年来刑释解教人员的姓名、籍贯、罪名、服刑时间、服刑监狱、释放时间等静态信息等进行认真排查梳理,确保底数清、情况明。对户籍地与住所地不一致的,做好安置帮教工作衔接、移交工作,杜绝脱管、漏管现象。2016年,全县接收刑释解教人员972人,其中刑释512人、解教460人,帮教率98%以上,安置率95%以上;服刑人员信息回执发送率、人员核查率均95%以上;通过信息平台、实地走访等多种途径开展特殊人员特困家庭排查工作;走访慰问特殊人群困难家庭、特殊人群未成年子女,发放慰问物品金额达上万元。

【法律服务】 2016年,县司法局加强公共法律服务中心建设,依托法律援助窗口建立公共法律服务中心接待大厅,采用"前台接待、分流指派、后台办理"的办法处理相关事项。全县13个乡镇的公共法律服务中心建成率达100%。加强村(居)司法行政服务站建设,全面推进村级司法服务站建设。全县329个村(社区)全部建成司法服务站。优化公共服务质量,整合法律援助、律师、公证、基层法律服务等服务职能,积极实施法律服务进乡村、进社区行动。全县329个行政村全部配备法律顾问。全县11名律师、52名基层法律服务工作者积极参与服务"三农"工作。切实推进法律援助进农村、进社区工作,拓宽援助渠道,全县共设立援助工作站29个,法律援助工作联系点231个,提高援助受案率。全年法援中心接听电话咨询1306人次,接待来访群众1100余人次,受理法律援助案件886件,其中民事770件,刑事116件。完成全年目标任务104.23%,为申请人挽回经济损失1500余万元。积极探索宣传新模式,打造法律援助公益广告宣传版面,在汽车站、云海花园广场、烈士陵园等处设立法律援助宣传栏,全面介绍法律援助工作职责,受案范围、申办流程等,让法律援助走进更多更广人群的视野。县援助中心窗口被省厅评为"示范窗口"。县公证处扎实开展"法润港城""公证服务公益活动月""公证服务农村行"专项活动。结合全县的"双促双进双联"活动为中小企业开展专门一站式服务,不断创新服务方式,积极探索和实践公证职能,充分发挥"证明、监督、服务、沟通"的公证职能作用。全年,办理各类公证7100件,比上年增加2100件,增长40%,接待来访1.6万余人次。适用简易程序,对符合减免条件的当事人减免公证费用10万余元。县司法鉴定所加强软硬件的达标工作,出具司法鉴定书1800余件,鉴定采信率100%。

(县司法局)

人民武装

【概况】 2016年,灌云县人武部在连云港警备区和灌云县委、县政府的正确领导下,坚持以习近平主席系列讲话指示精神为指导,以军事斗争常态化准备为中心,深入开展改革强军主题教育和“两学一做”学习教育,把学习教育成果转化到看齐追随上,转化到拥护支持改革上,转化到备战打仗上,转化到强化组织功能上。以抓好民兵组织建设任务为重点,以单位建设安全发展为目标。党委班子和干部队伍建设进一步加强,遂行多样化军事任务的能力进一步提高,风气建设进一步纯洁巩固,双拥协调工作稳步提升,推动全县后备力量建设又好又快发展。

【军事训练】 2016,县人武部本着“缺什么、补什么、弱什么、强什么”的原则,狠抓机关干部业务能力训练,积极开展军事理论,识图用图、战术标图,作战一体化平台和体能训练,为参加警备区军事考核打下坚实基础。扎实开展“岗位练兵”活动,通过交任务、压担子来培养机关干部独挡一面的工作能力。采取自训和参训的方式,认真组织全县专武干部和民兵骨干参加各级各类培训,努力提高民兵队伍遂行多样化任务能力。5月,组织基层武装部长及80名民兵进行防汛抗洪救援集训。通过不断加大训演力度,民兵预备役队伍遂行多样化军事任务的能力有了显著提高。

【战备工作】 认真贯彻省军区、警备区党委的决策部署,始终把战备训练作为全面建设的龙头工程紧抓不放,常态落实日常战备制度,修订完善各类战备方案,执行上级下发的《作战值班日常管理规定》,强化值班人员培训考核,提高各级各类值班人员应急处理能力。紧抓日常战备综合整治,投入50余万元对作战值班室进行改造,引接国防动员信息系统实现数据查询、资料检索和情报信息的实时获取。规范日常战备演练,结合季节变化和节日战备,组织民兵分队进行森林救火、抗洪抢险、应急出动战备演练、确保一声令下,迅即能动。

【民兵整组】 2016年,县人武部按照“统一领导、分级落实,任务牵引、突出重点,调整优化、编实建强”的总体思路,采取“集中部署、同步展开、典型示范、检查督导”的方法,狠抓民兵整组工作落实。4月,组织县民兵应急连进行2次点验,并组织武装装备操作等军事技能训练,点验民兵应急队伍350人。5月,全县编基干民兵3927人,其中应急队伍1025人,支援队伍1700人,储备队伍1202人。农村民兵3154人,占80%;城市民兵402人,占10%;企事业单位民兵371人,占10%。专业退伍军人比例为12%,党团员比例为54%,专业对口人员比例为17%,应急分队人员在位率95%。

【国防工程维护】 2016年,县人武部深入贯彻落实好《军事设施保护法》和《国防工程维护管理规定》,结合自身特点,扎实开展国防工事维护工作。成立以县委常委、常务副县长杨龙为组长,人武部及县各有关部门主要领导参加的军事设施保护委员会,各乡(镇、场)成立相应的领导小组,加强对保护军事设施工作的领导,实行目标管理责任制,纳入各级领导的政绩考评范畴。建立健全国防工程维护看管队伍、工程维护巡逻队伍,在抓好日常监督检查的基础上,不定期地组织巡回检查,发现问题及时处理,全年灌云县域内的61个军事设施,除部分地方自然坍塌外,其他国防工程使用效能良好。

【征兵工作】 2016年,县委、县政府高度重视征兵工作,成立以县长为组长,常务副县长、县人武部部长为副组长,其它相关部门领导为组员的县征兵工作领导小组,全面负责征兵工作。坚持按照早准备,早发动的思路,自4月5日开始,就通过报纸、电视、网络、手机等媒体进行宣传发动,扎实抓好兵役登记工作。依据国防动员部“五率”量化考评的要求,围绕“一个主体”,落实“四个优先”,严把“三个关口”,着力提高“四项指标”,高标准高质量地完成征兵任务。全县应征青年征兵报名人数2093人,通过各乡镇目测初检、初审,有991名青年被推荐进站体检,经过体检、政审挑选,双合格为319人,圆满完成258名新兵征集任务。

【民兵队伍建设】 2016年,县人武部为适应海上侦察情报网建设需求,成立海洋渔业局武装部,筹建海上民兵哨船和信息员队伍的征集和组织工作。全县编组近海网信息船17艘、信息员34人,远海网信息船7艘、信息员14人的海上民兵侦察队伍。队伍参加省军区组织的为期8天的海上民兵骨干集训,参加东部警戒-2016A、东部警戒-2016B海上侦察演习,圆满完成海上侦察任务,做好天带666轮海上搜索任务出动准备工作。

【安全管理】 牢固树立安全发展理念,始终坚持从严治军。狠抓教育强防范,突出抓好"两个以外"人员教育管控,反复学习共同条令、法律法规、党纪条规,广泛开展安全常识教育、警示教育、"四反"教育和网络安全教育;突出党员领导干部廉洁从政主题,认真抓好《江苏省军区落实改革任务专项监督问责办法》《从严控制饮酒规定》等规章制度的学习,增强党员领导干部的自我约束能力。狠抓重点强管控,对重要岗位人员进行政审,并签订责任书;完善军地隐蔽斗争协作机制,保密工作正规安全。加大车辆检测保养力度,严格落实车辆使用管理制度,正规车辆派遣手续。至2016年,人武部实现安全行车连续34年、武器仓库连续38年、防间保密连续46年安全无事故。

【制度建设】 2016年,县人武部始终把依法从严治军作为全局性、基础性、长期性工作紧抓不放,努力实现人武部正规化建设新跨越。持续开展学、训、整活动。二季度,开展驾驶员作风纪律整训活动;三季度,开展"百日安全"竞赛活动。认真搞好经常性教育管理。紧贴人武部实际,周密筹划部署,灵活方法手段,依据法规制度认真抓好教育管理,着力打牢干部职工遵规守纪、爱岗敬业、创先争优的思想基础,真正管好思想、约束行为、把住"三圈"。修订完善《干部管理规定》《职工管理实施细则》《财务管理规定》,严格落实警备区各项安全管理制度,坚持落实安全管理巡查制度,并以正规秩序、落实制度为突破口,狠抓作风养成。

(县人武部)

武警工作

【概况】 2016年,武警灌云县中队以习近平主席强军兴军目标为统领,以牢记强军目标、献身强军实践为总体思路,紧紧围绕能打仗、打胜仗的核心要求,坚持改革强军总基调,以执勤为中心,以战斗力为唯一根本标准,坚持依法从严治警,狠抓经常性工作落实,大抓实战化训练,不断夯实强军之基,切实履行为人民服务的宗旨,中队业绩稳步上升,整体建设跃上新台阶,再次被武警江苏总队评为基层建设先进中队。

【政治工作】 2016年,中队以强军兴军为总目标,突出忠诚核心、拥戴核心、维护核心这个根本,抓住助力改革强军、助推备战打仗这个落点,把学习贯彻习近平主席系列重要讲话精神特别是国防和军队建设重要论述贯穿始终,与全面彻底肃清郭伯雄、徐才厚流毒影响结合起来,引导官兵进一步铸牢忠诚品格、聚力强军兴军,坚决维护习主席这个核心,坚决听从党中央、中央军委和习主席指挥。进一步强化政治意识、大局意识、核心意识、看齐意识,为确保调整、改革顺利圆满完成,确保部队高度集中统一和安全稳定。

【军事工作】 2016年,武警灌云县中队能够严格按照新修订的《军事训练大纲要求》,对照《军事训练八落实标准》,坚持从难从严,从"依法谋训,量化军事训练指标""按纲施训,细化考核标准""从严治训,强化奖惩机制"等步骤着手,科学有效地提高训练质量。积极开展"训练标兵""训练能手"等评比活动,激发官兵的训练热情。在总队组织的"应急班""狙击手"等多项军事比武竞赛中取得优异成绩。5月份,中队长陆正春带领中队抽组人员参加武警江苏总队军事演习,多次受到总队领导表扬,有两人荣立"三等功"。

在执勤上加强专勤专训,着力提高一线哨兵的应急处置能力;改善执勤设施,切实为一线哨兵提供良好的执勤环境;严格落实查勤工作,着力提高哨兵的执勤质量;严格落实"三共"活动,不断加强对目标的管控力度。认真落实《正规化执勤等级评定标准》,不断提高执勤正规化管理层次。圆满完成多项固定、临时勤务任务,受到县委县政府及县公安局的好评。

【后勤工作】 2016年,武警中队以强军目标为统领,以"三个服务"为方向,以提高部队伙食保障质量为核心,按照"依标准办伙、依规管伙、依法治伙"的要求,进一步打牢后勤保障基础。抓好"两业"生产,提供服务保障,本着"合理使用、节支创收"的原则,大力开展农副业生产,科学合理安排茬口和蔬菜品种。实行定人包干管理,做到旺季蔬菜不烂,淡季有自给蔬菜。在县政府和县公安局的关心下,中队新营房建设基本完成,为中队正规化建设打下坚实的基础。

(丁致远)

驻灌部队

【概况】 2016年,驻灌云73202部队在省军区、警备区的正确领导下,着力打造"忠诚卫兵、黄海尖兵、快反精兵、安全标兵"团队精神,突出立根固本,聚焦能打胜仗,狠抓从严治军,强化整风整改,服从改革大局,部队军事斗争准备和全面建设呈现稳步向上、协调发展的良好势头。先后被上级表彰为军事训练先进单位、先进旅团级单位。年底被国防动员部表彰为安全管理先进单位。团队保持46年安全无事故，35年无案件。

【思想政治建设】　2016年，部队坚持自觉贯彻政治建军原则，学习领会习近平总书记系列重要讲话精神，持续在紧跟时代步伐中强化追随看齐意识。扎实开展"坚决服从改革大局、忠实履行职能使命"专题学习教育和改革强军主题教育，认真学习"十七个确保"等改革期间政治纪律和政治规矩，围绕"五查五看"和"六个拷问"，深入开展讨论辨析和自查自纠，引导官兵以实际行动，坚决拥护、支持、服从、促进改革。精心组织中国共产党成立95周年和红军长征胜利80周年纪念活动，组织观看《铁在烧》等红色纪录片，举办"传承红色基因、献身强军实践"主题演讲，深化国史党史军史和优良传统学习，着力培养新一代"四有"革命军人。注重打好意识形态领域主动仗，结合首个"国家安全教育日"，组织观看《焦点访谈》关于危害国家安全案件系列报道，筑牢官兵"三防四反"思想防线。持续推进帮扶对象七道沟村精准扶贫工程，进一步密切军政军民关系。

【军事斗争准备】　2016年，部队以作战任务为牵引，坚持开年就发力。抓实战备建设，扎实开展"战备工作强化月"活动，修订完善各类战备行动方案，投入56万余元配齐战备物资器材，落实每周五、每月25日战备拉动演练，围绕"敌情"、战法等5个课题组织作战问题研究，战备方案更加实案化。在阜宁"6.23"抢险救灾行动中，提前30分钟到达指定地域，应急反应能力得到全面检验。严格按纲施训，突出首长机关指挥技能训练，狠抓各类专业兵集训，广泛开展"岗位练精兵、质量排座次"和"创破纪录"活动，先后有50余人次超过省军区纪录标准，参加警备区半年军事比武竞赛共获38个奖项；严密组织"三实"训练、岛屿实战化训练和年度实兵实弹演习，消耗各类子弹28904发；运用激光交战系统组织炮兵连战术训练考核，高标准完成昼夜间炮兵群实弹射击考核，部队实战技能得到有效锤炼。扎实做好政治工作，常态开展训风考风巡查督查，开通"战神广播"，组织"强军路上有我在"微电影展播，举办"投身改革强军梦"歌手大赛，持续激发练兵热情；常态抓好战斗精神培育，为有效履行使命提供坚强保证。

【部队教育管理】　2016年，部队狠抓"法治军营"建设，认真学习贯彻国防动员部6个规范性文件及省军区《教育管理若干规定》，扎实开展"学法规、训队列、整纪律"和"条令条例学习月"活动，结合周二晚理论夜校开展常用法规强化学习，持续开展"模拟法庭"活动，建立健全安全管理责任拓扑图，逐步形成依法抓建、人人尽责的安全格局。狠抓重大安全问题防范，突出人车枪弹密、水火电气油、酒钱黄赌毒等重点环节，注重抓好在外人员管理，邀请心理专家开展心理疏导，邀请消防官兵讲授消防知识，官兵防范意识和安全技能不断增强。狠抓突出问题纠治，完善加油站、兵器室、营门哨位等场所防范措施，协调地方有关部门和技术人员组织防雷设施检测，主动消除安全隐患。先后组织6次不打招呼检查和拉网式排查，逐个单位下发问题整改通知书，列出台账、明确责任、限时整改，有效促进问题整改。

【后装保障】　2016年，部队按照"训保一致、战保一致"的要求，认真抓好后装专业兵技能训练，突出抓好驾驶员复补训工作，着重抓好野战炊事保障、车辆火炮抢修等技能训练，不断提高野战条件下保障能力。狠抓财经集中统管和专项整治，修订完善《财务使用管理规定》，大宗物资集中采购60批次120万余元，节约经费近20万元；过细抓好枪支弹药管理，结合野外驻训等活动及时组织火炮车辆检修，有效提高管理和保障水平；积极稳妥推进洋桥农场等3个片区的停止有偿服务工作。坚持为基层办实事解难题，先后投入80余万元改善基层战备生活设施；组织干部到体系医院体检，建立完善健康档案；针对野外驻训天气热、洗澡难等实际，投入10万余元改造淋浴间、安装排房风扇，改善官兵训练和生活条件。

（73202部队）

边防工作

【概况】　2016年，灌云县公安边防大队紧紧围绕县委、县政府提出的工作目标和任务，以学习贯彻中共十八大和十八届六中全会精神为统揽，按照公安现役部队党建工作总体部署，以G20安保工作为中心，以基层基础建设为重点，以民主集中制建设年为牵引，深化爱民固边战略工作，全面加强执法规范化、部队正规化建设，继续创新创优、争先进位，进一步提升维护稳定、服务发展、管理创新和综合服务保障水平，为灌云县沿海经济新一轮跨越发展创造了更加稳定和谐的社会环境。至2016年底，燕尾港边防派出所党支部连续4年被连云港市边防支队评为基层先进党支部，1人荣立三等功，1人被评为优秀团务工作者，3人被评为优秀警官，5人被评为优秀士兵，1人被县委、县政府推荐提名为连云港市十大青年卫士。

【党委班子建设】　2016年，灌云公安边防大队按照民主集中制建设年活动部署要求，研究制订工作方案，狠抓七项制度规范的落实，切实提高党委科学决策能力水平。大队党委按照建设"学习型、服务型、创新型"党委班子建设要求，组织党委班子成员认真学习《党章》、"两学一做"等内容，进一步提高班子成员的科学决策能力和政治理论水平。通过党委理论中心组学习会、党课、谈心交流、平时自学等形式，强化集体领导意识，重大问题集体研究，党委决策注重集体智慧。在工作措施上，围绕支队党委的战略部署，深入思考适应大队实际的发展思路和工作目标，排查班子建设、业务工作、部队建设存在的薄弱环节及思想认识误区,研究新情况、解决新问题。狠抓作风建设,着力改进学风、改进会风和工作作风,进一步提高党委工作制度化、规范化水平。坚持深入基层搞调研,认真研究新时期公安边防工作和部队建设的特点规律,开展党委主要领导下基层蹲点和走访调研活动,大队党委正副书记下基层蹲点和走访调研全年共计50天,提出各项指导意见30余条。

【爱民固边战略】 2016年,边防大队进一步完善深化爱民固边战略活动方案,组织官兵深入开展爱民大走访活动,调解各类矛盾纠纷,建立完善调解矛盾纠纷中心5处。全年,大队党委班子成员带头走访辖区群众100余户,深入辖区召开座谈会7次、发放各种问卷调查和征求意见表280余份,征求意见和建议150余条。积极为群众办实事、做好事、解难事。组织广大官兵对孤寡老人、外来务工人员等弱势群体进行帮助。全年大队官兵走访群众4690户,为群众办实事、做好事、解难事251件,救助危难群众63人,扑灭大火1起,挽回经济损失120余万元,依法帮助辖区14名民工讨回工资60余万元,帮助2名学生解决入学问题,为3户群众申请低保,协助52户困难群众进厂就业。全年社会各界赠送县边防大队锦旗15面。

【边防执法】 2016年,边防大队结合G20安保、"出租房屋服务管理""集中查港查船行动""缉枪治爆"等专项行动,对辖区治安重点信息进行全面梳理采集,夯实基础工作,消除社会不安定因素。全年,接处警1785起,立刑事案件35起,破10起,移送起诉4人,办理行政案件103起,查处102起,行政拘留25人,抓获网上逃犯2人,燕尾港边防派出所连续两年被连云港市边防支队评为基层先进执法单位,2人被评为基层执法标兵。

2016年,各边防派出所船舶治安责任书签订率达100%,向渔船民发放《致广大渔船民一封信》780余份,确保海上生产安全稳定。同时,社区民警强化信息化建设成果在公安实战和服务群众中的应用,期间通过信息比对抓获网逃2名;发现并核实违法犯罪线索8件,通过无户口人员专项整治活动为群众解决户口等实际问题21个,做好事52件。认真研判治安特点和发案规律,制订巡防方案,加强对重点地段、时段的监管,定期与不定期开展巡逻守候。同时依靠群众,开展民警联防、警企联防,组织联防队沿村、街、园区等地区广泛进行治安巡逻,有效预防案件发生。

注重加强技防建设,扩大技术防范范围,在辖区街道、码头等处安装监控探头16个,辖区防范范围100%。

针对各类纠纷和案件、事故多发的特点,派出执法骨干担任"法律宣传员",开展"边防政策宣传月"活动,采取调查摸底、信息采集、突击检查、强化管理、严厉打处、健全机制等多项措施,有效提高了人口管理水平和阵地控制能力,提升治安管理主动权。

【"G20"安保工作】 2016年,边防大队结合省委省政府提出的G20安保具体目标,遵循安保工作规律,按照备战、临战、实战三个阶段统筹谋划、有序推进G20安保工作。大队党委先后召开5次专题会议进行研究部署,成立领导小组,细化完善安保方案,明确相应的工作要求和重点措施,全力以赴打好G20安保攻坚决战。安保期间,大队党委切实发挥组织协调的职能作用,大队党委正副书记多次深入基层指导工作,指导基层完善处突预案,提升部队预知、预警能力。重点围绕特殊时期、特定人员,采取特别措施,全面强化涉疆涉爆重点人员管控,强化社会矛盾化解,最大限度地把警力投向辖区,安保期间实行24小时巡逻制,官兵累计开展巡逻1300小时,出动警力896人次,车辆350台次,化解各类矛盾纠纷80余起,边防辖区未发生一起案件,顺利完成G20安保任务,维护辖区安全稳定。

(县边防大队)

消防工作

【概况】 2016年,武警灌云县消防大队在地方党委、政府、公安机关和支队的领导下,以中共十八大精神和科学发展观为统领,以2016年消防工作为总目标,紧紧围绕新形势下的强军目标,深入开展以灭火救援、防火监督为中心的各项工作任务,确保全县火灾形势持续平稳和部队安全稳定,得到各级党委、政府的充分肯定和人民群众的广泛赞誉。2016年,灌云大队被灌云县公安局评为2016年度党风廉政建设先进单位;获2014—2015年度"连云港市文明单位"称号;被灌云县委县政府评为2016年度全县先进单位;"红色战车先锋队"被评为"灌云县优秀青年突击队",1人被评为"灌云县优秀共青团干部",1人被评为"灌云县优秀青年突击手",1人被评为"灌云县优秀共青团员";中队团支部荣获共青团连云港市委"连云港市五四红旗团支部"荣誉称号;1人荣获2016年度"连云港市青年岗位能手"称号。

【执勤备战】 2016年,武警灌云县消防大队坚持"练为战"的指导思想,紧紧围绕"打得赢、不变质",贴近实战,扎实开展执勤岗位练兵活动,全体官兵体、技能项目达标率100%,达优率90%以上。大力开展"六熟悉",强化灭火演练工作。完善重点单位重点场所灭火救援预案100余份,开展消防演练和"六熟悉"200余次,开展夜间演练50次。全年接警出动637次,出动车辆815辆次、官兵4641人次,抢救被困人员109人,疏散被困人员32人,抢救财产价值408.9万元。

【消防监督执法】 强化责任落实。年初,大队召开全县消防工作会议,确定二级消防安全重点单位138家,三级消防安全重点单位26家,并与各单位签订消防安全责任书,形成消防工作层层有人抓、事事有人管的良好氛围。提请县政府按照省市消防安全工作要求，及时召开全县消防工作会议暨夏季消防检查工作部署会，制定下发《2016年夏季消防检查工作方案》，与各乡镇（街道）签订《2016年度消防工作目标责任书》，督促乡镇及相关部门严格落实消防安全“一岗双责”制度和考核问责机制，积极推动行业部门落实消防监管职责，深入推进行业、系统消防安全标准化管理，健全部门之间消防工作协调机制，提请政府及时研究解决重大火灾隐患整改、公共消防设施建设等重大消防安全问题。

推进消防规划和公共设施建设。启动《灌云县城市消防规划（2016—2030）》、全国重点镇《灌云县燕尾港镇消防规划（2016—2030）》《灌云县杨集镇消防规划（2016—2030）》的编制工作，邀请江苏华新城市规划市政设计研究院编制相关规划。县城主城区第二消防站开工建设。加强乡镇基层消防站点建设，督促四队镇在强化专职消防队建设的同时，规划建设基层消防站；提请政府对燕尾港镇消防站进行改造升级，扩大燕尾港镇专职消防队规模，提升应急救援水平。本着“不欠新账、逐步还清旧账”的原则，加快市政消火栓建设进度，对全县消火栓分布情况重新进行排查摸底，结合政府目标责任书，科学制订方案，合理划分消火栓建设数量，新增消火栓20个。

加强基层基础消防工作。深入推进消防安全“网格化”管理，依托乡镇综治办设立消防管理办公室，明确分管负责人和专（兼）职消防管理人员。全县13个乡镇（街道）均已将网格化消防管理纳入综治考评系统，将全县划分为13个大网格、327个中网格、3924个小网格。建成社区微型消防站3家，重点单位微型消防站90家；建成消防联防联勤组织两处，分别为五交化区域联防、临港产业区区域联防。推动安装独立式感烟探测器528个，联合教育、卫计等部门加强协调配合，加大简易喷淋系统安装工作落实力度，安装简易喷淋安装点15处，建成消防取水点两处。

开展火灾隐患排查。深入开展夏季消防检查及G20峰会安保工作，强力推进易燃易爆危险化学品专项治理、重大火灾隐患整改、居民住宅小区专项治理、电气火灾防范等工作向纵深开展，联合县安监、卫计、教育、民政、市场监管等单位开展化工园区、学校、幼儿园、医院、社会福利机构、商场市场、宾馆饭店等场所联合检查20余次，组织行业系统培训5次。2016年，共检查社会单位1889家，发现火灾隐患或违法行为3695处，督促整改火灾隐患或违法行为3637起，下发责令改正通知书1702份，下发行政处罚决定书108份，下发临时查封决定书32份，责令“三停”36家。通过开展有针对性的监督检查，及时发现并消除一大批火灾隐患，确保火灾社会面形势稳定。

开展社会化消防宣传。2016年，全县依托青少年社会实践基地建设消防科普馆，并依托消防科普馆组织开展“消防一课”教育两期；与灌云县口腔医院签订消防宣传车使用协议，并组织开展社会面消防宣传10余次；深入学校开展消防培训8次，走进课堂与学生面对面交流消防安全知识；充分利用各类媒体，借助户外广告、楼宇电视、手机短信、微信等现代媒介，开展消防公益广告和消防安全常识宣传，县公安消防部门微信关注人数已达12000余人，发送消防安全常识203条，联合灌云县广播电视台在黄金时段播放消防宣传视频、文字3次；广泛发动乡镇网格组织与派出所开展形式多样的消防安全宣传活动，提高群众消防安全意识和技能。

【基础设施建设】 2016年，县消防大队通过向政府汇报，争取正常业务经费150万元，争取专项经费50余万元。会同财政部门开展经费保障专题调研，完善经费保障配套机制。

加强重点项目推进。投资2000余万元的东区新消防站建设工作稳步推进，11月初主体工程顺利封顶；投资168万购置城市主战消防车对车辆装备升级换代；投入30余万元配齐个人防护执勤装备，更新新型空气呼吸器；投入经费60余万元用于改善营区营房建设和训练设施改造，“红门影院”“休闲书吧”“警营网咖”、健身房、通信室改造等完成建设并投入使用。

推进多种形式消防队伍建设。全县主城区外的10个乡镇和临港产业园化工集中区全部建成政府专职消防队或乡镇保安消防队，并按“两库一室”标准。制定《乡镇（街道）专职消防队建设标准》，完成乡镇保安消防队升级改造任务，全部接入119指挥调度平台。

（县消防大队）

人民防空

【概况】 2016年，灌云人防工作紧紧围绕省、市、县年度工作要求，拼搏进取，全年新开工防空地下室建筑面积10655.52平方米；竣工防空地下室建筑面积13177.52平方米。依法征收人防工程易地建设费708.35万元。人防窗口办理行政执法及许可事项80件。灌云县人防办被江苏省民防局评为“十二五”江苏省人民防空先进单位，被灌云县委、县政府评为“建设灌云先进单位”。

【提升应急准备能力】 2016年，县人防工作着眼战时防空与平时应急的需要，健全完善人防系统的应急功能。实现人防防空警报系统城区全覆盖。县城区安装防空警报器10台，全部安装警报无线控制，在县电信公司西小区发射塔和县人防指挥中心分别安装警报无线控制机站和警报控制中心，只需启动系统，县城区警报器将同时、同频率鸣放，防空警报覆盖率100%。人防专业队伍建设技能有新提升。根据省市要求，成立7支由防化、医疗、交通等共260人的人防专业队伍，由县政府牵头定期召开人防专业队整组会议，经常组织训（演）练，人防专业队伍建设基本达到了准军事化水平。在“第一届CRAC无线电技术观摩交流大会暨业余无线电应急通信及无线电测向演练”中分获无线电应急通信和无线电测向演练优异奖。应急避难场所区域设置有新突破。为保证战时和重特大突发事件县城区居民能在第一时间内得到快速疏散和安置,特邀请省市专家对全县应急避难场所设置进行大量的前期调研和认证工作,根据人口分步情况,在大伊山建成防空林260亩,在市民广场、体育场建立人员应急避难场所;同时做好市办分配给灌云的接收安置任务,在小伊乡建立疏散地域,可接收连云区战时疏散人口14744人。

【人防行政审批】 人防行政审批流程更规范、质量再提高。2016年,县人防办根据县委办公室、县政府办公室《关于2016年深化全县机关作风建设争创最优办事环境的实施方案》《灌云县行政审批服务“三集中四到位”工作实施方案》要求,完善“三集中四到位”工作实施方案及“五张清单”等各项配套制度,进一步规范审批流程,对人防工程立项、规划、设计、施工、预售和验收等环节进行逐项把关,印制《人防工程易地建设费缴纳办理流程》《人防工程建设项目审批办理流程》,全县人防工程行政审批工作实现全程阳光操作,透明办理,达到办结一件,公开一件,上网一件。将所有审批项目全部授权到人防窗口办理。对办理的人防工程建设审批事项,建立行政许可案卷,做到程序合法、案卷规范、资料齐全、管理到位。

【人防宣传教育】 2016年,县人防办充分利用报刊、电视、网络等新闻媒体以及发放应急包等多形式、多手段、多渠道地开展人防宣传,增强全民人防法制意识,增强国防观念和人防意识,推进人防工作更好更快发展。抓好对领导干部的人防知识宣传,不断增强领导干部的国防意识和人防意识,向各级领导宣传人防法规政策,及时汇报人防工作情况,提出合理化建议,争取各级领导的支持。拓宽宣传的广度和深度,以科普宣传周为契机,与县科协、县地震局等单位联合举办防空防灾,减灾救灾知识宣传活动,系统宣传民防知识。全面加强对机关、社区及在校学生的人防知识教育,重点到县政府各部门机关进行宣传,为应急指挥所领导成员配备400套印有“灌云人防”字样的应急装备。与县教育局协作,在城区中小学生中开展人防知识宣传教育工作,更换8000册防震减灾知识读本。通过宣传,提高民众应对空袭和自然灾害的认识及自救能力。

【提升机关行政效能】 2016年,县人防办从加强机关自身建设入手,狠抓作风转变,按照“准军事化”机关建设要求,努力造就一支政治坚定、业务精通、纪律严明、作风过硬、廉政高效的队伍。贯彻群众路线,加强廉政教育。结合党的群众路线教育实践活动进行对照检查,做到及时查摆,自查自纠,领导班子集体梳理出反对慵、懒、散、浮“四风”问题60余个,深刻分析问题存在的原因并对照整改,从严要求。响应县委、县政府号召,做好脱贫攻坚的帮扶工作,结对帮扶龙苴镇嵇岭村,到贫困户家中,帮其解决实际困难,扶持龙苴镇嵇岭村2.2万元。

(于楼创)

双拥工作

【概况】 2016年,县双拥工作坚持以习近平总书记提出“军民融合发展战略”重要思想和中区十八大精神为指导,围绕争创双拥模范城(县)这根主线,以科学发展观统领双拥工作,不断丰富和深化双拥工作新内容,全县双拥工作水平不断提升,军政军民团结进一步加强,军政军民关系进一步密切。

【机制构建】 2016年,全县始终把双拥创建工作纳入经济社会发展和部队建设的总体规划,高起点谋划、高标准要求、高效率推进,不断健全完善双拥工作机制,及时调整充实县、乡(镇)双拥工作领导小组,驻灌部队成立9个拥政爱民工作领导小组、9个军民共建点,全县村(社区)、企事业单位相继成立397个拥军优属服务组,形成县乡村三级联动、各部门协同配合、全社会共同参与的双拥工作格局。定期召开县委常委议军会、军地联席会,及时听取驻军单位意见和建议,协调解决征兵、军转干部和退役士兵安置、双拥模范城创建等重大问题,实现双拥工作从基层抓起、任务在基层落实、活动在基层开展、效果在基层体现的目标,进一步推动双拥工作进企业、进乡村、进机关、进学校、进连队,双拥工作整体水平进一步提高。

【双拥宣传】 2016,县双拥办根据县委、县政府统一部署,积极宣传双拥创建工作内容。借助报刊、电视、网络等新闻媒体,设立双拥园地、双拥之声等专栏,宣传报道县双拥创建工作的亮点、举措和创建工作中涌现出来的先进典型,不断提高全县军民对双拥创建工作的知晓度、满意度。利用县民政局、新世界大酒店等处的电子屏幕,不间断地播放双拥宣传标语,在县汽车站、宁连高速出口等显要位置竖立大型双拥宣传广告牌,在县人民中路、人民西路设立双拥灯箱宣传一条街,打造一批固定的双拥宣传阵地。

2016年6月,灌云积极为王继才申报“全国爱国拥军模范”,在7月30日召开的全国爱国拥军模范江苏分会场表彰大会上,王继才荣获“全国爱国拥军模范”称号。8月3日,港城盛开双拥花——2016连云港市双拥文艺演出在市广播影视文化产业城演播厅举行,县开山岛守岛民兵王继才、王仕花夫妇受邀参加晚会并接受了访谈。

9月22日,《中国社会报》记者赵铮到灌云县开山岛,对双拥工作进行实地采访,了解灌云县基层双拥工作开展情况、双拥工作先进典型和新常态下双拥创新举措,有效推进全县双拥典型宣传。

【军政军民共建】 节日走访慰问。2016年,春节、“八一”期间,县委书记左军，县长朱兴波，副县长、公安局局长王一兵等领导，分别走访慰问县各驻军部队官兵，为广大官兵送去节日的问候和祝福。采取召开座谈会的形式与各驻灌部队官兵座谈，介绍县经济社会发展情况，倾听他们的意见和建议。支出慰问金61.4万元，与此同时，各乡（镇）也采取多种形式，广泛开展对军属、革命伤残军人和重点优抚对象的走访慰问活动。

切实抓好优抚安置工作。把开展双拥创建活动、促进优抚安置工作落实作为工作的着力点，督促各乡（镇）做好重点优抚对象的各种抚恤补助金的发放工作，做到按时、足额发放，并按规定及时调整提高抚恤补助标准。督促乡镇足额兑现义务兵家属优待金，确保重点优抚对象和义务兵家属的合法权益，连续4年对符合条件的74名安置对象在当年12月底落实事业编制岗位安置，得到安置对象的认可。

开展"学雷锋纪念日"活动。3月5日，驻灌部队组织广大官兵对灌云复员军人疗养院的疗养人员和工作人员进行走访慰问活动，了解他们的工作生活情况，并力所能及地解决一些实际困难，为疗养人员检查身体，打扫卫生。县美涛发型设计室一行10人到疗养院为疗养人员义务理发，用实际行动诠释军民一家亲、军民鱼水情的深刻含义。

开展结对共建活动。2016年，县双拥工作办公室切实把为部队排忧解难作为开展军民共建工作的立足点，把为部队办好事、办实事当作共建工作的重要内容。与驻灌部队结成共建对子，地方政府不定期地组织志愿者到部队开展军民活动，给广大官兵收拾房间，清洗被褥，包饺子等。同时，召开学习经验交流会、联谊会、知识竞赛和组织有关文体活动。

（县双拥办）

潮河湾风光

教育

综述

【概况】 2016年,全县有学校105所,其中省四星级职业学校1所,省四星级高中3所、三星级高中2所,小学118所,初中28所,特殊教育学校1所,中小学素质教育实践基地2个,成型幼儿园73所。在职教职工6875人、专任教师6424人;全县中小学在校学生107988名,其中,小学生67889人,初中学生28323人,普高学生11776人。中等职业学校学生4817人,在园幼儿40726人。

【立德树人工程】 坚持德育为先。2016年,全县中小学深入开展"寻找身边好人""走进我的中国梦""经典诵读""图书漂流"等具体化、系列化、特色化主题活动400多场,培养学生社会责任感、创新精神和实践能力,培育和践行社会主义核心价值观。

建立青少年成长发展指导制度。探索各学段品行养成教育的课程体系,形成《"礼"所应当》、自编《三字经》《弟子规》等德育校本教材,引领学生树立正确的世界观、人生观和价值观。

推行生活化德育。建设优良校风、教风、学风,优化、美化校园文化环境,"无痕教育"格局逐渐形成。通过努力,全县青少年道德素养有了大幅提升,涌现出杨集初中学生王祖帅勇救落水女童、灌云一中学生义扶跌倒老人等先进典型,充分彰显了当代灌云青少年的风采,引起了社会和媒体的广泛关注和点赞。

【教育协调发展】 学前教育改革。编制第二个学前教育五年行动计划,推进乡村幼儿园建设,扶持普惠性民办园发展,新创省优质园8所,市优质园5所,机关、六一幼儿园回归公立,"江苏省学前教育改革发展示范区"创建成果有效巩固。

义务教育均衡发展。统筹安排"改薄工程""校安工程"等建设项目,拆除危房3000多平方,新建、加固校舍34535平方,购买图书5000册,课桌椅14000套、电脑500台;东城区九年制学校、开发区九年制学校、杨集小学新校区、益海图文中心、健康路小学改造等重点工程顺利开工并按序时进度实施,将于2017年投入使用;进一步完善学区招生制度,全县所有学校实现划片招生、就近入学的目标。

高中发展内涵深化。立足实际强特色,艺术、体育、招飞等特色专业成效进一步凸显,灌云高级中学体育课程基地、南京师范大学灌云附属高级中学心理健康教育品牌已经形成。职业教育创新更趋明显。紧跟时代步伐,新开SYB创业培训、电商培训等特色专业2个,培训4000余人次,成功创建成"省高水平现代化职业学校"。

【教育现代化】 推动学校文化提档升级。指导学校优化"三风"建设,形成积极向上、特色鲜明的校风、教风和学风;建立、完善各项规章制度,构建科学化、民主化、常态化的学校治理体系;建成学校文体活动场地8214平方,绿化美化校园50所,创建绿色学校11所,实现"物质环境人文化、精神理念物态化"的目标。

推动教育信息化发展。立足现有资源,用足、用好"三通两平台",拓宽"一师一优课,一课一名师"评选路径,发动教师网上"晒课"5775节,76人获评省级"优课",221人获评市级"优课"。上报学生电脑制作比赛作品674件,参与率、获奖率均居全市第一。2016年,全县教育信息化公共服务平台资源总量760G,资源数1533514件,访客696447人次,下载量62186次,各项统计指标均位列全省前列。

【教育教学质量】 2016年高考,灌云县在参考人数比上年减少845人的情况下,本二以上达线1800人,比上年增加72人,再创历史新高。素质教育成绩斐然。成功举办全县中小学生棋类比赛、田径运动会、足球联赛和无线电测向比赛等370多场次,中小学生综合素质全面提升。在市中小学生、少儿艺术大赛中,全县获一等奖95人次,二等奖438人次;在市青少年科技创新大赛中,获一等奖12个;在2016年全国无线电测向锦标赛和全国青少年测向锦标赛两项国家级赛事中,灌云县获得40金、17银、23铜的骄人战绩,揽获赛事半数以上的金牌，连续4年领跑全国。

【教师队伍建设】 强化师德师风建设。开展“感动灌云教育十佳人物”评选、“讲身边故事，做美德良师”故事竞赛等专题活动40多场次，引领造就一支学高身正的教师队伍。侍庄小学教师范松林被评为“感动江苏十大人物”，益海助学中心主任王英荣获“全国十佳校长”提名奖，《现代快报》《光明日报》等10多家媒体报道。强化责任落实，把纪律和规矩挺在前面，高举师德师风治理之剑，有效遏制体罚、变相体罚、有偿家教等势头。

强化教育培训。完成教师出国培训、送培到县、青蓝课程、三百课程等项目的培训，受训教师3000人以上，100多名教师入选市乡村骨干教师培育站，在市中小学高层次人才“333工程”第三周期第三层次评选中，全县216名教师被评为骨干教师、骨干班主任和骨干校长，25名教师在市级教学竞赛中获奖，1名教师被评为省第十四批特级教师，7项课题通过省级立项，43项课题成为市规划立项课题，7人在省市论文大赛中获一等奖，1名教师应邀参加省教科研学术论坛并作经验介绍。

【树立良好社会形象】 民生目标全面完成。整合各类社会救助资源，健全“补、减、助、贷”四位一体的困难学生资助机制，确保应免尽免、应补尽补、应贷尽贷，发放困难学生补助1163.2万元，受助学生17154人次，发放大学生助学贷款2369万元，受益人数3431人。

特殊群体关爱体系更加完备。特教校积极拓展施教途径，“送教上门”34人次，赢得社会好评；益海助学中心品牌效应更加显著，省民政厅厅长、省委关工委主任等领导多次调研推介，高度赞誉益海助学模式；协调县城区义务教育学校，接收外来务工人员子女137人入学；积极联合社会和家庭，关注留守儿童生活，新建留守儿童之家28个，为留守儿童安排代理家长1520名，有效促进留守儿童的健康成长。

【教育安全稳定】 强化校园安全。排查涉校矛盾38起，化解38起，化解率100%；进行消防、地震等安全教育、演练300多场次，发放安全宣传册1500多份；50所学校通过“省健康促进校”验收，7所学校食堂达A级标准；全面推行群众依法逐级走访权益保障卡发放制度，受理群众信访事项64件，受理群众来信18件，接待来访71批次，来信来访来电事项按时办结率100%；高考、中考等各类考试组织严密，实现“平安考试”目标。

强化党风廉政。积极开展“两学一做”活动，排查问题34条，落实“两个责任”，对教育行风、作风进行持续全覆盖巡查，通报处理违规违纪人员13人次，入学难、有偿家教、择校热等教育热点难点问题得到有效控制。强化教育督导。持续强化督学工作，选派专兼职督学73人，规范学校办学行为，推进依法治校、依法治教，创建市级依法治校示范校26所，教育局获得全国基础教育督导工作先进集体、省“六五”普法工作先进集体称号。

强化信息宣传。举办兼职信息报道员培训2次，培训200多人次，在国家、省市级媒体发表信息1358条，在市教育局信息宣传考核中，灌云县获第二名。

学前教育

【概况】 全县有规模幼儿园73所（其中公办60所），办园点27个，3～5周岁在园幼儿40726名。学前三年教育毛入园率达95.98%。以乡镇中心幼儿园建设为重点，形成学前教育体系的基本框架，城镇及农村地区基本满足适龄儿童入园需求，普及学前三年教育。

【规范办园行为】 对全县学前教育进行统筹布局，加强等级示范园建设。2016年有省优质幼儿园41所，市优质幼儿园31所，市管理规范示范幼儿园5所，市学前教育发展优秀乡镇6个，强化民办幼儿园年检审核，对检查不合格幼儿园，责令限期整改。狠抓幼儿园园长队伍建设，通过“走出去，请进来”形式，组织园长学习、培训、研修等，不断提升园长的教学研究和管理水平。

【注重教育均衡发展】 开展“送教下乡”“结对帮扶”等活动，支援薄弱幼儿园，充分发挥示范园在贯彻幼儿教育法规、传播科学教育理念、开展教育科学研究等方面的示范、辐射作用，促进全县学前教育均衡发展。

【灌云县六一幼儿园】 灌云县六一幼儿园，建于1958年，是由县教育局主办的一所公办园，位于伊山镇盐河西路51号，占地3360平方米，建筑面积2700多平方米。2003年创建为省级示范园，2004年在县内幼儿园中首家实行日托制。六一幼儿园现有六一总园、伊山水岸分园、阳光景都分园，均为省优质园。三园合计31个班级，1320名幼儿，教职工129人，26名在编教师中有1名为中学高级教师职称，15名为小学高级教师职称，学历达标率100%。其中两人被评为连云港市高层次人才“333工程”骨干校长，两人被评为骨干教师；灌云名师、教学能手和教坛新秀各1人。全园先后有8篇教科研论文在省级刊物发表，有数十篇教学论文和优秀教学活动案例在省、市、县评比中获奖。

2014年12月，六一幼儿园成为江苏省幼儿园课程游戏化首批共建园，2016年顺利通过末期验收。8月，获县教育局“综合管理优秀奖”。9月，县委县政府在东城区投入2000万元新建六一幼儿园东校区，规模15个教学班，预计2018年上半年投入使用。11月，伊山水岸分园顺利通过连云港市管理规范示范园的验收，阳光景都幼儿园顺利通过省优验收。分园的创办，不仅让六一幼儿园自身得到发展，也缓解城区居民幼儿入园难的问题，让更多的幼儿享受到六一优质的教育资源。

【灌云县机关幼儿园】 灌云县机关幼

儿园创建于1979年,是一所县政府拨款兴建的省级示范园,2011年投资3000万元创立新区幼儿园。2016年,全园占地面积12897平方米,建筑面积11013平方米,设有大、中、小36个教学班,1600多名幼儿,140名教职员工。建园以来,幼儿园始终坚持"让孩子拥有快乐童年"的办园宗旨,坚持"快乐成长"的学风;"爱生、求真"的教风;"敬业、挚爱、探索、创新"的园风,依法办园,全面贯彻《纲要》《指南》精神,面向全体幼儿,以游戏为基本活动,积极开展丰富多彩的一日活动,让每一位幼儿身心都得到健康全面发展,积极打造"本土化户外游戏活动"办园特色,幼儿园先后获得"省、市巾帼示范岗""省和谐校园""省平安校园""市文明单位""市教学质量奖""市语言文字规范化示范校""市教育工作先进集体""县模范教工之家"等称号,2016年幼儿园获连云港市教育工作先进集体、灌云县体卫艺工作先进集体称号,同时,在灌云县幼儿园后勤管理跟岗培训中获优秀组织奖,舞蹈《十一点半》在灌云县第二十届中小学艺术节比赛中获一等奖,多名教师撰写的论文、幼儿的舞蹈、绘画作品也在各级比赛中发表或获奖。

小学教育

【概况】 全县有公办完全小学73所,村级办学点74个,其中,省实验小学2所,市实验小学18所,特殊教育学校1所。在校小学生67889名;义务教育入学率、毕业率均100%,巩固率99.95%。

【德育工作】 2016年,全县各学校都建立、健全德育工作领导机构,在德育制度建设和德育队伍建设方面得到进一步加强。教育局不断加强对学校德育工作的检查、督察,经常深入学校,督促、指导学校抓德育工作,学生的文明行为、习惯养成和文明学校创建及管理成效明显,育人环境洁净优美,校风教风学风良好,无重特大违法案件发生。

【教育经费投入】 2016年,全县校安工程已按项目计划完成,未出现挪用和挤占教育专款的现象。小学生均公用经费省定标准为750元/生/年,按月足额拨付。困难学生助学金、国家免费教科书,真正落实到学生。完成青少年校外活动中心建设。

【强化质量意识】 坚持教学为中心,教育教学质量稳步提高。质量意识得到进一步强化,质量监控更为严格规范,教学质量大面积提高。各个小学努力提升管理内涵,常规管理工作向纵深推进,向规范管理要质量。

【师资队伍建设】 严格实施教师资格准入制度,根据需要补充合格教师。教师资格定期注册。坚决清退不合格教师,促进城镇、农村教师流动,中小学校长和教职工聘任制有新的突破。中小学校长和教职工实行聘任制。开展以新课程改革为中心的中小学教师继续教育科研工作。通过新课程理念的通识培训和学科培训,广大教师充分利用在培训中学到的课堂评价理论与实践等新理念、新策略,

【安全管理】 牢固树立"安全第一""学校安全无小事"的思想,充分认识学校安全工作的艰巨性、长期性,严密防范,充实安全工作领导小组成员,全面落实安全工作责任制,加强安全工作的管理,确保安全工作有章可循,加大安全宣传教育力度,开展多种形式的经常性的安全教育和检查活动,及时排查各种安全隐患,从而促进学校安全工作规范化、制度化,最大限度地遏制、减少学校安全事故的发生;2016年,全县未出现由于学校或教师管理不当而引发的安全事故,无迟报、谎报、瞒报、漏报安全信息现象。

【灌云县实验小学】 灌云县实验小学始建于1909年,初名"大伊市三育小学堂",后几度易名,先后称"灌云县师范附属小学""灌云县朝阳七年制学校"等。1981年被江苏省教委确定为首批省级实验小学,同年正式命名为灌云县实验小学。学校环境幽雅,文化气息浓郁。"三古园""百川塑像""书雕""卫公书院""三育小学堂"等景观设施,不仅铭刻着学校的悠久历史与文化传统,也在彰显着灌云实小的教育理念与人文精神。

2016年,学校有学生5000余名,专任教师220名。学校占地总面积4公顷,建筑总面积17800平方米。校内藏书15万4千册,并设有师生阅览室及科学实验、音乐、舞蹈、美术等专用教室,为全校师生的学习、活动提供良好的条件。学校践行"理解教育"的办学理念,努力"为学生提供适合的教育"。坚持文化育人、管理育人、特色育人。通过开发"社会支持系统"合力建设"教育共同体",先后开展一系列生命主题教育活动,提高教育实效。大力加强传统体育、科技教育和语文学科课程基地建设,形成鲜明的办学特色。先后被评为"全国优秀家长学校""江苏省和谐校园""江苏省中小学管理规范示范校",并连续获"连云港市小学教学质量奖""灌云县学校综合考核优胜奖"。

建校百年,学校不断进行教育改革与实践,先后主持国家级、省级教育科研课题10余项,市级课题47项。教师团队中,先后涌现江苏省人民教育家培养对象1名,省特级教师6名,市模范班主任2人,市名师及学科带头人10名,市级骨干教师22名。2016年,"乒乓球"代表队获2016年度全国少儿乒乓球比赛男甲团体第一名;"跆拳道"代表队获江苏省比赛一等奖。男子足球社团获连云港市亚军。"陈吉余少年科学院"的"未来院士"们在2016年"全国青少年科技创新大赛"获三项一等奖,被授予江苏省优秀少年科学院。至2016年末,学生个人获国家发明专利126项,学校被江苏省推荐参评全国知识产权教育示范学校。

【灌云县朝阳实验小学】 灌云县朝阳实验小学前身为清末海属地区名士陈百川、方小兰于1909年在卫公书院旧址上办的"大伊市三育小学堂"。后改名为伊山中心小学校,朝阳七年制学

校，省级实小——灌云实验小学。2000年，随着办学规模的不断扩大，学校在县城西苑增地扩建，形成东西一校两区教学格局。2014年8月，根据县委、县政府、县教育局对教育的布局调整，灌云实验小学东校区独立建制，更名为“灌云县朝阳实验小学”。

至2016年12月，学校由独立建制时的一至三年级，循环至六年级，形成由健康路与中大街两个校区组成的一所完全小学。学校占地面积15027.5平方米，建筑面积11256平方米；学校拥有电脑室、音乐室、美术室、舞蹈室、仪器室、阅览室、心理咨询室等专用教室，班班安装教学一体机，实现校园网络全覆盖；学校操场地面采用彩色无毒悬浮运动地板铺设，美观雅致，各类设施一应俱全，能满足教学活动所需。

学校现有40个教学班，2641名学生，教职工111人，学历达标率100%，其中，本科学历91.9%，中级职称57人，高级职称5人；有江苏省级优秀教育工作者1人，连云港市教学先进个人2人，连云港市“333工程”第一层次名教师1人，连云港市“333工程”第二层次学科带头人4人，骨干教师9人；县级名师5人，县级“361工程”教学能手11人。

学校以“博学　知礼　励志　笃行”为校风；以“爱岗　求真　创新　奉献”为教风；以“乐学　善思　爱读　好问”为学风；以“心筑三育　海纳百川”为校训。

依托百年老校深厚的人文底蕴，本着“教书育人、管理育人、服务育人”的理念，秉承校训，坚持以打造“朝阳儒雅少年”的德育工作为重心，以“上好课”“读好书”“写好字”“下好棋”“练好体”“育好智”六个向度全面推行“一心六好”工程。在教育教学工作中，积极推进“雅润．学课堂”改革，强化精细化管理手段，提高管理质景，深化常规管理，优化过程管理，注重细节管理，素质教育稳步提升。学校被授予连云港市教学工作先进集体、连云港市“书香校园”，灌云县少先队红旗大队、共青团工作先进集体；县教育局先进单位、优秀教科研单位、优秀教导处、模范职工之家、五一巾帼标兵岗等称号；学校网站在市网站测评中获一等奖；学校的科技模型、围棋项目、小学生数学报竞赛、经典诵读、小学生艺术节活动在省、市、县赛事中均获数量较大、层次较高奖项。

初中教育

【概况】 全县有初中28所，在校学生28323名。初中毕业生升学率95%以上。全县初中学校认真贯彻国家教育方针，不断加强县级政府的办学责任，按照“优化结构，完善配套；突出重点，适度超前；整体推进，分类指导”的原则，统筹安排，有序实施，扎实推进初中教育均衡发展。

【资源配置】 办学条件全面改善，义务教育薄弱学校改造工程全面启动，全县累计加固、重建（新建）、拆除校舍56.5万平方米，总投资5.7亿元；校安工程考核在全市处于领先地位；2016年全县改造校舍21.4万平方米，购置课桌凳1.6万套，购置图书49.4万册。城区优质教育资源日益扩大。累计投资近3.6亿元，建成南师大灌云附属中学；投入1.8亿元启动东城区九年制学校、开发区实验学校新建工程。

【协调发展】 全国义务教育发展基本均衡县建设成果进一步拓展。加强义务教育学校标准化建设，有77所中小学通过义务教育学校标准化建设评估验收。推进省、市课程基地项目建设，同兴中学的初中数学课程基地都在省级视导检查中获好评；大班额现象得到初步遏制。

【素质教育】 艺体教育成绩斐然。组织全县中小学生棋类比赛、田径运动会、足球联赛和无线电测向比赛。在市中小学生、少儿艺术大赛中，全县82名学生获一等奖，在市“首届连云港市青少年科技创新市长奖”评比中，获“摇篮奖”“市长奖”近10人次，在市青少年科技创新大赛中，获一等奖10个；在2016年全国无线电测向锦标赛和全国青少年测向锦标赛两项国家级赛事中，灌云县获得41金、24银、19铜的骄人战绩，继2013年以来第四次领跑国赛。

【教育现代化】 大力改善办学条件，实施薄改工程，添置课桌椅6510套、电脑178台、图书96000册；推进校安工程，12个加固项目、71个新建项目全部按期开工；加强教育信息化内涵建设。“三通两平台”建设持续推进，2016年，全县建设多媒体教室2750口，购置学生用计算机13610台、教师用计算机6751台，“班班通”“人人通”及省级教育资源服务平台覆盖率分别达93.6%、86.84%和90%。教师个人空间开通率为47.1%，教育卡发放率达96%，全县中小学教育技术装备均达到省一、二类标准。信息技术和课堂教学高度融合，积极开展“一师一优课，一课一名师”活动，全县“晒课”3700多节，中小学教师参与率全市第一，录制“领航杯2015年信息化教学能手比赛课”120节，上报“2016年学生电脑制作比赛”作品674件。全县教育信息化公共服务平台资源总量达363G，资源数量680812件，访客数209306人次，下载量59040次，所有指标位列全省118家县级单位之首。

【灌云县实验中学】 灌云县实验中学的前身是1952年创办的灌云县中学，2005年与灌云高级中学分离，是首批被确认为江苏省实施教育现代化工程示范初中校，与灌云初级中学联合成立灌云县实验中学教育集团。校园占地面积约30000平方米，建筑面积约22800平方米。现有53个教学班，3400多名在校学生，教职员工190多人，其中有市、县学科带头人20人，9位老师享受政府津贴，70多位老师在省、市级教学技能竞赛中获奖，中、高级教师占72%。

学校的办学理念是：让每一个学生都得到更多的关爱和最大的发展。学校的育人目标是：建有文化的校园、塑有智慧的教师、育有个性的学生。学校已形成了"博学、尚德、务实、创新"的校风。"敬业、爱生、严谨、善导"的教风。"勤学、善思、笃志、敏行"的学风。

学校以"出名师,求质量,创特色,争发展"为办学思路,积极推进素质教育,规范教学过程管理,认真落实课程改革,强化师资队伍建设。使学校在学科建设、人才培养、教学科研等方面都取得了重大进展,教育教学质量在连云港市名列前茅。2014、2016年获连云港市教学质量奖,市首批初中校本课程建设特色学校。5月,获连云港市汉字听写大赛一等奖。学校还先后获省文明单位、江苏省实施教育现代化工程示范学校、中国青少年读写大赛优秀组织奖、省中小学诗歌竞赛组织工作先进单位、省青少年田径比赛体育道德风尚奖、二十一世纪中国学校体育发展研究实验学校、市全面育人先进学校、市先进教师群体、市基础教育课改实验基地、市教育装备现代化实验学校、市教科研竞赛团体一等奖、市百佳校园、市未成年人思想道德建设工作先进集体等多项称号。

【灌云县下车中学】 灌云县下车中学,创建于1958年,坐落在连云港市灌云县下车镇,西临204国道和建设中的连镇高铁,北依沿海高速和正在建设中的连盐高铁,校园占地面积105亩。现为江苏省示范初中,有32个教学班,近1600多名师生员工,现有多媒体专用教室、配套设施齐全的物理、生化实验室、藏书4万余册的图书室、配置200台的电脑室、体育活动室、书法专用教室、舞蹈室、乒乓球室、美术和音乐室。按规定配足、配齐实验、图书、电脑、体育等器材。教学区、宿舍区、办公区、运动区等布局科学、合理、美化,现代化设施配置齐全;校园文化氛围浓厚,环境静谧清新。至2016年,学校连续8次获市教学质量奖,中考成绩连续28年位居全县农村中学首位。

灌云县下车中学始终追求教育品质,以"努力踏实"的校园精神,打造县市初中教育品牌。学校先后接待市内外访客达2000人次,多次得到省市县领导的充分肯定。灌云电视台、《连云港日报》、江苏教育台、《江苏教育》等媒体多次对学校构建高效课堂、创新德育管理的好做法和先进经验进行报道、推广。

坚持教学中心地位不动摇,精心打造高效课堂。积极落实自主、合作、探究的学习方式,加大校本教研力度,自创"有情、有趣、有效的三有课堂",提升了课堂教学有效性;积极打造优秀教师群体,形成互敬、互爱、互助、互补的团队氛围,先后有多名老师在省市县课堂教学大赛中获奖,拥有省市县学科带头人、港城名师、骨干教师达60人。

扎实营造平和育人空间,以常规管理为亮点的特色学校建设工作成绩斐然,在市内外产生积极影响。注重加强学生自育心理建设,营造"和暖"的育人氛围,为学生从他律到自律提供了"平和"的成长空间。积极发挥德育管理工作品牌学校效应,多次承办县市德育常规管理工作现场会。

灌云县下车中学

扎实、朴实、务实的管理,结出累累硕果。2016年学校先后获得省教育工作先进集体、省青少年科技教育先进学校、市教学常规管理奖、市教科研先进集体、市中小学体卫艺工作道德风尚奖、市书香校园、市合格警务室、县教学优胜奖、县综合考核先进奖等荣誉称号。

【灌云县杨集初级中学】 灌云县杨集初级中学创建于1956年,原名为灌云县杨集中学,2014年初高中分离,高中部搬迁到县城,原校址更名为杨集初级中学。学校位于杨集镇北郊,南靠204国道,东临沿海高速、324省道,交通方便;校内环境清幽、布局合理、建筑科学、书香气息浓郁。先后被上级表彰为省绿色学校、省青少年科技教育先进学校、连云港市教育工作先进集体、连云港市教育系统优秀家长学校、县社会主义核心价值观建设示范基地。

学校占地85397平方米,建筑面积23956平方米,现有教学班35个,学生2017人,教职工128人。学校视教学质量为生命线,秉承"勤学好问 多思有恒"的浓郁学风,"博学求精 敬业爱生"的醇厚教风、"团结合作 开拓进取"的文明校风和"立德 树人"的务实校训,在全校师生员工的努力下,取得丰硕的教育教学成果。学校中考成绩突出,中考升学率在全市同类学校中名列前茅,连续多年获县"教学质量优胜奖"。

学校采用全方位、多层次科学管理,打造良好的育人环境。学校开设名著阅读课程,在全县率先开展图书漂流活动,增加学生的阅读量。创立校刊《新绿》,定期发表师生优秀作品,提升学生写作兴趣,通过集体诵读、表演名著情景剧等形式,加深对名著的理解,提高学生的人文素养。学校倾力打造省级生物课程实践基地,建设"暗香园""百草园""玫瑰园""百蔬园""翠竹园"等五园,在为师生创造一流生活环境的同时,也让学生对生物知识有了更深层次的了解。学校通过组建社团、举办艺术节,丰富学生的文化生活,提高学生全面素质,培养学生的创新能力。学校开设手工类、球类、棋类、艺术类等4大类29个社团。社团活动使学生学业水平得到提高,个性特长、实践能力、创新精神得到较好发展,所有学生都能健康成长。

【灌云县沂北初级中学】 学校始建于1970年,现有1300余名学生。现有教师97人,获本科及以上学历86人,大专11人,其中,县级及以上骨干教师26人,市县333学科带头人12人,高级教师占19%,中级教师占41%。学校对教师进行多媒体投影、白板的使用培训,提高自身信息辅助技术,使课堂更加丰富多彩。学校历来重视教科研,定制了许多有关教育理论的刊物和报纸,要求一线教师每年认真阅读一本教育理论专著,及时写出读书笔记,促进教师在学习中自我成长;协助参赛教师修改论文,指导课题申报。学校先后获国家级课题1项,省级课题3项,市级课题16项。学校师资力量雄厚,教师队伍以高层次学历,过硬的政治素质,精湛的业务素质,高尚的师德,合理的结构,推动沂中发展,创办专业沂中。

沂北中学除了关注学生的德育、智力发展外,非常重视学生各种能力的培养。为学生配备图书室、理化生实验室、微机室、音乐室、美术室等功能室。图书室现藏书40000余册,生均藏书量40余册,极大的满足学生对课外知识的需求。阅览室分为教师阅览室和学生阅览室,教师利用课外闲暇时间到阅览室读书看报,及时了解学科前沿知识,提高专业素养;学校为培养学生的读书习惯,开展读书文学社、听书吧等兴趣活动,深受学生欢迎。学校配有3个网络教室,计算机160台,除了满足学生的信息技术课堂需求外,学校的信息课任课教师开展绿色网吧活动,指导学生正确的使用网络。音乐室配有两架钢琴、两台电钢琴、两套音响设备,为爱好音乐的师生提供条件,并针对性的开展声乐兴趣小组,培养学生多方面的能力。

学校先后获省"示范学校"、省"绿色学校"、省"工人先锋队"、市"平安校园"、市"书香校园"、市"优秀图书室"、市"优秀实验室"、市"教学质量奖"、市"语言规范校"、市"汉字听写大会优秀奖"、市"教学常规管理奖"、市"教育工作先进集体"、县"教学质量提升奖"、县"生态课堂"改革示范校、县"心理健康工作先进单位"、县"安全工作先进单位"、县"教科研先进集体"等20多项殊荣。

高中教育

【概况】 2016年,全县有独立高中3所:江苏省灌云高级中学,灌云县第一中学,南京师范大学灌云附属中学(灌云县杨集中学)。完全中学2所:灌云县陡沟中学,灌云县四队中学。在校学生11776人。县委、县政府始终尽全力支持高中教育的发展。杨集中学成功与南师大联合办学,并成功创建成四星级高中。采取多种渠道加强教师队伍配置,具有研究生学历的优先选聘。新课程改革有条不紊地进行。高中教育教学质量稳步提高。2016年二本以上上线人数1800人,高中教育质量得到社会认可。

【江苏省灌云高级中学】 江苏省灌云高级中学始建于1952年,前身为灌云县中学,1980年被确定为省重点中学,2001年通过国家级示范高中评估,2004年被确认为江苏省首批四星级普通高中。

学校占地14.67公顷,建筑面积121633平方米;现有76个教学班,在校学生近4000人;专任教师325人,高级职称149人,获硕士学位23人,市级以上骨干教师33人,先后有10多名教师赴英、美、澳、加等国培训,形成年龄结构合理、业务技能精良、勇于创新拼搏的优秀教师团队,为学校发展提供坚实的保障。学校教学设施完善,设备齐全。学生公寓、餐厅宽敞整洁,条件一流;现代化的体育馆、运动场、图书馆、阅览室、微机房、实验室、多媒体教室、美术室、音乐室、青少年成长发展指导中心等一应俱全,设备先进,为学生架设一座成才的立交桥。

学校秉持着"厚德致远"校训,不懈追求,薪火相传,积淀厚重的办学底蕴,孕育优良的办学风尚,形成"崇真、求实、团结、奋进"的校风,"严谨、精勤、创新"的教风和"勤奋、扎实、活泼"的学风,为国家培养大批栋梁之材。学校扎实探索教育改革和内涵发展之路,坚持"让每一位师生都得到充分发展"的办学理念,围绕"质量立校、科研强校、特色兴校"的方向,把握新课程改革机遇,加快教育现代化进程,注重创新育人思路,大力实施素质教育,全面提升教育教学质量。

作为"江苏省体育与健康课程基地",体育特色已经成为学校发展的一张闪亮的名片。学校确立"由传统体育强校向现代体育名校迈进"的发展方向,制定"一体两翼"的发展框架,创新教学模式,课堂实施"选项教学",课外活动实行"俱乐部制",举办体育节,组织社团活动,打造体育文化,实现健体、增智、审美的目的,为学生终身幸福奠基。体育传统项目篮球、田径和新兴项目无线电测向多次在全国、省比赛中获得优异成绩,为高校和各级运动队输送大量的体育人才,学校被评为全国群众体育先进单位、省体育传统项目学校、省级贯彻体卫两个《条例》优秀学校。

2016年,学校承继吸纳,高位求进,先后获省文明单位、省平安校园、省绿色校园、省文明校园、省常规管理示范校、省模范学校、省实施素质教育先进学校、省现代教育技术示范学校、省德育工作先进校、省健康促进学校(金奖)、省招飞工作先进学校、省语数英课程改革先进集体等多项表彰。2016年,在高考参考人数大幅减少的情况下,仍取得本二以上达线1226人的好成绩,赢得广泛的社会赞誉。

【南京师范大学灌云附属中学】 学校前身是灌云县杨集高级中学,初建于1956年,坐落于灌云县杨集镇,为适应教育现代化和推进优质教育资源的均衡化发展,县委、县政府于2012年6月

南京师范大学灌云附属中学建校60周年文艺演出

决定杨集高级中学异地新建。2013年11月,灌云县与南京师范大学签定联合办学协议,2014年8月学校整体搬迁至县城东城区新建校区,2015年3月,南师灌云附中顺利晋升为省四星级普通高中,2016年通过省教育厅审批,成为省心理教育课程基地 。

新校区占地面积约240亩,总体投资2.3亿元,整体建筑面积约7.9万平方米。有教学班62个,在校学生2928人,在编在岗教师238人。

学校为创建良好的育人环境,坚持多元发展措施,优化艺术教育与课堂教学、课外活动、校外活动的整合,开展各项体育、音乐、美术等兴趣小组活动,以兴趣小组带动其他学生进步,努力打造"艺体教育"品牌。南师灌云附中心理教育是国家基础教育司心理教育重点课题实验校、省首批心理健康教育特色学校、省心理教育课程基地,承担国家基础教育实验中心重点课题。学校通过网络、信息等平台已经和家庭、社区以及周边学校共建共享心理健康教育资源,为构建地区性的和谐社会打下基础。

2016年,南师灌云附属中学先后获得市全民阅读活动"书香校园"、市"优秀中学中职共青团组织"、市"高中教学特色奖"、市"教育工作先进集体"、县"先进基层党组织"、县学校综合考评"先进奖"等荣誉称号。

附中与南师大联合办学,不仅是提升学校办学水平的新平台,更是灌云教育事业汲取先进教育教学理念、教育教学管理模式和科学育人方式的新途径。南京师范大学专家组为附中制定科学、合理、可行的事业发展规划,培育和彰显学校的办学特色与文化特色,形成更为先进的教学理念把杨中精神发扬光大,将学校打造成省市知名的办学改革创新示范学校、高中教育窗口学校、社会广泛认可的名牌学校,为实现全县教育事业发展新突破作出更大贡献。

【灌云县第一中学】 灌云县第一中学是2010年9月在原灌云高级中学(老灌中)校址上兴办的四星级普通高中,是继灌云高中之后灌云县第二所省四星级高中。

学校现有44个教学班,2200名在校生。校园占地119.06亩(79371.6平方米),生均占地面积32.5平方米。学校拥有各类建筑面积45240平方米,生均13.9平方米,校园绿化面积5960平方米。

学校现有教职工263名,专任教师222人,研究生26人,其中特级教师2人,有教授级高级教师1名,也是全县仅有的1名,高级教师65人。有市"名师"、市"教学领军人才"、市"学科带头人"、市"333工程"骨干教师、市"优秀教育工作者"和市"教学先进个人"56人,市级名师仅次于灌云高级中学,在近年的市、县基本功和优质课比赛中有82人次分获一、二等奖。

学校涌现出一批知名校友。2001届校友、73159部队飞行员张浩在2017年1月19日,执行夜间飞行任务中,驾驶的直升机在空中突发故障,为避开人口稠密的居民区,他勇敢沉着、正确处置,避免了人民生命财产遭受重大损失,不幸壮烈牺牲,用生命诠释了全心全意为人民服务的宗旨。灌云县人民政府追授张浩为"灌云县敬业奉献道德模范"荣誉称号。

2016年,学校高考再创辉煌,艺术专业本科上线率达92%。

学校先后获得"连云港市高中教学质量奖"、"连云港市高中教学贡献奖""连云港市高中教学特色奖""连云港市教育工作先进集体""连云港市艺术教育特色学校""灌云县高考先进单位""江苏省招飞工作先进单位""江苏省平安校园""江苏省健康促进学校(金牌)""全国中小学公民道德建设先进单位"等荣誉称号。

学校以"激情教育,活力课堂,幸福师生"为办学愿景,追求有灵魂、有温度的美丽教育,将"让教师更有尊严,更有获得感;让学生更受尊重,更好地发展"作为办学追求。

【灌云县陡沟中学】 灌云县陡沟中学创建于1958年,当时只有初中两个班。

灌云县第一中学体育场

1991年起，学校发展成初、高中各四轨。2000年扩展为八轨制。2006年，灌云县提出“教育强县”战略，批准陡沟中学高中增至10轨。2003年顺利通过二星级学校验收。2009年4月晋升为江苏省三星级普通高中。2011年7月，陡沟第二中学并入陡沟中学，学校扩展成完全中学。

学校现有教职工136人，其中专任教师102人，本科学历102人，学历达标率为100%，其中研究生15名，占13.8%。高级教师62人，占56.6%。师生比为1∶12.29。有县级骨干教师2人。学校“333工程”骨干教师达46人，“361”工程骨干人员26人。学生1459名，教学班35个，平均班额45.38人；用地面积72670平方米，生均49.8平方米；校舍建筑面积21980平方米，生均15.26平方米；学生宿舍建筑面积5319平方米，住宿生人均面积6.21平方米；绿化用地36750平方米，校园绿化覆盖率达50.57%。建有300米塑胶跑道及100米直道，田径场、篮球场和排球场配套齐全；学校配备千兆校园网，建有自己的网络中心与信息处理中心，以及设施先进的全方位监控系统。拥有先进的图书管理系统与电子图书室，图书室藏书82299册，生均56.4册。

学校先后获“省平安校园”“省健康促进学校”“江苏省价格诚信单位”“连云港市文明单位”“市德育先进学校”“市全面育人先进学校”“市规范收费学校”“市语言文字师范学校”“市优秀学校”“市四星级学校工会”“市绿色学校”“县教科研先进学校”“县体育运动先进学校”“县关心下一代先进集体”“县十佳教育网站”“县信息先进学校”“县先进实验室”“县模范职工之家”等荣誉称号。

【灌云县四队中学】 灌云县四队中学创办于1958年，办学历史悠久，是灌云县东北片唯一的一所省三星级高中。有27个教学班（初中13个，高中14个），在校生1350人。学校占地面积40820平方米，生均占地30.24平方米；校舍建筑面积23700平方米（不含教工、学生公寓），生均校舍面积17.55平方米；学生宿舍建筑面积3920平方米，住宿生生均面积5.4平方米；绿化面积21226平方米，覆盖率52%。学校的教学楼、办公楼、实验楼、图书楼、餐厅、学生宿舍楼配备先进设施，各功能室设备先进齐全。学校图书室藏书68856册，生均藏书51册。有完备的校园信息传输系统，教师们利用电脑办公。所有教室都更新为多媒体教室，扩大教学容量，提高教学效果。学校注重文化建设，精心打造人文景观，整个校园文化氛围浓郁，形成优雅的育人环境。

学校先后获得国家级“国民语文应用能力实验校”、“江苏省平安校园”“省健康促进学校”“市语言文字示范校”“市‘三大管理平台’应用与管理先进集体”“市图书管理和软件使用先进集体”“市绿色学校”“县体育先进集体”“县关心下一代先进集体”“县信访先进单位”“县十佳教育网站”“县信息先进集体”“县教育科研先进集体”“县先进实验室”“县模范职工之家”“县五四红旗团委”“县三八红旗集体”市中小学优秀网站评比一等奖、市艺术节展演活动中学甲组一等奖等荣誉，在连云港市有着广泛而良好的社会影响。

特殊教育

【灌云县特殊教育学校】 灌云县特殊教育学校创建于1998年，原名灌云县聋哑学校，坐落于风景宜人的白蚬果园，2007年更名为灌云县特殊教育学校，承担着全县残疾儿童的义务教育任务。2016年，灌云特殊教育学校实现洼地崛起。校门前填塘筑路，扩大学校办学场地；校内新建报告厅、塑胶跑道、改造学生宿舍卫生间和围墙、新添机房电脑、教学电子大屏、更换教师办公设备，改善学校的办学条件。先后被评为“十二五”全市残疾人工作先进集体、县综合考评“先进奖”、市改善办学条件先进集体等荣誉称号。学校设有9个教学班，新增1个学前康复班。在校学生120人，教职工20人，其中本科17人，大专3人，达标率100%。

学校注重教育教学质量，开齐开足特教课程，注重个别教育与校本课程的特色教育，“让每一个聋生自信地立足社会”是学校教学的目标。2016年，学校加大教科研力度，邀请省级特教专家到校开讲座。举办全市特殊教育研讨课，3位教师在研讨活动中展示教学，扭转灌云特教学校一直没能力承办市级研讨活动的局面。学校获得县“教科研先进集体”荣誉称号。为搞好特殊教育工作，提高教学质量和办学水平，学校加强师资培训工作，有10人次参加省、市的骨干培训，提高理论水平。学校的领导、教师远赴新加坡、日本考察，学习外国先进的特殊教育教学理念和经验，开拓视野，完善办学模式，更新办学思路。

学校以关爱每一个残疾学生的健康成长为办学宗旨，努力为学生创造美好的精神家园。用爱心呵护每一位残疾孩子的成长。副校长刘菲荣获2016年感动灌云教育“十佳教师”荣誉称号。教师团队获得“五一巾帼标兵岗”的美称。

【灌云县益海助学中心】 灌云益海助学中心建于灌云县伊北九年制学校院内东北角，位于风景秀丽的国家AAAA级旅游景区——大伊山的北麓，西临宁连高速公路，东北傍依盐河，建筑面积1896平方米，占地面积4800平方米。

中心由新加坡丰益国际集团总裁郭孔丰个人捐资380余万元于2011年10月兴建。中心设有单独的食堂、餐厅，可容纳120人同时就餐；设有洗澡间、标准卫生间；洗衣房、医务室、男女生宿舍，图书室、电脑室及自修室；拥有近100平方米的客厅，充分让孩子们体会到家的温暖。至2016年，已接纳全县108名孤幼儿童，跨越义务教育9个学段。中心实行全封闭、半军事化管理，为孩子们配有专门的生活教师和管理人员，提供24小时全方位服务。它为灌云县孤幼儿集中供养这一民生工程，提供一流的生活配套设施，较好改善灌云现有孤幼儿的生活和学习条件。

中心以“一切为了孩子，为了孩子一切”为宗旨，着力为这一特殊群体全力营造温馨的成长环境。

2016 年，学校主任王英获市首届最美职工荣誉称号，入选全国好校长评选；教师侍青山获县关心下一代工作先进工作者，市教育工作先进个人；老师陈君萍被江苏少年网评为《关心下一代周报》优秀小记者辅导员；徐娜老师被评为连云港市优秀共青团员；中心小记者站被省《关心下一代周报》评为“优秀小记者站”，灌云益海助学中心被评为江苏省文明校园、省优秀教育辅导站。

职业教育

【概况】 2016 年，全县有 1 所省级以上重点职业学校，民办培训机构 26 所。职业教育坚持“以服务为宗旨、以就业为导向，以能力为本位”的办学方针，围绕“面向市场、服务社会、重在素质、贵在特色”的办学理念，走“校企合作、工学交替、产教结合”的办学之路，实行“一凭多证”，培养应用型、适用型中等技能人才，为地方经济发展提供人力支撑和智力支持。

【注重招生激励措施】 2016 年，灌云把全县职高招生任务作为硬性指标分解下发到各初中校，并纳入学校年度综合评估。招生就业成效明显。开放教育春季招生 64 人，网络教育 88 人。全校在籍生 1505 人，其中开放教育 560 人、网络教育 420 人、函授教育 525 人。

【改善现有实训条件】 2016 年，灌云积极争取上级专项资金扶持，努力挖掘和整合教育教学资源，打破职教发展的“瓶颈”。积极扶持和促进各办班点改善职高办学条件，增加实训设备和设施，增强办学凝聚力。

【实施各类培训工程】 2016 年，灌云各学校都把转移培训工作紧紧的抓在手上，确保“先培训，后输出”，把剩余劳动力转移到较高报酬的岗位上去。开展电子、电工、机械、服装、家政等多形式的短期班，围绕地方的农业现代化、产业化发展，大力推进现代农业“种、养、加”技术，加强和企业及科研院所的挂钩联合，拓展劳动力输出的渠道和空间。

【大力发展职业教育】 强化就业导向。继续坚持“以出口拉动入口”的方针，加强全县职高学生的就业服务工作。大力宣传职教在就业方面的优势，推行就业合同管理，打造职教诚信。以创建为抓手，提高职教办学水平。县教育中心在通过省合格职教中心校验收、省重点职业中学验收的基础上全面启动创建国家级重点职业学校工作。并顺利通过省专家组的评估验收。

切实加大师资队伍建设。按职高规模，给足职教师资编制。鼓励骨干教师从事职高教育。以“双师型”为目标，大力鼓励职校在职教师参加培训。积极参加“四新”培训，使普通教育师资能胜任职教岗位。加大专业教师队伍建设，引进一批专业水平高、教学能力强的本科毕业生。在提高师资专业能力的同时，认真重视职教师资的师德建设。积极争取上级专项资金扶持，努力挖掘和整合教育教学资源，打破职教发展的“瓶颈”。积极扶持和促进各办班点改善职高办学条件，增加实训设备和设施，增强办学凝聚力。

【江苏省灌云中等专业学校】 江苏省灌云中等专业学校是集中等职业教育、成人学历教育、各类培训为一体的多层次、综合性国家级重点、省四星级、省高水平现代化中等职业学校。1998 年 8 月，灌云县委、县政府为壮大全县职业教育规模，提升全县职业教育办学层次，根据“一校多制、分类管理、资源共享、优势互补”的原则，将原灌云县职教中心、连云港电大灌云分校、灌云县教师进修学校合并组建而成，2000 年 9 月将灌云县技工学校并入。2015 年，获省政府批准建设灌云开放大学。2016 年，被省教育厅认定为江苏省高水平现代化职业学校。

基础建设。校园占地面积 14.2 公顷，建筑面积 9 万平方米，建有教学楼、实训楼、图文信息中心、学生公寓、学生餐厅、机械实训基地、职业技能培训中心等。建成机械加工技术、电子电器应用与维修、计算机应用三大主干专业群，创建机械加工技术、电子电器应用与维修、计算机应用省级品牌专业 3 个，建成省高水平示范性机械加工机械、电子技术应用实训基地 2 个。

队伍建设。坚持人才强校战略，实施师资培养“五项计划一保障”（规模保证计划、学历提升计划、技能提高计划、名师培养计划、个人成长计划，经费有保障）工程，优化师资队伍，搭建成长平台，“双师型”教师不断壮大。有教职工 289 人，中高级职称教师 144 人，“双师型”教师占比 86%，研究生学历占 17.21%，省职业教育领军人才 3 人，省教科研中心组成员 2 人，省市中心组成员 20 名，培养国家级骨干教师 10 名，市级“333 工程”骨干教师、班主任 15 人，市“521 工程”高层次人才 2 人，县“361 工程”名师、教学能手、教坛新秀 40 人。

教育教学。狠抓教育教学，大赛成绩突出。在 2016 年市技能大赛中，获一等奖 13 项，二等奖 31 项，三等奖 40 项，学校荣获市技能大赛“优胜团队奖”。在 2017 年省技能大赛中，获教师组《化工设备维修》项目二等奖 1 项，《建筑 CAD》项目三等奖 1 项，《声乐独唱》项目指导二等奖 1 项，《计算机辅助设计》（工业产品 CAD）项目指导三等奖 1 项，《电子产品装配与调试》项目指导三等奖 1 项；在 2016 年省创新大赛中，获一等奖 1 项、二等奖 1 项、三等奖 3 项，学校荣获省创新大赛“优秀组织单位奖”。近 3 年，对口单招本专科综合升学率均 95% 以上，位居全市同类学校前列。

德育管理。学校秉承“立德树人，育人为本”的教育理念，深入推进和践行社会主义核心价值观，积极开展“八礼四仪”教育活动，采取“自律、自豪、自信、自理、自我、自治”“六自”德育模式，构建“全员育人、全程育人、全方位育人”德育体系，实施“4321 工程”，德育工作成效显著。在 2016 年市职业学校班主任基本功大赛中,10 名参赛班主任悉数获奖,其中一等奖 2 名,二等奖 7 名,三等奖 1 名,荣膺“团体优胜奖”。

社会教育。学校创新办学模式,深化教学改革,实现资源共享,提升办学层次,学历教育、社会培训双轮驱动、并行并重。学历教育(开放教育、网络教育、函授教育)培养高素质人才,为经济社会发展提供人才保障。社会培训主动作为谋发展,打造职教富民工程,扎实开展安全生产、特种作业、退役士兵职业技能、新型农民等培训,各类培训年均超 4000 人次。

成效突出。引进灌云飞耀汽贸有限公司入驻学校,成功引进江苏罡阳有限公司在校内投资一条超 200 万元真实生产线,招收“江苏罡阳”冠名班学生 100 人,吸引江苏罡阳有限公司至县经济开发区投资建厂,实现政府、学校、企业、学生“四方”共赢。

学校荣获省职业教育先进集体、省德育特色学校、省课程改革实验学校、省绿色学校、省优美校园、省优质教育先进单位,市职业教育先进集体、市全面育人先进单位、市文明单位等称号。

成人教育

【概况】 2016 年,全县社区教育中心 13 所,全部达到市级社区教育中心标准,有 9 所达到江苏省标准化社区教育中心标准,有 236 所居民学校达到江苏省居民学校标准。全年完成农村劳动力转移培训 1.12 万人次;农村实用技术培训 101236 人次;农民工培训 1313 人;老年教育培训 3032 人,完成各种培训 116781 人次。

【乡镇社区教育中心建设】 2016 年,教育局组织人员对全县 13 个社区教育中心进行检查,查看社区教育中心校容校貌和新一年工作计划,将社区教育中心分成三类,并发专题简报,县级简报发到分管领导和教育局主要领导,乡镇发到乡镇领导和学校校长。6 月中旬,对年初检查中的第二类和第三类进行重点推进,限期整改到位。巩固现代化建设成果,要求各乡镇把社区教育中心变成村民学习中心,娱乐中心,健身中心。圩丰和南岗两个社区教育中心通过江苏省标准化社区教育中心验收,71 所居民学校通过省验收。

【社区培训】 2016 年,全县完成农村劳动力转移培训 1.12 万人次;农村实用技术培训 101236 人次;农民工培训 1313 人;老年教育培训 3032 人,完成各种培训 116781 人次。围绕全县农村劳动力的培训转移任务,强化教育培训的功能,以增加农民收入为中心任务,坚持就地转移、返乡创业、异地输出三路并进,技能培训、政策扶持、就业服务三措并举,各乡镇都把转移培训工作抓在手上,大力推动农村劳动力培训、就业、确保“先培训,后转移”,内外转移结合,有效加快农村劳动力转移就业步伐。各乡镇针对县内两大园区用工量较大的优势,着力实施好岗位对接培训,建立“定点招生、定岗培训、定向就业”的就业培训机制,提高劳动者技能,使培训人员能够及时进厂就业。

民办教育

【概况】 2016 年,全县民办教育稳步发展,形成了涵盖学前教育、中小学学历教育、非学历培训机构等各个办学层次的较为完整的办学体系。全县经教育行政部门审批的民办教育机构 139 家,其中,民办幼儿园 104 所,民办中小学 25 所,其它教育培训机构 25 所,民办教育成为全县教育事业的一个重要组成部分。

【灌云高级中学城西分校】 灌云高级中学城西分校创建于 2006 年 2 月,是经县政府批准、县教育局主办的一所学校。学校位于县城胜利西路与宁连高速公路交汇处。毗邻灌云县文教、政法等多家单位。学校占地 10.67 公顷。校园按现代建筑风格设计,教学楼、实验楼、宿舍楼、综合楼等一应俱全,校内绿草如茵,教育教学、生活服务等硬件设施先进完备,形成一个高规格、人性化的办学新格局。

2016 年,学校有 62 个教学班,专职教师 265 人,在校生近 4000 人。学校坚持“以人为本,学生至上”的现代教育理念,确立了“立德”和“树人”相结合的人才培养目标,坚持教师和学生共成长的管理模式,学校还开设绘画、文学、音乐、科技制作等 12 个课外社团,力求为在校的每一个学生的健康成长和全面发展提供尽可能大的空间。学校坚持重视文化建设,用心营造个体成长和生命发展的良好环境,充分发挥校园文化的育人功能,全面建设一个健康向上、丰富多彩的和谐校园。

教　师

【概况】 2016 年,全县有在职教职工 6604 人,其中专任教师 6465 人。中职学校教师具有本科及以上学历 100%,其中研究生学历占 17.21%。双师型师资 35.42% 以上。普通高中教师具有本科以上学历达到 99.5%,其中研究生比例达到 17.96%。普通初中教师具有本科及以上学历 94.02%,普通小学教师专科及以上学历 92%,其中具有本科及以上学历 81.43%。

【新教师招录】 2016 年,灌云县继续坚持引进高素质人才的方针,先后组织多个团队到省内外多所师范院校开展招聘政策宣传、新教师选聘工作。组团参加省内外多个师范毕业生专场招聘会,为广泛吸纳优秀教师人才搭桥、铺路。经报名、笔试、面试、考察等环节,成功引进 123 名优秀毕业生加入教师队伍,其中,研究生 3 名,本科生 61 名,专科生 59 名。安置免费师范生 4 名,其中有 3 名男幼师。

【队伍建设】 2016 年,按照年度计划,进行“361 工程”第二周期第一轮评选,评选“教坛新秀”62 名,“教学能手”100 名,“灌云名师”41 名。积极参加“市 333 工程”评选,获评市名师,模范班主任和名校长20人。全年新评高级教师55人,一级教师196人,二级教师132人。

【师资培训】 2016年,全县开展校长主题论坛活动,为全县中小学校长搭建"共同学习、互动交流、同步提高"的平台,促进全县中小学校长学校管理水平和业务能力的提升,打造学习型校长、专家型校长。完成出国培训、省名师送培、市"青蓝工程""三百课程"等各级各类培训13000人次,有150人在各项培训评比中获"优秀学员""先进个人"等荣誉称号。

附:

灌云县市级以上实验小学名单(21所)

灌云县实验小学
灌云县新区实验小学
灌云县朝阳实验小学
灌云县白蚬中心小学
灌云县侍庄中心小学
灌云县陡沟中心小学
灌云县龙苴中心小学
灌云县伊芦中心小学
灌云县小伊中心小学
灌云县王集中心小学
灌云县下车中心小学
灌云县鲁河中心小学
灌云县四队中心小学
灌云县下坊中心小学
灌云县沂北中心小学
灌云县杨集中心小学
灌云县图河中心小学
灌云县南岗中心小学
灌云县伊山中心小学
灌云县同兴中心小学
灌云县圩丰中心小学

灌云县民办教育情况

一、持证民办幼儿园(104所)

1. 伊山镇(34所)
新苗幼儿园
新一代幼儿园
金童幼儿园
实验幼儿园
小太阳幼儿园
振兴幼儿园
田园萍萍幼儿园
米奇宝贝幼儿园
未来之星幼儿园
牛津幼儿园
百花幼儿园
双龙幼儿园
新星幼儿园
伊山镇幼儿园
西园幼儿园
西苑幼儿园
钟声幼儿园
小天使幼儿园
天乐幼儿园
蓝天幼儿园
曙光幼儿园
育苗幼儿园
文豪幼儿园
好孩子幼儿园
博学堂
云海幼儿园
花蕾幼儿园
畅想幼儿园
郑庄幼儿园
王圩希望幼儿园
映山红幼儿园
红太阳幼儿园
城西幼儿园
灌云县阳光增智幼儿园
2. 侍庄街道(11所)
双语幼儿园
朱埝幼儿园
陆庄天地幼儿园
花蕾幼儿园
益智幼儿园
金池幼儿园
金苹果幼儿园
阳光幼儿园
永卓幼儿园
阳光景都幼儿园
侍庄街道精灵幼儿园
3. 东王集镇(5所)
洪圩幼儿园
周庄幼儿园
喜洋洋幼儿园
红太阳幼儿园
小龙人幼儿园
4. 杨集镇(18所)
庆丽幼儿园
小燕子幼儿园
小岛幼儿园
新星幼儿园
爱心幼儿园
晓丹幼儿园
阳光幼儿园
沂北红芹幼儿园
沂北婷婷幼儿园
沂北小红花幼儿园
沂北如海幼儿园
沂北恒通幼儿园
未来星幼儿园
机械厂幼儿园
桂珍幼儿园
东吴幼儿园
艺康幼儿园
宝贝幼儿园
5. 同兴镇(7所)
童梦幼儿园
智多星幼儿园
新海幼儿园
永峰艺术幼儿园
罘山小红花幼儿园
金艨幼儿园
伊芦小星星幼儿园
6. 南岗乡(6所)
南岗乡稚灵幼儿园
南岗村幼儿园
南岗小博士幼儿园
南岗启航幼儿园
陡沟蓝天幼儿园
同济幼儿园
7. 四队镇(3所)
鲁河启明星幼儿园
希望幼儿园
华艺幼儿园
8. 下车镇(7所)
蓝天幼儿园
白蚬星星幼儿园
长兴幼儿园
旺旺幼儿园
小红花幼儿园
海虹幼儿园
园之梦幼儿园
9. 燕尾港镇(2所)
燕尾港育才幼儿园

燕尾港新星幼儿园
10. 图河乡(3所)
街道幼儿园
红花幼儿园
红苹果幼儿园
11. 圩丰镇(4所)
光明幼儿园
五星幼儿园
育苗幼儿园
钟声幼儿园
12. 龙苴镇(3所)
育新幼儿园
龙苴新星幼儿园
龙苴永红幼儿园
13. 小伊乡(1所)
小红花幼儿园

二、全县民办中小学(25所)

东王集镇育成小学
杨集镇春蕾小学
小伊乡巅峰小学
圩丰镇新华小学
圩丰镇兴旺小学
同兴镇新苗小学
图河镇南港希望小学
圩丰镇光明小学
四队镇红太阳小学
同兴镇新世纪小学
东王集乡渔场小学
白蚬曹庄小学
四队镇杨庄前河小学
南岗乡华云小学
图河乡邱庄小学
伊山镇阳光双语学校
小伊乡河南庄小学
伊山镇桃李小学
同兴镇伊芦新星中学
下车镇中英文学校
龙苴镇远扬双语学校
龙苴镇博文中学
侍庄街道华英外国语学校
灌云高级中学城西分校
白蚬长兴小学

潮河湾风光

科学技术

科技工作

【概况】 2016年,县科技局全面贯彻落实省市科技工作部署,围绕全县经济社会发展大局,以培育科技创新主体和完善创新服务体系为重点,以深化产学研合作和创新平台建设为抓手,深入实施创新驱动战略,大力推进科技创新工程,在科技创新能力提升、创新载体建设、产学研合作、高新技术企业培育等方面实现新突破,有力促进县域经济的持续健康发展。

2016年,全县获批国家高新技术企业7家,超过前三年之和;获批省级研究生工作站4家,位居市内县区前列;科技服务超市获批省首批示范店,星创天地获科技部立项,尤丽康生物科技荣获市创新创业大赛二等奖并成功进入全省行业决赛,保易制药何飞入选省"双创"人才计划,威迪机械一项科技成果荣获省科技进步三等奖。

【高新技术及产业化】 2016年,通过持续加大扶持培育力度,全年新增国家级高新技术企业7家,省级后备高新技术企业7家,省科技型中小企业10家,全县高新技术产业产值271亿元,占规模以上工业产值比重36.47%,高新产品开发得到加强。围绕高分散性染料及中间体、医药等产业推进企业创新,加快新产品研发进程,推动全县高新技术产业的培育和发展,全年获批省级高新技术产品8个。传统产业转型升级速度加快;传统农业机械制造依靠科技促进转型;规模农机企业基本建立与高校院所的长期产学研合作关系,为推进区域创新型经济发展奠定扎实基础。

【农业科技示范及产业化】 2016年,围绕县特色产业发展要求,在农业装备、畜禽类养殖以及设施蔬菜三大特色产业方面,重点推进一批苏北专项行动科技富民强县项目,具体有:"高速甩抛式集洒两用园艺割草机的研发及产业化""设施蔬菜主要装备关键技术开发及示范平台建设""节能型热泵式谷物循环干燥机开发及产业化""高效秸秆还田分层施肥宽苗带播种复式作业机开发与产业化""设施农业新型低耗全方位中耕复式作业机开发与产业化"等。国家农业科技园区灌云示范区建设顺利推进,所有涉农研究开发项目进展顺利,推动灌云农业科技发展及产业化。

【创新服务体系项目】 2016年,全县通过南京农业大学灌云现代农业装备研究院、江苏科技大学技术转移中心灌云分中心、灌云县成果转化服务中心、科技服务超市灌云分店等创新载体,吸引各类科技创新要素向沿海地区创新创业园区、特色产业基地集中,实现相关产业创新集群,为新兴产业集聚和传统产业快速升级发展提供有效支撑。县科技局积极帮助县内企事业与高校、科研院所联合申报省级各类科技项目42项;助力企业创新发展,累计向上级争取资金460万元;促进企业增加研发投入3500多万元,激发了县内企业从事科技创新工作的活力;围绕夯实人才载体这一目标,组织申报省"双创"人才项目4项,科技副总10项,省级企业研究生工作站6家,市级工程技术研究中心7家,新建校企联盟14家。

【知识产权】 2016年,县科技局以知识产权战略区域试点县建设为契机,进一步提高全县人民对技术创新与知识产权保护意识。加大报刊、电视台等媒介宣传力度,组织开展"4·26知识产权周"活动,开展中小学生参加知识产权知识竞赛,深入企业进行座谈,下发宣传手册1200余份;帮助企业申报上级科技奖励。开展专利工作宣传培训,分期分批对县内规上企业负责人进行专利工作培训,提高企业专利申请意识。全年专利申报数突破1000件,申报数量位居市内县区前列。

【科技合作】 2016年,全县不断强化产学研精准对接。围绕县内主导产业,先后组织30余家次企业参加各类协同合作对接活动,征集技术需求近50项,组织10多批次30多位省内外高校科研院所专家教授到灌对接,成功对接技术需求20余项,签订校企、校地合作协议20余份。南农大灌云现代农业装备研究院、省农科院灌云博士服务站等产学研平台建设成效显著，配合县农委成功举办芦蒿产业峰会、技术研讨会和产销对接会，促进了芦蒿产业的快速发展。县科技局与东南大学成功签订合作协议，淮海工学院技术转移灌云分中心、灌云县农机装备协同创新示范基地、灌云县农机装备科技服务站相继揭牌，淮海工学院教授陈书法带领的技术团队与县农机企业合作的事迹得到省科技厅领导的充分肯定，并被《新华日报》报道。东南大学与县科技局及远征化工合作加速推进，江南大学与经济开发区及尤丽康科技合作强度加大，北京科技大学、南京林业大学、江南大学等高校与县内4家企业合作成功建成省级企业研究生工作站。

【科技管理与服务】 2016年，县科技局围绕科技活动周、“4·26世界知识产权日”等重大节点，积极主动营造科技普及氛围，协调工商、质监、农委、林业、气象、卫生、农机等相关职能部门举办多层次、多形式的科普活动，参加人数两万人次。定期开展送科技下乡活动，组织多名农技人员在县内乡镇种养殖基地、园区举办多场技术培训，参训的种养大户、专业合作社成员及农民4000多人。围绕全民科技创新活动，在全县中小学生中举办第13届学生科技创新比赛，提高学生学用科技的热情。利用灌云县科技信息网、科技成果转化服务中心向全县发布最新信息，为全县提供技术指导服务；发挥农村科技服务超市分店和便利店作用，为农民提供技术、网络、籽种、育苗、肥料等配套服务。宣传省科技政策40条，先后两次邀请省内知名专家给全县中小科技型企业授课，县科技局专门组建50人的科技政策辅导员队伍，结合实际采取属地服务的方式，分解责任，层层落实，开展集中培训、个别辅导、上门服务等多种形式，积极主动贯彻落实“40条政策”。开展一把手带头进园区、访企业、送政策、解难题活动，向50余家企业发放有关科技政策学习资料及情况调查表，力争科技政策服务精准化。

（县科技局）

2016年灌云县获市以上科技成果奖情况表

表36

项目名称	完成单位	主要完成人员	获奖情况
蛋白大豆新品种“灌豆4号”的聚合育种及推广	灌云县大豆原种场 灌云县植物保护站	卞佩光 康 军 左希明 陈 波 李晓红	连云港市科学技术进步奖三等奖
精细农作物高性能变量施肥播种装备关键技术与应用	连云港市威迪机械有限公司 淮海工学院 连云港市神龙机械有限公司	卢新春 杨 进 孙启新 陈书法 付海明 张石平 王彦峰	江苏省科学技术三等奖

2016年灌云县获连云港市科学技术进步奖三等奖统计表

表37

序号	企业名称	批 次
1	江苏远征化工有限公司	第二批新
2	连云港科铭化工有限公司	第二批新
3	连云港锐巴化工有限公司	第二批新
4	连云港中港化工有限公司	第二批新
5	江苏和利瑞科技发展有限公司	第三批新
6	江苏银华春翔农业装备有限公司	第三批新
7	连云港海得利化学有限公司	第三批新

2016年灌云县专利申请授权情况表

表38

申请量				授权量			
总数	发明	新型	外观	总数	发明	新型	外观
1100	144	176	790	95	11	45	39

2016 年灌云县新增江苏省企业研究生工作站统计表

表 39

序号	企业名称	合作高校
1	江苏连连化学股份有限公司	北京科技大学
2	连云港致远化工有限公司	南京林业大学
3	连云港锐巴化工有限公司	江南大学
4	倍合德华强(连云港)医药化工科技有限公司	淮海工学院

气象工作

【气象服务】 决策气象服务。2016 年,县气象部门为县委、县政府及相关部门报送各类决策服务材料及各类专题服务材料 191 期,采用传真、电子邮件等手段及时发送到县四套班领导及各部门、各乡镇(街道)领导手中。

公众气象服务。县电视台有两个频道每天定时播送县气象台发布的最新天气预报,在重大节日、重要天气、关键农时季节等,县气象局还通过电视采访、新闻发布会、《灌云报》、气象短信平台、灌云气象微博等平台及时向有关部门和社会公众通报未来天气趋势和气象热点。

专业专项气象服务。中高考期间县气象局适时发布高考期间的天气、温度、降水情况,并按照县高考预案的要求,制作《高考期间天气预报》4 期,《高中学业水平测试期间天气预报》4 期。

为农气象服务。2016 年共发布春播、夏收夏种、秋收秋种、农气月报、病虫害预报、干旱监测预报、夏玉米气象服务专报等各类为农服务产品 66 期,及时发送到县委、县政府、人大、政协、防汛办、农委、农机局及各乡镇(街道)农技站等单位,为县乡各级领导指挥安排农业生产提供科学的决策依据,

防灾减灾气象服务。2016 年,县气象部门再次对农村气象信息员队伍进行充实和完善,使灾害性天气信息员数据库达 5000 人。在出现关键性、转折性、突发性天气时,气象台均及时通过手机短信、电视媒体在第一时间向社会发布灾害性天气预警信号和预警信息,全年共发布大雾、暴雨、雷电等各类天气预警信号 62 次,启用气象灾害短信平台 85 次,对外发布突发性或重大天气的信息,受众 20 多万人次。

重大活动气象服务。2016 年,县气象台主要承担"伊山放歌　活力灌云"系列活动的气象保障任务,共制作"伊山放歌　活力灌云"专题气象服务 40 期。

【气象现代化建设】 2016 年,县气象局完成自动气象站升级改造工程,全面提升台站地面全要素观测能力。配备全自动人影发射系统,建立智能化作业安全管理系统,进一步提升人工影响天气业务能力和安全管理水平。

【为农服务"两个体系"建设】 2016 年,对乡镇(街道)气象协理员、信息员培训一次,完善气象协理员、气象信息员、气象联络员、设施栽培大户动态管理库。

【人工影响天气】 2016 年 4 月 6 日,在县委、县政府领导和市人影办的统一安排下,县气象局在南岗乡高李庄村成功实施人工增雨作业,效果明显,为夏粮丰收及池塘河道蓄水做出了积极贡献。

【防雷管理】 2016 年,完成对县域各加油站、液化气站、民爆库及化工企业的防雷安全检查工作,对涉及防雷方面的安全生产隐患进行全面排查。与安监部门联合对临港产业区 121 家化工企业进行安全生产大检查,开展专项整治行动。严格按照法定权限、法定程序和审批时限、审批范围规范防雷装置设计审核和竣工验收行政审批行为。按照市局要求部署,调整防雷行政管理机构和职能。

(程娅蓓)

综述

2016年,灌云县文化广电体育工作紧紧围绕贯彻落实中共十八届三中、四中、五中、六中全会精神,深入开展“两学一做”学习教育,以经济建设为中心,以弘扬灌云精神为主题,以文明创建为抓手,进一步深化体制改革和创新工作,抽调文艺专业人员组建广场活动办公室,统一组织协调全县广场文化活动。县文化行政综合执法大队经上级公务员管理部门批准,完成参公事业单位转制工作。为进一步整合资源,打造优势,将“灌云县人民广播电台”更名为“灌云县广播电视台”,同时撤销“灌云县电视转播台”“灌云县有线电视台”,其人员编制等整建制划入县广播电视台。按照部门设立和职能划分,电视台下设两办七部。先后获得“全国百城千村健身气功展示系列活动最佳展示奖”、全省“无小耳朵先进县”(非法地面卫星电视接收设备,俗称小锅盖)、市文明单位、市“广场文化系列活动优秀组织奖”等县级以上荣誉20余项。在全市文广新局的综合目标考核中获得二等奖,在全县目标绩效管理考核中获得目标完成奖、宣传文化创优奖和优化发展十佳服务窗口奖。

文化

【艺术创作】 2016年,全县加大对优秀文艺精品的奖励力度,鼓励打造符合时代精神的精品力作。同时,抓好与各文艺协会的沟通工作,扶持民间艺术团体发展,培育文艺人才队伍,为文艺人才提供展示平台,积极营造有利于文艺创作的良好环境。筹办《灌云文艺》杂志,打造群众文艺新阵地。美术佳作不断涌现,其中,有3件作品入选国家级展览,4件作品入选省级展览,41件作品入选市级展览。郭加庆篆刻、赵文滨《靠天吃饭》获得第十二届江苏省“五星工程奖”优秀作品奖;许守权书法获第二届江苏国际艺术博览会银奖;《渔家女》入选2016全国农民画展。在市第十届文艺作品征稿活动中,小品《还不还》、相声《家有囧事》获得一等奖,5个作品获得二等奖,3个作品获得三等奖。选送优秀节目参加市第三届社区艺术节和市第三届音乐舞蹈节活动,收到良好效果。曹延标的作品入选《江苏儿童文学十年作品集》;长篇报告文学《面对大海的诉说》《读童谣长知识》《宝宝养成好习惯》《城乡留守儿童系列小说》《芦花情》《海沭魔王覆灭记》等相继出版发行。

【群众文化】 2016年,县文化馆重点打造12个免费服务项目,开设文化艺术大讲堂,对文艺爱好者、社区文艺骨干、部队官兵等进行文艺培训,培训上万人次。2016年,先后举办连云港市山水画优秀作品展、连云港市第十五届花鸟画展、土耳其摄影展等艺术展览12次。县图书馆开展全民阅读系列活动;打造小桔灯、灌云文艺等一批具有影响力的品牌阅读活动;加强县地税局、行政服务中心阅读组织和胡文余、陈龙山等领读人队伍建设;开辟周末阳光阅读茶座等新空间。先后组织举办2016年迎新春联谊会、灌云县网络春晚、灌云豆丹美食文化节、四市五县“灌河情”文化联谊活动、“同乐江苏”国际爵士音乐节等大型文化活动30余场次。全年举办广场演出活动40余场次,“伊山放歌”广场演出活动被确定为省级文化活动品牌。“三送工程”持续争先创优,为群众送文化下乡演出260多场次,送电影3800多场次,送图书2万余册。

【公共文化设施建设】 2016年,进一步完善县图书馆、文化馆、博物馆等建设,农家书屋、社区文化中心、文化大院等实现全面覆盖,初步形成城市“十五分钟文化圈”和农村“十里文化圈”。加快推广数字图书馆的使用率,开通少儿网络数字图书馆。深入推进同兴和圩丰镇农家书屋提升工程试点乡镇建设,为40个农家书屋更新图书8000册。首个书香之家农家书屋在侍庄街道陈龙山家挂牌成立,该模式受到上级领导的肯定。县文化馆成功创建国家一级馆。县图书馆被命名为市社科普及示范基地。县博物馆成功创建全国社会科学普及基地，并荣获市文明单位和市廉政文化景区示范点称号，成为全市唯一的省级公共文化服务标准化试点博物馆。

【文物保护与管理】　创新文物保护工作形式，通过举办乡土历史讲座、专题藏品展示、金石拓片、专家“鉴宝”、文物法知识竞赛、文化遗产知识竞赛等方式，利用多种载体宣传文物知识，促进地面文物保护。开展“进机关、进社区、进校园”系列活动，让文物动起来，让历史活起来。作为江苏省全国可移动文物普查唯一试点县，共采集、登录文物信息 3304 件（套），拍摄照片 11000 余张，文物信息登录完成率为 100%，为全县可移动文物建立“身份证”和信息管理体系。

【文化产业】　2016 年，全县持续推进文化产业发展。突出“伊山伊水伊甸园”主题，抓住“赏桃花、拜大佛、品美食”三个核心点，重点打造大伊山和伊山林果园片区、伊芦山和善后河片区、新沂河和潮河湾片区三大文化产业片区。完成大伊山游乐场建设工程，推进山西文化特色村、伊山林果生态园、伊芦文化园建设，启动老叮当河文化园、古人类文化公园工程，召开全县文化产业促进会。完成市文化产业引导资金的项目申报。协助客商做好《镜花缘》博物馆项目相关策划工作；积极推进林如海主题扑克陈列馆项目；完善淮海戏网上传节目；协助同兴镇做好伊芦山景区开发有关工作。

【文化市场管理】　2016 年，县文化市场管理部门坚持常规管理和集中行动相结合，在元旦春节、G20 杭州峰会、中秋国庆等重要时间节点，先后出动检查人员 200 余人次，检查文化市场经营场所 100 余家次，查处违规违法经营单位 12 家，收缴各类非法音像制品 2000 余件，非法出版物 4600 余册，清理书摊 6 家，查处案件 12 起。开展校园周边文化市场集中整治行动，重点整治校园周边的出版物市场和网吧，对销售有害“口袋本”和“卡通书”以及网吧违规接纳未成年人等危害青少年身心健康的突出问题实施严厉打击。开展暑期文化市场专项整治活动，严厉查处互联网上网服务营业场所接纳未成年人行为；加强农村演出市场管理力度，向各乡镇文化站下达《关于加强农村演出市场管理的通知》，规范演出市场审批手序，对演出实行全程监控，建立健全乡镇（街道）、村（社区）监管网络和相关制度，确保农村文化市场健康有序地发展。

【出版管理】　2016 年，全县开展印刷企业、出版物经营单位年度核验及换证工作，有 3 家印刷企业、21 家复打印单位、26 家出版物经营单位通过审核。组织印刷业、出版物发行业、网吧（互联网）行业、歌舞娱乐场所业主培训会议 5 次，并与各业主签定目标管理责任书。

【非物质文化遗产保护】　2016 年，全县进一步加强非遗项目保护工作。淮海戏、形意拳两个项目获批第四批省级非物质文化遗产代表性项目，小戏《情与法》入围省五星工程奖复赛；新编古装淮海戏《伊山情梦》，成为市重点文艺资助项目并公演成功；编排古装大戏《三拜堂》，并在送戏下乡活动中演出；创作大型现代淮海戏《王继才》，致力打造灌云道德品牌；做好工鼓锣“记忆工程”音像数字化库录入工作，摄制工鼓锣演唱光盘声像资料 10 多场，收集工鼓锣传统书目手抄本、油印本、石印本共 27 册；摄制淮海戏、工鼓锣等 22 部专题片在电视台播放；收集淮海戏传统剧目剧本资料 7 册，记录整理淮海戏传统剧目中的引子、折子、经典唱段编印成册；组织非遗项目参加市文博会和 2016 中国・灌云主题推介活动，受到良好赞誉。

广播电视

【概况】　2016 年，广播电视工作紧紧围绕县委县政府的中心工作，以办好办精《灌云新闻》为抓手，精心策划宣传报道内容，以新栏目、新平台、新面貌、新机制推进广播电视工作，为全县经济社会发展营造浓烈的舆论氛围。

【栏目创新】　2016 年，县广播电视积极发挥主流媒体的引导、服务作用，开办全新的早间资讯杂志类栏目—《灌云“早餐”汇》，以“贴近观众、贴近生活”为原则，以向广大受众群体传递新闻和生活资讯为目的，按播出时间顺序依次分为“新闻直通车”“我想说点事”“生活一点通”三大板块，用说新闻方式进行新闻报道，得到了社会的广泛关注。

【平台创建】　2016 年，针对县内有线电视用户下降、好多群众收看不到灌云频道以及灌云在外人士关注家乡发展的新情况，开设《灌云新视界》微信公众号，同步播出灌云电视台重点栏目，向观众提供新鲜、亲民、实用的新闻和生活资讯，进一步发挥新媒体作用，积极搭建起与观众之间的沟通桥梁，扩大县级电视台影响力和辐射面。

【资源整合】　2016 年，为进一步整合资源，打造优势，“灌云人民广播电台”更名为“灌云县广播电视台”，同时撤销“灌云县电视转播台”和“灌云县有线电视台”，将其人员编制等整建制划入县广播电视台。按照部门设立和职能划分，电视台下设“两办七部”。拍摄以“赏桃花、拜大佛、品美食”为主题的灌云风景短片，同步在市县电视台播出；开设新闻专栏 10 余个，外宣被市台用稿 86 篇，省台用稿 10 篇，救人小英雄王祖帅事迹被中央电视台新闻采用；创优作品获市级以上奖项 19 项，其中 4 项奖项为省级政府奖，专题片《一代大青衣》荣获第四届全国市县电视台推优活动“电视专题”类一等奖；江苏国际频道播出专题片 4 部。

【安全管理体系创新】　2016 年，从部门管理、规划设计、设备维护等方面入手，科学管理，创新观念，严谨务实，确保了广播电视节目的安全、优质、高效运行,实现各项技术指标均优于上级规定的要求,圆满地完成各种设备安装、系统升级改造、信号调度以及设备维护、值机等各项工作任务,杜绝一切政治事故和责任事故的发生。理顺创收奖惩激励渠道,完善合理增收体制和机制。

(夏兴开)

报 纸

【概况】 2004年8月,灌云县新闻中心成立。主要承办县委机关简报《灌云报》《灌云手机报》及"今日灌云"官方微信、《灌云报》官方微博。现有18人,其中财政全额拨款事业编制14人,临时和借用4人。2016年,灌云县新闻中心紧紧围绕"对外提升形象,对内凝聚人心"的工作目标,坚持正确的舆论导向,弘扬主旋律,打好主动仗,突出正面宣传和典型宣传,进一步提高舆论引导水平,为更好更快地推进灌云崛起振兴营造浓烈的发展氛围。

【载体建设】 全力办好《灌云报》。2016年,新闻中心全体人员克服任务重、人手少等困难,在保质保量完成县四套班子领导活动报道、及时传达县委重要精神的同时,坚持深入基层一线潜心采写新闻稿件,宣传先进典型和经验做法,服务全县经济社会发展。全年出版报纸150余期。

继续办好《灌云手机报》。立足自身特点和优势,打造积极向上的手机文化,彰显社会责任,为全县广大手机用户提供导向正确、内容健康、形式新颖、优质高效的新闻信息服务。自2011年7月开办以来累计出版1500余期。

努力办好"今日灌云"官方微信和《灌云报》官方微博。微信自2016年2月17日运行后,坚持错位发展,发布权威新闻资讯,提供生活服务信息,每天一期,关注人数突破1万人。微博自2016年8月开通后,各项工作有序推进。

【新闻策划】 新闻栏目策划。围绕招商引资、项目推进、旅游发展、城乡建设、现代农业、扶贫开发等关系全局的大事、要事,策划"新春走基层""增创跨越新优势,冲刺首季开门红""立足真抓实干,建成全面小康""人大代表故事""政协委员风采""转作风、战开局""劳模风采""脱贫攻坚在行动""文明创建进行时""贯彻落实党代会精神""两学一做""身边的好人""秸秆禁烧在行动""矢志跨越争先,奋勇崛起苏北"等贴合县情实际的栏目。

版面内容编辑。2016年,县新闻中心版面设计人员力求用准确的版面定位和生动的版面语言,给读者送去最及时、最重要的新闻。

提升稿件质量。在2015年度江苏省县市(区)新闻中心好新闻评选中,灌云县新闻中心共有10件作品获奖,获奖数量及奖项连续9年居全市第一,并继续保持在苏北同类县市报中名列前茅。在2015年度中国县市区域报新闻奖评选中,有7件作品获奖。

【部门协调】 2016年,县新闻中心宣传有关部门和单位在服务县域经济社会发展中的好做法、好经验,进一步提升他们的形象,同时也有利于办好、办活、办精报纸,通过加强与农委、市场监管局、教育局、卫计委、公安局、检察院、法院、交通运输局、供电公司等部门单位沟通协调,合作开设一批协办栏目。如《灌云警方》(协办:公安局)《法院聚焦》(协办:法院)《路政之窗》(协办:公路站)《人防之声》(协办:人防办)《红盾经纬》(协办:市场监管局)《卫生与健康》(协办:卫计委)《和谐电力》(协办:供电公司)《精彩临港》(协办:临港产业区)《缤纷教育》(协办:教育局)《农技看台》(协办:农委)《灌云检方》(协办:检察院)《财税视窗》(协办:国税局、地税局、财政局)《城建之光》(协办:住建局)《国土之窗》(协办:国土局)。

【队伍建设】 2016年,县新闻中心结合"两学一做"学习教育活动,加大编辑记者的教育培训力度,鼓励编辑记者钻研业务,在单位内部营造"比学赶帮"的良好风气。通过加大好新闻、好版面评选力度,采取一定的激励机制鼓励一线人员积极钻研业务、拓展知识,培养不断创新、多出精品的能力,使每一位记者都树立起"报纸要发展,人人担重任"的意识。以提高报纸质量为目标,选送新记者、骨干记者参加各类培训活动,进一步提高他们的业务能力。在中心内部兴起探讨交流业务的良好风气,通过记者与记者、编辑与编辑、编辑与记者之间的交流,促进团队整体业务素质的提升。

【新闻报道】 主题策划。开设"回眸十二五""精彩开局十三五""重温红色记忆""豆丹美食文化节广告语、吉祥物征集活动""全县旅游logo、产品设计标识征集活动""年味摄影大赛""身边的好人""创建进行时""十三五精准扶贫再出发"等。

典型报道。通过加强与中央、省市媒体的通联,关注并推出"全国时代楷模王继才王仕花夫妇""江苏最美基层干部蔡学举""见义勇为好少年王祖帅""感动江苏范松林""中国好人尹士荣""合兴村三史一观等好人工程"等系列报道。

【外宣工作】 2016年,县新闻中心在保质保量完成《灌云报》、《灌云手机报》及《今日灌云》官方微信、《灌云报》官方微博编辑出版工作的同时,进一步加强与《新华日报》、《连云港日报》等上级媒体的业务关系,打通宣传发稿渠道,提升灌云对外形象。2016年,新闻中心采编工作人员先后在《新华日报》《连云港日报》刊发新闻稿件50余篇。

【好新闻评选】 在2016年4月份举办的2015年度江苏省县市(区)新闻中心好新闻评选中,灌云县新闻中心有10件作品获奖,获奖数量及奖项连续九年居全市第一,并继续保持在苏北同类县市报中名列前茅。其中《何家七兄妹同获纪念章》获消息类一等奖；《王继才、王仕花共守黄海孤岛29年》获通讯类一等奖；《勿忘国耻》获摄影类一等奖；《“编外”清洁工姚建国一人清扫16条马路66条小巷》获消息类二等奖；《一对逝去母子的爱心接力》获通讯类二等奖；《“虾王”赵井如助阵中美市长论坛》获消息类三等奖；《卜凡　鲜花在风雨中不屈绽放》获通讯类三等奖；《一对患难夫妻的生死约定》获通讯类三等奖；《冬日暖流》获新闻图片类三等奖；《打造“美丽经济”释放生态红利》获新闻图片类三等奖。

在2016年5月举办的2015年度中国县市区域报新闻奖评选中，灌云县新闻中心有7件作品获奖。《何家七兄妹同获纪念章》获消息类一等奖；《周辅高夫妇照顾孤邻廿八年》获通讯类二等奖；《王继才、王仕花共守黄海孤岛29年》获通讯类二等奖；《冬日暖流》获新闻摄影类二等奖；《“编外”清洁工姚建国一人清扫16条马路66条小巷》获消息类三等奖；《勿忘国耻》获摄影类三等奖；《藕虾混合种养效益高》获摄影类三等奖。

【《灌云报》印刷发行】　从2007年10月起，《今日灌云》报由原来的四开四版单面彩印改为对开四版双面彩印。每期免费赠阅12000份，赠阅对象覆盖城乡机关、村（社区）、学校、离退休老干部和广大工商经营户。

（县新闻中心）

潮河湾风光

卫生·体育

卫　生

【综述】 2016年，灌云县出台"十三五"卫生计生发展规划，行政审批服务事项全部进入行政服务中心，6家卫生院开展H型高血压与脑卒中防控惠民工程项目，完成41万名居民健康卡信息数据比对，制作发放30万张居民健康卡，完成全省流感病毒裂解疫苗(四价)Ⅲ期临床研究项目。参与编制国家级卫生计生人员工作培训教材《卫生计生基层食品安全工作指南》，举办全国卫生计生系统食品安全现场观摩活动，推进县域卫生应急规范化建设经验被省《医改动态》刊发并在全省推广。建成县老年健康护理院和县儿童诊疗中心。县疾控中心和伊山镇中心卫生院被评为省免疫规划工作先进集体。县卫生监督所被评为省第二届"健康卫士杯"先进集体。县卫生计生委顺利通过省、市精神文明单位考核验收，荣获中国家庭发展追踪调查成绩突出单位，被评为江苏省人口协调发展创建工作先进县，连续3年获县委县政府综合目标完成二等奖，连续4年获得市卫生计生系统综合目标考评一等奖。

【医疗卫生体制改革】 2016年，出台全县深化综合医改试点工作方案，进一步落实公立医院价格综合改革政策，推进公立医院去行政化，落实独立的法人地位和经营自主权。建立编制内外人员同工同酬、中高级职称待遇优先、医疗专家和学科带头人高薪聘请的薪酬分配机制。完成县妇幼保健所和县计划生育宣传指导站合并，成立"灌云县妇幼保健计划生育服务中心"。灌云县公共卫生信息中心成立，代表连云港市接受江苏省综合医改督查获得好评。

【医政管理】 2016年，成立全县公立医院管理委员会，开展"创建人民满意医院"活动，落实"进一步改善医疗服务行动计划"40条具体措施。全县26个专业、52个病种开展临床路径管理。启动医疗临床应用手术分级备案工作，杜绝超范围开展手术。招聘高层次人才8名、公开招考医技人员56名，录用合同制人员80名和定向分配毕业生15名。通过县医院医疗集团运作、调整医保和新农合支付政策向基层倾斜等举措。以高血压、糖尿病等慢性病为切入点，完善一体化分级诊疗模式。开展个体诊所、村级卫生室医疗废物规范处置市级试点，分类收集、规范转运和处置等各个环节实行规范化管理。

【疾病预防与控制】 2016年，全县实行周接种门诊，对麻疹疫苗实行日接种制度，"家长课堂"累计开课70次。全面使用预防接种专用APP软件，预防接种门诊实行分级管理。伊山、小伊、杨集3个乡镇建成预防接种A级门诊；南岗、小伊创建市级"群众满意的预防接种门诊"。完成6.2万人艾滋病检测任务，肿瘤登记工作在全市评比中获得一等奖。完成省麻风病防治一体化、居民健康素养监测等项目；与省寄生虫防治研究所开展"特殊人群弓形虫调查""海产品异尖线虫监测""农村改厕项目绩效评估"等合作项目。地方病防治通过省卫生计生委组织的肠道丝虫病有效控制目标。县疾控中心投入122万元更新添置办公设备和实验室仪器设备。

【计划生育服务】 2016年，灌云制订下发《灌云县实施全面两孩政策方案》，实行两孩以内登记制度。计生奖励扶助政策资金全部及时落实到位。启动新一轮全国计划生育优质服务先进单位创建活动。筹集计生公益金4万多元，杨集镇后三村、侍庄街道常荡村开展"连心家园"项目建设，杨集镇后三村建成省级生育关怀基地。全县出生人口性别比为109。创建市级示范乡村6个，示范户56户。留守儿童促进项目在华英外国语学校启动实施。

【爱国卫生】 启动实施"健康灌云"与卫生县城建设，开展无烟机关创建活动。农村生活饮用水监测实现全覆盖，健全水质管理制度，建立所有农村水厂档案。13个乡镇(街道)27个项目村的9000户改厕任务于10月底提前完成。

【农村卫生】 2016年,全县深入开展基本公共卫生服务提升年活动,全年下拨基本公共卫生服务项目补助资金4005万元,人均50元经费全部到位。全县共安装基本公共卫生服务内容公示牌341块,粉刷墙体书写宣传标语800条。累计建立居民电子健康档案61.59万份,65岁及以上老人健康管理58887人,规范管理严重精神障碍患者2755人。5家卫生室通过省示范卫生室考核,小伊乡、圩丰镇卫生院通过省示范乡镇卫生院考评;伊山镇、南岗乡2家卫生院通过国家级“建设群众满意的乡镇卫生院”考评。新农合参合率达99.98%,人均筹资标准提高到545元,其中各级财政补助425元,个人缴费120元。动态调整定点医疗机构门诊统筹总额预付方案,县内住院政策范围内费用补偿比79.69%,实际补偿比62.10%,乡村两级政策范围内门诊费用报销比例50%。推进医保和新农合政策衔接,大病保险人均筹资标准不低于25元,大病患者实际报销比例在新农合基本医疗报销之后提高13.1%。开展常见病、多发病的分级诊疗,实现省级联网医院“一站式”服务。

【妇幼保健】 2016年,全县开展妇幼健康优质服务示范创建,完成县母婴急救中心提档升级,孕产妇、儿童保健两个系统管理率均超过省市规定要求。全县活产婴儿9878名,0—7岁儿童76130名,接受系统管理73713人。新生儿访视数9853人,访视率99.75%。有产妇数9829人,早孕建卡9784人,早孕建卡率99.05%;接受5次以上产前检查97844人,系统管理率99.05%。

【中医中药】 2016年,全县接受中医药健康管理的老年人40511人,3岁以下儿童中医药健康管理数为16988人。14名医生通过市组织的中医适宜技术培训并取得合格证书。7家乡镇卫生院建成高质量的中医综合服务区。图河、陡沟、下车、同兴等卫生院通过省中医诊疗区(中医馆)服务能力建设项目评审。县中医院肝病科建成省中医重点专科,骨伤科被评为省基层医疗机构中医特色专科建设项目。

【卫生执法】 2016年,全县组织开展餐具集中消毒、打击非法行医、医疗美容、学校卫生等行业专项整治行动。对411家公共场所经营单位的卫生安全进行量化分级管理。承办全市卫生计生食品安全与综合监督工作会议暨基层食品安全工作现场会。乡镇(街道)卫生院发现的卫生监督协管事件或线索425起,及时报告率100%,协助县相关机构开展卫生监督巡查508次。5月19日,国家卫生计生委食品司副司长张磊时率食品司、基层卫生司和广东、湖南等10个省(区)卫生计生委领导和专家到灌云县现场视察调研基层食品安全工作。县卫生监督所被评为江苏省第二届“健康卫士杯”先进集体。

【卫生应急工作】 2016年,全县二级以上公立医疗机构全部成立应急办,出台县级紧急医疗救援基地管理规范。组织开展全县医务人员急救自救培训2次,联合各医疗卫生单位开展多次综合演练。各医疗单位都设置独立的卫生应急物资储备库。突发事件及紧急医疗救援信息报告完整率、及时率和有效处置率均达到100%。南岗、图河、龙苴3个乡镇创建成为市级卫生应急规范化示范乡镇。

【行风建设】 2016年,县卫生系统扎实开展“两学一做”学习教育活动,组织向医德之星等先进模范学习。完善医德考评和医师定期考核制度,组织开展社会主义核心价值观教育,举办廉政文化建设系列活动。落实“两个责任”,深化同级监督,强力推进正风肃纪。开展办公用房、公车改革和公务接待专项治理整顿。创建廉政心理咨询室,创办《卫生廉政心理》内部刊物。邀请县检察院领导作预防职务犯罪和廉政建设报告,在全县卫生计生系统开展以“治庸、治散、治浮、治乱”为主题的“四治”活动。通过省、市精神文明单位考核验收,完成省文明城市复检任务。两家医疗机构被市委宣传部、市卫生计生委评为十佳诚信医疗机构。

【县人民医院】 2012年10月1日,县人民医院启用新院区。新院区占地7.33公顷,建筑总面积10万平方米,设计床位1100张,开放床位754张,开设十六个病区、一个ICU(重症监护)病房。该院特色专科齐全,其中普外科、心血管内科为市Ⅰ类临床重点专科,麻醉科、神经内科为市Ⅱ类临床重点专科。肿瘤放疗科、血液透析在全县为独有科室,手术室层流设施先进,集中消毒供应市内领先。全院在职职工900余名,其中博士研究生1名,硕士研究生18名,在读硕士研究生26名,高、中级职称人员368名。医院有49人先后被评为省“333工程”、市“521工程”重点人才和县科技拔尖人才,有56人担任省、市级专业学术委员会委员。该院拥有1.5T光纤磁共振、钬激光体内碎石机、纤维胆道镜、等离子前列腺电切机、腹腔镜手术设备、螺旋CT、DR、彩色超声诊断仪、电子胃肠镜、数字胃肠机、全自动生化分析仪、血液透析机等近百台件先进医疗设备。2014年11月1日,以该院为主体的灌云县人民医院医疗集团成立,共有成员单位12家。该院已成为全县规模最大,实力最雄厚,设备最先进,专业最齐全,集医疗、科研、教学、急救和预防保健于一体的国家二级甲等综合性医院、徐州医学院临床教学医院。

【县中医院】 占地面积24000平方米,建筑面积31200平方米,业务用房23106平方米,编制床位420张。现有职工383人,其中专技人员315人,高级技术职称24名,市名中医3名,基层名中医、中医重点人才3名,县专业技术拔尖人才9名,硕士以上高层次人才15名。开设中医内科、中医妇科、针推科等28个门诊科室;有医学检验、医学影像、彩超等5个医技科室;设骨伤科、肝病科、眼科、肛肠科、康复科等10个病区,2016年新增内分泌科、儿科2个病区。拥有美国GE螺旋CT、64层螺旋CT、口腔全景机、电子胃镜、DR、多功能X线摄影系统、PCR、腹腔镜、彩超、C型臂、多功能麻醉机、全自动生化分析仪、肝病治疗仪、骨密度仪等大型设备60多台件。2016年,实现优质护理全覆盖,对27个病种实行临床路径管理,开展消渴、眩晕等32种疾病优势项目的诊治,推广刮痧、针刺等45项中医适宜技术。医院为二级甲等中医医院,承担着全县中医药的医、教、研任务,是全县白内障复明定点医院,省爱婴医院,市物价信得过单位、文明单位。

【县精神病防治院】 位于县城区东北部约4公里,占地面积18000平方米,是一所集医疗、康复和防治职能于一体的治疗精神、心理疾病的专科医院。现有在岗职工75名,中高级职称人员20人,编制床位99张,实际开放床位130张。2016年,投入60余万元,增添了动态脑电图、心电监护仪、精神压力分析仪,团体生物反馈仪、脑电仿生电治疗仪等检查治疗设备。全县严重精神障碍患者检出率4.1‰,在册人数3212人,在管人数3152人,管理率98.13%。全年救治救助易肇事肇祸精神病患者145人,174人次,免费服药1004人,免费住院15人。为6名特困精神残疾人送去慰问品并发放慰问金1万余元。2016年,被评为连云港市"十二五期间"残疾人工作先进集体,县社会治安综合治理先进单位。

【仁慈医院】 位于伊山镇东门社区向阳路25号,占地面积12000平方米,建筑面积6000平方米,是集医疗、预防、保健等为一体的国家二级综合性民营医院,为职工、居民医保、新农合定点医院。医院有职工170人,其中主任医师5人,副主任医师11人,研究生学历3人,4名专家为市级重点人才及重点学科带头人。医院设有外科(骨科、胸外科、泌尿外科、神经外科)、内科(心血管内科、神经内科、消化内科、内分泌科、肾内科)、妇产科、儿内科、新生儿科、眼科、耳鼻喉科、康复科、碎石科、口腔科、中医科、皮肤科等临床科室。设有检验科、影像中心、彩超室、心电图室、脑电图室等医技科室。有中心供氧、中心负压病床135张,配有市内先进层流手术室、规范化重症监护室、规范化产房及新生儿病房。拥有16排西门子螺旋CT、核磁共振及多功能数字化系统、C型臂X光机、腹腔镜、前列腺电切机、鼻内镜、阴道镜、胃镜、膀胱镜、多功能麻醉机、呼吸机、超声刀、各种监护机、多功能彩超、除颤仪、动脉硬化检测仪、脑电图机、脑血流图机、超声碎石机、高压脉动消毒柜及各种康复治疗仪等医疗设备。投入近百万元进行医院信息化建设,拥有HIS、电子病历、LIS等管理系统。2016年,医院被市县卫生计生、物价等部门评为平安医院、物价信得过单位、市文明单位。

【博爱医院】 位于伊山镇振兴北路43号,占地面积1080平方米,建筑面积3571平方米,其中,业务用房3400平方米。有职工50人,其中,卫生技术人员40人。设有内科、外科、儿科、中医科、皮肤科、妇科、急诊科、检验科、影像科、体检中心等特色专科。配有离子肽前列腺腔内消融术、体外电场热疗系统、半导体激光治疗仪、性功能康复治疗系统、微波治疗系统、彩色数码电子阴道镜、盆腔治疗仪、光谱治疗仪、光电离子治疗仪、不孕症诊断治疗仪、三维彩超、全自动生化分析仪、低温等离子治疗仪、微创痔疮诊疗系统、肛肠治疗仪等设备。医院秉承"科技兴院,以人为本"的建院方针,将"精细化管理、亲情化服务"贯穿于医疗工作的始终。

【马士勤儿科诊所】 位于伊山镇南京西路40号。成立于2009年2月,建筑面积210平方米,有职工8人,其中主任医师1名,主治医师1名,主管护师1名,护师2名。诊所经营范围为小儿内科,服务范围覆盖全县及周边市县邻近区域,年门诊量约30万人次。该诊所秉承"医德至上、医术求精"的办医理念,全心全意为患儿服务,多年来受到广大群众的一致好评。

【曙光口腔诊所】 位于伊山镇向阳路51号,是经县卫生行政部门核准审批的专业性医疗机构,有35年历史,诊室面积达350平方米,现有职工7人。该诊所拥有德国西诺得全新3D影像,德国瓷睿刻3D修复系统,牙齿缺失、缺损修复,无须取模,一次就诊即可修复完成。诊所开展常规治疗项目有:洗牙,牙病治疗,牙齿矫正等。特色治疗项目有:镶装各类义齿,局部托牙,全瓷牙、烤瓷牙等。服务理念:专心、专业、安全、安心。

(孙良军)

2016年灌云县乡镇(街道)卫生院一览表

表40

单 位	负责人	电 话	单 位	负责人	电 话
杨集中心卫生院	高善超	0518-88641078	南岗乡卫生院	徐 进	0518-88211026
四队中心卫生院	张义泽	0518-88545286	侍庄街道卫生院	赵传波	0518-88781998
陡沟中心卫生院	林 森	0518-88231033	小伊乡卫生院	侍卫军	0518-88321032
图河中心卫生院	何维刚	0518-88691039	东王集镇卫生院	钱光泽	0518-88751046
伊山镇中心卫生院	王 辉	0518-88812171	伊芦卫生院	吕继功	0518-88451180

续表 40

单　位	负责人	电　话	单　位	负责人	电　话
龙苴镇卫生院	殷启军	0518－88261021	鲁河卫生院	桑静雨	0518－88501150
下车镇卫生院	冯　艳	0518－88150222	穆圩卫生院	孙建国	0518－88301726
同兴镇卫生院	高金山	0518－88511050	白蚬卫生院	陆庆峰	0518－88761676
圩丰镇卫生院	冯雨明	0518－88561477	沂北卫生院	杨跃华	0518－88711713
燕尾港镇卫生院	王益勇	0518－88585664			

2016 年灌云县民营医院一览表

表 41

单　位	地　址	电　话	单　位	地　址	电　话
灌云仁济医院	伊山镇振兴南路西侧	0518－88125555	灌云博爱医院	伊山镇振兴北路 43 号	0518－88833121
灌云仁慈医院	伊山镇向阳路 25 号	0518－88859555	灌云同仁医院	伊山镇新民南路 65 号	0518－80302010
灌云口腔医院	伊山镇幸福大道 40 号	0518－88896888	灌云康复医院	伊山镇王圩村新镇北路 8 号	0518－88891088
灌云仁安医院	伊山镇振兴南路 13 号	0518－88802319			

体　育

【概况】 2016 年,灌云县文化广电体育局积极贯彻全民健身国家战略,推进健康灌云建设,主动融入全面小康和“强富美高”新江苏建设大局,紧紧围绕“健康灌云”建设,进一步提高人民群众的身体素质和健康水平,根据国务院《全民健身条例》《全民健身计划(2016—2020 年)》《江苏省全民健身实施计划(2016—2020 年)》以及《连云港市全民健身实施计划(2016—2020 年)》。以增强人民体质、提高人民健康水平为根本目标,以不断满足人民群众日益增长的体育健身需求为出发点和落脚点,激发全县上下蓬勃向上、奋力拼搏的热情,推进全县经济的跨越发展。

【群众体育】 城市社区 10 分钟健身圈建设。2016 年,城市社区“10 分钟健身圈”的服务功能不断提升,确保行政村有 10 条健身路径,一片篮球场,形成县、乡镇(街道)、行政村(社区)三级公共体育健身设施网络,同时每个乡镇(街道)均建一个多功能公共运动场(含一片标准灯光篮球场,20 条健身路径,两副乒乓球桌)。加快建设高标准的全民健身步道和体育公园,实现城市社区、行政村基本公共体育设施全覆盖。公共体育设施开放率达到 100%,学校体育设施在保证教学需要和校园安全的前提下基本实现向社会开放。全县人均体育场地面积达到 2.5 平方米以上。

农民健身工程建设。根据《十二五基本公共服务标准》,乡镇全民健身中心配备室外灯光篮球场,行政村建成二室一场一路径。坚持公益性、基本性、均等性、便利性原则,改造现有行政村农村体育健身场地。完成全县 80 个行政村升级改造以篮球场为主的体育设施建设。

乡镇(街道)多功能运动场建设。加大对农村乡镇(街道)、农民集中居住地体育设施建设,两个乡镇建成含灯光篮球场、两条健身路径以上设施的多功能运动场。鼓励企业、机关、学校建设和完善健身设施。制定实施灌云县体育健身设施巡修员制度,在器材管理、更新、维护等工作上取得新的突破。

开展群众性体育健身活动。2016 年 8 月 8 日,灌云举办 2016 年全国百城千村健身气功交流展示系列活动暨灌云县健身气功站点联赛及全国第六个全民健身日启动仪式,充分利用体育文化阵地,全面推动和普及 4 种健身气功,推动全民健身运动的广泛开展。举办 4 期三级社会体育指导员培训班,培训三级社会体育指导员 400 名,完成全县国民体质监测,全县共监测 3080 人,为科学制定全民健身事业发展政策提供了可靠依据。充分发挥体育传统项目的优势,积极鼓励篮球、乒乓球、太极拳、象棋、健美等体育社团和健身俱乐部积极开展群众健身活动,在组织开展日常群众体育活动的同时,每年举办全县中小学生田径运动会、中小学生篮球赛和机关企事业单位篮球、乒乓球、象棋等专项赛事;举办灌云县豆丹美食文化节太极拳械、广场舞专场展演。2016 年,全县有体育单项协会 27 个,体育俱乐部 4 个(其中省级青少年体育俱乐部 2 个、省级社区体育健身俱乐部 1 个),乡镇(街道)体育社团实现全覆盖,成为全县群众体育活动的主要力量。全年以协会为主导举办的比赛十五次，正常参加体育锻炼12万人次，增强广大群众的身体素质，提高群众的体育水平，受到社会各界的一致好评。

【学校体育】 2016年，全县组织田径、无线电测向、棋类、羽毛球、小学生篮球联赛、中小学生足球联赛、乒乓球、冬季三项等12项全县中小学生体育比赛，参与活动近万人，为全县素质教育的全面发展搭建广阔平台，有力促进校园各项艺体活动的开展，提高广大中小学生的艺体素质。

2016年，县无线电测向队不仅称霸省市比赛，在全国锦标赛中取得40枚金牌、17枚银牌、23枚铜牌的骄人战绩，第四次领跑国赛。其中灌云高中独得14金，伊山小学夺得5金，城西分校、实验中学、灌云一中、伊芦中学、实验小学、第二实小、新区、朝阳、图河益海小学均获得了金牌。9月8—9日中央电视台体育频道专门到灌云拍摄专题片。

县田径代表队在市中小学生运动会中以1141.5分的成绩再次获得县区团体总分第一名。在省级比赛中，灌云高级中学获得高中体育传统校组团体分冠军，南师大灌云附中和灌云第一中学分别获得高中非传统校组团体总分冠军和第六名，实验中学和灌云初中分别获得初中组第三名和第六名，灌云高中、实验中学篮球队在2016年江苏省中学生比赛中分别获得高中组和初中组第三名。实验小学在2016省小学生乒乓球比赛中再获一项团体冠军，多项二、三名。

在2016年江苏省定向越野锦标赛中，灌云取得5金、3银、4铜的骄人战绩，高居业余组团体第一。

【体育赛事】 2016年，全县为巩固提高“体育强县”的创建成果，努力打造“竞赛名县”品牌，先后举办2016年中国灌云“祥云杯”自行车公开赛、连云港市第四届县区门球联谊赛、灌云县围棋协会年会暨“灌云围棋院杯”围棋赛、2016年灌云县“体育彩票”喜迎猴年登山健身大赛、2016年贺新春“连镇铁路杯”暨第三届“交通杯”乒乓球赛、灌云县首届“风行杯”篮球邀请赛、全县中小学生田径运动会、全县女职工广场健身操大赛。

（孙春艳）

潮河湾风光

综　　述

2016年,县人社局深入贯彻县委十一届十一次(全委)扩大会议精神,围绕全县发展稳定工作中心,以"民生为主、人才优先"为工作主线,以围绕服务工业项目发展大局为工作重点,以开展"企业服务提升年"活动为契机,全力推动全县人力资源和社会保障事业实现新突破和快发展。举办灌云县首届"农商银行杯"青年创业创新大赛,助推全民创业工作跃上新台阶;在全市县区中率先开通"灌云人社"官方微信,为群众提供快捷的服务;在全市首次探索加强基层巡回仲裁庭建设,打造劳动人事争议仲裁服务企业、服务群众品牌;市级留学人员创业园实现零的突破,对海外高层次留学人才吸引力不断增强,加快全县经济转型的人才储备。

劳动就业

【概况】 2016年,县劳动就业管理部门按照"劳动者自主择业,市场调节就业,政府促进就业"的就业方针和"统筹城乡劳动者就业"的原则,充分发挥创业带动就业倍增效率的作用,全县新增就业总量保持稳定,就业局势基本平稳,私营企业仍是吸纳就业的主体。随着产业结构调整,第三产业经济容量较之过去有所增加,但占就业主体地位的仍然是第二产业。

【就业服务】 2016年,县劳动就业管理部门实施积极的就业政策,对全县140余家企业实施用工动态监测,组织开展"就业援助月""春风行动""民营企业招聘周""助残日""大学生暨人才交流"公共就业服务等专项活动。全县城镇新增就业10532人,城镇失业人员再就业1957人,新增转移农村劳动力11246人,城镇登记失业率1.87%,保持就业局势的基本稳定。

【创业引导】 2016年,县劳动就业管理部门充分发挥县、乡、村创业服务指导部门、农民创业孵化基地和大学生村官创业基地的作用,建立培训、政策、服务三位一体的工作机制。全年新增城镇创业人员1233人,扶持农村劳动力自主创业695人。

【职业技能培训】 2016年,县劳动部门努力提高城乡劳动者市场就业的能力,围绕"培训一人、就业一人"和"就业一人、培训一人"的目标,大力开展各类人员培训,灌云家政等职业培训品牌不断得到彰显。全年,培训城乡劳动力4273人,获证4018人。培训高技能人才1908人,企业职工技能提升培训1782人。

【创业培训】 2016年,县劳动部门不断培养、提高创业者的心理、管理、经营素质,增强其驾驭市场的应变能力,实现就业倍增效应,推动非公经济进一步健康发展。全年组织创业培训1016人,其中创业意愿培训515人,创业能力培训501人。

【失业监测预警】 2016年,灌云根据省市文件精神要求,建立失业预警制度,制订失业应急预案,对可能出现的较大规模的失业实施预防、调节和控制,坚持从源头控制失业,保障和促进社会经济全面协调可持续发展,防范因经济结构调整和突发事件造成失业人员增加。2016年,围绕临港产业园区因环境整治可能出现的失业高峰,制订了有针对性的工作预案。连云港鲜禾鞋业有限公司因生产萎缩裁减员工500多名,县就业管理处及时办理失业登记,及时发放失业保险金。为做好失业预警工作,全面掌控失业动态,失业动态监测企业由起初的2个增加到40个。建立失业预警制度,及时掌握企业岗位动态变化,对可能出现的失业风险进行预警,为县政府和有关部门采取措施防范和化解失业风险提供了依据。

【劳动工资】 2016年1月,发布关于调整全县最低工资标准的通知。全县执行江苏省三类地区标准,调整后的月最低工资标准为:1400元/月。非全日制用工小时最低工资标准为:12元/小时;10月,发布全县人力资源市场工资指导价位、分行业企业人工成本构成情况表等综合信息;12月,发布全县企业工资指导线通知。企业工资指导线规定:企业工资增长基准线为9%。企业工资增长下线为4%。工资增长不设上线。

【农民工综合服务】 2016年,县人社局通过开展“春暖行动”和“彩虹计划”,督促用人单位进一步完善劳动用工制度,促进用工单位和劳动者的签约意识,提高农民工劳动合同签订率,推动农民工用工制度的规范化。加大劳动合同法律法规宣传工作,以12333咨询电话、人力资源社会保障门户网站为基本载体,充分利用新闻媒体,发放宣传资料等群众喜闻乐见的形式,宣传《劳动合同法》《劳动合同法实施条例》《社会保险法》《江苏省农民工权益保护办法》等法律法规。加强指导服务力度,采取主动上门、现场服务等方式,深入招用农民工比例大且劳动合同签订率低的重点行业企业开展指导督促。加大劳动用工备案力度,实现对企业招用农民工情况的动态了解、跟踪管理。加大企业招用农民工签订劳动合同的监督检查力度,畅通举报投诉渠道,开辟执法维权绿色通道,通过日常巡查、举报投诉专查和专项执法检查,督促企业依法与农民工签订劳动合同。建立农民工综合服务中心,按照统筹城乡就业的要求,加大对农村基层公共就业服务平台建设力度,全县13个乡镇(街道)全部建立劳动保障服务机构,并依托乡镇(街道)劳动保障服务平台建立农民工综合服务中心,为农村劳动力就业、保障、维权等提供及时、便捷服务。召开返乡农民工座谈会,发放返乡农民工调查问卷200份,了解他们的心声;发放灌云“春风卡”7000余份,为农民工求职、维权提供服务。

【劳动关系构建】 2016年,县劳动部门在全县开展为期一个月的企业职工工资薪酬调查活动。调查企业40家,涉及职工9200余人,涵盖纺织、电力、餐饮、船舶制造等9个领域。实施集体合同“春季要约行动”,完善推广集体合同参考文本,签订集体合同180份,其中工资集体协商合同文本36份。全县劳动合同签订率99.2%,已建工会企业集体合同签订率95.1%,完成劳动用工备案5.11万人,集体合同审查480份,工资集体协商合同审查136份。健全完善各级协调劳动关系指导站、点3个,协调劳动关系委员会成员单位共同会商研究和谐劳动关系创建工作,定期交流情况,加强工作联动,切实促进全县劳动关系和谐发展。

【劳动保障监察】 不断创新劳动监察工作方式,加大执法维权力度,着力提升执法效能,构建和谐劳动关系,确保经济社会健康稳定地发展。2016年,县劳动保障监察机构接受群众来电、来访、咨询、投诉1464起。其中符合受理条件的投诉22件,立案查处劳动保障违法案件22件,结案22件,结案率100%。劳动关系矛盾纠纷调处成功的案件40件,调处成功率100%,全省联动平台举报投诉案件22件,按期运行率100%,行政处罚1件,追发农民工工资102.76万元,涉及农民工231人,督促缴费5户,涉及劳动者48人,金额5.44万元,人均主动监察125户,完成目标任务158%。二级网格网络联通率100%,完成目标任务100%。年度劳动保障书面审查2623户,涉及劳动者4.7467万人;书面审查率100%,完成目标任务100%。劳动监察系统入库用人单位2951户;入库用人单位信息采集率100%。

【劳动争议仲裁】 2016年,县劳动管理部门加强调解仲裁员聘用管理,落实调解仲裁员工作作风、工作实绩考核,深化调解仲裁工作效能建设。完善立案、受理、庭审等流程管理。强化对案件接处从立案、庭审、结案等全流程实行同步网络运行。推行案件繁简分流,健全“简易、一般、复杂”案件分类处理工作制。围绕“专家会诊”“引智借力”工作路径,探索尝试破解重大群体性劳动争议案件工作方式方法。2016年,县劳动人事争议仲裁院受理并审结劳动争议案件403件,涉案标的3843.5万元。在审结案件中,撤诉结案53件、调解结案252件,撤调率为76%,裁决案件98件,法定审限内结案率为100%。

社会保障

【概况】 2016年,县人力资源和社会保障局认真做好全民参保登记工作,动态掌握全县适龄参保人群基本信息,抓好全县机关事业单位养老保险制度改革工作,各项保险提前或超额完成全年目标,社会保障工作取得新发展。

【城乡居民社会养老保险】 2016年,全县城乡居民基本养老保险和被征地农民社会保障工作坚持“保基本、可持续”,按照“突出重点、分类实施、整体推进”的原则,全县城乡居民社会养老保险工作和被征地农民社会保障工作顺利开展。认真贯彻养老保险文件精神,促进城乡居民保险健康发展,在个人缴费档次、政府补贴、个人账户资金余额继承、丧葬补助金等方面作进一步调整和完善。进一步提高基础养老金待遇标准。实施并完成基础养老金提标工作,由2015年基础养老金每人每月105元提升至2016年每人每月115元,3月20日全部足额补发放到位,赢得广大城乡居民的普遍好评。截至12月底,全县完成参保续保23.2万人,征缴基金8500万元,参保人数和征缴保费均达到年度任务98%、100%,发放养老金127232人,发放率100%。被征地农民社会保障工作按照即征即保的要求,严格执行政策,落实保障资金,做好养老保险费的代缴、养老补助金按月发放等工作。纳入社会保障人数3345人,参加企业职工养老保险1639人,城乡居民基本养老保险883人,领取养老补助金823人。

【企业养老保险】 按省、市统一部署,全县从2016年1月及时调整养老保险待遇,全县有21557名企业退休人员参加养老金调整,月人均增加151.15元,调整后全县企业退休人员月人均养老金1757.06元。企业离退休人员养老金全部按时足额发放,社会化发放率为100%。社区管理率为100%,档案接收率为100%,养老保险业务数据上传率为100%,数据准确率为99.5%。

【机关事业养老保险】 2016年10月,县政府出台《灌云县机关事业单位工作人员养老保险制度改革的实施办法》,推进全县机关事业单位养老保险制度改革工作。办法中明确规定"全县机关事业单位职业年金实施办法按照全省统一的相关规定执行",全县不再另制定职业年金实施办法;11月,县人社局与组织部、财政局、编办联合发文《关于做好机关事业单位养老保险制度改革人员核定工作的通知》,同时县人社局、财政局联合出台《关于印发灌云县机关事业单位工作人员养老保险视同缴费指数方案的通知》。根据上级文件精神,从2016年1月起调整全县机关事业单位退休人员基本养老金,调整人数约6403人,人均月增资约274元,并做好补发工作。12月初,召开全县机关事业单位养老保险制度改革培训会,布置全县机关事业单位养老保险制度改革参保人员核定和参保登记工作。截至年底,全县参保人数12767人,领取待遇人数1567人。

【医疗保险】 2016年,全县职工医疗保险参保人数、城镇居民医疗保险参保人数分别为63431人、51480人。加强对定点医疗医院和药店的监督管理。继续实施基本医疗保险大病保险制度,让更多参保病人享受更加优惠的待遇,降低参保病人负担。职工医保基金、城镇居民医疗保险基金收入分别为15490万元、2495万元。职工医保、城镇居民医疗保险待遇支出分别为13385万元、1016万元。职工基本医疗保险享受住院待遇10635人次,其中转外住院治疗的有2938人次。城镇居民医疗保险享受住院报销待遇的有1906人次。

【失业保险】 2016年,全县围绕维护就业局势总体稳定的目标,充分发挥失业保险"保生活、防失业、促就业"的功能,实施援企稳岗政策,从源头上减少失业,稳定就业岗位,助推企业改革。全年对9家企业发放稳岗补贴21.3万元;落实降低失业保险费率降低政策,失业保险费率由2%降低至1.5%;扩大失业保险覆盖面,加强征缴力度,保障失业人员基本生活。失业保险参保人数4.13万人,征收失业保险费1228万元,发放失业待遇2910人,支付失业金276万元。

【工伤保险】 2016年,全县工伤保险参保3.95万人,273人次享受工伤待遇693万元。

【生育保险】 2016年,全县生育保险参保3.52万人,663人享受生育保险待遇905万元。

(柴婷婷)

2016年灌云县社会劳动者人数

表42　　单位:人

类　别	合　计	国有单位劳动者	城镇集体其它单位劳动者	私营企业和个体劳动者	乡村劳动者
社会劳动者合计	547411	19715	34074	104239	389383
一、按行业分					
农、林、牧渔业	210191	1148		7390	201653
采掘业	602		555	47	
制造业	99223	134	16439	27333	55317
电力、燃气、水的生产和供应业	906	184	254	468	
建筑业	61830	1880	9691	8353	41906
批发和零售业	52046	432	622	37003	13989
交通运输、仓储和邮政业	16997	614	1455	3649	11279
住宿和餐饮业	15563	0	90	5546	9927
信息传输、软件和信息技术服务业	1900	66	121	392	1321
金融、保险业	2797	121	1818	72	786
房地产业	3007	10	795	2050	152
租赁和商务服务业	3247	98	468	2513	168
科学研究和技术服务业	2868	137		2425	306
水利、环境和公共设施管理	1126	549	442	135	

续表 42

类　别	合　计	国有单位劳动者	城镇集体其它单位劳动者	私营企业和个体劳动者	乡村劳动者
居民服务和其它服务业	6984	71		5417	1496
教育	9399	6937		253	2209
卫生、社会保障和社会福利业	4952	1894	1324	166	1568
文化、体育和娱乐业	1283	55		1025	203
乡经济组织管理	1461				1461
其它行业	51029	5385		2	45642
二、按产业分					
第一产业	210191	1148		7390	201653
第二产业	162561	2198	26939	36201	97223
第三产业	174659	16369	7135	60648	90507

2016年灌云县民办职业技能培训学校培训工种一览表

表 43

序号	学校名称	主办者	地　址	工　种
1	灌云县商业职工学校	马考生	伊山镇	营业员
2	灌云县阳光职业技能培训学校	吴国民	伊山镇	维修电工、叉车司机、焊工
3	灌云县伊山镇职业技能培训学校	李玉超	伊山镇	家政服务员
4	灌云县润泽职业技能培训学校	王均荣	伊山镇	焊工、化妆师、砌筑工、架子工、服装制作工
5	灌云县佳源职业技能培训学校	林春柱	下车镇	维修电工
6	灌云县华东职业技能培训学校	夏兴专	伊山镇	叉车司机、焊工
7	灌云县东方职业技能培训学校	陈晓燕	伊山镇	叉车司机、家政服务员
8	灌云县新华电脑培训学校	陈晓春	伊山镇	计算机操作员、家政服务员、维修电工、叉车司机、焊工
9	灌云县永鑫职业技能培训学校	孙克顺	小伊乡	焊工、家政服务员、砌筑工
10	灌云县新星职业技能培训学校	夏志峰	伊山镇	焊工、家政服务员、维修电工、育婴师、服装制作工、管道工
11	灌云县聚星职业技能培训学校	王志国	伊山镇	化妆师、家政服务员、美容师、保健按摩师
12	灌云县新洋农职业技能培训学校	陆园园	伊山镇	家政服务员、砌筑工、焊工、保健按摩师、维修电工
13	灌云县众兴按摩刮痧职业技能培训学校	仲伟伍	伊山镇	保健按摩师
14	灌云县润民职业技能培训学校	夏兴建	伊山镇	叉车司机、焊工、挖掘机驾驶员
15	灌云县下车农村劳动力职业技能培训学校	周　建	下车镇	家政服务员、养老护理员、美容师、化妆师、面点师、营业员、焊工
16	灌云县同兴农村劳动力职业技能培训学校	周文军	同兴镇	焊工、叉车司机、汽车驾驶员、保健按摩师
17	灌云县金宝贝职业技能培训学校	李　霞	伊山镇	家政服务员

社会生活

人民生活

2016年,城乡居民收入稳定增长。据城乡居民住户抽样调查,城乡居民人均可支配收入为17565元,增长9.4%,其中城镇居民人均可支配收入22979元,增长8.2%;农村居民人均可支配收入12969元,增长9.2%。年末城乡居民储蓄存款余额147.02亿元,增长11.2%;人均储蓄余额18308元,增长10.7%。

民政工作

【概况】 2016年,县民政局设有职能科室9个,下属企事业单位13个,拥有干部职工150名,其中行政在编15名、事业在编80名、临时人员(含政府购买服务)55名。全县13个乡镇(街道办事处)设立民政办公室,有干部职工75名。全县有各类民政优抚对象近4万人,其中城乡低保21023户33789人、五保1853人、重点优抚4225人、孤儿112人。为6万多名困难群众提供临时生活救助,关爱保护1.3万名留守儿童,发放2万多名高龄老人尊老金。2016年,县民政局积极践行“民政为民、民政爱民”服务新理念,求真务实、团结拼搏,各项工作取得新成绩,被评为全市民政工作综合评估优胜单位,被县委、县政府评为“综合目标考评三等奖”“党建工作创新工程奖”“社会管理创新奖”。

【社会救助】 2016年,县民政部门突出社会救助托底线、救急难的作用,努力实现城乡低保应保尽保、应退尽退的目标,全县纳入城乡低保对象21023户33789人,城乡低保标准分别为每人每月390元和340元,发放保障金7891.2万元。健全完善医疗救助制度。医疗救助封顶线提高至4万元,救助比例由原65%提高到70%,资助36506名困难群众参加新农合或城镇医保,全年有9157名困难群众得到医疗救助,救助平台累计结算医疗救助金1052万元。发挥慈善救助在社会救助中的重要补充作用,全年筹集慈善资金150万余元,较上年增长10.5%。开展“慈善圆梦助学”“慈善血透”等专项救助活动。福彩销售创历史新高,销量福利彩票5401.8万元,筹集福彩公益金540万元,超额完成市下达的目标任务。

【养老服务体系建设】 强化尊老金动态管理。全县尊老金受益人数20399名,发放尊老金1344万元。加强敬老院建设与管理,全县12所乡镇(街道)敬老院星级达标率100%,其中三星级3家,二星级3家、一星级6家,积极推进乡镇(街道)敬老院转型升级,12所乡镇(街道)敬老院增挂养老服务中心牌子,面向社会接收老人。东王集镇

2016年2月2日,连云港市委书记杨省世(前右二)到灌云走访慰问五保户、老党员、困难劳模、困难职工

敬老院、伊山镇敬老院盘活闲置资产，成为区域性养老服务中心。推进公办养老机构改革，县老年公寓与上海三心美德有限公司签约，实现公办民营，成为养老护理员培训基地。落实五保对象供养政策，全县1853名五保对象全部落实供养政策，其中集中供养494人，分散供养1359名，集中和分散的五保对象年供养标准分别为每人6100元和4700元。实施"安康关爱行动"，筹集保费147万元，参保老人29400名，老年人口覆盖率20%，荣获省"安康关爱行动先进单位"。推进养老服务设施建设，投资总额达1000多万元，建设县养老服务指导中心。截至2016年底，全县有养老服务床位数5197张，其中社会办养老服务床位数2798张，每千名老人拥有床位31.87张，基本形成以居家为基础、社区为依托、机构为补充的养老服务体系。

【优抚安置】 2016年，县民政部门全面落实各项优抚政策，建立健全优抚对象抚恤补助标准增长机制，全年为4225名优抚对象发放各种优抚金2691.4万元。重点优抚对象纳入医疗保险范畴，参合参保率达100%，制度化地解决优抚对象医疗难问题。积极落实义务兵优待政策，义务兵优待金按照当地上年度城镇居民人均可支配收入的45%的标准，由县财政实行统一打卡发放。深化退役士兵安置改革，退役士兵技能培训参训率达90%，双证获取率100%，退役士兵一次就业率90%以上，23名符合岗位安置条件的退役士兵，全部被安置在事业单位和国有企业。实施慰烈工程，乡镇（街道）烈士陵园升级改造实现全覆盖。完成73159部队飞行员张浩烈士骨灰安葬仪式。县复员军人疗养院积极优化服务环境，提高疗养服务质量，受到省民政厅领导高度赞扬。双拥创建持续深化，开山岛民兵王继才被评为全国爱国拥军模范。成立"老兵之家"，打造服务涉军类群体"温暖之家"。

【公共服务能力建设】 2016年，全县圆满完成第十一届村委会和第六届居委会换届选举工作，换届选举一次成功率均达95%以上，得到市选举办的充分肯定，并在全省社区建设暨村换届选举工作会议上作经验交流。率先完成留守儿童摸底排查工作任务，并制定出台困境儿童分类保障办法。南岗"岗南留守儿童服务站"被市局作为社会管理创新典型推广。深入推进生态殡葬设施建设。围绕全县殡葬设施总体规划，高标准建成龙苴镇公益性公墓，同兴镇、四队镇通过开展散坟集中迁葬，推动节地式安葬。统筹推进城乡社区建设。龙苴镇被授予"江苏省和谐社区建设示范乡镇"称号，伊山镇昌和社区被授于"省优秀志愿服务社区"。实施地名公共服务工程。完成连宿线、连盐线边界联检。东王集、图河、侍庄撤乡建镇（街道办事处）落实到位。积极开展全国第二次地名普查。加快社会组织发展，开展首届社会组织公益创投。13个公益创投项目落地，迈出社会组织公益实践的实质性步伐。强化婚姻登记管理，办理结婚登记10440对，离婚登记2313对，婚姻登记合格率和群众满意率均为100%。积极推进殡葬改革，全年火化遗体5015具，县公墓售墓680座，实现经济效益和社会效益"双赢"。

（县民政局）

民族宗教工作

【概况】 2016年，县民族宗教事务管理部门针对灌云县宗教堂点多、信教群众多、教情复杂的实际情况，以教育培训为切入点，以"星级宗教场所"创建活动为抓手，以宗教法规宣传教育为重点内容，以明确管理规范为治理关键，先后两次举办综合性培训。建立健全宗教管理制度，使宗教管理秩序实现了由乱到治、由无序到规范的转变。抓好宗教场所安全管理，先后两次开展宗教场所的安全大检查，组织资金完善宗教场所的内部设施建设。先后争取少数民族帮扶资金25万元，支持灌云县少数民族发展基地和四队镇二队村的蔬菜、养殖等项目，协调解决少数民族就医和子女入学等问题，发放清真补贴20余万元。

【农村少数民族扶贫】 2016年，全县用于少数民族扶贫资金约150万元，其中中央财政资金25万元，社会各界集资125万元。用于少数民族发展经济、修建道路、卫生改水等。全年帮助100余户少数民族贫困户脱贫、以及30名少数民族贫困子女入学，认真落实少数民族考生享受加分的优惠政策，为40名少数民族子女考生办理加分和更改民族族别等手续。

【少数民族工作】 2016年，县民族宗教法律事务援助中心成立，为少数民族和广大信教群众提供优先优惠的法律服务和法律援助，在县劳动技能培训中心、县职业教育培训中心为少数民族群众提供技术培训。四队、圩丰两镇少数民族就医定点医院，在相关费用上给予少数民族群众优先和优惠。在有关乡镇成立少数民族流动人口联系点，为少数民族排忧解难、提供服务。

【宗教事务管理】 2016年，县民族宗教事务管理部门先后完成全县佛教、基督教、天主教、伊斯兰教近150处活动场所的规范化管理工作。协助宗教团体搞好教职人员的考核聘任工作，调整县基督教三自爱国运动委员会领导班子。加强对教职人员及宗教活动场所的管理，强化各项制度建设。开展"星级场所"评定活动，大伊山石佛寺、灌云县基督教堂被分别认定为四星级、三星级宗教活动场所。大伊山石佛寺、灌云县基督教堂档案管理被江苏省档案局评为三星级档案室。依法取缔私设点和非法活动点。

【工作机制建设】 2016年，县、乡镇（街道）、村设立民族宗教工作协调小组，建立三级网络责任制，定期召开会议，把不稳定因素解决在基层，消灭在萌芽状态。积极引导宗教活动与社会进步相适应，开展"科技进教堂，服务千万家"活动,促进广大信教群众掀起学科技、忙致富热潮。

【硬件设施建设】 2016年,分别完成大伊山石佛寺万佛宫、伊芦山钟庵寺东西厢房、山门的后续建设工程及乡镇(街道)13个投资3000万元以上的宗教场所建设。

(县民宗局)

关心下一代工作

【概况】 2016年,全县关心下一代工作围绕中心、服务大局、发挥优势、主动作为,取得丰硕成果。县关工委被全国关工委评为"2016年宣传报道工作先进单位",获得"全省关心下一代宣传工作先进集体"荣誉称号。一批基层单位、"五老"个人和校外辅导站活动项目受到国家、省、市表彰,多项工作位于省市前列。教育系统关工委、政法系统关工委、东王集镇关工委获得省关心下一代工作先进集体称号;周华林、徐鹤春、侍龙山、胡文余、王喜洲获得省关心下一代工作先进个人称号。县教育系统关工委副主任王发渠被教育部评为全国关心下一代工作先进个人。张可、袁守才、李春梅被连云港市司法局、连云港市关工委、连云港市政法系统关工委评为"连云港市参与社区矫正工作五老优秀志愿者"。

【学习和表彰大会】 3月,县委召开学习习近平总书记重要指示暨全县关心下一代工作表彰大会,表彰全县80个先进集体和105名先进个人。会后,各乡镇(街道)、县直各部门分别组织专题学习培训,将习近平总书记对关心下一代工作的重要指示传达贯彻到每一位老同志。通过学习活动,各级党政领导对关工委工作更加重视和支持,"五老"中涌现一大批不计私利、乐于奉献的先进典型。东王集镇合兴村关工委创办"三史一观"革命传统教育基地,政法系统关工委关爱特殊青少年有"五大亮点",县经贸系统关工委创建"五走进"工作方法。

【主题教育活动】 2016年,县关工委以"五老"为主体,组建起县、乡、村三级党史国史教育宣讲团,进学校、进社区、进企业、进机关、进家庭,共宣讲583场,宣讲团充分运用本县见义勇为好少年王祖帅这一先进典型,丰富主题教育内涵,提升主题教育效果,有5.1万人接受教育。抓住春节、清明、端午、"3·5学雷锋纪念日"、六一、七一、八一等重要节点,强化爱党、爱国、文明、感恩教育。县关工委还充分挖掘和运用县内红色资源,引导青少年寻先烈足迹、学当地英模、扬革命传统、立报国志向,培育和践行社会主义核心价值观。

【校外教育辅导站建设】 2016年,县关工委把校外辅导站工作的重心放在加强活动、规范运行、提高质量、深化内涵上。大力推进校外辅导活动的正常化、规范化,促进办站质量的提升。发挥示范站的标杆作用,开展基层校外辅导站优秀活动案例征集和评选工作,东王集镇韩圩村校外辅导站活动案例《寻访小英雄成长的动力》视频获省一等奖,《感受小英雄王祖帅》文字稿获全省二等奖。伊山镇繁荣社区校外辅导站、东王集韩圩村"一碑四谱"教育基地、龙苴镇孙港村"一题七篇"教育基地被县委、县政府命名为全县首批社会主义核心价值观建设示范基地。大力推进"校站结合"工作,推动校外辅导站办站模式的转变。县关工委着力推广以学校老师为主导的"校站结合"办站典型,鼓励有条件的"五老"利用自家房屋、场地和设施自办家庭校外辅导站。10月25日,在全省校外辅导站工作培训班上,县益海校外辅导站副站长侍青山在会上作题为《让95名孤儿拥有精彩的童年》交流发言。

【参与社会综合治理】 2016年,县关工委充分发挥"五老"法制报告员作用,帮助青少年学法、知法、守法,对边缘青少年开展结对帮教工作。政法系统关工委成立"灌云县夕阳红普法志愿者协会",到中小学上法制课112场。加强"五老"网吧义务监督员队伍建设,多次参与对县城网吧的检查督查活动。发动全县农业战线老科技人员、老专家,包括农民身边的"土专家",对青年农民扶志、扶技、扶创业,鼓励青年农民争建"创业基地"、争做"创业之星"。围绕地方党委工作中心,当好党的政策宣传员、党群关系联络员、群众纠纷调解员、党风廉政监督员,全年协助调解民事纠纷400起。

【帮助青少年健康成长】 2016年,全

县关工委老领导与少年儿童在一起

年筹集资金36万元，资助贫困家庭儿童260人。其中，25名贫困家庭大学生获《扬子晚报》主办的“利群阳光”助学行动资助，每人获助学金5000元；19名中小学生获《关心下一代周报》社“冰凌花”奖学金，其中一等奖2名奖学金各1000元，二等奖17名奖学金各500元；获省爱德基金会资助，12名中小学生每人获1340元；与5名贫困大学新生签订助学协议，每人每年获资助2000元；向省关工委争取专项资金44000元，分发基层校外辅导站用于资助乡村贫困学生。各级关工委以慰问、结对子、“爱心妈妈”“代理家长”、创办留守之家（托管中心、图书室）等形式，关爱留守、单亲儿童和孤儿，使关爱活动常态化。

（李新民）

潮河湾风光

伊山镇

【概况】 伊山镇为县政府所在地，是全县政治、经济和文化中心，总面积82平方千米，耕地面积3619公顷，其中：城区面积20平方千米，下辖21个行政村、13个社区，281个村(居)民小组，人口16.8万人。2016年，全镇完成地区生产总值52.04亿元，全社会固定资产投资13.1亿元，公共财政预算收入2.9亿元，农村居民人均可支配收入16697元，城镇居民人均可支配收入19240元。是江苏省首批百家名镇之一。

【农业】 2016年，全镇耕地面积3619公顷，建成413.33公顷的现代农业示范园区，流转土地建成千亩光伏菌业产业园，形成紫苏、西瓜、食用菌、花卉、特色蔬菜五大特色产业，被市授予“十有”现代农业园区称号，省委书记李强专门到高效园区考察调研。建成灌云县政府“菜篮子”工程示范基地、设施园艺基地、大棚叶菜生产基地。2016年新增高效农业面积280公顷，其中扩面设施栽培100公顷，连云港马诗龙生物科技有限公司、连云港圣叶农业开发有限公司、灌云畜旺生猪养殖有限公司、连云港云辉农业发展有限公司被评定为“市级农业龙头企业”。新发展家庭农场26个，新建农民专业合作社13个，新注册“年旺西瓜”“伊寒冰草”“伊蕾番茄”“伊尚葡萄”等特色品牌8个。

【工业】 2016年，全镇共有企业1513家，有5家落户临港产业区、8家落户经济开发区，其余1500家企业位于镇工业集中区内，年销售收入在2000万元以上的规模以上企业21家。形成以制造业为主导产业，医药化工、服装、食品等为特色的企业链，新引进5000万元以上重点项目4个，其中，过亿元2个，过10亿元1个，竣工项目3个。

【服务业】 2016年，全镇服务业固定资产投资完成3.2亿元，新开工1000万元以上服务业9家，竣工1000万元以上4家。全镇住宿餐饮商贸企业18家，大个体14家，积极整合资源打造伊山镇特色美食休闲集聚区。完善山西人工湖，建设休闲度假中心项目，其中新建农家乐8家。2016年8月，围绕“打造全国一流乡村旅游示范景区”的定位，举全镇之力，强势推进伊甸园建设，按照2017年清明节前初步开园迎宾的目标，有36项重大工程有序推进。

【城镇建设】 2016年，镇区规划面积35平方千米，建成区面积20平方千米，人口11.1万人。加强生态文明建设，大力实施城乡绿化工程，完成创建绿化合格村2个。以开发东城、建设西城、对接南城、规划北城为主抓手，开展对老城区的重新治理打造，县城居民的生活质量明显提高。做好连镇铁路和204国道改道两大工程服务工作，北环大道建设进展顺利。

【社会事业】 2016年，伊山镇坚持城乡联动，重抓统筹推进，各项社会事业得到长足发展。按序时完成204国道伊山段、连镇铁路伊山段征地拆迁工作；完成东门河疏浚工程拆迁征地200亩；北环路233国道启动建设。同时对66条深街背巷、农村片15个行政村的沟渠路道的“三堆”、积存垃圾、杂草杂物进行全方位清理。省扶贫工作队投资400万元在新华村新建400千瓦农业棚顶光伏发电项目，年可增加集体收入45万元以上。镇政府投资170万元建1500平方米标准厂房，投资300万元新建占地13.33公顷农业采摘、休闲垂钓农业示范项目。对低保户、五保户实行社保兜底，给每村补助专项资金46万元用于购买公益性岗位，实施大病、教育、孤儿等三项救助政策，完成656户2133人低收入人口年度脱贫任务。

(伊山镇)

2016 年伊山镇主要社会经济指标

表 44

项　　目	数量	上年数量	项　　目	数量	上年数量
地区生产总值(万元)	520463	481206	三产实体(个)	26	24
财政收入(万元)	13100	29800	商品零售总额(万元)	120658	14342
农业总产值(万元)	224612	221534	集贸市场成交额(万元)	42514	41256
粮食总产值(万元)	19893	19726	镇村主干道(千米)	352	336
私营个体企业(万元)	913	867	中小学(所)	17	17
工业销售收入(万元)	257716	168533	中小学生(人)	31933	32338
工业利税总额(万元)	43812	60556	年末职工人数(人)	102	98
三资企业(个)	—	1	职工人均收入	—	—
实际利用外资(万美元)	400	600	农民人均纯收入(元)	16243	14112
合同利用外资(万美元)	—	—	参加社保(人)	38892	38779
三产增加值(万元)	98431	95943	参加医保(人)	72673	68553

2016 年伊山镇村(居)概况

表 45

村(居)名	组数(个)	户数(户)	人口(人)	耕地(公顷)	人均纯收入(元)	支部书记	主　任
镇西社区	9	2563	9333	—	—	侍述海	金　扬
西门社区	4	2223	5865	—	—	马占才	王绪兵
东门社区	8	3211	11945	—	—	董述银	李兆标
新村社区	6	3281	10473	—	—	王　慧	侍作锐
繁荣社区	5	1398	4156	—	—	陈桂冬	王绪建
青龙社区	5	1210	4985	—	—	马生龙	吴继勇
城北社区	15	3177	10645	—	—	侍　超	黄以江
朝阳社区	5	1552	5559	—	—	王绪成	殷　波
胜利社区	6	3084	9779	—	—	张　建	赵　军
城南社区	4	1021	3792	—	—	高　健	张　健
山南社区	—	1512	5436	—	—	任学军	杜永法
幸福社区	—	2414	7856	—	—	霍永胜	孙良华
昌和社区	—	1791	5376	—	—	唐永波	吴秀红
小园村	6	1346	3873	—	—	牛祥亚	牛　杰
河东村	4	1214	4128	—	—	孙良松	刘成军
郑庄村	10	612	2408	5	—	孙　鼎	郑　祥
方徐村	4	356	1720	—	—	徐守涛	钱树梅
港西村	9	569	2600	223	16661	顾宝军	纪永田
朱韩村	12	804	3701	282.8	16608	尹文奎	茆启祥

续表 45

村(居)名	组数(个)	户数(户)	人口(人)	耕地(公顷)	人均纯收入(元)	支部书记	主　任
彭洼村	16	953	4320	345.6	16654	邓永祥	孙德志
向阳村	20	998	3947	223	16638	王发锦	刘通祥
桃垛村	7	496	2105	144	16659	赵大友	万洪碧
王圩村	8	479	2423	108	16641	高德仁	郭加营
山前村	18	676	2850	99.3	16451	王连彦	王连绪
山西村	8	865	3282	220	16678	王加宏	范长伟
刘庄村	14	412	1845	181.8	16691	刘友斌	张再芹
任庄村	10	862	4468	98	16488	任明星	任成礼
新华村	13	1200	4598	450	16697	赵占昌	杨步华
三庄村	13	882	3042	250	16497	任礼红	任礼明
张湾村	9	688	3214	244	16839	赵占生　贺祝堂	赵占青
拔墩村	7	545	2422	133	16677	刘　军	徐树林
官路村	9	492	2402	190	16734	夏正标	李庆和
川星村	5	435	2132	121	16251	曾兆文	潘井亮
七里松村	5	395	1860	121	16731	刘海洋	赵祥标

杨集镇

【概况】　杨集镇位于县城东18千米，沿海高速、204国道、242、324省道、沿海高铁及东门五图河五级航道等多条水陆交通干线通过本镇。总面积152.03平方千米，辖39个行政村1个居委会，30482户122959人，是全县重要的商贸集散地和旅游休闲基地。2016年，实现地区生产总值25.4亿元，完成规模以上固定资产投资8.9亿元，规模以上工业固定资产投资7.5亿元，实现公共财政预算收入3789.91万元，农民人均纯收入12087元。先后获全国重点镇、全国综合实力千强镇、省级重点中心镇、省级生态乡镇、省级文明乡镇等荣誉称号。

【农业】　全镇有耕地面积7520万公顷，粮食作物主要以小麦、水稻、玉米、大豆等为主，是全县重要的粮食生产基地。2016年，全镇以现代农业为发展方向，大力发展特色农业，推进一村一品、多村一品建设，扩大葡萄、线椒、蒜薹、黄桃和水产养殖等特色产业规模。新发展高效农业266.67公顷，设施农业133.33公顷。以招引外资、上市公司投资农业为突破口，加快农业产业化进程，新签约农业投资项目3个，新上固定资产500万元以上农产品生产加工项目6个，扶持省级农业龙头企业2家。培育家庭农场86家，土地股份合作社3个，新增养殖大户27户。以建设现代农业园为载体，建立现代农业产业体系，开工利华现代农业示范园、小乔圩千亩生态农业园和沂河淌万亩观光农业园建设。完善农业基础设施保障，完成东门河导流、东门河闸拆建等重点工程，高标准完成五图河一期绿化工程，开工建设东门五图河二期工程，实施高标准农田建设项目666.67公顷。完成土地承包经营权确权登记颁证和小型水利工程管理产权证书发放工作。开展农村道路路肩培护工程，全年培护路肩165千米。

【工业】　2016年，全镇现有规模以上工业企业16家，实现规模以上工业总产值15亿元，初步形成以三星食品、双程酱油为代表的食品加工企业，以良友仓储、汇融仓储为代表的仓储物流企业，以意乐货架、旺旺货架为代表的货柜企业等为支撑的产业发展体系。新签约5000万元以上项目8个，其中过亿元项目4个。新签约投资7.8亿元的优质刨花板项目，新签约投资6亿元的光伏农业科技园项目和投资2亿元的生态循环农业示范园项目，新签约投资2亿元十里红街商业综合体项目；新开工过5000万元项目7个；新竣工过5000万元项目4个。浦山金属货架、溢隆食品加工、三星食品水产冷冻等项目建成投产。建成杨集工业集中区，紫东食品、宁丰木业等大项目落户园区，完成占地面积66.67公顷新工业集中园区规划设计工作。

【商贸服务业】　杨集镇历来是灌云东部工贸中心和流通集散地，镇区内有万有商业街、黄海农贸市场等。2016年，杨集镇以良友粮食收储在东门河北岸地区建设粮食物流园区和商贸集中区为依托，在242省道以西打造商贸流通业。依托高速公路、铁路、水运等现代交通网络，启动杨集综合物流园区建设。

依托潮河湾旅游风景区，大力发展乡村旅游业。逐步构建以潮河湾生态园为核心，打造农游相融、景村一体的乡村旅游格局。

【镇村建设】 2016年，杨集镇新城区拉开发展框架，完成5万平方米“十里红街”城市综合体主体工程；新区小学、政府东侧商住开发项目、惠民路全面开工；紫金壹号加快建设；派出所办公楼主体完工；北环路铺设提前竣工；商业街续建和东华苑二期项目即将启动；灌云东出入口完成改造提升和综合整治；新老车站交通秩序通过集中整顿逐渐规范，老镇区面貌焕然一新。抓住省级城市统筹试点镇改造机遇，推进道路、污水管网、墙体立面等基础设施提升改造，完成绿化亮化美化等工程，老镇区形象得到极大提升，镇区改造通过省级重点中心镇验收。村庄环境不断改善。完成40个村居环境整治，村容村貌得到明显改善。重抓美丽乡村建设，培育和打造美丽乡村3个。完成成片造林53.33公顷，新建林网200公顷，四旁植树31万株，打造省级绿化示范村1个。

【社会事业】 2016年，全镇民生保障力度加大。先后开展就业援助、春风行动、扶贫就业等专项行动，完成劳动力职业技能培训1231余人次，新增农村劳动力转移1121人。大力开展社会保险扩面征缴专项行动，新农合参合实现全覆盖，城乡居民养老保险参保27656人。完成年度扶贫开发任务，实现4437个低收入人口顺利脱贫，两个经济薄弱村实现新“八有”。社会事业协调发展。积极开展文明创建活动，镇首届“五星”放光彩文明创建活动的做法得到县领导肯定。完成改水供水和污水管网续建改造工程；新铺乡村公路40千米，建成标准化星级敬老院1座。社会治理成效显著。扎实抓好平安杨集、法治杨集建设，深入开展校车安全、制假售假、小产权房开发、非法加油加气站点、积案化解等专项整治活动，人民群众安全感明显增强。

【旅游开发】 2016年，杨集镇加快潮河湾沂河淌片区开发建设，潮河湾生态园内部改造初具规模，沂河淌沿线133.33公顷油菜栽植全部完成，景区综合服务中心启动实施，景观大道建设、外围的车辆分流道和潮河观光道等重点项目加快建设，以潮河村为中心的美丽乡村打造有序推进，融现代农业、生态景观、乡土风情、休闲度假、文化娱乐于一体的乡村旅游产业体系逐渐形成。

【精神文明建设】 2016年，杨集镇党委高度重视精神文明建设工作，以文明创建活动为载体，开展以争创“公益奉献星、助人为乐星、环境整洁星、创业致富星、孝老爱亲星”为主要内容的五星放光彩文明户评选活动。以精神文明建设——创建省级文明乡镇为主线，弘扬社会主义文明新风，培育和践行社会主义核心价值观。依托两个阵地，即通过实体宣传阵地和网络宣传阵地使创建宣传工作延伸到每一个家庭，每一名群众。坚持三个要求，即坚持在标准上“求高不求低”，程序上“求严不求松”，数量上“求精不求滥”。按照自评申报、民主评议、审核公示等程序严格进行，自下而上评选出416名“公益慈善、孝老爱亲、见义勇为、环境整洁、创业有为”优秀典型。在全镇营造学习先进、争当“五星”标兵、崇尚文明、争做好人好事的社会氛围，提升了公民道德素质和镇村文明程度，为广大群众自觉践行社会主义荣辱观，模范遵守公民道德规范树立了良好的榜样，为建设“强、富、美、高”的幸福新杨集凝聚强大的精神力量和道德力量。

（杨集镇）

2016年杨集镇主要社会经济指标

表46

项　目	数量	比上年(±%)	项　目	数量	比上年(±%)
地区生产总值(万元)	254320	-0.73	三产增加值(万元)	46282	17.1
财政收入(万元)	3789	-55.41	商品零售总额(万元)	12660	-0.09
农业总产值(万元)	31663	-30.73	乡(镇)村主干道(千米)	220	-22.81
多种经营产值(万元)	—	—	集贸市场成交额(万元)	—	—
粮食总产量(吨)	90670	-10.25	中、小学校(所)	16	-63.64
私营个体企业(个)	130	-51.49	在校中、小学生(人)	10061	-39.46
工业销售收入(万元)	148950	0.05	年末存款余额(万元)	—	—
工业利税总额(万元)	—	—	年末职工人数(人)	—	—
合同利用外资(万美元)	310	638.1	农民人均纯收入(元)	12087	9.43
实际利用外资总额(万美元)	310	638.1	参加社保人员(人)	26587	54.31

续表 46

项目	数量	比上年（±%）	项目	数量	比上年（±%）
全社会固定资产投入（万元）	145520	1.53	参加医保人员（人）	88916	-9.94
其中：工业投入（万元）	141000	1.29			

2016 年杨集镇村（居）概况

表 47

村（居）名	组数（个）	户数（户）	人口（人）	耕地（亩）	集体收入（万元）	人均纯收入（元）	支部书记	主任
三星社区	24	2330	6429	—	—	—	马占祥	—
城东	5	1460	4871	150	22	13512	徐增红	孙　娟
城西	14	718	2230	1950	25	13605	肖玉忠	吴立栋
利华	6	606	2593	1050	21	12308	谢　军	王立厂
镇东	9	549	2224	1350	18	14930	崔云飞	—
镇北	11	713	2735	2700	18	11547	张明青	邵长明
五福庄	7	657	2311	1650	20	13238	李德杭	付明亮
邵庄	14	603	2527	1650	18	14697	陶士香	邵中华
封圩	8	565	2235	1620	20	13040	马丙如	封明祥
连成	14	905	3737	3000	20	14208	冯开元	孙德春
学田	28	1122	4588	3900	18	14848	戴文和	刘中山
界南	28	1232	4960	4200	18	13488	姜　兵	丁忠和
蒋庄	8	499	1951	1600	15	13562	张树根　徐利华	蒋二东
孙巄	8	601	2463	1755	18	14782	刘恒亮	张洪涛
农旭	9	629	2529	2025	20	11234	张立军	邢明高
广丰	7	441	1696	1470	15	14520	孙克树	李雁明
孙小港	9	623	2666	3105	18	13204	孙振军	孙汝强
顺兴	12	549	2195	2250	18	15630	封　明	刘德胜
庄场	8	671	2629	2250	18	14230	孙泽海	孙泽明
方庄	13	561	2290	2370	20	13245	兰成忠	孙广金
新安	8	300	1190	1350	15	14567	胡可思	王广忠
长流	12	661	2559	2235	19	14236	孙广军	周廷礼
曙光	18	970	3808	3855	32	13650	李建军	关　亮
同阳	14	670	2673	2310	15	14556	鲍永亮　胡品华	王井生
萌旭	10	617	2589	2565	18	14432	何乃标	王玉霞
乔圩	10	998	3765	4350	18	13520	于从龙	曹红连
通榆	13	852	3786	4845	18	15221	张玉军　相元松	谢达洪

续表 47

村（居）名	组数（个）	户数（户）	人口（人）	耕地（亩）	集体收入（万元）	人均纯收入（元）	支部书记	主　任
三图	8	688	3339	2970	18	10983	张书智	张书德
新庄	15	723	3206	3690	18	11564	陈井龙	杨兴武
潮河	10	521	2303	3675	15	14562	吴志江	王清兵
元兴	8	603	2871	3450	17	13258	邢如海	韩桂付
何庄	14	798	3463	3435	18	15596	袁学平	—
后三	8	652	3005	3825	18	13567	吴卫兵	张同军
老庄	6	908	3884	3840	18	12459	杨友华	唐以君
春旭	21	630	2815	5055	21	14100	李坤生	—
沂河	23	715	3320	6075	18	13201	杨　敏	宋青和
双湾	9	609	2935	4275	21	11006	房维训	谢广建
兴联	11	585	2807	3120	18	13205	谢恒荣　庄传宝	曹法明
南湾	7	908	4165	3090	15	12043	兰成亚	谢春兰
镇南	8	1040	4617	3795	20	14269	吴坤恩	—

燕尾港镇

【概况】 燕尾港镇地处黄海之滨，是灌云县唯一的沿海城镇，也是灌云县东部沿海地区崛起的工业经济新兴镇（县临港产业区坐落境内）。2006年被连云港市委、市政府确定为“一体两翼”之南翼，该镇东临黄海，北、西两面为灌西盐场，南面是新沂河与灌河口入海交汇处。燕尾港港是江苏省海河联运港口之一，是324省道起点。全镇面积32平方千米，海岸线长21千米，下辖3个居委会和2个行政村，常住人口13217人，流动人口3万人。男女性别比110，人口出生率13‰，死亡率8‰，自然增长率5‰，海洋捕捞、海产品养殖、加工、贸易及海洋运输是燕尾港的支柱产业。燕尾港作为苏北地区条件最佳的港口，有100多年的历史，素有“享黄金海岸，受渔盐之利”之美誉，曾被省海洋渔业局确定为二级渔港。2008年被国家农业部确定为一级渔港。主要特产是海产品。2014年燕尾港镇被国家住建部、发改委等7部委列为全国重点发展镇，是江苏省重点培育的27个海滨城镇之一，被市科技局评为全市科技创新镇。开山岛夫妻哨王继才、王仕花夫妇被评为全国时代楷模。是2015—2016年度全市基层党员冬训工作先进单位；2016年获“灌云县文明乡镇”称号。

【工业】 2016年，燕尾港镇围绕港口物流、装备制造、石油化工、新能源、新材料等产业定位，锁定日、韩及京津冀、环渤海、长三角、珠三角等重点区域，全年组织和参与各类招商活动23次，总投资54.6亿元华能海上风电正在抓紧施工、30亿元木材加工园、10亿元冀北物流园等过5000万元以上工业项目34个，其中过亿元项目21个，且80%以上为非化工类项目。2016年，全年工业企业实现总产值381亿元（包括临港产业区、燕尾港镇）；规模以上完成固定资产投资76亿元；实现应税销售收入78亿元；实现工业税收5.2亿元；公共财政一般预算收入5.86亿元，比上年增长211%；工业企业用电量3.12亿千瓦时，比上年增长16%。注册外资实际到账211万美元。

【特色资源】 燕尾港镇是天然的渔业港口，海产品资源丰富。2016年，全镇有捕捞船只200余艘，鱼汛季节，港口作业渔船千艘以上，年捕捞量在万吨左右，主要品种有：黄鱼、鲈鱼、虾皮、梭子鱼、梭子蟹、对虾、红虾、白虾、杂鱼、带鱼、贝类等。

【商贸服务业】 2016年，燕尾港镇规划1.5万平方米新区农贸市场，建成6000余平方米投入使用；新建的百辰商业街A区建筑面积13万平方米，建成6万平方米，完善周边商业、服务业，商业用房配套设施。

【基础设施建设】 2016年，燕尾港港正式开港运营。建成3万吨、5万吨级散杂货码头各1座，渔港码头1座，港口物流园核心区道路基本建成，货场建设快速推进。5万吨级航道通航；海滨大道全线通车，其中燕尾段总投资9.3亿元，全长14.6千米；临海高等级公路全线通车；32.6千米园区道路建设加快推进；污水处理厂、污水管网、绿化试验、环境整治扎实开展，实现3个村居服务中心规范化，村庄环境整治通过省验收。新城建设初具规模。口岸开放综合服务中心、规划展览馆、体育馆相继建成,湿地公园、黄海水库景观等设施拉开框架。灌西安置小区三期、景观大道等加快建设。其中规划展示馆和群众艺术中心项目建设,被评为省文明工地。加快完善燕尾新城配套设施建设,有序推进老镇区分地块拆迁步伐;加快推进三百弓村美丽乡村建设,开展16公顷三百弓村农地挂钩增减用地项目,确保农民集中居住区按时交付使用。

【农业】 2016年,该镇做好三百弓村的村庄规划,开展村庄绿化,建设养殖集中区、建设集体公墓,建设电灌站一座。农地挂钩增减用地项目有序推进,复垦土地16.07公顷。

(燕尾港镇党政办)

燕尾作业区码头

2016年燕尾港镇主要社会经济指标

表48

项　　目	数量	比上年(±%)	项　　目	数量	比上年(±%)
地区生产总值(万元)	520000	0	三产增加值(万元)	4250	11.2
财政收入(万元)	58617	0	商品零售总额(万元)	25054	5.3
农业总产值(万元)	16188	0.95	集贸市场成交额(万元)	140191	11.1
多种经营产值(万元)	26908	2.4	镇村主干道(千米)	74.5	6.4
粮食总产值(万元)	504	172	中、小学校(所)	1	0
私营个体企业(个)	455	7	在校中、小学生(人)	432	0
工业销售收入(万元)	1926400	12	年末存款余额(万元)	15943	36
工业利税总额(万元)	182064	8.7	年末职工人数(人)	4729	1.8
三资企业(个)	7	250	职工人均收入(元)	31397	7.8
合同利用外资(万美元)	211	0	农民人均纯收入(元)	16500	10
实际利用外资总额(万美元)	211	0	参加社保人员(人)	2153	33
三产实体(个)	246	22	参加医保人员(人)	8526	7.8
三产从业人员(人)	1658	3.5			

2016年燕尾港镇村(居)概况

表49

村(居)名	组数(个)	户数(户)	人口(人)	耕地(公顷)	集体纯收入(万元)	人均纯收入(元)	支部书记	主　任
三百弓村	4	355	1384	280	62	14082	李永慧	梁登高
燕尾社区	22	1600	4776	—	—	—	王永桂	张燕军
新建社区	18	1113	3284	—	—	—	房维红	李德华
团港社区	2	59	150	—	—	—	宋顺亮	杨加冬
开山岛村		1	2					

(燕尾港镇人民政府)

四队镇

【概况】 四队镇位于灌云县东北部，北接连云港市徐圩新区，东临县临港产业区，南距连盐高速公路5千米，242省道穿境而过，镇内有善后河、车轴河、界圩河三条河流，水陆交通便利，是县境东北部文化、商贸中心。全镇区域面积88.62平方千米，辖26个行政村、2个社区居委会，总人口7.18万人。2016年，四队镇被评为灌云县文明城镇，在统战工作中被评为先进集体，获党建工作创新奖；在全市基层部门服务业统计工作中被评为先进单位；同时获县小康建设推进奖，城乡统筹发展二等奖，综合目标完成奖。

【工业】 2016年，完成地区生产总值16.1亿元；完成公共财政预算收入2341万元；规模以上固定资产投资9.5亿元；规模以上工业固定资产投资6.2亿元；规模以上工业总产值22.2亿元；限额以上企业(大个体)零售额累计增速31.3%，完成年度目标任务142%；农民人均纯收入15360元，比上年增长11%。

【招商引资】 2016年，全镇上下确立“有项目就有希望，没有项目就没有一切”的工作理念，全力主攻大投入，强攻大项目。推进招商体制机制创新，实行层层传递压力，坚持倒逼推进，把目标任务细化到镇班子成员，分解到部门单位，落实到机关、村居，做到“人人肩上有担子、个个身上有压力”，在全镇掀起招商引资工作热潮，先后招引一批辐射带动力强、发展前景好、财税贡献大的项目。其中，威迪机械在Q板成功上市；完成合富箱包、富源纸业等项目扩建改造工程，新开工吉米米业、久旺畜牧、宝丰山羊等2000万元以上农业项目3个，新竣工项目2个、在谈项目4个。

【农业】 2016年，四队镇拥有耕地0.6万公顷，主要种植小麦、水稻，经济作物以大棚蔬菜(冬韭、西兰花)、大棚西瓜和常规露天蔬菜为主。2016年完成农业设施栽培300公顷；培植花卉苗木20公顷；推广淡水养殖200公顷。新建林网533.33公顷，完善农田林网480公顷，成片造林100公顷，沿海林33.33公顷，新增造林面积125公顷。打造绿化示范村大东村。栽植绿化苗木32万株，主要品种有女贞、垂柳、紫薇、石楠、广玉兰、果树等。吴赵、后腰、隆兴、大东农田林网366.67公顷。全镇新购大型秸秆还田机械14台套，水稻插秧机126台，各类农机具199台套，有192户购置各类农机具，全镇购机农户享受国家农机补贴235.6万元。大、中沟疏浚、沟塘整治、河道清理净化等工作在全县领先，涉及省中、小河流整治工程的善后河疏浚项目顺利实施。新建排灌站2座，改造农桥11座，新建防渗渠3千米。

【城镇建设】 2016年，镇区规划面积3.8平方千米，主镇区建成面积2.2平方千米、副镇区建成区面积1平方千米。2016年，四队镇充分发挥商贸流通优势，扩大商贸中心镇效应，开工建设西城区高端商住区，实施基础设施配套工程，街道路面硬化整洁、绿化亮化、居民生活舒适、商户经营规范，对外形象进一步提升。

【社会事业】 2016年，四队镇新农保扩面工作在全县率先完成，参保率在全县排名第一，企业职工养老保险完成率进入全县先进行列；精准扶贫成效显著，全镇有5个省级经济薄弱村，1981名低收入人口提前脱贫。“一事一议”财政奖补项目高标准实施，全年投入220万元新铺水泥路8.9千米。

镇区环境进一步优化，公共服务配套完善，在全县乡镇街道中率先筹建文化广场、主题公园等文化娱乐场所，学校、卫生院设施配套齐全，功能完备；医疗卫生、教育工作稳步发展，全镇教育教学质量大幅提高。

(四队镇)

2016年四队镇主要社会经济指标

表50

项　　目	数量	比上年(±%)	项　　目	数量	比上年(±%)
地区生产总值(万元)	161000	7.8	商品零售总额(万元)	35214	9
财政收入(万元)	2341	-66	集贸市场成交额(万元)	65449	16
农业总产值(万元)	42526	8	乡(镇)村主干道(千米)	169	30
多种经营产值(万元)	—	—	中小学校(所)	15	-17
粮食总产值(万元)	63192	0.8	在校中小学生(人)	6681	-1
私营个体企业(个)	1935	1	年末存款余额(万元)	48600	3.5
企业年净利润总额(万元)	—	—	年末职工人数(人)	673	-5
企业实交税金总额(万元)	2341	-58	职工人均收入(元)	45461	11
合同利用外资(万美元)	—	—	农民人均纯收入(元)	15360	11

续表 50

项　目	数量	比上年(±%)	项　目	数量	比上年(±%)
实际利用外资总额(万美元)	—	—	参加社保人员(人)	19068	3
企业个数(个)	679	1.5	参加农村新型合作医疗人数(人)	53089	-27
三产从业人员(人)	5534	0.3	享受居民最低生活保障人数(人)	2519	3
三产增加值(万元)	56789	16.8			

2016 年四队镇村(居)概况

表 51

村(居)名	组数(个)	户数(户)	人口(人)	耕地(公顷)	人均纯收入(元)	支部书记	主　任
二队	10	608	2510	231	15340	孙　健	许善委
老西	18	665	2668	234	15740	唐桂军	庄士伟
大东	11	620	3010	240	14396	贾绪文	李雁春
隆兴	10	520	2621	203.87	15360	胡其明	胡桂成
三队	9	290	1300	120	14500	宋和江	宋和兵
街西	6	760	2780	66.7	15600	戴乐春	孙学宝
中心	6	364	1614	102.3	14237	张开祥	胡喜怀
二段	9	350	1720	139.3	15000	林庆勇	刘立德
界北	12	506	2246	221.3	14657	王洪进	沈　刚
三沟	15	720	3300	246.9	15100	周　壮	周长希
腰南	8	382	1780	110.2	14200	庄志华	李中玉
街东	6	402	1865	98	15200	周　林	王寒春
付岔	11	500	2380	173.5	14800	王长霞	—
中南	12	520	2860	234.2	13562	樊更生	尹宝东
后腰	4	460	1820	108.3	13982	杨绍鹏	孙维义
北六	8	375	1775	116	15330	孟庆法	周祝林
正兴	9	486	2016	157.8	15360	钱成松	黄玉荣
民治	15	657	2810	193.3	14500	龚占成	—
南兴	12	840	3560	224	15320	贺军堂	王　丽
鲁河	12	664	2890	210.3	15326	彭福礼	魏善标
沈场	8	287	1373	102.7	15763	祝艮贵	曹　文
杨庄	8	385	1780	110	15800	朱兰乔	刘　青
兴二	8	698	2789	204.2	15360	钱树梅	孙习兰
吴赵	10	320	1594	104	15443	汪勤亮	—
兴三	11	430	2050	173.3	15203	毛善章	李正铁
双闸	17	840	3300	280	15883	高必波	高如月
兴五	16	626	2613	166.7	15600	高平科	陈宽宁
兴四	16	521	2555	179.3	15642	薛小平	张永亮

同兴镇

【概况】 同兴镇位于灌云县城东北19千米处,总面积126.25平方千米,辖28个行政村,2个居委会,人口8.04万人。2016年,全镇实现地区生产总值19.48亿元,比上年增长11.2%;完成规模以上固定资产投资10.19亿元,增长17.26%,完成规模以上工业固定资产投资5.97亿元;一般公共预算收入2961万元。有规模以上工业企业8家,实现规模以上工业总产值173829万元,增长14.3%。农民人均可支配收入13938元,增长12.8%。2016年,同兴镇获得连云港市秸秆综禁工作先进集体、全县基层党员冬训工作先进集体、综合目标考评优胜奖、特别贡献奖、重大事项推进先进奖、生态文明建设奖、社会和谐稳定建设奖、城乡统筹发展先进奖、党建工作创新奖、宣传文化创优奖等,夏季秸秆"综禁"工作获全县三等奖。

【农业】 2016年,同兴镇加快特色经济建设,积极推进浅水藕、西瓜、韭菜等特色农产品规模化生产和草莓、葡萄、油桃、水蜜桃等产品品牌化发展,先后成立伊芦佳园水蜜桃合作社、罘芦瓜果种植合作社,伊甜葡萄专业合作社,培育形成伊仙水蜜桃、旺川葡萄、伊恋草莓、伊露油桃等四大绿色农产品品牌;总投资1000万元以上的霖英粮食加工项目开工建设;连云港林洋现代农业有限公司54公顷油牡丹种植项目土地流转已经完成,12公顷油牡丹种苗已全部育苗结束;新增高效农业面积933.33公顷,其中,设施农业面积300公顷,成片造林面积120公顷,新建农田林网666.67公顷,完成山体绿化20公顷;新发展家庭农场23个,新增农村专业合作社15个,其中土地股份专业合作社5个,百亩以上连片规模化种植大户累计达247个,新型农业经营主体成为现代规模种养业发展的重要力量。

【工业】 2016年,新开工5000万元以上工业项目8个,其中过亿元项目3个;新签约亿元以上项目2个;科铭化工2016年纳税超800万,三诺化工超400万。科铭化工成功申报国家级高新技术企业。

2016年,同兴镇位于马沟村新上的工业集中区项目启动建设,项目一期占地6.93公顷,新建标准厂房2幢,计划2017年2月底完成厂房建设。计划利用三川村地处204国道旁、善后河边的水陆交通优势,在三川村建设物流园,此项目正在向上级有关部门争取。工业集中区和物流园项目建成后,可大幅提升全镇的工业承载能力。

【服务业】 2016年,同兴镇新开工1000万元以上服务业项目7个。全面落实县委提出的"伊山伊水伊甸园、真情真意真灌云"发展主题,大力发展伊芦山风景区,建成占地2000平方米的钟庵东西厢房。推进基础设施建设、沿街立面改造、占地70公顷的梅园及占地33.33公顷的红枫园等工程建设,兴建集休闲、住宿、餐饮为一体的信天游客栈,伊芦山风景区梅园力争如期实现试开园目标。开展文化、文物保护和景区宣传工作,全年开展大型文化广场活动6次,连续两届举办"同兴镇与海州区板浦镇广场舞大赛",受到市、县领导肯定。

【社会保障】 2016年,全镇城乡劳动者职业技能培训651人,城乡居民养老保险参保人数22656人,缴费金额679.68万元,新型农村社会养老保险60岁以下参保人数新增116人,累计达到21185人。新增低保44户、110人,核减低保167人,发放乡镇临时救助金136760元,救助对象412户;留守儿童1897人,留守老人3354人,留守妇女1037人;为220名八十岁老人办理了尊老金手续,为10户五保老人办理五保待遇,为88名精神病残疾人办理免费服药手续,为53名白内障患者做免费复明手术,为60名残疾人办理残疾证,共发放救灾款32万元。

【重点项目建设】 镇境内204国道改扩建工程,前期征地工作顺利完成,有序推进被征地农户社会保障安置工作。田湾核电站二期配套500千伏工程,立塔工作已全部结束,架线工作进入扫尾阶段,房屋拆迁工作进展顺利。大新河闸迁建、水利重点县、110千伏输变电工程等项目均按序时进度稳步推进。

【城镇建设】 2016年,伊芦垃圾中转站投入运营,在伊芦街区新建污水管网及污水处理站。秸秆综禁工作顺利完成,全镇181个自然村环境整治工作全面完成,整治工作成效明显。实施伊芦街区道路改造工程,伊芦街区整治提升工程取得明显效果。锦绣明珠三期1.2万平方米多层住宅小区开工建设;康居示范村建设面积6万平方米,完成相关绿化、亮化、雨污水、弱电配套建设工程,形成环境优美、生态宜居的新农村居住社区。伊芦村成功通过美丽乡村验收,金簏村被评为"江苏省水美乡村",轴北村小陈庄争创江苏省康居村庄,伊芦街区特色小镇打造工作被写进县政府工作报告。

(同兴镇)

2016年同兴镇主要社会经济指标

表52

项　目	数量	比上年(±%)	项　目	数量	比上年(±%)
地区生产总值(万元)	194800	11.2	三产增加值(万元)	54230	8.2
财政收入(万元)	2961	-69.1	商品零售总额(万元)	6718	6.3

续表 52

项　　目	数量	比上年(±%)	项　　目	数量	比上年(±%)
农业总产值(万元)	95425	5.5	集贸市场成交额(万元)	6298	4.6
多种经营产值(万元)	15830	9.1	镇村主干道(千米)	136	7.09
粮食总产值(万元)	18056	7.8	中、小学校(所)	21	0
私营个体企业(万元)	17727	7.3	在校中、小学生(人)	11841	6.8
工业销售收入(万元)	20360	8.6	年末存款余额(万元)	10858	9.1
工业利税总额(万元)	3568	6.5	年末职工人数(人)	915	-1.25
三资企业(个)	0	0	职工人均收入(元)	16430	7.6
合同利用外资(万美元)	589	-4.1	农民人均纯收入(元)	13938	12.8
实际利用外资总额(万美元)	384	-3.2	参加社保人员(人)	39133	2.3
三产从业人员(人)	41697	1.2	参加医保人员(人)	71790	0.35

2016 年同兴镇村(居)概况

表 53

村(居)名	组数(个)	户数(户)	人口(人)	耕地(公顷)	集体经济(纯)收入(万元)	人均纯收入(元)	支部书记	主　任
闸南村	11	476	1897	144	3.6	12602	胡连春	胡可飞
永进村	19	548	2234	200	5	10547	沈　兵	张　飞
徐庄村	11	461	1896	143	4.68	11616	孙　勇	杨维霞
金跳村	11	403	1542	118	10.6	11156	胡维忠	胡科峰
小圩村	14	451	1842	142	5.5	10793	曾昭明	徐兆生
龙王口村	15	512	2012	155	15.27	10880	徐金涛	孙正军
头队村	12	457	1829	147	2.74	13787	廖树好	贾远芝
先进村	24	634	2546	170	7.11	10778	夏维岭	黄华仁
团荡村	16	567	2247	217	14.4	11021	徐永门	徐世界
大新社区	12	783	3742	94	3.2	12303	陈合明	郑明东
同兴社区	19	667	2621	153	21	12544	周文军	焦庆文
马沟村	14	896	3534	203	6.14	10478	花玉喜	时后春
张宝山	8	595	2562	194	11.52	13189	张文道	李　勛
山北村	16	474	1865	186	3.04	10076	彭万梅	黄　林
鲁南村	9	461	1781	200	7.1	10810	顾宝亮	颜立士
亚芦村	22	787	3047	260	7.87	10431	贺少海	—
三川村	20	852	3446	323	35.2	11508	孟庆贵	孙佃刚
李庄村	14	532	2123	249	5.84	10861	胡连成	李加近
兴高村	18	875	3453	305	10.31	9731	高庆敢	陈广安
济永村	13	770	3023	337	7.06	10924	房　震	—
玉山村	14	660	2584	318	7.58	11987	徐太平	郭家棋
玉兴村	15	462	1839	186	8.5	12099	凌志兵	凌浩家

续表 55

村(居)名	组数(个)	户数(户)	人口(人)	耕地(公顷)	集体经济(纯)收入(万元)	人均纯收入(元)	支部书记	主　任
塘圩村	11	473	1863	174	15.47	10961	陈宽军	李连帮
伊芦村	19	842	2869	167	13.87	11334	茆　军	王月和
轴北村	14	1010	3998	332	13.52	11027	密士同	武传超
和圩村	13	741	2935	298	2.37	10911	冯小三	姚继连
毛场村	12	473	1856	176	6.67	11559	李兴刚	赵玉祥
五里村	14	487	1898	174	1.9	11362	王正新	金同生
膘头村	13	596	2358	203	10.67	11163	陈广兵	王宽余
罘山村	11	647	2584	317	11.6	10055	陈宽江	张彩虎

龙苴镇

【概况】 龙苴镇由原龙苴镇和穆圩乡合并而成,位于灌云县西北部,因楚汉战争中汉将韩信攻取齐地,西楚霸王项羽派遣大将龙且在此筑城迎敌而得名,总面积127.08平方千米,辖28个行政村、1个居委会,总人口8.96万人。主要特产有蓝莓、葡萄、有机稻、蛋鸡、西红柿、芦蒿等。

2016年,全镇实现地区生产总值25.4667亿元,比上年增长6.9%,完成公共财政预算收入9823.61万元,实现农民人均纯收入15725元,比上年增长13.24%。先后获县政府"2016年度国土资源管理工作先进单位""2016年度宣传文化创优奖""2016年度综合目标完成奖""2016年度信访稳定工作先进单位""2016年度小康建设推进奖""2016年度重大事项推进先进奖""江苏省文明乡镇"等荣誉。

【农业】 2016年,龙苴镇积极推进农业产业园区建设,致力打造以石门、青墩、杨范、嵇岭为核心区的现代农业园区,园区无公害稻麦、芦蒿、西红柿和果蔬种植初具规模。芦蒿、西红柿、连心园牌果蔬创省级农产品品牌。投资约1.5亿元,占地13.33公顷的立华集团生猪标准化养殖厂,建成猪舍及附属工程近3万平方米,并投入试养殖;投资5000万元的原龙苴镇生态科技养殖园2万平方米标准化猪舍,进行规模化养殖。小规模的浅水藕鱼虾混养、淡水养殖、西瓜种植等设施农业也有较大发展。积极培育新型经营主体,推动土地流转、规模经营。全镇发展家庭农场94个,合作社114家,其中规模以上家庭农场23个,星级以上合作社17家。推进发展电子商务进村、进社区,建成村级淘宝网站10家。

【工业】 2016年,全镇工业经济稳步发展。有规模以上工业企业12家,其中,位于临港产业区的企业5家,位于经济开发区的企业3家,镇内企业4家,年可实现工业税收1200万元。2016年,完成规模以上工业现价产值26.8亿元,比上年增长21.7%;完成规模以上固定资产投入11亿元,比上年增长24.8%;其中规模以上工业固定资产投入7亿元,比上年增长25.4%;致力打造镇工业集中区和孙港工业集中区两个创业平台,近期规划工业用地面积为26.72公顷,远期工业用地面积87.69公顷,其中规划一类工业用地39.35公顷。规划仓储用地43.76公顷,其中一类仓储用地31.33公顷。在工业集中区西北部,紧邻三级航道——古泊善后河,规划一处港口用地,占地37.55公顷,建立水路运输系统。孙港工业园建成区占地面积10公顷,有标准化厂房1万平方米,办公用房3000平方米。产业定位为电子加工、室内家具、环保建材,入驻企业3家。镇区工业园区一期建设面积13.33公顷,产业定位为轻工纺织、机械制造等。入驻企业1家。

【招商引资】 2016年,全镇招商引资工作取得较大成绩。新签约项目8个,分别为投资1.1亿元的杨范循环农业基地建设项目,投资1.6亿元的20兆瓦太阳能电站项目,投资6000万元的连云港永禹环保污水处理设备制造项目,投资5100万元的尚通包装项目,投资7500万元的立华牧业二期项目,投资5000万元的佰博新材料项目,投资5300万元的石油胶加工项目和投资6200万元的登峰服饰加工项目。新开工投资5000万元以上项目5个,分别是上海申蔚环保科技动物无害化处理项目,常州园梦源纸管生产项目,佰博新材料项目,石油胶加工项目和登峰服装加工项目。申蔚环保科技动物无害化处理项目竣工实现试生产,常州园梦源纸管生产项目竣工投产。佰博新材料项目位于县经济开发区,石油胶加工项目和登峰服装加工项目位于镇内,投资1200万元的鑫禧粮油扩建项目和投资1500万元的王荡粮食深加工项目建成投产。

【商贸服务】 2016年,龙苴镇在加快第三产业发展上,重点抓好载体建设,提升小城镇的集散功能,龙苴主镇区、穆圩次镇区小城镇建设取得新进展,建成惠丰商住小区、世纪家园商住小区、南李新村、龙祥商贸一条街、龙泉小区等,建筑面积18万平方米。投入

1700 万元对集镇区环境进行综合整治，镇区形象得到显著改善。至 2016 年底，全镇有第三产业经营企业和个体户 1163 户，其中规模以上服务业 2 家，大个体 4 家，50 平方米以上超市 126 家，农贸市场 3 个。

【镇村建设】 2016 年，龙苴镇进一步加大新社区、新居民区和城镇旧房改造建设，投资 2000 万元的龙泉小区开发项目主体工程完工；新派出所、客运站主体办公楼封顶；积极开展石门、杨范美丽乡村创建，石门村在完成 150 套安置房建设基础上，新开工建设二期 150 套安置房；投资 100 万元、建筑面积 830 平方米的村综合服务中心主体工程完工；投入 113 万元、长 2000 米的污水管网完成工程量的 80%；投资 50 万元、占地 4000 平方米的休闲广场开工建设。杨范村美丽乡村创建工作有序推进；投资 360 万元，古城、龙东、杨范三村的污水管网全覆盖工程开工建设。扎实抓好村庄环境整治，进一步完善镇垃圾转运体系，在穆圩投资新建的垃圾转运站投入使用，形成镇、村、组三级垃圾转运体系，年清运垃圾 2000 余吨。

【社会事业】 2016 年，龙苴镇围绕群众在发展、民生、稳定等方面的期盼，加快实施农田配套设施、农村道路建设、扶贫济困、保障机制等民生工程建设。穆圩、王堆等村 0.13 万公顷高效基本农田整治项目基本完成，年底通过验收。积极争取上级资金，投入 155 万元新建渠道 2650 米，维修防渗渠 4000 米，建桥闸涵 32 座，维修电灌站 3 座。做好“一事一议”财政奖补项目，投入资金 378 万元，新铺乔荡、穆圩、张桥、后埠、嵇岭等村水泥路 15.3 千米。关注弱势群体，全镇落实低保人口 2957 人，每月发放低保金 65.1 万元。开展农村养老保险宣传，全镇城乡居民养老保险参保及续保人员 17206 人。倡导移风易俗文明新风尚，投资 400 多万元的万福园公益性公墓建成投入使用。

（刘步权）

2016 年龙苴镇主要社会经济指标

表 54

项　目	数量	比上年（±%）	项　目	数量	比上年（±%）
地区生产总值（万元）	254667	6.9	镇村公路里程（千米）	303	0
财政收入（万元）	9823	0.94	全年建筑业增加值（万元）	10152	3
财政一般预算收入（万元）	9775	1	中、小学（所）	24	—
农林牧渔产值（万元）	89498	10.1	中小学在校学生（人）	14591	1.4
粮食总产（吨）	98236	0.007	农村劳务输出（人）	26956	1.06
蔬菜总产（吨）	39836	6.9	新开工工业项目（个）	7	250
农民人均纯收入（元）	15725	11.1	最低生活保障求助（人次）	2492	2.2
全社会固定资产投资（万元）	207414	13	社会消费零售总额（万元）	7653	16
工业固定资产投资（万元）	117030	14.7	禽蛋总产（吨）	32960	0
第一产业增加值（万元）	38583	17	全部工业增加值（万元）	49108	13.1
第二产业增加值（万元）	124505	11.5	规模以上工业主营业务收入（万元）	321296	23.6
第三产业增加值（万元）	79320	22.1	规模以上民营工业增加值（万元）	35568	18.5

2016 年龙苴镇村（居）概况

表 55

村（居）名	组数（个）	户数（户）	人口（人）	耕地（公顷）	集体纯收入（万元）	人均纯收入（元）	支部书记	主　任
社区	10	2217	7167	287.93	60.42	16246	李德国	嵇友祥
龙东	8	833	3723	240.53	19.01	16593	陈跃东	陈士建
古城	7	482	2333	286.93	17.54	15267	刘永利	刘金建
唐桥	9	689	3208	424.80	17.44	15676	唐兴付	—
王荡	9	709	3412	397.13	25.00	14629	王　祥	王海兵

续表 55

村(居)名	组数(个)	户数(户)	人口(人)	耕地(公顷)	集体纯收入(万元)	人均纯收入(元)	支部书记	主　任
大贺	6	879	3937	377.6	18.70	13805	赵运华	张迎才
竹墩	11	742	3407	432.6	21.67	14152	王汝密	赵金成
胡河	9	548	2521	309.0	19.84	15163	陆成昌	胡必东
青墩	17	714	3247	331.9	34.81	16787	杨善念	杨善念
石门	10	644	2889	314.1	65.04	18127	王必进	陈培春
杨范	11	729	3254	302.1	24.45	16701	张龙亮	范庆华
嵇岭	8	737	2964	335.0	20.02	14185	张广鲍	张兴权
范庄	7	525	2263	227.8	19.81	15625	刘步佃	范　磊
前埠	9	645	2864	340.7	19.74	13564	耿二林	—
后埠	11	600	2789	341.4	19.84	13984	田应继	—
南李	9	596	2681	286.8	63.97	15113	张德友	李之占
王堆	7	838	3228	295.5	22.35	14125	王进才	李桂美
大洼	6	616	2434	209.1	19.43	14387	张学广	王占全
吴南	9	600	2026	157.9	20.99	15478	吴余通	吴　峰
邹庄	7	666	2442	161.1	19.42	15113	邹太阳	邹东平
乔荡	4	446	1718	230.2	20.86	14256	吴同祥	吴佃军
朱桥	8	460	1798	196.7	18.59	13862	孙　元	孙井亮
老霍	10	975	3722	347.9	17.68	13865	霍中亚	霍中士
张桥	8	661	2778	201.9	17.40	14909	袁春闪	霍一流
黄荡	6	488	1888	166.0	17.68	14989	孙丙省	茆明生
葛庄	5	737	2982	248.2	17.96	13658	卞光来	葛高远
孙港	10	755	3063	194.8	20.96	15012	张育迁	孙　通
穆圩	6	1148	3920	229.4	24.19	16978	卞光杰	颜世鲁
下坊	5	972	3506	223.5	23.19	15489	尹春喜	卞光勤

圩丰镇

【概况】 圩丰镇位于灌云县东北部，北邻连云港市徐圩新区，东倚海滨大道，西接242省道，南靠324省道。总面积76.7平方千米，人口4.78万人，辖18个行政村、1个社区。2016年，实现地区生产总值15.48亿元，比上年增长14.6%；全年完成固定资产投资8.97亿元，比上年增长13.8%。地方财政一般预算收入1430万元。粮食总产5.85万吨，比上年增长1.6%。现有规模以上工业企业13家，实现增加值67138万元，比上年增长20.18%。农民人均纯收入14613元，比上年增长11.9%。圩丰镇先后荣获江苏省重点中心镇、江苏省临海城镇、江苏省生态乡镇、连云港市五星级安全乡镇、连云港市城乡统筹试点乡镇等称号。

【农业】 2016年，圩丰镇高效农业全面"开花"，农民增收提速。以圩丰镇为核心区的省级渔业园区顺利获批，水产养殖总面积突破0.8万公顷，养殖品种多样化，其中，泥鳅200公顷，黄颡鱼100公顷，南美白对虾133.33公顷，淡水鱼366.67公顷。水稻机插秧快速发展，机插秧面积2666.67公顷。以东南片水产养殖板块、西南片畜禽养殖板块、河北片设施栽培板块的"三大"板块及以泥鳅养殖、紫菜加工、生猪养殖、西瓜种植、种鸽繁育"五个"产业的发展模式日趋成熟，农民增收渠道不断扩大，收入持续增长。

【工业】 2016年，圩丰镇工业项目建设火热，工业强镇凸显。通过内培外引,孵化1.75亿元的金圣土农业发展有限公司、过五千万元的节节高紫菜、同欣窗饰、祥和鞋业等民营企业,实现工业总产值64934万元,比上年增长183.41%,占目标的199.55%,产品销售收入64609万元,比上年增长187.69%,利税总额6090万元,均大幅度超额完成年初目标,实现工业经济的快速增长。至2016年末,全镇共有年销售收入在2000万元以上的规模以上企业13家。全镇新签约5000万元以上项目5个,其中过亿元项目2个。2016年第二产业实现增加值67138万元,比上年增长20.18%。

【社会事业】 2016年,圩丰镇按照“灌云东北部交通枢纽、区域商贸物流中心、生态宜居小城镇”的城镇定位,完成城镇、村庄建设规划。占地1.27公顷建筑面积20000平方米的德丰小区、占地1.33公顷建筑面积19818平方米的雅居西苑小区、占地1公顷投资2800万元的圩丰新村商住街等“两区一村”项目相继开工建设。集镇路网、下水道、农村垃圾无害化处理、绿化亮化等民心工程全面改造到位;配套设施完善。城镇管理力度不断加大,各种违搭乱建行为得到有效治理,市示范中心镇品牌逐步由雏形向成型转变。

2016年,拥有中小学9所,其中中学1所、小学8所。在校生3764人,其中中学在校生641人,小学在校生3123人。医院1个,床位51张。敬老院1个,床位36张。新农合参保人数4.5万人,参保率94.14%。新农保参保人数2.3万人,参保率48.12%。低保户1780户。

【特色产业】 全镇耕地面积5076公顷,建成占地733.33公顷的现代渔业产业园区,形成水产养殖、紫菜加工、设施栽培三大特色产业。实施栽培面积233.33公顷。新发展家庭农场6个,新建农民专业合作社9个,新注册农产品特色品牌3个。全年农业参保面积0.71万公顷,其中水稻0.37万公顷,小麦0.34万公顷。

形成以制造业为主导产业,服装、食品等为特色的产业链,其中恒发电子有限公司、红旺食品有限公司、斗金米业有限公司等5家企业销售收入过5000万元。

(圩丰镇)

2016年圩丰镇主要社会经济指标

表56

项目	数量	比上年(±%)	项目	数量	比上年(±%)
地区生产总值(万元)	154779	14.27	三产增加值(万元)	50811	11.42
财政收入(万元)	1490	-69.2	商品零售总额(万元)	52077	3.86
农业总产值(万元)	59278	8.9	集贸市场成交额(万元)	43457	5.26
多种经营产值(万元)	87281	8.91	镇村主干道(千米)	145	0
粮食总产值(万元)	21209	9.68	中、小学校(所)	9	0
私营个体企业(个)	210	9.86	在校中、小学生(人)	4405	0.43
工业销售收入(万元)	395163	16.16	年末存款余额(万元)	18278	7.93
工业利税总额(万元)	6649	17.11	年末职工人数(人)	2419	3.42
三资企业(个)	6	20.00	职工人均收入(元)	38104	12.32
合同利用外资(万美元)	400	5.26	农民人均纯收入(元)	14613	11.9
实际利用外资总额(万美元)	380	0.00	参加社保人员(人)	22417	0.14
三产实体(个)	1501	7.45	参加医保人员(人)	43206	0.04
三产从业人员(人)	13266	0.30			

2016年圩丰镇村(居)概况

表57

村(居)名	组数(个)	户数(户)	人口(人)	耕地(公顷)	集体纯收入(万元)	人均纯收入(元)	支部书记	主任
支中社区	6	828	2086	0.0	18	16893	朱兴国	颜井才
圩丰村	14	581	2291	185.1	20	15012	吴国波	潘正法
大兴村	15	755	3125	341.7	28	14867	周庭余	梁华

续表 57

村(居)名	组数(个)	户数(户)	人口(人)	耕地(公顷)	集体纯收入(万元)	人均纯收入(元)	支部书记	主 任
小兴村	8	555	2259	242.9	19	15001	贾良松	王绪华
太丰村	15	719	2915	341.9	20	15087	孙道勤	陶华成
洋桥村	10	668	2752	346.8	21	14963	郑一华	王庆生
尹场村	14	674	2775	311.3	17	14012	黄学军	孙良春
永兴村	18	709	2760	293.7	25	14613	丁青胜	祝玉才
周庄村	16	1006	4027	438.5	32	14698	张再林	王运华
支沟村	11	722	2862	264.7	29	15011	潘维景	颜士尖
东圩村	8	520	2062	204.8	19	14698	颜井红	孙召洋
海堤村	13	556	2134	246.3	18	14015	孙善军	江尧付
界圩村	10	510	2068	188.3	20	15002	王南军	刘兴荣
三张犁村	11	620	2542	243.2	21	14867	李佩军	骆丙肖
圩南村	8	516	2118	209.3	18	14512	潘正林	潘正东
直亭村	12	500	2022	193.1	21	14886	黄士国	赵德友
许庄村	12	624	2508	172.7	22	14613	黄永军	刘明亮
芦场村	11	494	1943	175.3	20	14667	刘加成	杨友明
南华村	14	588	2540	235.2	21	14606	孟凡余	孙成俊

(圩丰镇人民政府)

下车镇

【概况】 下车镇位于灌云县中部。距离县城新区16千米,建镇于2013年1月,由下车乡和白蚬乡合并而成。2016年下车镇辖32个行政村,236个村民小组,总人口98048人。男女性别比104,人口出生率10.2‰,死亡率5.8‰,自然增长率4.4‰。占地面积123.43平方千米,其中,陆地面积为82.34平方千米,水域面积为41.09平方千米。沈海高速公路、连淮扬镇铁路、204国道、沿海高速铁路贯穿境内;南有东门河与东王集镇相连;北隔车轴河与同兴镇相望;东临同兴镇、杨集镇;西隔盐河与伊山镇毗邻。水陆交通便利,镇政府驻地设在下车街集镇中心。

全镇有3个集市贸易中心,即:下车集市贸易中心、仲集集市贸易中心和白蚬集市贸易中心;1个仲集工业园区;3个康居示范村,即:陈庄新村、仲集康居示范村和下车康居示范村。2016年,下车镇先后被授予连云港市"中国梦·港城情"广场文化系列活动优秀活动乡镇、市县域教育现代化建设先进单位、江苏省放心消费创建活动先进单位、市平安电力创建工作先进单位、经济普查省级先进单位、省生态文明乡镇、市法治建设示范乡镇。在县经济社会目标考核中获重大事项推进先进奖、招商引资二等奖、重点项目建设新开工工业项目二等奖、服务业项目三等奖、现代农业推进先进奖二等奖、财政收入二等奖、实际利用外资二等奖、城乡统筹三等奖等称号。

【农业】 2016年,下车镇有耕地面积6841公顷,以设施栽培、花卉苗木、规模养殖、特色养殖为重点,积极发展以高效农业为龙头的特色产业。全年新增高效农业种植面积386.67公顷,其中设施栽培面积100公顷;新建绿化示范村1个,完成成片造林34公顷,新建农村林网200公顷,完善农田林网266.67公顷;新建花卉苗木基地20公顷,植树40万株;新增三品一标农产品3个;新成立农民专业合作社11个,其中土地股份合作社2个;家庭农场15个,其中园艺蔬菜家庭农场1个,水产养殖家庭农场2个,种养结合家庭农场1个,粮食种植家庭农场11个。

【工业】 2016年,全镇有规模以上企业37家,其中规模以上工业企业16家,规模以上企业实现总产值18.49亿元、利税5470万元。引进江苏缠绕环保科技有限公司投资1亿元的高密度聚乙烯和聚丙烯储罐项目,于上半年建成投产;灌云北部新城项目,完成新城及项目用地规划修编工作。通过争取,将新城建设区内166.67公顷基本农田调为一般农田用地,争取建设用地指标113.33公顷,确保近三年计划实施的项目能够顺利落户;征地40公顷,其中报省政府征收国有用地20公顷;面积6700平方米的展示厅交付使用;3.4

万平方米安置小区开工建设；33300平方米公司办公楼及法庭、派出所等办公用地完成征地规划设计；由连云港旭新建材有限公司投资1亿元的新型环保家具项目，进行厂房基础施工；由连云港中尊实业有限公司投资1.1亿元的外贸服饰项目，完成场地平整回填及规划设计；投资1亿元的连云港创诚塑胶科技有限公司塑料包装材料项目，完成场地平整回填、施工便道铺设及规划设计工作。

【服务业】　全年实现商品零售总额18017万元，比上年增长22.8%。其中，批发和零售业12688万元，住宿和餐饮业2620万元，分别增长10.6%和35.6%。实现商品房销售额39927万元，其中住宅销售额30167万元，分别增长26%和24.2%

【城镇建设】　2016年，重点抓好城市建设和康居示范村建设，陈庄新村、仲集康居示范村规划建设面积12万平方米，土建工程全部完工，进入功能配套设施完善阶段；连盐铁路安置区项目规划建设面积7万平方米，建成4.5万平方米；上车、下车新农村建设项目及仲集康居示范村二期工程共计规划面积5万平方米，建成3万平方米，全面进入装修及绿化阶段。

【社会事业】　2016年，全镇有普通中学2所，在校生4704人；小学23所，在校生8411人。各类卫生机构拥有病床432张，有卫生技术员241人。农民人均纯收入15040元，增长11.7%；生活消费支出4277元，比上年增长11.2%，人均住房面积44平方米。自来水用户数16435户，住楼房户数11097户，互联网用户562户，拥有电脑数量11733台，养老保险参保37778人，比上年净增1778人；参加基本医疗保险95212人；年末农村劳务输出23012人，比上年减少996人。全年最低生活保障救助3714人，比上年增加108人次。

（费正淳）

2016年下车镇主要社会经济指标

表58

项　　目	数量	比上年（±%）	项　　目	数量	比上年（±%）
地区生产总值（万元）	240911	11.2	乡镇公路里程（千米）	338	8.3
财政收入（万元）	13493	0.05	全年建筑业增加值（万元）	14289	3.9
一般公共预算收入（万元）	3600	-53.8	中、小学（所）	25	—
农林牧渔产值（万元）	45245	1.07	中、小学在校学生（人）	13115	0.7
粮食总产（吨）	92958	-9.71	农村农民劳务输出（人）	23109	0.4
蔬菜总产（吨）	77202	12.3	新开工工业项目（个）	9	50
禽蛋总产（吨）	6016	0.05	最低生活保障救助（人次）	3256	-14.1
农民人均纯收入（元）	15040	11.7	社会消费零售总额（万元）	18195	0.09
全社会固定资产投资（万元）	155815	0.05	全部工业增加值（万元）	198823	0.09
工业固定资产投资（万元）	153462	0.06	规模以上工业主营业务收入（万元）	198621	0.25
第一产业增加值（万元）	477	1.07	规模以下民营工业增加值（万元）	108012	1.07
第二产业增加值（万元）	1167	1.07	拥有电脑数量（台）	14586	24.3
第三产业增加值（万元）	692	1.07	自来水用户数（户）	17313	0.98

2016年下车镇村概况

表59

村　名	组数（个）	户数（户）	人口（人）	耕地（公顷）	集体纯收入（万元）	人均纯收入（元）	支部书记	主　任
下车村	10	1246	4483	237	20.44	12931	付怀同	付　茂
岳河村	5	734	2403	169	6.72	11421	许善明	林以之
刘圩村	5	566	2078	188	6.28	11647	傅怀楼	杨成年
长春村	21	1122	4025	295	8.76	11813	傅其军	—
席圩村	9	586	2595	201	5.84	11459	郭孝仁	董永立

续表 59

村　名	组数(个)	户数(户)	人口(人)	耕地(公顷)	集体纯收入(万元)	人均纯收入(元)	支部书记	主　任
沙行村	12	973	3497	257	8.76	11800	谷志明	—
前门村	18	695	2414	200	5.84	11886	王从礼	王从奎
上车村	7	1123	4336	279	8.76	11860	孙习兵	卞光明
董巍村	12	725	3615	164	5.84	12689	戴志敏	王明军
柴市村	10	1293	4657	321	10.22	11996	韩克礼	赵加乐
仲集村	12	635	2490	157	8.18	13005	付雪松	祝长林
顾圩村	8	1095	4566	355	7.30	12681	谭继超	戴乐毕
林庄村	14	707	2943	235	6.72	13060	刘金平	刘玉先
印庄村	8	521	1974	119	4.67	12169	姜　运	洪继学
青山村	12	836	3300	210	7.01	10427	曹成贤	曹双延
彭渡村	22	591	2472	167	5.40	11391	徐顺军	冯桂彬
胡圩村	18	649	2298	110	7.88	12621	祝龙生	金立柱
陈庄村	24	812	3781	239	10.22	12365	骆金龙	胥东明
德兴村	28	1070	4007	294	7.30	10403	耿良军	刘中成
大兴村	8	390	1783	146	4.38	11063	王志军	曹海军
费庄村	15	754	2889	197	7.30	11552	朱万春	吴士柏
恒春村	12	418	1877	132	2.92	11680	曹德池	韩同祥
高河村	10	617	2624	157	7.30	14156	杜庆余	杜　兵
张庄村	13	527	2181	182	4.38	11606	徐云举	姚长华
长兴村	16	776	3090	235	10.22	10650	陈　军	陈福利
赵巍村	18	685	2561	211	8.76	11341	张　军	张加伦
青龙村	24	761	3093	274	5.84	10451	王　军	李　凯
楼庄村	23	946	3774	270	8.76	11182	杜庆鹏	陈岩亚
黄荡村	26	1222	4925	274	13.14	11614	李兆忠	朱以成
茆庄村	8	417	1689	106	8.76	10189	万玉龙	茆东年
唐巍村	24	920	3359	284	8.76	11418	潘建军	陈福龙
徐圩村	12	618	2193	176	5.84	12299	茆　军	张耀勤

东王集镇

【概况】 东王集镇总面积 102 平方千米，耕地 8.2 万亩。辖 21 个行政村、1 个社区，年末户籍人口 7.1 万。出生人口性别比 109，人口出生率 11.6‰，自然增长率 6.7‰。主要特产有无公害稻米、优质小麦、大棚西瓜、浅水藕、银杏、樱桃、大棚蔬菜、生猪、肉牛、奶牛、肉鹅等。

根据江苏省政府《关于调整灌云县部分行政区划的批复》苏政复〔2015〕4 号文件精神，东王集乡于 2016 年 5 月中旬更名为东王集镇。

2016 年，东王集镇按照县委"六个一"指示要求，紧紧围绕全镇"融入东城区，壮大东王集，逐步实现经济强、百姓富、环境美、社会文明程度高"的目标定位，以干部能力和工作体系化建设为抓手，扎实推进经济和社会发展重点工作，经济和社会发展水平实现提升。全年实现地区生产总值 251743 万元，比 2015 年增长 18.6%，三次产业之比为1:5:4；全年完成固定资产投资 84229 万元，下降 21.6%。实现公共财政预算收入5220万元,由于税制改革,税收收入大幅削减,比2015年减少46.68%。粮食总产88609.99吨,增长2.9%。规模以上工业企业21家,实现增加值42013.86万元,增长14.70%;完成外贸进出口额430万美元;农民人均纯收入17829元,增长16%。生活消费支出7325元,增长10%,人均住房面积22.38平方米。

2016年,东王集镇先后获第五届全国法律援助工作先进集体、省文明乡镇、省生态文明乡镇、省关心下一代工作先进单位、省优秀司法所、连云港市文明乡镇、县综合目标二等奖、社会和谐稳定建设三等奖、小康建设推进奖、重大事项推进先进奖、全县宣传思想文化工作先进单位等荣誉。

【工业】 2016年,全镇有镇属规模以上工业企业21家。全镇组织外出招商近100人次,专业招商组收集各种可行性招商信息110余条。新开工工业项目4个,即投资5000万元以上亮化机械、哲然机械、旺满红门业、午夜魅力制衣等,总投资1.1亿元的鑫达旺环保设备项目、亮化机械、午夜魅力制衣竣工投产。鑫达旺环保设备项目带动5家关联企业签约。新开工投资1000万元以上综合市场、老年服务中心、家具城、伊吉贸易、晨玺贸易等服务业项目5个,竣工4个。整合、提升情趣内衣产业,新增批发销售额达500万元以上企业10家,其中1000万元以上企业4家,实现总销售额2.1亿元。大米深加工业实现年产25万吨,总产值8亿元。

【农业】 2016年,全镇实现农业总产值25295万元,粮食种植8466公顷,产量8.8609万吨。全镇新发展高效农业146.67公顷,主要种植品种有樱桃、火龙果、番茄、西瓜、小黄瓜、浅水藕;大力发展养殖业新增规模养殖场(户)11家,其中百头肉(奶)牛养殖场2家、千头生猪养殖场4家,万只肉鹅养殖户2户。全年出栏生猪13万头,出栏家禽28万羽,鲜奶产量500吨。培育农产品深加工企业1家,全镇农产品深加工企业6家,年加工能力23万吨;注册无公害农产品4个,绿色食品一个,制定樱桃生产技术标准一份,注册农产品商标3个,新成立家庭农场14个,发展土地流转专业合作社2个。全镇实现秸秆全量还田,秸秆禁烧全面实现“双零四不”目标要求。

全面完成或超额完成县下达绿化造林任务。完成绿化造林面积92公顷,占全年目标任务的106%;完成农田林网366.67公顷,占全年目标任务的110%;建成绿化示范村1个,占全年目标任务的100%;四旁植树31万株,占全年目标任务的101%。

东王集镇小垛村特色养殖场养殖的野猪

以元邦红樱桃采摘园和沂河淌旅游风光带为主阵地,着力打造乡村旅游特色。元邦红樱桃采摘园集采摘、观光、垂钓于一体,已形成1万株采摘规模;沂河淌旅游风光带,实施“农业+美丽乡村+休闲旅游”开发模式,已建成樱桃、油桃、火龙果、枇杷采摘种植区6.67公顷,种植油菜66.67公顷;积极推进桃园、梨园、露营、烧烤、餐饮中心等项目。

【城乡统筹】 2016年,东王集镇整合力量,统筹规划、建设、管理三大环节,推进城乡建设。东城区段的沂河路等7条道路恢复施工,九年制学校、消防站等公共工程开工建设,皇冠世纪城、易居公馆、福泽东方等7个楼盘开盘销售。投入300多万元,完成镇区阶段性改造,新铺辅道2.9千米、雨污管网2600米,建成绿化带1600米,镇区基础设施条件有效改善;占地2.67公顷的农贸市场、1千米进镇新通道开工建设;紫金明珠商业街建成使用。完成204国道、连镇铁路征地拆迁工作;任直路、梁元路实施拓宽改造。大力开展村庄环境集中整治,增建垃圾房200多个,增配环卫车30辆,健全卫生保洁长效机制,全面整治畜禽粪污。被评为省生态乡镇。

【商贸服务业】 2016年,全年实现社会消费品零售总额867240万元,比上年增长8%,其中,批发和零售业229599万元,住宿和餐饮业65564万元,同比增长1.22%。

【社会事业】 聚焦扶贫工作。2016年,全镇完成3407户低收入户建档立卡工作。实施特色产业结对帮扶,情趣内衣产业带动360多名青年电商创业,带动1000余名低收入者就业;奶牛养殖+低收入户小额贷款入股分红扶贫方式得到市委主要领导的充分肯定;大米深加工产业带动220多户农户从事粮食经纪;100名生猪销售经纪人带动350户低收入户通过发展养殖增收;全镇904户低收入户实现脱贫。黄杨、盐河省级经济薄弱村帮扶工作多次接受省、市领导现场调研。

解决民生热点。统筹资金2000多万元,新铺水泥路13千米、修建防渗渠16千米、新建电灌站10个、改造农桥9座,完成13千米一帆河和官沟河疏浚工程,启动东门河疏浚工程;农村土地确权发证工作基本完成;农村合作医疗实现全覆盖,居民养老保险参保18210人;救助困难群众1320人次,发放救助金33万元。

推进文化、教育、卫生事业。全年有线电视入户率77.4%。送电影下乡380余场次,接待县送戏下乡4场次,本乡组织送戏下乡40余场次,送科技下乡13次,送图书2600余册。普通中学1所,在校生687人;小学8所,在校生2300人。各类卫生机构拥有病床38张,卫生技术员108人。

解决群众诉求。全年累计化解矛盾纠纷92件,12345平台案件430起,排查整治各类安全隐患260余处,信访量历史最低,获县社会和谐建设奖。

【承担重大事项】 进一步融入东城区开发,重点工程项目加快推进。2016年沂河路等7条道路恢复施工,九年制学校、消防站等公共工程开工建设,皇冠世纪城、易居公馆、福泽东方等7个楼盘开盘销售。

204国道(东王集段)改扩建、连镇铁路建设工程。2016年,东王集镇承担的204国道改扩建工程、连镇铁路建设工程的征地拆迁、房屋拆除、树木砍伐等项工作全部完成,全年两项工程施工有序推进,进展顺利。

东门五图河治理工程。东门五图河治理二期工程(东王集段)总长11.3千米,其中,涉及土地征用及拆迁37户,树木砍伐10500棵,沿途涉及伊东、后河、小垛、东湾4个行政村。完成征地85.84公顷,占县下达任务的100%,拆迁房屋、猪圈、鸡舍、鹅舍等共37户;保障治理二期工程健康有序进行。

集镇区提升改造项目。全面完成集镇区新建污水管网2502米建设任务,集镇区任直路铺设3340.6平方米,前后街修补总工程面积1691平方米,绿化带及人行彩砖施工2000米,完成绿化面积2700平方米,新栽苗木300株。集镇区清除电力电信、移动等部门废杆180余根,整治线路长度为5200米;完成节点绿地景观前期的垫土和绿化设计;综合整治店招店牌300余块,墙体立面出新3000平方米;新建公共厕所一座。

省级生态乡镇和生态村创建。2016年,东王集镇高质量完成省级生态镇和生态村创建的各项目标任务,并全面通过验收。

沂河淌旅游风光带打造。完成"两园、两区、一体"建设,建成8栋钢架大棚,占地面积1.33公顷,主要种植樱桃、油桃、火龙果等;2000平方米展示馆开工建设;完成沂河淌河漫滩规划种植油菜及多种花卉种植66.67公顷;烧烤和风筝体验区等项目开工建设。

2016年东王集镇主要社会经济指标

表60

项　目	数量	比上年(±%)	项　目	数量	比上年(±%)
地区生产总值(万元)	251743	18.6	工业销售总额(万元)	335356	14
财政收入(万元)	5220	46.68	商品零售总额(万元)	979660	22
农业总产值(万元)	44799	9	集贸市场成交额(万元)	235245	25
合同利用外资(万美元)	430	—	镇村主干道(千米)	187	13.5
实际利用外资总额(万美元)	430	—	中小学(所)	9	-1
农民人均纯收入(元)	17829	13.8	在校中、小学生(人)	2987	1.9
三产增加值(万元)	99484	18	参加社保人员(人)	18210	5.38
粮食总产量(吨)	88609.99	2.9			

2016年东王集镇村(居)概况

表61

村(居)名	组数(个)	户数(户)	人口(人)	耕地(公顷)	人均纯收入(元)	集体纯收入(万元)	支部书记	主　任
东湾	16	812	3790	251.0	17936	8	王军余	朱井华
兴春	14	855	3764	263.2	17738	11	沙漫天	陈中平
韩圩	7	559	2457	191.0	17815	58	赵永华	陈福才
杨圩	14	752	3654	261.1	17982	6	朱必宇	王怀益
合兴	13	878	4173	261.2	17729	45	封雷功	顾佳明

续表 61

村(居)名	组数(个)	户数(户)	人口(人)	耕地(公顷)	人均纯收入(元)	集体纯收入(万元)	支部书记	主　任
法科	11	779	3796	200.0	17790	21	刘太洲	徐美栋
任圩	21	926	4629	349.0	17768	2	刘加明	陈高祥
焦荡	14	618	3213	261.1	17704	2	徐　建	—
黄杨	11	825	3970	243.1	17819	21	郭加龙	王行生
直属	11	544	2869	196.2	18066	15	焦玉芹	王长波
六里	10	645	3170	163.4	17728	4	李恒兵	姜　华
小垛	13	862	4285	199.1	17758	35	黄昌松	王余超
后河	9	543	3002	142.3	17832	59	马海洋	温祥波
伊东	9	537	2947	142.0	18011	33	唐佃军	杨步华
元帮	9	1138	5483	246.0	18312	138	王庆华	王祖雷
条河	9	543	2778	191.4	17604	4	王余洋	王余生
盐东	8	481	2555	192.1	17754	14	郭加连	王余明
大南	10	4852	2333	191.0	17727	5	郑厚本	—
封庄	10	565	2560	193.0	17751	7	封德凯	封　雷
蒋圩	14	669	3385	230.2	17813	29	王德和	赵言全
盐河	7	444	2170	100.1	17782	21	吴白玉	任义华

（张利忠）

侍庄街道

【概况】　2016 年，侍庄街道总人口 5.5 万人，面积 66.11 平方千米。辖 16 个行政村、2 个居委会。2016 年开发区街道实现公共财政预算收入 4.33 亿元。农民人均纯收入 13925 元。

【农业】　2016 年，街道耕地面积 0.27 万公顷（其中含沂河淌 400 公顷），设施栽培 266.67 公顷，高效农业 0.19 万公顷，农业参保小麦 0.15 万公顷，水稻 0.12 万公顷；实施土地增减挂钩项目 1 个，产生指标 9.82 公顷。粮食总产 29000 吨。农民人均纯收入 13925 元，增长 11.0%。

【工业】　2016 年，侍庄街道（含开发区）实现规模以上工业产值 193.69 亿元，同比增长 7.5%；规模以上工业销售收入实现 192.73 亿元，比上年增长 7.9%；完成规模以上固定资产投资 41.6 亿元，比上年增长 23.6%，其中，规模以上工业固定资产投资完成 28.9 亿元。新签约项目 20 个，其中过亿元项目 10 个，完成全年目标 100%。新开工 5000 万元以上项目 12 个，完成全年目标 109.1%；新竣工 5000 万元以上项目 10 个，完成全年目标 112.5%。

【商贸服务】　侍庄街道区域优势明显。2016 年，与县城区融为一体。县行政中心、国税局、供电局、影剧院、图书馆、汽车站、县移动公司、电信公司、邮政局、江苏省灌云高级中学等企事业单位先后入驻境内；博鹏码头、永和花卉批发市场、淮连农副产品批发市场、汽车 4S 店集中区、东圆国际大酒店、格林豪泰酒店等服务企业落户境内；尚都城市综合体、西苑新城、伊和苑、开发区九年制学校、粮食物流园等一批重点项目启动建设，侍庄农旅融合产业逐步成熟。

【社会事业】　2016 年，侍庄街道有侍庄中心小学，教师 141 名，学生 1960 名；侍庄中学，教师 97 名，学生 623 名。侍庄街道卫生院，有床位 50 张。敬老院 1 个，被省评为三星级敬老院，街道五保老人 107 人，在院集中供养 26 人，有床位 110 张。

【城镇建设】　2016 年，侍庄街道不断加大财政投入，认真做好“一事一议”筹资筹劳工作，补设警示桩、警示牌，新铺常荡、瓦房、吴王村等 5 条水泥路、补植树木 3000 余株，路肩土整治 68.6 千米，全面实现村组通和组组通，道路环境不断向畅、洁、绿、安、优提升。争取农开项目资金 680 万元、小型农田水利重点县建设资金 1300 万元，在厉荡、常荡、朱埝、孙荡、吴王等五村建防渗渠 16.41 千米，新建和改造电灌站、渡槽、渠涵、节制闸等配套设施，乡级河道大柴沟疏浚工程全面竣工,旱能灌,涝能排,群众生产生活条件显著改善。

【社会保障】 2016年,侍庄街道新农合应参保45161人,实参保44710人,参保率99%。新农保应参保12940人,实保12185人,参保率94.1%。低保户636户,1316人。

【招商引资】 2016年,侍庄街道加大宣传和招商力度,吸引更多客商投资。利用灌云籍在外发展创业人才,以土地流转和乡村旅游开发为契机,认真研究制定并落实招商引资的各项优惠政策,坚持亲情招商,尽最大努力争取在外人员参与,既为家乡贡献力量,同时个人也获得收益。探索与相关科研院所、大企业、专业团队合作发展路径,有针对性地聘请专家为街道发展顾问,借力科研院所、大企业、专业团队的发展理念、先进科技、雄厚资金、优秀人才等优势,从区域发展定位开始,延伸到产业升级、种养殖种类、联合办企业,全方位、大力度、高质量开展合作。让更多项目落户园区和街道。2016年,新签约项目20个,其中过亿项目10个,完成全年目标。

【新农村建设】 做强工业。以招商引资上项目为抓手,不断加大招商力度,集中精力上大项目,上好项目,着力形成工业集群,做强工业经济。

做精农业。围绕已有的“仙健”无花果、“叮当河”大米、“云林”蜜梨、“嫩汪汪”蔬菜等66个农产品品牌,进一步加强科技培训,发展农产品深加工,培育知名品牌,实施品牌战略,提高农产品附加值,大力发展农业特色产业。借助灌云县豆丹美食文化节、国家级自行车赛和县农展会等大型活动,扩大侍庄街道农产品加工品牌的影响力和传播力,提高市场占有率。加快培育以紫燕食品、品品鲜和兴云生态公司等在全市同行业中有竞争力的龙头企业,着力培育新型农业经营主体,充分发挥农业企业、农民合作社、家庭农场和专业大户四类新型农业经营主体的产业融合发展主力军作用。

做优现代服务业。培育电子商贸业。利用三合电子商务村、颐高电子、农村淘宝等电子商务平台,推行“一村一社(专业合作社)一淘宝”模式,实施“互联网+”行动计划,促进农村电子商务发展。

2016年侍庄街道主要社会经济指标

表62

项　目	数量	比上年(±%)	项　目	数量	比上年(±%)
地区生产总值(万元)	100000	11.1	三产增加值(万元)	41000	12.5
财政收入(万元)	—	—	商品零售总额(万元)	150000	10.9
农业总产值(万元)	88000	8.5	集贸市场成交额(万元)	12000	12.3
多种经营产值(万元)	16000	6.7	乡村主干道(千米)	120	0
粮食总产值(万元)	7200	7.3	中小学校(所)	8	—
私营个体企业(个)	349	12	在校中小学生(人)	2583	1.3
工业销售收入(万元)	50000	11.7	年末存款余款(万元)	—	—
工业利税总额(万元)	—	—	年末职工人数(人)	2068	4.3
三资企业(个)	—	—	职工人均收入(元)	31789	10.6
合同利用外资(万美元)	—	—	农民人均纯收入(元)	13925	11.9
实际利用外资总额(万美元)	—	—	参加社保人员(人)	12185	3.8
三产实体(个)	421	5.1	参加医保人员(人)	44710	5.57
三产从业人员	1428	5.8			

2016年侍庄街道村(居)概况

表63

村(居)名	组数(个)	户数(户)	人口(人)	耕地(公顷)	人均纯收入(元)	支部书记	主　任
朱胥	10	507	2255	145	11663	朱延松	朱徐林
于庄	9	656	2607	167	11725	于洪进	于洪亮
陆庄	11	996	4089	24	14775	陆金猛	陆庆虎

续表 63

村(居)名	组数(个)	户数(户)	人口(人)	耕地(公顷)	人均纯收入(元)	支部书记	主　任
三合	4	940	3499	0	13914	刘春明	—
季尧	10	992	4001	20	17211	季永超	张延东
裕丰	10	803	3665	100	14588	陶明松	张广亮
树云	12	835	3528	160	14346	孙运军	侍超诗
瓦房	6	944	4485	170	13450	孙占伦	孙　池
厉荡	6	562	2514	165	10599	厉春海	厉　海
常荡	12	642	2835	200	10258	王志加	李怀亭
朱埝	11	425	2222	143	10101	朱友堂	朱巧虎
沈庄	6	1082	4828	302	10258	范　勤	李祖成
乔圩	9	1063	4525	255	10593	陈玉东	顾平华
吴王	14	509	2274	137	10101	王占平	吴卫军
孙荡	13	770	3613	176	11378	孙丙干	吴松皆
侍圩	9	1138	4570	207	11965	侍　军	侍启赞
兴云社区	—	—	—	—	—	金士桥	陆习座
恒仁社区	—	—	—	—	—	陆荣浩	陆加兵

小伊乡

【概况】 小伊乡位于灌云县最北端，南以枯沟河和伊山镇为界，北有古泊善后河与连云港市海州区接壤，东隔盐河与下车镇相望，西至叮当河与龙苴镇为邻，总人口6.2万人，总面积84.6平方千米，辖19个行政村、1个果林场。全乡耕地面积0.42万公顷。2016年，全乡实现地区生产总值13.28亿元，三产结构为33∶40∶27；完成全社会固定资产投资4.8亿元，其中工业固定资产投资4.3亿元；实现公共财政预算收入3886万元；农民人均可支配收入13151元。

2016年，小伊乡获得县藕虾混养基地重大事项推进先进奖、小康建设推进奖、社会和谐稳定建设奖、城乡统筹发展先进奖、现代农业推进奖、全市基层党员冬训工作先进单位。被省农委命名为“省级藕虾休闲小镇”。

【农业】 2016年，小伊乡坚持一二三产业融合发展，改变传统的稻麦种植结构，启动实施“百千万”项目：培育100个新型农业经营主体，打造66.67公顷豆丹产业园，建设666.67公顷藕虾共生基地。结合小伊农业传统优势，重点推动浅水藕套养龙虾规模化、产业化、特色化，打造万亩藕虾共作基地，不断做大规模、做优品质、做响品牌。围绕宁连、沿海高速，连盐、连镇铁路，龙下、伊董县道沿线500米展开布局，千亩连片推进藕虾共作基地由400公顷扩展到0.16万公顷。用工业化思维发展浅水藕产业，引进总投资1.2亿元的深加工企业四季长青食品公司，规模化生产藕粉、藕粉丝、藕片等产品，出口韩国、日本等地，延长产业链，提升附加值。建成以“赏荷花、钓龙虾、吃农菜、住农家”为主题的浅水藕生态园，形成“生产—加工—销售—观光”于一体的莲藕产业链。同时，以农业公司为依托，以淮工产学研合作为平台，建成集豆丹种苗繁育、试验示范、技术推广于一体的千亩连片豆丹产业园，实现豆丹养殖有技术、有产业、有品牌、有影响。

2016年，新增农民合作社8个、家庭农场33个；全乡有养殖大户218户，年出栏生猪22000头，肉鸽5000羽，蛋鸡存栏53260只，草鸡存栏1700只。

【工业与招商引资】 2016年，小伊乡制定《小伊乡招商引资奖励办法》，大力招商引资。占地66.67公顷的工业集中区开工建设，建成5000平方米的标准厂房，德尼雅家具、汇鑫隆鞋业先后投产达效，和德贸易公司建成1000平方米主体厂房。利用闲置的村部、校舍，改造成厂房5000平方米，并引进企业2家，为小伊培养税源、拓展来源、扩大财源奠定了坚实的基础。2016年，全乡实现规模以上工业总产值33.85亿元。

【商贸服务】 2016年，小伊商贸企业主要有灌云双龙摩托车有限公司、连云港恒信伟业销售有限公司、连云港飞达棉业有限公司、灌云溢德棉业有限公司、灌云县康和贸易有限公司、连云港市润源棉业有限公司、灌云县富尔强棉纺有限公司、灌云凯锐农资销售有限公司、连云港灵方物流有限公司等。2016年在盐西、后场村等村新建4个以“赏荷花、钓龙虾、吃农菜、住农家”为主题的农业生态园,完善“生产—加工—销售—观光”于一体的莲藕产业链,推动一二三产融合发展。2016年实现服务业增加值4.25亿元。第三产业从业人数近万人。全乡发展“打工经济”,从事劳务输出,成立劳务输出服务中心,共劳务输出2万余人。

【社会事业】 2016年,小伊乡有学校16所,中学1所,小学15所;有卫生院1所,卫生室18个,卫生院拥有床位50个;有敬老院1个,床位50个;新农保16622人,参保率100%,低保户1121户,共1905人。2016年新增家庭农场36个。启动“三路三桥”建设,并基本完工。建档立卡工作有序开展,实施动态调整,实现一户不漏、一人不少建档立卡,并配合县各帮扶单位,推动2个扶贫项目落实,完成年度脱贫任务。切实抓好安全生产,全年未发生重特大安全事故,全乡安全生产形势持续稳定。全面落实领导信访接待日制度、“周通报,月排名,季考核,定期会办”制度和信访问责制度,构筑起治安大防控体系,开展平安法治小伊、社会治安安全村等级化创建活动,群众的社会安全感和法治满意度不断提升。

【城镇建设】 2016年,小伊乡统筹推进老镇区改造和新镇区建设,不断提升群众生活质量和获得感。按照“一次规划、分步实施、突出特色、注重实效”的思路,投入3000万元全方位对老镇区进行墙面美化、路面黑化、路灯亮化、路旁绿化、污水管网化、人行道标准化改造,镇区面貌焕然一新,按照“城建三分建七分管”的理念,加强常态化执法和经常性卫生保洁,有效治理“脏、乱、差”等问题,确保街貌整洁卫生,经营规范有序。在全县率先组建专业化保洁公司,实行市场化运作、网格化管理、绩效化考核,形成“组保洁、村收集、乡转运”的垃圾转运体系,乡村基本实现水清、路清、院清。

【新农村建设】 2016年,小伊乡实施全域村庄环境整治,垃圾压缩中转站、污水处理厂建成运营,“组保洁,村收集、乡转运”垃圾转运体系基本建成。建成董集、后场两个污水处理厂,新建配套管网7.25千米投入运营,解决乡集镇区范围内所有生活污水的面源污染问题,受惠7000人。按照“开发、整治、管理”同步,“上台阶、出形象”并举的总体要求,完成集镇区改造提升工程。圆满完成夏、秋两季的秸秆禁烧工作,秸秆全量还田率达98%以上。

(王 彬)

2016年小伊乡主要社会经济指标

表64

项目	数量	上年数量	项目	数量	上年数量
地区生产总值(万元)	132896	129685	三产增加值(万元)	33096	32498
财政收入(万元)	4509	4405	商品零售总额(万元)	6519	6506
农业总产值(万元)	46058	44058	集贸市场成效额(万元)	7909	7901
多种经营产值(万元)	—	—	镇村主干道(千米)	47	47
粮食总产值(万元)	66013	66741	中、小学校(所)	22	22
私营个体企业(个)	—	—	在校中、小学生(人)	9949	9935
工业销售收入(万元)	269989	246987	年末存款余额(万元)	—	—
工业利税总额(万元)	635	610	年末职工人数(人)	66	66
三资企业(个)	—	—	职工人均收入(元)	—	—
合同利用外资(万美元)	—	—	农民人均纯收入(元)	11051	10015
实际利用外资总额(万美元)	—	—	参加社保人员(人)	189	188
三产实体(个)	8	8	参加医保人员(人)	57921	57911
三产从业人员(人)	1563	1220			

2016 年小伊乡村概况

表 65

村名	组数(个)	户数(户)	人口数(人)	耕地(公顷)	集体纯收入(万元)	人均纯收入(元)	支部书记	主　任
张葛	9	548	2711	191.3	5	11025	张朝阳	葛登美
河西	10	1052	4201	252.0	8	11523	李娟美	陈　华
唐庄	10	961	4171	353.0	9	10254	陈飞龙	—
花厅	15	834	3761	320.8	7	10321	卓长谊	唐　成
吴郑	16	553	2761	157.4	7	11521	唐守波	高　俭
祝荡	16	778	3039	278.6	9	11241	祝井玉	—
小茆	16	879	3474	188.0	8	11687	茆登法	孙道霞
洪河	7	761	2929	301.4	9	11022	刘树廷	卓洪美
千斤	11	896	3809	255.0	6	10934	于广旭	李友龙
伊北	7	758	3076	237.5	6	11006	刘华军	杨以通
大孙	9	578	2579	162.4	9	11125	孙　敏	孙克黄
杨树圩	5	503	2003	126.0	7	11681	李长城	—
伊南	9	628	3121	163.3	6	11247	孙　彬	孙长城
张徐	15	867	3461	247.4	5	11504	徐再春	—
盐西	15	952	4749	307.0	8	10965	韦中华	—
后场	5	588	2354	101.8	7	12057	马海洋	臧同进
祝庄	7	838	3771	257.2	5	11057	杨登祥	姚昌波
小伊	9	612	2689	1038.0	10	10929	刘加彦	杜勇杰
董集	6	599	2618	53.9	9	12058	徐益清	赵华侨

图河镇

【概况】　图河镇位于沿海高速公路东侧,324 省道横贯全境,总面积 108.21 平方千米,辖 19 个行政村。2016 年末总人口 6.4 万人。全镇实现地区生产总值 15.9 亿元,比上年增长 12.0%,三次产业结构为 16∶49∶35;财政一般预算收入完成 2488 万元;完成全社会固定资产投资 10.2 亿元,其中工业固定资产投资 9.7 亿元;农民人均纯收入 16150 元,比上年增长 12.7%。先后被评为省和谐社区建设示范乡镇、省科普示范乡镇、省农机安全示范乡镇、超常规发展乡和市级新型小城镇。

【农业】　2016 年,全镇有耕地 0.55 万公顷,主要种植水稻、玉米、小麦等。全镇大型现代收割机保有量 1165 台,为全县之最,年跨区作业收入超过 4600 万元。依托丰富的水草资源,大力发展畜牧养殖业;利用西兰花和浅水藕基地带动全镇 70 多户,300 多人就业,为促进农民增收创造便利条件和良好环境。年出栏瘦肉型商品猪 9 万头、肉羊 0.8 万只、鸡 10 万羽、鸭 4.8 万羽、鹅 1.8 万羽。连片鱼塘养鱼、箱网养鱼等淡水渔业养殖发展迅速。龙头企业有安福旺旺食品厂、宝欣农业有限公司、八道祥华养猪场、图河立军农业开发有限公司、兴隆诚丰农业科技有限公司、大兴利兴农业加工有限公司。创建“五图河”“绿昂”两个农产品品牌。

【工业】　2016 年,全镇有规模以上工业企业 9 家,工业集中区一期规划总面积 33.33 公顷,园区“创业大道”主干道基本铺设完成,抓紧完善水、电、通讯等配套设施,新入驻项目 2 个。新开工 5000 万元以上工业项目 6 个。完成规模以上工业总产值 16.7 亿元,比上年增 49.1%;完成规模以上工业固定资产投入 9.7 亿元,比上年增长 115.6%。

【商贸服务】　2016 年,全镇实现第三产业产值 5.96 亿元,比上年增长 20.4%,实现社会消费品零售总额 4.65 亿元,比上年增长 8.33%;全社会服务业投资额达 5000 万元,比上年增长 66%。电商产业发展迅速,成立农村淘宝服务站 16 家,农村淘宝网店 23 家,有大型服务业企业 13 个,其中:批发业 3 个、零售业 5 个、住宿业 2 个、餐饮业 2 个、其他服务业(农资市场)1 个。其中新建大型宾馆 2 家,投资 3000 万元,营业面积约 4000 平方米,营业额超500万元。

【社会事业】 2016年,图河镇坚持贯彻党的教育方针,幼儿、小学、初中教学质量继续保持在全县同类乡镇中名列前茅。以培育新型农民为重点,加大成人教育力度,完成农民工培训3500人次,转移农村劳动力3.16万人,居民参保率达99%;推进改水、改厕工作;镇区规划面积2.96平方千米,镇区有人口0.96万人。2016年,老镇区升级改造工程开工建设,同步开展镇区街道专项整治。新镇区2万平方米图河新城商住小区和新区派出所主体工程完工,新镇区2.47公顷的农贸市场地块和242省道西侧加油站地块完成土地征收,进入挂牌程序。安福小区、大兴小区、海宁小区等居民集中居住区加快推进,新增建筑面积8.3万平方米。

(图河镇)

2016年图河镇主要社会经济指标

表66

项　目	数量	比上年(±%)	项　目	数量	比上年(±%)
地区生产总值(万元)	159000	12.0	三产增加值(万元)	49647	14
财政收入(万元)	2488	—	商品零售总额(万元)	32002	15
农业总产值(万元)	45377	3.2	集贸市场成效额(万元)	20960	20
多种经营产值(万元)	29513	3.0	乡(镇)村主干道(千米)	126	—
粮食总产值(万元)	15426	3.4	中、小学校(所)	9	—
私营个体企业(个)	366	—	在校中、小学生(人)	3665	—
工业销售收入(万元)	—	—	年末存款余额(万元)	—	—
工业利税总额(万元)	—	—	年末职工人数(人)	—	—
三资企业(个)	—	—	年末人均收入(元)	—	—
合同利用外资(万美元)	—	—	农民人均纯收入(元)	16150	12.7
实际利用外资总额(万美元)	—	—	参加社保人员(人)	20600	—
三产实体(个)	—	—	参加医保人员(人)	36500	—
三产从业人员(人)	6719	—			

2016年图河镇村概况

表67

村名	组数(个)	人口数(人)	耕地(公顷)	农村经济总收入(万元)	人均收入(元)	支部书记	主　任
安福	16	4397	216	5743	16695	马晓明	马生贤
兴隆	12	2673	175	4214	15673	潘龙国	马士成
朱庄	8	1990	137	3300	14536	马士冲	万道荣
董庄	7	3116	201	4720	15365	杨桂花	姜洪成
许大沟	5	1865	140	3586	16100	张连弟	马兆枝
大兴沟	19	3365	156	4802	15003	孙建波	张能如
图河	9	3440	180	4556	16112	唐继宽	徐祥富
腰庄	7	3569	162	5005	16589	孙军松	孙占唐
八道	7	4162	276	5866	15007	吕占兵	惠康军
九段	12	3234	183	4032	15038	解先志	包玉龙
七道	15	2388	154	5103	16011	贺余堂	林凤春
义民	10	3951	294	5831	15423	周运龙	史国华

续表 67

村名	组数(个)	人口数(人)	耕地(公顷)	农村经济总收入(万元)	人均收入(元)	支部书记	主　任
官场	19	2701	148	4275	16589	顾明杰	唐明杰
大李庄	9	3566	266	5315	14258	李文德	—
和平	18	4056	303	5686	15109	徐玉平	朱春久
马屯	18	3474	233	5326	15413	陈立军	张军富
南港	17	3316	209	5019	16051	蔡良青	倪立凯
杜圩	12	3142	189	5556	15057	杜　友	荣　伟
三舍	11	4955	208	5871	16040	朱　进	田大举

南岗乡

【概况】　南岗乡位于灌云县西南部，距县城6千米，东临伊山镇、侍庄街道，西与沭阳县吴集镇和西圩乡为邻，南与沭阳县李恒乡、灌南县孟兴庄乡隔新沂河中泓相望，北接龙苴镇，总面积约133平方千米，辖33个行政村，总人口10.836万人。2016年，全乡经济社会进一步发展。招商引资成效显著。全年签约过亿元项目4个。现代农业发展水平显著提升。立体农业、生态农业、循环农业竞相发展。万亩农光互补产业带、万亩芦蒿产业带、万亩花卉苗木种植产业带建设初具规模。城乡统筹发展根基进一步夯实。村镇布局和新镇区规划不断完善，扶贫开发工作成效显著，灌云县第二水厂重大工程建设服务力度不断加大。乡村旅游迎来新的发展，重点规划沂河淌沿岸千亩油菜花观景基地建设工程，温泉小镇建设工程逐步启动，农家休闲旅游工程有序进行。

2016年，南岗乡被评为省级生态乡镇。岗西村花卉苗木园被评为省级三星级乡村旅游点，乡文化服务站被评为2016年度市级优秀文化服务站。全年全乡实现一般财政收入2664.34万元。

【工业】　2016年，全乡有规模以上工业企业15家。紧邻324省道北侧，新规划乡镇工业集中区46.67公顷，土地流转基本到位，已经铺设硬化道路1500米，安装照明灯48盏，建成5000平方米标准化厂房，8000平方米标准化厂房启动建设，3家企业入驻。

【农业】　2016年，全乡有耕地面积9791.31公顷，主要农作物有山芋、小麦、玉米、水稻等。全乡建有日光温室大棚近5000栋，大小弓棚7000个。小麦农业保险参保面积0.55万公顷，水稻参保面积0.21万公顷，设施大棚参保个数310个。全年实施土地增减挂钩项目7个，面积17.78公顷，工业废弃地项目整理1项，面积3.16公顷。

【商贸服务业】　2016年，全乡大力发展社会服务业。新增东月酒楼和好又多超市两家服务业及灌云岗北粮油贸易有限公司3万吨粮食储存项目1个。

【社会事业】　2016年，全乡中学生在校学生2656人，中心小学2家，在校小学生5346人。有2家中心卫生院，床位165张。有南岗养老服务中心1家，床位100张，入住72人，有民办养老机构——岗南颐养院老年公寓1家，床位35张，入住老人32位。目前全乡共有低保户2099户，3461人，新农保参保人数24666人。

【基础设施建设】　2016年，全乡新铺高标准硬化水泥路20千米，修补有坑洞路面道路60千米，路肩覆土13千米，铺设下水管道500米，新做路基12千米，超额完成县分配的2016年度13户农危房改造任务，改建过路桥、涵3座，新建8座桥护栏。

（南岗乡）

南岗七彩阳光驿站文艺演出

2016 年南岗乡主要社会经济指标

表 68

项　　目	数量	比上年(±%)	项　　目	数量	比上年(±%)
地区生产总值(万元)	186000	21.8	工业销售总额(万元)	149000	22.1
财政收入(万元)	2600	5.6	商品零售总额(万元)	21000	24.5
农业总产值(万元)	105000	8.9	集贸市场成交额(万元)	35200	23.3
合同利用外贷(万美元)	—	—	乡村主干道(千米)	218	15.3
实际利用外资总额(万美元)	50	25	中小学(所)	28	—
农民人均纯收入(元)	13300	17.9	在校中、小学生(人)	8002	—
三产增加值(万元)	35500	17.3	参加社保人员(人)	56830	6.3
粮食总产值(吨)	96150	0.9	参加医保人员(人)	104968	7.2

2016 年南岗乡村概况

表 69

村名	组数(个)	户数(户)	人口数(人)	耕地(公顷)	人均年收入(元)	集体收入(万元)	支部书记	主　任
王范	9	571	3615	198	11500	53	范庆高	单友柏
许相	14	806	3500	226	11570	54	夏兴富	许国春
陈楼	12	613	2714	195	12000	48	王宽芹	朱长念
高李庄	14	917	4846	329	11600	52	高玉同	李永明
东徐	11	571	2769	189	11400	53	龚兴旺	李春贵
崔许	8	473	2254	187	11710	41	李忠华	李翠雨
深沟	19	941	4623	195	11777	44	于铁龙	于新华
五户	11	782	3586	211	11210	31	张　明	吴居元
东园	9	744	3260	241	11670	45	茆广通	茆广祝
袁姚	7	523	1997	171	11490	5.5	袁　攀	徐青东
岗东	15	881	3759	300	11500	6	殷建扬	严德宣
潘洼	9	578	2189	332	11700	1.5	李　波	赵如高
南岗	22	1236	5558	207	11810	15	张金海	李丛丛
岗南	9	805	3200	309	11910	5	黄　虎	钱　洋
赵庄	7	518	2248	168	11490	5.5	李广宽	范习龙
南于	4	492	2382	146	11600	9	刘井立	于占明
小陶	6	560	2494	190	11580	4	李和平	范庆根
大新	18	879	3525	220	11500	14	李士访	李茂生

续表 69

村名	组数(个)	户数(户)	人口数(人)	耕地(公顷)	人均年收入(元)	集体收入(万元)	支部书记	主　任
吴圩	12	585	2411	197	11532	47	李加忠	李长举
大杨	16	856	3740	310	11556	8	潘正祥	潘正祥
梁荡	5	455	1824	197	11670	5	吴月军	吴兴占
岗西	15	921	3745	300	11765	1.5	殷　建	张长松
岗北	16	812	3544	220	11542	6	潘正楼	潘正军
孙庄	10	837	3700	227	11798	26	朱健康	赵从志
贺庄	10	588	2788	225	11505	5	贺兴成	贺守华
石涧	6	888	3693	213	11990	33	龚兴福	肖玉进
陡沟	14	1293	6145	248	12000	25	马树泽	夏绍品
张薛	8	504	2614	129	12000	41	夏绍济	张义署
曹赵	21	1382	5800	353	11998	49	刘　玄	曹步利
张兴	8	589	2600	204	11873	32	潘逢东	张　磊
龙昌	6	718	2830	217	11469	1.5	万永祥	王克能
东于	12	742	2916	228	11600	4	张　春	黄以兵
马蹄	8	738	3100	216	11789	43	马保兵	马武邦

洋桥农场

【概况】 洋桥农场地处县境东北部，东濒黄海，北依埒子口国家级开发区徐圩片区，西通盐连高速、宁连高速，与圩丰镇接壤，南临五图河农场。全场总面积17.8平方千米，境内拥有海岸线11千米，总人口4890人，职工731人，其中离退休人员224人。农场下设4个分场、1个洋桥渔业村、1个船队、1个新开发小区，有学校、医院各1所。

【场区规划】 2016年，农场充分发挥国有农场组织化程度高的优势，高起点、高标准制定发展规划，提升农场经济发展水平。对区域内土地资源进行勘察与规划论证，确立三分场逐步辐射四、五分场的高效农业设施种植园区、确立南滩高效水产养殖园区、渔业村海水养殖区，拆迁五分场，兴建职工居住区，兴建商业中心区等五大发展版块。

【设施农业】 2016年，洋桥农场借助渔业园区平台，扩大、调整农场的养殖水面，规划实施近60公顷的鱼塘，并将其租赁给养殖能手生产经营，带动地方经济的发展。养殖规模成为全县亮点，进入灌云经济结构调整领先行列。

【基地建设】 实施农业基地建设。2016年，农场建立连片日光温室，引种新品种西瓜等，完成土地规划，无公害蔬菜品种申报等工作，建设钢架大棚进行高效农业设施栽培，促进农业增效。通过土地流转，在原有钢架大棚基础上新增百个钢架大棚，按每亩980元一次性兑付给出地职工，在种植大棚的职工获得效益的同时，实现了土地产出最大化。

高效畜牧业基地建设。2016年，农场利用南滩现有猪场扩建猪舍发展养殖业，成立生猪养殖合作社，并由合作社牵头，建设年出栏千头生猪的养殖场，辐射农场30%以上的家庭发展养猪，增加收入。2016年，养殖生猪大户年纯收入均超过20万元。

高效渔业基地建设。2016年，洋桥农场申报渔业安全高效养殖示范基地建设项目，争取省财政补贴资金60万元，鱼塘主干道铺上水泥路，部分塘口铺上水泥护坡，有效改造塘口条件，在三分场境内铺设水泥路2375米，解决近千亩鱼塘的交通运输困难，提高了养殖效益。

【农业生产】 2016年，农场调优选优品种，积极组织科技培训。发挥科技示范户带头作用，聘请省农科院博士、县农科站技术专家，举办技术培训班4期。积极协调农委调化肥、药品、腐化剂、叶面肥等发放到农户手中。抓好小麦水稻生产管理，定期通过广播适时为广大农户传达生产管理信息。从播种时机的掌握、肥水管理、病虫害防治，以及化学除草制剂的合理使用进行技术指导，取得小麦亩产450千克以上,水稻亩产600千克以上的好收成。

【农田水利】 2016年,农场进一步加大投入,对三、四、五分场田间配套56处水利设施一次性修缮到位,进行桥闸涵配套建设,统一清淤疏浚,开挖中小沟50多条。五分场新建防渗渠800米,新建小区段公路桥2座;协调有关部门铺设农场境内的自来水管道,解决了群众饮水困难。

【民生工程】 2016年,洋桥农场切实关注民生工程,"一举三得"解决农场南滩鱼塘和部队土地承包问题。解决退休职工、在职职工和部队三方在利益分配方面的矛盾纠纷。退休职工中秋、春节由场部统一发放慰问金,职工每人每年南滩分红780元,部队土地承包分红260元。想方设法为农场117名60岁以上人员每月领取60元基础养老金,并做好60—80岁以上老人的意外保险工作。为394名无保险人员办理农保参保手续。职工保险金按时收缴。农保、企保、低保、医保同时办理。每月近43万元养老金及时上交,为20名职工及时办理退休手续,对200多名退休老职工看病难的问题,及时解决办理医保手续。把贫困老弱病残等弱势群体纳入低保范围,做到应保尽保,实行动态管理,对60余户困难户、病灾户、残疾户办理低保手续和残疾证。为全场80岁以上老人办理领取"尊老金"手续。提高行管人员工资待遇每月220元。为遗补人员提高待遇每月50元。按时、按质完成申报和发放地力保护补贴、农机补贴工作。

【社会事业】 教育事业上台阶。2016年,农场小学坚持以抓实事、求实效为教学原则,教育教学质量进一步提升。学校获县"教学质量"优胜奖,六年级学生毕业会考成绩获全县第三名,荣获县"教科研"先进集体,县"一师一优课"活动先进集体,课改方案被评为县"十佳课改方案",获县小学生女子篮球比赛第二名,县小学生大课间体育活动评比二等奖,县小学生经典诗文群体诵读大赛三等奖等。

交通条件明显改善。2016年,为解决农场人出行难问题,农场与县交通部门、渔业园区多方协调,扩宽丰洋路、天利路,铺设四、五分场水泥路1500余米,三分场境内水泥路2375米。并针对农场至圩丰的水泥路破损严重,严重影响职工群众的生产生活情况,协调县交通局进行招投标,解决铺设问题。

(赵绍山)

大豆原种场

【概况】 灌云县大豆原种场位于灌云县城北郊,西靠盐河,204国道穿场而过,交通便捷。该场始建于1951年,因繁殖和选育大豆原(良)种而闻名。主要从事大豆、水稻、小麦等良种的繁育、试验、示范和经营,无公害大棚蔬菜种植,精品杂粮的生产、销售等工作。经过几十年的发展,逐步形成拥有连云港丰华种苗有限公司、灌云县嘉祥农业开发有限公司、现代高效农业园区等企业,属集农、工、贸一体的市、县农业产业化龙头企业,是江苏省农业科技型企业。

【大豆试验】 2016年,大豆区域试验工作顺利完成,参试大豆品种40个,其中属国家区域试验的有"冀豆16""科豆3号"等26个大豆新品种;属省区域试验的有"商豆066""苏夏HT017"等14个大豆新品种。特别是场内繁育的"灌云11-618"进入第二年省区域试验。

【良种繁育与经营】 连云港丰华种苗有限公司,是农场的主要经营实体。2016年场部采取制订上缴场部纯利润指标的方式,实行大包干,即超产全奖、减产全赔,激发公司全体员工的工作干劲。做大做强大豆供销,为了充分发挥"黄淮海高蛋白大豆基地"的优势,2016年,丰华公司在本县的同兴、杨集镇,省属东辛农场、徐州地区以及安徽省的灵璧县等地区扩大繁育夏大豆良种333.33公顷,繁育大豆良种1750吨。2016年完成上缴利润20万元,出售大豆良种1400吨,小麦良种1600吨,水稻良种1550吨。

【园区建设】 2016年,农场的设施蔬菜园区,有日光温室大棚4栋、钢架大棚120架,以无公害种植要求为基础,主要进行优质无公害大棚蔬菜的种苗供应、蔬菜生产,种植模式主体是"冬季莴苣、春季西瓜、夏季毛豆、秋季番茄",在技术上以南京农业大学为依托,聘请教授专门指导。园区销售西瓜、莴苣等各种无公害蔬菜1200吨,亩均年收入9800元,净收入6100元。

【精品杂粮开发与经营】 灌云县嘉祥农业开发有限公司,是农场的另一个经营实体。2016年嘉祥公司以创品牌、树形象为抓手,以质量为基础,以薄利多销为原则,在突出主体产品的基础上,以品种多样化为策略。广开营销门路,拓宽营销思路,进一步把产品推向国内各大城市、超市等市场,产品远销无锡、南京、上海等多个省市,在业界产生良好影响。

2016年,农场继续与江苏省农业科学院合作开发大豆、大米、杂粮、菌类等深加工项目,当年新开发"养生粥"等5个品种,取得很好的经济效益和社会效益。

(县大豆原种场)

连云港监狱

【概况】　江苏省连云港监狱始建于1951年，地处灌云县东部沿海地区，距灌云县城36千米。占地总面积0.97万公顷（97.3平方千米），耕地5333.33公顷。监狱在职民警391人，离退休民警236人，在职工人995人，退休工人1378人。监狱内设机关科室14个，直属行政管理机构5个，押犯监区10个，附属单位2个；监狱企业（江苏五图河农场有限公司）内设职能部室7个，农业分场11个，子公司5个，附属单位3个。2016年监狱荣获江苏省监狱工作创新优秀奖，十分场二中队荣获“全国工人先锋号”荣誉称号。

【监狱安全】　2016年，连云港监狱监区规范化建设“提升年”深入推进，在验收达标基础上申报4个示范监区。深入推进“学规范、强意识、重养成、促改造”专项教育整训和安全隐患排查整治专项行动，完成G20峰会、十八届六中全会等重大活动期间的监狱安保任务。物防技防设施不断完善，完成区域隔离设施建设，配置移动工具车13部、大警务台9个，新装高清摄像机150余部。智能管理大平台部署有力，部署新一代国产核心交换机1台和大平台专用服务器3台。全面推进新的计分考核实施办法和细则，动态修订完善应急预案，推进指挥中心和二级平台一体化规范化建设。先后投入400余万元，完成办公楼、监房消防管网、习艺楼喷淋系统等改造项目，顺利通过省安监局二级创建标准化验收。

【教育改造】　2016年，连云港监狱以教育管理规范季、教育季、文化季、帮教季等“四季法”引领教育改造工作，开展“法润江苏·春风行动”活动，成立法律援助工作站、安置帮教工作站，解答100余名罪犯涉法涉诉问题，举办各类帮教活动11场次，安置帮教一则案例入选省综治委《刑罚执行一体化案例选编》。深入打造“一区一品”监区文化品牌，举办文艺汇演等特色文化活动，组织讲师团赴地方院校考察学习，开展“优秀教案”“优质课”评比，巡讲30个改造主题，与市县文化部门签订文化共建协议，结成共建对子。循证矫正项目推广应用稳步推进，试点工作通过司法部专家组考核验收。

【监狱执法】　按照《提请减刑假释择优呈报办法》制定减刑假释评审标准，邀请驻监检察员和监区民警列席评审会。2016年，全年依法办理罪犯减刑假释692件，办理暂予监外执行3件，寄发罪犯病情告知书5份。完善狱务公开体系，推行“一站式”服务模式，建立微信、微博等手机客户端信息公开平台。坚持监狱长接待日制度，每季度上网公布接待问题执行情况，为10个监区和会见室配置狱务公开查询触摸屏。严格执行罪犯伙食实物量标准，丰富菜肴花色品种，更换罪犯保温桶、饭车，升级改造伙房硬件设施，集中储藏、清洗及发放罪犯被服，组织院内外医疗会诊240人次，健康体检1487人次。

【监狱企业（农业）】　2016年，监狱投资1430万元完成666.67公顷高标准农田建设，实施新沂河封闭工程和六连农田小型水利专项工程，建成日烘干400吨种子烘干线及配套仓储设施，疏浚六连排河、三分场机库西排河、产业园西排河等河道，疏浚条田沟314千米，完成土方25.8万立方米。积极应用水稻直播及钵苗栽培技术，3个稻麦高产创建核心示范方通过省农委专家组验收。克服极端灾害性天气带来的困难，夏粮亩产净增近40千克，生产稻麦良种1.4万吨，比上年增加近3000吨，种子效益500余万元；秋收期间变“抢收”为“强收”，变“精耕细作”为“精耕时作”，适时完成收种任务，沂河淌2万余亩小麦实现一播全苗。

【队伍建设】　2016年，连云港监狱深入开展“两学一做”学习教育活动，建立个人“两学一做”档案，开设“微党课、微论坛、微服务”，建立覆盖全员、渗透全程学习网络。开展“人民满意先锋岗”创建活动，2个党支部和2名个人获厅直系统“人民满意先锋岗”集体岗和个人岗称号。加强党建带团建，开展“以师带徒”活动，组织“我看监狱十三五”访谈活动，成功召开第八次团员大会。推进监区民警岗位分类管理，把警队作为监区内部实战责任单元。实施民警队伍素质提升三年行动计划，举办为期近1个月的中层领导培训，开展2期青年民警轮训，对科级及科级以下民警94人，进行轮岗交流。组织岗位大练兵活动，重点推进14个练兵项目，实行机关与基层联动、领导干部与普通民警同训。

【民生工程】 2016年，连云港监狱有效落实民生“十件实事”，稳步为职工增资，职工人均月增资200元，推进中心餐厅规范化建设，值班警务室实行宾馆化管理。及时缴纳2016年职工养老保险费用1339万元，全年慰问生病住院职工203人次，发放慰问金8.42万元，发放职工一次性住房补贴799万元，全面完成民警职工一次性住房补贴发放。社区环境显著改变，铺设小区车位道路1600平方米、草坪2.8万平方米，种植花卉苗木1.2万株，建成月季园、樱花园、桃园等特色园区，完成“五农公园”主体工程建设。开展工会会员“生日送祝福”活动，组织民警职工到市级医院健康体检，举办“唱响中国梦”歌咏比赛等业余文化活动，员工的幸福指数进一步提升。

（李晓淦）

灌西盐场投资公司

【概况】 灌西盐场投资公司，是在原灌西盐场基础上于2012年成立的独立法人企业，注册资金1000万元；2012年3月，与日晒制盐公司合署办公，实行两块牌子一套班子管理运作体制，是隶属连云港市工业投资集团有限公司的一级子公司。

2016年，灌西盐场投资公司以减亏创效、深化改革为抓手，着力抓好各项工作，全年营业收入6464.38万元，利润680万元；日晒制盐公司全年产盐45.8万吨，营业收入8442.83万元，利润亏损1374.41万元。

【盐业生产】 2016年，公司开展“矿卤用量少两成、原盐成本降两成、整体生产费用降两成”降本大行动，增强制卤能力、加强塑池管理、严控跑冒滴漏，吨盐平均单耗实现用卤量4.1立方米，总用卤量降到180万立方米，提制卤水18万立方米，直接节约卤水支出300余万元，吨盐车间成本降到180元。全年销售原盐48.2万吨，实现销售收入8434.16万元。

【新业发展】 2016年，灌西投资公司中的宵洋物流公司立足码头和岸线优势资源，着力提升临港服务能力，全年完成吞吐量80万吨。南翼公司立足绿化保洁业务，不断扩大市政工程业务，完成经营收入460万元。柴门小工业园完成140万元厂房租赁费收取。绿淮肥业公司全年有机肥销售1518吨，实现营业收入60.18万元。

【技术创新】 2016年，公司以安树林、王绪华两个劳模工作室为引领，先后取得机械破活碴、滩地整平机械、塑布自动收放解绳系统、扒盐筛改造等10余项革新成果，全年节约各项生产费用300余万元。推进食用原料海水盐基地建设，创新海矿卤勾兑工艺研发富含镁离子的食用原料海水盐。

【经营管理】 2016年，公司开展“收获金秋”主题清收大行动，清欠各类账款1400余万元，收取0.24万公顷池塘承包费2034.52万元，收取土地租金2135.03万元，其它费用1072.58万元。不断推进机构改革，缩减机构13个，减少一线员工113人，精简管理人员30人；对新成立的绿淮有机肥和灵威养殖两个公司进行模拟民营化运作；修订《星级员工评比办法》，把管理人员纳入评比考核体系。全年投入安全资金55万元，整改隐患162条。投资468万元，先后完成打工楼、海水盐滩地技改、圩南与二湾农田改良等41项大小工程。

【民生事业】 2016年，公司以“1+6”精准扶贫工程为抓手，大力推行8项民生实事。为灌西近1000名居民开通城镇居民医保；为300余名八十岁以上老人办理尊老金；完成自来水主管道铺设；三期集资建房进场施工；投入10多万元建成一个扶贫帮困基地；投入53.75万元开展创卫七大工程；投入近10万元升级改造职工文化广场；为近100名困难人员在燕尾化工企业寻求到就业机会；全年发放各类帮扶资金近180万元。投入52万元，建设企业荣誉室、更新企业文化标识；2016年，投资公司荣获市文明单位称号，并通过省三星级档案室验收。

（灌西投资公司）

人物

2016 年新任县领导

【汪辉】 男,汉族,1963 年 3 月出生,灌云人,省委党校研究生学历,中共党员。1986 年 7 月至 1989 年 4 月,任灌云县委办公室机要员;1989 年 4 月至 1990 年 11 月,任县委办公室干事(副股级);1990 年 11 月至 1993 年 2 月,任县委办公室秘书(正股级);1993 年 2 月至 1994 年 10 月,任县委组织部秘书科干事(正股级);1994 年 10 月至 1997 年 6 月,任县委组织部秘书科副科长(正股级);1997 年 6 月至 1999 年 5 月,任县委组织部干部股股长;1999 年 5 月至 2000 年 1 月,任县委组织部组织股股长;2000 年 1 月至 2001 年 10 月,任县委组织员、县委组织部组织股股长;2001 年 10 月至 2002 年 12 月,任圩丰镇镇长、党委副书记;2002 年 12 月至 2005 年 1 月,任圩丰镇党委书记;2005 年 1 月至 2005 年 6 月,任圩丰镇党委书记、人大主席;2005 年 6 月至 2007 年 1 月,任县委办公室主任、县扶贫办公室主任;2007 年 1 月至 2007 年 2 月,任县委常委、县委办主任、县扶贫办主任;2007 年 2 月至 2010 年 1 月,任县委常委、县委办主任;2010 年 1 月至 2011 年 3 月,任县委常委、常务副县长、县政府党组副书记、县行政学校校长;2011 年 3 月至 2012 年 1 月,任县委常委、常务副县长、县政府党组副书记、县行政学校校长、江苏筑富实业投资有限公司董事长;2012 年 1 月至 2012 年 4 月,任县委副书记、县委党校校长、县社会主义学校校长、灌云现代农业产业园区党工委书记;2012 年 4 月至 2014 年 1 月,任县委副书记、县委党校校长、县社会主义学校校长、灌云现代农业产业园区党工委书记、灌云现代渔业产业园区党工委书记;2014 年 1 月至 2014 年 2 月,任县政协主席候选人;2014 年 2 月至 2014 年 3 月,任县政协主席候选人、党组书记;2014 年 3 月至 2016 年 6 月,任县政协主席、党组书记;2016 年 6 月,任县政协主席、党组副书记。

【王庆嘉】 男,汉族,1962 年 8 月出生,灌云县人,省委党校大学学历,中共党员。1981 年 7 月至 1982 年 11 月,鲁河供销社统计员;1982 年 11 月至 1983 年 10 月,四队公社团委干事;1983 年 10 月至 1984 年 9 月,任四队公社团委副书记;1984 年 9 月至 1986 年 8 月,江苏广播电视大学灌云分校党政专业学习;1986 年 8 月至 1988 年 9 月,伊山乡团委副书记;1988 年 9 月至 1990 年 7 月,江苏省委党校经济管理专业学员;1990 年 7 月至 1991 年 4 月,任四队镇党委秘书;1991 年 4 月至 1993 年 1 月,任图河乡党委组织委员;1993 年 1 月至 1995 年 1 月,任图河乡副乡长;1995 年 1 月至 1997 年 2 月,任图河乡党委副书记;1997 年 2 月至 2001 年 10 月,任图河乡乡长、党委副书记;2001 年 10 月至 2001 年 12 月,任图河乡党委书记;2001 年 12 月至 2002 年 12 月,任图河乡党委书记、人大主席;2002 年 12 月至 2007 年 2 月,任龙苴镇党委书记、人大主席;2007 年 2 月至 2007 年 11 月,任东王集乡党委书记;2007 年 11 月至 2009 年 4 月,任县委常委、东王集乡党委书记;2009 年 4 月至 2011 年 1 月,任县委常委;2011 年 1 月至 2012 年 1 月,任县委常委、宣传部部长;2012 年 1 月至 2013 年 1 月,任县委常委、宣传部部长、大伊山旅游经济区党工委书记;2013 年 1 月至 2014 年 1 月,任县委常委、宣传部部长、大伊山旅游经济区党工委书记、伊山镇党委书记;2014 年 1 月至 2016 年 6 月,任县委常委、宣传部部长、大伊山旅游经济区党工委书记;2016 年 6 月,任县政协党组书记。

【伏开清】 男,汉族,1971 年 1 月出生,东海县人,省委党校研究生学历,中共党员。1995 年 8 月至 1996 年 4 月,连云区云山乡乡长助理;1996 年 4 月至 1999 年 12 月,市委老干部局一科、办公室科员;1999 年 12 月至 2003 年 3 月,市委组织部干部监督处科员;2003 年 3 月至 2005 年 6 月,任市委组织部办公室副主任;2005 年 6 月至 2007 年 2 月,任市委组织部干部监督处副处长(主持工作);2007 年 2 月至 2010 年 12 月,任市委组织部综合干部处处长;2010 年 12 月至 2012 年 2 月,任灌南县委常委、组织部部长;2012 年 2 月至 2016 年 5 月,任灌南县委常委、组织部部长，县经济开发区党工委书记；2016年5月至2016年6月，任灌云县委常委、副县长人选；2016年6月，任灌云县委常委、常务副县长、县政府党组副书记、县行政学校校长。

【谭树林】 男，汉族，1970年2月出生，灌云人，省委党校研究生学历，中共党员。1997年4月至2001年12月，任灌云县团委副书记；2001年12月至2003年6月，任灌云县团委书记；2003年6月至2005年1月，任灌云县文化局党委副书记、副局长；2005年1月至2007年2月，任灌云县白蚬乡党委副书记、乡长；2007年2月至2009年7月，任灌云县白蚬乡党委书记、人大主席；2009年7月至2016年5月，任市发展和改革委员会副主任、党组成员；2016年5月至2016年6月，任灌云县委常委、江苏灌云经济开发区党工委书记；2016年6月，任灌云县委常委、县政府党组成员、灌云经济开发区党工委书记。

【李永涛】 男，汉族，1977年1月出生，江苏丰县人，省委党校研究生学历，中共党员。1998年8月至2001年9月，连云港市计划委员会办公室科员；2001年9月至2001年11月，市发展计划委员会综合处科员；2001年11月至2003年12月，任市发展计划委员会国民经济综合处副处长；2003年12月至2011年4月，任市发改委国民经济综合处处长；2011年4月至2011年5月，任海州区委常委；2011年5月至2012年3月，任海州区委常委、区政府副区长，海州经济开发区党工委书记；2012年3月至2014年7月，任海州区委常委，海州经济开发区党工委书记；2014年7月至2014年12月，任连云港高新技术产业园区管委会副主任、党工委委员，连云港高新技术产业园区南部拓展区指挥部副指挥长、党委委员，海州经济开发区党工委书记；2014年12月至2016年5月，任海州区委常委、海州经济开发区党工委书记；2016年5月，任灌云县委常委、县纪委书记。

【掌文胜】 男，汉族，1969年4月出生，江苏射阳人，中央党校大学学历，中共党员。1989年8月至1992年7月，灌云县外贸公司职员；1992年7月至1993年7月，任灌云县外贸冷库副经理；1993年7月至1995年7月，任灌云县外贸土畜产公司副经理；1995年7月至1999年1月，任灌云县杨集镇镇长助理；1999年1月至2000年1月，任杨集镇副镇长；2000年1月至2001年10月，任杨集镇党委副书记；2001年10月至2004年2月，任小伊乡乡长、党委副书记；2004年2月至2006年5月，任小伊乡党委书记；2006年5月至2007年1月，任燕尾港镇党委书记、县临港产业区管委会主任、党工委副书记；2007年1月至2010年11月，任县人大常委会副主任、燕尾港镇党委书记、县临港产业区管委会主任、党工委副书记；2010年11月至2011年3月，任县人大常委会副主任、沿海物流园区党工委副书记、管委会主任；2011年3月至2012年1月，任县人大常委会副主任、灌云现代农业产业园区管委会主任、党工委副书记；2012年1月至2013年8月，任县政府党组成员、灌云现代农业产业园区党工委副书记、管委会主任、江苏筑富实业投资有限公司总经理；2013年8月至2014年5月，任县政府副县长、党组成员、江苏筑富实业投资有限公司总经理；2014年5月至2016年6月，任副县长、县政府党组成员；2016年6月，任县委常委、政法委书记。

【马兆素】 女，汉族，1966年7月出生，灌云人，省委党校研究生学历，中共党员。1990年8月至1992年12月，燕尾财政所办事员；1992年12月至1995年11月，任穆圩乡妇联副主任；1995年11月至2000年1月，任穆圩乡副乡长；2000年1月至2004年2月，任龙苴镇党委副书记；2004年2月至2007年2月，任龙苴镇镇长、党委副书记；2007年2至2009年4月，任龙苴镇党委书记、镇长；2009年4月至2011年4月，任龙苴镇党委书记；2011年4月至2012年4月，任副县长、县政府党组成员；2012年4月至2014年2月，任副县长、县政府党组成员、灌云现代渔业产业园区党工委副书记、管委会主任；2014年2月至2016年6月，任副县长、县政府党组成员、灌云现代渔业产业园区党工委书记、管委会主任；2016年6月，任县委常委、宣传部部长。

【张启银】 男，汉族，1966年11月出生，灌云人，省委党校研究生学历，中共党员。1991年9月至1992年4月，灌云县五交化公司文书；1992年4月至1993年10月，县商业局代理秘书；1993年10月至1995年11月，任龙苴镇团委副书记；1995年11月至1999年1月，任龙苴镇党委组织委员；1999年1月至2001年12月，任沂北乡副乡长；2001年12月至2003年2月，任沂北乡党委副书记；2003年2月至2004年2月，任沂北乡乡长、党委副书记；2004年2月至2007年2月，任伊山镇镇长、党委副书记；2007年2月至2011年3月，任伊山镇党委书记、人大主席；2011年3月至2011年4月，任伊山镇党委书记、人大主席、大伊山旅游经济区管委会主任、党工委副书记；2011年4月至2013年1月，任伊山镇党委书记、人大主席、大伊山旅游经济区管委会主任、党工委副书记（副县级）；2013年1月至2015年12月，任县临港产业区管委会主任、党工委副书记、燕尾港镇党委书记、人大主席（副县级）；2015年12月至2016年4月，任县临港产业区管委会主任、党工委副书记、燕尾港镇党委书记（副县级）；2016年4月至2016年6月，任县临港产业区管委会主任、党工委副书记（副县级）；2016年6月，任县委常委、县临港产业区党工委书记。

【冯春苗】 男，汉族，1973年9月出生，安徽怀宁人，工程兵工程学院大学学历，中共党员。1991年12月至1993年1月，83402部队一营三连战士；1993年1月至1996年5月，83402部队一营三连副班长；1996年5月至1998年4月，83402部队一营三连排长；1998年4月至2000年3月，83402

部队一营三连副连长；2000 年 3 月至 2001 年 6 月，73017 部队一营三连连长；2001 年 6 月至 2002 年 12 月，73017 部队装备处正连职助理员；2002 年 12 月至 2006 年 3 月，73017 部队二营副营长；2006 年 3 月至 2008 年 12 月，73017 部队二营营长；2008 年 12 月至 2014 年 2 月，73017 部队副团长；2014 年 2 月至 2016 年 6 月，任灌云县人民武装部部长；2016 年 6 月，任县委常委、县人民武装部部长。

【张友俊】　男，汉族，1964 年 8 月出生，江苏如东人，中央党校大学学历，中共党员。1985 年 7 月至 1989 年 5 月，市公安局市东派出所民警；1989 年 5 月至 1990 年 9 月，任市公安局市东派出所副所长；1990 年 9 月至 1993 年 5 月，任市公安局新浦分局政保股股长；1993 年 5 月至 1998 年 4 月，任市公安局海州派出所所长（副科级）；1998 年 4 月至 2000 年 3 月，任市公安局浦东派出所所长（副科级）；2000 年 3 月至 2002 年 3 月，任市公安局新浦分局经侦大队大队长；2002 年 3 月至 2007 年 1 月，任市公安局连云分局副局长；2007 年 1 月至 2009 年 11 月，任市公安局开发区分局政委；2009 年 11 月至 2011 年 1 月，任市公安局治安警察支队副支队长；2011 年 1 月至 2016 年 11 月，任市公安局治安警察支队支队长。2016 年 11 月，任灌云县副县长、人民政府党组成员，灌云县公安局局长、党委书记、督察长。

【颜东】　男，汉族，1977 年 5 月出生，江苏连云港人，省委党校研究生学历，中共党员。1998 年 7 月至 1999 年 4 月，新浦区外经贸局聘用工作人员；1999 年 4 月至 2001 年 11 月，市委保密办（市国家保密局）科员；2001 年 11 月至 2002 年 11 月，市委办公室秘书处科员；2002 年 11 月至 2004 年 12 月，市委办公室秘书处副主任科员；2004 年 12 月至 2007 年 9 月，任市委办公室秘书处副处长；2007 年 9 月至 2008 年 4 月，任市委办公室秘书处主任科员；2008 年 4 月至 2009 年 4 月，任市委总值班室主任科员（主持工作）；2009 年 4 月至 2010 年 8 月，任市委机要局业务处处长；2010 年 8 月至 2010 年 10 月，任市委机要局密码科研处处长；2010 年 10 月至 2014 年 3 月，任市委办公室信息处处长；2014 年 3 月至 2015 年 9 月，任市委总值班室主任；2015 年 9 月至 2016 年 6 月，任市委办公室秘书处处长；2016 年 6 月，任灌云县副县长、县政府党组成员。

【张凌云】　女，汉族，1975 年 3 月出生，灌云人，中央党校大学学历，中共党员。1991 年 9 月至 1994 年 7 月，连云港建筑学校工民建专业学员；1994 年 7 月至 1996 年 9 月，灌云县向阳乡工业办公室办事员；1996 年 9 月至 1997 年 8 月，县职教中心教师；1997 年 8 月至 1999 年 11 月，任穆圩乡人民政府城建助理；1999 年 11 月至 2003 年 8 月，任穆圩乡妇联主席；2003 年 8 月至 2004 年 8 月，任穆圩乡纪委副书记；2004 年 8 月至 2005 年 1 月，任穆圩乡党委委员、纪委副书记；2005 年 1 月至 2005 年 2 月，任穆圩乡副乡长、党委委员、纪委副书记；2005 年 2 月至 2008 年 5 月，任穆圩乡副乡长；2008 年 5 月至 2010 年 1 月，任侍庄乡党委副书记；2010 年 1 月至 2011 年 3 月，任县信访局副局长；2011 年 3 月至 2013 年 1 月，任下车乡乡长、党委副书记；2013 年 1 月至 2016 年 6 月，任新设立的下车镇党委书记；2016 年 6 月，任副县长、县政府党组成员、下车镇党委书记。

【谢兆英】　女，汉族，1963 年 5 月出生，灌云人，省委党校大学学历，中共党员。1982 年 7 月至 1984 年 5 月，灌云县伊芦公社幼儿辅导员；1984 年 5 月至 1990 年 9 月，任县妇联少儿部副部长；1990 年 9 月至 1995 年 8 月，任县妇联少儿部部长；1995 年 8 月至 1996 年 8 月，任县妇联组织部部长；1996 年 8 月至 2000 年 1 月，任县妇联副主席；2000 年 1 月至 2001 年 12 月，任县妇联主席；2001 年 12 月至 2002 年 12 月，任县委宣传部副部长（正科级）；2002 年 12 月至 2004 年 2 月，任县文化局局长、党委副书记、体育局局长；2004 年 2 月至 2005 年 1 月，任县发展计划局局长、党组副书记；2005 年 1 月至 2006 年 4 月，任县发展计划局局长、党组书记；2006 年 4 月至 2007 年 12 月，任县发改委主任、党组书记；2007 年 12 月至 2012 年 1 月，任县政协副主席、县发改委主任、党组书记；2012 年 1 月至 2016 年 6 月，任县委常委、政法委书记；2016 年 6 月，任县人大常委会副主任、党组副书记。

【郭家登】　男，汉族，1963 年 2 月出生，灌云人，研究生学历，中共党员。1984 年 9 月至 1988 年 7 月，江苏农学院农学专业学员；1988 年 7 月至 1995 年 6 月，灌云县农技推广中心作物栽培站技术员；1995 年 6 月至 1997 年 5 月，任县农技推广中心作物栽培站副站长；1997 年 5 月至 1997 年 6 月，任县农技推广中心主任；1997 年 6 月至 2001 年 12 月，任县农业局副局长；2001 年 12 月至 2003 年 1 月，任县农业资源开发局副局长；2003 年 1 月至 2011 年 12 月，任县政协副主席（不驻会）、县农业资源开发局副局长；2011 年 12 月至 2016 年 10 月，任县政协副主席（不驻会）、县工商联主席；2016 年 10 月，任县人大常委会副主任。

【李海涛】　男，汉族，1964 年 4 月出生，灌云人，大学学历，中共党员。1984 年 7 月至 1988 年 1 月，灌云县经济协作办公室办事员；1988 年 1 月至 1991 年 2 月，仲集税务所税务员；1991 年 2 月至 1992 年 5 月，县计经委办事员；1992 年 5 月至 1995 年 7 月，任县棉纺厂副厂长；1995 年 7 月至 1996 年 1 月，任板浦镇镇长助理；1996 年 1 月至 1998 年 3 月，任板浦镇副镇长；1998 年 3 月至 2000 年 1 月，任板浦镇党委副书记、副镇长；2000 年 1 月至 2001 年 10 月，任侍庄乡乡长、党委副书记；2001 年 10 月至 2005 年 1 月，任宁海乡党委书记；2005 年 1 月至 2005 年 4 月，任侍庄乡党委书记；2005 年 4 月至 2005 年 5 月，任侍庄乡党委书记、灌云开发区党工委副书记；2005 年 5 月至

2006年4月,任县政府县长助理、灌云经济开发区管委会主任、党工委副书记、侍庄乡党委书记;2006年4月至2006年8月,任县委常委、灌云经济开发区管委会主任、党工委书记、侍庄乡党委书记;2006年8月至2007年2月,任县委常委、灌云经济开发区党工委书记、侍庄乡党委书记;2007年2月至2007年5月,任县委常委、灌云经济开发区党工委书记;2007年5月至2008年5月,任县委常委;2008年5月至2009年6月,任县委常委、县经贸局局长;2009年6月至2011年1月,任县委常委;2011年1月至2016年6月,任县委常委、县临港产业区党工委书记;2016年6月,任县政协副主席、党组副书记。

【徐会传】　男,汉族,1969年6月出生,灌云人,大学学历,中共党员。1989年8月至1992年8月,灌云县穆圩中学教师、团总支书记;1992年8月至1994年9月,任陡沟二中教导处副主任;1994年9月至1996年8月,江苏教育学院教育管理专业学员;1996年8月至1998年1月,灌云县职教中心教师;1998年1月至1999年7月,县劳动局办事员;1999年7月至2000年7月,县政府办公室办事员;2000年7月至2002年5月,任县政府办公室秘书股副股长;2002年5月至2004年2月,任县政府办公室秘书科科长;2004年2月至2005年1月,任县委办公室主任助理;2005年1月至2007年11月,任县委办公室副主任;2007年11月至2010年1月,任县委办公室副主任(正科级);2010年1月至2012年1月,任县委办公室主任;2012年1月至2013年5月,任县委办公室主任、县扶贫办主任;2013年5月至2016年11月,任县委办公室主任、县扶贫办主任(副县级);2016年11月,任县人大副主任候选人、县委办公室主任、县扶贫办主任。

【周建军】　男,汉族,1970年3月出生,江苏沭阳人,大学学历,中共党员。1988年8月至1992年8月,灌云县农机修造厂技术员、副科长;1992年8月至1994年4月,县机械化工公司办事员、副科长;1994年4月至1996年4月,任县物资局办公室副主任;1996年4月至1999年7月,任鲁河乡乡长助理兼环保助理(副股级);1999年7月至2000年7月,任县政府办公室综合股办事员(副股级);2000年7月至2002年4月,任县政府办公室信息调研股副股长(正股级);2002年4月至2004年2月,任县政府办公室综合一科科长;2004年2月至2005年1月,任县政府办公室主任助理、综合一科科长;2005年1月至2005年11月,任县政府办公室副主任、综合一科科长;2005年11月至2007年11月,任县政府办公室副主任;2007年11月至2011年3月,任县政府办公室副主任(正科级);2011年3月至2016年11月,任县政府党组成员、办公室主任;2016年11月,任县政协副主席、县政府党组成员、办公室主任。

2016年逝世老干部（享受县处级待遇）名录

【李开泉】　男,1924年3月生,沭阳人,1944年5月参加革命工作,曾担任潘荡乡农会长、东海韩山区农会长、区治安股长、淮阴市交通局长、灌云县计委副主任、手工业局长、陡沟公社书记、县委委员、灌云县革委会生产副组长、灌云县计委主任、县计经委调研员等职务,1985年5月离休,享受厅局级医疗、乘车待遇。

【李珍富】　男,1931年11月生,灌云人,1945年4月参加工作,1950年3月入党,1983年11月离休。历任盐阜独立旅一团通讯员、十二纵特务团二营司号员、第二坦克编练基地副指导员、坦克学校学员、图河公社武装部长,图河、燕尾、龙苴、小伊、四队等供销社支部书记、图河食品站站长,享受副司局级医疗待遇。

【朱宣才】　男,1927年10月生,灌云人,1944年10月参加工作,1946年7月入党,1988年12月离休。历任淮阴军分区司令部警卫员,分区特务营班长,灌云县四队区区长,灌云县公安局公安队长,东门闸、叮当河涵洞、闸坝所所长,享受副司局级医疗待遇。

【王峻森】　男,1913年5月生,灌南人,1943年3月参加工作,1944年10月入党,1982年8月离休。历任灌东第一联防队司务长、灌东第一联防区会计、陈楼区财粮股长、灌云县联社副主任、灌云县物资局副局长、综合公司经理、灌云县水产公司、生资公司副主任,享受副司局级医疗待遇。

【谢恒翠】　男,1928年5月生,灌南县人,1946年3月参加工作,1947年7月入党,1989年8月离休。历任灌云县田楼区莽牛乡武工队中队长、灌云县南城区龙山乡乡长、灌云县情报站干事、灌云县四队粮管所所长、灌云县多种经营管理局副局长、灌云县水产局副局长、灌云县水产局调研员,享受县处级政治生活待遇。

【汤承让】　男,1926年10月生,沭阳人,1942年10月参加工作,1947年1月入党,1982年8月离休。历任灌云县警卫团一营二连战士、灌云县伊山区洪河乡副乡长、灌云县伊芦公社公安员、灌云县龙苴公社、穆圩公社、龙苴公社、同兴公社民政股长,享受副司局级医疗待遇。

【林吉礼】　男,1929年8月生,灌云人,1946年1月参加工作,1948年10月入党,1990年9月离休。历任灌云县南岗区财粮工作队队员、灌云县陡沟区财粮工作队组长、灌云县委干事、秘书、办公室副主任、灌云县杨集中学校长、灌云县中医院书记和院长、灌云县医院调研员等职务,享受县处级政治生活待遇。

【穆荣】　男,1927年8月生,灌云人,1944年7月参加工作,1945年9月入党,1983年4月离休。历任苏北军区海防团排长、志愿军四分部大站站长、志愿军四分部道路管理员、黑龙江接话站助理员、黑龙江召东县军马场汽车队队长、灌云县机械厂副厂长、农机公司办事员，享受副司局级医疗待遇。

【韩国标】 男，1927 年 8 月生，沭阳人，1946 年 6 月参加工作，1946 年 10 月入党，1988 年 12 月离休。历任沭阳城南区、淮海区粮食部门股长、主任，灌云县图河公社界圩大队书记、县委组织部组织员，界圩、白蚬、沂北公社副书记，粮食局调研员等职务。享受县处级政治生活待遇。

【谢怀珠】 男，1925 年 1 月生，沭阳人，1946 年 2 月参加工作，1946 年 2 月入党，1983 年 5 月离休。历任山东省城武县四区工作队队员、副区长，丰县九区、二区、六区副区长、武装部长，丰县武装部副科长、科长，南京军区文化学校学员，灌云县治淮团副团长、县水利局副局长等职务，享受县处级政治生活待遇。

灌云县首届葵花节

先进集体

2016年灌云县受全国条线表彰的先进集体

表70

受表彰单位	荣誉称号	表彰机关	表彰时间
伊山镇	国家级生态乡镇	环境环保部	2016.04
杨集镇	2016年全国重点镇	住建部等7部委	2016.09
县人社局	新闻宣传工作	人社部	
县殡仪馆	2016年度宣传工作先进单位	公益时报社中国殡葬编辑部	2016.12
县东王集法律服务所	全国法律援助工作先进集体	司法部	2016.09.29
县卫生计生委	中国家庭发展追踪调查成绩突出单位	国家卫生计生委	2016.11.23
县博物馆	全国社会科学普及基地	全国社会科学普及工作组委会	2016.10
县文广体局	《一代大青衣》在第四届全国市县电视台推优活动荣获电视专题类一等奖	中国电视艺术家协会	2016.09
同兴镇老促会	国家老区宣传优秀奖	中国老区建设促进会	2016.05
县工商联	2016年度民营经济新闻宣传工作先进集体	中华工商时报社	2016.11
锐巴化工等7家	国家级高新技术企业	科技部、教育部	2016.11.30
新农村发展研究院	南农大农业装备院	科技部、教育部	2016.12
县人民检察院	全国青少年维权岗	共青团中央等12家部委	2016.09.26
县教育局	全国无线电测向锦标赛优秀基层单位	全国无线电协会	2016.08
县教育局	全国无线电测向锦标赛优秀组织奖	全国无线电协会	2016.08
县第二实验小学	全国青少年法治知识网络大赛优秀组织奖	教育部青少年普法办	2016.08
伊山镇中心卫生院	群众满意的乡镇卫生院	国家卫生计生委	2016.12.14
南岗乡卫生院	群众满意的乡镇卫生院	国家卫生计生委	2016.12.14

2016 年灌云县受省级及省条线表彰的先进集体

表 71

单　　位	荣誉称号	表彰机关	表彰时间
县机要局	2016 年度全省机要系统先进单位	中共江苏省委机要局	
县国税局	2013—2015 年度省文明单位	省文明委	2016.09
县国税局	税收管理改革综合示范点	江苏省国家税务局	2016.08
县国税局	江苏省国税系统 2016 年度信息工作先进单位	江苏省国家税务局	
县人防办	“十二五”江苏省人民防空先进单位	省民防局	2016.12
县人防办	“民防杯”团体二等奖	省民防局	2016.09
县纪委	全省纪检监察信息工作先进单位	省纪委办公厅	2016.05
县纪委办公室	江苏省青年文明号	共青团江苏省委	2016.05
县纪委	全省廉政公益广告评选影视类铜奖	省纪委宣传部、省工商局	2016.11.08
县人社局仲裁院	灌云县临港产业区劳动人事争议仲裁庭	省人社厅	2016.12
县人社局	省级青少年维权岗单位	共青团江苏省委等	2016.12.26
县人社局	获“连云港市文明单位”荣誉称号	省人社厅	
县国土局	灌云县第一次地理国情普查项目(数据采集)三等奖	省测绘地理信息局	2016.11
县政府	土地执法模范县	江苏省国土资源厅	2016.04
伊山镇昌和社区	第四批省级法治文化建设示范点	中共江苏省委宣传部	2016.09.12
伊山镇山南社区	省级民主法治示范社区	江苏省依法治省领导小组	2016.11.16
伊山镇幸福社区	省级民主法治示范社区	江苏省依法治省领导小组	2016.11.16
伊山镇山南社区	江苏省和谐社区建设示范单位	江苏省民政厅	2016.03.02
伊山镇幸福社区	江苏省和谐社区建设示范单位	江苏省民政厅	2016.03.02
伊山人民调解委员会	江苏省人民调解委员会规范化建设示范点	江苏省司法厅	2016.02
县国税局	税收管理改革综合示范点	省国税局	2016.08
杨集镇	省文明乡镇	省文明委	2016
杨集镇	江苏省生态乡镇	江苏省环保厅	
县妇联	2016 年度莫愁杂志宣传工作特等奖	江苏省妇联	2016.07
县供销合作总社	为农服务社提升工程优胜单位	省供销合作社	2016.02
县人社局仲裁院	灌云县临港产业区劳动人事争议仲裁庭	省人社厅	
县纪委	全省纪检监察信息工作先进单位	省纪委办公厅	2016.05.06
县纪委办公室	江苏省青年文明号	共青团江苏省委	2016.05.11
县交通运输局	江苏省交通建设优质工程	江苏省交通运输厅	2019.09.30
县民政局	江苏省和谐社区建设示范单位	省民政厅	2016.03
县民政局婚姻登记处	江苏省五一巾帼标兵岗	省总工会	2016.03
县司法局伊山司法所	全省社区矫正“严格执法、严格管理”集中整治活动先进集体	江苏省司法厅	2016.10

续表71

单　　位	荣誉称号	表彰机关	表彰时间
小伊乡卫生院	省示范乡镇卫生院	省卫生计生委	2016.12.02
圩丰镇卫生院	省示范乡镇卫生院	省卫生计生委	2016.12.02
杨集镇城西村	省示范村卫生室	省卫生计生委	2016.12.02
同兴镇龙王口村	省示范村卫生室	省卫生计生委	2016.12.02
东王集镇盐河村	省示范村卫生室	省卫生计生委	2016.12.02
龙苴镇乔荡村	省示范村卫生室	省卫生计生委	2016.12.02
南岗乡大杨村	省示范村卫生室	省卫生计生委	2016.12.02
县疾病控制中心	省免疫规划工作先进集体	省卫生计生委	2016.09.20
伊山镇中心卫生院	省免疫规划工作先进集体	省卫生计生委	2016.09.20
县卫生监督所	省第二届“健康卫士杯”先进集体	省卫生监督协会	2016.12.06
县卫生计生委	省生活饮用水卫生监测点	省卫生计生委	2016.05.20
县中医院骨伤科	省基层医疗机构中医特色专科建设项目	省中医药局	2016.11.15
图河中心卫生院	省中医诊疗区(中医馆)服务能力建设项目	省中医药局	2015.11.10
县人民医院	江苏省文明单位	省文明委	2016.07
县疾控中心	江苏省文明单位	省文明委	2016.09
县文广体局	2016年度江苏省“无小耳朵社区”创建工作先进县	江苏省新闻出版广电局	2016.11
县广播电视台	2016年度江苏省电视节目技术质量奖三等奖	江苏省广播电影电视协会	2016.09
县广播电视台	《篾匠老孙》获江苏电视社教节目奖短纪录片二等奖	江苏省新闻出版广电局、江苏省广播电影电视协会	2016.06
县广播电视台	《书香灌云人》江苏电视社教节目奖系列片三等奖	江苏省新闻出版广电局、江苏省广播电影电视协会	2016.06
县广播电视台	《胸卷烟意纵横》江苏电视文艺奖专题节目三等奖	江苏省新闻出版广电局、江苏省广播电影电视协会	2016.06
县广播电视台	《一代大青衣——追忆中国话剧皇后朱琳》江苏电视电视社教节目奖专题片三等奖	江苏省新闻出版广电局、江苏省广播电影电视协会	2016.06
县烟草专卖局	江苏省文明单位	江苏省精神文明建设指导委员会	2016.09
龙苴镇	江苏省文明乡镇	江苏省精神文明建设指导委员会	2016.09.28
龙苴镇穆圩村	江苏省级民主法治示范村	江苏省依法治省领导小组	2016.11.16
龙苴镇杨范村	2016年省美丽乡村示范项目	江苏省农村综合改革领导小组、省城乡和住房建设厅、省农委、省财政厅	2016.04.01
四队镇隆兴村	江苏省和谐社区建设示范村	江苏省民政厅	2016.03
同兴镇轴北村	省民主法治示范村	省依法治省领导小组	2016.11.16
同兴镇三川村	省民主法治示范村	省依法治省领导小组	2016.11.16
同兴镇伊芦佳园水蜜桃种植专业合作社	江苏省科普惠农服务站	省科协	2016.11.21
县工商联	江苏省“五好”县级工商联	江苏省工商联江苏省总商会	2016.08

续表 71

单　　位	荣誉称号	表彰机关	表彰时间
县市场监督管理局	江苏省文明单位	江苏省精神文明建设指导委员会	2016
连连化学等4家企业	江苏省研究生工作站	省科技厅、教育厅	2016.11.23
图河镇海宁村	民主法治示范村	江苏省依法治省领导小组	2016.11.16
东王集镇	江苏省文明乡镇	江苏省精神文明建设指导委员会	2016.09.28
东王集镇韩圩村	江苏省文明村	江苏省精神文明建设指导委员会	2016.09.28
东王集镇元邦村	江苏省文明村	江苏省精神文明建设指导委员会	2016.09.28
东王集镇合兴村	江苏省文明村	江苏省精神文明建设指导委员会	2016.09.28
东王集镇	江苏省生态文明乡镇	江苏省精神文明建设指导委员会	2016.12.09
东王集镇关工委	关心下一代工作先进单位	江苏省关工委	2016.10
东王集镇韩圩村	全省校外辅导站电子阅览室优秀特色活动推广项目视频类:感受救人小英雄王祖帅,寻找小英雄壮举的动力《一等奖》	江苏省关心下一代工作委员会	2016.09
县人民检察院	江苏省五星级档案室	江苏省档案局	2016.12.08
县人民检察院	江苏省文明单位	江苏省精神文明指导委员会	2016.08.01
县行政服务中心	省文明单位	省文明委	2016.01
县行政服务中心	省服务业标准化试点项目	省质量技术监督局	2016.12
县政府办公室	全省政府门户网站第10名	省政府办公厅	2016.05.09
县海洋与渔业局	江苏省海洋综合管理先进单位	江苏省海洋与渔业局	2016
县政法系统关工委	全省关心下一代工作先进集体	省关工委、省精神文明委	2016
县教育系统关工委	全省关心下一代工作先进集体	省关工委、省精神文明委	2016.07
县教育系统关工委	关工委工作常态化建设巩固提高奖	省教育关工委	2016.09
下车中学	江苏省教育工作先进集体	江苏省教育厅	2016.06
下车中心小学	江苏省教育工作先进集体	江苏省教育厅	2016.07
七道沟益海小学	文明校园	省文明委	2016.09
灌云高级中学	文明校园	省文明委	2016.09
益海助学中心	文明校园	省文明委	2016.09
县实验小学	文明校园	省文明委	2016.09
县实验中学	文明校园	省文明委	2016.09
伊山中心小学	金钥匙“迈博”杯校园之间智力竞技一等奖	省教育厅	2016.04
南岗乡大杨村卫生室	江苏省示范村卫生室	省卫生计生委	2016.12.02
下车中心小学	江苏省教育工作先进单位	江苏省教育厅中共江苏省教育工委	2016.06
下车镇人民政府	江苏省放心消费创建活动先进单位	江苏省放心消费创建活动办公室	2016.03
下车镇人民政府	江苏省生态乡镇	江苏省环保厅	2016.12
县交通运输局	省文明单位	江苏省精神文明建设指导委员会	2016.09.28
县运输管理所	省文明单位	江苏省精神文明建设指导委员会	2016.09.28
县卫生计生委	人口协调发展先进县	省人口和计划生育领导小组	2016.04.08

2016 年灌云县受市级及市条线表彰的先进集体

表 72

单　　位	荣誉称号	表彰机关	表彰时间
县国税局	2014—2015 年度市文明单位	市委	2016.09
县经信局	2016 年度全市无线电管理工作先进单位	市经信委	2017.03
县纪委	全市纪检监察信息工作一等奖	市纪委、监察局	2016.03.01
县纪委	全市党风廉政新闻宣传工作一等奖	市纪委、监察局	2016.03.07
县纪委	全市党风廉政教育和廉政文化创建活动先进单位	市纪委、监察局	2016.03.07
灌云县	全市学党规党纪电视知识竞赛三等奖	市纪委、监察局	2016.07.19
县纪委	全市“山海廉韵”廉政公益广告评选一等奖（视频类作品）	市纪委、市文广新局	2016.12
县纪委	全市“山海廉韵”廉政公益广告评选组织奖	市纪委、市文广新局	2016.12
县纪委	全市“山海廉韵”廉政公益广告评选优秀奖（平面类作品）	市纪委、市文广新局	2016.12
县水利局	连云港市五一劳动奖状	市总工会	2016
县财政局	连云港市五一劳动奖状	市总工会	2016
江苏科伦多食品配料有限公司	连云港市五一劳动奖状	市总工会	2016
新乐电器（江苏）有限公司	连云港市工人先锋号	市总工会	2016
江苏威陵家具有限公司	连云港市工人先锋号	市总工会	2016
江苏汇九齿轮有限公司	连云港市工人先锋号	市总工会	2016
县林业局	连云港市工人先锋号	市总工会	2016
中国移动通信连云港分公司	连云港市工人先锋号	市总工会	2016
江苏省灌云县公路管理站	连云港市工人先锋号	市总工会	2016
县临港产业区管委会	连云港市工人先锋号	市总工会	2016
县民政局专门办公室	企业军转干部解困和稳定工作先进单位	连云港市企业军转干部问题工作小组	2016
杨集镇	市文明乡镇	市委、市政府	2016.11
杨集镇	农业农村工作先进单位	市委农村工作领导小组	2016.03
地方税务局第一分局	连云港市“敬老文明号”	连云港市精神文明建设指导委员会	2016
县纪委	全市纪检监察信息工作一等奖	市纪委、监察局	2016.03.01
县纪委	全市党风廉政新闻宣传工作一等奖	市纪委、监察局	2016.03.07
县纪委	全市党风廉政教育和廉政文化创建活动先进单位	市纪委、监察局	2016.03.07
灌云县	全市学党规党纪电视知识竞赛三等奖	市纪委、监察局	2016.07.19
县交通运输局	市文明单位	市委	2016.11.03
县地方海事处	市文明单位	市委	2016.11.03
县运输管理所	市文明单位	市委	2016.11.03

续表 72

单　位	荣誉称号	表彰机关	表彰时间
县卫生计生委	市全民科学素质行动计划纲要十二五工作先进集体	市委组织部等	2016.09.27
县卫生计生委	市文明单位	市委、市政府	2016.07.16
县卫生监督所	市文明单位	市委、市政府	2016.07.16
县卫校	市文明单位	市委、市政府	2016.07.16
县中医院	市文明单位	市委、市政府	2016.07.16
县文广体局	连云港市文明单位	市委、市政府	2016.11
县博物馆	连云港市文明单位	市委、市政府	2016.11
县文广体局	2016 年连云港市"中国梦 · 港城情"广场文化系列活动优秀组织奖	市委宣传部、市文广新局	2016.11
县文广体局	"中国梦 · 港城情"连云港市第十届文艺作品征稿活动优秀组织奖	市文广新局	2016.05
县图书馆	全市 2016 年度红领巾读书征文活动优秀组织	市文明办、市文广新局、市教育局	2016.11
县广播电视台	"书香连云港"建设公益广告征集活动优秀奖	连云港市全民阅读活动领导小组办公室	2016.11
县文广体局	江苏省第七届全民健身运动会二等奖	市体育局	2016.09
龙苴镇	2016 年连云港市"中国梦. 港城情"广场文化系列活动优秀活动乡镇	连云港市广场文化活动指导协调委员会	2016.11.15
龙苴镇	全市基层部门服务业统计工作先进单位	市统计局	2016.11
县市场监督管理局	连云港市文明单位	市委	2016
连云港威迪机械	科学技术进步奖	市政府	2016
尤丽康公司	全市创新创业大赛	市组委会	2016.10.19
东王集镇	连云港市文明乡镇	市委、市政府	2016.11.03
县反渎职侵权局	连云港市优秀反渎职侵权局	市人民检察院	2016.02.01
县人民检察院	连云港市"法治文化示范点"	市委宣传部	2015.12.31
县人民检察院民事行政检察科	连云港市民行业务竞赛组织奖	市人民检察院	2016.07.01
杨集检察室	连云港市优秀派驻监察室	市人民检察院	2016.02.16
县人民检察院行政监督科	连云港市先进集体	市人民检察院	2016.02.16
县政府办公室	政务信息特等奖	市政府	2106.03.30
县教育局	文明单位	市委、市政府	2016.11
下车镇人民政府	2016 年连云港市"中国梦. 港城情"广场文化系列活动优秀活动乡镇	市委宣传部	2016.09
县医院	市文明单位	市委、市政府	2016.11.03
县疾病控制中心	市文明单位	市委、市政府	2016.11.03
县林业局	2016 年度全市森林防火	连云港市护林防火指挥部	2016.11.22

先进个人

2016 年灌云县受全国条线表彰的先进个人

表 73

姓　名	荣誉称号	表彰机关	表彰时间
王步本	全国计划生育协会先进个人	中国计划生育协会	2016.05
王　辉	全国乡镇卫生院优秀院长	中国农村卫生协会	2016.11
张　梅	入选“中国好人榜”	中央文明办	2016.01

2016 年灌云县受省级及省条线表彰的先进个人

表 74

姓　名	荣誉称号	表彰机关	表彰时间
王茂彦	2016 年度全省机要系统先进个人(嘉奖)	中共江苏省委、机要局	2016
高　浪	江苏省国税系统 2016 年度信息工作先进个人	江苏省国家税务局	2016.02
陆润林　高　浪	2016 年度全省税收优秀论文二等奖	省税务学会、省国税局、省地税局	2016.12.16
厉　伟　高　浪　武　剑	2015 年度江苏省国税局课题调研三等奖	省国税局	2016.04.20
陈荣夫	江苏省劳动模范	省政府	2016.05
戴乐春	江苏省劳动模范	省政府	2016.05
王必进	江苏省劳动模范	省政府	2016.05
徐占兵	江苏省先进工作者	省政府	2016.05
朱凤东	省免疫规划工作先进个人	省卫生计生委	2016.09
刘成艳	省免疫规划工作先进个人	省卫生计生委	2016.09
	省“优秀接种医生”	省预防医学会、省疾控中心	2016.04
周　明	先进个人	江苏省红十字会	2016.12
朱利勇	2016 年江苏省基层卫生技术标兵	省卫生计生委、省总工会	2016.10
张　梅	入选“江苏好人榜”	省文明办	2016.01
孙惠芹	村庄环境整治工作先进个人	省村庄环境整治推进工作领导小组	2016.01

2016 年灌云县受市级及市条线表彰的先进个人

表 75

姓　名	荣誉称号	表彰机关	表彰时间
王　凯	2016 年度电力设施保护工作先进个人	市电力设施保护工作领导小组	
董婷婷	全市无线电管理工作先进个人	市经信委	

续表 75

姓　名	荣誉称号	表彰机关	表彰时间
陈德忠	全市优秀党务工作者	中共连云港市委	2016.06
付怀栋	第二届连云港市“医德之星”	市委宣传部、市文明办、市卫生计生委	2016.07
周　明	市《全民科学素质行动计划》“十二五”实施工作先进个人	市委组织部、市委宣传部、市科学技术协会	2016.06
孙善祥	连云港市五一劳动奖章	市总工会	2017.01
杜守云	用户满意服务之星	市质量协会、市总工会、市妇女联合会	2016.03
朱长玉	市优秀家庭医生	市卫生计生委	2016.10
朱士兵	市优秀家庭医生	市卫生计生委	2016.10
	全市卫生计生综合监督工作先进个人	市卫生计生委	2017.03
孙新苗	市疾病预防控制工作先进个人	市卫生计生委	2017.03
姚昌志	市卫生计生系统食品安全工作先进个人	市卫生计生委	2016.01
朱汝勇	市卫生计生综合监督工作先进个人	市卫生计生委	2016.01
	市卫生计生综合监督工作先进个人	市卫生计生委	2017.03
刘士才	市卫生监督执法“十佳办案能手”	市卫生计生委	2016.01
郑　静	市卫生计生系统食品安全工作先进个人	市卫生计生委	2017.03
王发高	市疾病预防控制工作先进个人	市卫生计生委	2017.03
周　明	医院医政工作先进个人	市卫生计生委	2016.05
王　芳	2015—2016 年度连云港市优秀护士	市卫生计生委	2016.05
朱利勇	市基层卫生岗位练兵和技能竞赛“全科医疗”项目一等奖	市卫生计生委	2016.09
戴奎伟	市青年岗位能手	共青团连云港市委、市人社局	2016.12
叶　丹	护理技能二等奖	市教育局、市发改委、市人社局	2016.06
姚昌志	市打击非法行医联动工作优秀联络员	市卫生监督所、市公安局治安支队	2016.12
李建厂	市卫生监督信息化工作先进个人	市卫生监督所	2016.05
张　梅	连云港市孝老爱亲模范	市文明委	2016.12

文件选编

中共灌云县委
关于进一步从严管理干部的意见（试行）

灌发〔2016〕20号

各乡镇党委，县委各部委办，县各委办局院党委（党组、支部），县各直属单位党委，驻灌省市属单位党委（党组）：

《关于进一步从严管理干部的意见（试行）》已经县委常委会研究通过，现印发给你们，请结合实际认真组织实施。

2016年3月3日

附：

关于进一步从严管理干部的意见（试行）

为深入贯彻党的十八大和习近平同志系列重要讲话精神，有效落实党要管党、从严治党方针，打造一支敢于担当、真抓实干、清正廉洁的干部队伍，为建设"强富美高"幸福新灌云提供坚强的组织保障，根据《中国共产党章程》、《党政领导干部选拔任用工作条例》等党内有关规定，结合我县实际，现就进一步从严管理干部提出如下意见。

一、加强理想信念教育，提升干部党性修养

1. 坚定理想信念。开展理论学习和研讨活动，深入学习马列主义、毛泽东思想、中国特色社会主义理论体系，学习党的十八大、十八届三中、四中、五中全会精神以及习近平总书记系列重要讲话精神，认真读原著、学原文、悟原理，引导和帮助干部始终坚定共产主义理想和中国特色社会主义信念，始终坚守共产党人的精神家园。组织干部到井冈山、延安、县内烈士陵园等红色教育基地接受党性教育，深入开展向开山岛夫妻哨、蔡学举等先进典型学习活动，为建设"强富美高"幸福新灌云凝聚强大精神力量。

2. 强化党员意识。培养党员干部身份上的荣誉感、事业上的成就感和组织上的归属感，弘扬党的优良传统，自觉在思想上、行动上与党中央保持高度一致。扎实开展"两学一做"学习教育活动，引导广大党员干部经常性、主动性向党中央看齐，向党的理论、路线、方针和政策看齐。通过开展重温入党誓词、重学《党章》、过政治生日、党的纪念日和主题教育等活动，增强党员参与活动、履行义务、发挥作用的自觉性。组织干部认真学习《党内政治生活若干准则》和《中国共产党廉洁自律准则》、《中国共产党纪律处分条例》等党内法律，严格执行"三个绝不允许"要求。

3. 提升作风修养。巩固党的群众路线教育实践活动成果，按照中央八项规定和省、市、县委要求，持之以恒抓好作风建设，防止"四风"问题反弹、回潮。引导干部恪守"三严三实"要求，对谋事不实、创业不实、做人不实的干部加大教育处理力度。深入开展整治"庸、懒、散、浮"活动，坚决破除机关干部"中梗阻"现象。严格按照军事训练条例，扎实开展党员干部和公务人员军训活动，严肃纪律，锤炼作风，提升意志力和整体执行力，努力把党员干部打造成为战士，锻造一支一不怕苦、二不怕死，勇于担当、敢于牺牲，忠诚可靠，拉得出、打得响，首战用我，用我必胜的坚强干部队伍。

二、加大培养锻炼力度,提升干部能力素质

4. 加强教育培训。继续抓好县域经济发展、招商引资、城镇规划、现代农业等专题培训,强化干部政策理论、业务技能不断提高。统筹办好县级主体班次、伊山大讲堂、专题研修班等,分层分类教育培训干部。持续深化干部教育培训“三年增智计划”,每年选派不少于100名干部赴高校学习培训。推行干部自主学习计划,推动干部每天学习不低于1小时。深化领导干部上讲台等制度,党委(党组)主要负责人每年为党员干部至少上一次党课或作一次专题报告,推动干部特别是领导干部以讲促学。

5. 加强培养锻炼。积极推进干部上挂下派工作,分批选派干部赴省、市级机关挂职,拓展视野,更新理念。实施年轻干部“四个一线”培养锻炼工程,每年动态保持100名左右干部在招商引资一线,项目推进一线、征地拆迁一线、信访稳定一线等任务重、矛盾多的岗位挂职锻炼,进一步锤炼干部作风,砥砺干部品质,提高干部处理实际问题的能力。组织县直机关与乡镇年轻公务员开展双向交流挂职锻炼,丰富干部工作阅历,积累群众工作经验。加强对挂职干部的监督、管理和考核,严防干部挂职走过场、无实效。

三、坚持正确用人导向,严格干部选拔任用

6. 全面贯彻“二十字”好干部标准。按照“信念坚定、为民服务、勤政务实、敢于担当、清正廉洁”的好干部标准,坚持重品行、重实绩、重公认、重基层导向,大力选拔信念坚定品行优、崇尚实干敢担当、为民服务口碑佳、清正廉洁形象好的干部。注重干部选拔任用向一线倾斜,今后新提拔的科级干部原则上都要有基层一线工作经历或“四个一线”实践锻炼经历。狠刹跑官要官、说情打招呼等不正之风,彻查买官卖官等违纪违法行为,努力营造风清气正的选人用人环境。

7. 创新干部选拔任用工作机制。严格执行《党政领导干部选拔任用工作条例》,着力探索和构建系统完备、科学规范、有效管用、简便易行的选人用人机制。强化党委(党组)领导和把关作用,以及在选人用人上的主体责任特别是第一责任人的责任,构建实名制推荐、清单式评价、终身制追责的“三位一体”干部提名工作机制。改进民主测评方式,推行“361”测评模式,着力增强民主测评的真实性。健全完善干部德的考察、日常考察、任前考察及年度考察工作机制,推动干部考察科学化、规范化和常态化。把民生改善、社会进步、生态效益等指标和实绩作为干部政绩考核的重要内容,不唯GDP选人。

8. 加强干部选拔任用工作监督。严格执行中组部《关于加强干部选拔任用工作监督的意见》,规范干部选拔任用事前事后审核备案工作,实行干部选拔任用“全程纪实”制度,切实防止干部“带病提拔”、“带病上岗”。加强对基层党委(党组)干部选拔任用的监督检查,坚持完善干部选拔任用“一报告两评议”、党委书记履行干部选拔任用工作职责离任检查、“三责联审”等制度。凡出现“带病提拔”、突击提拔、违规破格提拔等问题,都要对选拔任用过程进行倒查,对存在隐情不报、违反程序等失职渎职行为的,不仅查处当事人,还要追究责任人。

四、从严管理考核干部,强化干部日常管理

9. 加强干部日常考核。坚持重点岗位干部不定期专项考核、新提拔干部半年跟踪考核、不在状态干部及时定向考核,对干部工作表现情况进行全程跟踪考核,激励干部始终在岗在位在状态。探索科级干部“承诺、践诺、评诺”的方式方法,继续开展领导干部实绩月度公示,接受社会监督。建立干部考核考察结果数据库,加强对领导班子综合分析研判。完善领导干部经济责任审计制度,坚持离任必审,加大任中审计力度,并将审计结果作为干部任免、奖惩的重要依据,促进干部遵纪守法、廉洁勤政。抓好《推进领导干部能上能下若干规定(试行)》的贯彻落实,加大对不胜任现职、不称职干部的组织调整力度。

10. 持续开展专项整治。深化领导干部个人有关事项报告工作,进一步加大抽查核实力度,对不如实填报和隐瞒不报的,进行严肃处理。继续抓好“违反干部任用标准程序、跑官要官和说情打招呼、三超两乱、干部档案造假、领导干部违规兼职、裸官”等专项整治工作。严格执行国家工作人员出国(境)管理的有关规定,县管干部持有的出国(境)证件要交相关部门集中保管。

11. 加强干部轮岗交流。执行干部轮岗交流、任职回避规定,通过合理使用针对性交流、结构性交流、调整性交流、培养性交流、回避性交流等方式,着力提升干部交流的科学化水平。党政正职领导干部,任现职满5年的,要有计划性地交流,满10年的,必须交流。县直单位纪(工)委书记、纪检组长一般不从本单位产生,任现职满5年的,必须交流。乡镇党政正职、纪委书记、组织委员一般不在本人出生地和成长地任职。稳妥有序推进县直机关中层干部跨部门交流及县乡机关干部双向交流。

12. 落实谈心谈话制度。党委(党组)主要负责同志每年至少与班子其他成员、下一级党政正职谈一次话,分管领导要经常与分管部门的主要负责同志及其他班子成员谈话,班子成员之间也要经常谈心。谈心谈话可以定期专题开展,也可以与重点工作安排、重大事项督查、主题教育活动等结合进行。谈心谈话要开诚布公、畅所欲言,有针对性地交流思想、剖析问题。纪检机关、组织部门要关心爱护干部,对干部出现的苗头性问题,及时“咬耳朵、扯袖子”,防止小毛病演变成大问题。

13. 推行重要情况报告制度。县管领导班子出现党内政治生活不正常、严重不团结以及其他非正常情况,班子成员发生违反政治纪律、组织纪律、廉洁纪律、群众纪律等问题的,所在单位要及时向县委组织部报告。县管干部出现婚姻变化、严重伤情、非正常死亡、赴境外培训考察滞留不归的，以及配偶子女移居国（境）外、被追究刑事责任或发生民事纠纷造成不良影响等重要情况的，所在单位须第一时间报县委组织部。

五、坚持党内党外监督，增强干部监督合力

14. *加强党内监督*。严格执行领导干部述职述廉、作风建设监督检查等规定，落实诫勉谈话和函询等制度，形成党内监督常态化机制。认真开展党风廉政建设巡察工作，对干部和群众举报的问题线索，组织力量认真进行查核处理。重点加强对"一把手"的监督，严格规范党政"一把手"权力行使，重大事项决策、重要干部任免、重要项目安排、大额资金使用等，必须经集体讨论作出决定，不得以传阅、会签或个别征求意见等形式代替集体议事和会议表决。

15. *强化社会监督*。通过拟提拔干部任前公示、财产公示，加强群众对干部选任工作的监督。依托"12380"、信访举报等平台，积极构建对干部的全方位监督。坚持舆论监督的正确导向，充分发挥主流媒体在舆论监督中的主阵地作用。对在社会公开评议中满意度差、不称职比例过大且排名靠后的领导班子和领导干部，要进行专题考核并根据考核结果落实相应的处理措施。

16. *严格执纪问责*。严格执行中央《关于实行党政领导干部问责的暂行规定》，对因工作失职，给国家利益、人民生命财产、公共财产造成重大损失或者恶劣影响的干部，要严格问责。对软环境建设实行"一岗双责"，凡是出现破坏软环境的人和事，除严格追究当事人的责任外，对单位主要领导、分管领导还要实行严格的责任追究。对党风廉政建设案件实行"一案双查"，既追究当事人责任，也追究相关领导责任，既要查党委主体责任，也要查相关部门责任。

六、明确管理责任主体，落实干部管理职责

17. *肩负起干部管理主体责任*。党委（党组）要切实履行好干部管理职责，把干部管理工作提上重要议事日程，贯穿到干部工作全过程。要坚持党要管党，从严治党，把抓好党建作为党委（党组）书记最大的政绩。党委（党组）对本乡镇本单位领导班子和干部队伍建设的整体情况每年至少要分析一次，认真查找问题，深入剖析原因，制定有力措施，切实加以解决。

18. *担负好干部管理直接责任*。领导干部特别是主要负责同志要担负起抓班子、带队伍的责任，切实履行好干部管理的职责，坚持原则，真抓严管，对违反原则的人和事不留情面，对工作不力和作风不正的干部不姑息迁就，对出了问题的干部不包庇袒护。分管组织人事工作的领导同志要责无旁贷地担负起干部管理的责任，分管业务工作的领导同志也要管理好分管部门的干部。各级领导干部都要管好亲属及身边工作人员。

19. *履行好干部监督管理责任*。纪检监察机关要充分发挥监督职能，拓展监督渠道，从严监督干部。组织人事部门要认真履行职责，在做好干部选拔任用工作的同时，加强对干部的日常了解和从严教育、从严管理、从严监督，深入研究干部成长规律，及时制定落实科学有效的干部管理措施和办法，不断提高干部教育培养、选拔任用和监督管理的科学化、规范化水平。

20. *建立干部管理责任追究制*。要把干部管理、队伍建设作为领导班子和领导干部考核评价的重要内容，凡在干部管理方面出现问题的领导班子和领导干部，取消当年评先评优及表彰资格。对用人严重失察、失误，疏于管理监督，班子成员或者分管的人员连续或多次出现违纪违法行为的，不仅要追究当事人的责任，还要追究主要领导和分管领导的责任。

2016年3月3日

中共灌云县委关于对2015年度落实党风廉政建设责任制检查考核反馈意见整改落实情况的报告

灌发〔2016〕46号

市落实党风廉政建设责任制领导小组办公室：

根据《关于转发市检查考核组〈关于对灌云县党政领导班子落实党风廉政建设责任制检查考核的反馈意见〉的通知》（连责办发〔2016〕4号）要求，灌云县委第一时间召开专题会议，部署安排反馈意见整改落实工作。经过认真整改和自查评估，我县的反馈意见整改落实工作基本完成，现将相关情况报告如下：

一、思想高度重视，狠抓责任传导，实打实加强整改统筹

灌云县委高度重视《反馈意见》整改落实工作，及时召开专题常委会和常委扩大会，传达市检查考核组的反馈意见，要求全县党政领导班子及其成员对照市《反馈意见》，认真开展梳理自查，研究制定整改方案，逐条逐项整改落实。

一是着力强化组织领导。成立以县委左军书记为组长的整改落实工作领导小组，统筹抓好全县面上的整改工作推进。定期召开常委会研究过堂全县整改工作进展和整改措施落实等情况。县分管领导和责任单位"一把手"主动靠前指挥，明确

整改目标、细化整改措施、充实整改方案，逐条逐项落实具体承办科(室)和整改责任人，确保整改工作到边到位，取得实效。县纪委成立6个督导组，对党风廉政建设责任制检查反馈意见整改落实情况进行不间断监督检查，推动整改落实持续深入。县委常委、党员副县长亲自带队，对全县13个乡镇和19家县直党委2015年度落实“两个责任”情况定期开展专项检查，较好推进了党风廉政责任制的有效落实，促进了上级反馈意见的整改落实。

二是着力严明党的纪律。以开展“两学一做”学习教育为契机，组织专门力量做好《党章》《准则》《条例》等党内法规以及习近平总书记关于管党治党的一系列重要讲话精神的学习宣传、教育培训工作，引导全县党员干部特别是党员领导干部，自觉增强党章党规意识和为民宗旨理念，牢记自己的身份、职责，自觉接受纪律约束和群众监督。坚持将维护党的政治纪律和组织纪律严肃性放在突出位置，多举措教育引导全面党员干部进一步提高决策执行力，自觉在执行民主集中制、党内组织生活制度和请示报告制度等方面走在前、作表率。正视和解决当前部分党员干部中存在的组织观念淡薄、纪律意识松弛、党内关系庸俗化等问题，通过从严抓好党的建设特别是党风廉政建设，使党的纪律真正成为带电高压线、消毒防火墙、隔离安全带。

三是着力加强权力监管。在有力有序抓好阳光党委建设、干部任前公示、党风廉政巡察、纪委同级监督、三权分离机制等创新成果转化的同时，围绕扎紧关牢制度笼子，进一步细化制定“权力清单”“责任清单”“负面清单”相关制度规则和监督执纪“四种形态”《暂行办法》等规范性文件，支持县纪委推进全县派驻机构“点派驻+片管理”管理模式的实施，既全面厘清各级党委、政府、纪委的职责分工，又狠抓各级党委、政府、纪委的合力凝聚，通过逐步完善廉政风险防控机制，进一步加强对党员干部特别是领导干部的权力监督，确保权力透明阳光运行，推动全县党风廉政建设责任制真正落地生根。

二、紧扣中心工作，狠抓责任落实，实打实强化惩防体系

始终将落实“两个责任”作为党风廉政建设的中心工作，严格执行中央和省市有关党风廉政建设各项规定，建立健全责任体系，确保党风廉政建设党委主体责任和纪委监督责任落实到位。

一是不断强化主体责任。继续坚持主要领导担当第一责任，分管领导认真履行“一岗双责”；县委主要领导坚持每年组织召开党风廉政建设工作部署会议2次以上；县委常委会定期召开专题会议，研究部署全县党风廉政工作。不断强化各级党委(党组)“抓党风廉政建设是分内工作，不抓党风廉政建设就是严重失职”、“抓经济社会发展是主责，抓党风廉政建设更是主责”的意识，坚持把党风廉政建设与经济社会发展工作紧密结合，同步安排、同步落实、同步检查。明确要求党政班子成员落实党风廉政建设责任，自觉履行“一岗双责”，具体部署廉政任务，对各自分管的领域党风廉政建设做到重要工作亲自部署、重大问题亲自过问、重点环节亲自协调、重要案件亲自督办，坚持原则、敢抓敢管，强化对责任对象的教育监管，促进全县党员干部廉洁从政。

二是严格落实监督责任。县纪委在重点协调做好县委常委、党员副县长带队赴基层开展党风廉政建设责任制检查考核等“规定动作”的同时，积极围绕“巡察监督”“同级监督”“派驻监督”等“自选动作”做文章，综合运用各类自有监督抓手和工作途径，及时发现并督促整改基层在落实“两个责任”方面存在的问题。并以《灌云县实施监督执纪“四种形态”暂行办法》为行动指南，积极协调全县纪检监察机关以及党委组织部门等做好问题党员干部的分类处置工作。今年来，全县开展“两个责任”专项检查1批次，下发通报1期，共点名批评6家“两个责任”落实不力单位，约谈8家单位领导班子成员。

三是健全完善惩防体系。围绕县委制定的《落实党风廉政建设党委主体责任、纪委监督责任的实施意见(试行)》狠抓落实，切实做到党委、纪委各捧一本“责任账”，各履其职，各尽其责。同时，强化“三级联建”成果运用，将“两责”由县到乡镇至村居，由“一把手”到分管领导至责任个人逐级传导，不断加强责任意识，强化“两个责任”落实。紧盯群众反映强烈的突出问题，以及腐败问题易发多发的重点领域和关键环节，进一步加大纪律审查力度，零容忍惩治发生在领导机关、领导干部以及群众身边的“四风”和腐败问题，不断增强基层群众“获得感”。今年来，全县纪检监察机关先后立查党员干部违纪违法案件143件，挂牌督办群众身边的“四风”和腐败问题线索2批次28条。

三、紧盯作风弊病，狠抓监督检查，实打实加强作风建设

始终把落实中央八项规定、省委十项规定和市委二十条实施办法作为经常性工作，不断健全和完善党委、政府和纪委联动督查机制，及时受理群众信访举报，严查顶风违纪行为。

一是强化宣传教育正思想。县委县政府以建设学习型组织、廉洁型班子为目标，借助“勤廉标兵”“灌云好人”等先锋人物展评、省市县廉政文化示范点创建、廉政文化乡村行等活动载体，在全县深入组织开展党风、党纪、党性教育，积极营造崇廉尚洁浓烈氛围，引导全县党员干部特别是领导干部自觉强化廉政学习理念，牢树遵章守纪意识，加强廉洁思想、自律能力和作风建设，全方位抵制各种不正之风。通过大树正面典型、严惩反面典型，释放越往后执纪越严的信号，真正把纪律规矩立起来、严起来。

二是强化风险防范抓源头。加强和改进党风廉政巡察，不断丰富巡察方式方法，拓宽发现问题渠道，及时对自主排查、工作发现以及群众举报的各类苗头性、倾向性问题进行梳理甄别，在动态研判的基础上，及时按照监督执纪“四种形态”新理念进行分类处置。针对问题背后的监管缺位和制度漏洞，及时明确责任、完善制度，提高标准、强化约束。以县乡换届为契机，狠刹选人用人不正之风，严把干部选任廉政审查关，严查领导干部执行廉洁自律规定情况，坚决杜绝损害党的形象和群众利益问题发生。

三是强化督促检查严法纪。严格落实中央“八项规定”精神，不断完善作风建设联动督查机制，紧盯各类“四风”问题不放松，保持常抓不懈的韧劲，形成齐抓共管的合力，着力防松懈防变通防反弹。加大治庸治懒治散治浮工作力度，严肃查纠为官不为问题，进一步弘扬新风正气，狠刹歪风邪气。对顶风违纪的，实行“一案双查”，既处理当事人，又严肃问责所在乡镇、部门或单位分管领导。今年以来，我县先后组织开展作风建设专项检查10余次，查处违反中央八项规定精神问题2个，2人受到政纪处分。

下一步，我们将以十八届三中、四中、五中全会精神为指引，进一步严格落实党风廉政建设责任制，坚定不移抓好市委市政府各项决策部署的抓实落地，重点围绕监督执纪“四种形态”积极开展探索实践，通过标本兼治、综合治理、惩防并举、注重预防，扎实推进惩防体系建设，决心以更有力的举措、更严谨的作风、更扎实的工作、更显著的成效取信于民，群策群力推动全面从严治党不断向基层延伸，为建设“强富美高”幸福新灌云提供更加坚强有力的政治保证！

2016年5月20日

灌云县人民政府关于公布第五批县级非物质文化遗产保护名录和第四批县级非物质文化遗产名录项目代表性传承人的通知

灌政发〔2016〕21号

各乡镇人民政府，县各委办局、县各直属单位：

为了贯彻落实《中华人民共和国非物质文化遗产法》，进一步加强全县非物质文化遗产的传承保护工作，依据《中华人民共和国非物质文化遗产法》、《江苏省非物质文化遗产保护条例》和《连云港市非物质文化遗产保护工作管理办法》，现将我县第五批非物质文化遗产保护名录（3项）及第四批非物质文化遗产名录项目代表性传承人（13人）的名单予以公布（见附表）。

各乡镇、各有关部门、各单位，要依法积极做好本级非物质文化遗产传承保护工作，明确职责，形成合力，继承和发扬优秀的文化传统，并运用非遗等文化艺术形式，认真扎实地宣传贯彻党的十八届五中全会精神，推动全县文化大发展、大繁荣，为建设强富美高幸福新灌云作出贡献。

特此通知。

附件：

1. 灌云县第五批非物质文化遗产保护名录

2. 灌云县第四批非物质文化遗产保护名录项目代表性传承人名单

2016年2月18日

附件1

灌云县第五批非物质文化遗产保护名录（3项）

序号	编号	项目名称	分布区域、单位	备注
一、民间文学				
1	GYⅠ-1	小白龙探母的传说	全县	
二、传统技艺				
2	GYⅡ-1	灌云豆丹烹饪技艺	全县	
三、传统医药				
3	GYⅢ-1	王氏炮灸疗法	伊山镇	

附件 2:

灌云县第四批非物质文化遗产保护名录代表性传承人名单(13 人)

序号	项目名称	代表性传承人	所在乡镇
1	小白龙探母的传说	李德权、王兆彦	伊山镇
2	淮海戏	朱银华、任礼红	南岗乡、伊山镇
3	工鼓锣	潘家岩	南岗乡
4	剪纸	孙旻昕	伊山镇
5	柳编	吴同华、孙乾方	龙苴镇、侍庄乡
6	灌云豆丹烹饪技艺	徐　亮、陈光山	伊山镇
7	陈氏肿毒疗法	陈庆祝	下车镇
8	王氏炮灸疗法	王康宜	伊山镇
9	太极拳	曹长城	伊山镇

灌云县人民政府
关于群众信访反映燕尾港化工园部分企业
埋设排海暗管查处情况的报告

灌政发〔2016〕23 号

省海监总队:

2016 年 2 月 23 日下午,接到中国海警局《关于调查核实群众举报的通知》(海警明发〔2016〕0059 号)以及省海监总队要求调查群众举报的指示后,灌云县政府高度重视,立即组织县海洋与渔业局、环保局及临港产业区管委会、燕尾港镇政府,对反映的“化工园部分企业埋设排海暗管,将污水直接排放入海”问题进行逐项调查核实。现将有关情况报告如下:

一、临港产业区相关基本情况

临港产业区于 2005 年 3 月建园,规划面积 120 平方公里,建成面积 55 平方公里,园区以港口码头建设为龙头,以后方产业发展为支撑,以燕尾新城建设为依托,“港、产、城”联动发展,现已进驻过亿元项目 156 个,其中超 10 亿元 18 个,现有规模以上企业 131 家,2015 年实现销售收入过亿元企业 16 家,税收过千万元 8 家,园区逐步形成精细化工、船舶制造和新能源三大基础产业,港口物流、石油化工、装备制造、高新技术等产业正在加快培育,非化工类项目贡献率逐年增长。园区化工集中区 10.2 平方公里,占整个临港产业区总规划面积的 8.5%,生产企业 61 家,关闭企业 16 家、停产整治企业 28 家,市场原因未复产企业 18 家。

在省委省政府大力整治化工园区环境启动以来,按照要求,2014 年 6 月 30 日,灌云县政府网站、环保局网站率先公布了“三个一批”企业名单,对 38 家企业实行限期整改;对 56 家企业实行停产整改;将 29 家企业列入取缔关闭名单,其中 15 家企业下达关闭决定。县政府随后对关闭取缔、停产整改的 85 家企业采取限电措施,坚决停产到位,部分限期整改企业在看到政府的态度和停产决心后,有近 30 家企业也主动停产进入整改状态,园区最高同时停产企业达到 115 家。2014 年 12 月 31 日,县政府根据企业整改推进情况,实施新一轮“三个一批”整治措施,对 31 家企业继续实行限期治理,对 44 家企业实行停产整治,将力达宁化工等 4 家企业由限期整改转为停产整治。目前园区全部 123 家企业中,79 家企业通过整改验收(没有全部生产),16 家企业被取缔关闭,28 家尚未完成整改任务的企业转为停产整治。

二、关于园区被曝光情况

(一)和利瑞公司被曝光情况。2014 年 2 月,环保部华东督查中心及省市环保部门根据群众举报,查出和利瑞公司在 2011 年年初建厂初期,偷埋 60 号分散蓝染料产次品 66.6 吨于车间下面,该公司 5 名责任人被追究刑责。此事件被《人民日报》和中央电视台曝光。

（二）省海洋渔业局查暗管情况。2014年4月，有媒体对灌云县临港产业区暗管排污问题进行舆论监督。4月中旬，中国海监江苏省总队组织了突击检查，组织力量对疑点疑区进行了挖掘。园区管委会和县环保局从4月20日起，根据化工园区环保专项整治的相关要求，组织开展为期两月的“查暗管防偷排”专项行动。4月23日，根据群众举报，园区出资32万元购置美国进口暗管探测仪一台，对园区所有企业进行地下管道探查，给地下暗管拍“X光片”，让暗管变明管。环保及海洋与渔业等部门在县临港产业区挖出4条暗管，其中燕尾港挡潮闸下锦豪船厂东南处两条：一条暗管内壁干净，没有任何污水痕迹；另一条暗管内有少量残余废水，经查为明盛化工2011年初铺设的管道，省海洋渔业部门和县环保局已经依法作出行政处罚。

（三）信访人称去年园区被相关媒体曝光及出现暗管被查的举报严重失实。一是园区2015年全年没有被人民日报和央视等相关媒体曝光；二是国家海洋局从未派船到燕尾港探测过排海暗管，所以从来没有被查出10多根污水排海暗管的事情发生，也未发现一根污水排海暗管上接多个企业排污管的情况。

三、关于化工园区专项整治开展情况

为推进临港产业区环境问题的有效快速整改，成立以主要领导任组长，三位常委任副组长，相关单位一把手为成员的临港产业区环保整改工作领导小组，制定《临港产业区环境问题整改方案》（灌发〔2014〕28号），坚定信念，坚决打赢化工整治持久战。

（一）强化污水分类收集，分质处理。一是完善污水专用明管输送工程。投资5800万元，沿主要道路并行铺设三根管径400毫米的PE主管，总长度约15公里，分类收集染料与颜料、医药与农药、基础原料及助剂等废水，并全部实现COD在线检测第三方运维，实现“一企一管”。二是完成标准化雨水沟改造。投资4000万元，将原有纬路明沟全部填平，建设标准化雨水排放渠，规范企业雨水排口设置，建成前期雨水收集池，雨水排口设置阀门、采样井和视频监控，严格控制企业污水跑冒滴漏。三是强化车间收集处理。94家企业与甲级环保专业技术机构签订了治污合作协议，进行废水预处理设施升级改造，对高盐份、高色度、高COD污水等在重点车间、重点工段进行专项收集处理。如乐斯化学、倍合德华强等4家企业委托南京农业大学对14个车间19个工段进行污水全分析设计改造。

（二）淘汰落后工艺设备，推陈出新。一是淘汰重污染产品。盈润化工、乐斯化学等13个产品因废水难处理被责令淘汰。泰格化工、华鹏化工等18条生产线因废气污染重被责令关闭。亚然化工、蒙生泰化工部分生产线因产生危废多、处理费用高，被责令拆除。二是淘汰落后工艺。如天勤化工食品添加剂原生产工艺为硫化钠还原，污水量大、废气污染重。专项整治中，该公司以氢气还原工艺替代了硫化钠还原工艺，从源头上消除了硫化氢废气的产生，减少了原辅料消耗和废水、固废的产生。三是淘汰落后设备。全区共淘汰水喷射真空泵225台，淘汰敞口式离心机134套，大大减少了废弃物排放。

（三）加强环境监管，严惩违法排污行为。实行横向到边纵向到底的网格化管理模式，把产业区以经七、经八、经九路为分界线分为三个片区，环保分局成立三个监察室进行监督管理；同时成立巡查中队，四组三班倒实行24小时值班巡查制度，有效打击了违法排污行为。环保部门公开、张贴举报电话，采取有奖举报等方式，鼓励群众参与到环境保护中来，收集违法排污信息，对收到的举报信息，及时进行核实查处。建立环保、公安、纪检联合执法体系，从严加快对环境违法企业的查处力度。化工整治开始以来，先后对金安化工等85家企业实施行政处罚，处罚金额达420万元并及时在政府网站公开。公安部门提前介入对环保案件的调查处理，共办理刑事案件7起，刑事拘留20人，判决7人；办理行政案件14起，行政拘留21人。

四、关于污水处理厂处理能力问题

为彻底解决园区化工污水处理难问题，园区引进新加坡胜科工业集团，成立连云港胜科水务有限公司，由新加坡公司控股80%进行第三方运营，胜科水务投资7400万元已经完成园区污水处理厂一二期技术改造，目前处理能力在20000吨/天左右。我县严格按照污水厂处理能力调控企业产品及生产规模，污水全部接入污水处理厂进行处理。由于世界染料行业市场极度低迷，园区污水排放第一位的染料行业大多停产，加之一些医药企业将污水排放量大的产品及中间体委托有条件外地化工园区生产，本园区企业每天产生污水在5000吨左右，关于化工企业每天产生15000吨污水的说法是没有任何依据的。园区对各类偷排行为是坚决打击，决不手软的。

五、下一步工作打算

通过近两年的精心组织，强势推进，临港产业区化工环保专项整治工作取得明显成效，近海海水环境质量稳定达到功能区规定的Ⅳ水质标准。国家环保部三次推荐外地化工园区来我县参观学习，2015年8月3日至8日中央电视台记者、人民日报记者专访我县化工园区，高度评价我县化工整治成果。但我们深知，环境保护工作具有长期性、艰巨性、复杂性的显著特点，临港产业区化工专项整治尤为如此，不可能毕其功于一役。十三五期间，我们将继续秉持绿色园区、循环园区、生态园区建设目标，继续全面开展园区环保专项整治，推进园区环境不断上新台阶。

（一）进一步强化数据库和监管体系建设。着力建设高标准环保基础数据库，将企业车间、工段污水水质水量，废气泄露点污染物及浓度，危废产生工段及主要污染物，三废处理设施工艺及处理效果等全部纳入数据库管理。建成一套从企业到园区的全过程监管体系，建成一个园区层面的环境污染防控技术平台，建设一支较高水平的环境污染控制队伍，形成一套促进园区安全高效经济的污染控制的运行机制。

（二）进一步规范环保设施建设和运营。推进企业污染防治设施第三方运营，着力打破环保基础设施特许经营模式，引进第二固废焚烧厂、第二污水处理厂，形成市场竞争机制，防止垄断经营产生垄断利润，让环保公司在竞争中成长和规范运营，让企业在环保公司的正常竞争中享受公平价格，提升企业市场竞争力，为园区提供更多环境安全保障，推动园区环境保护和生态文明建设再上新台阶。

（三）进一步加大环保执法和监管力度。强力督促所有企业环保设施必须正常运行，污染物稳定达标排放。对群众反映的环境污染问题，将严格依法立案查处，要高度重视此次举报中反映的暗管排污行为，全面加强排查，加强与公安部门联动，严厉打击可能出现的暗管排污行为。充分利用广播、电视、网络等媒体，揭露和批评违法行为，提高群众的环境意识，调动全社会参与环境保护的积极性和主动性，使一切环境违法行为无藏身之地。

特此报告。

2016 年 2 月 26 日

灌云县人民政府
关于印发 2016 年全县招商引资考核办法的通知

灌政发〔2016〕38 号

各乡镇人民政府，县各委、办、局，县各直属单位：

《2016 年全县招商引资考核办法》已经县十五届政府第 37 次政府常务会研究通过，现予以印发，请认真遵照执行。

2016 年 3 月 28 日

附：

2016 年全县招商引资考核办法

为进一步加大招商引资工作力度，充分调动全县招商引资工作积极性，促进全民创业、全员招商活动扎实开展，客观公正地评价各单位招商引资工作实绩，奖励先进，鞭策后进，确保全面完成年度招商引资任务，特制定本办法。

一、考核对象

（一）乡镇（11 个）：伊山镇、杨集镇、四队镇、龙苴镇、同兴镇、圩丰镇、下车镇、小伊乡、图河乡、南岗乡、东王集乡。

（二）园区（6 个）：临港产业区、经济开发区、大伊山旅游经济区、现代农业产业园区、现代渔业产业园区、县城东城区建设指挥部。

（三）部门一组（29 个）：发改委、经信局、财政局、教育局、科技局、民政局、人社局、环保局、建设局、农　委、国土局、水利局、商务局、卫生计生委、农工办、农开局、农机局、林业局、物价局、市场监管局、旅游局、招商局、粮食局、盐务局、文广体局、交通运输局、海洋渔业局、国税局、地税局。

（四）其它部门计分标准参照部门一组标准进行计分。

二、目标任务

（具体目标任务见附表一）

三、考核方法

（一）认定标准

1. 新开工 5000 万元以上工业项目。原则上 1 个项目只认定 1 家引资单位，对固定资产投资超过 5 亿元的项目可以允许 2 家引资单位。新征地项目固定资产投资额达到合同约定固定资产投资总额的 20% 以上方可考核认定；租赁厂房的项目主要机器设备进场安装的方可考核认定；收购重组和技术改造项目新增固定资产投资额达到 2000 万元以上方可考核认定。

2. 新开工 1500 万元以上农业产业化项目。原则上新开工 1500 万元以上农业产业化项目视同新开工 5000 万元以上工业项目，项目固定资产投资额达到投资合同约定固定资产投资总额的 20% 以上方可考核认定；收购重组项目新增固定资产投资额达到 500 万元以上方可考核认定。

3. 新开工 1000 万元以上服务业项目。主要考核现代商贸、金融服务、现代物流、信息服务、电子商务、旅游、文化服务、社区服务和服务外包等服务业项目，不含纯政府主导投资的社会事业、基础设施项目。

4. 注册外资实际到账额。以会计师事务所出具的验资报告为准，经市外汇管理局的核实，并且是通过省、市商务部门审核确认数据。外商投资性公司投资（并购）设立的外商投资企业，其注册外资实际到账只要通过验资，并经市外汇管理局核实，可以直接认定。

（二）认定所需材料

1. 新开工 5000 万元以上工业项目。新征地项目须提供正式投资协议、核准（备案）文件、工商登记营业执照、土地出让合同或土地使用证、购地付款凭证、施工许可证或建设规划许可证、购买设备付款凭证；租赁项目须提供租赁协议、工商登记营业执照和购买设备付款凭证。

2. 新开工 1500 万元以上农业产业化项目。凡涉及土地、房屋、机械设备、配套设施等，比照新开工 5000 万元以上工业项目要件认定。

3. 新开工 1000 万元以上服务业项目。项目须提供营业执照、投资合同、施工合同、工程结算发票和其他工程形象进度佐证资料。

4. 注册外资实际到账额。境外投资者（含境外公司、企业、其他经济组织和个人）和境内外投资性公司在县内依法投资设立企业的营业执照和所实际投入的货币、技术、设备的验资报告等资料。

（三）评分方式

招商引资考核基本分为 100 分，由新开工 5000 万元以上工业项目、新开工 1000 万元以上服务业项目、注册外资实际到账额三项考核得分组成。其中，新开工 5000 万以上工业项目 50 分、新开工 1000 万元以上服务业项目 10 分、注册外资实际到账额 40 分。（具体计分办法见附表二）

1. 新开工 5000 万元以上工业项目。此项考核完成项目个数占基本分 50%，实际投入与年度计划投资比例占基本分 50%，两项累计为此项考核得分。

当年引进当年开工并且完成 20% 以上投资量的工业项目，投资 2 亿元以上加 2 分，投资 5 亿元以上加 5 分，投资 10 亿元以上加 10 分；对引进世界 500 强企业或引进央企直接投资且当年完成 20% 以上投资量的工业单体项目，每个加 10 分；对引进在主板上市企业直接投资且当年完成 20% 以上投资量的工业单体项目，每个加 5 分。

2. 新开工 1500 万元以上农业产业化项目。该项考核比照新开工 5000 万元以上工业项目计分标准，当年引进当年开工并且完成 20% 以上投资量的农业产业化项目，投资 1 亿元以上加 2 分，投资 2 亿元以上加 5 分，投资 5 亿元以上加 10 分。

3. 新开工 1000 万元以上服务业项目。基本分均分到项目任务数上，每一项目按当年完成实际投资占当年计划投资额比例计分，项目累计得分为此项考核总得分。每超额完成一个投资 1000 万元以上服务业项目的（当年完成实际投资 500 万元以上）加 2 分、2000 万元以上的（当年完成实际投资 1000 万元以上）加 4 分。

4. 注册外资实际到账额。根据目标任务完成比例进行计分，完成年度目标任务的得基本分；超额完成目标任务的，按超额完成任务比例加分，加分不超过基本分的一半。

（四）投资额计算办法

1. 新征地工业项目以土地费用、建筑费用加上设备投入计算；租用厂房项目以年租金的 3 倍加上设备投入计算；收购、重组项目以收购额、建筑费用加上设备投入计算。物流、汽贸、商务商贸、旅游类项目以土地费用、配套设施费用、建筑装潢费用加上设备投入计算。

2. 国家高新技术企业投资项目、外资项目、高技术服务业项目（包括研发设计、检验检测、文化创意、技术咨询、电子商务等）按 1:2 折算认定固定资产投资额。

3. 招引国家“千人计划”、“万人计划”专家，“两院院士”，长江学者等领军人才来灌云投资创业，注册资本 1000 万元以上且实收资本中本人货币资本不少于 100 万元，是自然人第一大股东或占股不少于 30%，视同 1 个固定资产投资 5000 万元以上工业项目。

四、考核奖惩

年终对乡镇、园区、县直部门招引项目实绩进行公示，对完成招商引资任务的单位予以表彰奖励。

（一）设立招商引资完成任务奖。参加考核的单位完成年度任务的由县财政奖励 6 万元。

（二）设立招商引资先进单位奖。根据综合考核结果，在完成年度考核任务的单位中设“招商引资先进单位奖”6 名，由县委、县政府予以表彰。“招商引资先进单位奖”设一等奖 1 名，二等奖 2 名，三等奖 3 名，分别奖励 15 万元，12 万元，9 万元。

对未完成招商引资任务的单位予以通报批评，责其向县委、县政府做出说明；年度招商引资考核排名后三名的单位，县政府将对其主要领导进行诫勉谈话。

附表一：2016 年度全县招商引资目标任务分解表

附件二：2016 年度全县招商引资考核计分表

附表一

2016 年度全县招商引资目标任务分解表

单位		新开工 5000 万元以上工业项目(个)				新开工 1000 万元以上服务业项目		注册外资实际到账额(万美元)
		固定资产投资总额(亿元)	合计	1 亿元以上	10 亿元以上	固定资产投资额(亿元)	个数	
县任务合计			140	75	7		73	11920
第一组开发园区	临港产业区		20	10	5		4	3540
	经济开发区		11	5	2		4	3540
	大伊山旅游经济区						2	40
	现代农业产业园区						1	40
	现代渔业产业园区						1	40
	东城区建设指挥部						3	40
	园区小计		31	15	7		16	7280
第二组乡镇	伊山镇		5	3			3	400
	杨集镇		5	3			2	310
	四队镇		5	3			2	310
	龙苴镇		5	3			2	310
	同兴镇		5	3			2	230
	圩丰镇		5	3			2	310
	下车镇		5	3			2	310
	小伊乡		5	3			2	230
	图河乡		5	3			2	230
	南岗乡		5	3			2	310
	东王集乡						2	230
	乡镇小计		50	30	0		23	3180
第三组县直部门(29 家)	发改委、经信局、财政局、教育局、科技局、民政局、人社局、环保局、住建局、农委、农机局、林业局、物价局、市场监管局、旅游局、招商局、粮食局、盐务局、文广体局、交通运输局、海洋渔业局、国税局、地税局、国土局、水利局、商务局、卫生计生委、农工办、农开局。		每家 2 个	招商局 2 个,其余每家 1 个			教育局、住建局、卫计委、市场监督管理局、交通运输局 2 个,其余每家 1 个。	住建局、商务局、招商局、交通运输局 100 万美元,其余每家 40 万美元。
	其他部门	鼓励招商						
	部门合计		59	30			34	1460

附件二

2016年度全县招商引资考核计分表

类别	单位		基本分				附加分
			合计	工业项目	服务业项目	计分方法	
开工项目数	开发园区组	临港产业区	50	40	10	完成任务或超额完成任务的得基本分;未完成任务的按比例得分	1. 招引世界500强或央企直接投资项目,每开工1个加10分。2. 超任务招引固定资产投资项目,两大园区5000万元~2亿元项目,每开工1个加5分;2~5亿元项目,每开工1个加10分;超5亿元项目,每开工一个加20分,本项加分不超过30分。
		经济开发区		40	10		
		大伊山旅游经济区			50		
		现代农业产业园区			50		
		现代渔业产业园区			50		
		东城区指挥部			50		
	乡镇	东王集乡			50		
		其余乡镇		40	10		
	县直部门			40	10		
实际完成固定资产投资额	开发园区组	临港产业区	50	40	10	按实际完成固定资产投资额占年度任务的比例计算得分	
		经济开发区		40	10		
		大伊山旅游经济区			50		
		现代农业产业园区			50		
		现代渔业产业园区			50		
		东城区指挥部			50		
	乡镇	东王集乡			50		
		其余乡镇		40	10		
	县直部门			40	10		

灌云县人民政府
关于印发灌云县关于促进电子商务发展的意见的通知

灌政发〔2016〕41号

各乡镇人民政府,县各委、办、局,县各直属单位:

《灌云县关于促进电子商务发展的意见》已经县十五届政府第37次政府常务会研究通过,现予以印发,请认真遵照执行。

2016年3月28日

附:

灌云县关于促进电子商务发展的意见

为进一步优化电子商务发展环境,大力扶持电商企业发展,根据《国务院关于大力发展电子商务加快培育经济新动力的意见》(国发〔2015〕24号)、《省政府办公厅关于加快电子商务发展的意见》(苏政办发〔2014〕60号)、《市政府办公室关于加快电子商务发展的意见》(连政办发〔2015〕133号)以及促进电子商务发展的有关文件精神,结合我县实际,制定本意见。

一、总体思路

深入贯彻落实党的十八大、十八届三中、四中、五中全会和县委十一届十一次全体(扩大)会议精神,坚持市场主导与政府推动相结合、网络经济与实体经济相结合、重点推进与协调发展相结合,鼓励发展和规范管理相结合,加快基础设施建设,大力发展平台经济,完善服务支撑体系,推广和深化电子商务应用,充分发挥电子商务在促进产业转型升级,推进一二三产业融合发展,惠及民生方面的重要作用,为建设更高水平的小康社会做出积极的贡献。

二、基本原则

(一)政府推动、企业主体。加强政策引导、鼓励、宣传工作,营造良好的电子商务发展环境。充分发挥市场在资源配置中的决定性作用,突出企业在电子商务应用中的主体地位,充分发挥电商对县域经济发展的积极促进作用。

(二)整合资源、示范引领。整合资源要素,创造条件鼓励电商企业做大做强,挖掘、包装县内外特色产品,通过重点产业、龙头企业、家庭农场等生产经营主体的示范带动,扩大全县电子商务应用,提升全县电子商务发展水平。

(三)统筹兼顾、注重实效。坚持市场化运作,以县电子商务产业园区为载体,以引进第三方专业运营机构为主体,按照园站结合,城乡联动的原则,分步分块组织实施,注重实效,推动电子商务产业加快发展。

三、任务分工

(一)抢抓知名电商布局机遇,扎实推进电子商务进农村

1. 加强与国内知名电商和流通服务机构合作,推进电子商务进农村建设。(牵头单位:县商务局;配合单位:县经信局、县农委、县供销社、县邮政公司)

2. 深入推进土地流转与农产品网络营销融合发展,扩大土地集中规模化利用。推进新型农村经营主体,利用电商平台,实施农村百家网店创业计划,确保三年内打造15个特色网销农产品。(牵头单位:县农工办;配合单位:县农委、各乡镇)

3. 围绕目标,扎实推进,确保二年内村淘服务点全覆盖。(牵头单位:县商务局;配合单位:县农委、县农工办、县供销社、各乡镇)

4. 建设农产品质量体系。按照配套农特产品准入网销的要求,鼓励基础较好的龙头企业、合作社或种植大户建立健全质量安全可追溯体系。将二维码技术应用到农产品可追溯体系中,保证电子商务流通中的农产品质量;建立一定数量的"质量安全可追溯+远程视频系统+物联网技术应用"的高标准示范企业。(牵头单位:县农委;配合单位:县市场监督管理局、各乡镇)

5. 推进农产品品牌建设。打造灌云农产品整体品牌形象,培育区域公用品牌和企业产品品牌,构建品牌农产品营销体系。(牵头单位:县农委;配合单位:县市场监督管理局、各乡镇)

6. 打造灌云特色美丽乡村,做好农家乐,融入历史文化风情,讲好乡土故事,利用灌云美丽乡村微信平台和其它知名旅游电商平台,推动我县大伊山、潮河湾及美丽乡村线上线下旅游体验计划。鼓励支持景点、酒店等开展线上营销,推动旅游在线服务模式创新。(牵头单位:县旅游局;配合单位:大伊山旅游经济区、农业园区、渔业园区、潮河湾风景区、各乡镇)

7. 建立线上线下灌云县地方特色农产品、工业品展示馆,集中对我县特色产品进行宣传推介,打造集展示销售为一体的公共平台。(牵头单位:县商务局;配合单位:相关园区、县农委、县经信局、各乡镇)

(二)推进电商载体建设,整合资源加快产业集聚发展

1. 建设农村电子商务服务体系。引入国内知名电子商务企业,鼓励其在全县农村建设电子商务服务站、点。根据电子商务发展趋势和农村居民实际需求,逐步完善农村电子商务服务中心的"一站式"综合服务功能,加强与供销社、农村信用社、邮政储蓄银行等机构的合作,增加和完善网购网销、农资信息发布、充值缴费、小额现金存取、快递包裹存取、咨询等服务项目,使其具备供销农资、网购网销、网订店取、缴费支付、取送货品、电商培训、农村创业等功能。(牵头单位:县商务局;配合单位:县供销社、县邮政公司、县农村商业银行、县电信公司、各乡镇)

2. 建设灌云电子商务产业园。完善电子商务企业运营所需的配套服务设施,坚持高起点、高标准、适度超前的原则,规划集商品交易、平台建设、仓储物流、研发设计、配套服务为一体的电子商务产业园。引进有运营经验和能力的第三方电子商务服务商,为电子商务产业园区提供信息处理、培训、设计、策划、运营等一站式服务,委托电子商务服务商统一招商运营、统一物业管理,全力招引知名电商企业入驻。鼓励社会闲置厂房、办公楼发展采用承包,租赁等多种方式发展电子商务。(牵头单位:县商务局;配合单位:县经济开发区、县经信局、县交通运输局、县建设局)

3. 建设县级电商运营服务中心。引进第三方服务机构,通过教育培训、孵化支撑、平台建设、营销推广四大服务体系服务区域电商发展。建设培训中心,提供系统的培训教育体系。建设网货供应平台、网商培育支持中心、企业产品设计中心等,提供贴心的孵化支撑体系。参与建设农产品冷链配送中心、农产品检测及溯源管理中心、农产品标准化等,提供务实的平台建设体系。建设文化创意及品牌策划中心、土特产运营推广中心等,提供专业的营销推广体系。(牵头单位:县商务局;配合单位:县经信局、县农委、县人社局、团县委)

(三)实现电商换市战略,实施电子商务"五进"工程

1. 加快电子商务进农村。支持农民专业合作社、家庭农场及农民通过电子商务销售农产品,推进电子商务服务网络向农产品批发市场、中介组织及经营农户延伸。加快引进和培育鲜活农产品冷链物流、加工包装、仓储配送等项目。(牵头单位:县农委;配合单位:各乡镇)

2. 支持电子商务进商贸流通。鼓

励商贸批发、零售企业，依托原有实体网点等商业资源开展互联网营销，实现采购、库存、销售、配送等经营管理的信息化。（牵头单位：县商务局；配合单位：相关园区、各乡镇）

3. 支持电子商务进工业企业。引导企业深化物联网、云计算、大数据、三维设计及打印等信息技术在生产制造各环节的应用；推动企业利用电子商务面向网络消费者个性化需求，运用“以销定产”、“个性化定制”、“众筹”等互联网生产方式，建立网络化经营管理模式，扩大销售规模；引导工业企业通过专业代运营服务等方式开展跨境电子商务业务，拓展国内国际市场。力争三年实现新增电商应用企业100家以上；全县规模企业电子商务应用普及率80%以上；小微企业电子商务应用比例70%以上。（牵头单位：县经信局；配合单位：相关园区、相关企业主管部门、各乡镇）

4. 支持电子商务进市场。鼓励汽车、农产品等专业交易市场利用第三方平台开展电子商务，培育形成网络交易市场，促进线上、线下市场融合发展。（牵头单位：县商务局；配合单位：县市场监督管理局）

5. 加快推进电子商务进社区。全面推动电子商务在生活领域的应用，鼓励社区居民利用电子商务服务平台获取信息、服务、发布信息和在线消费。（牵头单位：各乡镇；配合单位：县电信公司、县移动公司、县联通公司）

（四）组建专业队伍，瞄准知名电商精准招商

1. 组建专业化电子商务招商队伍。瞄准杭州、上海等重点地区，积极开展各类专题招商活动。加强与阿里巴巴、京东、苏宁、颐高等知名电商平台合作，依托龙头企业开展电商产业链招商。（牵头单位：县招商局；配合单位：县商务局、各园区、各乡镇）

2. 积极引进电子商务基础开发项目。按照“政府引导、企业主导、社会参与、市场运作”的原则，积极倡导、引进企业和社会资本围绕电子商务业态，开发建设办公楼宇、加工厂房、冷链物流等项目。对项目投资人依据投资内容和规模，通过“一事一议”的办法，享受县招商引资优惠政策。（牵头单位：县招商局；配合单位：县商务局、各园区、各乡镇）

（五）加快电商人才培训，营造大众电商创业氛围

1. 依托灌云中专、县人才培训中心、县农校等县内教育培训平台，积极与阿里巴巴淘宝大学、颐高微巢学院等电子商务专业培训服务商合作，组建灌云电子商务培训中心。（牵头单位：县商务局；配合单位：县教育局、县人社局、县农委、团县委）

2. 启动电商人才“万人培训计划”，建立完整的电子商务培训体系，分层级、分行业、分批次开展各类培训，通过引进、培训、合作以及“边干边学”的方法，在电子商务发展过程中形成电商人才支撑体系，每年确保培训电商从业人员2000人次以上，5年内确保培训电商从业人员1万人以上。（牵头单位：县商务局；配合单位：县人社局、县农委、团县委、县妇联、县残联、各乡镇及园区）

3. 大力引进优秀电子商务领军人才和职业团队等高端复合型电子商务人才。落实县委、县政府制定的人才引进政策，优先支持电子商务紧缺人才，对未就业大学生、农村待业青年和退役军人等创业予以扶持。（牵头单位：县人社局；配合单位：县编委办）

4. 充分利用好廉租房、公租房，做好高层次电商人才的公寓建设工作，营造有利于各类人才落户的良好环境。（牵头单位：县住建局；配合单位：县人社局、县商务局）

5. 开展电商创业大赛，鼓励大众创新创业。推广成功案例，充分发挥示范带动作用，开展“十佳服务商”、“十佳诚信网店”等评选活动，推选电商创业“十佳人员”。（牵头单位：县商务局；配合单位：团县委、县人社局、县农委、县经信局、各园区、各乡镇）

6. 举办具有本土特色的电商节、年会或论坛，扩大我县电子商务知名度。（牵头单位：团县委；配合单位：县商务局、县农委、县经信局、县文广体局）

7. 发挥行业协会作用，建立灌云县电子商务发展协会（网商协会），依托协会，加强线下生产和线上销售的信息对接、良性互动，着重培育行业经营的自我管理和服务能力，积极营造开放、合作、共赢的良好发展氛围。（牵头单位：县商务局；配合单位：县工商联、县民政局、各园区、各乡镇）

（六）完善电商发展基础环境，建立电商发展支撑体系

1. 发挥第三方服务商作用。加快引进和发展电商软件开发、美工摄影、仓储物流、营销推广、客服、代运营等电子商务服务企业。支持第三方专业服务机构为电商发展提供一体化解决方案。（牵头单位：县经济开发区；配合单位：县商务局、县招商局）

2. 完善物流快递配送体系。大力发展第三方物流，简化快递业务经营许可手续，探索快递企业工商登记“一照多址”；推进“互联网＋快递”，引导快递企业与电商深度合作，服务农业订单生产、工业个性化定制等新模式，支持开展代收货款等业务；实施快递“绿色通道”工程，给予快递专用车辆通行和作业便利；鼓励金融机构开展抵押贷款、融资租赁等业务，拓宽快递企业融资渠道；加大财税、金融、用地等政策支持，支持知名电商企业建设区域物流中心和分拨中心，建立全县物流信息网络和智能物流体系；支持农村、社区、学校的物流（快递）投送服务网点建设，完善覆盖城乡的电商物流配送体系。鼓励农村商贸企业建设配送中心，整合利用好农村乡镇商贸中心、配送中心、供销、邮政、乡村小店等流通网络资源，提高流通效率，打通电子商务“最后一公里”，力争2017年实现“村村通快递”。（牵头单位：县交通运输局；配合单位：县邮政公司、县财政局、县国土局、县建设局、县金融办、县市场监督管理局、各乡镇）

3. 扩大网络覆盖体系。加大对网络建设的投入，积极扩大网络覆盖面。对从事电子商务的个人和企业，在网络使用、网络维护、网络提速等方面给予优惠。支持免费WiFi建设，加快4G网络覆盖推广。（牵头单位：县经信

局;配合单位:县电信公司、县移动公司、县联通公司、各园区、各乡镇)

4. 建立电子商务统计监测体系。按照全国电子商务百强县指标体系,定期采集和分析电子商务交易行情数据,建立电子商务运行检测系统,及时准确反映我县电子商务发展水平,为政策制定提供可靠依据。(牵头单位:县统计局;配合单位:各园区、各乡镇)

5. 建立电子商务监管服务体系。开展诚信经营活动,营造良好网络消费环境,加强网络商品生产环节的质量监管,防止假冒伪劣、不合格产品等进入流通领域,严厉打击网上销售假冒伪劣商品等违法行为。对电子商务交易平台和经营主体开展信用评价与品牌认证服务,做好信用评价、纠纷处理、法律咨询、技术研究、成果转化等服务。推动电子商务行业协会等行业中介组织发挥作用,形成适合于网络交易的行业自律和权益保障机制,引导良性竞争,预防和制止恶性竞争。完善快递物流等关联产业政府监管体系,确保电子商务活动的安全、畅通和有序。(牵头单位:县市场监督管理局;配合单位:县物价局、县公安局)

6. 优化电子商务经营活动办事流程。公开企业和个人开展电子商务经营活动的工商登记、商标注册、涉税事项、专业服务等办事流程和办结时限,积极推广电子发票服务电子商务,允许电子商务经营者登记个性化的企业名称;对从事电子商务经营活动的企业或经营者,允许在符合条件的集中办公区域或产业园区(基地)内一幢楼宇登记多家企业,进一步合理简化办事程序,逐步建立和完善办事服务"绿色通道"。(牵头单位:县行政审批服务中心;配合单位:县市场监督管理局、县国税局、县地税局)

7. 加大金融信贷支持力度。组织县域内各金融机构,对电子商务领域的企业和个人集中开展信用维护培训,评定信用等级,畅通信贷支持和服务通道。鼓励支持待就业大学生、农村青年等群体实现网上创业,并优先列入国家创业就业贴息贷款扶助范围。支持电子商务企业通过知识产权质押、大型公共仓储平台的仓单质押、动产质押等多种方式开展融资。探索创新电子商务信贷方式,降低企业融资门槛和条件,突出加大对小微电商企业的支持力度,鼓励金融机构创新网上支付、供应链贷款、"电商贷"等系列金融产品。简化小额短期贷款手续,加大对电商创业的信贷支持。(牵头单位:县金融办;配合单位:县人行、各商业银行、县财政局、县人社局)

四、扶持政策

(一)培育电子商务经营主体

1. 扶持鼓励社会各界人士开办网店。对入驻我县电商园区开办网店月销售额3000元以上,且年销售额增幅在20%以上的,给予一次性奖励1000元。

2. 支持大米、特色果蔬、食用菌、水产品、畜产品等大宗地方特色农畜产品实现网上交易,鼓励农牧业企业、农民专业合作组织等进驻主流大型电商平台、对前10家进驻企业,按照每年实际缴纳平台运营管理费用的50%给予补助,每个企业最高年补助不超过2万元。

3. 通过主流电子商务平台、销售我县地方特色农产品和工业品,实现网络年销售额首次突破1000万元、2000万元、3000万元的本县电子商务经营主体,且交易状态合理合规的,可分别给予6万元、8万元、10万元的一次性奖励。

4. 通过主流电子商务平台、实现网络年销售额首次突破200万元、400万元、600万元、1000万元的本县电子商务经营主体,且交易状态合理合规的,可分别给予1万元、2万元、3万元、5万元的一次性奖励。

5. 开展"电子商务示范企业"评选,对获得省、市电子商务示范企业称号的,分别给予3万元、1万元的一次性奖励;开展"电子商务示范村"评选,对获得省、市电子商务示范村称号的,分别给予3万元、1万元的一次性奖励

6. 经营用房补贴。凡入驻我县电子商务产业园区的电子商务企业租用经营用房,且正常经营一年以上的,每年对其租金实行补贴,租金先由企业支付,年底经县有关部门确认,按每年每平方米50元予以补贴,每个企业年补助金额不超过2万元。

7. 国内大型电子商务企业在我县设立总部或建设对我县电子商务发展有重大影响的项目,实行"一事一议"政策。

(二)推进电子商务服务平台建设

8. 对经营面积超过1000平方米的电子商务公共服务平台项目,经营场地若属租赁用房,且租用1年以上,则按实际缴纳租金的30%给予补助,每个平台补助最高不超过3万元;若为自购用房,按不超过其缴纳契税的80%的标准给予一次性补助,每个平台补助最高不超过3万元。

(三)促进电子商务配套体系建设

9. 鼓励金融部门在我县电商集聚区或电商创业园开设金融服务网点,且正常经营一年以上的,给予首家入驻项目建设管理单位5万元的一次性奖励。

10. 对办公面积超过2000平方米,入驻网商30家以上,实际运行1年以上的网商创业大厦、电商创业园等电子商务集聚项目,给予项目建设管理单位10万元的一次性奖励。

11. 对入驻物流配送(含快递公司)企业10家以上、日发货量20000件以上的物流园(基地)项目,按照项目实际投资额的30%给予补助,单个项目最高补助额不超过20万元。

12. 为了降低我县网店运营成本,增加市场竞争力,对入驻我县电子商务园区的网店物流快递费用予以补贴:以网店发货快递单据核查为准,每单补贴快递费0.5元,该项总额不超过30万元。

13. 鼓励快递公司在我县各乡镇建立快递派送点,新建成且成功运营一年以上的快递派送点,每建一处补贴建设费1万元。

14. 对在各乡镇建立的,为当地农民提供网络代购、网货供需信息收集、网货代销等服务的乡镇级农村电子商务服务站,经验收合格后,给予每个乡镇电商服务站0.5万元的一次性奖励。

(四)加强电商人才培训

15. 由县有关部门免费对全县各企业、电商创业人员实施技能培训。鼓励行业协会、培训机构开展电子商务应用高管培训和基础应用培训，对经批准的培训项目给予补助。即培训按100元人民币/人给予补助，另对50人以上规模培训的资料费、讲课费等给予50%的补助（每次不超过1万元人民币）。

16. 保障县乡领导干部电商业务知识专项培训及外出考察学习电子商务的经费支出，总额不超过100万元。

17. 保障县电子商务管理办公室正常运转经费支出，主要用于差旅补助、租车费用、办公费用、宣传推介费用、电商项目包装及电商项目招商引资等费用，总额不超过100万元。

（五）其他

18. 县政府每年设立800万元电子商务发展专项资金。若符合条件的申报电子商务发展专项资金总额超过800万元，则在800万元额度内按比例适当调减，若本年度电商发展专项资金使用出现结余，可结转下一年继续使用。

19. 本扶持政策中所指的电子商务企业或网店，均指在我县注册且在我县正常开展电子商务经营的企业或网店，包括交易额及其它数据等均以县主管部门最终认定为准。同一企业的同一项目或参照同一奖补考核依据的项目，县级各项扶持政策不重复享受；对获得上级补助奖励但由县级财政给予配套的，不再享受县级同类扶持政策。

20. 当年发生食品安全、侵权、欺诈、商业贿赂、安全生产事故或其他违法事件的电子商务企业（网店），取消其享受优惠政策的资格；对以虚假资料等手段骗取补助资金的，将依法追偿，列入黑名单，上报金融、司法等相关系统，并依法追究相关责任。

21. 扶持资金兑现程序为：个人或企业书面申请→县电商主管部门审核→县财政局会同相关单位复核→报县政府审批→拨付。

五、强化组织领导，建立务实有效推进机制

（一）加强组织领导。县政府成立由县长任组长的县电子商务产业发展领导小组，充分发挥县电子商务产业发展领导小组的组织协调作用，统筹全县电子商务发展，制定全县电子商务发展规划，研究部署重点工作，审议决定重大事项，协调解决重要问题。领导小组下设电子商务管理办公室，由杨友斌同志兼任办公室主任，具体负责联络协调、督查推进和日常事务工作。各乡镇，各相关部门也要成立相应的电商领导机构。要结合自身职能，各司其职，分工合作，形成工作合力。

（二）制定发展规划。坚持多规融合的原则，加快编制我县电子商务发展规划，做到电子商务发展规划与产业发展规划、园区开发规划、城市建设规划相融合，加快形成县域电子商务产业发展的集聚效应。

（三）强化督查落实。将电子商务发展纳入政府年度目标考核体系。建立电子商务联席会议制度，及时会办解决工作推进中困难和问题，对落实电子商务工作目标任务、重点措施等方面进行督查，及时总结通报，确保全县电子商务发展计划顺利推进。

（四）加大舆论宣传。充分利用各种媒体，加大宣传力度，动员全民创业，提高全社会对发展电子商务重要性认识，营造良好的大众创业、万众创新舆论环境。加大电子商务整体形象宣传，强化灌云产品整体网络形象设计和宣传，提升我县电子商务影响力，促进我县电子商务快速发展，健康发展。

六、本意见自印发之日起试行，由县电子商务管理办公室负责解释。

灌云县人民政府
关于开展新一轮化工集中区环保专项整治工作的通知

灌政发〔2016〕55号

各乡镇（街道）人民政府（办事处），县各委办局，县各直属单位：

近两年来，我县不断加大对化工园区的环境整治力度，取得了较好的工作成效，受到各级领导的肯定和群众的好评。但今年以来，部分化工企业污染反弹严重，环境问题突出，违法行为时有发生，影响环境安全和群众健康。为切实解决化工集中区环境问题，推动化工行业高端发展、转型发展、绿色集约发展，全面提升环境监管能力，在总结前期化工园区环保专项整治工作经验的基础上，经研究，决定从2016年5月3日起，对临港产业区化工集中区开展为期8个月的新一轮环保专项整治。现将《灌云县临港产业区化工集中区新一轮环保专项整治方案》印发给你们，希认真组织实施。

2016年5月1日

附：

灌云县临港产业区化工集中区新一轮环保专项整治方案

为深入贯彻科学发展观，落实环保优先方针，进一步解决化工集中区存在的环境问题，维护群众环境权益，改善区域环境质量，服务我县发展战略，确保生态文明建设的各项要求落到实处，制订本方案。

一、总体目标

全面排查化工园区环境污染问题,严格落实新颁布的环境保护法和大气污染防治法相关要求,坚持标本兼治、综合治理,依法采取停产整治和取缔关闭等措施,大力推进化工产业结构调整和转型升级,实现园区环境基础设施基本完善、监控应急能力明显提升、企业污染排放达标稳定、区域环境质量明显改善,切实保障园区环境安全,切实保护好园区生态环境,切实维护群众环境权益。

二、工作任务

全面落实环保部《关于加强化工园区环境保护工作的意见》(环发〔2012〕54号)、省政府办公厅《关于切实加强化工园区(集中区)环境保护工作的通知》(苏政办发〔2011〕108号)要求,对照《江苏省化工园区环境保护体系建设规范(试行)》(苏环发〔2014〕25号)相关内容,重点抓好以下整治任务:

(一)依法实施关闭取缔。根据有关法律、法规、政策和标准规范,全面清理整顿园区化工生产企业,对使用国家明令淘汰落后工艺和设备的,立即予以关闭;对所有逾期未完成限期治理任务、经限期治理不能稳定达标排放的,坚决予以关闭;对屡查屡犯、明知故犯、恶意偷排的,坚决依法予以关停。(责任单位:县环保局、县临港产业区,配合单位:县经信局、县发改委、县安监局、县供电公司)

(二)强化废水收集和处理。分类收集染料与颜料、医药与农药、基础原料及助剂等废水。建成13个总有效容积达3000立方米的片区集中监控调节池,企业污水经厂内预处理后,进入集中监控调节池,合格污水通过“一企一管”接入片区阀门房,经主管网进入污水厂进行再处理。片区阀门房安装流量计、数采仪、电子阀门,以及PH报警、COD在线检测等设施,并全部实现COD在线检测第三方运维,全区实现“一企一管”。规范企业雨水排口设置,建成前期雨水收集池,雨水排口设置阀门、采样井和视频监控,严格控制企业污水跑冒滴漏。对所有化工企业进行废水预处理设施升级改造,对高盐份、高色度、高COD、高总磷、高氨氮以及含毒污水等在重点车间、重点工段进行专项收集处理,以南农大等专业机构为主要技术依托,对车间、工段进行污水全分析设计改造。成立县相关领导牵头的工作班子,专题研究解决胜科水务问题。督促胜科水务履行原有合同和承诺。凡已经与企业签订正式合同和临时合同的,应严格执行正式合同和改造期间临时合同约定的处理费用标准,不得另行增加污水处理费用。尚未签订正式合同和临时合同的,应严格执行2015年9月6日县政府与胜科总部达成的收费最高限价标准和阶梯型收费标准,总收费最高限价15元/吨。督促胜科水务迅速提高污水处理能力,尽快通过环保验收,逾期通不过验收的实施高限处罚并及时回购。迅速启动第二、第三污水处理厂建设,以乐斯化学为集中点,建成农药、医药污水处理厂;以闰土工业园为集中点,建成染料污水处理厂。(责任单位:县临港产业区、县环保局,配合单位:县经信局、县发改委、县安监局、县供电公司)

(三)加强废气收集和治理。摸底调查园区所有废气排放企业,筛选治理有毒有害及恶臭气体排放重点源。突出排查园区挥发性有机物(VOC)排放企业的产品、工艺、设备及污染防治设施等情况,建立治理档案和排放清单,加快淘汰落后产品,推进企业提高工艺和装备水平。加强企业废气尤其是无组织排放的有毒有害及恶臭气体收集和治理,以省环科院国家重点实验室为主要技术依托,对挥发性有机物、有毒有害及恶臭气体排放进行定向治理。制定废气污染常态化防治措施,推进企业落实自动化控制和密闭生产措施,尽快实施化工企业生产过程原料控制系统工程。推进园区集中供热中心建设和运行,淘汰企业自建供热小锅炉,逐步改善并确保实现园区空气环境质量达标。(责任单位:县临港产业区、县环保局,配合单位:县经信局、县发改委、县安监局、县供电公司)

(四)规范危险废物贮存处置。园区企业规范建设危险废物贮存场所,完善危废利用处置台账,严格危险废物转移管理要求,及时准确进行危险废物网上动态申报。确保光大固废填埋场规范运营,大森亚环保有限公司的4万吨/年裂解气化炉固废焚烧项目6月份开工建设,光大环保的1万吨/年逆流式回转窑固废焚烧项目5月份开工建设,年内形成5万吨/年固废焚烧处置能力,实现危险废物就近及时安全处置。(责任单位:县临港产业区、县环保局,配合单位:县经信局、县发改委、县安监局、县供电公司)

(五)加快环境敏感目标搬迁工作。严格执行化工园区卫生防护距离要求,对隔离带内的居民,限年底前搬迁安置到位。聘请南大等专业机构编制整个园区产业发展规划,聘请省化工行业协会编制化工产业十三五发展规划,做到功能区划合理,环境信访有效化解,切实消除环境隐患。(责任单位:县临港产业区,配合单位:县环保局、县经信局、县发改委)

(六)完善环境风险防控体系。今年8月份之前建设和完善集污染源监控、环境质量监控和图像监控于一体的环保数字化园区在线监控中心。年内完成园区空气、水环境质量自动监测预警系统建设,加强污染源在线监测和环境应急监测,对企业废水、废气、固废和清下水排口安装电子视频监控,连接园区监控平台,实现排放全过程监控。开展有针对性的环境安全隐患排查,推进应急设施达标建设,组织应急培训和演练,提升园区环境风险防控和应急处置能力。(责任单位:县临港产业区、县环保局,配合单位:县安监局、县经信局、县发改委)

(七)开展园区环境生态修复。组织对园区及周边的河流、沟渠进行全面清淤,对经路河道落实全面硬化措施,拆除纬路盖板,实现清下水明沟排放,将镇区、园区生活污水集中纳入污水厂处理,进一步改善地表水水质,实施生态修复,绿化美化园区环境。(责任单位:县临港产业区、县水利局,配合单位:县农委、县环保局)

(八)完善园区环境保护体系。对照《江苏省化工园区环境保护体系建设规范(试行)》,逐项落实园区污染防治技术及监督管理要求，推动化工园区环境保护体系建设和运行。通过提升园区环境管理能力、提高企业污染防治水平，推进园区“绿色、循环、低碳”发展。（责任单位：县临港产业区、县环保局，配合单位：县经信局、县发改委、县安监局）

三、实施步骤

（一）调查摸底，制定方案（2016年5月底前）。对照省市部门及媒体对临港产业区提出的各类问题，进一步进行摸底排查，分析各类问题产生的原因，摸清现状，制定整改措施。各牵头部门按照工作任务分工，结合前期调查摸底情况，于5月底前制定相应的工作方案并明确一名分管负责人，报县政府批准实施。

（二）严格执法，推动整改（2016年6月—9月）。按照实施方案要求，组织专业人员开展环境问题专项检查工作，对废水治理、暗管偷排、废气无组织排放、固废处置进行执法检查，核定并公布限期治理、停产整治和取缔关闭企业名单；落实各项整改举措，对限期治理及停产整治企业实行动态管理，整改不符合要求的一律取缔关闭，限期治理及停产整改企业完成整改后必须经县相关部门验收并报县相关领导审核同意后方可恢复生产。

（三）总结评价，巩固提高（2016年10—12月）。各责任部门对前一阶段整改工作进行评价回顾，检验整改成效。县临港产业区环境问题整改领导小组组织进行逐项验收，对工作不落实、整改不到位的进行问责。提升临港产业区环境监管业务水平和能力，制订严格的监管标准，确保监管实效，不断提升环境整体水平。

四、工作要求

（一）统一认识，加大宣传。各职能单位要正视存在的各类问题，端正工作态度，严格整改标准，推进环境整治，向污染宣战，坚决杜绝思想不重视、标准不高、措施不落实现象。宣传部门要制定灌云县临港产业区环保工作宣传方案，增强专项报道力度，强化对临港生态园区建设的综合报道，引导舆论正面宣传临港产业区环保工作，对各类舆论媒体的负面报道进行及时回复、处置，对网络舆情实行重点监控。加强宣传报道，正面引导舆论，逐步转变园区对外形象。

（二）建立组织，明确分工。成立灌云县临港产业区化工集中区新一轮环保专项整治工作领导小组，由县政府主要领导任组长，县各相关分管领导任副组长，县委宣传部、环保局、临港产业区管委会等部门为成员单位。领导小组下设办公室和检查整治工作组、宣传工作组、司法处置工作组。园区和县环保部门按照“务实、有效、高标准、可操作”要求对园区环保综合整治方案进行细化、评审，逐条、逐项分解目标任务，明确整治要求、确定整治时间、指定整治责任单位及责任人，确定资金来源，督促各责任单位落实各项措施。园区加大基础设施建设的推进力度，切实提高园区环境处置能力。县环保部门针对园区暗管、固废、废气、废水等问题制定环保专项检查工作方案，抽调环保业务骨干组成专项检查组，对园区企业逐家进行检查并督促整改。设立针对临港产业区环境问题举报电话，对环境信访问题，第一时间予以核实、处置、答复。

（三）督查督办，严格追责。将临港产业区环境问题整改列入县委、县政府重大事项督查内容，实行周督查、月通报制度。县公检法部门按照“两高”司法解释，强化涉环保违法案件联审制度，对县环保部门移送案件从严、从快依法审判，坚决打击环境违法行为。园区和燕尾港镇要高度重视社会稳定工作，加强舆论引导，提高对群众工作的重视程度，建立与重点信访人的沟通机制，及时化解社会矛盾，优先解决群众关注的环保问题，防范群体事件发生。县整改工作领导小组要定期召开专题会议研究会办整改过程中遇到的问题，加强督促、督办。县环保部门要加强执法，对环境违法行为构成犯罪的，一律移送司法机关依法追究刑事责任。要加大对职能部门的履职监督，对排查不到位、整改不落实，存在失职、渎职、不作为、贪污腐败、徇情枉法的公职人员严格进行责任追究。

附：

灌云县临港产业区化工集中区新一轮环保专项整治工作领导小组名单

组　长：朱兴波　县委副书记、县政府县长

副组长：李海涛　县委常委、县临港产业区党工委书记

李占超　县委常委、县政府党组成员、县经济开发区党工委书记

成　员：唐　张　县检察院检察长

安仲润　县法院院长

张启银　县临港产业区管委会主任

成善华　县委组织部副部长、县编委办主任

马兆同　县委宣传部副部长、县文明办主任

钱诗亚　县环保局局长

刘海洋　县发改委主任

吕　涛　县经济和信息化局局长

曹德松　县公安局政委

沈学权　县安监局局长

张乃鸿　县信访局局长

段　锋　县供电公司总经理

领导小组下设办公室及检查整治工作组、宣传工作组、司法处置工作组，张启银兼任办公室主任，钱诗亚兼任办公室副主任及检查整治工作组组长，马兆同兼任宣传工作组组长，曹德松兼任司法处置工作组组长，负责相关具体工作的实施。

灌云县人民政府
关于省环保厅挂牌督办临港产业区环境问题调查处理情况的通报

灌政发〔2016〕61 号

各乡镇（街道）人民政府（办事处），县临港产业区、经济开发区，县各有关部门：

2016 年 4 月 17 日，省环境保护厅对我县临港产业区进行突击检查，发现园区 10 家企业有环境违法行为，园区环境存在质量较差、环境基础设施建设滞后、运行问题较多等问题，据此，省环境保护厅下发《关于对灌云县临港产业区环境问题挂牌督办的函》（苏环函〔2016〕91 号），对我县临港产业区环境问题进行挂牌督办。县委、县政府对此高度重视，立即成立联合调查组对临港产业区相关环境问题和责任人员开展调查。现将有关情况通报如下：

经查，2016 年 4 月 17 日下午，省环境保护厅组织人员到我县临港产业区进行突击检查。在此次突击检查中，检查组发现江苏力达宁化工有限公司（以下简称力达宁化工）和江苏泰格化工有限公司（以下简称泰格化工）环境违法行为恶劣，涉嫌偷排生产废水。后经查明，力达宁化工利用潜水泵连接软管将废弃污水打入清下水明沟排入园区沟渠；泰格化工将酸性废水偷排流入外环境，上述两个化工企业的行为已违反《中华人民共和国水污染防治法》第二十二条之规定，目前，已按程序依法给予行政处罚，相关责任人员已移送司法机关处理。同时，经调查发现，县环境保护局在原分管领导离任后未安排其他专职人员分管临港产业区环保工作；临港产业区管委会也未明确安排专职领导分管园区环保工作，上述两家单位对临港产业区环保工作存在重视不够，职责不清，工作不到位问题。县环境保护局临港分局部分工作人员在对辖区内的企业环保执法和监管工作中存在责任心不强，工作不细致，监管不到位，对企业存在的环境违法行为不能及时发现等问题。

根据调查情况，经研究决定：对县临港产业区管委会、县环境保护局两单位予以黄牌警示。

生态环保是关乎人民群众健康、经济社会科学发展、可持续发展的大事。县临港产业区、县环保局等部门和单位一定要站在全局的高度，正视存在问题，面对现实，迅速掀起新一轮环保和安全生产专项整治行动，针对整个园区环保安全展开一次全覆盖、拉网式大排查、大检查活动，下大力气整治挂牌督办的各方面问题和专项整治行动中发现的各类隐患，加大执法监管力度，以扎实有效的举措，明显提升的成效，焕然一新的面貌，迅速扭转被动局面，力争按照要求提前实现摘牌，不断推进园区环境得到长期有效改善。全县上下要认真吸取教训，引以为戒，以高度的责任感、使命感，立足岗位，争先创优，扎实开展好各项工作。要认真贯彻落实县委县政府今年以来的一系列决策部署，瞄准全年目标，紧盯“双过半”任务，责任靠身，尽职尽责，大干快上，跨越赶超，确保圆满完成或超额完成全年目标任务，为建设“强富美高”的幸福新灌云而努力奋斗。

2016 年 5 月 16 日

灌云县人民政府
关于印发《灌云县人民政府重大行政决策程序规定》的通知

灌政发〔2016〕77 号

各乡镇（街道）人民政府（办事处），县各委、办、局，县各直属单位：

《灌云县人民政府重大行政决策程序规定》经县政府 34 次常务会议讨论通过，现印发给你们，请认真贯彻执行。

2016 年 6 月 21 日

附：

灌云县人民政府重大行政决策程序规定

第一章　总　则

第一条　为规范政府重大行政决策行为，促进依法决策、科学决策、民主决策，提高决策质量和效率，根据《中华人民共和国地方各级人民代表大会和地方各级人民政府组织法》和《全面推进依法行政实施纲要》（国发〔2004〕10 号）《国务院关于加强市县政府依法行政的决定》（国发〔2008〕17 号）、《国务院关于加强法治政府建设的意见》（国发〔2010〕33 号）《江苏省行政程序规定》（江苏省人民政府令第100号）《连云港人民政府重大行政决策程序规定》（连政规发〔2014〕2号）等有关规定，结合本县实际情况，制定本规定。

第二条　本县重大行政决策（以下简称重大行政决策），适用本规定。法律、法规、规章和上级规范性文件对重大行政决策另有规定的，从其规定。

第三条　本规定所称重大行政决策，主要包括下列事项：

（一）制定涉及公民、法人和其他组织切身利益的行政措施、规范性文件，发布重要的决定和命令；

（二）编制的国民经济和社会发展规划、城市总体规划、土地利用总体规划以及法律、法规规定由县政府编制的其他规划、计划；

（三）住房和城乡建设管理、环境保护、公共卫生、安全生产等重大事项；

（四）可能对生态环境、城市功能造成重大影响的政府直接投资的重大建设项目；

（五）制定文化、教育、医疗、卫生、社会保障、促进就业等政策措施；

（六）调整城市供水、供气、公共交通等公共事业收费标准；

（七）应当由县政府决策的其他重大事项。

第四条　下列事项不适用本规定：

（一）政府人事任免；

（二）政府内部管理措施的制定；

（三）突发事件的应急处理；

（四）法律、法规、规章和上级规范性文件已对决策程序作出规定的其他事项。

第五条　重大行政决策应当兼顾国家利益、社会公共利益和公民个人利益；兼顾效率与公平，有利于促进经济社会全面、协调、可持续发展。

重大行政决策应当遵循依法、科学、民主的原则，建立健全重大行政决策调研、公众参与、征求意见、专家论证、风险评估、合法性审查和集体讨论决定相结合的行政决策机制。

第六条　除依法不得公开的，重大行政决策应当向社会公开，公众有权知情查阅。

第七条　重大行政决策实行集体决策制，县政府分管领导和办公室主任协助县政府主要领导决策。

第八条　县政府办公室负责县政府重大行政决策事项的组织、协调、指导和监督管理。

第二章　决策提出

第九条　下列单位或者个人可以向县政府提出重大行政决策建议：

（一）乡镇政府；

（二）县政府工作部门；

（三）其他机关、民主党派或者人民团体，企业事业单位，基层群众自治组织、行业协会、社会团体等其他组织；

（四）人大代表、政协委员或者其他公民。

第十条　向县政府提出重大行政决策建议应当提交下列材料：

（一）决策建议书，包括背景情况、现状及问题、建议决策理由、建议措施、预期目标等内容；

（二）法律依据；

（三）调研报告或者论证意见。

第十一条　重大行政决策事项的确立，应当遵循下列规定：

（一）乡镇政府、街道办事处或者县政府工作部门提出的决策建议，经县政府分管领导审核后报县政府主要领导确定；

（二）人大代表、政协委员通过建议、提案方式提出的决策建议，由有关单位研究提出意见，经县政府分管领导审核后报县政府主要领导确定；

（三）其他单位或者个人提出的合理决策建议，由有关单位研究提出意见，经县政府分管领导审核后报县政府主要领导确定。

第十二条　县政府主要领导提出的决策建议，直接进入决策程序；县政府分管领导提出的决策建议，报县政府主要领导确定后进入决策程序。

第十三条　进入重大行政决策程序的决策事项，由县政府主要领导指定重大行政决策承办单位（以下简称决策承办单位）。重大行政决策事项涉及多个单位的，可以指定牵头承办单位。

第三章　风险评估

第十四条　重大行政决策实行风险评估制度。建立和完善部门论证、专家咨询、公众参与、专业机构评测等相结合的风险评估工作机制。

第十五条　决策承办单位应当从重大行政决策事项的合法性、合理性、可行性、可控性等方面进行评估，并就社会稳定、环境影响、经济效益等内容进行重点评估。

第十六条　风险评估可以通过舆情跟踪、抽样调查、重点走访、会商分析等方式进行，对决策可能引发的各种风险进行科学预测、综合研判，确定风险等级并制定相应的化解处置预案。

第十七条　风险评估结果应当作为决策的重要依据之一，未经风险评估的，不得作出决策。

第四章　听取意见

第十八条　重大行政决策实行听取意见制度。重大行政决策方案拟定后，决策承办单位应当根据重大行政决策对公众的影响范围、程度等，采取座谈、协商、咨询、评估、论证、调查、公示等方式，广泛听取意见。

第十九条　重大行政决策事项涉及乡镇政府、街道办事处及县政府工作部门等相关单位的，决策承办单位应当征求相关单位的意见，进行充分沟通和协商。

第二十条　对重大行政决策事项，决策承办单位可以征询县人大、县政协专门委员会的意见。

第二十一条　实行重大行政决策专家咨询论证制度。县政府可根据决策需要建立完善咨询论证专家库。涉及经济社会发展以及专业性较强的重大行政决策事项，应当组织专家进行咨询论证。专家咨询论证意见应当作为重大行政决策的重要依据之一。

第二十二条　除依法不得公开的，决策承办单位应当将重大行政决策方案通过县政府门户网站、县政府公报、县内主要新闻媒体或者新闻发布会等方式向社会公示，公开征求意见。

除法律、法规、规章和上级机关另有规定的,决策方案向社会公示的时间不得少于10个工作日。

第五章 听证制度

第二十三条 重大行政决策实行听证制度。重大行政决策经公示后存在重大争议的,应当组织听证。

第二十四条 组织听证应当按照重大行政决策听证有关规定进行,科学合理地遴选听证代表,确定、分配听证代表名额应当充分考虑听证事项的性质、复杂程度及影响范围。

第二十五条 听证举行10日前,应当告知听证代表拟作出重大行政决策的内容、理由、依据和背景。除涉及国家秘密、商业秘密和个人隐私的,听证应当公开举行。听证代表对重大行政决策事项有权提问和发表意见。

第二十六条 重大行政决策听证的具体程序,按照《连云港市重大行政决策事项听证暂行办法》(连政发〔2009〕58号)执行。法律、法规、规章和上级规范性文件对听证程序另有规定的,从其规定。

第六章 审查制度

第二十七条 提交县政府决定的重大行政决策事项,决策承办单位应当向县政府办公室报送以下材料,并对其真实性、有效性和完整性负责:

(一)提请县政府审议的请示;

(二)决策草案及其说明;

(三)风险评估报告或者应急预案;

(四)相关单位和社会公众意见采纳情况说明;

(五)承办单位法制机构的合法性审查意见;

(六)应当提交的其他材料。

实行专家咨询论证或者听证的,除前款规定材料外,还应当提供专家咨询论证意见和听证报告等相关材料。

第二十八条 重大行政决策实行合法性审查制度。重大行政决策草案提交县政府决定前,由县政府法制机构进行合法性审查;未经合法性审查或者经审查不合法的,不得作出决策。

第二十九条 县政府法制机构对重大行政决策事项主要从以下方面进行合法性审查:

(一)决策主体是否符合法定权限;

(二)决策过程是否符合规定程序;

(三)决策内容是否合法。

第三十条 县政府法制机构对重大行政决策事项进行合法性审查,必要时可以采取下列方式:

(一)要求决策承办单位等相关单位补充提供所需材料;

(二)要求决策承办单位等相关单位补充调研或进一步征求意见;

(三)组织相关专家进行咨询论证。

第三十一条 邀请县政府法律顾问、社会各界法律专家,为重大行政决策提供法律咨询论证。

第三十二条 对特别疑难、复杂的重大行政决策事项,县政府法制机构应当邀请相关法律专家进行合法性咨询论证。合法性咨询论证意见作为县政府法制机构提出合法性审查意见的重要依据之一。

第七章 集体决定

第三十三条 重大行政决策实行集体决定制度。重大决策事项由县政府常务会议审议决定,必要时由县政府全体会议审议决定。

重大行政决策坚持民主集中、集体议事的原则,在充分发扬民主、集体审议的基础上由县政府主要领导作出决定。

第三十四条 重大行政决策集体决定的具体程序,按照《连云港市人民政府工作规则》(连政发〔2011〕96号)执行。

第三十五条 根据重大行政决策事项的审议需要,可以邀请有关专家或者咨询机构、行业协会、中介组织、人民团体等代表列席县政府常务会议或者全体会议。

第三十六条 县政府主要领导根据会议审议情况,对重大行政决策作出通过、不予通过、修改或者再次审议的决定。

第三十七条 重大行政决策需要报请同级党委或者上级政府批准的,按照有关规定办理。

重大行政决策依法应当提请同级人大及其常委会审议决定的,按照法定程序办理。

第三十八条 重大行政决策作出后,由县政府主要领导指定重大行政决策执行单位(以下简称决策执行单位);重大行政决策事项涉及多个单位的,可以指定牵头执行单位。

第三十九条 除依法不得公开的,重大行政决策应当自决定之日起20个工作日内通过县政府门户网站、县政府公报、县内主要新闻媒体或者新闻发布会等方式向社会公布。

第八章 评价制度

第四十条 建立相关部门评估、专家评审、社会评议相结合的工作机制,对重大行政决策实施效果作出综合评价。

重大行政决策实施情况后评价应当遵循客观、公正、科学的原则。

第四十一条 决策执行单位应当适时对重大行政决策实施情况进行自评。

县政府办公室应当适时牵头组织监察、财政、审计、法制等部门开展重大行政决策实施情况后评价。

必要时,可以委托有资质的第三方开展重大行政决策实施情况后评价。

第四十二条 重大行政决策实施情况后评价可以通过抽样检查、跟踪调查、分析评估等方式进行,及时发现并纠正决策存在的问题,避免或减少决策失误造成的损失。实施情况后评价主要围绕下列内容开展:

(一)决策实施结果与决策预期目标的切合程度;

(二)决策实施的成本、效益分析,决策实施的资金使用情况;

(三)决策实施带来的相关风险及负面影响;

(四)决策实施的主要经验教训和改进的措施建议等。

第四十三条　重大行政决策实施情况后评价完成后，应当提出继续实施、停止实施、暂缓实施或者调整决策的建议，形成书面报告提交县政府。

经重大行政决策实施情况后评价，需要停止实施、暂缓实施或者调整决策的，应当按照本规定提请县政府作出决定。

第九章　责任追究

第四十四条　重大行政决策实行责任追究制度。

重大行政决策责任追究坚持实事求是、有错必纠、过责相当、公正公平、教育与惩戒相结合的原则。

第四十五条　决策承办单位有下列情况之一，导致决策失误，造成重大损失或者恶劣影响的，按照规定追究责任：

（一）决策事实及相关报告严重失实的；

（二）依法应当听证而未听证的；

（三）未经合法性审查的；

（四）未经集体讨论作出决策的行为；

（五）应当追究责任的其他情形。

第四十六条　违反本规定，导致重大行政决策失误并造成严重后果的，依法给予直接负责的主管人员和其他直接责任人员行政处分。

第四十七条　决策执行单位拒绝、拖延执行重大行政决策，导致决策不能全面、及时、正确实施的，依照《行政机关公务员处分条例》的规定，给予直接负责的主管人员和其他直接责任人员行政处分。

第十章　附　则

第四十八条　乡镇政府一般行政决策，可以参照本规定执行。

第四十九条　县政府工作部门可以根据本规定，结合实际，制定本部门重大行政决策程序规定。

第五十条　本规定自发布之日起施行。

灌云县人民政府关于连云港港灌河港区燕尾作业区临时进靠国际航行船舶的请示

灌政发〔2016〕84 号

市口岸委：

灌河港区燕尾作业区是连云港港南翼港区的重要组成部分，地处黄海和灌河交汇处，紧邻素有“苏北黄浦江”美誉的灌河航道西岸，是苏北和中西部地区最便捷的海河联运港口。自2013 年 3 月开港运营以来，先后建成2 万吨级（水工兼顾 3 万吨级）和 3 万吨级（水工兼顾 5 万吨级）通用泊位各 2 个，初步形成以大宗散杂货运输为主，兼具服务港口物流、临港产业开发和腹地经济发展等功能的综合性港区。

随着港口基础设施建设的有序推进，森柏粮油等大型临港产业项目陆续进驻，海河联运等港口经营业绩连续翻番，迫切需要通过口岸开放实现生产原料和产成品进出口。口岸开放申报工作已获得市级口岸查验单位和连云港警备区的大力支持，口岸查验配套设施正与港口设施同步建设，保证满足监管基本要求。

为支持企业发展，满足灌云当地和腹地产业的原材料和产成品进出口需求，恳请市口岸委帮助申报灌河港区燕尾作业区 2 个 2 万吨级（水工兼顾3 万吨级）和 2 个 3 万吨级（水工兼顾 5 万吨级）通用泊位临时进靠国际航行船舶，期限自批准之日起 6 个月。

特此请示，请予支持。

2016 年 6 月 28 日

灌云县人民政府关于上报最严格水资源管理制度工作整改方案的报告

灌政发〔2016〕90 号

市政府：

根据《关于 2015 年度实行最严格水资源管理制度考核结果的通报》（连水资组〔2016〕1 号）要求，我县针对通报中存在的四个方面问题，制定如下整改方案。

一、不断提高水功能区水质达标率

*一是加强源头治理。*加强水质监测，通过自动水质监测站对水功能区水质实行 24 小时在线监测，建立信息共享机制，实现环保、住建、水利等部门信息共享，发现问题及时处理，保障

水功能区水质安全。

二是加大农业面源污染治理力度。以控制环境污染为重点,以节肥、节药、节种、节水、节能为突破口,加强农业面源污染控制和防治。全面推广以生物防治、物理防治和高效低毒农药防治为重点的病虫害绿色防控技术。实施小流域综合治理,加强农业尾水排放管理,拓宽农作物秸秆利用渠道,严格控制农业污水灌溉。

三是强化饮用水源保护区执法巡查。构建巡查网络,建立健全预警预报机制,实行定人定点定路线巡查,做到一级保护区一天一查,二级保护区每周一查,准保护区不定期巡查,密切关注水源地的安全状况,坚决取缔影响水源地安全的私搭乱建、家禽饲养、网箱养鱼、随意开垦等违规违法行为。

四是加快推进应急备用水源工程。尽快启动应急备用水源工程,供全县至少7天应急之用,进一步强化突发污染事件的供水安全保障。

二、加强水资源费征收力度

一是加大宣传力度。以"3·22世界水日"、"12·4全国法制宣传日"等平台,进一步加大水资源管理法律法规和水资源征费的宣传力度,开展水法规进企业活动,深入宣传水法规政策、收费依据、收费标准,为水资源费的征收打好坚实的基础。

二是加大征收力度。进一步加强两个园区用水企业的水资源费征收力度,同时强化政府、医院、学校等机关事业单位和浴池服务业等小用水户的水资源费征收,做到应收尽收。

三是规范征缴程序。严格水资源费征收程序、票据管理和使用,实行收费依据、收费标准两公开,同时强化以表计量的定量手段,为依法征费提供准确客观的数字依据。

三、规范开发区、工业园区取水许可审批

一是完善水资源"四个一"管理制度。对开发区、工业园区用水企业严格执行水资源"四个一"管理制度,即一证(取水许可证)、一表(计量设施)、一牌(自备水源井牌号)、一卡(档案管理卡),及时了解和定期检查取水单位的用水情况。

二是严厉打击非法取水行为。针对地下水严重超采区临港产业区仍存在部分深水井的事实,将对临港产业区深水井进行排查梳理,对存在违规凿井的企业进行严格管理,对不服从管理的企业进行处罚。

四、开展用水审计、节水标杆企业评选,提高节水载体覆盖率

一是加快推进用水审计工作。因资金短缺、相关技术人员缺乏等因素制约,之前未能开展用水审计工作,下半年,将组织县财政、审计等部门介入,推进用水审计工作,努力实现用水审计零突破。

二是对节水标杆企业进行嘉奖。及时调整工作思路,引导企业加大技改投入,对被评为节水标杆的企业进行嘉奖,扩大节水技改影响力。

三是提高节水载体覆盖率。在保证完成省定节水载体创建任务的基础上,充分利用电视、报纸、网络等媒体,加强节水载体创建宣传,加大公众对节约用水重要性的认识,并探讨使用价格杠杆扭转水资源浪费现象,提高节水载体覆盖率。

特此报告。

2016年7月19日

灌云县人民政府关于灌云口岸对外开放的请示

灌政发〔2016〕93号

市政府:

灌云县是全国第一批沿海对外开放县,东濒黄海,西接宿迁,南通长江,北襟新亚欧大陆桥东桥头堡连云港,是连云港市经济社会发展的重要增长极。灌河港区燕尾作业区是连云港港南翼港区的重要组成部分,地处黄海和灌河交汇处,紧邻素有"苏北黄浦江"美誉的灌河航道西岸,是苏北和中西部地区最便捷的海河联运港口。自2009年6月以来,燕尾作业区以港口航道等基础设施建设为重点,先后建成2万吨级(水工兼顾3万吨级)和3万吨级(水工兼顾5万吨级)通用泊位各2个,灌河口5万吨级航道已具备5万吨级船舶乘潮通航(2万吨级船舶全潮通航)条件,初步形成以大宗散杂货运输为主,兼具服务港口物流、临港产业开发和腹地经济发展等功能的综合性港区,为灌云口岸开放提供了良好的基础条件。

一、开放水域范围

经商连云港警备区同意,灌云口岸一类开放水域为以下6个点连线范围内的闭合区域:

S3点:N34°50′28″、E120°01′57″

S4点:N34°28′05″、E119°47′50″

W′7点:N34°28′23″、E119°46′55.6″

W8点:N34°28′46.3″、E119°47′17.36″

S′7点:N34°29′0.9″、E119°47′26.8″

S′8点:N34°29′27.7″、E119°47′29.4″

二、口岸查验机构设置及建设规划

在灌云口岸开放的同时,申请设立海关、出入境检验检疫、海事和边防检查等查验机构,人员编制共200人(其中,海关、出入境检验检疫和海事均为正处级,人员编制各45人,边防检查为正团级,人员编制65人)。上述口岸查验机构的办公、业务和生活用房建设,我县将按照《国务院批转国家计委国家经贸委财政部关于开放口岸检查检验配套设施建设意见的通知》(国发〔1993〕44号)及《国家经贸委关于开放口岸检查检验配套设施建设标准及经费来源问题的通知》(国经贸[1993]520号)精神,与有关部门商定后统筹解决,确保口岸检查检验配套设施与港区开发建设同步规划实施,在口岸开放前建设完成并达到相关验收标准。

为进一步推进江苏沿海开发和海上丝绸之路战略的深入实施,全面提升苏北地区开放型经济发展水平,加快提升灌河港区燕尾作业区港口综合功能,恳请市政府向省政府申请灌云口岸对外开放,将灌河港区燕尾作业区建成国家一类口岸对外开放。

特此请示,请予支持。

附件:灌云口岸对外开放可行性研究报告

2016 年 7 月 20 日

灌云县人民政府关于提高城乡居民最低生活保障标准的通知

灌政发〔2016〕102 号

各乡镇(街道)人民政府(办事处),县各委、办、局,县各直属单位:

根据《江苏省民政厅关于印发2016 年全省民政工作要点的通知》(苏民发〔2016〕4 号)和《市委办公室　市政府办公室关于实施 2016 年连云港市十大重点民生工程 48 件实事的通知》(连委办发〔2016〕1 号)精神。经县政府研究,决定从 2016 年 7 月 1 日起,将我县城镇居民最低生活保障标准由原每人每月 390 元提高到每人每月 410元,农村居民最低生活保障标准由原每人每月 340 元提高到每人每月370 元。

特此通知。

2016 年 8 月 17 日

灌云县人民政府
关于连盐铁路杨集站同步开通客运业务的请示

灌政发〔2016〕125 号

上海铁路局南京铁路枢纽工程建设指挥部:

根据江苏省委、省政府,连云港市委、市政府的统一部署安排,连盐铁路灌云段征迁工作于去年全部结束,有力地保障了工程的无障碍施工。目前,铁路站房建设已提到重要议事日程。

按照规划设计,连盐铁路在我县杨集境内设杨集站,杨集站初步建设方案只设货运业务,后经我县的积极争取及省市铁路办的鼎力支持,原铁道部鉴定中心同意在杨集站预留客运业务并预留了站台及路基,待客流量达到标准后方可开通(旅客最高聚集人数 700 人)。

但考虑到连盐铁路连云港境内设7 个站,只有赣榆、连云港站办理客运业务,其他 5 个站均不办理客运业务。石桥站至赣榆站 19. 83 公里,赣榆站至连云港站 33. 93 公里,连云港站至海州站 10. 77 公里,海州至董集站 23. 95 公里,董集站至杨集站 24. 95 公里,杨集站至田楼站 12. 45 公里,田楼站至响水站 13. 05 公里。盐城市响水站开办客运业务。连云港站至响水站 85. 17 公里,中间没有办理客运业务的车站,杨集站至连云港站 59. 67 公里,到响水站25. 5 公里,为此,杨集站开通客运业务很有必要。

从满足群众出行需要来看,杨集镇历来是我县重要旅客集散地,在灌云、灌南两县东部地区群众出行习惯意识中占有重要地位。据统计,2015年杨集汽车站客运量为 145. 31 万人次,旅客最高集聚人数达 6000 人次,杨集站开通客运业务尤为现实。

从杨集站所处区位优势看,杨集站所处地理位置优越,位于灌云与灌南两县东部地区中心位置,交通便利,沈海高速、204 国道、242 省道、324 省道交汇于此。车站紧临正在规划占地面积达 20 平方公里杨集物流园区和杨集镇镇区;东临我县临港产业区,北依连云港徐圩新区,南接灌南半岛经济区,区位优势突出。为更好地促进园区镇区发展和互联互通,杨集站开通客运业务十分重要。

目前,随着我县及周边地区经济社会的快速发展,客流量已经达到设计中的客运量指数(旅客最高聚集人数 700 人)。为此,恳请上海铁路局充分考虑我县经济社会发展及人民群众出行的迫切需求,帮助解决杨集站同步开通客运业务问题,使客运站与货运站同步建设。

特此请示!

2016 年 9 月 13 日

灌云县人民政府
关于生态旅游开发项目建设的决定

灌政发〔2016〕137号

各乡镇(街道)人民政府(办事处),县各有关单位:

为了加大县内旅游资源开发建设力度,加快旅游产业发展,努力打造全国一流的乡村旅游示范景区,经研究决定启动灌云县生态旅游开发项目建设。

一、项目总体原则

灌云县生态旅游开发项目的总体原则是"政府主导,公司建设,贷款垫付,政府回购。"即由县政府委托连云港弘大旅游发展有限公司负责对该项目进行组织实施,全过程垫资代建,所需建设工程项目的配套资本金由连云港弘大旅游发展有限公司自筹,其余建设资金向银行申请中长期贷款解决。项目规划立足高起点,项目建设确保高质量。

二、项目主要建设内容

灌云县生态旅游开发项目建设主要内容是:本项目包括大伊山景区工程、伊芦山景区工程、新沂河与潮河湾景区工程及白蚬百果生态园工程四个方面组成。主要建设内容为交通工程、绿化工程、建筑改造工程、公共活动场地、小品设施、水系治理、市政设施工程及旅游服务设施等工程。

三、项目实施计划

灌云县生态旅游开发项目建设期为2年,计划2016年7月开工,2018年7月完工。2016年7月完成施工准备工作,主要包括立项、勘察设计、建议书、可研报告编制及招标等前期准备工作;2016年8月至2018年6月完成相关工程建设内容;2018年7月完成决算、竣工工作,并投入运行。项目代建单位连云港弘大旅游发展有限公司全权负责项目立项直至竣工验收合格并交付使用。

四、项目资金安排

该项目计划项目总投资为151396.58万元。其中,建设投资为143532.93万元、建设期利息6468.00万元、流动资金1395.65万元。资金筹措:由连云港弘大旅游发展有限公司自筹51396.58万元,作为项目资本金,占比33.95%;其余100000.00万元通过银行融资,贷款利率5.88%,贷款期限7年。

五、项目资金管理

为保证灌云县生态旅游开发项目建设资金合法、依规使用,县相关部门及相关金融机构将共同签署《灌云县生态旅游开发项目建设资金管理协议》。连云港弘大旅游发展有限公司要严格按照政府工程项目建设程序和融资银行资金管理规定,强化财务管理,确保项目建设资金专款专用。

六、项目保障措施

*一是加强组织领导。*县政府成立灌云县生态旅游开发项目领导小组,县分管领导任组长,县发改委、财政局、国土局、住建局、环保局、公安局、弘大旅游发展有限公司等相关部门主要负责人为成员,明确分工,落实责任,制订实施方案,加强项目的技术指导和检查监督,保证工程建设顺利推进。

*二是密切协作配合。*在灌云县生态旅游开发项目实施过程中,县各有关单位要围绕项目建设要求,明确工作责任,加强沟通,密切协作,积极配合,扎实推进工作开展,对项目建设过程中遇到的难点、重点问题,项目领导小组要及时向县政府汇报,由县政府统一协调解决。

*三是加快项目进度。*项目实施单位要把灌云县生态旅游开发项目作为一项重要工作,高起点规划设计,科学制定项目实施方案和施工计划,快速启动,确保尽早开工、按期竣工,及时投入使用。

*四是严格监督管理。*项目实施单位要建立严格的项目法人负责制、工程质量管理制、工程招投标制等一系列制度,保证项目规范有序推进。项目领导小组要定期组织财政、审计、住建、监察等部门对项目建设管理、工程质量、资金使用等情况进行监督检查,发现问题,及时纠正,如发现违法违规问题,依法依规对相关责任人进行严肃处理。

2016年10月20日

灌云县人民政府
关于印发《灌云县人民政府关于机关事业单位工作人员养老保险制度改革的实施办法》的通知

灌政发〔2016〕150号

各乡镇(街道)人民政府(办事处)、县各委办局、县各直属单位:

《灌云县人民政府关于机关事业单位工作人员养老保险制度改革的实施办法》已经县政府第39次常务会研究同意,现印发给你们,请结合实际,抓好贯彻执行。

2016年10月27日

附:

灌云县人民政府关于机关事业单位工作人员养老保险制度改革的实施办法

根据《省政府关于机关事业单位工作人员养老保险制度改革的实施意见》(苏政发〔2015〕89号)和《省人力资源社会保障厅　省财政厅关于贯彻落实〈省政府关于机关事业单位工作人员养老保险制度改革的实施意见〉的通知》(苏人社发〔2015〕224号)精神,结合我县实际,制定如下实施办法。

一、改革的总体要求

按照国家和省统一部署和要求,改革现行机关事业单位工作人员退休保障制度,实行社会统筹与个人账户相结合的基本养老保险制度,同步建立职业年金制度,逐步建立独立于机关事业单位之外、资金来源多渠道、保障方式多层次、管理服务社会化的养老保险体系。

二、参保范围

本县按照公务员法管理的单位、参照公务员法管理的机关(单位)、事业单位及其编制内的工作人员。

对于机构编制管理不规范的机关事业单位,县机构编制等部门要会同有关部门按照有关规定进行清理规范,待明确工作人员身份后再纳入相应的养老保险制度。编制外人员应依法参加企业职工基本养老保险。改革后初次参加机关事业单位基本养老保险人员(以下简称参保人员)由单位按规定确定并报主管部门审核,经财政、机构编制、组织和人社部门依据各自职能确认后,由机关事业单位养老保险经办机构(以下简称经办机构)办理参保登记。

机关事业单位离休人员不纳入此次改革范围,仍按国家和省有关规定发给离休费,并调整相关待遇,所需经费由原参保单位解决。

三、缴费基数和比例

单位缴纳基本养老保险费(以下简称单位缴费)的比例为本单位工资总额的20%。

个人缴纳基本养老保险费(以下简称个人缴费)的比例为本人缴费工资的8%。个人工资超过全省上年度在岗职工平均工资300%以上的部分,不计入个人缴费工资基数;低于全省上年度在岗职工平均工资60%的,按全省在岗职工平均工资60%计算个人缴费工资基数。

四、基本养老保险费征缴

机关事业单位应当按照《中华人民共和国社会保险法》的相关规定,到县经办机构办理社会保险登记手续。参加机关事业单位基本养老保险的单位(以下简称参保单位)编制内工作人员发生增减,应当在规定期限内办理基本养老保险相关手续。

参保单位应当自行申报、按时足额缴纳基本养老保险费。

参保人员应缴纳的基本养老保险费由单位每月在发放工资时代扣。经办机构应当依法按时足额征收基本养老保险费,并将缴费情况定期告知参保单位和参保人员。参保人员的个人缴费从个人所得税应纳税所得额中扣除,有经营性收入事业单位的单位缴费在税前列支。

基本养老保险费征缴实行乡镇、主管部门负责制,各乡镇、主管部门要加强所属单位资金管理,优先安排资金缴纳基本养老保险费。

五、个人账户的建立和管理

经办机构应当根据参保人员的社会保障号码,按本人缴费工资8%的数额,为其建立基本养老保险个人账户,并全部由个人缴费形成。

个人账户储存额只用于参保人员养老,不得提前支取,每年按照国家和省统一公布的记账利率计算利息,免征利息税。参保人员死亡的,个人账户余额可以依法继承。

六、待遇领取条件和程序

参保人员达到国家和省规定的退休年龄,单位和本人均按照规定足额缴费,个人缴费年限(含视同缴费年限,下同)累计满15年的,按月领取基本养老金。

参保人员符合领取基本养老金条件,并按照干部人事管理权限办理退休手续后,由所在单位到经办机构核定待遇。经办机构从核定的待遇领取时间起,委托银行等机构按月发给基本养老金。

参保人员达到国家和省规定的退休年龄但个人缴费年限累计不满15年的,其基本养老保险关系处理和基本养老金计发比照《实施〈中华人民共和国社会保险法〉若干规定》(人力资源社会保障部令第13号)和我省有关规定执行。

七、基本养老金计发办法

从2014年10月1日起,不再执行原机关事业单位工作人员退休费计发办法,建立待遇与缴费挂钩新机制,多缴多得、长缴多得。

对2014年10月1日后(含2014年10月1日,下同)参加工作、个人缴费年限累计满15年的参保人员,退休后其按月享受的基本养老金由基础养老金和个人账户养老金组成。退休时的基础养老金月标准以全省上年度在岗职工月平均工资和本人指数化月平均缴费工资的平均值为基数,缴费每满1年发给1%。个人账户养老金月标准为个人账户储存额除以计发月数,计发月数按国家统一规定执行。

对2014年10月1日前参加工作、2014年10月1日后退休且缴费年限累计满15年的参保人员,按照合理衔接、平稳过渡的原则,在发给基础养老金和个人账户养老金的基础上,再依据视同缴费年限长短发给过渡性养老金。

对2014年10月1日前已退休的机关事业单位编制内人员,继续按照国家和省规定的原待遇标准发放基本养老金,同时执行基本养老金调整办法。2014年10月1日至改革启动前办理退休手续的人员,按照本意见重新核定基本养老金。其中,符合规定的统筹项目纳入基本养老保险基金支付范围,其他待遇项目仍由原渠道列支。参保人员和退休人员死亡后,丧葬费、一次性抚恤金和供养直系亲属救济费(含之前已在经办机构领取供养直系亲属救济费的)暂按国家和省现行有关规定执行,所需资金从原参保单位列支,待国家相关政策明确后再作调整。

对2014年10月1日后,未达到国家和省规定的退休年龄,因病或非因工致残完全丧失劳动能力的参保人员,其基本养老保险待遇政策按省人力资源社会保障部门、省财政部门有关规定执行。

八、基本养老金调整

根据国家和省、市统一部署,调整我县机关事业单位退休人员基本养老金,保障退休人员生活。

九、基金管理和监督

按照全省统一的机关事业单位养老保险制度政策、缴费比例、计发办法、预算管理、经办规程和信息系统,县级人民政府负责基金征收、管理和待遇支付。

机关事业单位基本养老保险基金单独建账,与企业职工基本养老保险基金分别管理使用,并按照国家和省有关规定保值增值。基金实行严格的预算管理,纳入社会保障基金财政专户,实行收支两条线管理,专款专用,我县机关事业单位养老保险基金出现收不抵支时,由县财政给予兜底。县人力资源社会保障部门、财政部门、审计机关按照各自职责,对基金收支、管理情况实施监督。

十、养老保险关系转移接续

参保人员在同一统筹范围内的机关事业单位之间流动,只转移养老保险关系,不转移基金。参保人员跨统筹范围流动或在机关事业单位与企业之间流动,在转移基本养老保险关系的同时,基本养老保险个人账户储存额随同转移,并以本人2014年10月1日后各年度实际缴费工资为基数,按12%的总和转移基金,参保缴费不足1年的,按实际缴费月数计算转移基金。转移后个人缴费年限、个人账户储存额累计计算。

十一、建立职业年金制度

机关事业单位在参加基本养老保险的基础上,应当为其参保人员建立职业年金。单位和个人职业年金缴费基数与基本养老保险缴费基数一致。单位按本单位工资总额的8%缴费,个人按本人缴费工资的4%缴费。参保人员退休后,按月领取职业年金待遇。

单位和个人缴纳的职业年金费用与基本养老保险费一并征收。职业年金基金归集到省统一投资运营。

我县机关事业单位职业年金实施办法按照全省统一的相关规定执行。

十二、调整原加发基本退休费的政策

对2014年10月1日后获得省部级以上劳动模范、有重大贡献的高级专家等荣誉称号的参保人员,在职时给予一次性奖励,退休时不再提高基本退休费计发比例,奖励所需资金不得从基本养老保险基金中列支;对2014年10月1日前已获得此类荣誉称号、2014年10月1日后退休的参保人员,退休时给予本人一次性退休补贴,资金从原渠道列支。一次性退休补贴标准按照省确定的标准执行。其他符合原有加发基本退休费情况的参保人员,按照上述办法处理。

十三、逐步实行社会化管理服务

积极探索机关事业单位退休人员社会化管理服务方式,提高机关事业单位社会保险社会化管理服务水平,普遍发放全国统一的社会保障卡,实行基本养老金社会化发放。加强乡镇(街道)、社区人力资源社会保障工作平台建设,加快老年服务设施和服务网络建设,为退休人员提供方便快捷的服务。

十四、提高社会保险经办管理水平

县人力资源社会保障部门主管全县机关事业单位养老保险工作,经办机构具体承担机关事业单位养老保险事务。

根据改革需要,加强经办机构能力建设,县机构编制、财政部门要通过适当调剂增加编制和政府购买服务等方式充实工作人员,提供必要的经费和服务设施。

经办机构应做好机关事业单位养老保险参保登记、缴费申报、基金征收、关系转移、待遇核定和支付等工作。要按照国家和省统一制定的业务经办规程和信息管理系统建设要求,建立健全管理制度,向省级集中管理数据资源,实现规范化、信息化和专业化管理,不断提高工作效率和服务质量。

十五、做好改革衔接工作

本办法实施后,对于符合纳入机关事业单位基本养老保险条件的在职人员,其在本办法实施前的机关事业单位工作年限视同缴费年限,原有试点期间的个人缴费本息划转至本办法实施后的本人职业年金个人账户,采取记账方式,每年按规定计息。该部分在本人退休时不计入新老办法标准对比范围,并一次性支付。原有试点期间的养老保险结余基金并入机关事业单位基本养老保险基金统一使用，严禁挤占挪用。

十六、切实加强组织领导

各乡镇（街道）、各部门要充分认识开展机关事业单位养老保险制度改革的重大意义，切实把这项工作摆上重要位置，主要负责同志要亲自过问，分管负责同志具体抓，加强组织领导，加大工作力度，确保新制度平稳启动实施。各级政府要积极调整和优化财政支出结构，加大社会保障资金投入，确保基本养老金按时足额发放，同时为建立职业年金制度提供相应的经费保障，确保机关事业单位养老保险制度改革平稳推进。县人力资源社会保障部门要认真履行改革牵头协调部门的职责，财政、机构编制等部门要密切配合、相互支持，合力做好改革的统筹协调和推进落实工作，并加强养老保险制度改革与其他改革的衔接。各乡镇（街道）、各部门、各单位要严格执行机关事业单位编制和人事管理有关规定，落实机构编制实名制，坚决清理纠正违规超编进人问题。要加强对机关事业单位养老保险制度改革的宣传，准确解读改革的目标和政策，正确引导舆论，为改革营造良好的氛围。

本办法自2014年10月1日起实施，我县已有规定与本办法不一致的，按照本办法执行。

县委办公室　县政府办公室
关于切实优化投资发展软环境的十项制度

灌委办〔2016〕4号

各乡镇党委、人民政府，县委各部委办，县各委办局院，县各直属单位，驻灌省市属单位：

为进一步优化我县投资发展软环境，切实维护企业和群众的合法权益，结合我县实际，特制定如下十项制度：

1. 审批快捷制。所有行政执法机关、经济管理部门和公共服务行业均实行岗位无缺制，对应受理的行政事务、服务事项，一律做到一次告知、首问负责、限时办结，做到资料齐全马上办、资料不全指导办、紧急项目灵活办、特殊项目跟踪办、重大项目上门办。

2. 项目帮办制。对重点投资项目，要实行"一个项目、一套班子"帮办制度，无偿进行全程帮办服务，对企业发展和项目推进中的问题，实行"四级会办"，及时为企业客商解决建设和生产经营中的矛盾和困难。

3. 收费公示制。收费窗口必须及时将收费的依据、标准、项目、程序在醒目位置予以公示，并制成表册印发给被收费对象，并报县优化办。收费时必须出示《收费许可证》和收费员证，使用规范票据收费，必须填写《企业收费登记簿》，否则，企业有权拒绝交费。

4. 文明服务制。工作人员在执法和窗口服务过程中，必须持证上岗，亮牌执法，要做到使用普通话、语言得体、态度热情，并严格按照服务承诺、办事流程和办理时限文明规范办理。

5. 检查准入制。严格执行"企业宁静日"制度，行政执法机关和经济管理部门确需对企业进行检查的（安全、环保检查除外），必须报县优化办批准后施行。检查时，所有执法人员必须出示合法有效的执法检查证件，文明执法，否则，企业有权拒绝接受。

6. 处罚报备制。对企业在生产经营活动中首次被查出的轻微或一般违规行为，一律进行批评教育，限期整改。不得妨碍、中断企业正常生产经营活动，不得进行行政或经济处罚。对企业严重违规违法行为，必须依法履行程序，并报县优化办备案后方可实施处罚。

7. 绿色通道制。凡在我县境内的车辆，轻微违章情形的一律坚持说服教育，不得进行处罚，并提供良好的交通秩序，坚决杜绝道路"三乱"行为。

8. 亲商护商制。对在我县境内上年度实现入库税收500万元以上的工业企业或固定资产投入2000万元以上的农业项目，颁发客商"直通卡"，享受车辆通行、健康体检、义务教育阶段子女择校入学等优惠待遇。切实保护企业的合法利益，不得利用职权强揽工程、强迫中介代理、强迫招投标、强拉赞助、摊派物品、侵占企业财物，严禁打击报复企业客商。

9. 诚信践诺制。服务单位要结合本单位工作任务和职能特点，作出服务承诺。一经承诺，必须坚决兑现，不得轻诺寡信。

10. 责任买单制。对发生损害投资发展软环境行为，造成不良影响和后果的，由责任单位和责任人承担相应责任，并追究相关分管领导、主要领导责任。

本制度自公布之日起施行。

2016年2月16日

县委办公室　县政府办公室
关于严格优化投资发展软环境责任追究的若干规定

灌委办〔2016〕5 号

各乡镇党委、人民政府，县委各部委办，县各委办局院，县各直属单位，驻灌省市属单位：

《关于严格优化投资发展软环境责任追究的若干规定》已经县委、县政府同意，现印发给你们，请认真贯彻执行。

2016 年 2 月 16 日

附：

关于严格优化投资发展软环境责任追究的若干规定

第一条　为进一步加强优化投资发展软环境建设，维护企业和群众合法权益，根据《中国共产党纪律处分条例》《中华人民共和国行政监察法》《中华人民共和国公务员法》《行政机关公务员处分条例》《事业单位工作人员处分暂行规定》及其他法律法规的规定，结合我县实际，制定本规定。

第二条　本规定适用于全县所有机关、企事业单位、人民团体及其工作人员(含临时聘用人员)、乡镇村组干部(以下统称公职人员)。

第三条　凡发生违反本规定行为的，一经发现并查实，一律公开曝光，一律先停职后处理，一律责令整改，一律追究责任。造成不良影响的，扣发当年度目标考核奖，取消考核评先评优资格，并根据情节轻重给予相应的组织处理和党政纪处分，构成犯罪的移送司法机关处理。对打击报复的，一律从重、从快处理。

第四条　公职人员不得利用职权或职务影响，侵害企业、客商或服务对象的利益，为本单位、本人或亲友谋取私利。

1. 严禁接受吃请。不得以任何理由接受企业、客商或服务对象安排的可能影响公正执行公务的宴请、娱乐健身等活动。违反规定的，责令参加人全额支付相关费用。

2. 严禁索要好处。不得以推诿拖拉、增加环节、抬高标准、夸大难度、模糊态度等方式，暗示、提醒企业、客商或服务对象送礼，不得以任何理由收受企业、客商或服务对象送给的礼品、礼金、购物卡、代金券等。违反规定的，没收违规所得。

3. 严禁借款借物。不得以任何借口向企业借款、借物。违反规定的，责令限期退还借款，并按中国人民银行同期同类贷款利率加付利息退还企业；借用车辆等物品的，责令按市场价承担租赁费用。

4. 严禁摊派物品。严禁以任何方式向企业摊派物品、拉广告、卖保险等。违反规定的，没收违规所得。

5. 严禁变相旅游。不得接受企业邀请并出资以学习、考察、招商等名义安排的各类旅游活动。违反规定的，责令参加人全额支付相关费用。

6. 严禁变相受贿。严禁以打牌、打麻将等方式收受企业、客商或服务对象送给的钱物。违反规定的，没收违法所得。

7. 严禁超低价购物。不得以明显低于市场价为个人购买房产等物品、接受技能培训、享受超低价服务等。违反规定的，责令退出差价部分。故意拖欠购物款的，责令立即还款，按中国人民银行同期同类贷款利率加付利息退还企业。

8. 严禁冒名牟利。不得纵容亲友利用自己的名义向企业索要财物、推销产品、供货供料、招揽工程等谋取私利。违反规定的，责令退出违规所得。

9. 严禁兼职谋利。不得以招商引资等为名在企业兼职领取薪酬或报销应由个人承担的费用。不得到企业入股分红。违反规定的，没收违规所得。

10. 严禁借机敛财。不得以婚丧嫁娶、乔迁新居、生日祝寿、子女升学参军等名义，接受企业、客商或服务对象的礼金、礼品等。违反规定的，没收违规所得。

第五条　执法部门要严格依法依规开展涉企检查、收费、罚款，不得擅自组织任何形式的评比、发证、培训、摊派、集资等活动，严禁粗暴执法、人情执法、随意处罚、只罚不纠等。

1. 严格涉企检查。严格执行“企业宁静日”制度，不得随意到企业检查。确需检查的，必须报县优化投资发展软环境办公室批准，并严格按批准的检查时间、检查人员、检查项目开展检查(涉及环保、安全的除外)。检查过程中非必需不得干扰企业正常生产经营秩序。

2. 严控涉企收费。必须按照县政府批准的项目和标准收取各种行政事业性规费，开具财政统一票据。严禁超范围、超标准和自立项目收费。违反规定的，责令限期退出多收费用。

3. 严禁随意处罚。对企业进行处罚必须依法履行程序，并报县优化投资发展软环境办公室备案。未经备案不得实施罚款、查封账户、吊销证照、没收或扣押物品等处罚措施。严禁使用、截留或不当保管企业被扣押财物。

4. 严禁索要赞助。不得要求企业或服务对象提供赞助或集资。企业主动赞助的，须报县优化投资发展软环境办公室批准后方可接受。违反规定的，责令限期退出款项。

5. 严禁强制服务。不得擅自组织各种评比发证活动、要求企业加入各种需缴纳会费的协会、参加不必要的培训、征订不必要的报刊、购买不必要的书籍和音像制品或接受其它不必要的指定服务。

6. 严禁公路“三乱”。任何单位未经批准不得在公路、河道上乱设卡检查、乱收费、乱罚款;交通、公安、林业等部门在公路上设置检查、收费、治超等站点必须经过批准;经批准设置的临时性动物防疫站、植物检疫站等,要对设站依据、执法内容、收费标准、设站期限等进行公示,规范检查程序和技术措施。

7. 严禁以收代管。不得将执法权转让或变相转让给社会中介机构或其它经济组织进行有偿服务。严禁人情执法、以收代管、以罚代纠。

8. 严禁粗暴执法。执法人员在对企业开展各种执法活动过程中必须持证上岗,亮牌执法,文明规范,言行得体,不得生硬冷淡、蛮横粗暴。严禁与服务对象争吵,严禁酒后执法,严禁无执法资格人员或临时聘用人员执法。

第六条　严禁在行政审批、代办帮办、服务群众、岗位履职过程中推诿拖延、渎职失职、滥用职权,影响企业和群众办事。

1. 严禁乱审批。不得设置审批许可项目或实施已废止的项目,严禁将备案项目变为审批或许可项目,应公开的办事项目、办事程序、办事条件等必须公开。

2. 严禁慢作为。不得在办理行政审批、许可、备案及其它履职行为时推诿拖延,超过承诺期限办结。对承办事项必须作出办结时限承诺,严禁不承诺或超过规定时限承诺。

3. 严禁乱作为。不得在办理行政审批、许可、备案、认证、裁决、处置等过程中滥用职权,无合法依据要求企业或服务对象提供额外条件,或随意作出处置决定。

4. 严禁不作为。严禁对企业的办事需求搁置不办,对群众的正当要求置之不理,对干扰破坏经济和社会秩序行为不得坐视不管、打击不力。在“企业帮办”服务过程中,不得拒绝受理企业和群众的合理申请,不得超时转接、办理事项。

5. 严禁假授权。进驻县行政服务中心的单位必须充分授权,严禁不授权或授权不到位,搞前台受理后台审批;窗口服务过程中不得违反“一次告知、限时办结”等制度,影响群众和企业办事。

6. 严禁有诺不践。在招商引资过程中,严禁乱承诺、乱许愿,已承诺的合理事项不得违约,不得有诺不践。凡承诺按年度兑现企业奖补资金的,必须在当年全部兑现,特殊情况经与企业协商同意,可于次年上半年全部兑现,并足额补付企业利息,坚决杜绝发生因轻诺寡信,跟踪服务不到位导致项目流失的问题。

第七条　公职人员要严格遵守职业操守、行为规范和工作纪律,不得实施可能影响公职人员公正性的不当行为。

1. 严肃机关纪律。上班时间不得串岗聊天、上网炒股、购物、玩游戏、看娱乐片、浏览不健康网站或从事其它与工作无关的活动,外出须告知去向。参加会议不得缺席、迟到、早退或擅自安排他人代会,不得在会场内抽烟、打电话、打瞌睡,不得无故离场。

2. 严树自身形象。工作日中午严禁饮酒,严禁县级机关到乡镇调研检查期间饮酒,严禁部门、单位之间相互吃请。严禁公车私用、乱停乱放,严禁穿着制服、使用执法车辆到餐饮、娱乐场所消费。任何单位或个人对争议问题要依法解决,不得以闹访等不当行为干扰企业正常经营,扰乱社会秩序。

第八条　不执行、不严格执行、拒绝执行县委出台的《关于切实加强优化投资发展软环境建设的实施意见》、《关于切实优化投资发展软环境的十项制度》及发生其他破坏投资发展软环境行为的,按本规定执行。

此前发布的有关规定与本规定不一致的,适用本规定。

第九条　本规定由县优化投资发展软环境办公室负责解释,自发布之日起施行。

县政府办公室
关于印发《灌云县2016年村庄环境整治实施方案》的通知

灌政办〔2016〕19号

各乡镇人民政府,县各有关单位:

《灌云县2016年村庄环境整治实施方案》已经县政府研究通过,现印发给你们,希认真遵照执行。

特此通知。

附:《灌云县2016年村庄环境整治实施方案》

2016年3月25日

灌云县2016年村庄环境整治实施方案

为推动我县村庄环境整治工作深入开展,巩固村庄环境整治成果,实行常态化运行管理,根据《国务院办公厅关于改善农村人居环境的指导意见》(国办发〔2014〕25号)和《省政府办公厅关于建立村庄长效管护机制的意见》(苏政办发〔2014〕115号)文件精神,结合我县实际,现制定2016年村庄环境整治实施方案:

一、指导思想

深入贯彻落实县委十一届十一次全会精神,以“六整治、六提升”和“三整治、一保障”为主要内容,以“村镇生活垃圾收集转运体系常态化”为工作核心,着眼于村庄环境管理的规范化、制度化、长效化,落实责任,健全制度,着力推进健全村庄环境长效管护机制,切实改善农村人居环境,提高生活质量,努力建成生态宜居、出行方便、环境整洁、生活舒适的康居村庄。

二、基本原则

1. 坚持规划先行、政策引导的原则。科学统筹编制县域乡村建设规划,整合部门资源,合理确定村庄建设项目,规范运作程序,建立政策体系,引导村庄建设与整治朝着正确的方向健康发展。

2. 坚持依靠群众,群众为主原则。建立农民参与机制,确定农民在村庄整治中的主体地位,充分调动农民参与整治的积极性;保障农民决策权、参与权和监督权,倡导文明风尚,培养良好生活习惯,提升群众满意度。

3. 坚持因地制宜、突出特色的原则。注意农村与城市的区别,尊重农村建设的客观规律,坚持以改善农村最迫切需要的生产生活条件为中心,充分利用农村现有条件和设施,完善各类基础设施和公共服务设施,突出地方特色,体现农村风貌,建设美丽乡村。

4. 坚持以人为本、环境优先的原则。以满足群众的实际需要为前提,尽量保留原有房屋、原有风格、原有绿化,不砍树、不填塘,维护农民利益,营造安全、方便、舒适的人居环境。

5. 坚持整管并重、突出长效的原则。在开展村庄环境整治的同时,要抓好长效管护机制的建立健全,把建立长效管护机制摆在突出位置、贯穿整治全过程,做到整治与长效管护并重。

三、目标任务

1. 全面开展村庄环境整治,防止"脏乱差"现象回潮。围绕"六整治、六提升"、"三整治、一保障"的整治要求,全县所有村庄的环境整治达到整洁村以上标准。同时按照省市相关要求,开展全县的美丽乡村创建工作。

2. 加快建立以村庄保洁和垃圾收运处理体系为核心的村庄环境卫生管理机制,健全和完善垃圾收运处理、道路维护、绿化养护、河道管护、公共设施维护"五位一体"的村庄环境长效管护机制。要努力做到"五有":有制度,明确具体实施办法和责任人;有标准,明确各个管护项目的具体要求;有队伍,配备精干高效、责任心强的管护人员;有经费,保障日常管护工作的开展;有督查,通过多种途径推动管护机制的落实。

四、实施步骤

第一阶段(3 月下旬),宣传发动,分解落实目标任务。组织召开动员会,对村庄环境整治工作进行再宣传、再动员、再部署,要总结过去整治工作经验,明确责任,分解落实 2016 年工作任务和目标;同时,要充分运用各种有效形式进行宣传,使整治提升工作深入人心;要广泛动员、引导社会力量和广大农民积极参与,密切配合,从而推动整治提升工作开展。

第二阶段(4 月份),全面健全和完善村庄环境长效管护机制。各乡镇各整治村庄要制定村庄环境整治实施方案和工作计划。进一步完善镇村设施配套,加大垃圾收运设施布点密度,合理建设垃圾房,按 300—500 人配 1 名保洁员的比例配齐保洁员,通过典型带动作用,在全县全面建立垃圾收运处理、道路维护、绿化养护、河道管护、公共设施维护"五位一体"的村庄环境长效管护机制。

第三阶段(5 月份 ~ 9 月份),全面推进,大力开展村庄环境整治提升。各乡镇要按照"六整治、六提升"、"三整治、一保障"的整治要求,全面开展村庄环境整治提升工作。康居村庄要突出抓好"六整治"、"六提升",重点整治生活垃圾、生活污水、乱堆乱放、工业污染源、农业废弃物、河道沟塘,着力提升公共设施配套、绿化美化、饮用水安全保障、道路通达、建筑风貌特色化、村庄环境管理水平;整洁村庄要结合实际,突出生活垃圾、乱堆乱放、河道沟塘等环境卫生整治,保障农民群众基本生活需求,有效改善村庄环境。

第四阶段(10 月份 ~ 11 月份),巩固成果,确保长效管护机制运转常态化。以"六整治、六提升"和"三整治、一保障"为依据,突出整治提升后村庄环境的日常管理,加强业务指导,加大检查巡查力度,切实巩固村庄环境整治成果。

第五阶段(12 月份),总结评比,做好全年村庄环境整治提升目标考核。对全年村庄环境整治情况进行考核评比,通过表彰先进,进一步促进乡镇、村做好村庄环境整治工作的信心和决心。

五、保障措施

1. 加强组织领导。县统筹发展办公室负责全县的村庄环境整治工作,要统筹协调各部门力量,建立部门联动、分工明确的协调推进机制;要制定完善可操作的村庄环境整治长效管护标准、可量化的考核办法;要细化责任分工、落实政策措施。乡镇和村为村庄环境整治的实施主体,要抓好各项具体工作,要明确专人抓好保洁管护队伍建设,确保各项制度和要求落到实处。各乡镇统筹办要充分发挥职能作用。

整治提升要有安排、有计划的进行,要明确目标、突出重点,既要解决当前问题,更要建立长效管理机制。整治任务要层层分解,明确责任,建立责任网络体系,为整治工作全面开展奠定良好的组织基础。

2. 加大投入力度。加大对村庄环境整治提升和康居乡村建设的财政投入力度,并按照村庄环境整治提升实施计划,有效整合和利用现有各类农村环境整治提升专项资金,对符合支持范围和条件的项目积极争取上级给予补助;要努力解决村庄长效管护机制运行经费,要以常住人口为基础,核定村庄环境长效管护工作经费并纳入财政预算;通过村级公益事业"一事一议"、村集体经济收入、县乡财政补助等,筹措河道管护、道路维护、垃圾收运处理、绿化养护、公共设施维护等村庄环境长效管理经费。鼓励社会力量以捐资捐建的方式,支持村庄环境整治。试点侍庄乡常荡村的村庄环境整治典型,逐步向全县推广。

3. 加大宣传力度。要不间断的把思想和宣传发动工作贯穿于村庄环境整治提升工作的全过程,充分运用各种媒体和有效的宣传形式,进行开展村庄环境整治提升的重要意义宣传和报道,使整治提升工作深入人心;健全村民自治机制，坚持村内事物村民议村民定、村民建村民管，发挥村务监督委员会、村民理事会等村民组织作用，引导村民积极主动参与村庄环境日常维护工作；要与农村精神文明建设、爱国卫生工作等有机结合起来，普及健康卫生知识，倡导文明生活方式，引导广大群众自觉保持村庄整洁、维护村庄设施，逐步形成维护环境卫生的良好习惯；要面向农村老党员干部、农村妇女、中小学生等各类群体开展多种形式的宣传主题活动，提高村民自我管理意识，提高管理效率。

4. 强化督查考评。村庄环境整治提升任务繁重，为确保整治工作广泛、持久地开展及各项工作任务的落实，我县在不断完善自查机制和上级检查的基础上，完善工作措施，以确保整治工作的有序进行。县政府将村庄环境整治工作纳入县目标考核，作为对乡镇政府考核的一项重要内容。县统筹办将采取日常督查、分阶段检查和最后考核的方式进行检查，将组织专人对各乡镇的开展情况进行定期、不定期的监督检查；通过设立举报投诉电话等形式，曝光村庄环境卫生死角、脏乱差及不文明现象，广泛接受社会和村民监督；邀请人大代表、政协委员等参与监督；每月不少于一次对各乡镇的长效管护机制运行情况监督考核，对督查考核情况要排出名次，进行通报，每月考核结果纳入年终考核总分，考核结果与保洁人员的绩效工资报酬挂钩；按照运送到市垃圾处理焚烧厂的垃圾量考核情况发放奖补资金。

县政府办公室
关于做好乡镇志部门志编纂工作的通知

灌政办〔2016〕59 号

各乡镇（街道）人民政府（办事处），县各有关单位，驻灌省市属单位：

为适应新型城镇化建设和地方志事业发展的需要，全面贯彻落实国家实施中国名镇志文化工程和省开展江苏名镇名村志编纂工作的要求，认真落实《连云港市贯彻〈全国地方志事业发展规划纲要〉（2015—2020 年）实施方案》，充分发挥地方志在经济社会发展中的促进作用，经研究，决定在全县范围内开展乡镇（街道）志书（以下简称乡镇志）和部门志书（以下简称部门志）编纂工作。现就有关事项通知如下：

一、高度重视乡镇志部门志编纂工作。地方志作为全面系统记述区域内自然、政治、经济、文化和社会的历史与现状的资料性文献，在储存信息、传承文化、服务当代、垂鉴后世等方面具有独特作用。乡镇志部门志全面、真实记录乡镇历史变迁和改革开放的进程与成果、记录各部门（行业、事业）在社会主义现代化建设和改革开放各时期的发展历程，是县级志书的延伸和补充，对推动全县历史文化传承、促进经济社会发展、探索行业部门发展道路和总结发展经验具有十分重要的意义。各乡镇（街道）、各有关部门要把编纂乡镇志部门志作为“十三五”时期重要的基础性工作，采取切实有效的措施，切实抓紧抓实抓好。

二、全力保证乡镇志部门志编纂质量。各乡镇（街道）、各有关部门要树立精品意识，坚持质量第一，认真做好乡镇志部门志编纂工作。要以中国地方志指导小组下发的《地方志书质量规定》为指导，坚持思想性、资料性、科学性有机统一，系统、翔实记述乡镇（街道）、部门发展历程和时代特征，做到观点正确、内容全面、资料翔实、记述准确、文字精炼、印制规范。要健全制度，规范程序，严格审核，保证志书质量，杜绝不合格的志书出版。各乡镇（街道）、各部门负责志书资料搜集、汇总整理、初稿编写、志书校验等工作，内部评审后由县地方志办公室组织专家评审，修改后报市地方志办公室验收、备案；部门志由县地方志办公室负责终审验收。

三、认真落实乡镇志部门志编纂保障。全县各乡镇（街道）均要编纂乡镇（街道）志，县级承担行业、事业主管职能的部门均要编纂部门志，积极鼓励具备条件的村、社区、机关、企业、学校、社会组织等编纂志书。乡镇志部门志编纂工作涉及面广、时间跨度大、政策性强，要坚持党委领导、政府主持、地方志编委会组织实施、社会各界广泛参与的工作机制，上下联动，多方支持，科学规划，分步实施。各乡镇（街道）、各有关部门要成立编纂工作领导小组，制订具体的编纂实施方案，建立相应的考核督促机制，并为志书编纂工作提供必要的人力、物力、财力支持。要加强修志队伍建设，积极组织、广泛动员专家、学者、老干部、老党员、老教师以及知情人、当事者参与志书编纂工作。

四、切实提高乡镇志部门志编纂时效。结合我县近年来经济社会发展和国计民生重点领域，经研究，确定伊山镇、杨集镇、燕尾港镇、龙苴镇、下车镇等 5 个镇和总工会、县建设局、教育局、民政局、卫生局、水利局、环保局等 7 个部门为全县乡镇志部门志试点单位，即时启动编纂工作，确保在 2017 年底前完成编纂任务。其他乡镇（街道）和部门也要精心组织编纂队伍，提前做好资料搜集等各项准备工作，确保在 2020 年底前完成编纂任务。县政府将加大对乡镇志部门志编纂工作的考核力度，明确责任，提高效率，确保到“十三五”末全面完成乡镇志部门志编纂工作任务。

附件：

一、乡镇志部门志编纂体例

二、全县乡镇(街道)志编纂计划

三、全县部门志编纂计划

2016 年 8 月 5 日

附件一

乡镇志部门志编纂体例

一、篇目结构

乡镇志以下限时的本乡镇(街道)名称冠名，统一加上一级行政区域名称，如《灌云县伊山镇志》；承担行业主管职能的部门志统一冠以行业、事业命名，如《灌云县教育志》、《灌云县民政志》，不以委、办、局冠名。采用章节体，横排门类，纵述史实。乡镇(街道)志一般设篇、章、节、目四个层次，部门志一般设章、节、目三个层次，按照上下限内的时间顺序记述。

二、内容资料

乡镇志主要记载域内建制区划、自然、政治、经济、文化、社会的历史与现状，突出地域特色和乡土文化特点。部门志主要记载部门主管行业(事业)的发展、改革、管理、机构队伍、精神文明建设等，突出时代特色和行业(事业)特点。记述内容要求详略得当，重点突出。乡镇志上限为该乡镇设置年份，部门志上限不限，下限统一为 2015 年。志书中随文配图，做到图文并茂。乡镇志卷首设本行政区域位置图、行政区划图。

三、编写规范

合理运用述(总述、概述)、记(大事记)、志(正文)、传(人物传)、图(地图、照片、白描图)、表、录等体裁，以志为主，做到述而不论，生不立传。严格执行中国地方志指导小组印发的《地方志书质量规定》，将精品意识贯穿于志书编纂出版全过程，严把政治关、史实关、体例关、文字关、出版关。志书使用规范的现代语体文记述，不用总结报告、新闻报道、文学作品、教科书、论文等写法。志书中所用数字、标点符号等，执行国家标准《出版物上数字用法》(GB/T15835 - 2011)、《标点符号用法》(GB/T15834 - 2011)，除引文外一律采用第三人称。采用的数据以统计部门为准，统计部门未作统计的可用部门数据，但须经核实、确认、审定后方可入志。

附件二

全县乡镇(街道)志编纂计划

序号	名　称	责任单位	完成时限
1	《灌云县伊山镇志》※	伊山镇人民政府	2017 年底
2	《灌云县杨集镇志》※	杨集镇人民政府	2017 年底
3	《灌云县燕尾港镇志》※	燕尾港镇人民政府	2017 年底
4	《灌云县龙苴镇志》※	龙苴镇人民政府	2017 年底
5	《灌云县下车镇志》※	下车镇人民政府	2017 年底
6	《灌云县同兴镇志》	同兴镇人民政府	2020 年底
7	《灌云县四队镇志》	四队镇人民政府	2020 年底
8	《灌云县圩丰镇志》	圩丰镇人民政府	2020 年底
9	《灌云县图河镇志》	图河镇人民政府	2020 年底
10	《灌云县东王集镇志》	东王集镇人民政府	2020 年底
11	《灌云县侍庄街道志》	侍庄街道办事处	2020 年底
12	《灌云县小伊乡志》	小伊乡人民政府	2020 年底
13	《灌云县南岗乡志》	南岗乡人民政府	2020 年底

注：后面带“※”号的单位为试点单位。

附件三

全县部门志编纂计划

序号	名称	责任单位	完成时限
1	《灌云县人民代表大会志》	县人大办公室	2020 年底
2	《灌云县政协志》	县政协办公室	2020 年底
3	《中共灌云县委组织志》	县委组织部	2020 年底
4	《中共灌云县纪律检查志》	县纪委	2020 年底

续表

序号	名称	责任单位	完成时限
5	《灌云县宣传志》	县委宣传部	2020 年底
6	《灌云县政法志》	县委政法委	2020 年底
7	《灌云县工会志》※	县总工会	2017 年底
8	《灌云县城乡建设志》※	县建设局	2017 年底
9	《灌云县教育志》※	县教育局	2017 年底
10	《灌云县民政志》※	县民政局	2017 年底
11	《灌云县卫生志》※	县卫计委	2017 年底
12	《灌云县环境保护志》※	县环境保护局	2017 年底
13	《灌云县水利志》※	县水利局	2017 年底
14	《灌云县统战志》	县委统战部	2020 年底
15	《灌云县金融志》	县金融办、人行	2020 年底
16	《灌云县工商业联合会志》	县工商联	2020 年底
17	《灌云县旅游志》	县旅游局	2020 年底
18	《灌云县妇联志》	县妇联	2020 年底
19	《灌云县共青团志》	团县委	2020 年底
20	《灌云县民族宗教志》	县民宗局	2020 年底
21	《灌云县文化广电体育志》	县文广体局	2020 年底
22	《中共灌云县委党校志》	县委党校	2020 年底
23	《灌云县人民医院志》	县人民医院	2020 年底
24	《灌云县高级中学志》	灌云高级中学	2020 年底
25	《灌云县中等专业学校志》	灌云中等专业学校	2020 年底
26	《灌云县残疾人联合会志》	县残联	2020 年底
27	《灌云县工业和信息化志》	县经信局	2020 年底
28	《灌云县盐业志》	县盐务局	2020 年底
29	《灌云县电力工业志》	县供电公司	2020 年底
30	《灌云县邮政志》	县邮政局	2020 年底
31	《灌云县市场监督管理志》	县市场监督管理局	2020 年底
32	《灌云县国税志》	县国税局	2020 年底
33	《灌云县地税志》	县地税局	2020 年底
34	《灌云县经济体制改革志》	县发改委	2020 年底
35	《灌云县商业志》	县商务局	2020 年底
36	《灌云县社会保障志》	县人社局	2020 年底
37	《灌云县统计志》	县统计局	2020 年底
38	《灌云县科技志》	县科技局	2020 年底
39	《灌云县价格志》	县物价局	2020 年底
40	《灌云县粮食志》	县粮食局	2020 年底
41	《灌云县地震志》	县地震局	2020 年底
42	《灌云县农村工作志》	县委农工办	2020 年底
43	《灌云县农业志》	县农委	2020 年底
44	《灌云县海洋与渔业志》	县海洋与渔业局	2020 年底
45	《灌云县气象志》	县气象局	2020 年底

县政府办公室 关于印发灌云县叮当河饮用水源地保护整改工作方案的通知

灌政办〔2016〕94号

各乡镇(街道)人民政府(办事处),县各有关单位:

根据环保部以及省市关于加强饮用水源地保护的有关要求,为进一步加大我县叮当河饮用水源地保护力度,改善饮用水源地环境质量,保证群众饮用水安全,现将《灌云县叮当河饮用水源地保护整改工作方案》印发给你们,请认真贯彻落实。

2016年12月12日

附:

灌云县叮当河饮用水源地保护整改工作方案

为认真学习贯彻落实习近平总书记重要批示指示精神,坚持生态优先、绿色发展,集中力量解决损害群众健康和影响绿色发展的突出环境问题,进一步强化饮用水环境安全管理,根据环保部办公厅《关于开展长江经济带饮用水水源地环境保护执法专项行动(2016—2017年)的通知》(环办环监函〔2016〕54号)、省环保厅《关于组织开展全省集中式饮用水水源地环境保护执法专项行动的通知》(苏环办〔2016〕165号)以及《关于开展连云港市饮用水水源地环境保护执法专项行动(2016—2017年)的通知》(连环发〔2016〕203号)等文件要求,结合有关实际,制定本方案。

一、工作目标及任务

工作目标:2017年底前,完成县级集中式饮用水水源地(以下简称饮用水源地)排查整治任务,全面清理饮用水水源地保护区内存在的环境问题。2017年之后,各乡镇(街道)、各有关单位继续依照本方案落实责任措施,持续提升我县饮用水水源地水质安全保障水平。

工作任务:严格执行环境保护法律法规,对饮用水水源地保护区制度的落实情况进行检查,划定水源地保护区内畜禽养殖项目禁养区与限养区,完善地理界标和警示标志,排查整治饮用水水源地保护区内的排污口和违法违规建设项目。

二、工作内容

按照《环境保护法》、《水污染防治法》以及省人大《关于加强饮用水源地保护的决定》等法律法规要求,主要开展以下工作:

一是检查饮用水源地保护区制度落实情况。重点检查饮用水水源地保护区划定,保护区边界地理界标和警示标志设立,环境突发事件防范应对等情况。

二是排查整治饮用水水源地一级保护区内环境违法问题。重点检查一级保护区内是否设有排污口、建有与供水设施和保护水源无关的建设项目、从事网箱养殖等违法活动。

三是排查整治饮用水水源地二级保护区内环境违法问题。重点检查二级保护区内是否设有排污口、建有排放污染物的建设项目,网箱养殖等活动是否采取防止污染饮用水水体的有效措施。

三、工作措施

按照我县《关于进一步加强叮当河饮用水源地环境整治工作的通知》(灌政办〔2012〕9号),各乡镇(街道)、各相关部门要进一步通力协作,切实加大叮当河饮用水源保护力度。

县水利局、县住建局等部门负责加强叮当河两岸所有支流截污管理,未建截污闸的要安排建设截污闸,已建截污闸的要维护截污设备,确保所有支流截污率达100%。地理界标与警示标志的完善工作,由县水利局会同有关乡镇(街道)实施。

县农委、县水利局、县海洋与渔业局、县公安局及各乡镇(街道)负责清理河堤旁畜禽养殖,杜绝此类违规行为再次发生;加大查处并彻底清理电鱼、毒鱼及拦网养鱼行为;要及时加大食草鱼苗投放力度,迅速恢复叮当河自然生态修复功能。

县环保局负责强化企业监管,要严控点源污染,凡环保不达标企业(个体工商户),坚决落实整改、关停措施,进一步加大执法监管力度,严控饮用水源地的建设项目。

伊山、南岗、龙苴、小伊、侍庄等涉及乡镇(街道)要将各支流水回灌农田,收集打捞所有沟渠河旁散落的植物秸秆和截污口外滞留的各类漂浮物,防止各类物质腐化污染;要依法拆除叮当河沿岸截污闸内各类违章建筑,严禁重新起建;大力推广沼气建设,加快改厕进程,结合小城镇及农田水利设施建设,加快渠系调整进度,改变沿线镇村生活污水流向,防止生活废水进入叮当河;动员督促叮当河沿岸不施用任何化肥农药,防止植被破坏。

各职能部门及乡镇(街道)、县新闻单位要加强宣传引导,继续加大法制宣传教育力度,普及水源地保护法律法规,进一步提高群众对饮用水源地的保护意识,动员广大群众参与保护全县安全用水工作。

四、动态管理

我县每年将开展一次叮当河饮用水源保护区摸底排查工作,形成各年排查问题清单,结合有关问题实际,落实各项整改措施。

五、本方案自公布之日起实施。

中共灌云县委　灌云县人民政府
关于表彰2016年度经济建设和社会发展先进集体先进个人的决定

灌发〔2017〕10号

各乡镇(街道)党(工)委、人民政府(办事处),县委各部委办,县各委办局院,县各直属单位,驻灌省市属单位:

2016年,全县上下在县委、县政府的坚强领导下,攻坚克难,砥砺前行,圆满地完成了全年各项目标任务,取得了"十三五"良好开局,经济社会发展呈现出良好的发展态势,涌现出一批业绩显著、贡献突出的先进集体和先进个人。为表彰先进,激发干劲,县委、县政府决定对全县2016年度经济建设和社会发展做出突出贡献的先进集体和先进个人予以表彰。

希望受到表彰的先进集体和先进个人珍惜荣誉、戒骄戒躁,在新的一年里开拓奋进、再立新功。县委、县政府号召全县各级党政组织和广大干部群众要以先进集体和先进个人为榜样,认真贯彻落实党的十八届六中全会和县委十二届二次全体(扩大)会议精神,紧紧围绕"突出一个主题、实现三项目标、展开七大会战"新一年的工作思路,乘势而上、抢抓机遇,咬定目标、开拓创新、扎实履职,奋力朝着高水平全面建成小康社会阔步迈进,为建设"强富美高"幸福新灌云而努力奋斗!

附:全县2016年度经济建设和社会发展先进集体先进个人名单

2017年2月4日

全县2016年度经济建设和社会发展先进集体先进个人名单

一、综合目标考评优胜奖

1. 一等奖

伊山镇　教育局　临港产业区　旅游产业发展推进指挥部　伊甸园景区

2. 二等奖

杨集镇　东王集镇　发改委　卫计委　财政局　国土局　国税局　地税局　经济开发区　东城区建设指挥部　伊芦山景区　潮河湾景区

3. 三等奖

同兴镇　下车镇　图河镇　经信局　商务局　民政局　交通运输局　环保局　海洋与渔业局　农委　水利局　现代农业产业园区　现代渔业产业园区　大伊山旅游经济区

二、特别贡献奖

连云港港灌河港区燕尾作业区实现临时开放(临港产业区、港口局)

在全省率先探索国地税深度融合、联合办税模式,经验在《人民日报》刊载,政府、企业实现多赢(国税局、地税局)

伊山伊水伊甸园景区打造(旅游产业发展推进指挥部、伊山镇、同兴镇、杨集镇)

灌云县与美国俄勒冈州克拉克马斯郡结成友好城市(县委办、政府办、外侨办、统计局)

"不动产统一登记"改革试点工作全省推广,补充耕地指标通过省指标交易平台争取资金近亿元(国土局、政府办)

16亿元企业债券成功发行,32亿元融资项目成功落地(筑富公司、发改委、金融办)

驻灌扶贫工作成绩斐然(省委扶贫工作队)

在金融服务全县发展大局中作出突出贡献,融资及金融创新考核列全县金融机构第一(江苏银行灌云支行)

信访稳定工作获全省先进集体,全市唯一获省表彰(政法委、信访局)

县、乡换届工作圆满完成(换届工作领导小组办公室)

三、目标完成奖

龙苴镇　四队镇　南岗乡　小伊乡　圩丰镇　人社局　市场监督管理局　文广体局　农工办　科技局　招商局　住建局　粮食局　农开局　林业局　物价局　盐务局　旅游局

四、建设灌云先进单位奖

县委办　人大机关　政府办　政协机关　连云港监狱　灌西盐场　纪委　组织部　宣传部　政法委　人武部　公安局　检察院　法院　江苏银行灌云支行　中国银行灌云支行　农发行灌云支行　建设银行灌云支行　农业银行灌云支行　工商银行灌云支行　灌云农村商业银行　供电公司　消防大队　行政服务中心　金融办　文明城市创建办　小康办　县委改革办　优化办　督查办　扶贫办　编委办　绩效办　目标办　筑富公司　恒驰公司　统筹办　维稳办　"两学一做"办公室　沿海办　信访局　审计局　统战部　城管局　统计局　总工会　工商联　机关事务管理局　气象局　审改办　被征地农民保障办　机关工委　老干部局　法制办　接待办　人防办　党史办　新闻中心　数字化城管　综禁办　党校　妇联　团县委　司法局　外侨办　纠风办　煤炭公司　商业总公司　物资总公司　民宗局　地震局　残联　科协　档案局　红十字会　联通公司灌云分公司　电信公司灌云分公司　移动公司灌云分公司　太仓商业银行灌云支行　人民银行灌云支行　灌云民丰村镇银行　农机局

五、重大事项推进先进奖

1. 重点工业项目

华能热电联产项目　(临港产业区、发改委)

天骄科技锂电池制造项目　(临港产业区、教育局)

宁丰木业木材加工项目　(杨集镇)

紫燕食品加工项目 (经济开发区、图河镇)

2. 重点服务业和社会事业项目

颐高电子商务产业园 (商务局、招商局、政协机关)

皇冠世纪酒店 (东城区建设指挥部、招商局)

东城区九年制义务教育学校(东城区建设指挥部、教育局)

经济开发区九年制义务教育学校(经济开发区、教育局)

3. 重点城市建设和基础设施项目

连镇铁路灌云段征地拆迁工程(交通运输局、东城区建设指挥部、下车镇、小伊乡、伊山镇、东王集镇)

204国道灌云段改扩建工程(交通运输局、东城区建设指挥部、伊山镇、同兴镇、下车镇、东王集镇、杨集镇)

棚户区改造工程(棚户区改造指挥部、住建局)

东门五图河治理工程(水利局)

田湾核电站二期配套500千伏工程(供电公司)

农田水利重点县建设及农路桥建设工程(水利局、交通运输局、财政局)

集镇区基础设施改造工程 (杨集镇、小伊乡、东王集镇)

4. 重点农业项目

立华牧业生猪养殖场项目(农委、下车镇、龙苴镇)

北欧农庄生猪养殖三期工程(商务局、农委)

西兰花种植及加工基地(图河镇)

绿化造林工程(林业局、相关乡镇)

藕虾混养基地(小伊乡)

现代农业产业园区扩建项目(现代农业产业园区、伊山镇、南岗乡)

六、新型工业化推进奖

1. 一等奖:

临港产业区

2. 二等奖:

经济开发区

3. 三等奖:

伊山镇 杨集镇

七、十大纳税企业

江苏远征化工有限公司

江苏明盛化工有限公司

连云港恒运医药科技有限公司

江苏科伦多食品配料有限公司

江苏盛吉化工有限公司

江苏和利瑞科技发展有限公司

连云港中港精细化工有限公司

连云港鲜禾制鞋有限公司

连云港康恩宁化工有限公司

江苏双宏化工有限公司

八、金融服务发展奖

1. 一等奖:

江苏银行灌云支行

2. 二等奖:

农业银行灌云支行 中国银行灌云支行

3. 三等奖:

邮政储蓄银行灌云支行 农发行灌云支行 建设银行灌云支行

九、小康建设推进奖

下车镇 侍庄街道 四队镇 龙苴镇 东王集镇 小伊乡 扶贫办 小康办 发改委 财政局 卫计委 统计局

十、生态文明建设奖

1. 一等奖:

经济开发区

2. 二等奖:

杨集镇 环保局

3. 三等奖:

同兴镇 图河镇 住建局

十一、市目标争先奖

第一名:

信访工作(信访局)

规模以上固定资产投资增幅(发改委、统计局)

地区生产总值增幅完成率(发改委、统计局)

农村居民人均可支配收入增幅(农工办、统计局)

并列第一名:

服务业增加值增幅(发改委、统计局)

500亿元产业投资完成(发改委)

一般公共预算收入(财政局)

外贸进出口(商务局)

研发投入(R&D)占GDP比重(科技局、统计局)

城镇居民人均可支配收入(发改委、统计局)

单位GDP能耗下降率(经信局)

工业增值税增幅(经信局、国税局)

净增纳税50万元以上企业数(国税局)

省委、省政府和国家部委表彰(国土局、教育局、卫计委等单位)

工作经验推广(农工办、国土局、国税局、地税局等单位)

高新技术产业产值占规模以上工业产值比重(科技局)

十二、社会和谐稳定建设奖

乡镇组:

1. 一等奖:

同兴镇

2. 二等奖:

圩丰镇 东王集镇

3. 三等奖:

小伊乡 伊山镇 杨集镇

部门组:

县委办 人大机关 政府办 政协机关 纪委(监察局) 组织部 政法委 公安局 信访局 交通运输局 城管局 维稳办

十三、招商引资先进奖

1. 一等奖:

杨集镇

2. 二等奖:

经济开发区 临港产业区

3. 三等奖:

伊山镇 下车镇 南岗乡

十四、城乡统筹发展先进奖

1. 一等奖:

侍庄街道

2. 二等奖:

小伊乡 四队镇

3. 三等奖:

伊山镇 同兴镇 杨集镇

十五、党建工作创新工程奖

伊山镇党委 四队镇党委 同兴镇党委 下车镇党委 民政局党委 教育局党委 市场监督管理局党委 卫计委党委 公安局党委 县委党建办

十六、宣传文化创优奖

纪委 组织部 政法委 文广体局 教育局 行政服务中心 国税局 杨集镇 同兴镇 龙苴镇

十七、社会管理创新奖

纪委　组织部　宣传部　政法委　法院　信访局　民政局　行政服务中心　公安局　伊山镇　杨集镇

十八、科技创新奖

1. 一等奖：

商务局

2. 二等奖：

经济开发区　临港产业区

3. 三等奖：

农科院灌云芦蒿研发中心

连云港锐巴化工有限公司省级研究生工作站

连云港耀科铝业有限公司研发中心

十九、就业创业推进奖

1. 一等奖：

人社局

2. 二等奖：

经济开发区　杨集镇

3. 三等奖：

商务局　财政局　团县委　图河镇

二十、现代农业推进奖

伊山镇　侍庄街道　南岗乡　小伊乡　圩丰镇　杨集镇　农委　水利局　农开局　现代农业产业园区

二十一、优化发展环境先进奖

1. 优化发展环境十佳单位奖

国税局　地税局　卫计委　人社局　国土局　行政服务中心　教育局　财政局　灌云农村商业银行　供电公司

2. 优化发展十佳服务窗口（科室、大队）奖

民政局审批窗口　商务局审批窗口　公共资源交易服务中心　发改委审批窗口　消防大队审批窗口　交通局审批窗口　经信局审批窗口　文广体局审批窗口　烟草局审批窗口　伊山派出所

二十二、先进工作者（按姓氏笔划排序）

于通本　马　东　马兆同
马　兵　马保兵　马　勇
马海洋　马　敏　王　东
王占军　王占林　王占奎
王必进　王加军　王　尧
王华东　王华诚　王安线
王远莉　王志坚　王连绪
王金华　王春江　王统进
王洪进（公安局）
王洪进（四队镇）
王铁挺　王绪成　王　斌
王瑾玲　王德波　支学凯
牛　玉　卞永霞　卞亚军
卞德浦　邓兆高　左良义
田作兵　田恒友　田恒华
印从华　冯　军　冯　斌
成善权　成善华　曲春南
吕　涛　朱立兵　朱必勇
朱会强　朱如亭　乔爱娟
任礼军　任　言　刘文涛
刘东荃　刘仲雨　刘　华
刘向东　刘　芹　刘　泽
刘树银　刘俊生　刘洪弟
刘　涛　刘海洋　池建飞
汤茂杰　许善乐　孙广军
孙卫伟　孙卫林　孙玉清
孙正凯　孙汝军　孙良康
孙茂新　孙建波　孙树军
孙宪华　孙　莉
孙　浩（司法局）
孙　浩（同兴镇）
孙海洋　孙常军　孙　强
孙献忠　孙　德　花树伟
杜庆永　杜运忠　李士兵
李中洋　李长林　李文德
李龙厂　李东华　李永慧
李同波　李来刚　李　明
李建忠　李　勇　李　莉
李　原　李康军　李　翔
杨友斌　杨乐武　杨主璇
杨守诚　杨　欢　杨青青
杨金国　杨婷婷
杨　波（优化办）
杨　波（筑富公司）
吴国波　吴继江　吴淑杰
吴德义　邱士林　邱　远
何洪斌　邹平其　沈小勇
宋　飞　张乃鸿　张　云
张冬梅　张光杰　张　伟
张安明　张国华　张依东
张金海　张学广　张学峰
张春兰　张　玲　张晓超
张　瑞　张　磊　陆　波
陈士春　陈飞龙　陈光波
陈兴平　陈守东　陈金绪
陈学响　陈宝余　陈跃东
陈　瑜　邵国锦　邵婷婷
武卫东　武运军　武春慧
武　剑　茆庆富　范海浪
林　玲　卓长勇　尚修国
季从伟　侍淑祥　周建军
郑彦明　郑朝纪　单　锋
房宝州　封小卫　封得凯
赵同英　赵华礼　赵家珉
赵斯勇　赵　敬　赵　殿
郝秀刚　胡书源　胡可军
段　锋　禹会成　贺　强
夏正杰　夏兴尚　顾　伟
钱光武　钱　阳　钱诗亚
钱厚军　倪海军　徐平传
徐占兵　徐伟明　徐会传
徐　明　徐美春　徐洪伟
徐鹤春　高平科　高加鸿
高庆亚　高兴弟　高宏伟
唐　凯　陶　进　黄玉仁
黄华仁　曹加河　曹成贤
曹学刚　曹德松　戚国义
戚建民　崔　勇　梁海燕
彭　刚　葛素荣　董浦胜
蒋学群　韩玲玲　掌玉荣
程　军　焦加成　焦奎彩
谢　军　解永善　黎　普
潘东建　潘　丽　潘建华
燕素琴　霍永高　霍锦秀

统计资料

2010—2016 年灌云县人口情况表

表 76

	单位	2010 年	2011 年	2012 年	2013 年	2014 年	2015 年	2016 年
总户数	户	266687	267471	263249	263788	262896	263360	263861
总人口	人	1002562	1018190	1020110	1035786	1040585	1048241	1052128
男	人	525960	533727	535154	542988	546039	550700	553347
女	人	476602	484463	484956	492798	494546	497541	498781
农业人口	人	—	—	—	—	—	707785	699987
非农业人口	人	—	—	—	—	—	340456	352141
年平均人口	人	1008895	1010376	1019150	1027948	1038185	1044413	1050185
人口密度	人/平方公里	650	655	663	673	676	681	684
出生人数	人	14304	9457	18662	19585	18476	15236	11233
男	人	7880	5170	9673	9990	9738	8013	6050
女	人	6424	4287	8989	9595	8738	7223	5183
出生率	‰	14.27	9.36	18.31	19.05	17.8	14.5	10.7
死亡人数	人	4438	1970	11259	2270	9186	1603	1504
男	人	2492	1270	5695	1484	4795	1008	1012
女	人	1946	700	5564	786	4391	595	492
死亡率	‰	4.43	1.95	11.05	2.21	8.85	1.53	1.43
自然增长率	‰	9.84	7.41	7.26	16.84	8.95	12.97	9.27
迁入人数	人	13035	5422	4758	4707	3850	3027	2209
其中:省外迁入	人	6289	1914	1694	1686	1371	957	735
迁出人数	人	8136	7300	8080	6837	8223	8248	7957
其中:迁往省外	人	1242	1305	1508	1094	990	1004	967

注:2015 年起农业与非农业人口分别对应乡村人口与城镇人口

2016 年灌云县人口及其变动情况表

表 77　　单位:户、人

	年末总户数	年末总人口									本年度人口变动									
		合计	其中:		性别		年龄				出生			死亡			迁入		迁出	
			城镇人口	乡村人口	男	女	0~17岁	18~34岁	35~59岁	60岁及以上	合计	男	女	合计	男	女	省内迁入	省外迁入	迁往省内	迁往省外
灌云县	263861	1052128	352141	699987	553347	498781	237121	298519	343298	173190	11233	6050	5183	1504	1012	492	1474	735	6990	967
伊山镇	43435	160225	146566	13659	83701	76524	35600	42162	57761	24702	1761	988	773	235	154	81	400	108	1454	204

续表 77

	年末总户数	年末总人口									本年度人口变动									
		合计	其中:		性别		年龄				出生			死亡			迁入		迁出	
			城镇人口	乡村人口	男	女	0~17岁	18~34岁	35~59岁	60岁及以上	合计	男	女	合计	男	女	省内迁入	省外迁入	迁往省内	迁往省外
杨集镇	30483	122837	35917	86920	65314	57523	29046	34965	38722	20104	1361	739	622	139	98	41	125	89	671	108
燕尾港镇	3287	10410	7812	2598	5338	5072	1956	2793	3683	1978	93	49	44	31	23	8	9	5	170	17
圩丰镇	12197	48166	9803	38363	25116	23050	10966	13769	15807	7624	582	308	274	72	48	24	82	74	305	42
四队镇	18211	71018	14989	56029	37788	33230	15619	19572	23241	12586	721	343	378	138	83	55	77	37	421	89
同兴镇	20398	80578	25046	55532	42674	37904	17389	22818	26119	14252	806	435	371	95	64	31	48	58	607	50
龙苴镇	21695	90685	22252	68433	48306	42379	20124	26092	28912	15557	880	457	423	144	102	42	116	58	677	84
图河乡	15700	63598	6073	57525	33488	30110	14783	18692	20667	9456	619	332	287	78	55	23	60	49	313	46
东王集乡	17151	69188	11308	57880	35963	33225	16023	20618	21441	11106	745	405	340	115	75	40	89	36	266	51
下车镇	23180	94261	26761	67500	49458	44803	20806	28223	29895	15337	1042	577	465	100	64	36	97	47	503	87
小伊乡	15228	63525	0	63525	32950	30575	14030	19049	20192	10254	693	355	338	87	65	22	75	62	348	43
侍庄乡	12853	55377	23259	32118	28694	26683	13274	16181	17520	8402	749	394	355	78	54	24	137	44	263	48
南岗乡	25556	110353	10448	99905	58452	51901	25986	31079	34797	18491	1099	622	477	105	76	29	140	60	635	87
灌西盐场	2372	5835	5835	0	2996	2839	631	1130	2358	1716	35	18	17	48	28	20	10	2	254	3
洋桥农场	837	3237	3237	0	1619	1618	727	951	1082	477	34	21	13	7	3	4	2	5	19	3
五图河农场	1278	2835	2835	0	1490	1345	161	425	1101	1148	13	7	6	32	20	12	7	1	84	5

注：本表由灌云县公安局提供

2016 年灌云县社会劳动者人数

表 78

	合计	国有单位劳动者	城镇集体其它单位劳动者	私营企业和个体劳动者	乡村劳动者
社会劳动者合计	547411	19715	34074	104239	389383
一、按行业分					
农、林、牧渔业	210191	1148	—	7390	201653
采掘业	602	—	555	47	—
制造业	99223	134	16439	27333	55317
电力、燃气、水的生产和供应业	906	184	254	468	—
建筑业	61830	1880	9691	8353	41906
批发和零售业	52046	432	622	37003	13989
交通运输、仓储和邮政业	16997	614	1455	3649	11279
住宿和餐饮业	15563	0	90	5546	9927
信息传输、软件和信息技术服务业	1900	66	121	392	1321
金融、保险业	2797	121	1818	72	786

续表 78

	合计	国有单位劳动者	城镇集体其它单位劳动者	私营企业和个体劳动者	乡村劳动者
房地产业	3007	10	795	2050	152
租赁和商务服务业	3247	98	468	2513	168
科学研究和技术服务业	2868	137	—	2425	306
水利、环境和公共设施管理	1126	549	442	135	—
居民服务和其它服务业	6984	71	—	5417	1496
教育	9399	6937	—	253	2209
卫生、社会保障和社会福利业	4952	1894	1324	166	1568
文化、体育和娱乐业	1283	55	—	1025	203
乡经济组织管理	1461	—	—	—	1461
其它行业	51029	5385	—	2	45642
二、按产业分					
第一产业	210191	1148	—	7390	201653
第二产业	162561	2198	26939	36201	97223
第三产业	174659	16369	7135	60648	90507

灌云县主要年份社会经济主要指标情况表

表 79

	单位	1990 年	2000 年	2010 年	2013 年	2014 年	2015 年	2016 年
年末人口	万人	92.84	104.20	100.26	103.58	104.06	104.82	105.21
年平均人口	万人	91.16	103.39	100.89	102.8	103.82	104.44	105.02
年末耕地面积	万亩	129.09	155.72	141.59	137.41	137.44	137.5	137.53
农业机械总动力	万千瓦	27.77	40.18	88.7	116.6	125.85	127.2	127
地区生产总值	万元	105268	477824	150.13	250.92	274.98	300.13	328.66
1. 第一产业	万元	74131	153005	40.99	51.76	55.12	59.81	64.1
2. 第二产业	万元	14502	145239	69.88	115.56	125.5	133.52	143.12
3. 第三产业	万元	16635	179580	39.26	83.6	94.36	106.8	121.44
工农业总产值(当年价)	万元	177514	1090398	3082520	6571857	7369680	8600892	9849648
1. 工业总产值	万元	72670	786273	2330300	5553700	6278800	7413005	8569612
2. 农业总产值	万元	104844	304125	752220	1018157	1090880	1187887	1280036
工农业总产值(不变价)	万元	160139	831462	2497550	6248286	7050701	8209079	9960233
1. 工业总产值	万元	72288	656169	1805034	5299332	5991221	7070417	8744502
2. 农业总产值	万元	87851	175293	692516	948954	1059480	1138662	1215731
独立核算工业总产值(当年价)	万元	38300	(298654)	2192710	5061255	5388790	6362235	7621391
产品销售收入	万元	32023	(280933)	2174835	4980167	5192768	6002916	7157889

续表 79

	单位	1990 年	2000 年	2010 年	2013 年	2014 年	2015 年	2016 年
实现利税总额	万元	2452	(10925)	211018	495424	521095	565541	633556
其中:利润总额	万元	1251	(4960)	152136	350179	362735	399118	449898
全部工业总产值(当年价)	万元	72670	786273	2330300	5553700	6278800	7413005	8569612
1. 乡及以上(规模以上)	万元	46896	(298654)	2192710	5061255	5388790	6362235	7621391
2. 村及村下(规模以下)	万元	25774	(487619)	137590	492445	890010	1050770	948221
全部工业总产值(可比价)	万元	72288	635689	1805034	5299332	5991221	7070417	8744502
1. 乡及以上(规模以上)	万元	46408	(245594)	1698460	4829442	5141975	6209887	7776930
2. 村及村下(规模以下)	万元	25880	(390095)	106574	469890	849246	860530	967572
农林牧渔业总产值(当年价)	万元	104844	304125	752220	1018157	1090880	1187887	1280036
1. 农业产值	万元	80951	203812	377072	511224	544590	590111	624748
2. 林业产值	万元	428	1162	21030	25232	26650	27542	28424
3. 牧业产值	万元	18229	76892	238824	298000	306700	327323	354609
4. 渔业产值	万元	5236	22259	63294	111453	128442	147337	164342
5. 服务业产值	万元	—	—	52000	72248	84498	95574	107913
农林牧渔业总产值(可比价)	万元	87851	175293	692516	948954	1059480	1138662	1215731
1. 农业产值	万元	67114	10901	327889	466445	526683	566163	597730
2. 林业产值	万元	308	823	20221	24030	25749	26915	27506
3. 牧业产值	万元	15896	49101	231868	289320	303663	312838	332155
4. 渔业产值	万元	4533	16348	62053	101321	122911	140001	154167
5. 服务业产值	万元	—	—	50485	67838	80474	92745	104173
粮食总产量	吨	55075	435699	846323	793442	817460	822615	818772
棉花总产量	吨	15239	17976	3072	216	109	—	—
邮电业务总量	万元	340	7501	35569	44647	50702	59413	69979
社会消费品零售总额	万元	34289	124103	580179	895713	1010046	1065688	1194538
财政总收入	万元	4321	17479	405017	705113	829395	885412	693799
财政总支出	万元	6202	19255	490307	784343	977412	1050733	899202
金融机构存款余额	万元	26554	168217	1129669	1634885	1895079	2172027	2608783
金融机构贷款余额	万元	39625	179562	637374	1158182	1358123	1659064	1682868
城乡居民储蓄余额	万元	17159	120826	646810	1038454	1183494	1323928	1470272
年末在岗职工人数	万人	6.50	6.73	4.12	4.78	4.7	4.65	4.75
在岗职工人均年工资	元	1597	5572	25004	40440	43231	46881	50968
农民人均纯收入	元	672	2590	6522	10016	10864	11881	12969

注:1. 加括号为规模以上工业数据。2. 2010 年以后地区生产总值计量单位为“亿元”。3. 2014 年起农民人均纯收入数据调整为农村居民人均可支配收入数据。

1990—2016 年灌云县部分年份主要指标人均水平

表 80

	单位	1990 年	1995 年	2010 年	2013 年	2014 年	2015 年	2016 年
人均总产出	元	2339	7538	53592	134890	153813	174377	199181
人均地区生产总值								
按现行价格	元	1155	2784	17765	31670	34532	37542	40926
按不变价格	元	1025	1559	13731	27673	30136	33187	40427
人均财政总收入	元	47	108	4793	8900	10416	11075	8640
人均财政总支出	元	68	129	5802	10553	12274	13143	11197
人均工农业总产值								
按当年现行价格	元	1947	5958	36475	82947	92549	107585	122653
按不变价格	元	1757	3559	29553	78863	88543	102684	124030
人均粮食产量	公斤	604	650	1001	1001.4	1026.6	1029	1020
农民人均纯收入	元	737	2028	6522	10016	10864	11881	12969
人均储蓄余额	元	224	885	7654	13107	14862	16560	18309
人均消费品零售额	元	376	931	6865	11305	12684	13330	14875
人均固定资产完成额	元	31	255	18022	28207	35208	40355	46888
在岗职工人均年工资	元	1597	3821	25004	40440	43231	46881	50968

2012—2016 年灌云县外向型经济主要指标

表 81

		2012 年	2013 年	2014 年	2015 年	2016 年
一、协议利用外资金额	万美元	17218	6670	11333	1863	7358
实际利用外资金额	万美元	11504	14002	6129	3349	2426
当年新批三资企业个数	个	22	13	16	2	8
外贸进出口	万美元	23470	18287	18464	19784	23330
自营出口创汇总额	万美元	21532	16543	15962	17896	20309
其中:三资企业	万美元	7957	6093	5927	7392	5230

2013—2016 年灌云县分乡镇地区生产总值

表 82

单位:亿元

	2013 年	2014 年	2015 年	2016 年
伊山镇	38.2	44.1	46.8	51.2
杨集镇	19	21	21.4	23.2
燕尾港镇	—	—	—	—
同兴镇	14.2	16.4	16.6	18
四队镇	12.2	14.1	14.9	16.1
圩丰镇	10.2	11.5	12.6	13.6

续表 82

	2013 年	2014 年	2015 年	2016 年
龙苴镇	14.1	15.8	16	17.3
下车镇	12.4	14.4	15.6	17.1
图河镇	10.9	11.9	12.9	14
东王集镇	15	17.4	18.4	20.3
侍庄街道	—	—	—	10
小伊乡	11.6	12.9	13.9	15
南岗乡	13.3	15	15.1	16.4
经济开发区	32.8	38.5	40.3	34.5
临港产业区	39	44.6	47.2	52

注：燕尾港镇、侍庄乡数据分别并入县临港产业区和县经济开发区，2016 年侍庄街道与经济开发区数据拆分。

2016 年灌云县财政收入分税种执行情况表

表 83　　单位：万元

项　　目	本年累计收入			
	收入累计	去年同期	比上年同期增减	
			金额	比率%
一、一般公共预算收入	215179	393200	-178021	-45.3
（一）税收收入	176385	346704	-170319	-49.1
增值税（25%）	28014	14577	13437	92.2
其中：改征增值税	8569	4197	4372	104.2
营业税	56813	161803	-104990	-64.9
企业所得税（40%）	9195	9672	-477	-4.9
个人所得税（40%）	2635	3438	-803	-23.4
资源税	4125	17331	-13206	-76.2
城市维护建设税	5826	9469	-3643	-38.5
房产税	3665	6797	-3132	-46.1
印花税	4626	2913	1713	58.8
城镇土地使用税	22285	36840	-14555	-39.5
土地增值税	19364	64741	-45377	-70.1
车船使用和牌照税	1661	2044	-383	-18.7
耕地占用税	42	0	42	—
契税	18134	17079	1055	6.2
（二）非税收入	38794	46496	-7702	-16.6
专项收入	7570	11402	-3832	-33.6
行政性收费收入	6003	8529	-2526	-29.6

续表 83

项　目	本年累计收入			
	收入累计	去年同期	比上年同期增减	
			金额	比率%
罚没收入	9889	9268	621	6.7
国有资本经营收入				
国有资源有偿使用	12913	12893	20	0.2
其他收入	2378	4404	-2026	-46.0
二、基金收入	425383	441370	-15987	-3.6
社会保险基金收入	0			
土地出让金收入	420620	436367	-15747	-3.6
其他基金收入	4763	5003	-240	-4.8
三、上划中央收入	53237	50842	2395	4.7
增值税(75%)	33090	31140	1950	6.3
消费税	104	37	67	181.1
营业税 50%	2298	—	—	—
企业所得税(60%)	13793	14508	-715	-4.9
个人所得税(60%)	3952	5157	-1205	-23.4
附:一般公共预算分部门				
国税征收	34256	21898	12358	56.4
地税征收	142129	324806	-182677	-56.2
财政征收	38794	46496	-7702	-16.6

2016 年灌云县财政支出分项目执行情况表

表 84　　单位:万元

项　目	年度预算	本年累计支出				占年度预算%
		支出累计	去年同期	比上年同期增减		
				金额	比率%	
一、一般公共预算支出	567300	496431	618031	-121600	-19.7	87.5
一般公共服务	50000	36943	31450	5493	17.5	73.9
国防	650	716	151	565	374.2	110.2
公共安全	25000	26496	32514	-6018	-18.5	106.0
教育	82600	95405	86776	8629	9.9	115.5
科学技术	37000	3860	1430	2430	169.9	10.4
文化体育与传媒	2400	3060	3393	-333	-9.8	127.5
社会保障和就业	46000	57949	49837	8112	16.3	126.0

续表 84

项目	年度预算	本年累计支出				占年度预算%
		支出累计	去年同期	比上年同期增减		
				金额	比率%	
医疗卫生	48000	55340	47186	8154	17.3	115.3
环境保护	46000	32829	64958	-32129	-49.5	71.4
城乡社区事务	160000	59718	143811	-84093	-58.5	37.3
农林水事务	45000	85471	106616	-21145	-19.8	189.9
交通运输	6200	13850	31382	-17532	-55.9	223.4
资源勘探电力	1700	1059	685	374	54.6	62.3
商业服务业	1100	1391	2167	-776	-35.8	126.5
国土资源气象	2400	4245	4073	172	4.2	176.9
住房保障支出	8000	12264	9408	2856	30.4	153.3
粮油物资储备	250	1023	221	802	362.9	409.2
其他支出	5000	4812	1973	2839	143.9	96.2
二、基金支出	335854	402771	432702	-29931	-0.1	119.9
财政总支出合计	903154	899202	1050733	-151531	-14	100

2016年灌云县一般公共预算收入分地区执行情况表

表 85

项目	本年累计收入			
	收入累计	去年同期	比上年同期增减	
			金额	比率%
全县合计	215,179	393,200	-178,021	-45.3
县本级	70,964	79,626	-8,662	-10.9
园区小计	102,488	217,161	-114,673	-52.8
经济开发区	43,871	94,564	-50,694	-53.6
临港产业区	58,618	122,597	-63,979	-52.2
乡镇小计	41,727	96,413	-54,686	-56.7
圩丰镇	1,422	4,458	-3,036	-68.1
四队镇	2,432	6,999	-4,567	-65.3
图河镇	2,488	4,955	-2,466	-49.8
同兴镇	2,962	8,285	-5,323	-64.3
小伊乡	1,542	3,888	-2,346	-60.3
龙苴镇	2,463	7,523	-5,060	-67.3
南岗乡	2,664	6,419	-3,755	-58.5
东王集镇	5,221	9,791	-4,571	-46.7

续表 85

项　　目	本年累计收入			
	收入累计	去年同期	比上年同期增减	
			金额	比率%
下车镇	3,604	7,791	-4,187	-53.7
伊山镇	13,140	27,807	-14,667	-52.7
杨集镇	3,790	8,498	-4,708	-55.4

2016 年灌云县公共财政收支决算分级表

表 86

预算科目	决算数合计	县级	乡镇级	预算科目	决算数合计	县级	乡镇级
一、税收收入	176385	39290	137095	一、一般公共服务支出	36943	27020	9923
增值税	28014	5448	22566	二、外交支出	0	0	0
其中:改征增值税	8569	2716	5853	三、国防支出	716	716	0
营业税	56813	4993	51820	四、公共安全支出	26496	25392	1104
企业所得税	9195	2799	6396	五、教育支出	95405	86221	9184
企业所得税退税	0	0	0	六、科学技术支出	3860	1010	2850
个人所得税	2635	1388	1247	七、文化体育与传媒支出	3060	2977	83
资源税	4125	0	4125	八、社会保障和就业支出	57949	55097	2852
城市维护建设税	5826	1115	4711	九、医疗卫生与计划生育支出	55340	53012	2328
房产税	3665	586	3079	十、节能环保支出	32829	4818	28011
印花税	4626	3135	1491	十一、城乡社区支出	59718	9534	50184
城镇土地使用税	22285	3500	18785	十二、农林水支出	85471	72492	12979
土地增值税	19364	1004	18360	十三、交通运输支出	13850	10370	3480
车船税	1661	1658	3	十四、资源勘探信息等支出	1059	1059	0
耕地占用税	42	0	42	十五、商业服务业等支出	1391	607	784
契税	18134	13664	4470	十六、金融支出	23	23	0
烟叶税	0	0	0	十七、援助其他地区支出	0	0	0
其他税收收入	0	0	0	十八、国土海洋气象等支出	4245	3267	978
二、非税收入	38794	31674	7120	十九、住房保障支出	12264	11821	443
专项收入	7570	7570	0	二十、粮油物资储备支出	1023	1023	0
行政事业性收费收入	6003	5717	286	二十一、其他支出	735	735	0
罚没收入	9889	9889	0	二十二、债务付息支出	4028	4028	0
国有资本经营收入	0	0	0	二十三、债务发行费用支出	26	26	0
国有资源(资产)有偿使用收入	12913	6250	6663			0	
其他收入	2419	2248	171			0	
本年收入合计	215179	70964	144215	本年支出合计	496431	371248	125183

2016年灌云县政府性基金收支决算分级表

表87

单位:万元

项　　目	决算数合计	县级	乡镇级	项　　目	决算数合计	县级	乡镇级
政府住房基金收入			0	政府住房基金相关支出		0	0
国有土地使用权出让收入	420620	420620	0	国有土地使用权出让相关支出	396253	356915	39338
城市公用事业附加收入	707	707	0	城市公用事业附加相关支出	433	433	0
国有土地收益基金收入	50	50	0	国有土地收益基金相关支出	—	0	0
农业土地开发资金收入	50	50	0	农业土地开发资金相关支出	683	683	0
新增建设用地土地有偿使用费收入	0	0	0	新增建设用地土地有偿使用费相关支出	—	0	—
城市基础设施配套费收入	3344	3344	0	城市基础设施配套费相关支出	3309	3309	0
车辆通行费	0	0	0	车辆通行费相关支出	—	0	0
彩票公益金收入	0	0	0	彩票公益金相关支出	1332	1332	0
其他各项政府性基金收入	612	612	0	其他各项政府性基金相关支出	761	761	0
本年收入合计	425383	425383	0	本年支出合计	402771	363433	39338

2016年灌云县重点服务业财务状况表

表88

指标名称	计量单位	2016年	2015年
一、年初存货	千元	340636	52274
二、期末资产负债	—	—	—
流动资产合计	千元	17720904	1064735
其中:应收账款	千元	161180	82257
存货	千元	356421	300283
固定资产原价	千元	3522867	3387581
累计折旧	千元	373093	335551
其中:本年折旧	千元	171020	166747
资产总计	千元	31194477	24261412
应付账款	千元	78064	85276
负债合计	千元	11008103	6744720
所有者权益合计	千元	20186374	17516692
三、损益及分配	—	—	—
营业收入	千元	3765331	3113018
其中:主营业务收入	千元	3762644	3109033
营业成本	千元	2906136	2470311
其中:主营业务成本	千元	2884558	2444780
营业税金及附加	千元	115105	92132

续表 88

指标名称	计量单位	2016 年	2015 年
其中:主营业务税金及附加	千元	111795	87727
销售费用	千元	81950	63087
管理费用	千元	139607	108488
其中:税金	千元	9293	6406
财务费用	千元	105755	85216
其中:利息收入	千元	208	77
利息支出	千元	29164	60610
投资收益(损失以"－"号记)	千元	939	331
营业利润	千元	414724	289355
营业外收入	千元	4644	1763
其中:政府补助	千元	0	0
营业外支出	千元	7163	214
利润总额	千元	412205	322357
应交所得税	千元	79842	63540
四、人工成本及增值税	—	—	—
应付职工薪酬(本年贷方累计发生额)	千元	206618	199173
应交增值税	千元	47246	32260
五、从事服务业活动的从业人员平均人数	人	4706	4497

2016 年灌云县固定资产投资完成情况表(不含房地产)

表 89　　单位:万元

	2016 年	2015 年	增长(%)
一、计划总投资			
1. 建设项目计划总投资	3626967	2991991	21.22
其中:本年新开工项目	2067903	2042068	1.27
2. 自开始建设至本年底累计完成投资	2440896	2581335	-5.44
二、自年初累计完成投资	2424629	2050988	18.22
其中:本月完成投资	309585	212129	45.94
其中:本年新开工	1320328	395138	234.14
其中:国有经济控股	451554	450094	0.32
其中:住宅	30353	8921	240.24
其中:基础设施投资	496118	473141	4.86
其中:民间投资	1858013	1574969	17.97
其中:技改投资	928863	1000326	-7.14
其中:高新投资	506950	481910	5.20
其中:高耗能投资	674420	603014	11.84
其中:城建投资	52129	98692	-47.18

续表 89

	2016 年	2015 年	增长(%)
其中:服务业投资	538709		
1. 按构成分			
建筑工程	1246536	955365	30.48
安装工程	204236	126997	60.82
设备工器具购置	872844	863187	1.12
其他费用	101013	105439	-4.20
其中:建设用地费	55404	39371	40.72
2. 按建设性质分			
其中:(1)新建	1337517	1045652	27.91
其中:(2)扩建	254208	7510	3284.93
其中:(3)改建	823504	997826	-17.47
其中:(7)单纯购置	9400	—	—
3. 按登记注册类型分			
内资企业	2284895	2025063	12.83
国有企业	399940	450094	-11.14
集体企业	2621	—	—
有限责任公司	1067119	6630	15995.31
国有独资公司	80	—	—
其他有限责任公司	1067039	6630	15994.10
股份有限公司	4153	15589	-73.36
私营企业	811062	1552750	-47.77
私营独资企业	291233	1463236	-80.10
私营有限责任公司	519829	89514	480.72
港、澳、台商投资企业	110102	—	—
港、澳、台商独资经营企业	110102	—	—
外商投资企业	20262	25925	-21.84
中外合资经营企业	15302	—	—
外资企业	4960	25925	-80.87
个体经营	9370	—	—
个体户	9370	—	—
4. 按产业分			
①第一产业	125116	55191	126.70
②第二产业	1760804	1623156	8.48
工业	1747928	1623156	7.69
能源工业	169432	106276	59.43
原材料工业	615356	606514	1.46
机电工业	256255	252721	1.40

续表 89

	2016 年	2015 年	增长(%)
轻纺工业	734058	602729	21.79
③第三产业	538709	372641	44.57
5. 按国民经济行业分			
农、林、牧、渔业	132053	55191	139.27
农业	25809	1555	1559.74
畜牧业	76960	576	13261.11
渔业	22347	53060	-57.88
农、林、牧、渔服务业	6937	—	—
制造业	1558028	1469987	5.99
农副食品加工业	138740	158939	-12.71
食品制造业	59961	65569	-8.55
酒、饮料和精制茶制造业	28943	3850	651.77
纺织业	57469	107128	-46.35
纺织服装、服饰业	105453	93368	12.94
皮革、毛皮、羽毛及其制品和制鞋业	46254	23188	99.47
木材加工和木、竹、藤、棕、草制品业	18084	20400	-11.35
家具制造业	26566	31410	-15.42
造纸和纸制品业	24234	21180	14.42
印刷和记录媒介复制业	794	—	—
文教、工美、体育和娱乐用品制造业	6163	3921	57.18
化学原料和化学制品制造业	489612	447742	9.35
医药制造业	93027	10990	746.47
橡胶和塑料制品业	74749	56114	33.21
非金属矿物制品业	83704	82035	2.03
有色金属冶炼和压延加工业	42040	73237	-42.60
金属制品业	32268	85220	-62.14
通用设备制造业	34894	19950	74.91
专用设备制造业	65473	84348	-22.38
汽车制造业	10000	—	—
铁路、船舶、航空航天和其他运输设备制造业	18436	12615	46.14
电气机械和器材制造业	79738	10220	680.22
计算机、通信和其他电子设备制造业	15446	40368	-61.74
其他制造业	5980	6065	-1.40
废弃资源综合利用业	—	3500	—
金属制品、机械和设备修理业	—	8630	—
电力、热力、燃气及水生产和供应业	189900	161799	17.37
电力、热力生产和供应业	169432	92423	83.32

续表 89

	2016 年	2015 年	增长(%)
燃气生产和供应业	—	13853	—
水的生产和供应业	20468	55523	-63.14
建筑业	12876	—	—
房屋建筑业	6366	—	—
土木工程建筑业	4560	—	—
建筑装饰和其他建筑业	1950	—	—
批发和零售业	53459	5300	908.66
批发业	39369	1800	2087.17
零售业	14090	3500	302.57
交通运输、仓储和邮政业	197482	288451	-31.54
道路运输业	177270	130037	36.32
水上运输业	2869	149004	-98.07
仓储业	17343	9410	84.30
信息传输、软件和信息技术服务业	41268	200	20534.00
互联网和相关服务	40000	200	19900.00
软件和信息技术服务业	1268	—	—
房地产业	48844	10519	364.34
房地产业	48844	10519	364.34
科学研究和技术服务业	29620	—	—
研究和试验发展	26608	—	—
科技推广和应用服务业	3012	—	—
水利、环境和公共设施管理业	86079	32101	168.15
水利管理业	29069	13374	117.35
生态保护和环境治理业	25349	500	4969.80
公共设施管理业	31661	18227	73.70
居民服务、修理和其他服务业	8886	—	—
居民服务业	2016	—	—
机动车、电子产品和日用产品修理业	4870	—	—
其他服务业	2000	—	—
教育	36128	11050	226.95
教育	36128	11050	226.95
卫生和社会工作	10755	14490	-25.78
卫生	9400	14490	-35.13
社会工作	1355	—	—
文化、体育和娱乐业	11700	1700	588.24
广播、电视、电影和影视录音制作业	—	1500	—
文化艺术业	2700	—	—

续表 89

	2016 年	2015 年	增长(%)
娱乐业	9000	200	4400.00
公共管理、社会保障和社会组织	7551	200	3675.50
国家机构	7551	200	3675.50
三、本年新增固定资产(万元)	2207010	2037672	8.31
四、项目个数(个)			
1. 施工项目个数	357	341	4.69
其中:本年新开工	278	283	-1.77
2. 本年投产项目个数	284	284	—
五、房屋建筑面积(平方米)			
1. 本年施工房屋面积	2675959	1252950	113.57
其中:住宅	153476	112120	36.89
2. 本年竣工房屋面积	1346253	859878	56.56
其中:住宅	151111	44500	239.58
六、本年资金来源合计	2475847	2051285	20.70
1. 上年末结余资金	5706	—	—
2. 本年资金来源小计	2470141	2051285	20.42
(1)国家预算资金	55689	19576	184.48
其中:中央预算资金	4000	—	—
(2)国内贷款	249741	108890	129.35
(4)利用外资	12726	20911	-39.14
其中:外商直接投资	8505	12101	-29.72
(5)自筹资金	2098725	1862759	12.67
其中:企、事业单位自有资金	218997	30912	608.45
其中:股东投入资金	19682	—	—
其中:借入资金	2050	—	—
(6)其他资金来源	53260	39149	36.04
七、各项应付款合计	56664	320	17607.50
其中:工程款	45911	150	30507.33

2016 年灌云县工业生产主要指标情况表

表 90　　单位:万元、%

	2012 年	2013 年	2014 年	2015 年	2016 年
一、工业企业单位个数(规模以上)(个)	218	246	263	263	279
二、工业总产值(可比价)	4639922	5299332	5991221	7070417	8744502
1. 规模以上工业	4187142	4829442	5141975	6209887	7776930
2. 规模以下工业	452780	469890	849246	860530	967572
三、工业总产值(现价)	4396500	5553700	6278800	7413005	8569612
1. 规模以上工业	3921080	5061255	5388790	6362235	7621391

续表 90

	2012 年	2013 年	2014 年	2015 年	2016 年
2. 规模以下工业	475420	492445	890010	1050770	948221
四、规模以上工业主要经济指标					
1. 产品销售收入	3739443	4980167	5192768	6002916	7157889
2. 利税总额	391573	495424	521095	565541	633556
其中:利润	278457	350179	362735	399118	449898
税金及附加	36126	39037	52564	58038	70807
3. 资产合计	1000519	1471467	1611005	1808429	1808429
4. 负债合计	396763	691400	728487	760166	1927331
5. 亏损企业亏损总额	255	585	294	260	157
6. 工业销售产值	3770829	4997979	5246184	6252193	7503588
7. 工业产品产销率	98.7	98.8	97.4	98.3	98.4
8. 工业增加值	677858	876740	998489	1217704	1418333

2016 年灌云县全社会用电情况表

表 91　　单位:万千瓦时

	2012 年	2013 年	2014 年	2015 年	2016 年
全社会用电合计	97305	111302	104617	110032	128296
产业用电合计	66710	75187	68662	71782	83113
第一产业	2604	3117	3468	3604	4455
第二产业	52997	59529	51942	53795	62726
第三产业	11109	12541	13252	14473	15932
城乡居民生活合计	30595	36115	35955	38160	45183
其中:城镇	9303	10778	10390	11240	13234
乡村	21292	25337	25565	26920	31949
分行业用电					
一、农、林、牧、渔业	2604	3117	3468	3604	4455
二、工业	51998	58605	50411	52519	60476
1. 轻工业用电	9009	9966	10318	11939	14166
2. 重工业用电	42989	48639	40093	40580	46310
三、建筑业合计	999	924	1531	1276	2250
四、交通运输、仓储邮政业	741	781	781	737	892
五、信息传输、计算机服务和软件业	1327	1455	1690	1966	2210
六、商业、住宿和饮食业	3911	4268	4775	5085	5498
七、金融、房地产、商务及居民服务业	1468	1694	1770	2058	2331
八、公共事业及管理组织	3662	4343	4236	4627	5001

2016 年灌云县农作物播种面积与产量情况表

表 92　　单位:万亩、公斤、吨

	面积	单产	总产
播种面积总计	203.93	—	—
一、粮食合计	169.01	484.4	818772
(一)夏收粮食	77.21	399.5	308411
#1. 小麦	76.82	399.4	306819
2. 大麦	0.38	413.9	1552
(二)秋收粮食	91.80	555.9	510361
#1. 稻谷	69.78	617.7	431054
2. 玉米	18.15	391.6	71075
3. 大豆	3.27	169.7	5549
4. 薯类	0.60	447.2	2683
二、油料	0.53	164.2	862
#1. 花生	0.14	214.8	290
2. 油菜籽	0.36	151.7	546
三、棉花	—	—	—
四、蔬菜	32.57	2811.1	915425
五、瓜类	1.83	5505.4	100749

2016 年灌云县农林牧渔业总产值

表 93

	2016 年当年价	2016 年可比价
农林牧渔业总产值	1280036	1215731
一、农业产值	624748	597730
其中:谷物	233596	—
薯类	579	—
豆类	2933	—
棉花	—	—
蔬菜	334523	—
二、林业产值	28424	27506
三、牧业产值	354609	332155
其中:牲畜	103289	96749
猪	188919	176957
家禽	59534	55764
四、渔业产值	164342	154167
其中:海水产品	67825	63626
淡水产品	96517	90541
五、服务业产值	107913	104173

2016年灌云县水产品生产情况表

表94

单位:吨

	2016年产量	2015年产量
水产品总产量	57671	57603
一、海水水产品	26910	26794
1. 海水鱼类	1909	1883
2. 海水甲壳类	2141	2163
3. 海水贝类	21882	21762
4. 藻类	68	68
5. 其他海水产品	910	918
二、内陆水域水产品	30761	30809
1. 淡水鱼类	19488	19473
2. 淡水甲壳类	5884	5958
3. 淡水贝类	457	429
4. 淡水藻类	—	—
5. 其他淡水养殖产品	4932	4949

2016年灌云县畜牧业主要产品生产情况表

表95

	出栏(万头、万只)	存栏(万头、万只)	肉产量(吨)
合计	—	—	54085
一、大牲畜	3.99	1.30	6635
1. 牛	3.99	1.30	6635
①黄牛	—	1.12	—
②奶牛	—	0.03	—
③水牛	—	0.15	—
2. 马	—	—	—
3. 驴	—	—	—
4. 骡	—	—	—
二、猪	53.55	27.45	40034
其中:能繁母猪	—	2.55	—
三、羊	12.82	5.36	1871
1. 山羊	12.80	4.52	1871
2. 绵羊	0.02	0.84	—
四、家禽	319.64	224.67	5120
五、兔	22.23	13.85	425

2016年灌云县农村组织和从业人员情况表

表 96

单位名称	村委会(个)	村民小组(个)	乡村户数(户)	乡村人口(人)	其中①男(人)	②女(人)	乡村劳动力资源(人)	其中①男(人)	②女(人)	劳动年龄内人口数(人)	其中①在校学生数(人)	②丧失劳动能力人数(人)	超过劳动年龄而实际参加劳动人数(人)	乡村实有从业人员(人)	其中:劳动年龄内从业人员(人)	按性别分组 男(人)	按性别分组 女(人)	按行业分类 ①农林牧渔业(人)	其中:种植业(人)	②工业(人)	③建筑业(人)	④交通运输仓储邮政业(人)	⑤信息传输计算机服务和软件业(人)	⑥批发、零售业(人)	⑦住宿和餐饮业(人)	⑧金融保险业(人)	⑨房地产、服务业(人)	⑩卫生、体育、社会福利业(人)	⑪教育、文化、艺术、广播电视业(人)	⑫科学研究、综合技术服务业(人)	⑬乡经济组织管理(人)	⑬其他(人)
合计	302	3429	195693	833381	428644	404737	419774	217251	202523	397329	30583	14387	36832	389383	346469	200658	188725	201653	168678	55317	41906	11279	1321	13989	9927	786	1816	1568	2412	306	1461	45642
同兴镇	28	387	15589	70771	36468	34303	30698	15987	14711	28752	1689	1602	3548	29029	20182	13989	15040	17696	15322	3381	2984	993	296	687	479	62	132	216	321	40	43	1699
伊山镇	21	223	17210	71531	36685	34846	37635	19395	18240	34799	3843	1422	4258	33689	29624	16885	16804	13574	11867	4744	5839	2004	193	2781	1640	136	443	163	238	22	91	1821
杨集镇	39	463	23658	93118	48113	45005	48030	24485	23545	45757	2859	1907	4180	45748	41138	23208	22540	21375	19351	8716	5009	1570	152	1469	835	99	236	112	208	14	178	5775
东王集镇	21	245	13559	61511	32151	29360	31417	16493	14924	30402	3304	951	1966	32240	27947	16982	15258	17960	16207	5217	4275	741	84	529	1604	64	72	119	162	52	67	1294
龙苴镇	28	292	19246	80291	41751	38540	47024	24452	22572	44923	3018	613	2714	44006	41292	22883	21123	25147	14758	9847	2531	589	12	1828	176	19	337	93	246	5	102	3074
南岗乡	33	369	20218	91502	46009	45493	47046	23663	23383	42261	3853	1557	6342	37987	33115	19944	18043	22644	20862	5202	3302	1281	81	894	694	92	112	220	141	30	250	3044
四队镇	26	297	14593	60059	30363	29696	26997	13751	13246	26735	2538	1786	2048	26217	23736	13357	12860	13431	11367	2555	2535	763	54	1432	841	60	106	72	168	25	115	4060
图河镇	19	229	13514	61032	30697	30335	28512	14413	14099	26074	1348	625	3063	27174	23951	13860	13314	17508	15481	4632	2292	655	229	617	343	76	149	155	249	87	94	88
圩丰镇	18	220	11317	45703	23749	21954	29077	15284	13793	28874	962	854	1057	28115	27058	14652	13463	12930	11401	520	614	457	16	660	294	9		63	66		72	12414
小伊乡	19	204	13029	54480	27291	27189	27489	14775	12714	25569	2654	964	2884	23786	21856	12824	10962	14548	11868	1870	2306	334	58	381	279	60	60	61	89	22	145	3573
燕尾镇	1	4	357	1421	686	735	903	425	478	815	59	8	96	875	818	389	486	239	122	202	125	102	22	61	52	21	5	8	5	0	6	27
下车镇	33	359	20758	91530	48532	42998	45963	24264	21699	43882	3027	973	3054	42973	39031	23067	19906	15269	13481	5833	7533	1189	86	2087	2491	61	140	189	384		216	7495
侍庄街道	16	137	12645	50432	26149	24283	18983	9864	9119	18486	1429	1125	1622	17544	16721	8618	8926	9332	6591	2598	2561	601	38	563	199	27	24	97	135	9	82	1278

2016年灌云县农村电气化、农业化学化情况表

表97

单位名称	农村用电量（万千瓦时）	合计	农用化肥施用实物量（吨）										用薄膜使用量（吨）	其中:地膜使用量（吨）	地膜覆盖面积（亩）	农用柴油（吨）	农药使用量（吨）
			1. 氮肥							2. 磷肥	3. 钾肥	4. 复合肥					
			小计	尿素	硝酸铵	碳酸氢铵	硫酸铵	氯化胺	氨水								
合计	42783	103181	57370	49298	3099.5	5289.89	121.4	2313.2	8	11588	2370.2	29092.9	1260	594	76248	3708	3071
伊山镇	2327	5021.05	2766.73	2031.36	0	535.5	0	199.87	0	603.2	94	1557.12	94	14.2	3093	470	135
同兴镇	2654.445	3374.7864	2084.85	2084.9	0	0	0	0	0	304.08	97.727	888.126	70.7898	38.59	9541.4	241.907	97.9906
杨集镇	2784	14881.35	9380.59	7804.82	686.08	565.25	34	282.44	8	1646.8	245	3608.96	134	40	5500	619	651
东王集	4950	6855.648	3246.308	2419.14	119.04	392.02	21.8	294.308	0	566.16	395.5	2647.68	283	114	1648	478	174.59
龙苴镇	7630	5367.58	2369.58	2018.02	0	265.54	0	86.02	0	361.2	0	2636.8	85	43	17890	191	368
南岗乡	1847	14165.59	8725.73	6307.52	2053.1	309.91	17	38.18	0	539	133.5	4767.36	114	12	27	750	195
四队镇	1788	8475.4	4850.62	3957.38	196.48	642.94	0	53.82	0	767.8	308.5	2548.48	36.76	13.9	4441	280	175.8
图河乡	2224	13378.54	9022.5	8924.92	0	97.58	0	0	0	1431.2	105	2819.84	50	25	5106	160	201
圩丰镇	1226	6638.86	3987.74	3987.74	0	0	0	0	0	1228.4	0	1422.72	36	18	3263	14	150
下车镇	2921	11720.33	6290.21	4400.36	0	1419.5	0	470.35	0	1974.8	439	3016.32	238	208	11746	192	782
小伊乡	903	6263.75	3609.99	2128.88	14.72	803.25	42.6	620.54	0	1349.6	188	1116.16	98.2	55.7	12173	120.3	70.3
燕尾镇	8680	23.36	0	0	0	0	0	0	0	1.6	0	21.76	0	0	0	7	6
侍庄街道	2849	7015.08	3795.08	3232.88	30.08	258.4	6	267.72	0	814.4	364	2041.6	20	12	1820	185	64

2012—2016 年灌云县社会消费品零售总额表

表 98　　单位:万元

	2012 年	2013 年	2014 年	2015 年	2016 年
社会消费品零售总额	786918	895713	1010046	1065688	1194538
一、按销售单位所在地分					
1. 城镇	549360	575769	663226	701957	731692
其中:城区	31857	33763	42456	67315	86700
2. 乡村	237558	319944	346820	363731	462846
二、按行业分组:					
(一)批发业	34174	27707	26030	27876	45150
1. 限额以上	21772	11977	6592	1073	1594
其中:个体经营户					
2. 限额以下	12402	15729	19438	26803	43556
(二)零售业	702956	826618	935701	937766	992839
1. 限额以上	63825	74873	191763	241215	220432
其中:个体经营户	16263	20139	17553	22483	50965
2. 限额以下	639131	731606	743938	696551	772407
(三)住宿业	10090	9181	11196	13434	21048
1. 限额以上	1655	2043	2485	3185	3885
其中:个体经营户					
2. 限额以下	8435	7138	8711	10249	17163
(四)餐饮业	39698	32208	37119	86612	135500
1. 限额以上	13032	2705	13477	14715	22926
其中:个体经营户	10761	11318	10321	11172	18973
2. 限额以下	26666	18185	23642	71897	112574
三、按规模分					
(一)限额以上小计	100284	91598	214318	260188	248837
1. 企业(单位)	73261	91598	186443	226533	178501
2. 个体	27024		27875	33655	70336
(二)限额以下小计	686634	804115	795729	805500	945701

2012—2016 年灌云县住宿和餐饮业经营情况表

表 99　　单位:万元

	2012 年	2013 年	2014 年	2015 年	2016 年
营业额总计(住宿和餐饮业)	67924	84537	101038	162018	191092
(一)限额以上营业额	16583	6730	18888	21844	32058
1. 客房收入	1715	1876	2717	3762	5063

续表 99

	2012 年	2013 年	2014 年	2015 年	2016 年
2. 餐费收入	14434	4727	15656	17481	26358
3. 商品销售额	253	20	306	418	453
4. 其他收入	181	107	209	182	184
(二)限额以下营业额	51341	77807	82149	140174	159034
其中:餐费收入和商品销售额	35101	36641	32353	82146	129737
营业额总计(住宿业)	13852	16871	19210	22325	27098
(一)限额以上营业额	2454	2975	3545	4453	5837
1. 客房收入	706	826	922	1086	1768
2. 餐费收入	1636	2022	2460	3154	3784
3. 商品销售额	19	20	25	31	101
4. 其他收入	93	107	138	182	184
(二)限额以下营业额	11398	13895	15665	17872	21261
其中:餐费收入和商品销售额	8435	7138	8711	10249	17163
营业额总计(餐饮业)	54072	67666	81828	139694	163994
(一)限额以上营业额	14129	3755	15344	17391	26221
1. 客房收入	1009	1050	1796	2676	3295
2. 餐费收入	12798	2705	13195	14328	22574
3. 商品销售额	234	—	282	387	352
4. 其他收入	88	—	71	—	—
(二)限额以下营业额	39943	63912	66484	122303	137773
其中:餐费收入和商品销售额	26666	29503	23642	71897	112574

2012—2016 年灌云县批发和零售业商品销售情况表

表 100　　　　单位:万元

	2012 年	2013 年	2014 年	2015 年	2016 年
销售总额	2377368	2772208	3094012	4028353	4493107
1. 限额以上	669507	817064	801660	892145	513354
2. 限额以下	1707861	1955144	2292353	3136207	3979753
一、批发业	1291883	1491775	1639267	2207446	2435306
1. 限额以上	598133	728308	586549	625016	260265
2. 限额以下	693750	763467	1052718	1582430	2175041
二、零售业	1085485	1280433	1454745	1820906	2057801
1. 限额以上	71374	88756	215110	267129	253089
2. 限额以下	1014111	1191677	1239635	1553777	1804712
批发额	2377368	1917884	2132281	3062711	3455117

续表 100

	2012 年	2013 年	2014 年	2015 年	2016 年
1. 限额以上	669507	730214	603304	649857	291328
2. 限额以下	1707861	1187669	1528977	2412853	3163789
一、批发业	1291883	1464069	1613237	2179571	2390155
1. 限额以上	598133	716331	579957	623943	258671
2. 限额以下	693750	747738	1033280	1555628	2131484
二、零售业	1085485	453815	519044	883140	1064962
1. 限额以上	71374	13883	23347	25914	32657
2. 限额以下	1014111	439932	495698	857226	1032305
零售额	737130	854325	1010046	965642	1037990
1. 限额以上	96597	86850	214318	242288	222026
2. 限额以下	651533	767474	795729	723354	815964
一、批发业	34174	27707	26030	27876	45150
1. 限额以上	32772	11977	6592	1073	1594
2. 限额以下	12402	15729	19438	26803	43556
二、零售业	702956	826618	935701	937766	992840
1. 限额以上	63825	74873	191763	241215	220432
2. 限额以下	639131	751745	743938	696551	772408

2016 年灌云县居民平均每百户耐用消费品拥有量情况表

表 101

指标名称	单位	全体居民	城镇住户	农村住户
1. 家用汽车	辆	10.51	10.00	10.95
2. 摩托车	辆	39.68	29.00	48.76
3. 助力车	台	97.36	96.00	98.51
4. 洗衣机	台	95.24	99.00	92.04
5. 电冰箱(柜)	台	89.60	92.00	87.56
6. 微波炉	台	34.91	56.00	17.00
7. 彩色电视机	台	125.90	127.00	124.96
8. 其中:接入有线电视	台	121.78	124.00	119.90
9. 空调	台	98.36	114.00	85.07
10. 热水器	台	86.27	87.00	85.66
11. 其中:太阳能热水器	台	82.66	85.00	80.68
12. 消毒碗柜	台	—	—	—
13. 洗碗机	台	1.00	1.00	1.00
14. 排油烟机	台	23.12	48.00	1.99

续表 101

指标名称	单位	全体居民	城镇住户	农村住户
15. 固定电话	线	79.06	79.00	79.10
16. 移动电话	部	215.26	218.00	212.94
17. 其中:接入互联网	部	66.54	74.00	60.20
18. 计算机	台	51.37	69.00	36.40
19. 其中:接入互联网	台	37.23	47.00	28.94
20. 摄像机	台	1.54	1.00	1.99
21. 照相机	台	4.83	7.00	2.99
22. 中高档乐器	架	1.00	1.00	1.00
23. 健身器材	台	1.00	1.00	1.00
24. 组合音响	套	3.99	4.00	3.98

2016 年灌云县居民平均每百人主要消费品消费量情况表

表 102

指标名称	单位	全体居民	城镇住户	农村住户
(一)谷物消费量	公斤	8436.71	9343.89	7705.15
(二)薯类消费量	公斤	104.59	148.70	69.01
(三)豆类消费量	公斤	1235.09	1481.10	1036.70
二、油脂类消费量	公斤	1427.19	1661.53	1238.21
(一)鲜菜	公斤	5856.62	9147.52	3202.78
(一)猪肉	公斤	1174.98	1462.92	942.78
(二)牛肉	公斤	160.55	209.58	121.02
(三)羊肉	公斤	51.49	63.29	41.97
(一)鸡	公斤	586.55	808.45	407.60
(二)鸭	公斤	52.12	69.51	38.09
(三)鹅	公斤	1.96	2.81	1.27
(一)鱼类	公斤	1020.75	1222.46	858.08
(二)虾贝蟹类	公斤	395.19	611.86	220.46
(一)鲜蛋	公斤	875.37	1105.14	690.08
(一)鲜奶	公斤	541.98	595.81	498.57
(二)酸奶	公斤	175.99	242.48	122.36
(一)鲜瓜果	公斤	3455.96	4179.81	2872.23
(一)食糖	公斤	157.22	143.13	168.58
(二)糖果	公斤	36.66	34.72	38.23
(三)糕点	公斤	408.57	413.81	404.35
(一)茶叶	公斤	5.14	8.60	2.35

续表 102

指标名称	单位	全体居民	城镇住户	农村住户
(一)白酒	公斤	878.02	969.97	803.87
(二)啤酒	公斤	510.74	479.27	536.12
(三)果酒	公斤	2.28	1.63	2.81
(1)水	吨	2518.29	2572.19	2474.82
1. 天然气	立方米	448.86	849.38	125.88
2. 煤气	立方米	—	—	—
3. 液化石油气	公斤	2539.82	2653.59	2448.07
8. 煤炭	公斤	863.77	1900.00	28.13
4. 汽油	升	1129.52	1294.88	996.17
5. 柴油	升	512.85	680.41	377.73
6. 电	度	62823.42	77747.34	50788.47

2016 年灌云县居民人均收入情况表

表 103

指标名称	单位	全体居民	城镇住户	农村住户
总收入(未扣除生产费用)	元	19847.26	25229.30	15277.71
可支配收入	元	17565.40	22979.30	12968.80
一、工资性收入	元	8749.06	11459.61	6447.70
(一)工资	元	8686.61	11390.73	6390.71
(二)实物福利	元	0.34	0.73	—
(三)其他	元	62.11	68.15	56.99
二、经营净收入	元	5484.65	5973.39	5069.69
(一)第一产业经营净收入	元	2539.01	1996.58	2999.56
(二)第二产业经营净收入	元	512.18	522.12	503.75
(三)第三产业经营净收入	元	2433.45	3454.69	1566.38
三、财产净收入	元	1017.05	2037.14	150.95
(一)利息净收入	元	-27.45	-19.77	-33.97
(二)红利收入	元	356.32	769.37	5.63
(三)储蓄性保险净收益	元	—	—	—
(四)转让承包土地经营权租金净收入	元	121.88	54.43	179.15
(五)出租房屋财产性收入	元	49.51	107.81	—
(六)出租机械专利版权等资产的收入	元	0.08	0.17	—
(七)其他财产净收入	元	200.97	437.50	0.14
(八)房屋虚拟租金	元	315.74	687.63	0.00
四、转移净收入	元	2314.64	3509.15	1300.46

续表 103

指标名称	单位	全体居民	城镇住户	农村住户
（一）转移性收入	元	2632.78	3969.72	1497.67
1. 养老金或离退休金	元	1742.12	3594.70	169.21
2. 社会救济和补助	元	20.96	44.98	0.56
3. 政策性生活补贴	元	4.70	6.25	3.38
4. 报销医疗费	元	324.70	50.47	557.52
5. 家庭外出从业人员寄回带回收入	元	355.39	140.98	537.44
6. 赡养收入	元	137.03	113.51	157.00
7. 其他经常转移收入	元	14.78	10.31	18.57
8. 从政府和组织得到的实物产品和服务折价	元	—	—	—
9. 现金政策性惠农补贴	元	33.12	8.53	53.99
（二）转移性支出	元	318.14	460.57	197.21
1. 个人所得税	元	9.74	0.01	18.00
2. 社会保障支出	元	268.64	411.33	147.50
3. 外来从业人员寄给家人的支出	元	—	—	—
4. 赡养支出	元	33.58	45.63	23.35
5. 其他转移性支出	元	6.18	3.60	8.36
实物可支配收入	元	1003.41	190.10	1693.94
五、非收入所得	元	225.62	207.74	240.80
六、借贷性所得	元	198.57	240.63	162.87

2016 年灌云县居民人均支出情况表

表 104

指标名称	单位	全体居民	城镇住户	农村住户
总支出	元	15046.54	17481.70	13082.79
一、消费支出	元	11300.81	13979.78	9140.43
（一）食品烟酒	元	3982.06	4902.40	3239.88
1. 食品	元	3072.63	3672.98	2588.49
2. 烟酒	元	720.01	944.17	539.25
3. 饮料	元	37.77	59.46	20.27
4. 饮食服务	元	151.66	225.79	91.87
（二）衣着	元	659.84	849.42	506.97
1. 衣类	元	524.50	652.81	421.03
2. 鞋类	元	135.34	196.60	85.94
（三）居住	元	1861.61	2324.91	1488.01
1. 租赁房房租	元	44.65	97.84	1.75
2. 住房维修及管理	元	84.08	163.97	19.66

续表 104

指标名称	单位	全体居民	城镇住户	农村住户
3. 水电燃料及其他	元	547.55	665.28	452.62
4. 自有住房折算租金	元	1185.33	1397.81	1013.98
（四）生活用品及服务	元	723.53	985.37	512.38
1. 家具及室内装饰品	元	68.35	73.48	64.21
2. 家用器具	元	333.23	438.59	248.27
3. 家用纺织品	元	46.45	61.50	34.32
4. 家庭日用杂品	元	138.70	197.07	91.63
5. 个人用品	元	84.94	110.17	64.59
6. 家庭服务	元	51.86	104.56	9.35
（五）交通通信	元	1001.26	1034.96	974.09
1. 交通	元	519.13	398.75	616.20
2. 通信	元	482.14	636.20	357.90
（六）教育文化娱乐	元	2128.27	2565.86	1775.39
1. 教育	元	855.08	1128.24	634.80
2. 文化娱乐	元	1273.19	1437.62	1140.59
（七）医疗保健	元	560.61	745.92	411.18
1. 医疗器具及药品	元	213.06	348.53	103.81
2. 医疗服务	元	347.56	397.38	307.38
（八）其他用品和服务	元	383.60	570.95	232.52
1. 其他用品	元	245.04	420.36	103.67
2. 其他服务	元	138.56	150.59	128.85
二、生产经营费用支出	元	1511.16	1092.35	1848.90
三、财产性支出	元	41.76	40.08	43.11
三、转移性支出	元	313.64	460.57	195.15
四、部分商业保险支出	元	2.97	5.19	1.17
五、购置资产及非经常性转移支出	元	1538.02	1698.68	1408.46
六、借贷性支出	元	338.20	205.06	445.57

2012—2016 年灌云县交通运输情况表

表 105

	单位	2012 年	2013 年	2014 年	2015 年	2016 年
一、城市客运						
运营车辆	辆	68	68	71	71	118
#公共汽车	辆	68	68	71	71	118
标准运营车数	标台	58	58	56	56	104

续表 105

	单位	2012 年	2013 年	2014 年	2015 年	2016 年
运营线路网长度	公里	235	235	192	148	148
客运总量	万人次	513	513	415	390	400
二、出租汽车						
运营车数	辆	100	150	150	150	150
客运总量	万人次	240	381	645	411	658
三、货物周转量	万吨公里	245866	248706	303570	346069	285189
1. 陆运	万吨公里	134294	221472	230583	285923	238457
2. 水运	万吨公里	103237	27234	42370	43006	46731
四、地方内河港口吞吐量	万吨	123.92	193.94	209.36	229.97	139.41

2011—2016 年灌云县邮政通讯业务情况表

表 106

	单位	2011 年	2012 年	2013 年	2014 年	2015 年	2016 年
一、邮政局所总数	处	29	29	29	24	24	24
二、邮路总长度	公里	420	355	340	840	1020	3122
三、邮政通讯业务总收入	万元	38900	43839	44647	50702	52013	54967
邮政业务收入	万元	4545	6667	4846	11300	14500	14741
通讯业务收入	万元	34355	37172	39801	39402	37513	40227
四、邮政业务总量	万元	3549	5843	5612	11600	21900	29752
#函件	万件	173.17	322.45	146.6	122.12	57.99	29.88
包裹	万件	1.05	1.39	0.51	0.63	0.33	0.34
报纸	万份	676.24	698.47	547.59	784.12	821.84	818.18
杂志	万份	27.11	28.26	27.94	26.16	22.54	21.42
集邮票	万枚	2.54	10.93	3.02	28.9	34.01	25.97
快递	万件	22.77	3.6	2.79	382.93	810.52	1248.9
五、邮政储蓄期末余额	亿元	16.52	18.5	21.28	22.55	23.97	23.94
六、移动电话年末用户	万户	53.99	55.02	57.79	61.85	61.3	62.84
七、固定宽带接入用户数	万户	5.37	7.47	8.89	10.43	12.78	15.87

注:2014 年起快递数据为全社会口径,2013 年之前为特快专递(EMS)数据

2012—2016 年灌云县气象情况表

表 107

	单位	2012 年	2013 年	2014 年	2015 年	2016 年
年降水量	毫米	969.2	762.3	855.5	738.0	857.4
降水日数(0.1)毫米	日	86	76	90	102	99

续表 107

	单位	2012 年	2013 年	2014 年	2015 年	2016 年
一日最大降水量	毫米	243.3	122.2	58.2	50.4	73.0
	时间	8 月 10 日	7 月 17 日	7 月 25 日	6 月 24 日	7 月 1 日
日照时数	时	1771.5	2107.5	1941.4	1893.9	1917.1
日照百分率	%	40	48	44	43	43
蒸发量	毫米	865.1	879	767.3	757.1	805.5
大风日数(8 级)	日	3	3	0	0	1
雾日数	日	64	93	71	78	47
平均气温	摄氏度	14.0	14.4	14.7	14.6	15.0
极高气温	摄氏度	35.9	37.1	37.1	36.6	36.7
	日期	7 月 30 日	6 月 17 日	7.22	6 月 13 日	7 月 24、25、30 日
极低气温	摄氏度	-11.1	-9.3	-8.2	-9.1	-14.4
	日期	1 月 23 日	1 月 4 日	2 月 11 日	2 月 9 日	1 月 24 日
无霜日	日	223	188	225	232	240

2012—2016 年灌云县计划生育情况表

表 108

	单位	2012 年	2013 年	2014 年	2015 年	2016 年
一、年末育龄妇女	人	275153	279452	283945	282810	277857
其中:已婚育龄妇女	人	203727	206217	210102	209989	210195
其中:领证人数	人	79897	84295	84641	84552	84320
二、初婚妇女	人	12285	13555	10285	9850	10882
其中:23 岁以上	人	3066	4817	4306	4603	4216
三、全年出生人口	人	10184	10207	9820	9579	10622
其中:一孩	人	9122	9158	8853	8368	7129
二孩	人	1062	1049	967	1211	3258
多孩	人	—	—	—	—	235
其中:计划内生育	人	9827	9751	9430	9142	10432
计划外生育	人	357	456	390	437	190
其中:一孩	人	—	—	—	38	—
二孩	人	357	456	390	399	4
多孩	人	—	—	—	—	186
四、全年采取节育手术	人	13139	139285	11371	13892	190302
其中:男扎	人	—	—	—	—	—
女扎	人	2	3	3	—	—
放环	人	11979	138282	10484	13069	10653
人流	人	1158	1000	883	823	351

续表 108

	单位	2012 年	2013 年	2014 年	2015 年	2016 年
引产	人	—	—	—	—	—
五、计划生育率	%	96.45	95.46	96.03	95.44	98.21
独生子女领证率	%	51.99	55.19	40.29	40.26	48.09
节育率	%	93.15	99.97	90.47	90.65	90.54

2012—2016 年灌云县文化事业情况表

表 109

	单位	2012 年	2013 年	2014 年	2015 年	2016 年
一、电影放映单位	个	20	20	20	21	21
其中:乡村	个	19	19	19	19	19
电影、影剧院	个	4	4	4	2	2
电影观众	万人次	1400	1500	1700	196	190
二、艺术表演团体	个	58	65	65	65	65
艺术表演团体	个	58	65	65	65	65
三、文化馆	个	1	1	1	1	1
文化站	个	13	13	13	13	13
农村文化中心	个	20	20	20	20	20
农村俱乐部	个	302	302	302	302	302
四、纪念馆	个					
博物馆	个	1	1	1	1	1
文物藏品	件	3006	3007	3286	3291	3294
五、公共图书馆	个	1	1	1	1	1
藏书量	千册	160	165	168	173	174

2012—2016 年灌云县体育运动事业情况表

表 110

	单位	2012 年	2013 年	2014 年	2015 年	2016 年
一、体育运动设施						
县田径场地	个	1	1	1	1	1
县游泳馆	个	1	1	1	1	1
二、举办县级运动会	次	22	22	24	20	18
三、聘任教练员	人	54	54	54	54	54
四、等级裁判员	人	388	186	248	220	220
一级裁判员	人	20	15	13	4	4
二级裁判员	人	22	21	25	45	45

续表 110

	单位	2012 年	2013 年	2014 年	2015 年	2016 年
三级裁判员	人	346	150	210	171	171
五、等级运动员	人	441	308	134	145	120
国家健将	人	—	—	—	—	—
一级运动员	人	3	2	1	2	2
二级运动员	人	82	50	28	46	18
三级运动员	人	356	256	105	97	100
六、获市级以上奖牌	枚	416	395	405	410	390
其中:金牌	枚	278	215	165	180	170
银牌	枚	138	180	240	210	220
七、少儿体校在校学生	人	180	20	85	224	100
专职教练员	人	6	6	8	8	4
向省市少儿体校输送学生	人	84	87	80	140	165

2012—2016 年灌云县卫生事业情况表

表 111

	单位	2012 年	2013 年	2014 年	2015 年	2016 年
一、卫生机构	个	88	87	78	80	90
1. 医院	个	28	28	28	29	32
(1)县及县以上	个	9	9	9	10	13
(2)农村卫生院	个	19	19	19	19	19
2. 门诊部、所	个	56	56	47	48	44
3. 疗养院	个	1	0	0	0	0
4. 其他站、所	个	3	3	3	3	14
二、病床床位	张	2196	2370	2439	2729	3398
1. 医院	张	2136	2370	2439	2699	3368
(1)县及县以上	张	1602	1708	1615	1865	2246
(2)农村卫生院	张	534	662	794	834	1122
2. 疗养院	张	60	0	0	0	0
3. 其他站、所	张	0	0	30	30	30
三、卫生工作人员	人	2893	3086	4078	4274	4458
其中:卫生技术人员	人	2353	2462	2559	2756	2938
其中:执业医师	人	678	692	734	722	824
执业助理医师	人	165	210	263	284	344
注册护士	人	921	968	1064	1146	1231
药剂员	人	141	128	131	135	142

2012—2016 年灌云县广播电视事业情况表

表 112

	单位	2012 年	2013 年	2014 年	2015 年	2016 年
县广播电台	个	1	1	1	1	1
县电视台	个	1	1	1	1	1
乡镇级广播站	个	13	13	13	13	13
村广播室	个	302	302	302	302	302
通广播乡镇	个	13	13	13	13	13
通广播村	个	302	302	302	302	302
村通广播率	%	100	100	100	100	100
有线广播专线路	杆公里	280	280	280	280	280
双线	杆公里	520	520	520	520	520
乡以上专线杆路	杆公里	1850	1850	1850	1850	2000
单线	杆公里	2290	2290	2290	2290	2290
有线电视用户	户	194675	209178	219300	219300	188790

备注:2016 年另有数字电视用户 30510 户

2011—2016 年灌云县科技事业情况表

表 113

		2011 年	2012 年	2013 年	2014 年	2015 年	2016 年
一、科技活动机构							
1. 独立科研机构	个	2	3	3	3	3	6
2. 大中型企业科技活动机构	个	—	—	—	—	—	—
二、科技活动人员							
1. 独立科研机构	人	43	59	60	73	58	61
2. 大中型企业科技活动机构	人	—	—	—	—	—	—
三、科学研究成果							
通过鉴定项目	项	1	2	5	1	—	3
获市级以上科技进步奖	项	4	4	4	—	2	1
四、科技活动经费							
经费支出(独立科研机构)	万元	201	401	287	328	286	298.6
经费收入(独立科研机构)	万元	278	497	451	540	510	521
R&D 经费支出占 GDP 比重	%	0.61	0.7	0.87	1	1.1	1.17
五、专利申请情况	项	373	547	934	821	523	1100
发明专利	项	76	84	155	127	60	144
实用新型专利	项	92	131	192	126	218	176
外观设计专利	项	205	332	587	568	245	780
六、专利授权	项	199	483	275	238	671	95
发明专利	项	2	11	6	6	19	11
实用新型专利	项	116	54	99	60	66	45
外观设计专利	项	81	418	170	172	586	39

索引

说明

本索引采用主题分析法编制,少部分选用关键词。包括正文部分 33 个栏目(不包括特载、大事记)的内容。索引标目按汉语拼音字母顺序,同音字按声调顺序,同音同声者按第二字拼音字母顺序。标目后数字为页码,字母 a 为左栏,b 为中栏,c 为右栏。书中“概况”未作索引。

A

B

C

D

E

F

G

K

L